GUERRA

GUERRA

O horror da guerra e seu legado para a humanidade

IAN MORRIS

Tradução
Luis Reyes Gil

LeYa

Publicado primeiramente por Farrar, Straus and Giroux, 2014.
Publicado mediante acordo com Sandra Dijkstra Literary Agency e Sandra Bruna Agencia Literaria, SL.
Tradução para a Língua Portuguesa © 2015, LeYa Editora Ltda., Luis Reyes Gil
Título original: *War! What is it good for?*

Este livro foi revisado segundo o Novo Acordo Ortográfico da Língua Portuguesa.

Produção editorial: AGWM Produções Editoriais
Revisão: Mineo Takatama e Alessandra Miranda de Sá
Capa: Rafael Nobre - Babilonia Cultura Editorial

Dados Internacionais de Catalogação na Publicação (CIP)
Angélica Ilacqua CRB-8/7057

Morris, Ian
Guerra: o horror da guerra e seu legado para a humanidade / Ian Morris; tradução de Luis Reyes Gil. – São Paulo : LeYa, 2015.
560 p. : il.

Bibliografia
ISBN 978-85-441-0256-5
Título original: *War! What is it good for?*

1. Guerra – Aspectos sociais 2. Guerra e civilização
3. Ciência política 4. Geopolítica I. Título II. Gil, Luis Reyes

15-0924 CDD 303.66

Índice para catálogo sistemático:
1. Guerras – Aspectos sociais

LeYa é um selo editorial da Casa dos Mundos.
Todos os direitos reservados à
Casa dos Mundos Produção Editorial e Games Ltda.
Rua Avanhandava, 133 | Cj. 21 – Bela Vista
01306-001 – São Paulo – SP
www.leya.com.br

Sumário

Sumário

Introdução: amiga do agente funerário

Eu tinha 23 anos quando quase morri em combate.

Era o dia 26 de setembro de 1983, por volta de nove e meia da noite. Eu estava debruçado sobre uma máquina de escrever manual, em um quarto alugado em Cambridge, Inglaterra, batucando o primeiro capítulo da minha tese de doutorado em arqueologia. Acabava de voltar de quatro meses de pesquisa de campo nas ilhas gregas. Meu trabalho ia bem. Estava apaixonado. A vida era boa.

Não tinha ideia de que, a 3.200 quilômetros dali, Stanislav Petrov decidia se ia me matar ou não.

Petrov era o chefe adjunto para algoritmos de combate do Serpukhov-15, o centro nervoso do antigo sistema de alerta da União Soviética. Era um homem metódico, engenheiro, programador de computadores – e para minha sorte não era propenso a pânico. Mas, quando o alarme disparou logo depois da meia-noite (horário de Moscou), até mesmo Petrov deu um pulo da cadeira. Uma luzinha vermelha começou a piscar no mapa gigante do hemisfério norte que preenchia uma das paredes da sala de controle. Indicava que um míssil havia sido lançado de Montana.

Acima do mapa, letras vermelhas ganharam vida, estampando a pior palavra que Petrov conhecia: "LANÇADO".

Os computadores checaram, e voltaram a checar, os dados. De novo as luzes vermelhas se acenderam, dessa vez com maior grau de certeza: "LANÇADO – ALTA CONFIABILIDADE".

De certo modo, Petrov já esperava que esse dia chegasse. Seis meses antes, Ronald Reagan acusara a Mãe Rússia de ser o império do mal. Fizera uma ameaça dizendo que os norte-americanos poderiam construir um escudo antimísseis baseado no espaço, pondo fim ao equilíbrio mútuo de terror que mantivera a paz por quase 40 anos. E depois anunciara que iria acelerar a instalação de novos mísseis, capazes de atingir Moscou em apenas cinco minutos de voo. Pouco depois, como para ridicularizar a vulnerabilidade da União Soviética, um avião comercial da Coreia do Sul desviou seu trajeto para a Sibéria, aparentemente perdido. A força aérea soviética levou várias horas para localizá-lo, e, então, quando a aeronave finalmente retomou seu percurso de volta para o espaço aéreo neutro, foi abatida por um caça. Todos a bordo morreram – incluindo um congressista norte-americano. Agora, segundo dizia a tela, os imperialistas davam o passo final.

E no entanto... Petrov sabia que não era assim que a Terceira Guerra Mundial deveria se afigurar. Um primeiro ataque norte-americano teria que envolver mil mísseis Minuteman cruzando com estrondo o polo Norte. Seria como um inferno invasor de fogo e radiação, um esforço total e frenético para destruir os mísseis soviéticos assentados em seus silos, deixando Moscou sem ter como reagir. Lançar um único míssil não fazia sentido.

A incumbência de Petrov era seguir as regras, fazer todos os testes obrigatórios para detectar o mau funcionamento do sistema, mas não havia tempo para nada disso. Tinha que decidir se o mundo estava ou não para acabar.

Petrov pegou o telefone. "Estou me reportando a você", disse ele ao oficial de plantão. Tentou ser natural. "É um alarme falso."

O oficial de plantão não fez perguntas nem deu qualquer indício de ansiedade. "Positivo."

Instantes depois, o alarme parou de soar. A equipe de Petrov começou a relaxar. Os técnicos voltaram às suas rotinas, fazendo uma checagem minuciosa dos circuitos, procurando alguma avaria. Mas então...

"LANÇADO."

A palavra em vermelho de novo. Uma segunda luz apareceu no mapa; outro míssil estava a caminho.

E mais uma luz se acendeu. E outra, e outra, até que o mapa inteiro parecia estar ardendo. Os algoritmos que Petrov ajudara a programar assumiam agora o controle. Por um momento, o painel acima do mapa ficou escuro. Em seguida, brilhou de novo com uma nova advertência. Anunciava o apocalipse.

"ATAQUE DE MÍSSEIS."

O maior supercomputador da União Soviética disparou essa mensagem automaticamente, fazendo-a chegar até a cadeia de comando. Agora cada segundo contava. Yuri Andropov, o idoso e combalido secretário-geral do Partido Comunista da União Soviética, estava prestes a ser confrontado com a decisão mais importante de todos os tempos. Talvez você não esteja muito interessado na guerra, teria dito Trótski, mas a guerra está muito interessada em você. Cambridge era – e ainda é – uma pacata cidade universitária, distante dos centros de poder. Em 1983, no entanto, estava rodeada de bases da força aérea, que ocupavam os primeiros lugares na lista de alvos de Moscou. Se o comando-geral soviético tivesse acreditado nos algoritmos de Petrov, eu teria sido morto em 15 minutos, vaporizado em uma bola de fogo mais quente que a superfície do Sol. O King's College e seu coral, as vacas pastando como barcaças levadas pela corrente, os acadêmicos em suas togas cruzando o portal da sala de discussões acadêmicas – tudo teria explodido em meio à poeira radiativa.

Se os soviéticos tivessem lançado apenas os mísseis que mantinham apontados para alvos militares (o que os estrategistas chamavam de "forças de contra-ataque"), e se os Estados Unidos tivessem reagido na mesma moeda, eu teria sido uma das centenas de milhões de pessoas destruídas pelas explosões, queimadas ou envenenadas no primeiro dia da guerra. Mas provavelmente a realidade não aconteceria dessa maneira. Apenas três meses antes dessa hora da verdade de Petrov, o Centro de Desenvolvimento de Conceitos Estratégicos dos Estados Unidos havia conduzido um jogo de guerra para ver como seriam os estágios iniciais de um embate nuclear. Concluíram que nenhum dos atores conseguiria manter a linha-limite das forças de contra-ataque. Em todos os casos, eles ultrapassariam esse limite e lançariam ataques de contravalor, visando não só silos de mísseis, mas também cidades. E, quando isso acontecesse, o número de mortos nos primeiros dias subiria para cerca de meio bilhão, além do meio bilhão adicional de mortes, nas semanas e meses subsequentes, causadas pela precipitação das partículas radiativas das explosões nucleares, pela fome e pelos combates seguintes.

Bem, mas, voltando ao mundo real, Petrov, na verdade, traçou um limite. Mais tarde ele admitiu ter ficado tão assustado que suas pernas bambearam, mas ainda confiou na intuição diante dos seus algoritmos. Com base nela, disse ao oficial de plantão que aquele outro alarme também era falso. Com isso, a mensagem de ataque de mísseis foi interrompida antes que subisse pela cadeia de comando. Doze mil ogivas soviéticas permaneceram nos silos; um bilhão de pessoas ganharam mais uma chance.

Mas a recompensa de Petrov por ter salvado o mundo não foi um peito cheio de medalhas, e sim uma repreensão oficial por apresentar um relatório mal escrito e não seguir os protocolos (ou seja, reforçava-se que a tarefa de decidir destruir o planeta era atribuição do secretário-geral, e não dele). Petrov foi rebaixado para um cargo menos suscetível. Em seguida, solicitou uma aposentadoria precoce, teve um colapso nervoso e mergulhou em uma triste condição de pobreza quando a União Soviética se fragmentou e parou de pagar seus pensionistas idosos.[1*]

Um mundo como esse – no qual o Armagedon dependia de uma engenharia precária e das avaliações de improviso de programadores de computação – com certeza estava enlouquecido. Muitas pessoas à época pensavam assim. Nos países aliados dos Estados Unidos, onde as pessoas tinham liberdade para isso, milhões marcharam pedindo o fim das bombas nucleares, ou protestaram contra as agressões de seus governos, ou votaram em políticos que prometiam um desarmamento unilateral. Do lado soviético, onde as pessoas não tinham essa liberdade, alguns dissidentes, em maior número que o habitual, tomaram posição e foram denunciados à polícia secreta.

Mas nada disso fez muita diferença. Líderes ocidentais foram reeleitos com votações cada vez mais expressivas e compraram armas ainda mais avançadas; líderes soviéticos construíram mais mísseis. Em 1986, o estoque mundial de ogivas nucleares alcançou o maior nível de todos os tempos, com mais de 70 mil unidades, e o derretimento do reator nuclear soviético de Chernobyl deu uma pequena ideia do que poderia estar armazenado.

As pessoas clamavam por respostas, e de ambos os lados da Cortina de Ferro os jovens viraram as costas aos velhos políticos desacreditados e se aproximaram das vozes mais contundentes. Como arauto de uma nova geração, pós-baby-boom, Bruce Springsteen pegou a maior canção de protesto da época da guerra do Vietnã – o clássico da Motown, *War*, de Edwin Starr – e fez uma versão superpoderosa, que chegou ao topo das paradas:

War!
Huh, good God.
What is it good for?
Absolutely nothing.
Say it, say it, say it...

---

1 Em 2004, a Associação dos Cidadãos do Mundo, sediada em São Francisco, outorgou a Petrov uma placa de sequoia canadense em sinal de agradecimento por ele ter salvado o mundo, e deu-lhe um cheque de mil dólares. Em 2013, ele também foi agraciado com o Prêmio Dresden, na Alemanha, e recebeu 25 mil euros. Contribuições adicionais podem ser feitas em <www.brightstarsound.com>.

* Todas as notas sem indicação [N. T.] ou [N. E.] foram escritas pelo próprio autor. [N. E.]

Oooh, war! I despise
Because it means destruction
Of innocent lives
War means tears
To thousands of mothers' eyes
When their sons go to fight
And lose their lives...

War!
It ain't nothing but a heartbreaker.
War!
Friend only to the undertaker...[2]

Paz para o nosso tempo[3]

Neste livro, eu discordo da letra da música. Pelo menos, até certo ponto.

A guerra – é o que vou sugerir – não tem sido amiga do agente funerário. Guerra é assassinato em massa e, no entanto, naquele que talvez seja o maior paradoxo da história, a guerra, mesmo assim, tem sido o pior inimigo do agente funerário. Ao contrário do que diz a canção, ela tem trazido algo de bom: a longo prazo, tornou a humanidade mais segura e mais rica. A guerra é o inferno, mas – ressalto de novo, a longo prazo – as alternativas teriam sido piores.

Essa é uma afirmação controversa, por isso permitam-me explicar o que quero dizer.

Minha argumentação tem quatro partes. A primeira delas é que, por meio das guerras que travaram, as pessoas criaram sociedades maiores, mais organizadas, que reduziram o risco de seus membros morrerem de forma violenta.

Essa observação apoia-se em um dos maiores achados feitos por arqueólogos e antropólogos no último século: a de que as sociedades da Idade da Pedra eram comumente muito pequenas. Principalmente devido aos desafios para

---

2 Em tradução livre: "Guerra! / Ah, meu Deus. / Ela traz algo de bom? / Nada, absolutamente. / Diga, diga, diga... / Ah, a guerra! Eu a desprezo / Porque ela significa destruição / De vidas inocentes / Guerra é sinônimo de lágrimas / Nos olhos de milhares de mães / Quando seus filhos partem para a luta / E perdem a vida... / Guerra! / Só serve para partir corações. / Guerra! / Ela só é amiga do agente funerário...". [N. T.]

3 Esse é o tipo de detalhe com o qual apenas um professor iria se preocupar, mas foi "paz para o nosso tempo" – e não "paz no nosso tempo" – o que Neville Chamberlain realmente disse estar trazendo para casa ao voltar de Munique em 1938.

encontrar alimento, as pessoas viviam em bandos de umas poucas dezenas, em vilas de poucas centenas ou (muito ocasionalmente) em cidades de poucos milhares de membros. Essas comunidades não precisavam de muita organização interna e tendiam a viver sob condições de suspeita ou mesmo de hostilidade em relação a forasteiros.

As pessoas costumavam resolver suas diferenças de modo pacífico, mas, se alguém decidia usar a força, havia muito menos restrição a ele – ou ocasionalmente ela – em comparação com o que nós, cidadãos de Estados modernos, estamos acostumados a ver. A maior parte dos assassinatos era em pequena escala, vinganças entre famílias e ataques de surpresa, embora de vez em quando a violência pudesse destruir todo um bando ou uma vila, de tal modo que a doença e a fome eliminavam todos os seus membros. Mas, pelo fato de as populações serem pequenas, a constância da violência em pequena escala cobrou um preço terrível. De acordo com a maioria das estimativas, de todas as pessoas que viviam nas sociedades da Idade da Pedra, cerca de 10% a 20% morreram nas mãos de outros humanos.

O século XX contrasta agudamente com isso. Ele assistiu a duas guerras mundiais, a uma série de genocídios e a diversos e extensos períodos de fome induzida por governos, com um número de mortes estarrecedor, em torno de 100 a 200 milhões de pessoas. As bombas atômicas lançadas sobre Hiroshima e Nagasaki mataram mais de 150 mil pessoas – provavelmente mais pessoas do que as que viviam no mundo todo em 50000 a.C. Mas, em 1945, havia cerca de 2,5 bilhões de pessoas na Terra, e no decorrer do século XX aproximadamente 10 bilhões de vidas foram vividas – o que significa que os 100 a 200 milhões de mortes relacionadas com a guerra nesse século totalizaram apenas 1% a 2% da população de nosso planeta. Se você foi sortudo o suficiente para nascer no século XX industrializado, teve em média 10 vezes menos probabilidade de morrer de forma violenta (ou das consequências da violência) do que se tivesse nascido em uma sociedade da Idade da Pedra.

Essa pode ser uma estatística surpreendente, mas sua explicação é mais surpreendente ainda. O que tornou o mundo tão mais seguro foi a própria guerra. Como vou tentar mostrar nos capítulos 1 a 5, isso ocorreu porque, começando há cerca de 10 mil anos em algumas partes do mundo, e depois estendendo-se pelo restante do planeta, os vencedores das guerras incorporaram os perdedores em sociedades maiores. Para os seus líderes, a única maneira de fazer com que essas sociedades maiores funcionassem foi desenvolver governos mais fortes, e uma das primeiras coisas que esses governos precisavam fazer, se quisessem se manter no poder, era suprimir a violência dentro da sociedade.

Era muito raro os homens que comandavam esses governos adotarem políticas de pacificação apenas por causa da bondade de seus corações. Eles impunham restrições severas ao assassinato porque súditos bem-comportados eram mais fáceis de governar e de taxar com impostos do que súditos enraivecidos e sanguinários. A consequência não prevista, porém, foi que os índices de morte por violência caíram 90% no período entre a Idade da Pedra e o século XX.

O processo não foi nada suave. Quer fossem os romanos na Bretanha, quer os britânicos na Índia, os pacificadores podiam ser tão brutais quanto a selvageria que reprimiam. E tampouco foi sereno: por períodos curtos em determinados lugares, a morte por violência podia crescer e voltar aos índices da Idade da Pedra. Entre 1914 e 1918, por exemplo, praticamente um em cada seis sérvios morreu de forma violenta, de doença ou de fome. E, é claro, nem todos os governos foram igualmente bem-sucedidos em promover a paz. As democracias podem ser confusas e inoperantes, mas raramente devoram os próprios filhos; as ditaduras cumprem suas metas, porém tendem a fuzilar, matar de fome e mandar um monte de gente para a câmara de gás. Mas, apesar de todas as variações, qualificações e exceções, ao longo desse percurso de 10 mil anos, a guerra produziu governos, e os governos, a paz.

Minha segunda afirmação é que, embora a guerra seja a pior maneira imaginável de criar sociedades maiores e mais pacíficas, ela é em grande medida a única forma que os humanos encontraram de fazê-lo. "Bem sabe Deus, deveria existir uma maneira melhor", cantou Edwin Starr, mas ao que parece não há. Se o Império Romano pudesse ter sido criado sem matar milhões de gauleses e gregos, se os Estados Unidos pudessem ter sido construídos sem eliminar milhões de nativos americanos – nesses casos e em inumeráveis outros –, se os conflitos pudessem ter sido decididos pelo diálogo e não pela força, a humanidade poderia ter conseguido os benefícios de sociedades maiores sem ter que pagar um custo tão elevado. Mas não foi isso que aconteceu. É um pensamento deprimente, mas a evidência mais uma vez parece clara. As pessoas quase nunca desistem de sua liberdade – inclusive do direito de matar e empobrecer os outros – a não ser que sejam obrigadas, e praticamente o único meio poderoso o suficiente para conseguir isso tem sido a vitória pela guerra ou o medo da derrota iminente.

Se eu estiver certo neste ponto, de que os governos nos tornaram mais seguros e de que a guerra é em grande medida a única maneira que descobrimos para produzir governos, então temos que concluir que a guerra realmente trouxe algo de bom.

Minha terceira conclusão, no entanto, vai mais longe. Além de deixar as pessoas mais seguras, o que vou sugerir em seguida, é que as sociedades maiores criadas pela guerra também as tornaram – de novo, a longo prazo – mais ricas. A paz criou as condições para o crescimento econômico e para a elevação do padrão de vida. Esse processo tem sido desordenado e desigual: os vencedores de guerras normalmente se entregam a desmandos de estupros e saques, vendem milhares de sobreviventes como escravos e roubam suas terras. Os perdedores submergem na pobreza durante gerações. É uma coisa terrível, pavorosa. E, no entanto, com o passar do tempo – às vezes décadas, às vezes séculos –, a criação de uma sociedade maior tende a tornar *todos*, tanto os que descendem dos vencedores como os que descendem dos vencidos, mais prósperos. O padrão a longo prazo revela-se de novo inequívoco. Ao criar sociedades maiores, governos mais fortes e maior segurança, a guerra tornou o mundo mais rico.

Quando juntamos essas três afirmações, é possível tirar apenas uma conclusão. A guerra tem produzido sociedades maiores, controladas por governos mais fortes, que impuseram a paz e criaram as precondições para a prosperidade. Há 10 mil anos, havia apenas cerca de 6 milhões de pessoas na Terra. Elas viviam em média 30 anos e se sustentavam com o equivalente a menos de 2 dólares americanos atuais por dia. Agora há mais de mil vezes esse número (7 bilhões), que vivem o dobro disso (a média global é de 67 anos) e ganham mais de 12 vezes aquele valor (a média global hoje é de 25 dólares por dia).

A guerra, portanto, tem servido para alguma coisa – e servido tão bem, na verdade, que o meu quarto argumento é que a guerra está agora deixando de ser um bom negócio. Por milênios, a guerra (a longo prazo) criou a paz, assim como a destruição criou a riqueza, mas na nossa época a humanidade tem obtido tão bons resultados nos combates – com armas tão destruidoras e uma organização tão eficiente – que a guerra está começando a fazer com que mais guerras desse tipo se tornem impossíveis. Se os eventos tivessem tomado outro rumo naquela noite de 1983 – se Petrov houvesse entrado em pânico e o secretário-geral tivesse realmente apertado o botão, e se 1 bilhão de nós tivesse morrido nas poucas semanas seguintes –, o índice de mortes por violência do século XX teria subido e voltado ao padrão da Idade da Pedra, e, se o legado tóxico de todas aquelas ogivas tivesse sido tão terrível quanto alguns cientistas temiam, a essa altura talvez não restassem mais humanos.

A boa notícia é que isso não só não ocorreu, mas, francamente, nunca teve muita probabilidade de ocorrer. Voltarei às razões disso no capítulo 6, mas o ponto básico é que nós, humanos, revelamos ser notavelmente competentes para nos adaptar ao nosso ambiente mutável. Lutamos inúmeras guerras no passado porque a luta compensava, mas, no século XX, conforme o recurso à violência declinou, descobrimos maneiras de resolver nossos problemas sem criar o Armagedon. Não há garantias, é claro, mas no capítulo final deste livro vou sugerir que existem, mesmo assim, motivos para acreditar que continuaremos evitando esse desfecho. O século XXI irá assistir a impressionantes mudanças em tudo, até mesmo no papel da violência. O velho sonho de um mundo sem guerra pode, portanto, tornar-se realidade – embora o aspecto que esse mundo virá a ter seja outra questão.

Expor esses argumentos de maneira tão crua provavelmente terá disparado todo tipo de alarme. Você pode estar se perguntando o que será que eu entendo por "guerras" e como posso saber quantas pessoas morreram nelas. O que considero uma "sociedade" e como posso dizer quando é que uma delas está ficando maior. E o que, nesse aspecto, constitui um "governo" e como é que medimos o quanto cada um é forte. Todas essas são boas questões, e conforme minha história for se desenvolvendo vou tentar responder a elas.

No entanto, meu argumento básico é que a guerra tornou o mundo mais seguro, o que talvez cause espanto à maioria. Este livro foi publicado, em sua versão original, em 2014, exatamente 100 anos depois da eclosão da Primeira Guerra Mundial, em 1914, e 75 anos após o início da Segunda Guerra Mundial. Os dois conflitos deixaram 100 milhões de mortos – com certeza, número suficiente para que o fato de marcar esses aniversários com um livro que afirma que a guerra nos tornou mais seguros pareça piada. Mas 2014 foi também o 25º aniversário do fim da Guerra Fria, que ocorreu em 1989 e que livrou o mundo de repetições do pesadelo de Petrov. Vou argumentar neste livro que esses 10 mil anos de história da guerra desde o fim da última Era Glacial são na verdade uma narrativa única que leva até esse ponto, no qual a guerra tem sido o principal fator a tornar o mundo de hoje mais seguro e rico do que jamais foi.

Se isso soa um paradoxo, é porque *tudo* o que diz respeito à guerra é paradoxal. O estrategista Edward Luttwak resume a questão muito bem. Na vida cotidiana, observa ele: "vigora uma lógica linear não contraditória, cuja essência é o mero senso comum. Na esfera da estratégia, porém... vigora uma lógica bem diferente e ela rotineiramente viola a lógica linear comum". A guerra "tende a favorecer a conduta paradoxal e a derrotar de modo direto a ação lógica, produzindo resultados irônicos".

Na guerra, o paradoxo vigora de cima a baixo. Segundo Basil Liddell Hart, um dos criadores das táticas de tanques no século XX, o ponto principal é que "a guerra é sempre uma questão de fazer o mal com a esperança de que disso possa resultar o bem". Da guerra vem a paz; da perda, o ganho. A guerra nos faz atravessar o espelho e mergulhar em um mundo de pernas para o ar, onde nada é bem aquilo que parece. O argumento deste livro é uma proposição do tipo "dos males, o menor" – uma das formas clássicas do paradoxo. É fácil listar todas as coisas ruins que derivam da guerra, e o homicídio ocupa o topo da lista. Mas a guerra persiste como o menor dos males, pois a história mostra que ela não tem sido tão ruim assim como a alternativa: uma constante violência cotidiana, tipo Idade da Pedra, com derramamento de sangue e todos relegados à pobreza.

A objeção óbvia a argumentos do tipo dos males, o menor é que eles têm inegavelmente um registro ambíguo. Os ideólogos adoram: um extremista após outro vem garantindo a seus seguidores que, se eles simplesmente queimarem suas bruxas na fogueira, mandarem os judeus para as câmaras de gás ou esquartejarem os tútsi, tornarão este mundo um lugar puro e perfeito. E, no entanto, essas afirmações odiosas também podem ser revertidas. Se pudesse voltar no tempo e estrangular Adolf Hitler em seu berço, você faria isso? Se você aceita o mal menor, uma pequena matança agora evitará uma matança muito maior mais tarde. O menor dos males cria escolhas constrangedoras.

Os filósofos da moral têm um interesse particular na complexidade desses argumentos do tipo dos males, o menor. Ouvi um colega do departamento de filosofia da universidade dizer a uma plateia lotada: Imagine que você capturou um terrorista. Ele colocou uma bomba, mas não diz onde. Se você o torturar, talvez ele diga, e você salve dezenas de vidas. Você arrancaria as unhas dele? Se os estudantes da plateia hesitavam, o filósofo aumentava a aposta. Dizia: sua família poderia estar entre os possíveis mortos. E agora, você sairia procurando o alicate? E, se o terrorista ainda se recusasse a falar, você torturaria a família *dele*?

Essas questões incômodas esbarram em aspectos muito sérios. No mundo real, tomamos decisões do tipo dos males, o menor o tempo todo. Elas podem ser muito duras, e nos últimos anos os psicólogos começaram a aprender o que esses dilemas podem nos causar. Se um pesquisador lhe tirasse a roupa, enfiasse você dentro de um aparelho de ressonância magnética por imagem e depois lhe fizesse perguntas moralmente desafiadoras, seu cérebro iria se comportar de modo surpreendente. Se você imaginasse torturar um terrorista, seu córtex orbital se acenderia na tela da máquina na hora em que o sangue afluísse aos circuitos de seu cérebro que lidam com os pensamentos desagradáveis. Mas, se você estivesse calculando o número de vidas que poderia salvar, seu córtex dorsolateral faria o mesmo na hora em que um novo conjunto de circuitos fosse ativado. Você experimentaria essas sensações de conflito emocional e intelectual como intensos dilemas internos, que iriam também acionar seu córtex anterior cingulado.

Pelo fato de esses argumentos do mal menor nos deixarem tão desconfortáveis, este livro talvez constitua uma leitura um pouco perturbadora. Afinal, a guerra é um assassinato em massa. Que tipo de pessoa seria capaz de afirmar que isso traz algo de bom? E eu respondo agora: o tipo de pessoa que ficou perplexa diante dos achados de sua própria pesquisa. Se alguém tivesse me dito há 10 anos que um dia eu iria escrever este livro, acho que não teria acreditado. Mas aprendi que as evidências da história (e da arqueologia e da antropologia) são inequívocas. Por mais desconfortável que esse fato seja, a longo prazo a guerra tem tornado o mundo mais seguro e mais rico.

Estou longe de ser a primeira pessoa a ter compreendido isso. Três quartos de século antes, em 1939, o sociólogo alemão Norbert Elias escreveu um denso tratado teórico em dois volumes intitulado *O processo civilizador* em que defendia que a Europa havia se tornado um lugar bem mais pacífico ao longo dos últimos cinco séculos. Na sua visão, desde a Idade Média, os homens da classe alta da Europa (que tinham sido responsáveis pela parte do leão da brutalidade) haviam gradualmente renunciado a usar a força e o nível geral de violência tinha diminuído.

Essas evidências apontadas por Elias têm se manifestado com clareza há bastante tempo. Como muitas outras pessoas, eu mesmo deparei com algumas delas da primeira vez em que me mandaram analisar uma das peças de Shakespeare (no ensino médio da Inglaterra, nos idos de 1974). O que me chamou a atenção não foi a beleza da linguagem do Bardo, mas o quanto os seus personagens eram esquentados. Por qualquer coisa, enfureciam-se e partiam para resolver o assunto na faca. Com certeza havia pessoas assim na Inglaterra da década de 1970, mas em geral iam parar na cadeia e/ou na terapia – ao contrário dos valentões de Shakespeare, que em geral eram elogiados, em vez de serem culpados por primeiro apunhalar e depois fazer perguntas.

Mas será que Elias estava de fato certo ao afirmar que nosso mundo é mais pacífico que o dos séculos anteriores? Eis a questão, como diria Shakespeare, e a resposta do sociólogo foi que por volta da década de 1590, quando Shakespeare escreveu *Romeu e Julieta*, os seus mortíferos Montecchio e Capuleto já eram anacronismos. A contenção já substituía a raiva como a emoção definidora de um homem honrado.

Esse era o tipo de teoria que deveria ter virado notícia, mas – como os editores dizem sempre aos autores – o senso de oportunidade é tudo. E o de Elias foi simplesmente trágico. *O processo civilizador* foi publicado em 1939, justamente quando a Europa iniciava aqueles seis anos de orgia de violência que deixariam mais de 50 milhões de mortos (entre eles a mãe de Elias, em Auschwitz). Por volta de 1945, ninguém se animava muito a aceitar que os europeus estavam se tornando mais civilizados e pacíficos.

Elias só foi vingado a partir da década de 1980, quando já estava aposentado havia um bom tempo. A essa altura, décadas de trabalho árduo realizado por historiadores sociais, que esmiuçavam arquivos de antigos registros de autos de processo, começaram a render estatísticas sugerindo que Elias estivera certo o tempo todo. Por volta de 1250, descobriram eles, cerca de 1 em cada 100 europeus ocidentais podia esperar ser vítima de homicídio. Nos dias de Shakespeare, esse número havia caído para 1 em cada 300; e em 1950 para 1 em 3 mil. E, como Elias insistia, as classes mais altas sempre conseguiam sair ilesas.[4]

Na década de 1990, o mapa ficou mais denso. Em seu livro *A guerra antes da civilização*, tão notável em sua visão quanto *O processo civilizador* de Elias, o antropólogo Lawrence Keeley reuniu abundante estatística para mostrar que as sociedades da Idade da Pedra que ainda existiam no século XX eram de uma violência chocante. Hostilidades e ataques normalmente ceifavam a vida de 1 em cada 10 pessoas ou mesmo 1 em cada 5. Se Keeley estava certo, isso queria dizer que as sociedades da Idade da Pedra eram de 10 a 20 vezes mais violentas

---

4 Os criminologistas costumam expressar os índices de morte por violência em termos de mortes por 100 mil pessoas por ano. Pessoalmente, sempre tenho um pouco de dificuldade em ver o que isso significa na vida real; portanto, em geral indico os números como porcentagens da população que morre de forma violenta (calculados pela multiplicação do índice de morte por 30 [que é o número de anos de uma geração], dividido por mil, para chegar a uma porcentagem) ou como a probabilidade de qualquer indivíduo morrer de modo violento.

que o tumultuado mundo da Europa medieval e de 300 a 600 vezes piores que a Europa de meados do século XX.

Não é fácil calcular os índices de morte por violência nas sociedades pré-históricas da Idade da Pedra, mas, quando Keeley observou as evidências de assassinato, massacre e mutilação intencional no passado distante, nossos antigos ancestrais pareceram no mínimo tão homicidas quanto os grupos contemporâneos estudados pelos antropólogos. O testemunho silencioso de pontas de seta feitas de pedra alojadas entre as costelas, de crânios esmagados por instrumentos rombudos e de armas empilhadas em túmulos revela que o processo civilizador foi mais longo, mais lento e mais irregular do que Elias imaginou.

Nem mesmo as guerras mundiais, segundo Keeley, haviam tornado os tempos modernos mais perigosos do que os da Idade da Pedra, e um terceiro corpo de acadêmicos veio depois reforçar esse ponto de vista. Ele começou a tomar forma em 1960, com a publicação de outro livro notável (embora sem ter quase atraído interesse). Trata-se de *Statistics of deadly quarrels*, de Lewis Fry Richardson, excêntrico matemático, pacifista e meteorologista (até abandonar essa carreira ao perceber o quanto ela ajudava a força aérea).

Richardson passou os últimos vinte e tantos anos de sua vida procurando padrões estatísticos sob o aparente caos dos assassinatos. A partir de uma amostra de 300 guerras travadas entre 1820 e 1949, incluindo banhos de sangue como a Guerra Civil norte-americana, as conquistas coloniais europeias e as duas guerras mundiais, Richardson descobriu – para sua surpresa evidente – que "as perdas de vidas provocadas por contendas fatais, variando desde assassinatos a guerras mundiais, correspondem a cerca de 1,6% de todas as mortes desse período". Se acrescentarmos aos seus homicídios as guerras modernas ao redor do mundo, então, ao que parece, apenas 1 pessoa em cada 62,5 teve morte por violência entre 1820 e 1949 – cerca de um décimo do índice encontrado entre os caçadores-coletores da Idade da Pedra.

E havia mais. "O aumento da população mundial de 1820 a 1949", descobriu Richardson, "parece não ter sido acompanhado por um aumento proporcional na frequência da guerra, e na decorrente perda de vidas, como seria de esperar se a beligerância tivesse sido constante". A implicação: "A humanidade ficou menos bélica a partir de 1820".

Mais de 50 anos depois do livro de Richardson, a construção de bancos de dados sobre a morte virou um setor acadêmico menor. As novas versões são mais sofisticadas que as de Richardson e mais ambiciosas, estendendo-se retroativamente até 1500 e avançando para além de 2000. Como todos os setores acadêmicos, esse também é muito controverso, e, mesmo na guerra mais bem documentada da história – a ocupação do Afeganistão comandada pelos norte-americanos desde 2001 –, existem múltiplas maneiras de contar quantas pessoas morreram. Mas, afora todas essas questões, os achados básicos de Richardson permanecem intactos. A população mundial tem crescido, mas o número de pessoas que são mortas não foi capaz de acompanhar o mesmo ritmo. Resultado: a probabilidade de que algum de nós venha a morrer de forma violenta caiu por uma ordem de magnitude.

O novo edifício intelectual foi coroado em 2006 com a publicação da monumental obra de Azar Gat, *War in human civilization*. Com base em um espectro impressionante de campos acadêmicos (e presumivelmente em sua própria experiência como major das Forças de Defesa de Israel), Gat reuniu os novos argumentos em uma só história sobre como a humanidade domou a própria violência ao longo de milhares de anos. Ninguém pode hoje em dia pensar seriamente sobre a guerra sem tomar conhecimento das ideias de Gat, e quem tiver lido seu livro verá a influência dele em cada página do meu.

O pensamento sobre a guerra passou por uma grande transformação intelectual. Há apenas uma geração, a hipótese do declínio da violência era ainda a extravagante especulação de um sociólogo idoso que nem merecia ser mencionado às crianças aturdidas com Shakespeare. E ainda há os seus opositores: em 2010, por exemplo, o livro de Christopher Ryan e Cacilda Jethá, *Sex at dawn*, que negava com veemência que as primeiras sociedades humanas fossem violentas, tornou-se best-seller; em 2012, depois de vários anos expondo argumentos similares nas páginas da revista *Scientific American*, John Horgan reuniu-os em seu livro *The end of war*; e, em 2013, o antropólogo Douglas Fry juntou ensaios de 31 acadêmicos em seu livro *War, peace, and human nature*, questionando se os índices de morte por violência realmente haviam caído a longo prazo. Mas, embora todos esses livros sejam interessantes, com muita informação, e valha a pena lê-los, todos, a meu ver (como ficará claro nos capítulos a seguir), parecem usar a evidência de modo muito seletivo, e todos foram superados por uma maré de estudos mais abrangentes, que reforçam os insights principais de Elias, Keeley, Richardson e Gat. Enquanto escrevia a primeira versão desta Introdução, não um mas dois importantes trabalhos sobre o declínio da violência surgiram no espaço de um único mês: o do cientista político Joshua Goldstein, *Winning the war on war*, e o do psicólogo Steven Pinker, *Os anjos bons da nossa natureza*. Um ano mais tarde, o geógrafo Jared Diamond, vencedor do prêmio Pulitzer, dedicou a mais extensa parte de seu livro *O mundo até ontem* ao mesmo assunto. As discussões continuam acaloradas, mas na questão básica, a de que os índices de violência realmente declinaram, há um consenso crescente.

Quer dizer, o consenso prevalece até que perguntemos por que a violência declinou.

A guerra cria o Estado, e o Estado produz a paz

Sobre essa questão, as divisões são profundas, acaloradas e muito, muito antigas. Na verdade, remontam à década de 1640, um tempo em que dificilmente alguém pensaria haver um declínio da violência a ser explicado. A própria crueldade sanguinária dessa década na Europa e na Ásia foi o que levou de fato o filósofo Thomas Hobbes a colocar sua questão-chave na mesa. Hobbes fugira da Inglaterra para Paris quando ficou claro que sua terra natal descambava para uma guerra civil; e o subsequente massacre de 100 mil de seus compatriotas convenceu-o de uma coisa importante: que, deixadas por sua conta, as pessoas não se detêm diante de nada – nem mesmo da violência – para conseguir o que querem.

Se tantos morreram quando o governo central da Inglaterra ruiu, perguntava-se Hobbes, o quanto as coisas não devem ter sido piores nos tempos pré-históricos, antes mesmo que os humanos tivessem inventado o governo? Ele respondeu a essa pergunta no *Leviatã*, um dos clássicos da filosofia política.

Antes da invenção do governo, raciocinou Hobbes, a vida devia ter sido uma guerra de todos contra todos. Fez sua famosa reflexão: "Em tais condições, não há lugar para a indústria, porque o resultado disso é incerto e consequentemente não há cultivo da terra; não há navegação nem proveito das mercadorias que possam ser importadas por mar; nem construções amplas; nem meios de transporte e de remoção, pois tais coisas requerem mais força; nem conhecimento da superfície da terra; nem contagem do tempo; nem artes; nem literatura; nem sociedade; e, o pior de tudo, o medo contínuo do risco de morte por violência; e a vida do homem, solitária, pobre, vil, embrutecida e curta."

Na visão de Hobbes, o assassinato, a pobreza e a ignorância estariam sempre na ordem do dia, a não ser que houvesse um governo forte – um governo, sugeriu ele, tão intimidador quanto o Leviatã, o monstro Godzilla, ou aquele que tanto alarmou Jó na Bíblia. ("Na Terra não há coisa que se lhe possa comparar", disse Jó. "Ele vê tudo *aquilo* que é alto; é rei sobre todos os filhos da soberba.") Tal governo poderia ser um rei governando sozinho ou uma assembleia de tomadores de decisões, mas de ambos os modos o Leviatã precisaria intimidar seus súditos tão profundamente que eles escolheriam a submissão a suas leis em vez de matar e roubar uns aos outros.

No entanto, como foi que os turbulentos humanos conseguiram criar um Leviatã e escapar da anarquia violenta? Na década de 1640, havia pouca antropologia e menos arqueologia para municiar a discussão, mas isso não impediu Hobbes de sustentar pontos de vista sólidos. Hobbes afirmava que "povos selvagens em vários lugares da América" ilustravam sua tese, mas sempre se interessou mais pela especulação abstrata que por evidências. "A obtenção deste poder soberano se dá de duas formas", considerava ele. "Uma, pela força natural: como quando um homem manda nos filhos para dominá-los, e submete-os ao seu governo, como quem é capaz de destruí-los se eles se negarem; ou como a guerra que submete seus inimigos à sua vontade, dando-lhes a vida com essa condição. A outra forma se dá quando os homens entram em acordo para se submeterem a algum homem ou assembleia de homens voluntariamente." O caminho violento para o Leviatã foi chamado por Hobbes de "nação por *aquisição*"; o caminho pacífico de "nação por *instituição*". Mas de ambos os modos, segundo Hobbes, o que nos torna seguros e ricos é o governo.

Isso causou o maior alvoroço. O *Leviatã* era tão impopular entre os parisienses que acolheram Hobbes que ele precisou fugir de volta para a Inglaterra. Ao chegar, enfrentou uma tempestade de críticas. Por volta de 1660, chamar uma ideia de "hobbista" deixava implícito que qualquer pessoa decente deveria desconsiderá-la; em 1666, só a intervenção do recém-restaurado rei salvou Hobbes da perseguição por heresia.

Não contentes em se verem livres de Hobbes, os intelectuais parisienses logo se empenharam em rebater suas depressivas afirmações. A partir de 1690, um pensador francês atrás de outro anunciava que o inglês havia colocado as coisas de modo completamente equivocado, e, 75 anos depois que Hobbes estava morto e enterrado, o filósofo suíço Jean-Jacques Rousseau juntou todas essas críticas. O governo não podia ser a resposta, concluiu Rousseau, pois em seu estado natural o homem era "igualmente alheio à guerra e a qualquer vínculo social, sem nenhuma necessidade de seus semelhantes, bem como nenhum desejo de prejudicá-los". O Leviatã não havia domado nosso espírito bélico; em vez disso, corrompera nossa simplicidade.

Rousseau, porém, revelou-se ainda menos popular que Hobbes. Ele teve que fugir da Suíça francesa para a alemã, mas bastou chegar e sua casa foi apedrejada por uma pequena multidão. Fugiu para a Inglaterra, mas não gostou de lá e, então, voltou escondido para Paris, mesmo tendo sido oficialmente exilado da França.[5] Mas, apesar de sua recepção tempestuosa, Rousseau não facilitou as coisas para Hobbes. No final do século XVIII, o otimismo de Rousseau em relação à bondade inata da humanidade fez com que alguns leitores considerassem Hobbes reacionário. No final do século XIX, Hobbes foi reabilitado, já que as teorias evolucionistas de Darwin fizeram com que sua visão do homem como lobo do homem parecesse mais de acordo com a natureza, mas no século XX ele perdeu terreno de novo. Por razões que iremos examinar no capítulo 1, o idealismo de *War*, de Edwin Starr, limpou o terreno. Por volta de 1980, a visão austera de Hobbes, de um governo forte como uma força para o bem, estava em franco retrocesso.

Os críticos de Hobbes distribuíam-se por todo o espectro ideológico. "O governo", asseverou Ronald Reagan aos norte-americanos em seu discurso de posse, "não é a solução para o nosso problema; o governo é o problema". Mas o grande medo de Reagan – de que um governo inflado pudesse sufocar a liberdade individual – também mostra o quanto o debate moderno sobre os méritos de um governo grande ou pequeno afastou-nos do tipo de horror que preocupava Hobbes. Para pessoas de qualquer idade nascidas antes de nós, nossos atuais argumentos teriam parecido insensatos; para elas, a única discussão que importava era entre um governo extremamente pequeno e nenhum governo. Um governo extremamente pequeno significaria a existência de pelo menos alguma lei e alguma ordem; nenhum governo, que essas coisas estariam ausentes.

Reagan uma vez brincou que "as 10 palavras mais aterrorizantes em inglês são '*Hi, I'm from the government, and I'm here to help*' ("Oi, eu sou do governo e vim aqui para ajudá-lo")", mas, na realidade, as 10 palavras mais assustadoras são "*There is no government, and I'm here to kill you*" ("Não há governo e vim aqui para matá-lo"). E acredito que Reagan poderia ter concordado com isso; em outra oportunidade ele disse: "Um deputado me acusou de ter uma atitude

5 Rousseau passou sua adolescência em Paris, mas, como sua obra começou a ser considerada uma afronta aos costumes morais e religiosos, acabou se refugiando em Neuchâtel, na Suíça. [N. E.]

do século XIX em relação à lei e à ordem. Essa é uma acusação totalmente falsa. Eu tenho uma atitude do século XVIII... Os Pais Fundadores[6] deixaram claro que a segurança dos cidadãos que respeitam as leis deve ser uma das principais preocupações do governo".

Em 1975, poucos anos antes do primeiro discurso de Reagan como presidente, o sociólogo Charles Tilly havia sugerido que de toda a confusão de datas e detalhes que atravancam a história europeia podemos extrair uma grande história: a de que "a guerra fez o Estado, e o Estado fez a guerra". O conflito, observou ele, impulsionou o surgimento de governos fortes, e os governos então usaram sua força para guerrear ainda mais. Sou grande apreciador do trabalho de Tilly, mas nesse caso, a meu ver, ele não encontrou a manchete certa. O fato evidente, como Hobbes bem entendeu, é que ao longo dos últimos 10 mil anos a guerra produziu o Estado, e o Estado produziu a paz.

Nos trinta e tantos anos desde o discurso de Reagan, a opinião dos acadêmicos voltou-se na direção de Hobbes, e em certo sentido foi além de Reagan e adotou uma atitude do século XVII em relação à lei e à ordem. A maioria dos livros mais recentes que identificam um declínio da violência cita Hobbes em tom de aprovação. "Hobbes estava mais perto da verdade", diz Gat em seu *War in human civilization*, que o "Jardim do Éden de Rousseau".

No entanto, esses novos defensores de Hobbes raramente parecem estar muito à vontade com sua sombria tese de que o poder do governo é o que nos torna seguros e prósperos. Keeley, o antropólogo, prefere claramente Hobbes a Rousseau, mas sente que, "se a primitiva era dourada de Rousseau é imaginária, a perpétua baderna de Hobbes é impossível". Os povos da Idade da Pedra na realidade não ficavam travando uma guerra de todos contra todos, conclui Keeley, e o surgimento do governo trouxe tanto dor quanto paz.

Elias, o sociólogo, foi em outra direção. Ele, na realidade, nunca menciona Hobbes em *O processo civilizador*, apesar de compartilhar a intuição do filósofo de que o governo era crucial para conter a violência. Mas onde Hobbes faz do Leviatã a parte ativa, atemorizando seus súditos, Elias coloca os súditos no assento do motorista, sugerindo que eles perderam o gosto pela violência porque adotaram modos mais brandos, que pudessem se encaixar melhor nas elegantes cortes reais. E, em contraste com a aposta de Hobbes de que a grande

---

6 Founding Fathers of the United States, os Pais Fundadores dos Estados Unidos, são os líderes políticos que assinaram entre outros decretos a Declaração de Independência ou aqueles que participaram da Constituição dos Estados Unidos em 1787. [N. E.]

pacificação teve lugar no passado distante, Elias situa-a nos anos posteriores a 1500.

Pinker, o psicólogo, coloca as coisas sem meias palavras em seu livro de 2002, *Tábula rasa*. "Hobbes estava certo, Rousseau estava errado", declara. Mas em sua obra mais recente, *Os anjos bons da nossa natureza*, Pinker recua um pouco, diluindo a tese do Leviatã. A história do declínio da violência, argumenta Pinker, não é apenas sobre o Leviatã. É "um conto de seis vertentes, cinco demônios internos e cinco forças históricas". Para entender adequadamente, diz Pinker, precisamos dividir a história em múltiplas fases - um Processo Civilizador, uma Revolução Humanitária, uma Longa Paz e uma Nova Paz - e reconhecer que cada uma delas tem suas próprias causas, algumas remontando a milênios, outras operando somente a partir de 1945 (ou mesmo 1989).

Goldstein, o cientista político, vai ainda mais longe. As mudanças importantes, defende ele, são todas elas pós-guerra (ou seja, pós-Segunda Guerra Mundial), e para entendê-las temos que ser mais hobbistas do que Hobbes. O maior golpe contra a violência, diz Goldstein, não foi o surgimento do governo, como Hobbes sugere. Foi o surgimento de um über-governo, na forma das Nações Unidas.

Claramente, os especialistas divergem profundamente quanto ao papel da guerra e do governo em tornar o mundo mais seguro e mais rico. Pela minha experiência, o que esse tipo de divergência significa é que estamos examinando a questão de modo equivocado e com isso achando respostas apenas parciais e contraditórias. Precisamos adotar outra perspectiva.

Porcos de guerra

Por vários aspectos, sou provavelmente a pessoa menos capaz de oferecer tal perspectiva. Excetuando minha pequena rusga com Petrov, nunca lutei em uma guerra, nem mesmo vi de perto uma carnificina. O mais próximo que cheguei disso foi em Tel Aviv em 2001, quando um homem-bomba explodiu uma discoteca a poucas centenas de metros de onde eu me hospedava, mutilando 21 adolescentes. Acho que ouvi a explosão, mas não tenho certeza; estava sentado no bar do hotel onde se realizava uma festa de formatura do ensino médio de estudantes mais afortunados. Mas ninguém conseguiu deixar de ouvir as sirenes das ambulâncias.

E tampouco venho de uma distinta família de militares. Meus pais, ambos nascidos na Inglaterra em 1929, eram jovens demais para a Segunda Guerra

Mundial, e por trabalhar nas minas meu pai perdeu também a Guerra da Coreia. A mineração de carvão matara seu próprio pai antes do início da Segunda Guerra Mundial, enquanto o pai da minha mãe escapara de lutar porque era metalúrgico (era comunista também, embora isso tenha deixado de ser um grande problema depois que a Alemanha atacou a União Soviética em 1941). O tio da minha mãe, Fred, serviu com o general Montgomery no norte da África, mas nunca disparou seu fuzil, nem sequer viu alguma vez um alemão. Pelo seu relato, a guerra consistia em pular dentro de caminhões para caçar inimigos invisíveis pelo deserto e depois pular dentro de outros caminhões para ser perseguido no caminho de retorno ao ponto de partida. Seu contato mais próximo com o perigo, dizia sempre, foi quando perdeu a dentadura em uma tempestade no deserto.

Em vez de servir meu país, eu desperdicei minha juventude em bandas de rock. Talvez fosse um pouco menos paz e amor que muitos contemporâneos meus da década de 1970, mas meus instintos mal articulados ainda estavam em grande parte do lado da canção *War*. O primeiro solo de guitarra que eu consegui tocar de fato foi aquele riff pesado do épico do Black Sabbath, *War pigs*, com aquelas duras frases de abertura:

> *Generals gathered in their masses*
> *Just like witches at black masses.*[7]

Com o tempo, depois de vários anos divertidos, mas não muito lucrativos compondo canções que soavam de modo suspeito, muito parecidas com *War pigs*, descobri que ser historiador e arqueólogo era para mim mais natural que ser guitarrista de heavy metal.

Os pais fundadores dos textos de história – Heródoto e Tucídides na Grécia Antiga e Sima Qian na antiga China – elegeram a guerra como tópico central, e, se você fosse julgar apenas pelos documentários que passam no *History Channel* ou pelo que vê à venda nas livrarias de aeroportos, seria perdoável você achar que os historiadores têm seguido o exemplo deles desde então. Mas, na realidade – por razões que irei expor no capítulo 1 –, a maioria dos historiadores e arqueólogos profissionais virou as costas para a guerra durante os últimos 50 anos.

---

7 "Generais reunidos com suas tropas / Como bruxas em missas negras." [N. T.]

Ao longo das duas décadas em que fiz parte desse grupo (consegui meu doutorado em 1986), geralmente segui o exemplo dos meus predecessores, e foi apenas enquanto escrevia meu livro *Why the west rules - For now: the patterns of history, and what they reveal about the future* que enfim tive noção da finalidade da guerra. Minha esposa, que normalmente consome mais ficção moderna que livros de história, lia cada capítulo conforme eu concluía os rascunhos, mas quando lhe passei um texto particularmente extenso ela por fim confessou: "Bem... não é que eu não esteja gostando... mas fala muito sobre guerra, não?".

Até aquele momento ainda não me dera conta de que havia guerra demais no livro. Quando muito, tinha uma impressão de que estava conseguindo manter as histórias sobre guerra em segundo plano. Mas, depois do comentário de Kathy, percebi que ela estava certa. Havia guerra aos montes.

Quando fiquei cismado com isso – Será que devo cortar as menções a guerras? Será que preciso fazer uma longa exposição sobre o motivo de haver tanta menção a guerras no livro? Será que perdi o fio da meada? –, compreendi que o livro era do jeito que tinha que ser, porque a guerra de fato é essencial na história. E, quando terminei de escrevê-lo, percebi que a guerra será tão essencial para o nosso futuro como foi para o nosso passado. Longe de ter escrito demais sobre guerra, eu mal tinha começado.

Foi quando me dei conta de que meu próximo livro teria que ser sobre guerra.

Quase imediatamente comecei a sentir um frio na barriga. "*O for a Muse of fire*" (em tradução livre, "Ah, venha a mim uma Musa de fogo"), pedia Shakespeare quando chegava a hora de escrever sobre guerra, e logo vi o que ele queria dizer com isso. Se até ele se desesperava por ter que trazer à cena um objeto tão magnífico em seu modesto tablado, que esperança poderia eu ter?

Parte do problema é a imensa quantidade de reflexões e textos sobre a guerra que já foi produzida. Apesar de os historiadores profissionais terem se afastado um pouco do assunto, milhões de livros, ensaios, poemas, peças de teatro e músicas têm guerra como tema. Segundo Keeley, em meados da década de 1990 já havia mais de 50 mil livros apenas sobre a Guerra Civil norte-americana. É impossível alguém dominar essa enxurrada.

Mas me parece que essa efusão de palavras pode ser dividida em apenas quatro maneiras principais de pensar a guerra. A primeira, e nos últimos anos a mais difundida, é o que eu chamaria de "abordagem pessoal". Ela evoca a experiência de guerra do indivíduo – como é estar na linha de frente, sofrer ou infligir estupro e tortura, prantear os mortos, viver com ferimentos ou simplesmente dar conta das pequenas privações ao longo da vida. A melhor parte dessa produção, seja ela em forma de jornalismo, seja em poesia, canções, diários, novelas, filmes ou apenas histórias contadas em mesa de bar, é visceral e sem mediações. É algo que choca, excita, parte o coração e inspira – com frequência, tudo isso ao mesmo tempo.

A abordagem pessoal tenta nos contar como é viver a guerra, e nesse sentido, como já confessei, não tenho nada a acrescentar às vozes daqueles que de fato experimentaram a violência. A abordagem pessoal, porém, não nos diz tudo o que precisamos saber a respeito da guerra, e no final só responde à parte da pergunta "ela traz algo de bom?". A guerra trata de algo mais do que apenas as sensações de vivê-la, e a segunda grande maneira de pensar a guerra, que eu chamo vagamente de "história militar", tenta dar conta desse lapso.

O limite entre o que é relato pessoal e o que é história militar pode ser nebuloso. Desde pelo menos 1976, quando surgiu o pioneiro livro de John Keegan, *A face da batalha*, a experiência individual dos soldados no passado tem sido uma das áreas permanentes de interesse da história militar. Mas historiadores militares também contam histórias mais abrangentes, de batalhas, campanhas e conflitos inteiros. Sabe-se que a guerra é como um nevoeiro denso, e nunca ninguém é capaz de enxergar o quadro completo do que está acontecendo ou de entender todas as implicações dos eventos. Para solucionar esse problema, os historiadores apoiam-se em estatísticas oficiais, relatórios de oficiais após as ações, visitas a campos de batalha e incontáveis outras fontes, além das experiências pessoais de combatentes e civis, tudo isso para obter uma visão de conjunto que transcenda a de qualquer indivíduo.

A abordagem de história militar costuma desembocar em uma terceira perspectiva da guerra, que poderíamos chamar de "estudos técnicos". Por milhares de anos, soldados profissionais, diplomatas e estrategistas – em geral profundamente baseados tanto em sua experiência pessoal como em suas leituras de história – têm abstraído princípios de guerra de sua prática, tentando explicar quando a força deve ser usada para resolver disputas e como ela pode ser aplicada de maneira mais eficaz. A abordagem técnica é quase o oposto da pessoal: enquanto esta olha para a violência de baixo para cima e geralmente não vê sentido nela, o olhar técnico a examina de cima para baixo e com frequência vê nela muito sentido.

A quarta abordagem, no entanto, nos leva ainda além do pessoal e vê a guerra como parte do padrão mais amplo da evolução. Os biólogos há muito tempo reconhecem que a violência é uma das ferramentas disponíveis aos seres vivos em sua luta por recursos e pela reprodução. A implicação óbvia, segundo a conclusão de muitos arqueólogos, antropólogos, historiadores e cientistas políticos, é que só podemos explicar a violência humana se identificarmos suas funções evolucionárias. Ao compararem os padrões do comportamento humano com os encontrados em outras espécies, esses estudiosos esperam identificar a lógica implícita na guerra.

Nunca ninguém conseguiu dominar todas essas quatro maneiras de pensar a guerra, e talvez ninguém consiga jamais. Hoje, depois de ter passado vários anos lendo livros e conversando com profissionais, estou, infelizmente, ciente das lacunas em minha própria bagagem. Mas, dito isso, gostaria também de pensar que os 30 anos que passei em bibliotecas poeirentas e em escavações arqueológicas mais poeirentas ainda me deram pelo menos alguma base para juntar as quatro abordagens e tentar explicar o que a guerra traz de bom. Você terá que julgar por si mesmo se estou certo, mas, na minha maneira de ver, podemos entender melhor a guerra partindo de uma perspectiva global, de longo prazo, e depois fazendo um zoom em pontos-chave para esquadrinhar os detalhes. Na minha concepção, olhar para a guerra é como olhar para qualquer outro objeto imenso: se você fica perto demais, a visão das árvores o impede de ver a floresta, mas, se você fica longe demais, ela desaparece no horizonte. Penso que a maioria dos relatos pessoais e das histórias militares fica perto demais da guerra para permitir ver o quadro geral, enquanto a maior parte dos tratamentos evolucionários e muitos dos estudos técnicos ficam longe demais para que se possa enxergar os detalhes violentos.

Esse movimento de se aproximar e afastar nos mostra o quanto os resultados de longo prazo podem ser diferentes das ações de curto prazo que os desencadearam. Citando a famosa observação do economista John Maynard Keynes: "A longo prazo estaremos todos mortos"; e, a curto prazo – aquele em que de fato vivemos –, a guerra simplesmente nos faz morrer antes. No entanto, o efeito cumulativo dos últimos 10 mil anos de lutas tem sido fazer com que as pessoas vivam mais tempo. Como sugeri, o paradoxo percorre a guerra de cima a baixo.

Keynes passou grande parte de sua carreira buscando financiamento para a participação da Grã-Bretanha nas guerras mundiais, mas mesmo assim escreveu em 1917: "Trabalho para um governo que desprezo, perseguindo objetivos que considero criminosos". Ele compreendeu, talvez melhor que a maioria, que muitos governos *são* criminosos. E, no entanto, o paradoxo persiste: o efeito cumulativo de 10 mil anos de Leviatãs tem sido criar sociedades mais pacíficas e prósperas. Poderíamos batizar essa questão de "E como fica Hitler?" (ou Stálin, Mao, Idi Amin... escolha o seu). O regime nazista foi uma abominação, e estava tão interessado em assassinar seus súditos quanto em protegê-los – portanto, como pode alguém defender que o efeito geral dos governos tem sido tornar-nos mais seguros e ricos? Hitler, é tentador concluir, passou Hobbes para trás.

Mas essa questão "E como fica Hitler?" tem um problema particular. O argumento de Hobbes, ao que parece, não é o único que Hitler passou para trás; como mencionei, durante décadas parecia que Hitler deixara também Elias para trás – até ficar claro que não. Entre 1933 e meados de 1945, o Leviatã nazista devorou seus filhotes e levou os índices de morte por violência a níveis horrendos. Mas, se adotarmos uma perspectiva um pouco mais longa, por volta do verão de 1945 esse monstro havia obviamente sido derrotado por outros Leviatãs, e a tendência de declínio dos índices de morte por violência foi retomada.

Voltarei à questão "E como fica Hitler?" com mais detalhes no capítulo 5, mas por ora quero apenas dizer que a razão pela qual Hitler não passou Hobbes para trás é que esses casos extremos de governantes abjetos ou virtuosos nunca irão provar ou refutar uma teoria mais ampla sobre a utilidade da guerra. A realidade é que não há dois governos iguais (de fato, considerando o inglório histórico de guinadas políticas de 180 graus, nenhum governo permanece o mesmo por muito tempo), e só podemos compreender o impacto do Leviatã examinando o governo, assim como a guerra, dentro de um prazo o mais longo possível.

A Tabela 1, elaborada pelo historiador Niall Ferguson, é uma ferramenta útil para refletir sobre isso. "A tabela deve ser lida como um cardápio, e não como uma grade", explica Ferguson; cada sociedade faz uma ou mais escolhas de cada coluna, combinando e emparelhando os elementos segundo sua vontade. Existem dezenas de milhares de combinações possíveis. A Alemanha de Hitler, por exemplo, foi dirigida como uma tirania. Seus objetivos incluíam segurança, matérias-primas, tesouros e acima de tudo terras (o notório Lebensraum). Os bens públicos que oferecia são menos óbvios, mas provavelmente incluíam saúde. Seu comando era principalmente militar; seu sistema econômico, planejado (apesar de muito mal planejado); os principais beneficiários, uma elite no poder; e seu caráter social, francamente genocida.

Sistema metropolitano	*Objetivos movidos por autointeresse*	*Bens públicos*	*Métodos de comando*	*Sistema econômico*	*Quem se beneficia?*	*Caráter social*
Tirania	Segurança	Paz	Militar	Agrícola	Elite no poder	Genocida
Aristocracia	Comunicações	Comércio	Burocracia	Feudal	As massas metropolitanas	Hierárquico
Oligarquia	Terras	Investimento	Colonização	Mercantilista	Colonizadores	Conversor
Democracia	Matérias--primas	Lei	ONGs	Mercado	Elites locais	Assimilativo
	Tesouros	Governança	Empresas	Misto	Todos os habitantes	
	Mão de obra	Educação	Delegação a elites locais	Planejado		
	Aluguéis	Conversão				
	Impostos	Saúde				

Tabela 1 – Muitas maneiras de fazer as coisas: o "cardápio" do historiador Niall Ferguson sobre formas de governo.

Não há duas sociedades que façam exatamente as mesmas escolhas. Dois mil anos antes de Hitler, a república romana foi governada por uma aristocracia, interessada sobretudo em extrair mão de obra militar. Os principais bens públicos que oferecia eram provavelmente comércio e lei, e ela comandava principalmente por delegação às elites locais, beneficiando a maior parte de seus habitantes, e com o tempo mudou seu caráter de hierárquico para assimilativo.

Para os mais interessados em história, encaixar as diferentes sociedades no menu de Ferguson pode ser muito divertido, mas há também aspectos mais influentes a serem assinalados. Ao longo dos 5 mil anos para os quais dispomos de evidência escrita, alguns governos agiram mais como o Leviatã de Hobbes e outros mais como o Terceiro Reich de Hitler, mas a tendência geral – é o que defendo neste livro – tem sido em direção ao extremo do espectro pertinente a Hobbes, e é por isso que os índices de morte por violência têm caído tanto.

A única maneira de enxergar esse padrão – é o método que eu sigo ao longo deste livro – é recuar um passo, afastando-se dos detalhes, para examinar a longo prazo o que realmente aconteceu, em vez de se fixar naquilo que os teóricos e os autoproclamados grandes homens disseram que estava (ou devia estar) acontecendo. No geral, por razões que voltarei a tratar no capítulo 6, os governos buscam alcançar o que percebem como seus melhores interesses, e não os projetos que lhes são apresentados pelos filósofos. Hitler não precisou de pseudocientistas para convencê-lo a entrar na guerra na Europa e exterminar o que ele chamou de *Untermenschen* ("sub-humanos"); ao contrário, decidiu-se pela guerra e depois voltou-se para os pseudocientistas para tentar justificá-la. As *chattering classes*[8] da Europa escandalizaram-se quando Hitler e Stálin assinaram um pacto proclamando amizade entre o fascismo e o comunismo em 1939 – e alguém bem-humorado do Ministério do Exterior britânico comentou: "*All the isms have become wasms*"[9], mas o escândalo era injustificado. A verdade é que os *isms sempre* haviam sido *wasms*. A dura e paradoxal lógica da estratégia sempre triunfou sobre todo o resto.

Consequentemente, passo boa parte deste livro falando bastante de pessoas comuns – trabalhadores, soldados, empresários – e pouco sobre pensadores e ideólogos. Como bem veremos, as grandes ideias pelas quais homens e mulheres deram sua vida ou sacrificaram a vida de inocentes revelaram-se como a espuma sobre a superfície das ondas, movidas por forças mais profundas. Somente se entendermos isso seremos capazes de ver para que tem servido a guerra – e como isso irá mudar.

O plano de ataque

Os primeiros cinco capítulos deste livro contam a história da guerra e vão do mundo violento e emprobrecido dos caçadores-coletores pré-históricos à era de Petrov. É uma história confusa, como a história sempre se mostra quando cavoucamos os detalhes, mas revela uma tendência poderosa. Sob certas circunstâncias – que eu examino nos capítulos 1 e 2 –, a guerra pode ser uma força produtiva, no sentido de criar Leviatãs responsáveis por tornar as pessoas mais

8 *Chattering classes* é um termo (ligeiramente pejorativo) usado com frequência por especialistas e comentaristas políticos para se referir a setores instruídos da classe média urbana, bem informados politicamente e em questões sociais, com conexões com a mídia e a academia, e que funcionam como árbitros da sabedoria convencional. [N. T.]

9 Algo como "Todos os ismos viraram coisas do passado". O trocadilho original é impossível de traduzir: *isms* são "ismos" – como o fascismo e o comunismo –, e o autor do trocadilho brincou com o sentido de *is* e *was* (tempos verbais correspondentes a presente e passado do verbo ser em inglês), inventando o termo *wasms,* que corresponderia a algo como "ismos do passado". [N. T.]

seguras e ricas. Sob outras – que examino no capítulo 3 –, ela pode se tornar francamente contraproducente, fragmentando as sociedades maiores, mais ricas e seguras em sociedades menores, mais pobres e mais violentas. Mas sob outras circunstâncias – que exponho nos capítulos 4 e 5 – a guerra pode se tornar mais produtiva que nunca, gerando não só Leviatãs, mas globocops[10]. Estes atravessam o mundo como colossos, transformando a vida de maneiras que teriam parecido mágicas em qualquer época anterior, mas também controlam um poder de destruição que poderia aniquilar totalmente a vida do planeta.

No capítulo 6, divido a narrativa para tentar compreender essa história situando-a em seu contexto evolucionário mais amplo, antes de passar ao capítulo 7 e perguntar o que tudo isso nos diz sobre o rumo que o mundo pode estar tomando no século XXI. A resposta, argumento eu, é ao mesmo tempo alarmante e animadora – alarmante porque os próximos 40 anos serão os mais perigosos da história, mas animadora porque há razões para acreditar que, em vez de simplesmente sobreviver, iremos triunfar. A longa história da guerra está se aproximando de seu extraordinário ponto culminante, mas para entender o que está acontecendo devemos começar – como farei agora – rememorando em profundidade o nosso violento passado.

---

10 Termo que significa "policial global", um papel assumido pelos Estados Unidos em sua política externa há várias décadas. [N. T.]

1

Devastação? Guerra e paz na Roma Antiga

A batalha nos confins do mundo

Pela primeira vez na história as tribos haviam se unido – os vacomagi com os taexali, os decantae com os lugi e os caereni com os carnonacae – e todo homem capaz de empunhar uma espada correu para o monte Graupius. Seria por esse caminho, segundo os chefes locais, que os romanos chegariam. E seria ali, onde as terras altas descem em direção ao frio mar do Norte (Figura 1.1), que os caledônios iriam opor uma resistência para sempre cantada em verso.

Jamais saberemos quantos louvores os bardos celtas de longos cabelos dedicaram aos heróis daquele dia; todos os seus épicos já foram há muito tempo esquecidos. Sobreviveu apenas um relato do que aconteceu, escrito por Tácito, um dos historiadores da Roma Antiga. Tácito não acompanhou o exército até o monte Graupius, mas casou com a filha do general, e, quando colocamos sua descrição da luta ao lado dos achados dos arqueólogos e de outros escritos romanos, obtemos duas coisas – uma ideia muito boa do que aconteceu quando os exércitos se enfrentaram há cerca de 2 mil anos[11] e também uma cabal formulação do problema que este livro tenta resolver.

"Homens do norte!"

Cálgaco gritava a plenos pulmões, tentando fazer-se ouvir em meio ao canto de bandos em guerra, aos zurros das cornetas de cobre e ao alarido dos carros de guerra no vale, lá embaixo. Diante dele, 30 mil homens agitados, desordenados, um número jamais visto naquelas solitárias paragens do norte. Ele ergueu os braços pedindo silêncio, mas em vão.

"Homens! Ouçam-me!" Por um momento, o rumor se elevou, com os homens gritando o nome de Cálgaco, mas aos poucos foi amainando, em respeito ao grande guerreiro, o mais valoroso das dezenas de comandantes caledônios.

---

11 Assimilar descrições de uma batalha antiga é sabidamente um problema espinhoso para os historiadores. Eu discuto as (muitas) questões de interpretação nas seções "Notas" e "Leituras adicionais" no final deste livro.

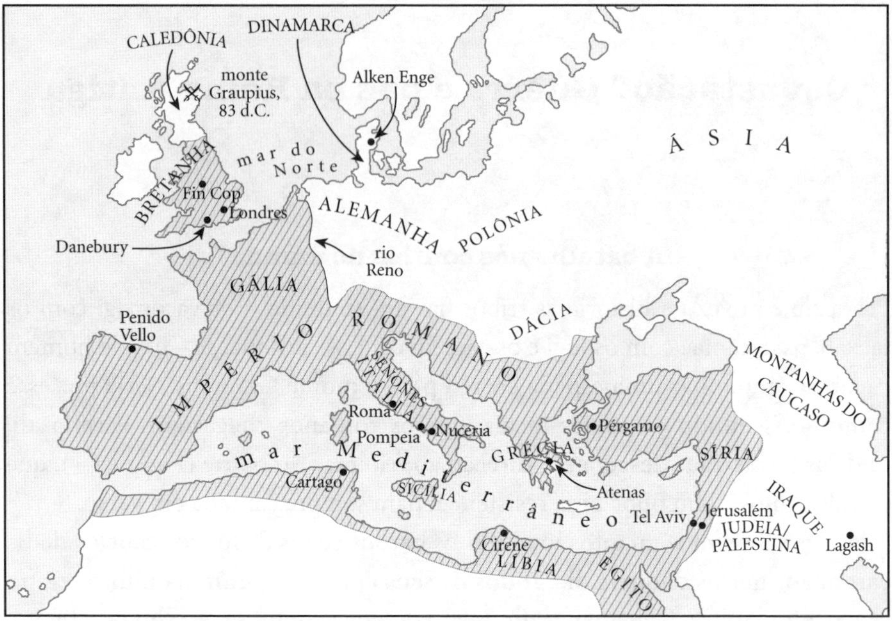

Figura 1.1. Devastação? O Império Romano à época da batalha do monte Graupius, 83 d.C.

"Homens do norte! Esta é a aurora da liberdade para a Bretanha! Vamos lutar, todos juntos. É um dia para heróis – e, mesmo que você seja um covarde, lutar é a coisa mais segura a fazer agora!" Por um momento, um sol pálido irrompeu pelo plúmbeo céu do norte, e a aclamação calou Cálgaco de novo. Ele ergueu a cabeça e urrou em desafio: "ouçam-me! Vivemos no fim do mundo. Somos os últimos homens livres sobre a Terra. Não há ninguém mais depois de nós – não há nada ali exceto rochas e ondas, e mesmo estas estão cheias de romanos. Não há como escapar deles. Roubaram o mundo, e agora vêm roubando tudo o que encontram pela terra, saqueiam até mesmo o mar. Se imaginam que você tem algum dinheiro, atacam-no por cobiça; se você não tem nada, atacam-no por arrogância. Eles roubaram todo o oriente e todo o ocidente, mas ainda não estão satisfeitos. São o único povo da Terra que rouba tanto ricos quanto pobres. Dão ao roubo, à matança e ao estupro o mentiroso nome de governo! Criam a devastação e chamam-na de paz!".

Uma onda de gritos roucos e o som de pés batendo no chão e de espadas tilintando contra escudos engoliram o resto das palavras de Cálgaco. Sem que ninguém lhes ordenasse, os bandos de guerreiros começaram a avançar. Alguns pertenciam a grupos de uma centena ou mais liderados por um chefe, enquanto outros homens avançavam por conta própria, dançando de empolgação. Cálgaco vestiu uma cota e seguiu seus homens. Começava a batalha.

A menos de um quilômetro, os romanos aguardavam. Durante seis verões, seu general, Agrícola, vinha procurando combate, avançando cada vez mais para o norte, queimando casas e campos cultivados dos bretões, incitando-os a tomar posição. E agora, em 83 d.C., conforme o outono se aproximava, ele finalmente conseguia o que queria: uma batalha. Seus homens eram em menor número, estavam distantes dos fortes e no limite das linhas de suprimentos, mas de qualquer modo tratava-se de uma batalha. Ele se deleitava com a situação.

Agrícola havia disposto seus homens em duas linhas, retas como réguas a despeito dos declives e concavidades do terreno. Destacados à frente iam os ajudantes, disputando o dinheiro (que era bom) e na expectativa do saque (melhor ainda) e da promessa de cidadania romana após 25 anos de serviço. Nesta campanha, a maioria eram germânicos, contratados ao longo das margens do Reno. Alguns iam montados em cavalo, dando cobertura aos flancos, mas a maioria seguia a pé. E não eram como os membros de tribos, brandindo espadas de lâmina larga: em pé, quase ombro a ombro, carregavam dardos e espadas curtas e pontiagudas, transpirando sob os 15 quilos de cotas, elmos de ferro e escudos (Figura 1.2).

Na segunda linha iam os legionários, cidadãos de elite com armamento ainda mais pesado, os melhores soldados do mundo. Dispensando seu cavalo, Agrícola tomou lugar à frente dos porta-estandartes.

Como Agrícola esperava, a batalha não demorou muito. Os caledônios lançaram-se pelo vale, chegando tão perto dos romanos quanto ousavam e atirando lanças, para depois escalar a encosta de volta até o local seguro. Alguns homens de Agrícola caíam aqui e ali, feridos nas pernas não protegidas ou já mortos, mas o general aguardou. Só quando concluiu que o inimigo se concentrara o suficiente no vale para ter dificuldades em manobrar é que mandou os ajudantes avançar.

Figura 1.2. A serviço do império: um ajudante germânico do século I d.C., lutando por Roma.

Alguns caledônios viraram as costas e saíram correndo. Outros ficaram, procurando espaço para brandir com as duas mãos as espadas de lâmina larga, traçando imensos arcos e esmagando armadura, carne e ossos, cortando homens ao meio. Mas os ajudantes continuavam avançando, fileira após fileira, sob pesadas armaduras de metal, encurtando distância para impedir que os esparsos guerreiros das terras altas usassem as armas de difícil manejo. Quase numa luta corpo a corpo, os romanos golpeavam seus escudos com bordas de ferro contra narizes e dentes, enfiavam as espadas curtas em costelas e gargantas e pisoteavam as vítimas na grama molhada. Jorros de sangue formavam camadas espessas de coágulo em suas cotas e viseiras, mas eles continuavam avançando, deixando aos que vinham na retaguarda a tarefa de completar o serviço naqueles que ainda resistiam, estupefatos e feridos.

Nenhum plano sobrevive ao contato com o inimigo, diz um ditado, e, conforme os ajudantes romanos subiam a encosta, as fileiras ordenadas que até então os mantinham imbatíveis começaram a se dispersar. Exaustos, encharcados agora tanto de suor quanto de sangue, foram desacelerando até parar. Em grupos de dois ou três guerreiros, os caledônios voltaram-se com as espadas para defender seu território entre rochas e árvores. Durante minutos que pareceram durar horas, gritaram ofensas aos romanos e atiraram pedras e quaisquer lanças que sobraram; depois, conforme sua formação ficou mais firme, os mais valentes chegaram mais perto dos invasores. Mais e mais combatentes desceram correndo pelas encostas, animados, e se espalharam em volta dos flancos dos romanos. O avanço dos ajudantes precisou ser detido. Ao sentir que a maré mudava a seu favor, a cavalaria caledônia em pôneis sujos de lama forçou a retaguarda dos germânicos, espetando-lhes as pernas com lanças, cercando-os e espremendo-os para que não conseguissem revidar.

Do outro lado do vale, Agrícola ainda não se movera, mas agora dava um sinal, e uma trombeta emitiu novo comando. A cavalaria auxiliar avançou, ecoando o tropel estrepitoso dos cavalos. De maneira impecável, como se fosse em uma praça de desfile, a longa coluna desdobrou-se em ampla linha. A trombeta soou de novo, e os homens abaixaram as lanças. Soou uma terceira vez, e os cavalarianos incitaram os cavalos ao galope. Com os joelhos apertados contra a barriga do cavalo (estamos falando de cinco séculos antes do surgimento dos estribos), eles inclinavam a cabeça contra o vento, com o sangue pulsando e o trovejar dos cascos preenchendo seu mundo enquanto berravam para dar vazão à raiva.

Aqui e ali, grupos de caledônios viravam-se para lutar enquanto cavalarianos romanos partiam para cima deles pela retaguarda. Eram estocadas frenéticas, lança contra lança, conforme os romanos passavam céleres. Algumas vezes, cavalos batiam de frente, um contra o outro, derrubando cavalarianos e montarias, aos trambolhões, em meio a gritos e pernas e costelas quebradas. Mas, em sua maioria, os do norte fugiam, com um pânico cego que apagava qualquer pensamento, exceto o de fuga. E, à medida que os homens em volta desapareciam de vista, a fúria escorria daqueles poucos que haviam ficado para defender o terreno. Então, largavam as armas e saíam correndo também.

Um exército às vezes vira apenas uma turba. Ainda havia caledônios suficientes para repelir os romanos, mas com a total desorganização a esperança foi embora também. Por arbustos e riachos, pelas encostas do monte Graupius, os cavalarianos romanos espetavam as lanças em qualquer coisa que se mexesse e pisoteavam tudo o que estivesse inerte. Quando as árvores davam cobertura, os caledônios se juntavam à sua sombra, com a esperança de que a tempestade romana passasse, mas os cavalarianos romanos, metódicos em meio ao caos, desmontavam, forçavam o inimigo a ir para campo aberto e então retomavam a caçada.

Os romanos continuaram matando até a noite cair. Segundo suas melhores estimativas, haviam massacrado cerca de 10 mil caledônios. Cálgaco provavelmente estava entre eles, já que seu nome nunca despontou de novo em nossas fontes. Agrícola, ao contrário, não teve um arranhão sequer. Apenas 360 ajudantes romanos haviam morrido, e, entre os legionários, nenhuma baixa.

Na escuridão, conta-nos o historiador Tácito: "os bretões dispersos, homens e mulheres juntos em um lamento, carregando seus feridos ou buscando sobreviventes. Alguns fugiam de suas casas, e em frenesi chegavam a atear-lhes fogo. Outros preferiam se esconder, mas logo depois desistiam da ideia. Uma hora, começavam a elaborar planos, porém em seguida encerravam a reunião. Às vezes a visão dos entes queridos cortava-lhes o coração, mas era mais frequente levá-los à fúria. Vimos claros sinais de que alguns deles chegaram até a pôr fim à vida de mulheres e filhos, por piedade – ou algo do gênero".

Por volta do nascer do sol, Tácito continua: "um silêncio terrível se instalara por toda parte. Os montes estavam desertos, as casas fumegavam a distância e nossos batedores não encontraram ninguém". Cálgaco estava certo: Roma fizera uma devastação e chamava isso de paz.

Pax Romana

O inverno se aproximava. Com os inimigos batidos e o exército dispersado, Agrícola deixou os caledônios com seu sofrimento e dirigiu-se com seus soldados rumo às bases.

Quanto mais marchavam para o sul, adentrando o território que Roma detinha havia décadas, menos a paisagem se parecia com terra devastada. Não havia ruínas queimadas nem refugiados passando fome; em vez disso, os romanos viam campos bem cuidados, cidades movimentadas e mercadores ansiosos para vender-lhes algo. Prósperos fazendeiros tomavam vinho produzido na região em taças importadas, e os antigos chefes militares bretões haviam trocado os fortes da montanha por luxuosas casas. Exibiam togas por cima das tatuagens e mandavam os filhos à escola para aprender latim.

Havia aqui um paradoxo que poderia ter intrigado Cálgaco, se ele estivesse vivo para vê-lo. Para a maioria das pessoas do lado romano da fronteira, porém, a explicação para o fato de o Império Romano *não* ser uma terra devastada era óbvia. O orador Marco Túlio Cícero expressara isso melhor um século e meio antes em carta ao seu irmão Quinto, então governador da rica província grega da Ásia (que corresponde ao quinhão ocidental da atual Turquia). Era um posto excelente, mas Quinto tinha temperamento difícil, e os que estavam sob seu comando na província se queixavam.

Após algumas páginas de severos conselhos de irmão mais velho, Cícero muda o tom. O problema, conclui, não é inteiramente de Quinto. Os gregos precisavam encarar os fatos. "Deixe a Ásia refletir sobre isso", assinalou ele. "Se ela não estivesse sob nosso governo, não escaparia de nenhuma calamidade advinda de guerra externa ou de disputas internas. E, como não há maneira de prover governo sem cobrar impostos, a Ásia deveria estar feliz em comprar a paz perpétua ao preço de um punhado de seus produtos."

Cálgaco ou Cícero; devastação ou país das maravilhas? Essas duas visões opostas das consequências da guerra, formuladas com tanta perspicácia há 2 mil anos, serão dominantes neste livro.

Em um cenário ideal, poderíamos encerrar o debate simplesmente apresentando números. Se as mortes violentas diminuíssem e a prosperidade aumentasse após as conquistas romanas, poderíamos concluir que Cícero estava certo: a guerra servia para alguma coisa. Se os resultados fossem o oposto, então obviamente Cálgaco teria entendido melhor sua época, e a guerra produziria apenas devastação. Para nós bastaria repetir o teste nos períodos posteriores da história abordados nos capítulos 2 a 5 e chegaríamos a uma conclusão geral sobre o que a guerra teria trazido de bom – se tivesse trazido algo.

Mas a realidade raramente possibilita essa praticidade. Mencionei na Introdução que a construção de bancos de dados de mortos em batalha tornou-se um setor acadêmico menor, mas as poucas estatísticas confiáveis remontam a antes de 1500 d.C., mesmo para a Europa. Apenas um tipo de evidência – os restos físicos de nossos corpos, que com frequência carregam indícios reveladores de violência letal – tem o potencial de abranger todos os períodos, remontando às origens da própria humanidade. Podemos esperar ter algum dia estatísticas confiáveis dessa fonte, mas por ora o problema é que foram poucos os pesquisadores que fizeram estudos em larga escala desse material complicado, tecnicamente desafiador, e mesmo esses trabalhos fornecem um quadro ainda bastante obscuro.

Um estudo (publicado em 2012) de crânios das coleções da Universidade de Tel Aviv, por exemplo, encontrou poucas e preciosas diferenças nos níveis de violência ao longo dos últimos 6 mil anos. Porém, uma análise de 2013 de esqueletos encontrados no Peru descobriu picos de violência nos períodos em que Estados maiores estavam se formando (cerca de 400 a.C.-100 d.C. e 1000 d.C.-1400 d.C.), o que, em linhas gerais, está de acordo com os argumentos deste livro. Até reunirmos um volume bem maior desse tipo de evidência, tudo o que somos capazes de fazer em relação a períodos anteriores a 1500 d.C. (e em algumas partes do mundo até mesmo já entrando no nosso século) é reunir todo tipo de evidência, incluindo arqueologia, episódios narrados na literatura e comparações antropológicas, junto com – ocasionalmente – alguns números reais.

É uma tarefa confusa, e mais confusa ainda pelo porte do Império Romano. No tempo de Cálgaco, ele se estendia por uma área do tamanho da metade dos Estados Unidos continental e compreendia cerca de 60 milhões de pessoas. Quarenta milhões (gregos, sírios, judeus, egípcios) viviam nas sociedades complexas e urbanas de sua porção oriental, e 20 milhões (celtas e germânicos), nas sociedades mais simples, rurais e tribais, do ocidente.

Já vimos a opinião de Cícero sobre a violência na Ásia grega antes da conquista romana, e outros escritores fizeram com que os bárbaros do ocidente (como os romanos depreciativamente os chamavam)[12] parecessem ainda piores. Lutas, ataques de surpresa e batalhas eram atividades cotidianas dos bárbaros, diziam os romanos, e todas as suas cidades eram fortificadas. Um cavalheiro romano poderia se sentir mal trajado sem a toga, mas um germânico sentia-se

12 Esse rótulo geral, paternalista, em relação aos estrangeiros – bárbaros –, foi algo que os romanos tomaram emprestado dos gregos, para quem as outras línguas soavam como se as pessoas estivessem dizendo "bar bar bar". Uma das ironias, que passou despercebida, era que os gregos incluíam os romanos em sua lista de bárbaros.

nu sem escudo e lança. Os bárbaros, segundo insistiam os romanos, cultuavam cabeças cortadas, que gostavam de dependurar do lado de fora das portas de entrada (depois de adequadamente tratadas com óleo de cedro para que não fedessem). Sacrificavam seres humanos aos deuses irados, e às vezes até os queimavam vivos dentro de estátuas trançadas com varas flexíveis. Tácito foi taxativo: "Os germânicos não gostam de paz".

Não admira, portanto, que Cícero e seus pares achassem que Roma fazia um favor a seus vizinhos ao conquistá-los. E tampouco surpreende, como sugerem alguns historiadores, que quando os estudos clássicos tomaram forma no século XVIII a maioria de seus intelectuais mais destacados concordasse com os romanos. Os europeus também gostavam de pensar que estavam fazendo ao mundo um favor ao conquistá-lo e, portanto, os argumentos dos romanos pareciam-lhes perfeitamente razoáveis.

No entanto, no século XX, depois que a Europa se retirou do império, os estudos clássicos começaram a questionar a imagem sanguinária que os romanos faziam dos povos que conquistavam. Como alguns acadêmicos sugeriram, os antigos imperialistas talvez estivessem tão desejosos de pintar as vítimas como incivilizadas, corruptas e necessitando ser conquistadas quanto a sua versão atual. Cícero estava interessado em justificar a exploração dos gregos; César, em fazer com que o ataque à Gália (mais ou menos a moderna França) parecesse necessário; e Tácito, em glorificar seu sogro, Agrícola.

Aceitar a ideia de César, de que os gauleses tinham necessidade de ser conquistados, pode parecer tão insensato quanto aceitar candidamente a hoje famosa afirmação de Rudyard Kipling (à qual voltarei no capítulo 4), de que governar povos recém-capturados, descontentes, era o fardo do homem branco. Felizmente, no entanto, não precisamos ir atrás da opinião dos romanos em nada, porque muitas outras vozes também sobreviveram.

No Mediterrâneo oriental, gregos letrados da classe alta escreveram relatos, às vezes bajulando os conquistadores romanos; outras, se mostrando ferozmente anti-imperialistas. O que surpreende, porém, é que todos eles apresentam mais ou menos o mesmo retrato sinistro de um mundo pré-conquista cheio de Estados falidos, piratas e bandidos cruéis, e com uma espiral de guerras, levantes e rebeliões.

Tomemos como exemplo uma inscrição esculpida na base de uma estátua erguida em homenagem a outro desconhecido, Felipe de Pérgamo, em 58 a.C. (Pérgamo ficava na província da Ásia, e 58 a.C. foi apenas um ano após o fim do mandato de Quinto Cícero como governador da Ásia; Quinto e Felipe quase certamente se conheceram.) Entre seus vários feitos louváveis, diz-nos a inscrição, Felipe havia escrito uma história que pretendia ser "uma narrativa de eventos recentes – pois todo tipo de sofrimentos e constantes morticínios recíprocos têm ocorrido em nossos dias na Ásia e na Europa, nas tribos da Líbia e nas cidades dos ilhéus". Felipe, ao que parece, concordava com os irmãos Cícero que, sem a presença romana, a Ásia teria sido um mau vizinho.

No Ocidente, poucos entre os conquistados sabiam escrever, e quase nenhum de seus pensamentos sobreviveu para que pudéssemos lê-lo, mas a arqueologia sugere que nesse caso também os romanos sabiam do que estavam falando. Muitas pessoas – talvez a maioria – de fato viviam em fortificações muradas e valadas antes da conquista romana, e, embora as escavações não possam mostrar se os homens costumavam carregar armas, os enlutados sem dúvida enterravam regularmente os pais, irmãos, maridos e filhos com as armas (e às vezes com escudos, peitorais e até com carros de guerra inteiros). Eles queriam que seus homens fossem lembrados como guerreiros.

Um dado espetacular é que os deuses celtas e germânicos gostavam de fato de sacrifícios humanos. Milhões de visitantes do Museu Britânico de Londres têm visto o exemplo mais famoso, um cadáver de 2 mil anos de idade muito bem preservado (até assusta!), retirado de um pântano do Cheshire em 1984 – e imediatamente apelidado de Pete Marsh.[13] Em um dia de março ou abril, uma década ou duas antes que os romanos chegassem à Bretanha, essa alma perdida foi atordoada por dois golpes na cabeça, apunhalada no peito, estrangulada e, por via das dúvidas, afogada em um pântano. A análise de seu intestino encharcado revelou visco, o que nos permitiu saber em que mês morreu (o ano é mais difícil de determinar). O visco era a planta sagrada dos druidas, que – segundo Tácito e César – eram especialistas em sacrifícios humanos, o que estimula muitos arqueólogos a pensar que Pete Marsh foi vítima de algum ritual homicida.

Ao todo, as escavações permitiram encontrar várias dezenas de corpos em pântanos, cujo aspecto indica que possam ter sido sacrificados, além de locais onde as pessoas cultuavam crânios. Então, em 2009, os arqueólogos fizeram a impressionante descoberta de duas centenas de cadáveres em um pântano de

13 *Marsh* é "pântano" em inglês. [N. T.]

Alken Enge, na Dinamarca. Muitos deles haviam sido despedaçados, e seus ossos estavam misturados a cinzas, lanças, espadas e escudos. As opiniões divergem quanto a eles terem sido abatidos em combate ou sacrificados após uma batalha.

Claro, podemos estar fazendo uma interpretação equivocada desses achados. Mortos enterrados com armas e sacrifícios de humanos em pântanos não querem dizer necessariamente que havia guerra por toda parte; os restos das escavações poderiam, na verdade, significar que a violência havia sido banida e substituída por rituais. Muros e valas poderiam não ter nenhum intuito de defesa; talvez fossem apenas símbolos de status, como aquelas horríveis imitações de castelos que a elite vitoriana gostava de construir em suas propriedades rurais.

Mas nada disso é muito convincente. A razão pela qual as pessoas gastavam milhares de horas cavando valas e erguendo muros era claramente para preservar a vida delas. No forte localizado em Danebury, no sul da Bretanha, onde foram feitas mais escavações, os grandes portões de madeira e partes da vila foram incendiados duas vezes, e após a segunda conflagração, por volta de 100 a.C., cerca de 100 corpos – muitos deles ostentando reveladores ferimentos por armas de metal – estavam empilhados em poços.

E Danebury não foi um caso isolado. Novos achados impressionantes continuam surgindo. Em 2011, arqueólogos britânicos relataram um local de massacre em Fin Cop, em Derbyshire, onde nove corpos (um deles de uma mulher grávida) foram encontrados em um trecho de vala, enterrados na mesma época, por volta de 400 a.C., sob o muro desabado do forte. Os escavadores especularam que mais dezenas – talvez centenas – de vítimas ainda podem vir a ser descobertas.

Cícero estava absolutamente certo ao afirmar que o mundo pré-romano era um lugar violento, mas Cálgaco talvez não discordasse disso. A sua alegação era que a conquista romana havia sido pior ainda.

Ninguém sabe ao certo quantas pessoas foram mortas nas guerras romanas de expansão, que começaram na Itália nos séculos V e IV a.C. e se espalharam pelo Mediterrâneo ocidental no século III, pelo leste no século II e pelo noroeste da Europa no século I. Os romanos, na realidade, não fizeram essa conta (Figura 1.3), mas o total pode ter ultrapassado 5 milhões. E mais gente ainda foi arrastada para a escravidão. A afirmação de Cálgaco pede um exame minucioso.

Figura 1.3. Contando cabeças: ajudantes bárbaros lutando por Roma apresentam ao imperador uma repulsiva contagem dos inimigos mortos durante a campanha da Dácia (atual Romênia) por volta de 110 d.C.

O nível de violência variava, dependendo da política interna de Roma e do grau de resistência oferecido. Em casos extremos, os exércitos romanos devastavam o território inimigo tão completamente que ninguém mais vivia ali durante décadas, como sucedeu com uma tribo gaulesa, a dos sênones, em 283 a.C. O historiador grego Políbio, ele próprio levado a Roma como cativo depois de estar do lado de quem havia perdido uma guerra, diz que ao final das guerras de Roma contra Cartago no século III a.C. era prática normal "exterminar toda forma de vida que encontrassem, sem poupar nada... assim, quando as cidades são tomadas pelos romanos, você com frequência pode ver não apenas cadáveres de seres humanos, mas também cães cortados pela metade, e também membros mutilados de outros animais".

Aqueles que se submetiam sem opor muita resistência se saíam melhor, mas os romanos reservavam sua real violência aos povos que se rendiam, mas depois mudavam de ideia. Isso ocorreu com bastante frequência. Por exemplo, depois de invadir a maior parte da Gália em 58-56 a.C. com relativamente pouca matança, Júlio César teve que passar os seis anos seguintes sufocando revoltas. Autores antigos afirmam que ele acabou matando 1 milhão dos 3 milhões de homens gauleses com idade de lutar e vendeu outro milhão como escravos.

Os piores transgressores (aos olhos dos romanos) eram os judeus. Segundo Josefo, general judeu que desertou para Roma no início da grande revolta judaica de 66-73 d.C., os romanos não só incendiaram o templo de Jerusalém e roubaram seus tesouros sagrados como mataram mais de 1 milhão de judeus e escravizaram outros 100 mil. E isso foi só o começo: quando os judeus se rebelaram de novo em 132 d.C., os romanos realmente se mostraram sórdidos. Eles "continuaram matando até que seus cavalos ficaram mergulhados em sangue até as narinas", afirma uma fonte judaica – um exagero, por certo, mas mais 500 mil judeus foram mortos. A província da Judeia foi rebatizada como Palestina depois que os filisteus, seus antigos ocupantes, e os judeus sobreviventes – banidos de Jerusalém, exceto por um dia a cada ano – se espalharam no exílio pela Europa e Oriente Médio.

O que Cícero tinha em mente quando assumiu o ponto de vista oposto ao de Cálgaco era o que acontecia *após* as conquistas. De seu lugar de observação privilegiado, dentro da classe dominante de Roma, Cícero podia ver que, depois que as legiões se retiravam e os fogos da revolta eram extintos com sangue, a paz se instaurava. Túmulos de guerreiros e deuses sedentos de sangue desapareciam. Os muros das antigas cidades – com os quais já não valia a pena gastar dinheiro – iam se degradando e desabando, e as novas cidades que brotavam por toda parte podiam viver bem sem fortificações.

Cícero teria aceitado o ponto de vista de Cálgaco de que Roma regularmente produzia devastações. Apesar do seu entusiasmo pela missão civilizatória de Roma, ele sabia tão bem quanto qualquer um que a conquista era uma tarefa horrível, tanto para os conquistadores quanto para as vítimas. A guerra bem-sucedida dava ensejo a pilhagens sem precedentes, e entre 80 a.C. e 30 a.C. as instituições políticas de Roma foram derrubadas seguidas vezes devido a guerras civis por disputa dos espólios. Havia anos em que nenhum comerciante em sã consciência viajaria pelas estradas da Itália sem uma guarda armada. Por meses a fio, multidões tiveram o controle das ruas de Roma, forçando os cônsules eleitos a se esconderem em suas mansões (fortificadas), com pânico de sair à rua.

Os aristocratas romanos do século I a.C. eram muito suscetíveis, sempre prontos a revidar qualquer desfeita com violência (não é à toa que Shakespeare ambientou muitas peças suas em Roma). Cícero fez fama processando uma série dos piores vilões, até que os homens de um general o enviaram mais cedo para a cova. Sua cabeça e mãos foram cortadas e pregadas no Fórum como advertência para que todos pensassem bem antes de falar ou escrever contra os poderosos.

Conta-se que um dos muitos inimigos de Cícero, Marco Licínio Crasso, teria dito por volta dessa época que "nenhum homem deveria considerar-se rico a não ser que pudesse bancar seu próprio exército", mas na década de 30 a.C. um desses homens – o sobrinho-neto de Júlio César, Otaviano – mostrou aonde essa lógica conduzia. Abrindo caminho entre a turbulenta massa de aristocratas, Otaviano proclamou-se primeiro imperador de Roma. Com muita habilidade, neutralizou a resistência insistindo que era apenas um rapaz comum, embora fosse o rapaz comum mais rico do mundo, além de ser o rapaz que por acaso também detinha o controle total do maior exército do mundo.

A única honra que Otaviano iria aceitar seria a de um novo nome, Augusto, literalmente "O Mais Ilustre". Mas a maioria dos aristocratas compreendeu imediatamente o que estava acontecendo. Tácito afirmou que: "quanto mais os homens se dispõem a ser escravos, mais ascendem pela riqueza e promoção, de modo que, com a atenção despertada pela revolução, preferem a segurança do presente aos perigos do passado". Os nobres pararam de falar como Crasso; reconhecendo que apenas Augusto seria capaz agora de usar violência letal, acharam caminhos mais serenos para resolver suas diferenças. O Leviatã arrancou os caninos da aristocracia.

Em seu livro *O processo civilizador*, que mencionei na Introdução, Norbert Elias sugeriu que a Europa se tornou menos violenta a partir de cerca de 1500 d.C., pelo fato de seus turbulentos aristocratas desistirem de matar como forma de resolver disputas. Elias menciona Roma várias vezes no decorrer de sua argumentação, mas parece não ter compreendido que os romanos tinham se antecipado em um milênio e meio aos primórdios da pacificação europeia moderna. Os ricos romanos refizeram a si mesmos como homens de paz e vangloriavam-se do que chamavam de Pax Romana, a paz dos primeiros dois séculos depois de Cristo.

O império inteiro pareceu ter dado um suspiro coletivo de alívio. "O boi vagueia pelos campos em segurança", regozijava-se o poeta Horácio. "Ceres [a deusa da agricultura] e a bondosa Prosperidade nutrem a terra; pelo mar pacificado singram marinheiros." Autores letrados mostraram rara unanimidade quanto às maravilhas daquela era. Roma "proveu-nos com uma grande paz", celebrou o escravo que se tornou o filósofo estoico Epíteto. "Já não há guerras ou batalhas ou grandes bandidos ou piratas; podemos viajar e transitar a qualquer hora, do nascer ao pôr do sol."

Seria bem fácil acumular exemplos desse tipo de prosa laudatória – tão fácil, na verdade, que, quando Edward Gibbon dedicou-se na década de 1770 a escrever a primeira história moderna adequada de Roma, ele concluiu que: "se alguém fosse chamado a determinar o período da história do mundo no qual a condição da raça humana foi mais feliz e próspera, ele sem hesitar indicaria aquele que transcorreu desde a morte de Domiciano até a ascensão de Cômodo" (ou seja, de 96 d.C. a 180 d.C.).

Gibbon afirmou isso apesar de saber que o Império Romano continuou sendo um lugar violento. Os dois primeiros séculos depois de Cristo foram a época áurea dos gladiadores, quando as multidões se juntavam para ver homens se matarem (só o Coliseu abrigava 50 mil pessoas), e a violência nem sempre ficava confinada à arena. Em 59 d.C., por exemplo, Pompeia promoveu um grande espetáculo de gladiadores, e os apreciadores dessa atividade vieram de Nuceria, a poucos quilômetros dali, para assistir à diversão. "Durante uma troca de ofensas, típica dessas rudes cidades rurais", conta-nos o refinado Tácito, "os insultos descambaram para arremesso de pedras e depois as espadas foram desembainhadas". Isso teria soado aos caledônios como algo perfeitamente razoável, mas o que veio a seguir, não. Em vez de partir para um revide sangrento, os nucerianos queixaram-se ao imperador. Houve reuniões de juntas e foram expedidos relatórios; os organizadores do festival de Pompeia foram exilados, e a cidade, proibida de realizar espetáculos com gladiadores por 10 anos (uma punição e tanto, como se veria, pois o monte Vesúvio teve uma erupção e varreu Pompeia do mapa 10 anos depois disso). E a questão encerrou-se de vez.

Quando irrompeu a violência étnica na Bósnia na década de 1990, um croata observou que, antes da dissolução da Iugoslávia: "vivíamos em paz e harmonia, porque a cada 100 metros havia um policial para garantir que nos amávamos muito". No entanto, a Pompeia do século I d.C. não tinha essa força policial para impor a paz; na verdade, não houve nada similar à moderna força policial em nenhum lugar do mundo até que Londres instituiu uma em 1828. Então por que a matança parou?

A explicação parece ser que os governantes de Roma conseguiram passar uma mensagem dizendo que apenas o governo tinha direito de exercer a violência. Se as pessoas de Pompeia tivessem matado nucerianos em 59 d.C., mais memorandos teriam sido enviados pela linha de comando até o imperador, que possuía 30 legiões para lidar com pessoas que lhe causassem problemas, ao lutarem sem permissão e matarem potenciais pagadores de impostos. Mas a lógica paradoxal da violência estava ativa: como todos sabiam que o imperador poderia (e, se pressionado, o faria) enviar as legiões, ele quase nunca precisou lançar mão disso.

Mencionei na Introdução que Hobbes gostava de distinguir entre "nação por *aquisição*", que usa a força para obrigar as pessoas a serem pacíficas, e "nação por *instituição*", que se vale da confiança para fazer com que as pessoas sigam regras. Na realidade, porém, as duas andam juntas. Os habitantes de Pompeia depuseram as espadas em 59 d.C. porque séculos de guerra haviam construído um Leviatã tão grande que eles sabiam ser capaz de subjugar seus súditos. O império, como Gibbon assinalou, substituiu a guerra pela paz. Nos primeiros dois séculos depois de Cristo, usar a força para resolver desavenças tornou-se, se não completamente impensável, pelo menos muito desaconselhável.

Governo e leis trazem, é claro, seus próprios problemas. Uma das tiradas características de Tácito é a seguinte: "Primeiro sofríamos com crimes, agora sofremos com leis". E os súditos do império aprenderam que um governo forte o suficiente para erradicar os males era também um governo forte o suficiente para perpetrar males ainda maiores.

Algumas autoridades romanas exploraram isso ao máximo, mas – como é usual na história romana – os piores crimes datam do século I a.C., quando o governo central mostrava-se bastante frágil. Caio Verros, que governou a Sicília entre 73 a.C. e 71 a.C., brincou que precisaria de três anos no cargo: o primeiro para roubar o suficiente para ficar rico, o segundo para roubar o suficiente para poder contratar bons advogados e o terceiro para roubar o suficiente para poder subornar o juiz e o júri. Verros conseguiu fazer as três coisas, espancando, prendendo e até crucificando aqueles que não lhe pagavam.

Mas tudo isso para nada. Marco Cícero fez seu nome ao processar Caio Verros, que só escapou da prisão fugindo para o exílio. Pelos dois séculos seguintes, processar autoridades corruptas tornou-se o caminho usual de jovens advogados com pressa de ascender, e, embora os vilões que tinham amigos em altos postos conseguissem muitas vezes se safar, novas leis reduziram o espaço para o uso da extorsão violenta.

O império criado pelas guerras de Roma não foi uma utopia, o teor dos escritos que sobreviveram (tanto de romanos quanto de provincianos) sugere de fato que ele tornou seus súditos mais seguros do que seriam sem ele. E, ao que parece, também mais ricos. Com a eliminação de piratas e bandidos, o comércio conheceu grande expansão. Para movimentar exércitos e esquadras, o governo construiu estradas e portos de alto padrão, que os comerciantes também utilizavam. Por sua vez, Roma cobrava impostos dos comerciantes e gastava a maior parte do dinheiro arrecadado com as forças militares.

O exército concentrava-se nas províncias de fronteira, poucas das quais eram férteis o suficiente para alimentar aquele número de homens, que não trabalhavam na lavoura (por volta do século I d.C. eram cerca de 350 mil homens). O exército, portanto, gastava grande parte de seu dinheiro comprando comida, que era despachada de barco por comerciantes das províncias mediterrâneas mais produtivas do império para alimentar as menos produtivas da fronteira. Isso dava mais lucro aos comerciantes, dos quais o governo cobrava impostos, gerando mais dinheiro para gastar com o exército, o que criava ainda mais lucro, e assim por diante, em um círculo vicioso.

Os fluxos de impostos e comércio criaram vínculos nunca vistos na economia mediterrânea. Cada região podia produzir o que quer que fizesse de melhor e mais barato e vender seus bens onde quer que alcançassem alto preço. Mercados e cunhagem de moedas espalharam-se por todos os cantos do império.

Graças a esses mercados maiores, os navios grandes tornaram-se lucrativos; graças aos navios grandes, os custos dos transportes caíram. E com isso mais e mais pessoas tiveram condições de afluir para as grandes cidades, onde o governo gastava a maior parte do dinheiro que não ia para o exército. Nos primeiros dois séculos depois de Cristo, Roma tinha 1 milhão de habitantes – muito mais pessoas que as que haviam se reunido em um mesmo lugar antes – e Antioquia e Alexandria talvez tivessem metade disso cada uma delas.

Essas cidades eram as maravilhas do mundo, tumultuadas, fedidas e barulhentas, mas cheias de pompa, festividades e mármores reluzentes – e tudo isso exigia mais pessoas, mais comida, mais tijolos, pregos de ferro, cântaros e vinho, o que significava mais impostos, mais comércio e maior crescimento.

O estoicismo e o cristianismo asseguravam aos súditos do império que a violência não autorizada era maléfica, o que era uma boa notícia para o Leviatã, e o império então empenhou-se em exportar esses sistemas intelectuais para os vizinhos. Apesar de todo o poder de contágio dessas novas ideias, elas por si mesmas não persuadiam ninguém a aderir ao império. Apenas a guerra ou o medo da guerra podiam fazer isso. O poder suave operou sua magia mais tarde, criando um vínculo entre os conquistados e dando ao império um grau de unidade.

Como ocorre com frequência, são as visíveis exceções ao princípio preponderante da guerra que confirmam a regra. As pequenas cidades-Estados da antiga Grécia, por exemplo, tinham muitas razões para esquecer suas diferenças e se reunir em uma comunidade maior. Dentro de cada cidade, os gregos geralmente pacificavam-se muito bem: por volta de 500 a.C., os homens já não iam tratar de suas coisas diárias armados, e por volta de 430 um ateniense de classe alta até se queixou de que já não podia sair por aí esmurrando escravos pela rua (isso era, na verdade, ilegal). Quando as cidades estavam em períodos de paz, seus índices de morte por violência devem ter estado entre os mais baixos do mundo antigo. A maioria, porém, vivia em guerra por períodos de cerca de dois anos em cada três. Para Platão: "o que a maioria dos homens chama de 'paz' é mera ficção, e, na realidade, toda cidade trava uma guerra não declarada contra todas as outras".

Não foi surpresa, então, que dezenas de beligerantes cidades-Estados gregas aceitassem ceder parte de sua soberania a Atenas em 477 a.C. Mas não fizeram essa escolha por amor à paz ou mesmo por admirarem Atenas; fizeram-no porque permanecendo isoladas temiam ser devoradas pelo Império Persa, que já tentara conquistar a Grécia em 480. E quando, na década de 440, a onda persa retrocedeu, várias das cidades pensaram melhor em sua submissão a Atenas e decidiram seguir adiante sozinhas – o que levou os atenienses a recorrer à força para evitar isso.

Nos séculos III a.C. e II a.C., uma nova onda de uniões de cidades-Estados tomou a Grécia. Dessa vez, várias cidades se aglutinaram em *koina* (literalmente "comunidades", mas geralmente traduzido como "ligas federais"), estabelecendo governos representativos e unindo suas estruturas de segurança e finanças. De novo, porém, o motivo principal era o medo de guerras que elas não poderiam vencer sozinhas – inicialmente contra os poderosos sucessores macedônios de Alexandre, o Grande, e depois contra os invasores romanos.

As histórias mais peculiares talvez sejam as de Ptolomeu VIII (apelidado Fatso) e Átalo III, reis do Egito e de Pérgamo, respectivamente. Ptolomeu havia sido expulso do Egito por seu irmão (também chamado Ptolomeu) em 163 a.C., e em 155 a.C. o Ptolomeu expulso redigiu um testamento deixando seu novo reino de Cirene para o povo romano, se viesse a morrer sem herdeiros. Átalo, no entanto, seguiu adiante; ele, de fato, morreu sem herdeiros em 133 a.C., e então seus súditos descobriram – perplexos – que também eles haviam sido legados ao Império Romano.

Não sabemos como os romanos se sentiram em relação ao testamento de Ptolomeu, já que o obeso monarca, na verdade, durou mais quatro décadas e, depois de seduzir sua própria enteada, deixou um número grande de herdeiros. O que sabemos, porém, é que os romanos ficaram tão surpresos quanto os habitantes de Pérgamo com o legado de Átalo, e, movidos francamente por interesse próprio, facções rivais no Senado iniciaram uma acalorada discussão sobre se Átalo tinha de fato o direito de dar-lhes sua cidade.

Ptolomeu e Átalo procederam desse modo não porque amavam Roma, mas porque tinham menos medo dela do que da guerra.[15] Por não terem herdeiros, os dois temiam uma guerra civil. Os irmãos Ptolomeu já haviam tentado o fratricídio e entrado em guerra mesmo antes de Fatso ter redigido seu testamento, e a posição de Átalo era pior ainda. Um pretendente ao trono, alegando ser meio-irmão de Átalo, estava incitando a revolta entre os pobres (e pode ter iniciado uma guerra civil mesmo antes da morte de Átalo), e quatro reis vizinhos aguardavam nos bastidores, dispostos a desmembrar Pérgamo. Não é de admirar que uma encampação romana sem sangue parecesse boa a ambos os reis.

Essa era a resposta do mundo clássico à pergunta de Rodney King: não, não somos capazes de nos entender. A única força com poder suficiente de persuadir as pessoas a abrir mão do direito de matar e empobrecer umas às outras era a violência – ou o receio de uma violência iminente.

No entanto, para entender por que isso era assim, devemos nos voltar inteiramente para uma outra parte do mundo.

15 Até onde podemos saber, o que Ptolomeu e Átalo realmente amavam eram as mulheres da própria família. Depois de seduzir sua enteada, Ptolomeu casou-se com a irmã (o que significa que sua enteada era também sua sobrinha), enquanto a atração de Átalo pela própria mãe causou impacto mesmo nos cosmopolitas gregos como algo não saudável (o outro amor da vida de Átalo era o cultivo de plantas venenosas, para o qual ele tinha, ao que parece, um verdadeiro talento).

A Besta

Numa clareira da selva, em uma ilha dos mares do sul, um garoto chamado Simon depara com uma cabeça de porco espetada numa vara.

"Que engraçado achar que a Besta é algo que vocês podem caçar e matar!", diz a cabeça.

Simon não responde. Sua língua está inchada de sede. Sente o crânio latejar. Está prestes a ter um de seus ataques.

Lá embaixo na praia, seus colegas estão dançando e cantando. No início, quando esses estudantes se viram como náufragos na ilha, tudo era diversão e brincadeira: eles nadavam, assopravam conchas e dormiam sob as estrelas. Mas, de modo quase imperceptível, sua pequena sociedade foi se desagregando. Uma sombra insinuou-se, minando a amizade deles, assombrando a floresta como uma Besta má.

Isso durou até certo dia em que um bando de caçadores adolescentes empalou uma porca que cuidava de suas crias. A porca berrava. Os garotos, por sua vez, gritavam excitados, salpicavam um ao outro de sangue e planejavam o banquete. Mas, primeiro, admitiu o líder deles, havia uma coisa que eles precisavam fazer. Com um sorriso arreganhado, ele cortou aquela cabeça, arrancou-a da carcaça e espetou-a em um pau afiado que haviam usado para matar o animal. "Essa cabeça é para a Besta", gritou ele para a floresta. "É uma oferenda."

E, com isso, os garotos todos desataram a correr, arrastando a carne para a praia – todos exceto Simon, que ficou agachado, sozinho, na luz irreal, salpicada de cores, da clareira.

"Você sabe", pergunta a cabeça de porco, "que eu sou parte de você, não sabe? Que estou perto, perto, perto! Que eu sou a razão pela qual não há saída? A razão pela qual as coisas são o que são?"

Simon sabe. Seu corpo arqueia e enrijece; o ataque está tomando conta dele. Ele cai para a frente em direção à boca do porco que vai se abrindo. O sangue escurece entre os dentes, cheio de moscas zumbindo, e há um negrume dentro, um negrume que se espalha. Simon sabe: a Besta não pode ser morta. A Besta somos nós.

É isso que nos diz William Golding em seu inesquecível romance *O senhor das moscas*. Perdida no Pacífico, longe de escolas e de regras, uma dezena de garotos aprende a triste verdade: os humanos são assassinos compulsivos; nossas psiques são programadas para a violência. A Besta somos nós, e há apenas uma frágil crosta de civilização para mantê-la sob controle. Dada a menor oportunidade, a Besta escapa. Essa, diz Golding, é a razão pela qual não existe saída. A razão que levou Cálgaco e Agrícola a guerrear, em vez de negociar.

Ou será que existe saída? Outra ilha dos mares do sul, talvez não muito distante da ilha de Golding, parece nos contar uma história diferente. Assim como o romancista Golding, a jovem futura antropóloga Margaret Mead suspeitava que naquele ambiente mais simples, onde brisas balsâmicas sopravam e palmeiras frondosas beijavam as ondas, ela conseguiria ver a madeira retorcida da humanidade[16] despida do seu verniz de civilização. Mas, ao contrário de Golding, que, na realidade, nunca conheceu o Pacífico (apesar de quase ter sido designado para lá no comando de uma barcaça de desembarque ao fim da Segunda Guerra Mundial), ela abandonou a cidade de Nova York e instalou-se em Samoa em 1925 (Figura 1.6).

"Conforme amanhece", escreveu Mead em seu clássico de antropologia *Coming of age in Samoa*, "os amantes se insinuam para dentro de casa vindo de seus encontros amorosos sob as palmeiras ou à sombra de canoas deixadas na praia, para que a luz possa encontrar cada um dormindo em seu lugar."

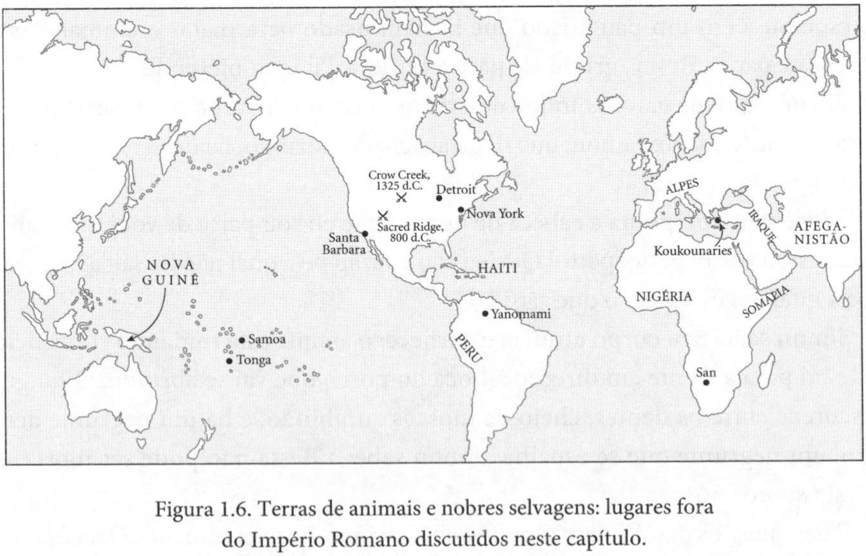

Figura 1.6. Terras de animais e nobres selvagens: lugares fora do Império Romano discutidos neste capítulo.

16 A expressão remete a um famoso comentário de Kant, segundo o qual "da madeira retorcida da humanidade não se pode construir nada reto". [N. T.]

Cabeças de porcos não causam nenhum terror em Samoa. "Quando o sol se ergue mais alto no céu, as sombras ficam mais profundas sob os tetos de palha [...] As famílias que hoje vão cozinhar trabalham duro; o inhame, o cará e as bananas já foram trazidos do interior; as crianças correm de cima para baixo, indo buscar água do mar ou folhas para saciar o porco." As famílias se reúnem ao anoitecer para compartilhar seu banquete em paz e alegria. "Às vezes o sono só desce sobre a vila quando já passou bastante da meia-noite; então, pelo menos há o suave burburinho do recife e os sussurros dos amantes, enquanto a vila descansa até o amanhecer..."

"Samoa", concluiu Mead, "é um lugar onde ninguém joga apostando muito alto, ninguém paga preços elevadíssimos, ninguém sofre por suas convicções ou tem uma luta mortal por fins especiais." Em Samoa, a Besta não está perto, de forma alguma.

Tanto Golding como Mead viam a violência como uma doença, mas discordavam quanto ao seu diagnóstico. Na visão de Golding, a violência era uma doença genética, herdada dos nossos ancestrais. A civilização seria o único remédio, mas mesmo ela conseguiria apenas suprimir os sintomas, não curar a doença. Mead chegava à conclusão oposta. Para ela, os mares do sul mostravam que a violência era apenas um contágio, e que a civilização era a sua causa, não a cura. Ou seja, Cálgaco e Agrícola lutaram há 2 mil anos porque suas culturas guerreiras os levaram a isso, e as pessoas continuam guerreando no século XX porque suas culturas guerreiras ainda as obrigam a fazê-lo.

Em 1940, quando a França caiu nas mãos de Hitler, Londres viu chover bombas e as trincheiras se encheram de judeus poloneses assassinados, Mead encontrou uma nova metáfora. "A guerra", argumentou ela, "é apenas uma invenção." Sem dúvida, concluía ela, a guerra é "uma invenção conhecida da maioria das sociedades humanas", mas, mesmo assim, "se ficarmos desesperados ao ver como a guerra parece ser um hábito arraigado na maior parte da espécie humana, podemos buscar conforto no fato de que uma invenção ruim costuma sempre ser substituída por uma invenção melhor".

Mead não era a única defensora desse ponto de vista, mas logo se tornou a mais influente. Em 1969, quando se aposentou de seu cargo no Museu Americano de História Natural, ela era a cientista social mais famosa do mundo e havia provado, para satisfação de milhões de leitores, que o estado natural dos humanos era pacífico. Influenciados pelo consenso, os antropólogos, um atrás do outro, passaram a voltar do trabalho de campo relatando que o povo que estavam estudando era também pacífico (os antropólogos têm por hábito chamar o grupo ao qual dedicam trabalho de campo de "meu povo"). Era a época da música *War*, das meditações e dos protestos pela paz, que prometiam fazer levitar o Pentágono; esperava-se que Rousseau finalmente vencesse seu acirrado debate de séculos com Hobbes.

Isso, de qualquer modo, era o que pensava Napoleon Chagnon quando se formou em Ann Arbor, no Michigan, e foi para a floresta localizada na fronteira entre Brasil e Venezuela em 1964. Ele tinha a expectativa plena de que o povo ianomâmi[17], cujos padrões de casamento ele pretendia estudar, vivesse uma vida correspondente ao que ele chamava de "a imagem do 'homem primitivo' que eu havia formado na minha mente antes de fazer trabalho de campo, uma espécie de visão 'rousseauniana'". Mas os ianomâmis tinham outras ideias.

"A excitação de encontrar meu primeiro Yanomamö foi quase insuportável, conforme eu saracoteava como um pato pela passagem baixa [no perímetro defensivo] adentrando a clareira da aldeia", escreveu Chagnon. Suado, mãos e rosto inchados de picadas de insetos, Chagnon relata:

> Ergui os olhos e quase perdi o fôlego ao ver uma dezena de homens robustos, nus, suados, medonhos, olhando fixo para nós ao longo de suas flechas apontadas!... Filamentos de muco verde-escuro pingavam ou pendiam de suas narinas – filamentos tão longos que batiam nos seus músculos do peito ou escorriam até o queixo. Nós havíamos chegado à aldeia na hora em que os homens estavam soprando uma droga alucinógena para dentro de seus narizes [...] Minha descoberta seguinte foi que havia uma dúzia mais ou menos de cães ferozes, mal alimentados, mordendo minhas pernas, rodeando-me como se eu fosse sua próxima refeição. Fiquei lá parado, simplesmente segurando meu caderno de notas, indefeso e digno de dó. Então o fedor da vegetação em decomposição e da sujeira me alcançou e quase vomitei [...]
>
> Havíamos chegado logo após um combate importante. Sete mulheres haviam sido abduzidas no dia anterior por um grupo vizinho, e os homens

17 Poucas coisas deixam os antropólogos mais exaltados do que a terminologia. Segundo um estudo sobre as discussões a respeito da obra de Chagnon, "Yanomamö é o termo que Chagnon deu ao grupo coletivo, e aqueles que se referem ao grupo como Yanomamö tendem a apoiar as teses de Chagnon. Aqueles que preferem Yanomami ou Yanomamo tendem a assumir uma posição mais neutra ou anti-Chagnon". Eternamente otimista a respeito de encontrar um terreno comum, optei por ianomâmi.

> locais e seus hóspedes haviam acabado de recuperar naquela manhã cinco delas em uma luta brutal com clavas [...] Não me envergonho de admitir que, se eu contasse então com alguma saída diplomática, teria encerrado meu trabalho de campo ali mesmo.

Mas ele ficou e, em mais de 25 visitas ao longo dos 30 anos seguintes, constatou que a terra dos ianomâmis não era a Samoa de Margaret Mead. Testemunhou, segundo disse, "um bom número de incidentes que expressavam uma índole individual vingativa de um lado e uma belicosidade coletiva de outro [...] desde incidentes corriqueiros de bater na mulher e esmurrar o peito[18] até os duelos e ataques organizados [...] com a intenção de emboscar e matar homens de aldeias inimigas" (Figura 1.7).

Figura 1.7. Não exatamente o nobre selvagem: uma briga de clavas entre ianomâmis por causa de uma mulher, fotografada no início da década de 1970. A linha escura que desce pelo peito e barriga do homem no centro, à esquerda, é do sangue que escorre da sua cabeça.

18 Esmurrar o peito envolve dois homens enraivecidos revezando-se para socar o lado esquerdo do peito do oponente, até que a dor se mostre insuportável para um dos dois. Em um duelo, dois homens ainda mais enfurecidos batem na cabeça um do outro com pedaços de pau (às vezes afiados) até que um dos dois desabe no chão.

Munido de estatísticas que remontam a décadas atrás, Chagnon descobriu que cerca de uma quarta parte dos homens ianomâmis morriam de forma violenta, e dois em cada cinco participavam de pelo menos um homicídio durante sua vida. Pior ainda, ele concluiu que a violência compensava. Na média, homens que matavam geravam três vezes mais filhos do que aqueles que não matavam. A Besta estava viva e ativa nas cabeceiras do Orinoco.

Ao contrário de Hobbes e Rousseau, Chagnon nunca foi exilado (na verdade, passou a maior parte da sua vida lecionando em Santa Barbara, um dos empregos mais confortáveis que um professor poderia almejar), mas seus inimigos da academia com certeza fizeram o possível para que ele fosse. Os primeiros desafios concentraram-se na maneira como ele coletava os dados, principalmente porque Chagnon mostrava-se muito mais disposto que a maioria dos antropólogos para enfrentar as dificuldades de um trabalho de campo. Assim que chegou à aldeia de Bisaasi-teri, confessou ele, tive problemas: descobriu que a maioria dos ianomâmis achava profundamente desrespeitoso proferir em voz alta o nome de outro homem (desrespeitoso a ponto de justificar violência), o que fez com que seu planejado estudo das árvores genealógicas se tornasse bastante complicado. Chagnon não desistiu, continuou insistindo. Ofendidas pela sua grosseria, as pessoas da aldeia reagiram inventando nomes, e, quanto mais ridículos, melhor. Para diversão geral, o tolo estrangeiro continuava anotando todos os nomes.

Passaram-se cinco meses até que Chagnon descobrisse a verdade, quando em uma visita a uma aldeia vizinha deixou escapar um nome que lhe havia sido informado em Bisaasi-teri. "Seguiu-se um silêncio de perplexidade", conta ele, "e em seguida, pela aldeia inteira, um estrépito de risadas incontroláveis, de gente tossindo, arfando e uivando. O motivo: eu havia acreditado que o cacique de Bisaasi-teri se chamava 'pinto grande' e seu irmão 'cocô de águia'. Que o cacique de Bisaasi-teri tinha um filho chamado 'idiota' e uma filha de nome 'hálito de peido'."

É sempre uma boa ideia dispor de um plano B ao fazer trabalho de campo, e, então, com sua estratégia em frangalhos, Chagnon revelou o seu plano alternativo. Os ianomâmis talvez se recusassem a dar os nomes dos parentes, mas de bom grado se dispunham a tornar públicos os nomes dos inimigos pessoais dos parentes. Chagnon descobriu que um pouco de suborno ou chantagem poderia trazer à tona os fatos de que ele precisava.

O plano B funcionou, mas estava longe de constituir um exemplo edificante de como interagir com outras culturas. De fato, em 2002 a Comissão Executiva da

Associação Americana de Antropologia aprovou formalmente um relatório que censurava Chagnon por seus métodos no trabalho de campo – algo inédito – e depois cancelou essa aprovação (outra medida inédita) após um referendo em 2005. O clima esquentou. Se Chagnon havia sido capaz de tratar "seu" povo de modo tão desonesto, perguntaram alguns antropólogos, será que os acadêmicos deveriam aceitar algo do que ele havia dito? Vários que haviam trabalhado nas terras ianomâmis simplesmente se recusavam a acreditar nele, insistindo que os ianomâmis não eram de modo algum violentos; Chagnon, segundo eles, havia falseado os dados a fim de chamar a atenção.

E em seguida as coisas ficaram realmente feias. Alguns críticos acusaram Chagnon de cumplicidade com complôs brasileiros para dividir as terras ianomâmis em pequenas reservas, de modo que as mineradoras de ouro pudessem intimidar as tribos e explorar os recursos com maior facilidade. Em 2012, ativistas venezuelanos acusaram mineiros de assassinar 80 ianomâmis, mas inspetores do governo não encontraram os corpos. Um dos críticos chegou a afirmar que Chagnon havia ajudado a disseminar uma epidemia de sarampo que matou centenas de ianomâmis.

Foi um episódio lamentável na história da academia, mas tudo o que vai, volta. Conforme os ataques a Chagnon e a *O senhor das moscas* se intensificaram, Margaret Mead e a tese do *Coming of age* começaram a receber o mesmo tratamento. Em 1983, Derek Freeman, antropólogo da Nova Zelândia que vinha trabalhando em Samoa desde 1940, publicou um livro acusando Mead de ter feito uma interpretação completamente equivocada do lugar.

Freeman soube com base nos trabalhos não publicados de Mead que, longe de "falar sua língua, comer sua comida, sentar descalça e de pernas cruzadas sobre o chão de seixos", como descrevera a si mesma, ela, na realidade, tinha o mais frágil e superficial conhecimento da língua local, havia permanecido em Samoa apenas uns poucos meses, enganara as pessoas sobre sua verdadeira identidade, vivera em um chalé com um farmacêutico norte-americano e a família dele, e almoçara com o almirante da Frota Americana do Pacífico. Como resultado do seu estilo colonialista, concluiu Freeman, Mead não foi capaz de perceber o que os registros policiais de Samoa a partir da década de 1920 deixam claro: que a ilha tinha índices de morte por violência mais elevados que os dos Estados Unidos (o que não é pouco na era de Al Capone).

Pior ainda, em uma entrevista de 1987, Fa'apua'a Fa'amu (então uma bisavó, mas em 1926 uma das principais fontes de informação de Mead) confessou que ela e sua amiga Fofoa haviam achado Mead tão cômica quanto os ianomâmis acharam Chagnon, mas com uma grande diferença: Mead nunca percebeu que as pessoas a estavam enganando e se divertindo com isso. Sentindo-se embaraçada com a obsessão de Mead por sexo, contou Fa'amu, "nós simplesmente inventávamos uma história atrás da outra". Ou seja, *Coming of age in Samoa* baseava-se em histórias exageradas de adolescentes sobre suas aventuras sexuais.

Na década de 1990, com mútuas recriminações cada vez mais frequentes e pesadas, era tentador concluir que a antropologia realmente não fizera progresso algum desde Hobbes e Rousseau. As coisas andaram tão mal que alguns antropólogos começaram a celebrar a aparente incapacidade deles de produzir resultados. O trabalho de campo, proclamava uma nova geração de acadêmicos, não é absolutamente um método de coleta de dados, e sim uma espécie de performance artística, produzindo ficções criativas. Aqueles que esperam que ela estabeleça "os fatos" não estão entendendo bem as coisas.

Felizmente, essas afirmações estão muito equivocadas. Sem alarde, muitas vezes sem serem notados em meio a todas essas difamações e ofensas, centenas de antropólogos têm passado décadas levando adiante e com constância seu trabalho, reunindo aos poucos um banco de informações impressionante sobre a violência em pequenas sociedades. Comparando esses estudos feitos em todas as partes do mundo, da África ao Ártico, esse paciente trabalho permitiu a descoberta-chave de que os índices de morte por violência em pequenas sociedades são em geral chocantemente elevados.

No século XX, o mundo industrializado fez duas guerras mundiais e perpetrou múltiplos genocídios. Graças a todos os bancos de dados compilados desde o livro de Richardson, *Statistics of deadly quarrels* (mencionado na Introdução), podemos agora dizer com alguma certeza que, dos cerca de 10 bilhões de pessoas que viveram nesses 100 anos, algo entre 100 milhões e 200 milhões tiveram um fim violento em guerras, brigas e homicídios – cerca de 1% a 2% do total. No entanto, nas pequenas sociedades que os antropólogos e arqueólogos foram capazes de estudar, a proporção de pessoas que tiveram morte por violência parece estar, em média, entre 10% e 20% – *10 vezes mais elevada*.

Isso não quer dizer que os ianomâmis e os habitantes de Samoa fossem como o estereótipo de selvagem do século XIX, matando e mutilando aleatoriamente do amanhecer ao pôr do sol. Os antropólogos também descobriram que mesmo as culturas mais ferozes têm redes elaboradas de parentesco, trocas de presentes e celebrações, que eles usam a fim de encontrar soluções pacíficas para a maioria dos conflitos. Mas o fato inquestionável persiste, ou seja, o sangue é o seu argumento, com uma frequência avassaladora. Em 2008, o biólogo e geógrafo Jared Diamond, viajando em trabalho de campo pelo planalto da Nova Guiné, ficou perplexo ao ouvir de seu motorista – "uma pessoa feliz, animada, sociável", segundo Diamond – um comentário casual sobre sua participação em um ciclo de três anos de matanças que tiraram a vida de 30 pessoas. (Diamond ficou mais perplexo ainda quando seu antigo motorista abriu contra ele um processo de 10 milhões de dólares por causa dessa história. O processo acabou sendo arquivado.)

A razão pela qual os antropólogos levaram tanto tempo para perceber que "seus" povos regularmente agem como extras do filme *O senhor das moscas* é simples: os antropólogos raramente passam tempo suficiente observando. Vamos pegar o caso de Elizabeth Marshall Thomas (hoje mais conhecida por seu livro *A vida oculta dos cães*), que passou os últimos anos de sua adolescência com os pais dela, antropólogos, entre os caçadores-coletores san, no deserto de Kalahari.[19] Ela escreveu um belo relato da vida dos san, que chamou de *The harmless people* – embora na década de 1950 os san viessem se matando com maior rapidez do que os residentes do centro de Detroit o fariam no auge da epidemia de crack e cocaína.

Thomas escolheu o título *The harmless people* não porque lhe faltasse observação, mas porque os números trabalharam contra ela. Se a taxa de mortes violentas em uma sociedade específica de caçadores-coletores chegava a 10%, isso significaria que um bando de 12 pessoas iria ter *grosso modo* um assassinato a cada quarto de século. Poucos antropólogos têm o patrocínio financeiro – ou a resistência – de passar 25 meses em trabalho de campo, muito menos 25 anos. São necessárias repetidas visitas, e o ideal é que incorporem múltiplas comunidades (como nos estudos de Chagnon sobre os ianomâmis), para que seja possível revelar que há um número assustador de pessoas que encontram um fim trágico.

A evidência de altos níveis de violência é inequívoca, mas compreender essa violência já é algo mais complicado. Se, como diz a teoria de *Coming of age*, a guerra é um contágio da civilização, seria perfeitamente possível que os altos índices de violência entre os san fossem uma doença que eles tivessem pegado dos ocidentais. Essa ideia inspirou a clássica comédia de 1980 *Os deuses devem*

19 Aqui de novo a terminologia pode causar discussões. Uma conferência de pesquisadores de san concordou em 1996 em usar "san" como um rótulo coletivo, em vez do termo mais antigo "bosquímanos" [*bushmen*], mas alguns consideram "san" pejorativo, porque significa "gente de fora" na língua nama.

estar loucos, mas alguns dos críticos de Chagnon levaram isso em uma direção mais injuriosa, culpando-o pessoalmente por infectar os ianomâmis com a guerra (e também com o sarampo) ao oferecer-lhes machados de aço em troca de informações.

A maneira óbvia de resolver a questão é olhar para o passado, para ver se as guerras eram comuns em pequenas sociedades antes que elas tivessem contato com sociedades mais complexas (a visão de *O senhor das moscas*) ou se as guerras começaram apenas depois que o contato foi estabelecido (a visão de *Coming of age*). Mas, ao fazermos isso, caímos em um problema do tipo quem veio primeiro, o ovo ou a galinha: a maioria das pequenas sociedades só passa a ter registros escritos depois de entrar em contato com as mais complexas.

Samoa, o território habitual de Margaret Mead, é um exemplo disso. O mais antigo relato detalhado das ilhas é de John Williams, um missionário britânico, e praticamente a primeira coisa que ele viu ao chegar em 1830 foi a vila de A'ana em chamas. Uma "guerra desastrosa", escreveu Williams, "prosseguiu com fúria inabalável durante quase nove meses, nos quais muitas pessoas do nosso povo foram sacrificadas, tanto assim que os mortos e feridos eram trazidos todos os dias". Isso criou uma devastação: "Todos os distritos de AAna [do jeito grafado por Williams] estão despovoados, e ao navegar pela bela costa por uns 15 a 20 quilômetros não se via nenhuma habitação".

Se A'ana não convenceu Williams de que os homens de Samoa eram violentos, seus chefes mostraram-lhe as cabeças preservadas de homens mortos por seus ancestrais e o regalaram com as histórias de guerras e massacres do passado. Uma aldeia colocava uma pedra em uma cesta para cada batalha que travava: Williams contou 197 pedras.

Mas há uma dificuldade. Williams foi o primeiro europeu a escrever bastante sobre Samoa, mas não o primeiro europeu a ir lá. O explorador holandês Jakob Roggeveen visitou Samoa em 1722, e outros vieram depois, ao longo dos 100 anos seguintes. Pelo que sabemos, cada uma das cabeças, pedras e histórias que Williams encontrou havia se acumulado desde 1722 e era o fruto do contágio operado pela civilização.

A arqueologia, porém, sugere outra coisa. O interior de Samoa é abundante de fortificações pré-históricas. Algumas devem ter sido construídas a partir de 1722, mas datações feitas com carbono 14 mostram que algumas delas têm entre 600 e 1.000 anos de idade. Assim, os nativos de Samoa vêm construindo fortificações, e provavelmente travando guerras, muito antes da chegada dos europeus. As tradições de Samoa descrevem grandes guerras contra invasores de Tonga, ao que parece por volta de 800 anos atrás, o que oferece um contexto plausível para a construção de fortificações, e as clavas de madeira e canoas de guerra ainda em uso quando os europeus chegaram parecem proceder de modelos usados em Tonga dessa era, o que sugere uma tradição continuada de uso da força letal.

Mesmo em Samoa a teoria de *Coming of age* não parece funcionar muito bem, mas há sempre muitas maneiras de interpretar os achados arqueológicos. A arqueologia é um campo jovem, e mesmo em tempos relativamente recentes como os anos 1950 ainda havia bem poucos programas de graduação dedicados a futuros profissionais. As pessoas que escavavam o passado tendiam a ser provenientes de outras áreas, e um número significativo procedia da esfera militar. Muitos desses ex-militares – o que talvez não surpreenda – tendiam a ver guerra e destruição em quase todos os lugares que escavassem. Mas nas décadas de 1960 e 1970 uma nova geração de homens e mulheres ingressou no campo, formados em departamentos universitários de antropologia e arqueologia, e iam com frequência embebidos da visão da pré-história de *Coming of age*. Esses – o que tampouco surpreende – tendiam a não ver guerra e destruição praticamente em lugar algum.

Pode ser desconfortável para quem é de meia-idade olhar para suas loucuras da juventude. Como estudante de pós-graduação na década de 1980 (talvez os dias de glória da visão *Coming of age*), escavei durante vários verões o extraordinário sítio pré-histórico de Koukounaries, na linda ilha paradisíaca de Paros, na Grécia. Em nossa primeira visita, o diretor explicou que ele fora destruído por um violento ataque por volta de 1125 a.C. Suas fortificações haviam sido derrubadas, e o edifício, incendiado. Os defensores haviam instalado atiradeiras de pedras ao longo dos muros, e vários esqueletos de asnos – apanhados no meio da catástrofe final – foram desencavados das estreitas ruelas da acrópole. Mas eu (e, apresso-me a acrescentar, também meus colegas estudantes) me recuso categoricamente a acreditar que quaisquer desses sinais fossem evidência de guerra, e, uma vez que havíamos excluído a guerra considerando-a impossível, as explicações remanescentes, quaisquer que fossem – e não importa o quanto se mostrassem improváveis –, tinham que ser verdadeiras.

Foi esse mesmo tipo de pensamento que levou tantos arqueólogos a insistirem, diante de evidências igualmente irresistíveis, em que as fortificações pré-romanas construídas nas montanha da Europa ocidental mencionadas neste capítulo eram centros cerimoniais, símbolos de status e basicamente qualquer outra coisa, mas nunca bases militares. Mas, assim como os antropólogos, os arqueólogos começaram a perceber na década de 1990 que as evidências simplesmente já não podiam ser encaixadas à força no padrão *Coming of age*.

Novos métodos científicos influenciaram essa mudança. Quando trilheiros encontraram o célebre Homem do Gelo nos Alpes italianos em 1991 – um cadáver ultracongelado datado de cerca de 3300 a.C. –, os arqueólogos inicialmente acharam que ele teria morrido em uma tempestade de neve. Em 2001, a tecnologia de escaneamento revelou uma ponta de flecha incrustada em sua axila esquerda, mas mesmo então alguns arqueólogos levantaram a hipótese de um elaborado funeral envolvendo a transferência do defunto até o alto das montanhas. Em 2008, porém, um novo método imuno-histoquímico mostrou que o Homem do Gelo havia sido atacado pelo menos duas vezes. O primeiro assalto deixou-lhe uma ferida profunda na mão direita; no segundo, uns dois dias depois, ele foi atingido nas costas por um objeto rombudo e abatido com a flecha, que lhe cortou uma artéria. Em 2012, um microscópio nanoescaneador atômico descobriu células vermelhas intatas que provaram que ele havia sangrado até morrer, horas depois de ter sido atingido pela flecha.

Não saberíamos nada disso se o Homem do Gelo não tivesse sido preservado de modo tão extraordinário, mas o estudo sistemático de grandes amostras de esqueletos pode produzir resultados de um realismo igualmente constrangedor e brutal. Por exemplo, por volta de 1325 d.C., pelo menos 486 pessoas foram massacradas e seus corpos atirados em uma vala em Crow Creek, Dakota do Sul. Cerca de 90% dos mortos – e talvez todos – haviam sido escalpelados. Os olhos foram arrancados; as línguas, cortadas em fatias; os dentes, triturados; e as gargantas, cortadas. Havia corpos decapitados. Em alguns casos, essa não era nem mesmo a primeira vez que tinham sido escalpelados ou caçados: os ossos ostentavam reveladoras marcas de feridas mais antigas, parcialmente curadas.

As escavações começaram em Crow Creek em 1978, e desde então indícios de massacres entre nativos americanos têm surgido com frequência. O exemplo mais recente (enquanto escrevo este livro) é o de Sacred Ridge, Colorado, onde uma aldeia foi queimada em cerca de 800 d.C., e pelo menos 35 homens, mulheres e crianças foram torturados e mortos. Seus inimigos usaram armas rombudas – clavas ou talvez simplesmente pedras – para esmagar os pés e rostos até virarem pasta. Os assassinos escalpelaram todos, cortando orelhas e mutilando alguns corpos em dezenas de pedaços. Como os romanos descritos por Políbio mil anos antes, eles mataram até os cães da aldeia.

Na verdade, não há muito em Crow Creek, Sacred Ridge ou Samoa que pudesse causar espanto aos romanos. Cícero e Tácito, como Hobbes e Golding, sabiam perfeitamente bem que a Besta estava perto, perto, perto, e que apenas uma Besta ainda mais terrível – o Leviatã – poderia enjaulá-la.

Como chegar a Roma

No seu livro *As origens da ordem política*, o cientista político Francis Fukuyama levanta uma questão candente: como chegaremos à Dinamarca?

Fukuyama pergunta isso não porque não saiba como comprar uma passagem de avião, mas porque para os cientistas sociais a Dinamarca acabou se configurando como (nas palavras de Fukuyama) "um lugar mítico, conhecido por suas boas instituições políticas e econômicas: é estável, democrática, pacífica, próspera, inclusiva, e tem níveis extremamente baixos de corrupção política. Todo mundo gostaria de descobrir como transformar Somália, Haiti, Nigéria, Iraque ou Afeganistão em 'Dinamarca'".

Se houvesse cientistas políticos há 2 mil anos, eles teriam, em vez disso, perguntado como chegar a Roma. O Império Romano não era muito democrático, mas com certeza era pacífico e, pelos padrões da época, estável, próspero e inclusivo (a corrupção é um pouco mais difícil de julgar). A alternativa era ou chegar a Roma ou viver em sociedades com ligeira semelhança com a Somália, o Haiti, a Nigéria, o Iraque e o Afeganistão dos nossos dias – só que mais perigosas.

Sugeri neste capítulo que a explicação de como os romanos chegaram a Roma é bastante paradoxal. Por um lado, foi o Leviatã que suprimiu a violência, e é a supressão da violência que define ser um romano (ou dinamarquês hoje em dia), mas, por outro lado, foi a violência que, em primeiro lugar, tornou o Leviatã algo possível. No final das contas, a guerra parece ser boa para alguma coisa. E no entanto... nem todos os caminhos levam a Roma. Na bacia mediterrânea, a guerra mostrou ser o caminho para a paz e a prosperidade, mas em muitos outros lugares, não. Os arqueólogos revelaram sinais de lutas incessantes às margens do Báltico, nos desertos da Austrália e nas florestas da África central, mas nenhuma dessas regiões produziu seu Império Romano.

Por que não? Por que razão a Besta não se tornou um bandido estabelecido em toda parte? A guerra, a impressão é essa, só às vezes é boa para alguma coisa. Precisamos saber o que é que faz a diferença.

2

Enjaulando a Besta: a maneira produtiva de guerrear

Não existe o modo ocidental de guerrear

Como se costuma dizer, "os gregos tinham uma palavra para isso", e uma das palavras que eles nos deram é "caos". Na mitologia grega, caos era o vazio desordenado que existia antes que os deuses criassem o cosmos; nas guerras gregas, corresponde ao tipo de cena que se apresentou diante do general persa Mardônio em uma manhã de agosto de 479 a.C., quando o sol surgiu na cidade rural de Plateia. Durante uma semana, uma densa massa de soldados gregos de infantaria, vestindo armadura, alinhara-se nas montanhas próximo ao acampamento de Mardônio. Na noite anterior, eles haviam começado a se retirar, mas fizeram isso numa monumental confusão. Alguns haviam se negado a recuar, insistindo que a retirada seria covardia. Outros tinham seguido ordens, mas partido na direção errada. E alguns, sumido de vez.

Era a hora de Mardônio. Ele liderou seus melhores homens em um ataque frontal ao contingente espartano, que ficou isolado dos outros gregos por uma serra íngreme. Em poucos momentos, o resto das hostes persas havia saído de formação e avançado também, subjugando os espartanos, em número bem menor. O historiador grego do século V, Heródoto, conta o que aconteceu em seguida: "Os persas eram tão valentes e fortes quanto os gregos, mas não tinham armadura, treinamento e nada parecido com a habilidade de seus inimigos. Um por vez, ou então em grupos de dez mais ou menos, projetavam-se correndo sobre os espartanos. Mas, não importa se fossem em número maior ou menor, eram todos abatidos.

"Em qualquer parte que Mardônio estivesse, cavalgando seu cavalo branco e rodeado por mil de seus melhores soldados, estes atacavam ferozmente. Enquanto ele esteve vivo, eles resistiram, lutando bravamente e matando muitos espartanos. Mas, assim que ele foi abatido, e sua guarda pessoal, destruída, todos os outros persas se dispersaram, viraram as costas e saíram correndo." A dura verdade, concluiu Heródoto, era que "os persas [...] tinham muitos homens, mas poucos soldados" (Figura 2.1).

Figura 2.1. Soldados de verdade: um soldado grego de infantaria com pesada armadura perfura um soldado persa sem armadura, em um vaso vermelho ateniense, pintado em cerca de 470 a.C.

Essa é, segundo o historiador e também militar Victor Davis Hanson, a chave de um contraste entre estilos de combate que moldou toda a história subsequente. "Nos últimos 2.500 anos", argumenta Hanson, "houve uma prática peculiar nas artes de guerra ocidentais, uma base comum e uma maneira continuada de combater que tornaram os europeus os soldados mais implacáveis da história da civilização."

Hanson chama essa prática peculiar de "o modo ocidental de guerrear". Foi inventado, segundo ele, pelos gregos, que, entre 700 e 500 a.C., começaram a resolver suas diferenças com cargas frontais entre falanges de lanceiros equipados com armaduras. "É esse desejo ocidental de um único e magnífico confronto de infantaria", conclui Hanson, "essa brutal matança com armas afiadas letais em um campo de batalha entre homens livres, que tem desconcertado e aterrorizado nossos adversários do mundo não ocidental há mais de 2.500 anos."

O falecido John Keegan, decano dos historiadores militares do século XX, desenvolveu esse argumento. Desde a época de Heródoto, sugere Keegan, tem havido "uma linha divisória entre a tradição [ocidental] de batalha e o estilo afastado, indireto, evasivo de combate característico das estepes e do Oriente Próximo e Médio: a leste das estepes e a sudeste do mar Negro, os guerreiros continuaram a manter distância dos inimigos; a oeste das estepes e a sudoeste do mar Negro, os guerreiros aprenderam a abandonar a precaução e a se aproximar até a distância de um braço". Mardônio veio do lado errado dessa linha.

No final do capítulo anterior, perguntei como os romanos chegaram a Roma (isso mesmo), enquanto muitos outros povos nos tempos antigos não conseguiram. Se Hanson e Keegan estão certos, talvez tenhamos a resposta: seguindo seus argumentos, podemos sugerir que os romanos chegaram a Roma porque herdaram o modo ocidental de guerrear dos gregos, e somente essa forma direta e sangrenta de lutar foi capaz de criar o Leviatã. E então podemos extrair a conclusão que se segue, de que, quando digo que a guerra tem sido boa para alguma coisa, o que de fato quero dizer é que o modo ocidental de guerrear tem sido bom para alguma coisa.

A única maneira de descobrir se isso é verdade é ampliar nossa perspectiva. Precisamos saber primeiro se a maneira que os gregos adotaram para lutar em Plateia de fato era singularmente ocidental e, em seguida, se o crescimento de sociedades grandes, seguras e prósperas foi também uma peculiaridade do Ocidente.

Neste capítulo, vou tentar mostrar duas coisas: primeiro, que a resposta a essas duas questões é não; e, segundo, que é isso justamente que torna essas perguntas interessantes. Conforme formos ampliando nossa investigação da bacia do Mediterrâneo para o resto do mundo, a verdadeira explicação sobre como os romanos chegaram a Roma começará a emergir, e com ela a chave para compreender por que a guerra tem sido boa para algumas coisas.

A era dos impérios

Quero começar com a segunda das minhas perguntas: as sociedades grandes, seguras e prósperas eram uma peculiaridade do Ocidente?

A resposta é não. Chegamos a essa conclusão simplesmente olhando para um mapa (Figura 2.2). Nos dois ou três séculos após a batalha de Plateia, um grupo de impérios bastante similares desenvolveu-se pelo Mundo Antigo, do

Mediterrâneo à China. Eram todos grandes, pacíficos, estáveis e prósperos. Cruzando os oceanos, Estados menores, mas ainda assim formidáveis, também dominaram partes da América Central e dos Andes.

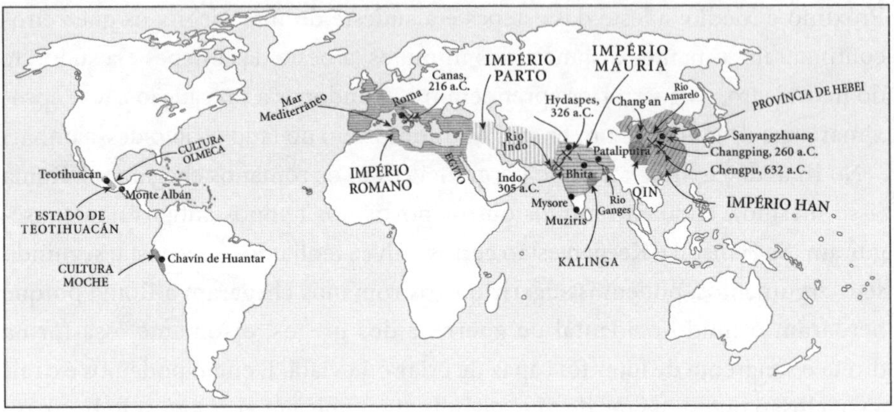

Figura 2.2. Antigos impérios: o Império Máuria, por volta de 250 a.C.; os impérios Romano, Parto e Han, por volta de 100 d.C.; a cultura Moche, em cerca de 200 d.C.; e Teotihuacán, aproximadamente em 300 d.C.

Em seu auge, os maiores desses impérios – o Romano no Ocidente, o Império Han no que hoje chamamos de China e o Império Máuria na atual região da Índia e do Paquistão – cobriam cada um cerca de 3,8 a 5 milhões de quilômetros quadrados, governavam de 30 a 60 milhões de pessoas e abriram mão (pelo menos em parte) de seu belicismo em favor de uma orientação pacífica. Em cada império, os índices de morte por violência declinaram sensivelmente, e as pessoas dedicaram-se a fins pacíficos, prosperando em uma era dourada de relativa paz e abundância.

No geral, sabemos menos sobre os impérios Han e Máuria do que acerca de Roma, e menos ainda dos Estados do Novo Mundo. Nas Américas, a escassez de provas é tão aguda que os especialistas não conseguem chegar a um acordo sequer em relação aos locais em que os Leviatãs surgiram pela primeira vez. Para alguns arqueólogos, as culturas Olmeca no México (c. 1200 a.C.) e Chavín de Huantar no Peru (c. 1000 a.C.) foram as pioneiras. Mas a opinião da corrente principal sustenta que foi apenas mil anos mais tarde, na era da cultura Moche no Peru e das cidades-Estados de monte Albán e Teotihuacán no México, que os primeiros governos operantes fizeram sua aparição, impondo sua vontade sobre milhares de quilômetros quadrados e sobre populações que alcançavam alguns milhões de pessoas. Construíram grandes monumentos, supervisionaram elaboradas redes comerciais e promoveram padrões de vida ascendentes, mas continuaram pré-letradas.

Essa é uma má notícia para os historiadores. Mesmo quando a arqueologia alcança os mais altos padrões, há limites ao que ela é capaz de revelar sobre o Leviatã. Talvez os restos de sacrifícios humanos escavados em Teotihuacán mostrem que essa era uma sociedade mais violenta do que a dos antigos impérios do Velho Mundo, mas talvez não, a julgar pelas multidões de romanos que de fato iam assistir a gladiadores decepar uns aos outros (já foram escavados muitos dos seus corpos desmembrados). Os 60 corpos encontrados enterrados em um túmulo real do reino andino de Wari, de cerca de 800 d.C. – bem depois de os impérios do Velho Mundo terem desistido de tais práticas –, podem também apontar para níveis mais elevados de violência no Novo Mundo do que no Velho, mas quando nos concentramos nisso a evidência não é suficientemente boa para comparações sistemáticas. Aquilo de que realmente precisaríamos é um Tácito mesoamericano que pudesse nos contar o que estava acontecendo.

No entanto, o fato de não termos um Tácito, e quase com certeza de que nunca o teremos, já é em si revelador. Parece haver uma regra geral segundo a qual, quanto mais forte o Leviatã, mais evidências ele deixa para historiadores e arqueólogos, pois grandes governos precisam construir um monte de coisas e além disso registrá-las por escrito. A ausência de escritos provavelmente significa que os Leviatãs do Novo Mundo não estavam governando naquele nível que torna a escrita indispensável – o que provavelmente significa também que nunca chegaram tão perto da Dinamarca quanto os romanos.

O Império Parto, localizado onde hoje ficam Irã e Iraque, parece ter alcançado uma posição entre Roma e os Estados do Novo Mundo no nível de desenvolvimento. Os partos herdaram as tradições literárias do sudeste asiático, milenares, e certamente tiveram governantes e burocratas capazes de ler e escrever, mas pouquíssimos de seus textos sobreviveram. Fatores técnicos explicam isso em parte. Os burocratas passaram da escrita em tabuletas de argila queimada, que duravam para sempre, ao registro sobre pergaminho e papiro, que não tinham essa durabilidade, e os trabalhos arqueológicos de campo foram muito desacelerados sob o Iraque de Saddam Hussein e o Irã dos aiatolás. Mas isso não explica o padrão todo. A Pártia tinha também um governo muito fraco.

Os escritores romanos ficaram impressionados com os anárquicos aristocratas da Pártia (Norbert Elias não teria aprovado isso), que às vezes governavam minirreinos virtuais independentes e muitas vezes entravam em guerra uns com os outros, simplesmente ignorando o rei.

China e Índia, no entanto, são questões diferentes. Difícil não ficar impressionado com os paralelos entre os impérios de Roma e da dinastia Han (206 a.C.-220 d.C.). Depois de uma escalada de guerras que se estenderam entre os séculos IV e III a.C., a dinastia Han criou uma Pax Sinica para rivalizar com a Pax Romana, impondo paz aos quatro cantos de seu território. Os enterros de guerreiros, que ainda eram comuns até o século III a.C., praticamente desapareceram no segundo século. Os viajantes passaram a se deslocar sem armas, e as cidades viram os muros feitos de terra batida caírem aos pedaços. A lei substituiu a guerra.

Como em Roma, o governo suprimiu bandidos e piratas, e os funcionários públicos passaram a ter que responder por seus excessos. O governador Yin Shang, do século I a.C., é um bom exemplo: ele encerrou sua carreira em uma aura de glória, depois de ter expulsado quadrilhas violentas da capital Chang'an, mas isso só após ter sido demitido de um cargo anterior na província de Hebei por ter usado força demais para tornar as estradas seguras para viajar.

De novo, assim como Roma, a China Han tampouco era um paraíso e continuou muito mais violenta do que qualquer Estado moderno estável. As autoridades queixavam-se regularmente de que as pessoas tentavam resolver as questões por conta própria, chegando a contratar bandidos para matar os rivais. E as próprias autoridades davam também motivo de reprovação. Ali ninguém tinha direito de permanecer em silêncio: um conjunto de disposições oficiais para magistrados que investigavam assassinatos começava pedindo várias testemunhas, interrogatório cruzado e provas materiais, mas terminava acrescentando casualmente: "Quando já se tiver questionado insistentemente até os limites cabíveis [...] golpeiem-se com vara aqueles cuja condição permita que sejam tratados assim".

Comparado com eras anteriores, no entanto, o período Han estava bem a caminho da Dinamarca. Um código de leis pré-Han punia até mesmo pequenos atos de violência com amputações de nariz, orelhas, pés e mãos, enquanto delitos mais graves eram punidos com abertura de orifícios no crânio dos perpetradores, remoção de um número variável de costelas, decapitação, enterro de pessoa viva ou corte do corpo em dois na altura da cintura. E isso não era só conversa fiada ou algo destinado a intimidar as pessoas para que andassem na linha. Registros de decisões dos tribunais, encontrados nos túmulos de magistrados, mostram que essas penalidades eram de fato aplicadas.

Já comentei diversas vezes o argumento de Elias em seu clássico *O processo civilizador*, segundo o qual a chave para a paz é fazer com que os ricos se acalmem, e nesse aspecto a Pax Sinica talvez tenha superado a Pax Romana. Conforme cada império tornava suas províncias internas mais pacíficas, ele deslocava suas tropas para as fronteiras. Mas, enquanto Roma continuou recrutando soldados por todo o império, e homens honoráveis como o geógrafo Plínio e o historiador Tácito viajavam para cima e para baixo dividindo suas atribuições entre advogar, escrever e comandar exércitos, a China foi além. Ela passou a prover seus exércitos com sentenciados ou espadachins contratados fora do império, deixando os cavalheiros da dinastia Han ocupados apenas em advogar e escrever. Enquanto os romanos adotavam o estoicismo, que os ensinava a conviver com coisas das quais não gostavam, evitando que ficassem enfurecidos e saíssem matando, a elite han adotou várias formas de confucionismo, em que o homem capaz de usar uma pena ocupava grau hierárquico muito superior ao que sabia manejar uma espada. Assim, ainda mais do que em Roma, o caminho do sucesso passava pela instrução e pela cultura.

Algo bem parecido estava acontecendo no sul da Ásia também, embora os contornos da Pax Indica sejam um pouco mais difíceis de traçar do que os das versões chinesa e romana. Os maus operários, dizem, colocam a culpa nas ferramentas, e os maus historiadores costumam culpar suas fontes, mas o fato concreto é que simplesmente não sabemos tanto sobre o Império Máuria como a respeito do Romano e do Han. Sobrevivem pouquíssimos documentos sobre a Índia antiga, e o mais importante – o *Arthashastra*, um tratado de 800 páginas sobre política[20] –, na verdade, ficou perdido durante vários séculos. Só reapareceu em 1904, quando um estudioso local (cujo nome nenhuma das autoridades se deu ao trabalho de anotar) entrou na Biblioteca Oriental do Mysore, no sudoeste da Índia, com o último manuscrito sobrevivente, escrito sobre folhas de palmeira, enfiado debaixo do braço.

Além de pronunciamentos sobre tudo, desde como construir um forte até quantos cabeleireiros um rei deve ter, o *Arthashastra* descreve um elaborado sistema judicial, que estabelece as regras que os magistrados devem seguir

20 Também disponível como série de TV hindi, de 30 horas de duração, dramatizada (bastante), com legendas em inglês (http://intellectualhinduism.blogspot.com/search/label/Chanakya).

para investigar assassinatos e assaltos. Médicos que suspeitassem de irregularidades na morte de algum paciente tinham que apresentar relatórios; o mesmo valia para líderes de aldeias que tivessem testemunhado crueldades contra animais. A lei prescrevia penas para cada tipo de violência imaginável, fazendo distinção, por exemplo, entre agressões com cusparadas e aquelas feitas com vômitos, e além disso as multas eram subdivididas conforme o fluido em questão tivesse atingido a vítima abaixo do umbigo, acima dele ou na cabeça.

O *Arthashastra* com certeza dá a impressão de que os máurias levavam a sério a supressão da violência, e seu autor, Kautilya (também conhecido como Chanakya, e talvez também como Vishnugupta), devia saber sobre o que estava falando. Havia liderado o levante que estabeleceu a dinastia Máuria por volta de 320 a.C. e fora primeiro-ministro do seu primeiro rei, Chandragupta.

Kautilya ocupava uma posição perfeita para descrever as instituições máurias, mas é aí que os problemas começam. Não há acordo entre os estudiosos sobre se Kautilya estava descrevendo a realidade ou prescrevendo o que um rei ideal deveria fazer, e alguns questionam até se foi mesmo Kautilya que escreveu o *Arthashastra*. O livro menciona objetos (como a seda chinesa) que, ao que parece, só chegaram à Índia mais tarde, e análises de sua linguagem sugerem que pode ter sido compilado bem depois da morte de Kautilya, com base em uma miscelânea de materiais que abrangeriam vários séculos.

Temos algumas outras evidências para comparar com o *Arthashastra*, mas cada peça tem seus problemas. Megástenes, diplomata grego que passou um tempo na capital máuria, Pataliputra, por volta de 300 a.C. (e que com certeza conheceu Kautilya), escreveu que os indianos eram extremamente cumpridores das leis – a tal ponto, diz ele, que, quando Chandragupta foi para a guerra, seus soldados nunca devastavam a área rural, e muito menos matavam agricultores. No entanto, se considerarmos que Megástenes também achava que alguns indianos tinham os pés implantados ao contrário e que os cães indianos mordiam com tanta força que seus olhos saltavam das órbitas, seu testemunho forçosamente suscita dúvidas.

A fonte mais importante para se comparar com o *Arthashastra* é um conjunto de 39 inscrições erigidas pelo rei posterior, Asoka, depois de conquistar Kalinga na década de 250 a.C. Em franco contraste com o tom bombástico típico das proclamações reais, Asoka anunciou que: "ao conquistar Kalinga, o Amado dos Deuses [isto é, Asoka] sentiu remorso, pois, quando um país é conquistado, o massacre, as mortes e a deportação de pessoas são extremamente dolorosos para o Amado dos Deuses".

Asoka conquistara "vitória em todas as suas fronteiras em um raio de 2.400 quilômetros", mas agora anunciava que seguiria o *dhamma*. Há debate entre os especialistas em hinduísmo a respeito do *dhamma*: se era um conceito francamente budista ou uma ideia própria de Asoka, mas o rei nos diz que o sentido é de "bom comportamento [...] obediência [...] generosidade [...] e abstenção de matar seres vivos. Pai, filho, irmão, mestre, amigo, conhecido, parente e vizinho devem dizer: 'Isso é bom, isso nós devemos fazer'".

Asoka estabeleceu "funcionários de *dhamma*" nas cidades e no campo, encarregados de implementar um conjunto de novas leis. Enviou inspetores para verificar o sucesso desses funcionários e acompanhou com visitas pessoais. Como acontecia em Roma, o que Hobbes iria mais tarde chamar de "nações por aquisição" e "nações por instituição" ao que parece eram conceitos que andavam juntos, e Asoka percebeu que "a legislação tem sido menos eficaz, e a persuasão, bem mais". Mas o fator decisivo, concluiu, é que: "desde que o *dhamma* foi instituído, o mal entre os homens diminuiu no mundo. Entre aqueles que têm sofrido, ele desapareceu, e reina alegria e paz no mundo inteiro".

De novo, o que seria realmente necessário são estatísticas adequadas sobre a morte por violência na antiga Índia, para compará-las com essas fontes, e, mais uma vez, essas estatísticas não existem. E nesse caso nem a arqueologia é de muita valia. Conhecem-se poucos túmulos, seja de que tipo forem; portanto, não podemos saber se as pessoas continuaram vendo as armas como uma parte normal do padrão masculino. Fortificações foram erguidas ao longo do vale do Ganges no século VI a.C., sugerindo que as lutas eram crescentes. No Império Romano, a maior parte das cidades deixou seus muros se degradarem depois que as guerras iniciais de conquista terminaram, mas na Índia as fortificações continuaram sendo um aspecto normal durante o Império Máuria. A razão disso continua sendo uma questão em aberto. Talvez o Império Máuria fosse menos povoado que o Romano, ou quem sabe sua curta duração (criado por volta de 320 a.C., ele se desintegrou após um golpe em 185 a.C.) signifique que suas cidades não tiveram tempo de crescer além dos muros, que teriam ficado supérfluos. Sem mais escavações, não temos como saber.

Os pontos em comum entre Kautilya, Megástenes e Asoka, combinados com as similaridades gerais entre a prevalência da lei na Índia e na China, fazem-me suspeitar que o Império Máuria, como o Han e o Romano, proporcionou mais segurança aos seus súditos. Mas enquanto essa questão ainda permanece em aberto há menos espaço para especular se os três impérios deixaram seus súditos mais ricos.

Na China, textos e arqueologia concordam que a vida econômica intensificou-se conforme o crescimento dos Estados. Canais, valas de irrigação, poços, fertilizantes e bois tornaram-se visão comum nos campos. Os implementos de ferro proliferaram. A cunhagem de moedas se difundiu pelas cidades, e os comerciantes despachavam trigo, arroz e bens de luxo para onde conseguissem o melhor preço. O governo aplicava taxas de alfândega e investia em estradas e portos. Desde a poderosa capital Chang'an, com seus 500 mil habitantes, até a vila mais humilde, os mercados da era han fervilhavam de ricos e pobres, vendendo o que conseguiam produzir barato e comprando o que não conseguiam produzir. Filósofos questionavam se era certo os mercadores enriquecerem tanto.

Os arqueólogos chineses não quantificaram (ainda) dados suficientes para produzir um equivalente chinês da Figura 1.4 e permitir mapear a elevação dos padrões de vida. Mas, desde 2003, as escavações na pequena vila de Sanyangzhuang têm fornecido o melhor achado dos últimos tempos.

Em um dia do ano 11 d.C., as barragens do rio Amarelo se romperam. A chuva deve ter caído torrencialmente durante dias, e foram relatadas inundações rio acima, mas os agricultores de Sanyangzhuang, ao que parece, continuaram a trabalhar o solo excelente e fértil à espera de melhores dias. É difícil dizer, 2 mil anos depois, qual teria sido o primeiro sinal da catástrofe. Talvez um estrondo abafado e distante, conforme os diques desabaram e bilhões de litros de água marrom irromperam. O mais provável, porém, é que a chuva batendo nos telhados tenha inundado tudo. Suspeito que apenas quando a água barrenta começou a entrar por baixo das portas é que as pessoas se deram conta da terrível verdade: não se tratava apenas de mais uma tempestade. O impensável havia acontecido. Abandonando tudo, os agricultores correram para salvar a pele. A aldeia se mantivera naquele lugar milhares de anos, mas desapareceu em poucas horas.

A arqueologia como profissão tem seu lado mórbido. Ela transformou a tragédia de 11 d.C. em um triunfo científico, revelando uma vila han tão perfeitamente preservada que os jornalistas a apelidaram de "Pompeia chinesa". Separando meticulosamente a lama carregada pela inundação daquela que normalmente se acumula em qualquer aldeia, os escavadores trouxeram à luz as marcas deixadas por pés descalços e cascos com ferraduras de aldeões e os cavalos que fugiam pelos campos arados.

É uma questão atraente, mas os arqueólogos tendem a ficar ainda mais excitados com os triviais restos que os agricultores deixaram para trás do que com o drama humano. Esses aldeões han viviam em casas sólidas de tijolos de barro, impressionantemente semelhantes àquelas encontradas 6.400 quilômetros a oeste, no Império Romano. As coberturas de telha eram muito similares nos dois impérios, assim como a impressionante quantidade e variedade de ferramentas de ferro e cerâmica elaborada.

Naturalmente, havia também diferenças. A cuidadosa escavação feita em Sanyangzhuang recuperou da lama marcas de folhas de amora usadas para alimentar o bicho-da-seda, um recurso que os romanos adorariam ter tido. Na década de 70 d.C., o geógrafo romano Plínio, erudito mas ranzinza, reclamou que as damas romanas estavam esbanjando milhões de sestércios em fina seda chinesa a fim de exibir seus encantos em público. Mas, no geral, os achados de Sanyangzhuang são notavelmente parecidos com os das vilas romanas ou mesmo da própria Pompeia.

A evidência da Índia é, de novo, menos abundante, mas aponta outra vez na mesma direção. Como os han e os romanos, os máurias padronizaram pesos e medidas, cunharam moedas em grande escala, tornaram mais claras as leis comerciais, construíram estradas e ajudaram aldeões a recuperar terras. Também promoveram corporações de ofícios, que tiveram importante papel na vida comercial.

A Índia impressionou o embaixador grego Megástenes como um lugar próspero, e a arqueologia mostra que ele estava certo. O subcontinente não produzira nenhuma Pompeia ou Sanyangzhuang, e as maiores amostras de casas máurias são ainda aquelas escavadas em Taxila e Bhita nos dias do domínio britânico. Mas, apesar dos padrões deploráveis dessas escavações (antiquadas até mesmo em sua própria época), elas, mesmo assim, trouxeram informação suficiente para mostrar que as casas do século III a.C. eram maiores, mais confortáveis e bem mobiliadas do que as anteriores. Assim como as casas han e as romanas, tinham paredes de tijolo e cobertura de telha, com vários quartos dispostos em volta de um pátio. A maioria possuía poço, esgoto, cozinha e forno, além de despensa.

A má notícia (para os arqueólogos) é que não havia tragédias aqui, e os ocupantes das casas tiveram tempo de pegar o que havia nelas ao abandoná-las.

A boa notícia, porém, é que os máurias eram desorganizados. Deixaram para trás fragmentos suficientes de cerâmica, apetrechos de cozinha, ferramentas de ferro e até pequenas joias, para mostrar que estavam mais bem de vida que indianos de épocas anteriores.

Os gregos e os romanos que visitavam a Índia encontraram muitas coisas que os deixaram perplexos (papagaios falantes, jiboias e, é claro, elefantes!), mas o que mais os impressionou foi a grande escala do comércio que se desenvolveu entre o Mediterrâneo e o subcontinente depois de cerca de 200 a.C. "Não há ano", escreveu Plínio, "em que a Índia drene do nosso império menos do que 550 milhões de sestércios [suficiente para alimentar 1 milhão de pessoas por um ano], dando em troca seus bens – que são vendidos entre nós por cem vezes o que custaram!"

A aritmética de Plínio pode não estar correta, porque seus números significariam que uns poucos milhares de comerciantes auferiam lucros de 55 bilhões de sestércios, o que era perto de três vezes a renda anual do Império Romano. Muitos estudiosos do período clássico, portanto, suspeitam que houve um erro de transcrição e que Plínio originalmente teria escrito que o comércio com a Índia era da ordem de 50 milhões de sestércios, e não 550 milhões. Descobertas recentes sugerem que a importância de 50 milhões de sestércios, embora seja ainda uma soma incrível, pode estar correta. Em 1980, a Biblioteca Nacional da Áustria adquiriu um rolo de papiro saqueado de uma localidade romana do Egito e datado de cerca de 150 d.C. Quando estudado, revelou descrever os registros financeiros de um navio que voltava para o Egito vindo de Muziris, na Índia. O marfim, os tecidos finos e os perfumes transportados pelo navio foram avaliados (em preços romanos) em 8 milhões de sestércios – o suficiente para alimentar mais de 15 mil pessoas por 12 meses. Roma taxava essas importações em 25%; assim, 500 desses carregamentos teriam coberto o orçamento militar anual do império todo.

Ainda não encontramos registros escritos da ponta indiana da cadeia, mas em 2007 foram iniciadas escavações em Muziris (a moderna Pattanam, em Kerala), e as primeiras quatro estações de escavação resultaram em mais recipientes de vinho romanos de que se tem notícia em relação a qualquer outro sítio fora do império. A Índia claramente era um lugar próspero.

Assim, em Roma, na China e na Índia, a impressão que se tem é de que grandes impérios estavam tornando as pessoas mais seguras e mais ricas no final do primeiro milênio antes de Cristo. Na Pártia, havia um império grande, mas aparentemente bem menos seguro; na Mesoamérica e nos Andes, Estados menores, que talvez fossem menos seguros ainda; e, além dessa faixa de latitude, aproximadamente de 20 a 35 graus ao norte do equador no Velho Mundo e de 15 graus sul a 20 graus norte no Novo Mundo, havia pequenas sociedades onde os índices de morte por violência provavelmente permaneceram na faixa de 10% a 20%.

O que será que esse padrão sugere? Por que só as pessoas dentro dessas afortunadas latitudes é que começaram a ir para a Dinamarca, e por que algumas delas avançaram bem mais do que as outras por esse caminho?

A jaula

Outro mapa nos ajudará a responder a essa nova pergunta. A Figura 2.3 mostra os mesmos impérios antigos que a Figura 2.2, mas com alguns detalhes adicionais. As áreas marcadas em cinza-escuro mostram as regiões cultiváveis onde os homens inventaram a agricultura, entre cerca de 10000 e 5000 a.C. O início da agricultura foi um dos dois ou três reais momentos decisivos na história humana, que descrevi com algum detalhe em meu livro *Why the west rules – For now*, mas volto a isso agora, devido à coincidência entre os lugares onde a agricultura começou e aqueles onde os antigos impérios surgiram vários milênios mais tarde. A razão pela qual a guerra fez surgir o Leviatã nessas latitudes afortunadas, enquanto a vida fora delas continuou pobre, desagradável e embrutecida como sempre, é que a agricultura tornou a guerra produtiva.

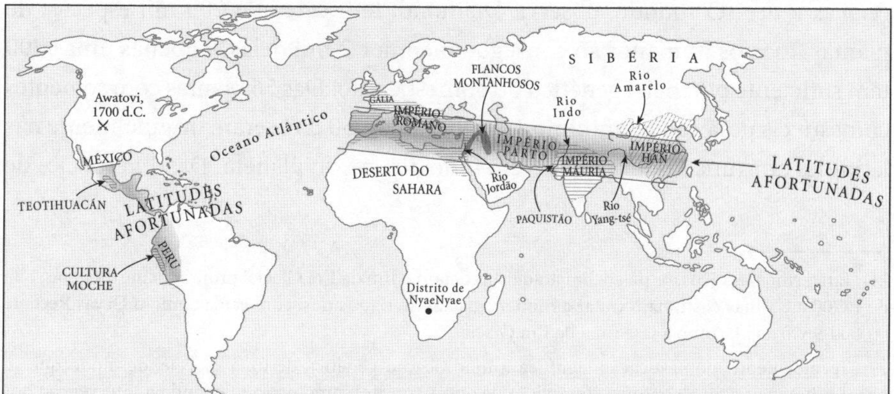

Figura 2.3. Agricultores e guerreiros: as latitudes afortunadas.

Essa história começa cerca de 9 mil anos antes que os persas e os gregos se enfrentassem em Plateia, quando o mundo começou a se aquecer após o último espasmo da Era Glacial.[21] Plantas e animais, incluídos os humanos, reproduziam-se freneticamente. No ponto mais frio da Era Glacial, há 20 mil anos, havia no máximo meio milhão de pessoas na Terra; após 10 mil anos, eram 10 milhões.

Antes, como agora, o aquecimento global afetou todos os cantos do planeta, porém, mais algumas partes que outras. A sorte das latitudes afortunadas foi que nessa parte do mundo o clima e a ecologia conspiraram a favor da evolução de pradarias com grandes grãos e mamíferos bem desenvolvidos, carnudos. A caça e a coleta eram melhores aqui do que em qualquer outro lugar da Terra, e, dos 10 milhões de habitantes que havia no mundo em 8000 a.C., mais da metade vivia nessas latitudes afortunadas.

Durante as eras glaciais, os humanos viveram como pequenos bandos de forrageadores, mas mesmo antes do término da Era Glacial a coleta era tão boa em algumas partes das latitudes afortunadas (particularmente, ao que parece, no vale do Jordão) que as pessoas se estabeleceram em vilas permanentes, alimentando-se o ano inteiro das fontes de comida que acabavam de se tornar abundantes. Ao fazerem isso, uma coisa notável aconteceu. Ao cultivar e cuidar de plantas e animais, os humanos inconscientemente exerceram pressões seletivas que modificaram a estrutura genética dessas fontes de alimento. Esse processo – a domesticação[22] – ocorreu primeiro nas latitudes afortunadas, porque elas tinham de longe as mais densas concentrações de plantas e animais potencialmente domesticáveis da Terra.

Jared Diamond expõe bem esse argumento em seu clássico estudo *Armas, germes e aço*. O mundo, observa Diamond, tem cerca de 200 mil espécies de plantas, mas os humanos só conseguem comer 2 mil delas, e apenas umas 200 têm suficiente potencial genético de domesticação. Das 56 plantas com sementes comestíveis pesando no mínimo 10 miligramas, 50 cresceram originalmente nas latitudes afortunadas, e apenas 6 em todo o resto do planeta. Das 14 espécies de

21 Em termos técnicos, os paleoclimatologistas datam o fim da Era Glacial propriamente dita por volta de 12700 a.C., mas costumam tratar a miniera glacial de 1.200 anos, conhecida como o Dryas Recente (10800-9600 a.C.), como a fase final da Era Glacial.

22 Tecnicamente, domesticação significa a modificação genética de uma espécie, de modo que só possa sobreviver com a contínua supervisão de outra espécie, como ocorreu quando a intervenção dos humanos transformou lobos em cães, auroques selvagens em bois e arroz e cevada silvestres em versões domesticadas que dependem de humanos para colheita e replantio.

mamíferos pesando mais de 45 quilos que os humanos domesticaram antes que a ciência do século XX entrasse em cena, 9 eram nativas das latitudes afortunadas.

Não surpreende, portanto, que a domesticação tenha começado nas latitudes afortunadas, nem que dentro das latitudes afortunadas ela tenha surgido primeiro no sudoeste da Ásia, que tinha as mais densas concentrações de potenciais domesticáveis de todas as latitudes. Os primeiros sinais desse processo (o aparecimento de sementes e animais anormalmente grandes, que os arqueólogos em geral chamam de "cultivo") surgiram nos Flancos Montanhosos entre 9500 e 9000 a.C., e a domesticação em estágio maduro é evidente por volta de 7500 a.C.

A região que hoje corresponde à China tinha altas concentrações de plantas e animais domesticáveis também, mas não tão alta quanto os Flancos Montanhosos. Entre o rio Amarelo e o Yang-tsé, o arroz começou a ser cultivado por volta de 7500 a.C. e foi domesticado em 5500 a.C. aproximadamente. Painço e porcos vieram ao longo do milênio seguinte. No Paquistão, a cevada, os carneiros e as cabras foram cultivados e depois domesticados mais ou menos nas mesmas datas. Abóbora, amendoim e teosinte (o ancestral do milho) vinham sendo cultivados no México em 6500 e foram domesticados em 3250 a.C., e a quinua, os lhamas e as alpacas do Peru, em 6500 e 2750 a.C. (Tabela 2.1, página 104). O ajuste entre a densidade de potenciais domesticáveis e a data em que a domesticação teve início é quase perfeito.

A domesticação foi um processo longo, persistente, e a cada ano que passava mais espécies silvestres eram plantadas e mais campos, limpos de ervas daninhas, capinados, arados, irrigados e fertilizados. Cultivar tinha seus custos – os agricultores trabalhavam mais do que os forrageadores e tinham dietas menos variadas e menos saudáveis –, mas oferecia um imenso atrativo: produzia muito mais comida a partir de 1 hectare de terra. À medida que o suprimento de alimento cresceu, os humanos das latitudes afortunadas fizeram o que todos os animais fazem em tais circunstâncias, ou seja, transformaram as calorias adicionais em mais deles mesmos, e as latitudes afortunadas começaram a ter um aspecto cada vez mais peculiar. No resto do mundo, caçadores-coletores itinerantes distribuíam-se esparsamente pelo território, em geral em densidades menores do que uma pessoa por 1,6 quilômetro quadrado. No entanto, ao final do primeiro milênio antes de Cristo, algumas partes das latitudes afortunadas tinham em cada 1,6 quilômetro quadrado centenas de agricultores compactados.

A explosão populacional teve cascatas de consequências não intencionais. Uma delas foi que a agricultura se difundiu: à medida que as melhores terras na agricultura original foram ocupadas, os agricultores se dirigiram para onde nenhum camponês havia estado antes, procurando terra fértil além do horizonte. Em 4 mil anos, os homens da fronteira da Pré-história haviam feito um salto desde o núcleo mais ocidental da domesticação dos Flancos Montanhosos até nada menos do que a costa atlântica da França, e desde o núcleo mais oriental entre os vales dos rios Amarelo e Yang-tsé até Bornéu.

Outra consequência não prevista foi que, conforme a agricultura levou ao aumento das densidades populacionais, as pessoas encontraram mais razões para lutar. No entanto, isso não ocorreu porque a própria agricultura causasse diretamente mais guerras; de Helena de Troia à Guerra da Orelha de Jenkins,[23] os homens têm tramado matar uns aos outros por praticamente qualquer motivo que se possa imaginar, sendo os primeiros lugares da lista ocupados por propriedade, prestígio e mulheres. Mas comprimir mais corpos dentro da mesma paisagem (mais ou menos como enfiar mais ratos de laboratório na mesma gaiola) significava simplesmente haver mais pessoas com quem brigar e mais pretextos para isso.

No entanto, a consequência do agrupamento que mais interessa para a história contada neste livro é o que a derrota passou a significar para os agricultores em litígio. Pouco a pouco, no decorrer de milênios, ficou claro que perder um conflito em um cenário agrícola estabelecido e densamente povoado era algo bem diferente do que perder um conflito em um cenário fluido, relativamente vazio, de forrageadores.

Tomemos como exemplo a história de ≠Gau[24], um caçador san do deserto de Kalahari. Em algum momento da década de 1920 ou 1930, ≠Gau brigou com outro caçador, Debe, por uma disputa de alimento. ≠Gau, um cabeça quente, espetou Debe com a lança, matando-o. A família de Debe ficou furiosa e atacou ≠Gau, mas na briga que se seguiu ≠Gau matou de novo, acertando um homem nas costas com uma seta envenenada. Percebendo que havia ido longe demais, "≠Gau pegou seu grupo e abandonou a área" (nas palavras de outro san, contando a história na década de 1950). Um bando perseguiu ≠Gau, mas, depois de uma escaramuça que custou mais três vidas, disse o san que contava a história,

23 Esse é o meu candidato para o conflito com nome mais peculiar da história. O *casus belli* foi uma decisão da guarda costeira espanhola de cortar a orelha esquerda de um comerciante britânico chamado Robert Jenkins, em 1731. Durante oito anos o governo britânico não fez nada a esse respeito, mas em 1739 decidiu que a guerra era a única reação possível.

24 A língua san é cheia de cliques, interrupções glotais e outros sons não presentes na língua inglesa, por isso muitos relatos de antropólogos estão cheios de nomes que começam com ≠, !, /, e até mesmo //.

"≠Gau e seu grupo fugiram". Entre caçadores e coletores, quando a violência se instala, ela não para mais. Enquanto ≠Gau tivesse espaço para se mover, ninguém conseguiria fazê-lo pagar por seus crimes. (≠Gau acabou tendo um fim violento, como seria de esperar: um jovem de seu próprio grupo trespassou seu coração com uma lança.)

Bem diferente era o destino dos agricultores que perdiam suas brigas. Em 58 a.C., conta Júlio César, uma tribo agrícola, os helvécios, abandonou sua terra natal, na atual Suíça, e migrou para a Gália, atrás de terras melhores. A Gália, constataram, já estava bem ocupada; todas as terras aráveis já tinham donos havia muito tempo. Mas os helvécios não se importaram com isso. Decidiram apenas pegar o que queriam, a começar pelas terras da tribo dos éduos.

O que os éduos podiam fazer? Uma opção era aguardar a tempestade passar e torcer pelo melhor, mas o melhor não prometia nada de bom. Quando os helvécios chegaram, conta César, os éduos viram "sua terra queimada, seus filhos escravizados e suas cidades tomadas de assalto". Se não fizessem nada, a promessa era de morte, ruína e servidão.

Uma segunda opção era lutar, mas, como "os helvécios superavam os gauleses em ferocidade, pois viviam envolvidos quase diariamente em batalhas com os germânicos" (de novo, nas palavras de César), muitos éduos acharam essa perspectiva alarmante. Sentiram que não era possível obter a necessária experiência e organização em um simples estalar de dedos. Mas havia alguns éduos muito hábeis em combate. Um certo Dumnorix ("muito audacioso, extremamente influente [...] e desejoso de uma revolução", diz César – soa como uma versão gaulesa de ≠Gau) havia reunido uma força particular de cavalarianos. Ele planejou aproveitar a crise para destronar uma aristocracia de éduos ineficiente e fazer-se rei, transformando os éduos em potência regional.

Uma terceira possibilidade, que foi a que os éduos acabaram escolhendo, era colocarem-se sob a proteção de amigos poderosos. Essa escolha, no entanto, podia ser qualquer coisa menos simples. Para a maior parte dos éduos, o amigo óbvio era César, o governador recém-designado da província romana vizinha. Dumnorix, porém, fazia jogo duplo; longe de reorganizar a sociedade dos éduos para combater os helvécios, ele, na realidade, planejava colocar os éduos sob a proteção dos helvécios. Estes iriam então ajudá-lo a tornar-se rei, e as duas tribos juntas iriam dominar a Gália e opor resistência a Roma.

A única opção que os éduos não consideravam era fugir e recomeçar a vida em outro lugar – como ≠Gau e seu pessoal haviam feito no deserto de Kalahari.

O bando de ≠Gau tinha relativamente pouco a perder levantando acampamento, mas os éduos perderiam tudo. Suas casas, campos de cultivo e comida armazenada seriam confiscados; todo um trabalho de gerações, cavando valas, abrindo poços, construindo terraços e limpando arbustos, seria perdido. E, de qualquer modo, para onde iriam? Estavam rodeados por outros grupos de agricultores – os boios, os arvernos, os alóbroges – e se fossem embora iriam ver-se exatamente na mesma posição dos helvécios, tendo que atacar outra tribo para roubar-lhe as terras.

O agrupamento denso que a agricultura criou nas latitudes afortunadas foi uma das coisas mais importantes que já aconteceram aos humanos – tão importante, de fato, que ninguém, exceto dois ousados cientistas sociais, tentou reivindicar a propriedade da ideia e dar-lhe um nome inteligente. Lá atrás, na década de 1970, o antropólogo Robert Carneiro escreveu um artigo a respeito desse processo na revista *Science*, propondo o nome "circunscrição", e em 1986 o sociólogo Michael Mann sugeriu *caging* ["enjaulamento"].

O importante sobre a circunscrição/enjaulamento, segundo Carneiro e Mann, é que as pessoas que ele captura veem-se obrigadas – independentemente do que pensam a respeito do assunto – a construir sociedades maiores e mais organizadas. Incapazes de fugir dos inimigos, elas ou criam uma organização mais eficiente para poderem contra-atacar ou então são absorvidas pela organização mais eficiente do inimigo.

Os éduos são um exemplo perfeito. Como não tinham nenhum lugar para se esconder, apenas três desfechos eram de fato possíveis em 58 a.C. Eles podiam terminar sendo dominados pelos helvécios; os éduos e os helvécios podiam se juntar, formando uma única sociedade que dominaria a Gália; ou os éduos, os helvécios e todos os demais da Gália podiam acabar sendo dominados pelos romanos (que foi o que aconteceu). Do ponto de vista dos éduos, os três desfechos tinham níveis bem diferentes de conveniência, mas, vistos por uma perspectiva mais ampla, todos eles levavam basicamente ao mesmo resultado. Alguém – fosse Dumnorix, a aristocracia helvécia[25] ou César – iria se tornar uma autoridade estabelecida na Gália. Uma única sociedade, maior, iria se formar, com um rei, uma facção de guerreiros ou um governador romano provendo um governo mais forte do que o da velha aristocracia tribal. E, por último, mas não

25 Da primeira vez que os helvécios decidiram invadir, um homem chamado Orgetorix estava tentando se tornar rei, mais ou menos como Dumnorix entre os éduos. As coisas chegaram à beira da guerra civil, mas então Orgetorix morreu de repente (e de maneira suspeita).

menos importante, o Leviatã – interessado em ter uma população boa, bem-comportada, para pagar impostos – iria acabar com as rixas entre as tribos, que faziam da Gália um lugar muito violento.

O rótulo dado por Mann – enjaulamento – é o que me parece ser o mais apropriado para esse processo. Desde que os humanos evoluíram, vêm se matando em disputas. A curto prazo, homens como ≠Gau podem tirar bom proveito das brigas, mas a longo prazo a violência é improdutiva. É esse exatamente o barulho de fundo de *O senhor das moscas*. Só quando a mudança climática originou a agricultura e mandou os humanos para as latitudes afortunadas, colocando-os a caminho do enjaulamento, é que a guerra se tornou produtiva, com os vencedores incorporando os perdedores em sociedades maiores.

De todos os lugares deste livro em que as palavras poderiam causar desconforto, o caso extremo talvez seja este: o de rotular a guerra nas latitudes afortunadas de "produtiva" e a guerra no resto do mundo de "improdutiva". Os rótulos têm um sabor de julgamento moral, como se as guerras nas latitudes afortunadas tivessem sido boas enquanto as de todos os demais lugares houvessem sido ruins, mesmo que haja uma abundância de pontos de vista a partir dos quais isso se mostre evidente insensatez. Por exemplo, em termos puramente de número de pessoas mortas, a guerra produtiva ultrapassou bastante a versão improdutiva. Algumas das guerras mais produtivas da história – no sentido em que uso essa expressão, ou seja, de acelerar o crescimento do Leviatã – estão entre as mais cruéis. Seja lá o que se possa dizer sobre os ianomâmis, eles nunca crucificaram seus inimigos, como os romanos faziam regularmente.

Mas, por mais desconfortável que possa ser no aspecto moral, parece que não há como escapar dos fatos. O que desencadeou o longo e lento processo ainda em andamento de enjaular a Besta que há dentro de nós foi o surgimento da guerra produtiva nas latitudes afortunadas.

O Leviatã encontra a Rainha Vermelha

À meia-noite de 27 de fevereiro de 1991, o presidente George Bush (pai) anunciou um cessar-fogo no Oriente Médio. Foram necessárias apenas 100 horas para que a coalizão liderada pelos Estados Unidos aniquilasse as forças iraquianas que haviam ocupado o Kuwait. Dos 800 mil soldados da força de coalizão liderada pelos Estados Unidos morreram apenas 240, contra cerca de 20 mil das defesas iraquianas. Foi a vitória mais fácil da história moderna.

Na avalanche de *talk-shows* e artigos de opinião que se seguiu, os comentaristas políticos cada vez mais atribuíram o triunfo a algo extraordinário – uma revolução nos assuntos militares. Isso, segundo o destacado analista Andrew Krepinevich: "é o que ocorre quando a aplicação de novas tecnologias em um número significativo de sistemas militares combina-se com conceitos operacionais inovadores e com adaptação organizacional, de maneira que altere fundamentalmente o caráter e a condução do conflito". Tais revoluções "compreendem quatro elementos: mudança tecnológica, desenvolvimento de sistemas, inovação operacional e adaptação organizacional". E elas levam a "um sensível aumento – com frequência de uma ordem de magnitude ou maior ainda – no potencial de combate e na eficácia militar de forças armadas".

Krepinevich identificou dez dessas revoluções no Ocidente nos últimos 700 anos, mas isso, na realidade, é apenas a ponta do *iceberg*. "Não há nada de novo sob o sol", diz a Bíblia. "Há algo de que se possa dizer: 'Vê, isto é novo!'? Ela já existiu nos tempos antigos, muito antes de nós." E é assim também com as revoluções nos assuntos militares. Os 10 mil anos necessários para transformar os primeiros agricultores violentos e pobres das latitudes afortunadas em súditos pacíficos e prósperos dos impérios Romano, Han e Máuria foram basicamente uma série de revoluções nos assuntos militares. Podemos, na verdade, ver as várias revoluções como meros momentos de mudança particularmente rápida dentro de uma única evolução de longo prazo nos assuntos militares.

Um dos debates mais persistentes na biologia é entre os gradualistas, que defendem que a evolução age de modo constante e consistente, e os seus críticos, que argumentam que a evolução consiste em longos períodos nos quais não acontece muita coisa, pontuados por episódios (relativamente) curtos de mudança (relativamente) rápida. O debate, sem dúvida, vai continuar, mas o modelo pontuado me parece uma descrição muito boa dessa evolução dos assuntos militares desde o fim da Era Glacial. Por um lado, pequenas mudanças acumularam-se aos poucos durante esses 10 mil anos; por outro, um punhado de revoluções excepcionais pontuaram a sequência dos fatos. Diferentes arqueólogos podem escolher detalhes diferentes, mas eu gostaria de destacar o surgimento da fortificação, as armas e armaduras de bronze, a disciplina militar, os carros de guerra e as formações em massa (usualmente com armas de ferro) de tropas de choque.

Como na revolução militar do final do século XX, as causas imediatas de todas essas mudanças estão na interação entre tecnologia, organização e logística, mas em todos os casos a causa decisiva foi o enjaulamento. Todas as revoluções foram adaptações ao novo e concorrido cenário, e tudo aconteceu, na mesma sequência, na maioria das partes das latitudes afortunadas do Velho Mundo (embora, por razões que vou examinar no capítulo 3, no Novo Mundo isso não tenha ocorrido). Isso responde a ambas as questões que levantei no início deste capítulo: nem a maneira de os gregos combaterem em Plateia nem o crescimento de sociedades grandes e seguras foram um fenômeno restrito ao Ocidente. Não havia um modo ocidental de guerrear.

As pessoas que começaram a cultivar cevada e trigo nos Flancos Montanhosos do sudoeste da Ásia por volta de 9500 a.C. eram nitidamente combatentes de baixa tecnologia, desorganizados. Tudo o que os arqueólogos têm recuperado de seus túmulos e assentamentos sugere que lutavam mais ou menos do mesmo jeito que as sociedades agrícolas mais simples observadas pelos antropólogos no século XX. Suas armas mais mortíferas eram lâminas de pedra lascada. Eles atacavam e depois fugiam correndo, conforme seu ânimo. Raramente conseguiam estender suas campanhas por mais de alguns dias, pois logo ficavam sem comida.

Por todas essas razões, quando os antropólogos depararam pela primeira vez com as sociedades modernas da Idade da Pedra, tenderam a aceitar mais ou menos as mesmas conclusões de Margaret Mead: de que esses povos não eram guerreiros. As poucas batalhas que os antropólogos viram na Nova Guiné ou na Amazônia eram movimentos desordenados. Formavam-se linhas irregulares de umas poucas dezenas de homens. Em pé, a uma distância além do alcance eficaz das flechas, eles faziam provocações mútuas. De vez em quando, um ou dois homens avançavam, atiravam e voltavam correndo.

O incidente podia durar o dia inteiro, depois ser interrompido para o jantar e, às vezes, retomado na manhã seguinte. Se alguém se machucava, a briga podia ser interrompida. Às vezes, a chuva já era suficiente para interromper a atividade. Tudo isso parecia coerente com *Coming of age in Samoa*: as assim chamadas batalhas eram rituais de virilidade, permitindo aos de sangue novo mostrar o quanto eram valentes, sem (como Mead colocou) fazer apostas muito altas.

O que os antropólogos raramente viam, porque poucos podiam permanecer lá o tempo suficiente para conseguir observar, era que a verdadeira luta na Idade da Pedra ocorria entre as batalhas. As batalhas, afinal, eram perigosas; qualquer um que ficasse plantado quando as setas voavam, e mais ainda ao avançar sobre o inimigo para atingi-lo com uma machadinha de pedra, corria o risco de ser ferido. Era muito mais seguro esconder-se e depois arremeter contra a pessoa que não estivesse esperando isso... o que, segundo descobriram os antropólogos, era exatamente o que os guerreiros da Idade da Pedra do século XX gostavam de fazer. Um punhado de bravos insinuava-se em território inimigo. Quando viam um ou dois homens da tribo rival sozinhos, matavam-nos; se viam uma ou duas mulheres, estupravam-nas e arrastavam-nas para casa. Se deparassem com grupos grandes o suficiente para contra-atacar, escondiam-se.

Mas melhores ainda do que as emboscadas eram os ataques ao amanhecer, episódios pavorosos que surgem com tal frequência na literatura antropológica que os leitores habituais ficam menos sensíveis ao seu horror. Nesses ataques, uma dezena de guerreiros ou mais devia entrar sorrateiramente na aldeia inimiga. É um trabalho que exige muito dos nervos, e a maior parte das tentativas foi abandonada antes mesmo que os matadores chegassem ao destino. Mas, se tudo corresse bem, os agressores alcançavam seu alvo enquanto ainda estava escuro e atacavam assim que o sol nascesse. Mesmo nessa hora, eles normalmente conseguiam matar apenas uma ou duas pessoas (com frequência homens que saíam para urinar logo cedo), e então entravam em pânico e fugiam correndo. Mas às vezes estavam com boa sorte, como nesse relato hopi de um saque aos awatovi no Arizona por volta de 1700 d.C.:

> Assim que o céu ganhou as cores amarelas do amanhecer, Ta'palo ficou em pé sobre o telhado da kiva[26]. Ele agitou seu cobertor no ar, após o que os agressores escalaram até o alto da plataforma e iniciaram o ataque [...] Eles atearam fogo às estacas de madeira no alto das kivas, jogando-as dentro pelo alçapão. Então lançaram suas flechas nos homens que estavam lá embaixo [...] Sempre que deparavam com algum homem, não importa se fosse jovem ou velho, eles o matavam. Ou então simplesmente o agarravam e atiravam dentro da kiva. Não pouparam nenhum homem ou garoto. Maços de pimenta seca pendiam das paredes [...] os agressores as pulverizaram [...] e espalharam o pó dentro das kivas, bem em cima das chamas. Depois fechavam os alçapões das kivas [...] A pimenta pegava fogo e, misturada com a fumaça, tornava as queimaduras mais dolorosas. Havia choros,

26 Um aposento no qual se entra por um alçapão localizado no telhado.

> gritos e tosse. Depois de um tempo as vigas do teto pegaram fogo. Conforme ardiam, as tendas começaram a desabar, uma depois da outra. Por fim, os gritos amainaram e tudo ficou quieto. Depois os telhados acabaram desabando sobre os mortos, enterrando-os. Então fez-se silêncio.

Essas incursões de surpresa adequavam-se bem às sociedades da Idade da Pedra. Seu modo de vida relativamente igualitário significava que ninguém podia impor-lhes o tipo de disciplina rígida que mantinha os soldados espartanos em pé, parados, enquanto os persas atiravam-lhes flechas, pois nessas incursões de surpresa ninguém tinha que se expor a tais perigos. Até o último minuto, os agressores podiam fugir correndo, se descobertos. Quase não havia risco, exceto quanto à quase certeza de que a vila atacada iria contra-atacar – a não ser, é claro, que os invasores matassem todo mundo.

Incursões de represália e contraincursões foram largamente responsáveis pelos impressionantes índices de morte por violência nas modernas sociedades da Idade da Pedra, e as evidências arqueológicas referentes às eras pré-históricas parecem consistentes com esse padrão. Entre os ianomâmis do século XX e em grandes trechos do planalto da Nova Guiné, por exemplo, as incursões chegaram a tal ponto que trechos de terra de quilômetros de largura foram mantidos como zonas de segurança, perigosas demais para se morar nelas. Mais uma vez, não há nada de novo sob o sol: César relatou a mesma prática na Gália pré-romana e Tácito, na Alemanha, e os arqueólogos a têm documentado na América do Norte e na Europa pré-históricas.

A estratégia de criar zonas de segurança funcionou claramente, mas era um desperdício, e as pessoas devem ter visto logo que havia uma alternativa. Em vez de abandonar uma terra boa, podiam construir um muro grande o suficiente para manter os invasores fora de suas aldeias. Mas o problema nesse caso é que a fortificação requer disciplina e logística, justamente aquilo em que as sociedades da Idade da Pedra são mais fracas. Pior ainda, se a aldeia A consegue se organizar bem o suficiente para construir um bom muro, as chances são que a aldeia B irá simultaneamente adquirir a disciplina e a logística para montar um bom cerco.

Há uma cena muito apreciada no livro *Alice através do espelho*, de Lewis Carroll, na qual a Rainha Vermelha leva Alice para uma corrida maluca pelo campo. Elas correm e correm, "tão rápido que no final parece que as duas levitam no ar", mas então Alice descobre que ainda estão debaixo da mesma árvore de onde iniciaram a corrida. "No nosso país", diz Alice, irritada, à rainha, "você geralmente chega a algum lugar – se você corre bem rápido por um bom tempo." Surpresa, a rainha explica as coisas para Alice: "Aqui, como você está vendo, é preciso correr o máximo que você consegue para poder ficar no mesmo lugar".

Os biólogos promoveram esse Efeito Rainha Vermelha a um princípio evolucionário. Se as raposas evoluem para correr mais rápido a fim de poder caçar mais coelhos, observam os biólogos, então apenas os coelhos mais velozes irão viver tempo suficiente para se reproduzir, criando uma nova geração de coelhinhos que correm ainda mais rápido – e nesse caso, é claro, apenas as raposas mais rápidas irão caçar suficientes coelhos para seguir adiante e transmitir seus genes. Assim, todas as corridas que as duas espécies conseguem fazer tão somente as mantêm no mesmo lugar.

Durante a Guerra Fria, conforme os cientistas norte-americanos e soviéticos produziam armas de destruição em massa cada vez mais alarmantes, esse Efeito Rainha Vermelha foi frequentemente usado como metáfora da loucura da guerra. Ninguém chega a lugar nenhum, argumentavam os críticos da corrida armamentista, mas todos acabam mais pobres. Terei mais que dizer sobre isso nos capítulos 5 e 6, mas por ora vou apenas comentar o aspecto óbvio de que é muito tentador identificar um Efeito Rainha Vermelha nos tempos pré-históricos.

A invenção das fortificações é um exemplo notável, embora haja alguma controvérsia a respeito de quando foi que isso aconteceu. Já em 9300 a.C. o povo de Jericó, no vale do Jordão (Figura 2.4), erigiu uma torre intimidadora, mas muitos arqueólogos duvidam de que ela tivesse funções militares. Mesmo que tivesse, parece que não impressionou ninguém, porque se segue um lapso de cinco milênios nos registros antes que surja o próximo caso de fortificação, um muro datado aproximadamente de 4300 a.C. em Mersin, na atual Turquia.

Depois de Mersin, as fortificações disseminaram-se rapidamente no sudoeste da Ásia. Por volta de 3100 a.C., Uruk, na Suméria (atual sul do Iraque), tinha um muro de 9,5 quilômetros de extensão. É muito impressionante, mas as evidências de assentamentos que foram destruídos apesar dos muros que seus residentes ergueram sugerem que a organização necessária para tomar de assalto essas defesas evoluiu tão rápido quanto a organização necessária para erguê-las. Podemos concluir que os sumérios, assim como a Rainha Vermelha, estavam correndo muito rápido apenas para ficar no mesmo lugar.

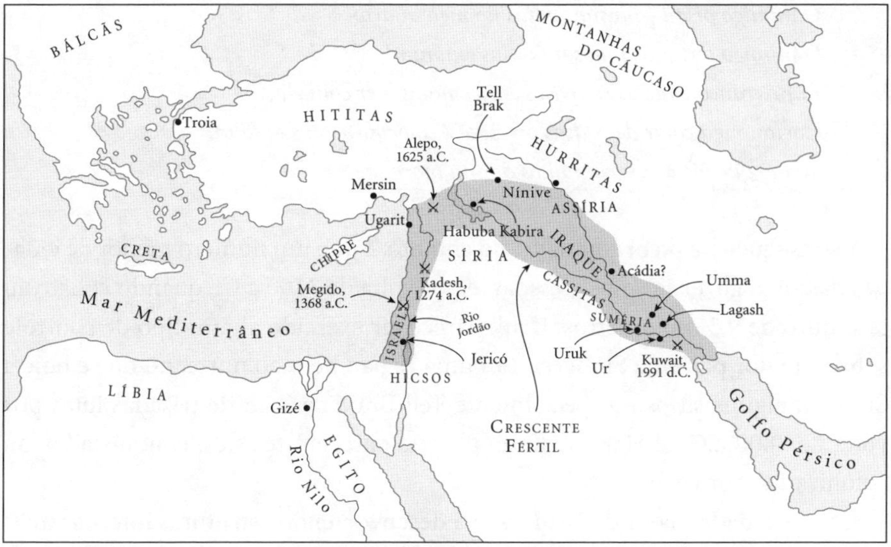

Figura 2.4. A área central: os lugares das revoluções originais nos assuntos militares, c. 9300-500 a.C.

Mas isso não conta a história toda. Ao correrem rápido por longo tempo, as sociedades agrícolas na parte central das latitudes afortunadas conseguiram sem dúvida chegar a algum lugar. As fortificações do quarto milênio antes de Cristo são o primeiro salto revolucionário que podemos detectar dentro da evolução mais ampla dos assuntos militares, e o fato de as sociedades estarem conseguindo erguer esses muros – e de tomar de assalto os muros que seus inimigos construíam – pode significar que a guerra já estava se tornando produtiva. Leviatãs exercitavam seus músculos, produzindo sociedades maiores, mais organizadas e provavelmente (embora não possamos provar isso até que tenhamos suficientes evidências de esqueletos para estudar) mais pacíficas, capazes de realizar tarefas que estavam antes fora de seu alcance. As guerras já não eram ataques de surpresa retaliatórios. Os vencedores engoliam os perdedores, criando sociedades maiores.

Não obstante, era também um processo repugnante. Um texto sumério do terceiro milênio antes de Cristo, tempo no qual a escrita havia alcançado o nível em que a poesia podia ser registrada, nos dá uma pista dos milhares de vozes silenciadas pela brutalidade. "Ai de mim!", lamenta-se o texto, "esse meu dia, no qual fui destruído!"

O inimigo pisou com suas botas no meu quarto!
O inimigo pôs suas mãos imundas em mim!
[...] Arrancou-me as roupas, vestiu sua mulher com elas,
Cortou meu colar de pedras preciosas, colocou-o em seu filho,
Tenho que pisar nos caminhos da sua morada.

A consequência da brutalidade, no entanto, é que um número menor de cidades passou a governar mais pessoas, e por volta de 3100 a.C., quando construiu seu muro de 9,5 quilômetros, Uruk parece ter exercido algum tipo de controle sobre a maior parte da Suméria. Em uma região bem ao norte, no que é hoje a Síria, há alguns sítios – especialmente Tell Brak, cenário de pesadas lutas por volta de 3800 a.C., e Habuba Kabira – que parecem ter sido conquistados ou colonizados por Uruk.

Essa sociedade maior de Uruk estava desenvolvendo estruturas internas mais complexas. Tinha cidades genuínas, com populações que alcançavam dezenas de milhares de habitantes e reis que clamavam descender dos deuses. Com o tempo, bandidos estabelecidos elaboraram códigos de leis, comandaram burocracias que mantinham registros escritos, cobraram impostos e, como gostavam de dizer, agiram como pastores de seu povo.

Os primeiros Leviatãs supervisionavam sociedades menos igualitárias do que as de tempos anteriores, mas que eram mais ricas e provavelmente mais seguras. É claro, na ausência de estatísticas, estamos em grande medida conjeturando, mas no vale do Nilo, altamente enjaulado, onde os desertos prendiam os agricultores em uma estreita faixa de terra, isso parece inegável. Após vários séculos de lutas, três pequenos Estados emergiram no vale do alto Nilo por volta de 3300 a.C. Em 3100 a.C., apenas um ainda restava, e seu rei, Narmer, tornou-se o primeiro faraó a governar o Egito inteiro. Ele e seus sucessores erradicaram a guerra de seu reino de 500 quilômetros de extensão e elevaram a bandidagem estabelecida a um patamar totalmente novo. Enquanto outros reis do terceiro milênio antes de Cristo afirmavam ser como deuses, os faraós clamavam ser eles mesmos deuses, e, enquanto os outros reis erguiam zigurates, os faraós levantavam pirâmides (a Grande Pirâmide de Gizé, pesando 1 milhão de toneladas, ainda é a edificação mais pesada da Terra).

Por mais megalomaníaca que possa parecer hoje, essa majestade divina funcionou bem para centralizar o poder. Até onde podemos afirmar, os aristocratas do Egito estavam tão concentrados em competir pelos favores reais que em grande medida desistiram da competição violenta entre eles, mais ou menos

nos moldes que Elias viu ocorrer na Europa 45 séculos mais tarde. A arte e a literatura que sobrevivem do terceiro milênio antes de Cristo só nos permitem formar uma impressão muito geral, mas a implicação preponderante é que o Antigo Reino do Egito era, pelos padrões da época, um lugar muito pacífico. Na corrida, o Leviatã ultrapassou a Rainha Vermelha.

Defesa de seu território

O sudoeste da Ásia e o Egito (regiões que os arqueólogos costumam juntar no Crescente Fértil) foram os primeiros a introduzir os Leviatãs, mas nos séculos que se seguiram outras sociedades agrícolas instaladas em torno das latitudes afortunadas seguiram mais ou menos o mesmo caminho. Como poderíamos esperar, há em geral uma boa sincronia entre a data em que a agricultura se iniciou e a época em que as cidades, os Leviatãs e as fortificações tiveram início. Quanto mais densa era a disponibilidade de plantas e animais domesticáveis ao final da Era Glacial, mais cedo as pessoas assumiam a agricultura, e, quanto mais cedo elas assumiam a agricultura, mais cedo o enjaulamento tornou suas guerras produtivas.

Acho que nada esclarece melhor os padrões que um bom gráfico, e penso que a Tabela 2.1 a seguir mostra bem como o enredo se desenvolveu ao longo das latitudes afortunadas. A domesticação de plantas e animais em geral começava em uma região 2 mil ou 3 mil anos depois do início do cultivo, e as cidades muradas, reis divinos, monumentos piramidais, escrita e burocracia costumavam aparecer 3 mil a 4 mil anos depois da domesticação (por volta de 2800 a.C. no que hoje é o Paquistão, 1900 a.C. na China e 200 a.C. no Peru e no México).

A Tabela 2.1 também revela que os desenvolvimentos tendem a se agrupar, surgindo em pacotes. No Mundo Antigo, foi bem isso o que ocorreu com a invenção de armas e armaduras de bronze. Esta, a segunda mudança revolucionária dentro da mais ampla evolução dos assuntos militares, geralmente chegou mais ou menos na mesma época que as fortificações, as cidades e os governos. Artesãos do sudoeste da Ásia haviam começado a trabalhar com cobre, fazendo lindos ornamentos, já em 7000 a.C. (apenas 500 anos depois que a domesticação de fato estava em andamento), embora apenas em cerca de 3300 a.C. é que se aprendeu a fazer bronze de verdade, misturando cobre com estanho ou arsênico para produzir metal duro o suficiente para ser útil em armas e armaduras. O trabalho em bronze decolou no Crescente Fértil bem na hora em que o Leviatã teve início em Uruk. Provavelmente havia uma conexão: o bronze também aparece no sul e no leste asiático na mesma época das cidades e Estados (o enredo foi bem diferente nas Américas, e vou voltar a isso no capítulo 3).

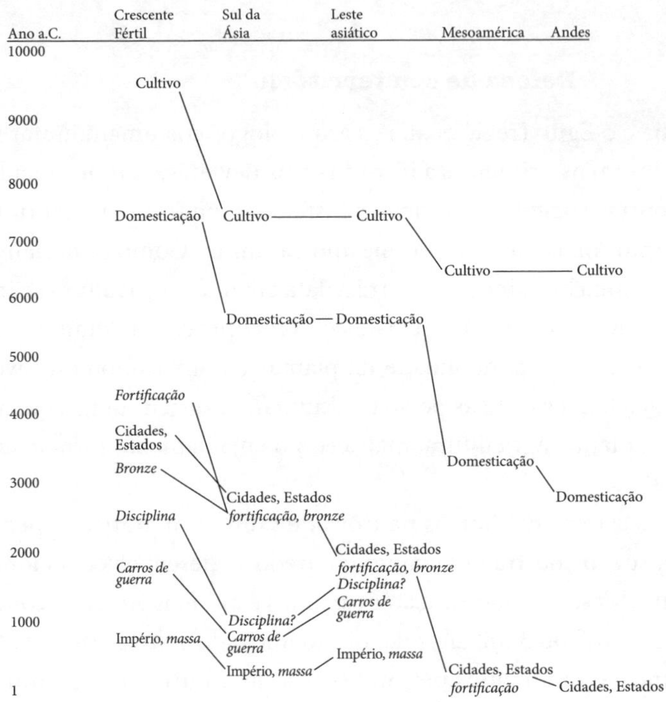

Tabela 2.1. Enjaulamento e evolução dos assuntos militares, 10000 a.C. -1 a.C. Os desenvolvimentos militares estão em itálico, e os sociais, sem itálico. As linhas que unem os desenvolvimentos servem apenas para tornar os estágios mais claros, sem indicar quaisquer vínculos entre as áreas.

Usar metal no campo de batalha parece ter levado diretamente a uma terceira revolução, que mais uma vez se verificou no Crescente Fértil. Uma coisa é ter uma lança com uma ponta de bronze, mas outra totalmente diferente é ter ousadia para avançar contra alguém e espetá-lo, especialmente quando esse alguém e centenas de seus amigos estão tentando enfiar suas lanças em você. Tirar o máximo proveito do metal exigiu a invenção da disciplina militar, a arte de persuadir os soldados a defender seu território e cumprir ordens.

Essa foi talvez a mais importante de todas as antigas revoluções nos assuntos militares. Um exército disciplinado difere tanto de uma turba indisciplinada quanto a luta de boxe Thrilla in Manila[27] de uma briga de dois bêbados em um bar. Soldados que se dispõem a engalfinhar-se e matar o inimigo quando recebem a ordem ou a tomar de assalto altos muros, apesar do óleo fervente, das chuvas de pedra e de flechas, geralmente derrotam aqueles que não têm essa disposição. A evolução de um comando e controle que fosse de algum modo confiável, de formações que manobrassem segundo as ordens recebidas e de homens que usualmente fizessem o que lhes era mandado mudou tudo.

Infelizmente, os arqueólogos não conseguem escavar arqueologicamente a disciplina. Mas, mesmo que evidências concretas de soldados disciplinados só apareçam vários séculos mais tarde, parece lógico suspeitar de que elas de fato começaram a surgir mais ou menos na mesma época em que despontaram os governos centralizados e de que foi nesse ponto (por volta de 3300 a.C. no Crescente Fértil, 2800 a.C. no vale do Indo e 1900 a.C. na China) que as guerras começaram a ser resolvidas por batalhas campais, tanto quanto por meio de incursões e cercos. Persuadir homens jovens a seguir ordens em situações com risco de morte foi um dos primeiros grandes feitos do Leviatã – mesmo que, pela falta de dados quantitativos, saber como os chefes pré-históricos faziam isso continua sendo uma das questões menos compreendidas da arqueologia.

A primeira evidência tangível vem da arte. Pinturas em cavernas da Idade da Pedra, algumas delas de até 10 mil anos de idade, representam regularmente bandos de homens disparando flechas e arremessando lanças uns nos outros (Figura 2.5), mas a Estela dos Abutres (Figura 2.6), um relevo sumério em calcário esculpido por volta de 2450 a.C., é muito diferente. Mostra fileiras densas, aparentemente disciplinadas, de soldados de infantaria, com elmos, lanças e grandes escudos, liderados pelo rei Eannatum de Lagash. Os homens de Lagash estão pisoteando inimigos mortos, e uma inscrição diz que Eannatum venceu uma batalha campal contra a cidade de Umma, que havia ocupado algumas terras cultivadas de Lagash. Eannatum em seguida incorporou Umma e boa parte do resto da Suméria ao seu reino.

Os sumérios, ao que parece, instilaram disciplina e *esprit de corps* suficientes em seus combatentes para vencer batalhas decisivas, chegando perto do inimigo sem se importar com os riscos, em vez de lutar com incursões e fugas como tradicionalmente. Na década de 2330 a.C., o rei Sargão da Acádia podia até fazer

---

27 Estou dando uma indicação da minha idade, mas na minha mente há poucos exemplos melhores de disciplina diante da violência do que Muhammad Ali e Joe Frazier obrigando-se a voltar para o centro do ringue em 1975, com concussões e meio cegos, para rounds seguidos de ataques selvagens. Ali descreveu a experiência como algo "próximo da morte".

ostentação dos "5.400 homens que eu fazia comer na minha frente todo dia", referindo-se, ao que parece, a um exército permanente. Seus súditos forneciam comida, lã e armas para que seus soldados pudessem treinar em tempo integral.

Figura 2.5. Gritando socorro: pintura de caverna pré-histórica, no abrigo em pedra de Los Dogues, Espanha, representando uma luta caótica. A data é entre 10000 e 5000 a.C.

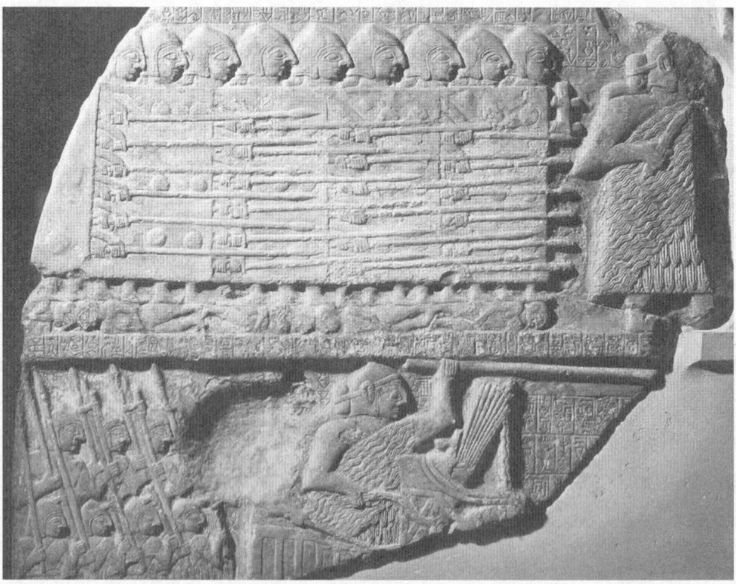

Figura 2.6. O nascimento da disciplina: esse relevo esculpido, conhecido como Estela dos Abutres e feito em Lagash (atual Iraque) por volta de 2450 a.C., é a mais antiga representação que se conhece de soldados postados em fileiras regulares.

Guerreiros selvagens estavam sendo transformados em soldados disciplinados. Os modernos profissionais militares têm como virtudes fundamentais a lealdade, a honra e o dever, algo bem distante do trivial egocentrismo da vida civil, e, embora a disciplina dos soldados de Sargão talvez não tivesse impressionado os centuriões de César, esse tipo de homem capaz de morrer antes de envergonhar seu regimento provavelmente fez sua primeira aparição na Suméria ou na Acádia do terceiro milênio antes de Cristo.

Os resultados são muito claros. A Acádia conquistou a maior parte do que é hoje o Iraque vencendo batalhas contra Lagash, Ur e Umma e pondo abaixo seus muros. Sargão estabeleceu governos, fortificou a Síria e realizou campanhas até no Cáucaso e no Mediterrâneo. Seu neto chegou a cruzar o Golfo Pérsico, onde, segundo uma inscrição, "as cidades do outro lado do mar, 32, se associaram para a batalha. Mas ele foi vitorioso e conquistou as cidades, matando seus príncipes".

Como Roma 2 mil anos mais tarde, a cidade de Sargão, Acádia, continuou enriquecendo graças ao comércio com a Índia, e, se o vale do Indo não tinha exércitos com algum tipo de disciplina antes de 2300 a.C., ele provavelmente soube então de sua existência. Mas tem-se revelado particularmente difícil documentar o surgimento de tais exércitos no sul da Ásia do terceiro milênio antes de Cristo. Na verdade, a parte de baixo da Tabela 2.1 mostra que algo bem mais complicado estava em andamento. No terceiro milênio antes de Cristo, o vale do Indo havia sido a segunda região do mundo a aparecer com cidades, governos, fortificações e armas de bronze, vários séculos depois do Crescente Fértil, mas vários séculos antes do leste asiático. Por volta do primeiro milênio antes de Cristo, no entanto, o sul da Ásia havia caído para o terceiro lugar, bem atrás do leste asiático.

Superficialmente, sabemos o que aconteceu: a civilização do vale do Indo desintegrou-se por volta de 1900 a.C. Suas cidades foram abandonadas, e as pessoas viraram as costas ao Leviatã, quebrando a progressão aparentemente regular da Tabela 2.1. Quase mil anos iriam se passar antes que cidades e governos reaparecessem no sul da Ásia, dessa vez nas planícies do Ganges, e não do Indo; e, a essa altura, a China, que não experimentara essa desintegração, havia passado à frente.

O que não sabemos é *por que* a civilização do Indo desmoronou. Não conseguimos (ainda) ler os poucos textos que sobreviveram, e, devido aos contínuos desafios envolvidos em escavar no Paquistão, a evidência ainda permanece escassa.

No final da década de 1940, quando ex-militares dominavam a cena arqueológica, era geralmente aceito que os invasores arianos, descritos em épicos indianos posteriores, haviam destruído as cidades do Indo. Por volta da década de 1980, no auge da popularidade da visão *Coming of age*, a concordância geral era que não haviam sido eles, e foram apontados novos culpados – mudança climática, rebeliões internas, colapso da economia. Na esclarecida década de 2010, temos que admitir que simplesmente não sabemos.

Vou ter muito mais que dizer sobre o colapso dos Leviatãs mais adiante neste livro, mas quero me deter um pouco no colapso da civilização do Indo há 4 mil anos. Se em vez de estar sentado na minha escrivaninha na Califórnia em 2013 d.C., eu tivesse escrito este livro no sul da Ásia por volta de 1500 a.C., poderia muito bem ter concluído que a guerra não traz absolutamente nada de bom. Ao meu redor, eu teria sido capaz de ver todas as cidades perdidas da civilização do Indo degradando-se em montes de lama, com espíritos e pastores rondando em volta. Talvez a guerra tenha nos tornado mais seguros e ricos por um tempo, eu poderia ter dito, mas depois isso foi interrompido.

No entanto, se eu escrevesse por volta de 500 a.C. (ainda no sul da Ásia), e se tivesse notícia do fim da civilização do Indo, poderia ter chegado a uma conclusão muito diferente. Por volta de 500 a.C., os Estados em ascensão do vale do Ganges eram tão impressionantes à sua maneira quanto as cidades do Indo haviam sido 1.500 anos antes. A implicação óbvia desse padrão pareceria ser que a guerra produtiva era real, mas cíclica. A partir do caos, o Leviatã trouxera a ordem, mas apenas para desencadear uma reação que fizera o mundo voltar à anarquia. Isso, no entanto, teria exigido outro Leviatã – e assim seguiriam as coisas, em uma infindável oscilação entre ordem e caos.

Mas então, de novo, se eu escrevesse por volta de 250 a.C., no auge de Asoka, com certeza acharia (mais uma vez, se tivesse completo conhecimento do passado) que teria chegado a um insight mais profundo. Sim, eu concordaria com meu eu de 250 anos atrás sobre a guerra produtiva ser cíclica, mas ela operaria por ondas, cada uma delas com uma crista mais alta do que a anterior. Sim, prosseguiria eu, a civilização do Indo foi extraordinária, e, sim, seu colapso depois de 1900 a.C. foi terrível. Mas o Império Máuria é mais extraordinário ainda. A guerra produtiva funciona.

Armado com essa compreensão, se eu tivesse reencarnado uma última vez outros 250 anos mais tarde, não iria me desesperar ao contemplar as obras de Asoka. O Império Máuria sucumbira, como a civilização do Indo antes dele, e seu vasto território fora dividido entre príncipes em litígio. Mas eu continuaria confiante em relação ao futuro. O Leviatã retrocedia um passo, mas – assim como ocorrera quando os máurias tomaram o lugar da extinta civilização do Indo – logo iria dar mais dois passos adiante.

O que podemos tirar desse experimento intelectual? Uma interpretação tentadora é dizer que tudo é relativo; se a guerra produtiva chega a existir, ou é cíclica, ou se continua se movendo para a frente, isso depende totalmente da perspectiva que se adote. Mas, a meu ver, estaríamos tirando uma conclusão apressada demais. A lição real dos últimos milênios antes de Cristo no sul da Ásia é que a magia operada pela guerra produtiva, de tornar a humanidade mais segura e rica, só funciona a muito longo prazo. Teorizar sobre como a guerra funciona em uma escala de tempo de milênios com certeza teria parecido uma piada cruel para as pessoas reais que matavam e eram mortas no antigo sul da Ásia; uma vez mais, as implicações morais da história da guerra a longo prazo são perturbadoras. Mas a evidência continua nos remetendo para a mesma hipótese paradoxal. A guerra tornou a humanidade mais segura e mais rica.

Carruagens de fogo

O sul da Ásia não foi o único lugar onde colapsos interromperam a guerra produtiva. Já em 3100 a.C. algo similar pode ter sucedido na Suméria. A evidência é obscura, mas o controle que a cidade de Uruk havia conseguido sofreu uma ruptura nessa hora. A própria Uruk foi incendiada, e durante séculos o sudoeste da Ásia ficou dividido em cidades-Estados em guerra. Por volta de 2200 a.C., ocorreu uma reviravolta ainda maior, desintegrando tanto o Império Acadiano de Sargão quanto o Antigo Reino do Egito, e repercutiu enviando ondas de desastre por todo o Mediterrâneo. Podem ter ocorrido colapsos similares (embora menores) na China na mesma época. As causas precisas dessas rupturas são motivo de acalorados debates, mas as coisas aos poucos ficaram mais claras a partir de 2000 a.C. Nesse ponto, começamos a ver que as revoluções nos assuntos militares poderiam ser elas mesmas as causas da massiva desestabilização.

A quarta grande revolução nos assuntos militares começou não nas reluzentes cidades do Crescente Fértil ou do vale do Indo, mas nas áridas estepes do que hoje corresponde à Ucrânia. Os caçadores dessa região haviam conseguido domesticar cavalos selvagens por volta de 4000 a.C. Como os homens das latitudes afortunadas que haviam domesticado gado bovino, carneiros e porcos, esses pastores originalmente queriam apenas um suprimento de carne mais seguro. Por volta de 3300 a.C., porém, tiveram uma brilhante ideia. Nas estepes, ser capaz de se mover com rapidez de uma fonte de água para outra com frequência era uma questão de vida ou morte; ao atrelar seus pequenos cavalos a carroças, os pastores aumentaram muito sua mobilidade e suas chances de sobrevivência.

Outros aprimoramentos foram se acumulando, e por volta de 2100 a.C. os pastores que viviam onde hoje fica o Cazaquistão já criavam cavalos maiores, de pernas mais compridas e treinados para puxar carroças mais leves. Esses cavalos ainda eram bem menores do que a maioria das raças modernas, mas as carroças leves que eles puxavam – carros de guerra – fizeram sucesso. Comerciantes e/ou migrantes (provavelmente um grupo pequeno chamado de hurritas) trouxeram-nas pelas montanhas do Cáucaso até o Crescente Fértil por volta de 1900 a.C. De início, eram usadas apenas para transporte, mas, quando foram adaptadas para plataformas de luta – o que levou um século ou dois –, revolucionaram a guerra produtiva.

Apesar da maneira como são muitas vezes retratados, em representações épicas cheias de espadas e sandálias, os carros de guerra não eram tanques que esmagavam as linhas inimigas. Eram difíceis de manobrar e também frágeis (por volta do século XIV, deviam pesar menos de 50 quilos), e os cavalos sempre ficam apavorados quando têm que transportar cargas contra uma infantaria disciplinada que resiste com firmeza. O que os carros de guerra tinham a seu favor não era a massa, mas a velocidade (Figura 2.7). Carros de guerra leves, carregando dois ou três homens de armadura (um condutor, um arqueiro e às vezes um soldado para segurar o escudo), podiam fazer com que soldados a pé, caminhando pesadamente, virassem alvo fácil para as flechas. Tão denso era o ar com seus disparos, diz o antigo épico indiano *Mahabharata*, que "o sol desapareceu diante das flechas disparadas de ambos os lados".

Pontas de seta feitas de pedra lascada, encontradas em cavernas da África do Sul, mostram que as pessoas vêm usando arcos há mais de 60 mil anos. Pelo que sabemos, porém, os arqueiros, até por volta de 2000 a.C., foram se virando com o que os modernos especialistas chamam de arco simples, uma única peça de madeira encordoada com pele de animal.

Figura 2.7. Rei da velocidade: o faraó egípcio Ramsés II atacando seus inimigos, no maior confronto de carros de guerra da história (1274 a.C.).

Como os arcos de madeira raramente sobrevivem para estar presentes nas escavações arqueológicas, os detalhes são nebulosos, mas em algum lugar – talvez nas estepes da Ásia central – os arqueiros começaram a juntar duas ou mais lâminas de diferentes madeiras para aumentar a potência da arma. A inventividade então se acelerou, e por volta de 1600 a.C. um novo tipo, o arco composto, passou a ser usado no Crescente Fértil. Em vez de produzir um bastão simples, os artesãos agora começavam a recurvar as pontas do arco para a frente, permitindo ao arqueiro gerar bem mais força. A maior parte dos arcos simples tinha um alcance efetivo de menos de 100 metros, mas os arcos compostos podiam ir quatro vezes mais longe, arremessando flechas com força suficiente para penetrar tudo, exceto armaduras de metal.

O arco composto pode também ter sido inventado nas estepes, e até mesmo ter entrado nas latitudes afortunadas junto com o carro de guerra. Mas, sejam quais forem os detalhes, o pacote "carro de guerra mais arco composto" transformou o campo de batalha. É provável que no início os condutores desses carros tivessem papel secundário, atirando flechas na infantaria inimiga para romper suas formações antes que os lanceiros desferissem o golpe final, mas os carros de guerra se mostraram tão eficazes que os chefes militares aos poucos pararam de vez de posicionar grandes massas de infantaria. As batalhas passaram a ser decididas quase inteiramente pelos "guerreiros dos carros de guerra que se circundam mutuamente em seus carros, arremessando flechas com a mesma prodigalidade que as nuvens disparam seus jorros de água" (de novo o *Mahabharata*).

Campos de batalha já eram horríveis antes do século XVII a.C., com milhares de homens da infantaria atropelando-se, enfiando lanças de bronze através dos escudos do inimigo, ferindo pescoços e rostos, ou por baixo, acertando coxas e ventres. Grandes batalhas deixavam centenas de mortos e ainda mais centenas de soldados agonizantes – "alguns xingando, outros gritando por um cirurgião, outros lamentando pelas mulheres que deixariam na pobreza, outros até pela dívida que não iriam saldar, ou pelos filhos deixados à própria sorte", como Shakespeare descreveu certa vez. "Receio que sejam poucos os que morrem bem ao morrer em batalha." Por volta de 1600 a.C., porém, todo um novo nível de horror havia surgido. Os cavalos eram alvos maiores que os homens e geralmente não tinham a proteção da armadura. As maneiras mais rápidas de deter um carro de guerra eram ou abater os cavalos ou então, no caso de homens com nervos de bronze, aguentar firme quando o veículo passava com estrondo por eles e então saltar e cortar o tendão do animal ou desentranhá-lo atacando-o por trás (soldados dedicados a escaramuças carregavam pequenas foices especificamente com esse propósito). Pelos 3.500 anos seguintes, até meados do século XX d.C., os campos de batalha da Eurásia ficariam cheios de carne de cavalo ensanguentada, tanto quanto de humanos esvaindo-se em sangue aos berros.[28]

Os carros de guerra levaram ainda vários séculos para se difundir das estepes cazaques até a China, mas chegaram lá por volta de 1200 a.C. e alcançaram a Índia (que ainda se recuperava do colapso da civilização do Indo) em 600 a.C. A cada parte das latitudes afortunadas da Eurásia os carros de guerra chegaram como haviam feito no Crescente Fértil, trazidos por imigrantes e comerciantes

28 Em 2004 d.C., após 38 séculos de massacres de cavalos, foi erguido um monumento a todos os equinos mortos na guerra, na Park Lane, em Londres, com a inscrição: "Eles não tiveram escolha".

da Ásia central (do Mediterrâneo ao mar da China, o desenho dos carros de guerra era praticamente idêntico, indicando sua origem comum). Em cada lugar, eles atendiam à mesma necessidade militar de mobilidade e poder de tiro, e em cada lugar provocaram consequências similarmente caóticas.

Talvez devido à natureza humana, as organizações que funcionam com determinada maneira de fazer as coisas às vezes relutem em adotar uma maneira nova, e, ao que parece, foi isso que sucedeu com os carros de guerra. No Crescente Fértil, os primeiros a adotá-los não foram grandes reinos como o Egito e a Babilônia; eram grupos menores, marginais, como os cassitas, hititas e hicsos, que – começando por volta de 1700 a.C. – derrotaram, saquearam e às vezes até destronaram os governantes de Estados mais ricos. De modo similar, na China, a dinastia Shang foi derrubada em 1046 a.C. pelas tribos Zhou, mais adeptas dos carros de guerra. No entanto, foi só quando os Estados maiores e mais ricos adotaram por fim os carros de guerra (cerca de 1600 a.C. no Crescente Fértil, 1000 a.C. na China e 400 a.C. na Índia) que a sua verdadeira fase áurea começou. Isso se deveu ao fato de que apenas os Estados ricos tinham condições de usar os carros de guerra adequadamente.

Os carros de guerra eram caros. Segundo a Bíblia, Salomão, rei de Israel, pagou 600 shekels de prata por carro adquirido e mais 150 por cavalo, em uma época em que escravos valiam apenas 30 shekels. Um texto do século XIV do Império Hitita nos dá uma ideia dos custos, com um relato dia a dia de um programa de treinamento de sete meses exigido para cavalos de carros de guerra.

Os carros de guerra também funcionavam melhor quando em grande número, com centenas de veículos congestionando flancos abertos e preenchendo o céu de flechas. Quanto mais carros tivesse o inimigo, mais você precisaria ter, e o número desses carros cresceu exponencialmente. Por volta de 1625 a.C., os hititas atacaram Alepo com apenas uma centena de carros, mas na batalha de Kadesh, em 1274 a.C., reuniram 3.500, junto com dez vezes mais soldados de infantaria (seus inimigos egípcios tinham números equivalentes).

Criar, treinar e alimentar essas hostes exigia um salto quântico na escala e na competência de burocracias e serviços de intendência, e controlar tantos veículos em campos de batalha congestionados e poeirentos exigia ainda mais dos oficiais. O grande desafio militar do Crescente Fértil no terceiro milênio antes de Cristo havia sido como disciplinar a infantaria para lutar corpo a corpo; no segundo milênio, era como fazer os carros de guerra seguirem na direção certa, no tempo certo. As respostas: mais hierarquia, mais oficiais, mais gastos.

Os bandidos estabelecidos na era dos carros de guerra endureceram seu coração, taxaram seus súditos mais pesadamente e montaram exércitos maiores para fazer frente aos seus vizinhos. Aqueles que não conseguiam, vendo seus carros de guerra esmagados nas lutas e sua infantaria sendo capturada e morta, só podiam colocar suas esperança na fortaleza de seus muros. O porte e a sofisticação de muros e torres, portanto, também deram um salto adiante, e isso, levando em conta o Efeito Rainha Vermelha, apenas estimulou a construção de aríetes melhores e a escavação de túneis mais profundos. (A *Ilíada* de Homero, escrita na Grécia por volta de 750 a.C., talvez preserve memórias distorcidas de um cerco de dez anos a Troia por volta de 1200 a.C.)

Os Leviatãs ficaram maiores e mais assustadores na era dos carros de guerra; sua administração, mais firme; e seus exércitos e serviços públicos, mais profissionais. E, no entanto, no paradoxo agora familiar, a consequência pode ter sido uma diminuição da violência. Conforme um Estado absorvia o outro, o número de Estados disponíveis para lutar entre si encolheu de modo constante, e, quando as guerras chegavam a eclodir, havia um número surpreendentemente baixo de grandes batalhas. Pelo que podemos saber, os reis do século XIII a.C. no Crescente Fértil sentiam-se em relação aos seus exércitos mais ou menos como os governantes no século XVIII d.C. na Europa: esses valorosos profissionais custam tanto, e as batalhas os destroem com tal rapidez, que ninguém em sã consciência iria mandá-los para um embate direto a não ser que não houvesse outro jeito. Os maiores confrontos com carros de guerra a respeito dos quais sabemos algo – em Megido em 1368 a.C. e em Kadesh em 1274 a.C. – envolveram pelo menos um dos lados, e talvez ambos, sendo pegos de surpresa.

Como é usual, não temos estatísticas oficiais sobre os índices de morte por violência, mas evidências circunstanciais sugerem que a fase áurea dos carros de guerra nas latitudes afortunadas – 1600-1200 a.C. no Crescente Fértil e arredores, 1000-600 a.C. na China e 400-100 a.C. na Índia – viu o risco geral de morte por violência declinar. Em uma área imensa como essa, os padrões são, é claro, irregulares, mas os enterros de guerreiros com frequência se tornam menos comuns, a arte da elite tende a enfatizar as artes da paz, e as fortificações tornam-se mais raras fora das fronteiras militarizadas.

Nesse meio-tempo, o comércio continuou expandindo-se, trazendo riqueza. De novo, os padrões são irregulares, mas aquelas regiões mais ativas no comércio – por exemplo, Ugarit no litoral sírio ou as cidades da Creta minoica – estão cheias de casas grandes e confortáveis, que indicam um povo medianamente próspero. Achados espetaculares de naufrágios no Mediterrâneo nos dão o vislumbre de um abrangente comércio de metais, vinho e outros pequenos luxos, enquanto documentos de palácios reais e de escritórios de comerciantes falam em madeira, alimentos e tecidos sendo transacionados dentro e entre os grandes reinos. A guerra estava sendo mais produtiva do que nunca.

Até que, de repente, deixou de ser. A era dos carros de guerra começou com mudanças na periferia e terminou do mesmo modo. Dessa vez, porém, a periferia em questão estava na Europa, não na Ásia central. A agricultura se expandira do Crescente Fértil por boa parte da Europa em cerca de 4500 a.C., e nos três milênios seguintes a população ali aumentou, e foi de maneira constante fechando a jaula. Por 3 mil anos os europeus haviam lutado no modo clássico, com incursões e fugas, com arcos e adagas, mas, por volta de 1450 a.C., ferreiros de locais que hoje correspondem ao norte da Itália e à Áustria apareceram com uma nova resposta às necessidades dos guerreiros locais. Mil anos antes, quando os combatentes do Crescente Fértil começavam a mudar das incursões para os campos de batalha, as ligas de bronze ainda eram bastante precárias, e as melhores armas que os artesãos conseguiam produzir eram lanças para ataques corpo a corpo. O bronze então disponível, relativamente maleável, era bom o suficiente para adagas ou espadas curtas, pequenas e desajeitadas, em forma de foice, que podiam ser usadas apenas para ferir, mas as verdadeiras espadas[29] – longas e resistentes o suficiente para cortar e perfurar, confiáveis o suficiente para fazer sua vida depender apenas delas – estavam além da capacidade de qualquer ferreiro.

Por volta de 1450, no entanto, os trabalhadores de bronze já faziam um metal com suficiente resistência para fundir espadas longas, retas, com a lâmina e o cabo em uma única peça. O cabo nunca iria se desprender, não importa a força com que um guerreiro atingisse a armadura do inimigo. Ele podia também dar estocadas: a maioria das espadas tem duas ranhuras rasas ao longo do comprimento da lâmina, que os arqueólogos, de modo sinistro (mas provavelmente preciso), chamam de canais de sangue.

Em um par de séculos depois de 1450 a.C., as novas espadas se difundiram pelo norte e oeste da Europa. Os arqueólogos costumam encontrá-las em esconderijos ou em túmulos, perto de conjuntos de pequenas pontas de lança

29 Tecnicamente, lâminas de menos de 35 centímetros de comprimento são adagas; as de 35 a 50 centímetros são punhais, e as de 50 a 70 centímetros são espadas curtas. As espadas propriamente ditas têm mais de 70 centímetros de comprimento (a lâmina da célebre espada curta romana, o gládio, tinha em geral entre 61 e 69 centímetros de comprimento).

(provavelmente de dardos, feitos para serem arremessados, e não para enfiar no inimigo) e às vezes também junto com peitorais e escudos. Esse pacote dificilmente seria necessário para matar aldeões sonolentos em ataques matutinos; com certeza estamos falando de ferozes batalhas campais. Pequenos grupos de homens de armadura arremessavam dardos a 50 passos de distância ou menos, para ferir os inimigos ou perfurar seus escudos, inutilizando-os – assim, quando os homens se aproximassem à distância de um braço, as reluzentes espadas de bronze fariam seu trabalho mortal.

Os combatentes europeus tinham novas armas assassinas, mas os sofisticados soldados do Crescente Fértil, ao que parece, não tiveram pressa em aprender com o norte incivilizado. Afinal, devem ter se perguntado, quando milhares de homens em carros de guerra são capazes de cobrir o sol com suas flechas, que necessidade poderia haver de uma ralé carregando dardos ou espadas para cortar e furar?

Eles tiveram a resposta por volta de 1200 a.C., quando espadachins começaram a circular pelo leste do Mediterrâneo. Alguns vinham como bandidos solitários ou em pequenos bandos marginais; outros entravam como mercenários nos exércitos de faraós; e outros ainda acompanhavam migrações em massa, com tribos inteiras embarcadas em navios e carroças. A mudança climática deve ter tido seu papel, já que o tempo mais seco tornava a vida mais difícil nos Bálcãs, na Itália e na Líbia. Fossem quais fossem as causas, as consequências foram extraordinárias.

Deve ter sido difícil, no início, para exércitos profissionais, levar essa ralé a sério, e até certo ponto os arrogantes condutores de carros de guerra estavam claramente certos. Quando o faraó egípcio Merneptá capturou uma hoste migratória que vinha do deserto da Líbia em 1208 a.C., destruiu-a completamente, matando 9.274 guerreiros (listados através dos pênis cortados dos cadáveres). Os egípcios também capturaram 9.111 espadas, mas apenas 12 carros de guerra – uma forte indicação de que os invasores estavam usando novas táticas. Por via das dúvidas, o Egito montou então seu próprio corpo de espadachins (provavelmente contratados entre os invasores) e conquistou uma vitória ainda mais expressiva em 1176 a.C. Então por que se preocupar?

Porque, como se veria, os invasores aprenderam a não jogar dentro das regras. Até onde podemos afirmar, eles evitavam batalhas campais, e uma série de guerras assimétricas se arrastou durante décadas. Ataques difusos emergiam de repente e desapareciam com a mesma rapidez. Um dia, os cavalos dos carros de guerra acabavam ficando ariscos com a demora em trazer os invasores para a luta; no dia seguinte viam-se de repente cercados. Dardos baratos abatiam cavalos caros, e então espadachins bárbaros apareciam para matar.

Um simples erro podia acarretar um desastre, como quando invasores incendiaram a cidade comercialmente desenvolvida de Ugarit enquanto seu exército estava fora ajudando o Império Hitita a combater outro grupo de invasores. Entre 1220 e 1180 a.C., a começar pela Grécia e descendo até Israel, os migrantes levaram a melhor sobre um rei após outro, exaurindo seus exércitos e saqueando seus palácios. As vitórias do Egito nos campos de batalha pouparam o país desse destino, mas não conseguiram impedir uma lenta infiltração de migrantes, que, por volta de 1100 a.C., haviam efetivamente tomado o delta do Nilo.

As burocracias desintegraram-se e a alfabetização declinou por todo o Crescente Fértil. Ninguém mais pagava impostos, e os governos, sem arrecadar dinheiro, não conseguiam remunerar seus exércitos. As invasões prosseguiram ininterruptamente. A pobreza aumentou, os desastres alimentavam-se mutuamente e a população despencou. Uma nova era de trevas havia se instalado.

Chegando a Chang'an (e a Pataliputra)

E então as coisas pioraram. Sem a proteção do Leviatã, o comércio de grande fôlego cessou; sem comércio, poucos ferreiros conseguiam encontrar estanho para fazer bronze. Incapaz de armar os poucos homens que conseguia arregimentar, o Leviatã viu crescer seus infortúnios. A organização central decompôs-se ainda mais.

Por volta de 1050 a.C., porém, os engenhosos trabalhadores de metal de Chipre já encontravam uma solução para a escassez do bronze, embora isso de início tenha servido apenas para somar mais um problema àqueles que os Leviatãs já enfrentavam. Os artesãos cipriotas sabiam havia séculos como trabalhar o ferro, um minério pouco atraente mas abundante. Mas nunca tinham se preocupado com isso, pois o bom bronze era superior em quase todos os aspectos a esse metal feio, quebradiço. Só quando as rotas comerciais foram desfeitas e o estanho tornou-se escasso é que eles se voltaram para o ferro e aprenderam a acrescentar-lhe carbono. Logo estavam forjando armas e ferramentas resistentes – não tão boas quanto as do melhor bronze, mas muito mais baratas. Na verdade, o ferro era tão barato que quase qualquer um podia adquiri-lo. As espadas de ferro foram o equivalente antigo dos fuzis AK-47, dando a cada jovem enfurecido o mesmo poder de matar que os representantes da lei e da ordem.

Esse declínio para a anarquia acelerou-se entre 1050 e 1000 a.C., quando novos monumentos e registros escritos praticamente desapareceram do Crescente Fértil, mas depois houve uma recuperação. Como haviam restado tão poucos reinos ricos para saquear, existia menos incentivo para os agressores invadirem, partindo dos desertos ou cruzando mares, e conforme se instalou um ambiente mais seguro os dirigentes começaram a reconstruir os Estados destruídos. Por volta de 950, Salomão havia criado um novo reino em Israel. Esse reino se dividiu em dois por volta de 930, mas a essa altura a Assíria estava erguendo um império no que hoje corresponde ao norte do Iraque. Em 918, pela primeira vez em quase três séculos, um faraó egípcio liderou uma grande campanha militar além das fronteiras de seu país, incendiando e saqueando cidades quase até chegar ao Líbano. Uma vez mais, as rodas dos carros de guerra levantavam grandes nuvens de poeira nos céus dos campos de batalha das planícies da Síria.

Mas o início do primeiro milênio antes de Cristo não foi simplesmente uma reedição do que ocorreu em meados do segundo. Os carros de guerra nunca recuperaram sua predominância nos campos de luta, por duas razões. A primeira é que os criadores de cavalos lá nas estepes não haviam ficado ociosos. Durante mil anos, pastores das estepes haviam aguilhoado bandos de cavalos para puxar pesadas carroças, de uma fonte de água até a seguinte. Como mencionei algumas páginas atrás, a mobilidade era extremamente importante para os povos espalhados nas pradarias; ser capaz de se mover com rapidez entre os pastos, conforme a grama brotava e depois mirrava, podia ser uma questão de vida ou morte. O resultado, claramente, era que os cavalos grandes e fortes estavam sempre em demanda, e por volta de 900 a.C. os criadores próximos à extremidade ocidental das estepes (a moderna Ucrânia) produziam cavalos tão grandes e fortes que as pessoas podiam montar em seu lombo e cavalgá-los o dia inteiro. Diante dessa nova oportunidade, os futuros cavaleiros criaram rédeas e freios capazes de controlar os cavalos. Os estribos ainda estavam em um futuro distante, mas, ao se prender à montaria com os joelhos e sentar em elaboradas selas de madeira com cepilho, os cavaleiros aprenderam a atirar flechas em pleno galope e até mesmo a dar golpes com lança.

Tinha início uma nova revolução nos assuntos militares. Como veremos no capítulo 3, mais mil anos se passariam antes que seu real significado se fizesse sentir nos impérios agrícolas, mas nas estepes sua importância ficou imediatamente óbvia. Cavalos que pudessem ser montados reduziam de semanas para dias o tempo de viagem entre os pastos férteis. Desde que todo homem, mulher e criança de uma comunidade fosse capaz de cavalgar e atirar com arco, não havia nada que pudesse impedi-los de cruzar a trote as planícies, tão rápido quanto suas manadas conseguissem e lutando quando fosse preciso. As histórias da Grécia Antiga sobre amazonas, guerreiras da Ásia central, provavelmente se referem às mulheres que lutaram nessas grandes trilhas; os arqueólogos descobriram que em alguns períodos nada menos do que um quinto dos túmulos das estepes que continham armas eram de mulheres.

Os governantes dos novos Leviatãs do sudoeste da Ásia logo viram que a cavalaria era mais barata, mais rápida e mais confiável do que os carros de guerra. Os assírios começaram a recrutar nômades para lutar em seu nome e a importar cavalos para montar por volta de 850 a.C. Em 400 a.C., os Estados em expansão da China estavam fazendo mais ou menos a mesma coisa, e por volta de 100 a.C. até os reis indianos – blindados nas estepes pelos Himalaias e pela cordilheira Indocuche – iam nessa direção.

A outra razão pela qual os carros de guerra desapareceram em grande medida no primeiro milênio antes de Cristo foi, de início, ainda mais importante: a real vantagem das armas de ferro foi revelada. Pontas de lança, espadas e cotas de malha de ferro eram tão baratas que tornavam possível a compra de grandes lotes. A cavalaria custava menos do que os carros de guerra, mas soldados de infantaria armados de ferro custavam *muito* menos do que os armados com bronze. A Assíria tomou a liderança, reunindo (segundo contagem real) 50 mil homens de infantaria na década de 870 a.C. e mais de 100 mil em 845. Os reis assírios do primeiro milênio antes de Cristo regularmente colocavam mais cavalaria nos campos de batalha do que os faraós do segundo milênio haviam colocado carros de guerra nos seus, mas montaram exércitos de infantaria tão vastos que os cavalarianos do primeiro milênio dificilmente poderiam dominar o campo de batalha da maneira que os carros de guerra haviam feito no segundo milênio. A única coisa que poderia deter essas densas colunas de soldados a pé eram colunas igualmente densas do mesmo tipo de soldados.

O homem que realmente desvendou o segredo dessa nova corrida armamentista foi um usurpador que tomou o trono assírio em 744 a.C. sob o nome de Tiglat-Piléser III. Acossado por rivais, ele não tinha opção exceto assumir uma posição não ortodoxa, e logo viu que sua única chance de sobreviver era construir um governo central mais forte do que o de seus predecessores. Os reis anteriores, sem força para criar burocracias eficazes, aumentar os impostos e dobrar os nobres rebeldes à sua vontade, haviam tentado contornar o problema fazendo acordos com seus aristocratas inclinados à guerra. Se os nobres locais arregimentassem soldados de suas propriedades, é o que diz a versão mais corrente, os reis então iriam reuni-los, conduzi-los à vitória e então dar-lhes generosas porções do saque. Essa era uma maneira barata de conseguir muitos soldados, mas Tiglat-Piléser não podia confiar nos insubmissos nobres assírios para obter apoio. No entanto, havia outra saída: ele tiraria a nobreza de cena fazendo acordos diretamente com os camponeses. As poucas fontes que sobreviveram não explicam o que ele fez exatamente, mas Tiglat-Piléser de algum modo deu aos camponeses propriedade direta da terra em vez de mantê-los como clientes dos grandes senhores. Em troca, os camponeses pagaram impostos ao rei e serviram nos exércitos dele. Com a renda dos impostos, Tiglat-Piléser contratou gerentes e pagou salários aos seus subalternos – o que lhe permitiu não só impor uma disciplina mais rígida sobre eles, mas também ficar com o saque de suas guerras, em vez de dividi-lo com seus senhores nobres, excessivamente poderosos.

Tudo isso operou maravilhas para o Leviatã. Um monte de gente foi empalado (uma especialidade assíria) nas guerras dos séculos VIII e VII, mas as cidades florescentes que abrigavam os governos assírios pródigos em gastar ficaram tão famosas por seus jardins de prazeres e bibliotecas quanto por sua barbárie. Como a nobreza egípcia antes e as cortes renascentistas mais tarde, a nata da sociedade assíria via mais vantagem em impressionar o rei com seu refinamento do que em travar duelos nas ruas de Nínive.

Como ocorre sempre na história antiga, não sobreviveram estatísticas sobre taxas de homicídio ou embates dentro da elite, mas a evidência circunstancial de novo se revela forte. Tiglat-Piléser encontrou um novo modo de domar a aristocracia, que, como Elias mostrou em seu *O processo civilizador*, era exatamente o caminho que a Europa no início de sua era moderna iria tomar em direção à paz, mais de 2 mil anos depois. Tiglat-Piléser e seus sucessores também estenderam as fronteiras da Assíria, encampando Estados menores e evitando que lutassem entre eles. O Império Assírio expandiu-se enormemente, forçando seus vizinhos ou a se submeter ou a adotar políticas de centralização similares.

Uma vez iniciado o processo, não havia como voltar atrás. A ascensão da Assíria gerou dezenas de novos pequenos Estados em volta dela, à medida que povos periféricos organizaram governos para se defender, cobrar impostos e treinar exércitos. Quando uma coalizão desses inimigos destronou os assírios em 612 a.C., uma disputa de 60 anos pela carcaça do império terminou com a ascensão do império persa Aquemênida, o maior que o mundo já vira (embora caiba dizer que grande parte da área que os aquemênidas governavam não tinha quase nenhum habitante, e sua população mal chegava à metade da que os impérios Romano e Han iriam ter um dia).

O crescimento da Pérsia iniciou outra fase de formação de Estados em torno dela, e na década de 330 a.C. ela teve o mesmo destino da Assíria. Bastaram apenas quatro anos para Alexandre, o Grande, governador do que os persas viam como um reino atrasado em sua fronteira noroeste, destronar o grande império. A essa altura, porém, sociedades periféricas mais recentes estavam surgindo, e no século III a.C. Roma e Cartago travaram as maiores e mais ferozes guerras da história antiga. Na época em que Cartago se rendeu, em 202 a.C., Roma havia montado a maior máquina de guerra do mundo, e no século seguinte encampou toda a bacia do Mediterrâneo. Pelos mil anos seguintes, o Crescente Fértil e o Mediterrâneo seriam dominados por alguns poucos e imensos impérios que exerciam poder – e impunham a paz – sobre milhões de pessoas (Figura 2.8).

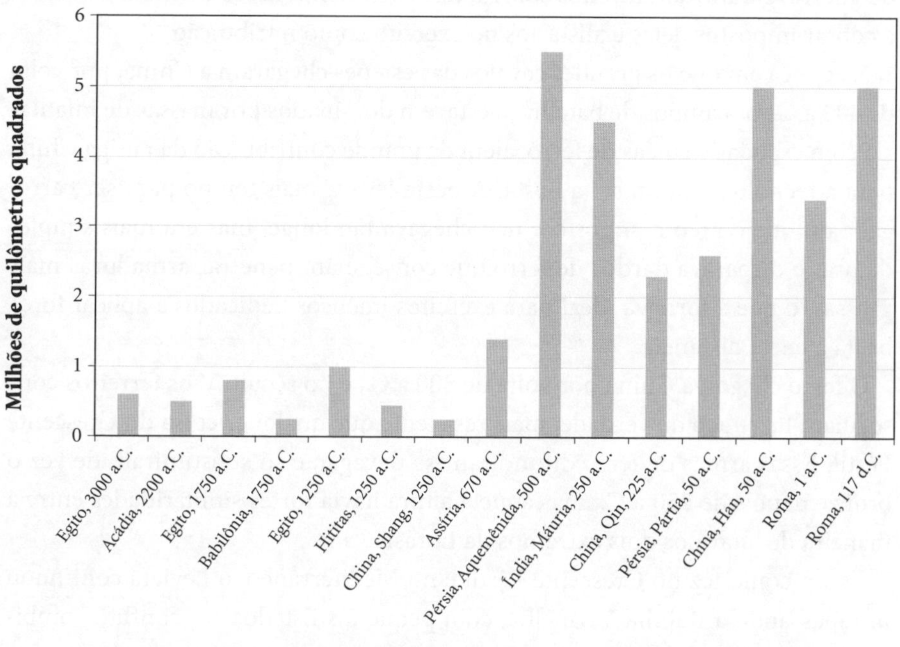

Figura 2.8. Tamanho faz diferença: comparação entre os impérios da Eurásia, 3000 a.C.-117 d.C.

Essa foi a era, segundo Hanson e Keegan, em que nasceu o modo ocidental de guerrear. Mas, quando olhamos para as demais latitudes afortunadas da Eurásia no primeiro milênio antes de Cristo, vemos padrões notavelmente similares. Graças ao seu início tardio na agricultura e ao enjaulamento após o fim da Era Glacial, a China e a Índia iniciaram-se nesse caminho vários séculos depois do mundo mediterrâneo, mas cada uma delas, independentemente, descobriu o mesmo segredo do sucesso de Assíria, Grécia e Roma, montando exércitos massivos pagos por governos poderosos e vencendo guerras em batalhas colossais, corpo a corpo, definidas por táticas de choque. Cada região contribuiu com seu toque especial, mas do Atlântico ao Pacífico o enredo pode ser reconhecido como sendo o mesmo.

Mais uma vez o lugar em que isso fica mais claro é a China. Tendo sido adotados mais tarde do que foram no Crescente Fértil, os carros de guerra continuaram dominando os campos de batalha até o século VI a.C. (o maior confronto chinês de carros de guerra de que se tem registro foi em Chengpu, em 632 a.C.), mas por volta de 500 a.C. os reis começaram a conceber a mesma estratégia que havia funcionado tão bem para Tiglat-Piléser. Eles tiraram os aristocratas da guerra, garantiram direitos sobre a terra aos camponeses e depois passaram a cobrar impostos deles e alistá-los no exército como retribuição.

Na época em que os grandes cavalos das estepes chegaram à China, por volta de 400 a.C., os campos de batalha já estavam dominados por massas de infantaria com espadas e lanças de ferro, além da grande contribuição da antiga China para a tecnologia militar – a besta. A besta levava mais tempo para ser carregada do que o arco composto e não chegava tão longe, mas era mais simples de usar e disparava dardos de ferro que conseguiam penetrar armaduras mais grossas, o que a tornava ideal para exércitos imensos dedicados a aplicar força bruta a curta distância.

O ferro chegou à China por volta de 800 a.C., e no século V os ferreiros conseguiam fazer aço de verdade, mais resistente que qualquer coisa do Crescente Fértil. Essas armas de ferro difundiram-se devagar, e só substituíram de vez o bronze depois de 250 a.C., mas àquela altura havia fortes similaridades entre a maneira de lutar nos dois extremos da Eurásia.

Assim como fez no Crescente Fértil e no Mediterrâneo, o Leviatã continuou ultrapassando a Rainha Vermelha, com pequenos Estados em conflito combinando-se em Estados maiores, pacíficos. Os textos chineses nos dizem que havia 148 Estados separados no vale do rio Amarelo em 771 a.C. Eles viviam em luta, e por volta de 450 a.C. restavam apenas 14, mas apenas quatro deles realmente contavam. Como resultado de suas lutas, surgiram novos Estados ao sul e a oeste deles, mas no século III a.C. um dos Estados do oeste - Qin - devorou os demais.

No oeste da Eurásia, o auge da violência começou quando Roma e Cartago entraram em guerra na década de 260 a.C., e o leste da Eurásia seguiu mais ou menos o mesmo cronograma. A campanha de Changping de 262-260 foi provavelmente a maior operação isolada dos tempos antigos, com pelo menos meio milhão de homens de Qin e Zhao travando guerra de trincheiras. De dia, os exércitos faziam túneis sob as linhas inimigas; de noite, infiltravam grupos de assalto e atacavam pontos fortes.

A maré finalmente virou quando espiões Qin convenceram o rei de Zhao de que seu general era velho e prudente demais para conduzir a guerra adequadamente. Zhao enviou um homem mais jovem e ousado para substituí-lo. Segundo nossa fonte principal - o historiador Sima Qian -, o novo general foi uma escolha tão infeliz que até mesmo os pais dele se queixaram, e, assim como Qin esperava, ele prontamente conduziu um assalto frontal. Trinta mil cavaleiros Qin então armaram uma cilada, cercando o exército de Zhao de ambos os flancos. Do mesmo modo que os arqueólogos chamam Sanyangzhuang de "a Pompeia chinesa", os historiadores militares costumam chamar a batalha de Changping de "a Canas chinesa", igualando-a ao tão espetacular cerco duplo que Aníbal impôs ao exército romano em 216 a.C. Isoladas, as tropas de Zhao entrincheiraram-se em uma colina e esperaram chegar auxílio, mas este não veio. Depois de 46 dias, com seu ousado jovem general morto e já sem comida nem água, eles se renderam. Outro movimento infeliz: Qin massacrou a força inteira, exceto os 240 homens mais jovens, que foram deixados vivos para que espalhassem a notícia do desastre.

Qin havia inventado a lista de baixas, procurando vencer as guerras não pela sutileza ou pelas manobras, mas simplesmente matando tantas pessoas que a resistência se tornava impossível. Nunca saberemos o número total de decapitados, desmembrados e enterrados vivos, mas devem ter sido vários milhões, e pelos 40 anos seguintes Qin dessangrou totalmente seus Estados beligerantes rivais.

Quando Zheng, o rei de Qin, aceitou a rendição de seu último inimigo em 221 a.C., mudou seu nome para Shihuangdi, "Augusto Primeiro Imperador". Mais famoso hoje pelo exército de 8 mil soldados de terracota que o acompanhou em sua morte, o Primeiro Imperador parecia determinado a provar que Cálgaco estava certo em relação à devastação. Em vez de desmobilizar seus exércitos e deixar seus súditos gozarem dos frutos da paz, ele os enfiou à força em grandes projetos de construção, onde centenas de milhares morreram trabalhando em estradas, canais e na Grande Muralha. Como Roma, Qin colocou a lei no lugar da guerra, mas, ao contrário de Roma, conseguiu tornar a lei ainda pior que a guerra. "Ao fim de 10 anos", afirma o historiador Sima Qian, "as pessoas estavam contentes, as montanhas estavam livres de bandoleiros, os homens lutavam decididos na guerra e as vilas e cidades eram bem governadas", mas, na realidade, os custos eram desastrosos. Quando o Primeiro Imperador morreu, em 210 a.C., seu filho (chamado, como seria previsível, Segundo Imperador) foi destronado em 12 meses. Após uma guerra civil, curta mas brutal, a dinastia Han assumiu o império e passou a controlar os excessos da violência do Estado Qin. Em um século, os han supervisionavam, a partir da sua dinâmica capital Chang'an, a Pax Sinica descrita antes neste capítulo.

Vemos um enredo similar na Índia, embora as evidências, como é usual, sejam confusas. As armas de ferro em grande medida substituíram as de bronze no século V a.C., a cavalaria apareceu no século IV (embora os carros de guerra ainda persistissem no Ocidente por mais 300 anos) e os reis indianos estavam reunindo forças de centenas de milhares de homens por volta do século III a.C. Mas também havia diferenças. Uma passagem do *Arthashastra* (o grande livro sobre a condução do Estado citado anteriormente neste capítulo) qualificava a infantaria em cota de malha de ferro como a melhor força para combater exércitos completos, mas a maior parte dos soldados indianos a pé eram arqueiros sem armadura, e não os soldados com pesadas lanças e espadas de Assíria, Grécia, Roma e China. A mais bem treinada infantaria indiana (os maula, um exército regular hereditário) podia ser tão disciplinada e determinada quanto qualquer outra, mas a infantaria estava sempre na parte mais baixa da hierarquia quádrupla das tropas indianas. Isso, porém, talvez se devesse ao fato de os indianos terem no topo de sua hierarquia algo maior e talvez melhor do que qualquer tipo de infantaria: o elefante.[30]

"Um rei depende principalmente de elefantes para a vitória", diz o *Arthashastra* sem meias palavras. Mas o que ele não nos diz é quanto os elefantes podiam ser pouco confiáveis. Mesmo depois de anos de treinamento, eles continuavam

---

30 O segundo e terceiro escalões eram formados pelos carros de guerra e pela cavalaria (nessa ordem).

assustadiços, e era comum fugirem em pânico no meio da batalha. Se um elefante saísse alucinado na direção errada, o único jeito de impedi-lo de passar por cima dos amigos em vez de abater inimigos era seu condutor martelar uma cunha de madeira na base do crânio do animal. O resultado era que até mesmo o lado vencedor perdia com frequência a maioria de seus elefantes, que haviam exigido um adestramento bastante custoso. Mas, apesar de todas essas desvantagens, quando os elefantes se moviam na direção certa, poucos exércitos conseguiam resistir. "Elefantes", explicava o *Arthashastra*, "devem ser usados para: destruir os quatro componentes das forças inimigas, estejam combinados ou separados; para atropelar o centro, flancos ou alas."

Uma carga de elefantes talvez fosse a experiência mais aterrorizante da guerra antiga. Cada animal pesava de 3 a 5 toneladas, e muitos carregavam 1 tonelada ou mais de armadura. Centenas ou até milhares podiam vir esmagando tudo o que encontrassem pela planície, fazendo a terra tremer com um ruído ensurdecedor. Os defensores tentavam cortar seus tendões, castrá-los com lanças e cegá-los com flechas; os que atacavam de cima dos elefantes lançavam dardos para baixo, davam estocadas com lanças e incitavam suas montarias a pisotear os homens, fazendo estourar ossos e órgãos. Os cavalos – animais sensatos – não chegavam perto dos elefantes.

Até mesmo Alexandre, o Grande, admitia que elefantes com armadura eram uma tropa de choque formidável. Depois de destronar o Império Persa inteiro em apenas oito anos, ele alcançou o rio Hidaspes, na região em que fica o atual Paquistão, em 326 a.C., só para deparar com o rei Puru (chamado Porus nas fontes gregas) bloqueando seu caminho. As centenas de carros de guerra de Puru mostraram-se inúteis contra as falanges macedônias, mas seus elefantes eram uma história totalmente diferente. Para levar a melhor sobre eles, Alexandre teria que lançar mão da manobra de execução mais brilhante de toda a sua carreira, mas, ao saber que Puru era na realidade apenas um rei de segundo escalão e que os nandas (precursores dos máurias) que governavam o vale do Ganges tinham muito mais elefantes, Alexandre decidiu dar meia-volta.

Em 305 a.C., após a morte de Alexandre, seu antigo general Seleuco voltou ao rio Indo e ficou de prontidão contra Chandragupta (em grego, Sandrakottos), fundador da dinastia Máuria, em algum ponto ao longo de suas margens. Dessa vez, os macedônios não podiam levar a melhor. Mais impressionado ainda com os elefantes do que Alexandre, Seleuco concordou em dar a Chandragupta as ricas províncias do que hoje corresponde ao Paquistão e ao leste do Irã, em troca de 500 daqueles animais. Parece ter sido um mau negócio para Seleuco, mas sua avaliação mostrou-se vantajosa. Quatro anos mais tarde, depois de seus homens terem pastoreado os paquidermes por 4.000 quilômetros até as praias do Mediterrâneo, os animais fizeram a balança pender na batalha de Ipso, garantindo seu reino no sudoeste da Ásia. Essas novas armas de choque impressionaram tanto os monarcas do Mediterrâneo que no século III a.C. todo aquele que fosse importante comprava, implorava que lhe dessem ou tomava emprestado seu próprio grupo de elefantes. O general cartaginês Aníbal chegou a arrastar dezenas deles através dos Alpes em 218 a.C.

As guerras que foram travadas no sul da Ásia nesses anos mostraram-se tão produtivas quanto as do leste asiático e da Eurásia ocidental. Dezenas de pequenos Estados se formaram nas planícies do Ganges durante o século VI a.C., sempre em luta, e por volta de 500 a.C. quatro grandes Estados – dos clãs Magadha, Kosala, Kashi e Vrijji – haviam encampado os demais. O grande poema épico indiano *Mahabharata* chegou a dar um nome a esse processo: "a lei dos peixes". Em tempos de seca, diz o poeta, o peixe grande come os pequenos.

Conforme os Estados do Ganges se expandiram, novos pequenos Estados se formaram em sua periferia no vale do Indo e no planalto do Decão. Por volta de 450 a.C., porém, apenas um peixe grande (Magadha) sobrevivia no Ganges, e de sua grande capital murada, Pataliputra, três dinastias sucessivas impuseram profundamente seu poder sobre a Índia antes que os máurias superassem todas elas. Montando exércitos de centenas de elefantes, ou fazendo parte dos milhares de cavalarianos e dezenas de milhares de soldados de infantaria, eles lutaram grandes batalhas e empreenderam complexos cercos.

As guerras dos máurias atingiram o auge por volta de 260 a.C., na mesma época dos impérios Romano e Qin, com a grande vitória do rei Asoka sobre Kalinga, que mencionei antes neste capítulo. "Cento e cinquenta mil pessoas foram deportadas, 100 mil foram mortas e várias vezes esse número [também] pereceram", registrou Asoka – apenas para que se instalasse o remorso do vencedor e o reino do *dhamma* tivesse início.

Quando examinamos o quadro geral no primeiro milênio antes de Cristo, é difícil achar muitos sinais de um modo peculiarmente ocidental de guerrear, com a distinção entre os europeus aproximando-se até a distância de um braço e os asiáticos mantendo maior distância. Da China ao Mediterrâneo, o primeiro milênio antes de Cristo viu a ascensão de Leviatãs maiores, que taxavam e controlavam suas populações em expansão, de modo mais direto do que jamais havia sido feito. Seus governantes eram assassinos, dispostos a fazer o que fosse para se manter no poder. Eles recrutavam centenas de milhares de homens, impunham-lhes uma disciplina feroz e os enviavam em busca de vitórias decisivas, obtidas com ataques de choque sangrentos, corpo a corpo. Na Assíria, Grécia, Roma e China, o golpe decisivo geralmente vinha de uma infantaria pesada. Na Pérsia e Macedônia, a cavalaria desempenhava um papel maior. Na Índia, isso ficava por conta dos elefantes. Mas, de um extremo a outro das latitudes afortunadas, o mesmo enredo básico se desenrolou ao longo do primeiro milênio antes de Cristo.

No Ocidente, esse enredo levou os romanos a Roma; no Oriente, levou os chineses a Chang'an e os indianos a Pataliputra. Cada um, a seu modo, era um tipo de lugar similar: não muito democrático, mas pacífico, estável e próspero. O enjaulamento, e não a cultura, era a força motriz, e ele criou um modo de guerra produtivo, e não uma maneira ocidental de guerrear.

Limites cada vez mais amplos

Roma, Chang'an e Pataliputra ainda tinham um longo caminho para chegar à Dinamarca. Os romanos crucificavam os criminosos e matavam gladiadores por diversão; chineses e indianos reuniam multidões para assistir a surras e decapitações públicas. A tortura era legal em toda parte e a escravidão, amplamente disseminada. Eram lugares violentos.

Dito isso, porém, as evidências que vimos nos últimos dois capítulos sugerem que os antigos impérios já haviam percorrido um longo caminho desde Samoa. Dados antropológicos e arqueológicos indicam que cerca de 10% a 20% das pessoas das sociedades da Idade da Pedra morriam de forma violenta; dados históricos e estatísticos mostram que apenas 1% a 2% da população do século XX morreu de forma violenta. O risco de morte por violência nos impérios Máuria, Han ou Romano provavelmente ficava em algum ponto entre os modernos 1% a 2% e os pré-históricos 10% a 20%, e minha aposta (dada a quase total falta de informação quantificável, só me resta isso) é que ele estivesse mais perto da parte baixa do que da parte alta dessa faixa de variação.

Digo isso por causa de alguns modelos numéricos que desenvolvi em meus dois mais recentes livros, *Why the west rules – For now* e *The measure of civilization*.

Neles calculei um índice aproximado de desenvolvimento social, medindo a capacidade das sociedades de se organizarem e conseguirem fazer as coisas no mundo. O desenvolvimento social não corresponde exatamente à força do Leviatã, mas chega bem perto dele.

Os valores desse índice sugerem que à época da batalha do monte Graupius, em 83 d.C., o desenvolvimento social romano estava aproximadamente no mesmo nível daquele que a Europa ocidental recuperaria no início do século XVIII d.C. O desenvolvimento na China han alcançava um pico um pouco mais baixo, em torno mais ou menos daquele que a Europa ocidental teria no final do século XVI, quando Shakespeare começava a firmar seu nome. O desenvolvimento do Império Máuria chegava a um ponto ainda um pouco mais baixo, talvez próximo do nível que a Europa ocidental alcançaria no século XV.

A implicação desses valores, penso eu, é que, embora os antigos impérios não cheguem à Dinamarca, eles de fato chegam ao que a Europa ocidental alcançaria entre cerca de 1450 d.C. e 1750 d.C. E se essa suposição é válida talvez também possamos considerar que os índices de morte por violência na época dos impérios Romano, Han e Máuria eram comparáveis aos da Europa ocidental entre os séculos XV e XVIII, levando-nos a um valor acima de 2%, mas abaixo de 5% (Figura 2.9).

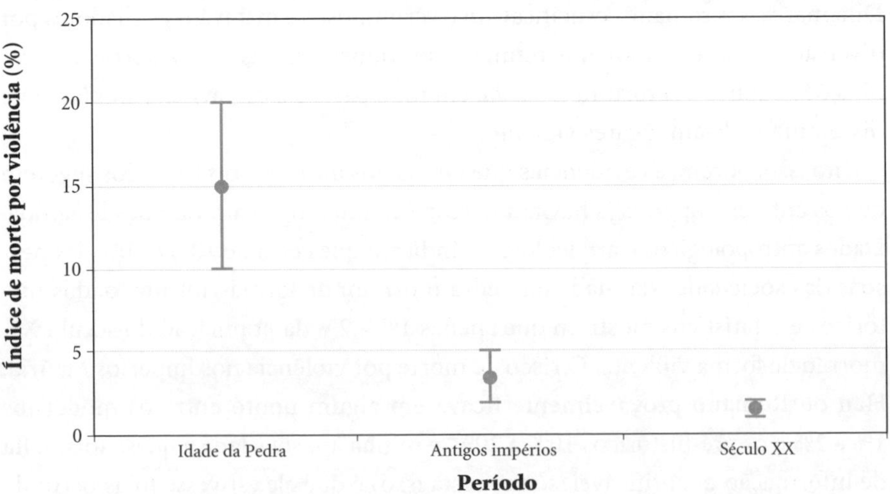

Figura 2.9. A que distância da Dinamarca? Minhas estimativas de índices de morte por violência, mostrando a faixa de variação para cada período (10% a 20% nas sociedades da Idade da Pedra, 2% a 5% para os antigos impérios e 1% a 2% para o mundo do século XX) e seu ponto médio.

Essa é, sem dúvida, uma estimativa muito grosseira, com um monte de "ses" empilhados um sobre o outro. No mínimo, no mínimo, devem ter ocorrido imensas variações, tanto dentro dos antigos impérios como entre eles. O risco de morte por violência pode ter estado ainda mais perto de 5% do que de 2% quando Roma lutou contra Cartago no século III a.C. e voltado a subir a esses 5% durante o tumultuado século I a.C. Mas no século II d.C., que Gibbon apontou como a fase áurea de Roma, um valor na parte de baixo dessa variação de 2% a 5% parece muito mais provável.

Nem o Império Han nem o Império Máuria parecem ter alcançado esse valor, e o menos bem documentado Império Parto pode muito bem ter ficado acima de 5%. Mas, no geral, a conclusão deve ser que, por volta do final do primeiro milênio antes de Cristo, todos os impérios antigos estavam a caminho da Dinamarca. Os índices de morte por violência podem ter caído três quartas partes desde que o enjaulamento teve início nas latitudes afortunadas.

Foi um declínio expressivo, com certeza, mas ele levou perto de 10 mil anos. Isso por si só pode explicar por que Cícero e Cálgaco discordavam tão radicalmente a respeito do que as guerras de Roma tinham forjado. Cálgaco, um guerreiro de uma sociedade pré-letrada, olhava apenas para a história recente e – de modo bem razoável – não via outra coisa a não ser morte, destruição e devastação. Cícero, um intelectual de um grande império com uma longa história, olhava para um passado de sete séculos de expansão e via que ele resultava em um caminho de guerra produtivo, que gradualmente havia feito com que todos – conquistadores e conquistados – se tornassem mais seguros e mais ricos.

Quando Agrícola deixou seus exércitos em seus acampamentos no final do ano 83 d.C., confiava estar fazendo uma guerra produtiva. Pode ter deixado devastação atrás dele após a batalha do monte Graupius, mas voltaria, e traria com ele fazendeiros, empreiteiros e comerciantes. Eles iriam lavrar os campos, abrir estradas e importar vinho italiano. O império teria limites cada vez mais amplos; a paz e a prosperidade iriam chegar cada vez mais longe.

Pelo menos, o plano era esse.

3

Os bárbaros atacam de novo: o jeito contraproducente de guerrear, 1-1415 d.C.

Os limites do império

O plano não deu certo. Em vez de voltar para a Caledônia, Agrícola preferiu a aposentadoria sob o generoso sol italiano. A nata de seu exército foi transferida para os Bálcãs, e os demais voltaram para uma série de fortes ao longo do norte da Inglaterra. Seus dias de conquista haviam terminado.

Desde 1973, os arqueólogos têm escavado meticulosamente um conjunto de depósitos de lixo insalubres em Vindolanda, uma das fortalezas romanas. Em uma das fossas, tão encharcada de urina e fezes que o oxigênio não conseguia penetrar nela, encontraram centenas de cartas de soldados, escritas com tinta sobre pedaços de madeira. A mais antiga era da década de 90 d.C., logo após as campanhas de Agrícola. Existem algumas muito interessantes, incluindo um convite para uma festa de aniversário, mas a maioria transmite apenas tédio. Os soldados romanos do século I na Bretanha, ao que parece, pensavam mais ou menos nas mesmas coisas que os soldados norte-americanos no Afeganistão no século XXI: notícias de casa, o tempo ruim, e os eternos pedidos de cerveja, meias quentes e comida saborosa. A vida nas guarnições militares não mudou muito nos últimos 2 mil anos.

Nesses fortes, os remanescentes do exército de Agrícola permaneceram pelos 40 anos seguintes. Eles escreviam para casa, lutavam em pequenas escaramuças mortais com os caledônios ("há muitos cavalarianos", observa outro memorando de Vindolanda, encharcado de urina) e – sobretudo – aguardavam. Somente na década de 120 d.C. foram transferidos, mas não para novos triunfos. Em vez disso, o imperador Adriano colocou-os para construir a grande muralha ao longo da Bretanha que leva seu nome. Roma havia desistido da conquista do norte (Figura 3.1).

Figura 3.1. Os limites do império no Ocidente: locais da Eurásia ocidental mencionados neste capítulo.

Na visão de Tácito, tudo isso ocorreu porque o imperador Domiciano ficou com ciúmes dos triunfos de Agrícola. Talvez ele estivesse certo, mas era tarefa do governante ver o quadro geral, e na década de 80 d.C. esse quadro afigurava-se nitidamente sombrio. Mesmo antes da batalha do monte Graupius, Domiciano vinha retirando contingentes das legiões de Agrícola para reforçar as defesas ao longo do Reno, e, quando o imperador tirou os melhores soldados da Bretanha em 85 d.C., era para cobrir lacunas nas fronteiras do Danúbio, que desmoronavam. Essa mudança estratégica funcionou, e as fronteiras do rio resistiram. Mas Domiciano extraiu uma conclusão radical disso: que Roma já não tinha muito a ganhar com a guerra produtiva.

Os romanos vinham chegando a essa conclusão havia quase um século. Entre 11 a.C. e 9 d.C. o imperador Augusto havia perseguido metodicamente a que teria sido – caso tivesse dado certo – a mais produtiva guerra que Roma já havia travado, empurrando a fronteira para nordeste até o rio Elba para encampar o que corresponde hoje à Holanda, uma fatia da República Tcheca e quase toda a Alemanha. Mas a iniciativa terminou em desastre: espalhados ao longo de 15 quilômetros de caminhos sinuosos pelas florestas escuras, com as cordas dos arcos e as armaduras empapadas pelas chuvas torrenciais, os romanos foram traídos por seus guias e emboscados. Na batalha de três dias que se seguiu, cerca de 20 mil romanos foram mortos, além do que – algo ainda mais horripilante para a classe guerreira romana – três estandartes de legionários foram capturados. Os exércitos romanos vingaram-se com uma década de estupros, pilhagens e matanças, mas no final o desastre os levou a repensar a grande estratégia do império. A conquista parecia trazer mais problemas que glórias. Quando Augusto morreu, em 14 d.C., seu testamento continha apenas um conselho estratégico: "O império deve ser mantido dentro de seus limites".

A maior parte dos homens que o seguiram no trono fizeram o que ele disse. Cláudio quebrou a regra ao invadir a Bretanha em 43 d.C., apenas para que Domiciano encerrasse as campanhas na década de 80. Depois de 101, Trajano desobedeceu à regra mais flagrantemente, invadindo boa parte do que corresponde hoje à Romênia e ao Iraque, mas quando Adriano o sucedeu em 117 praticamente sua primeira medida foi abandonar várias dessas conquistas.

Os imperadores de Roma tateavam seu caminho em direção a um profundo insight estratégico, que seria formalizado 17 séculos depois, como uma das máximas básicas da guerra, por Carl von Clausewitz, talvez o maior de todos os pensadores militares. "Até mesmo a vitória tem um ponto culminante", observou Clausewitz. "Além desse ponto, a balança oscila e a reação se segue com uma força que comumente é mais forte do que a do ataque original." Não fica claro se Clausewitz aprendeu isso com base em sua própria carreira (ele foi testemunha em primeira mão da desastrosa experiência de Napoleão, com pontos culminantes, em 1812, lutando pela Rússia, porque sua Prússia nativa havia saído da guerra) ou em seu profundo estudo das guerras romanas. No entanto, talvez não seja coincidência que Edward Luttwak, o moderno estrategista que mais examinou a fundo a natureza paradoxal dos pontos culminantes, também tenha escrito o melhor livro sobre a grande estratégia romana. "No domínio inteiro da estratégia", assinala Luttwak, "um curso de ação não pode persistir indefinidamente. Em vez disso, ele tende a evoluir e virar seu oposto."

Durante séculos, as guerras de conquista haviam (a longo prazo) sido produtivas, criando impérios maiores que aos poucos tornaram as pessoas mais seguras e mais ricas. Mas, conforme o imperialismo antigo se aproximava de seu ponto culminante, a lógica em retrocesso da guerra reverteu tudo. A guerra não só parou de ser produtiva; ela se tornou francamente contraproducente, fragmentando grandes sociedades, empobrecendo pessoas e tornando a vida delas perigosa.

O primeiro sinal de que os antigos impérios estavam se aproximando de seu ponto culminante foi quando os proventos da conquista começaram a diminuir. Enquanto os romanos permaneceram perto do mar Mediterrâneo, o tamanho não era um grande problema, porque o transporte aquático era relativamente barato e rápido. Mas, em um mundo em que os exércitos se moviam à velocidade de um carro de bois, seguir para o interior – para Alemanha, Romênia e Iraque – fez subir os custos. Custava quase a mesma coisa carregar 1 tonelada de grãos em carroças e arrastá-la por 15 quilômetros por terra quanto despachá-la do Egito para a Itália, e, apesar das famosas estradas romanas, por volta do século I d.C. os ganhos da guerra – quer medidos em ouro, quer em glória – raras vezes pareciam justificar os custos.

Na outra extremidade da Eurásia, os governantes da China andavam às voltas com o mesmo cálculo (Figura 3.2). Entre cerca de 130 e 100 a.C., os exércitos han promoveram um surto de violência, trazendo para dentro do império as atuais províncias chinesas de Gansu, Fujian, Zhejiang, Yunnan e Guangdong, além de um grande pedaço da Ásia central, a maior parte da Coreia e uma parte do Vietnã (sem mencionar as campanhas punitivas pelo território da Mongólia). Depois de 100 a.C., porém, crescia o sentimento na corte de Chang'an de que o custo em sangue e para o tesouro simplesmente não era compensador. Quanto mais os exércitos se afastavam dos rios Amarelo e Yang-tsé, mais os custos se elevavam e menores eram os benefícios. Houve renovadas investidas na Ásia central e na direção da Birmânia nas décadas de 80 e 70 a.C., depois outra calmaria, e na esteira de uma terrível guerra civil em 23-25 d.C. a expansão praticamente terminou.

Por volta do século I d.C., os impérios Romano e Han haviam conquistado áreas similares (pouco mais de 5 milhões de quilômetros quadrados cada um) e governado populações semelhantes. Os problemas que seus imperadores enfrentavam também eram parecidos, e ambos os conjuntos de soberanos chegaram às mesmas conclusões. Eles convocaram seus ambiciosos generais, ergueram muros ao longo de suas fronteiras cada vez mais rigorosas e instalaram centenas de milhares de soldados em fortes como o de Vindolanda. Alguns lugares da árida fronteira noroeste da China, na verdade, superaram Vindolanda; desde a década de 1990, escavações em Xuanquan, um posto militar han, descobriram 23 mil cartas não enviadas, escritas em tiras de bambu entre 111 a.C. e 107 d.C. (muitas delas com queixas sobre como o correio era pouco confiável).

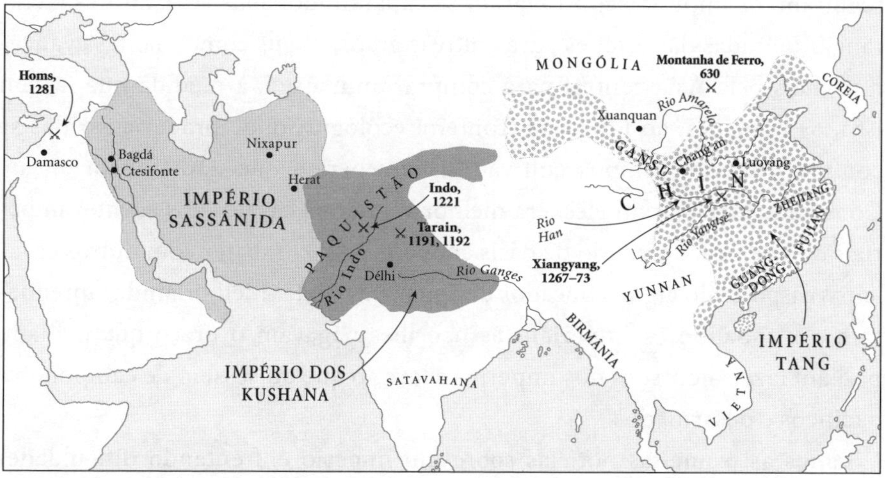

Figura 3.2. Os limites do império na Ásia: os lugares mencionados neste capítulo e as maiores extensões dos impérios Sassânida (por volta de 550 d.C.), dos Kushana (cerca de 150 d.C.) e Tang (ao redor de 700 d.C.).

Os imperadores do século I d.C. podiam ver perfeitamente bem que a guerra não compensava mais como antes, mas não conseguiam enxergar que o próprio sucesso da guerra produtiva havia transformado o ambiente maior no qual ela operava. Para sermos justos com eles, é sempre difícil saber quando parar. "Se lembrássemos quantos fatores contribuem para o equilíbrio de forças", ponderava Clausewitz, "entenderíamos como é difícil em alguns casos determinar qual dos lados está em posição mais vantajosa." Ao longo dos séculos seguintes, porém, ficaria absolutamente claro quem estava em melhor posição.

Cavalo de guerra

Os antigos impérios alcançaram – e superaram – seus pontos culminantes porque, por volta do século I d.C., a guerra produtiva os havia enredado em complicações com os cavaleiros das estepes. Esse foi um processo longo e persistente, que tornou muito mais difícil para os imperadores a tarefa de identificar o quc estava acontecendo. Vimos no capítulo 2 que as complicações começaram já em 850 a.C., quando o Império Assírio passou a comprar os novos cavalos grandes – fortes o suficiente para carregar um soldado no lombo – que os pastores das pradarias haviam conseguido criar. Ao longo dos séculos que se seguiram, os impérios continuaram se expandindo. Seus agricultores lavraram as beiradas das estepes para cultivar grãos, e seus comerciantes avançaram mais pela Ásia central para comprar animais; e, à medida que faziam isso, os nômades, ao longo da fronteira ecológica onde pradarias áridas se confundiam com campos cultivados, perceberam que não tinham opção. Com frequência, viram eles, era melhor vender os cavalos aos agentes imperiais do que ficar correndo de oásis em oásis para combater com outros cavaleiros disputando alguns bocados de água lamacenta. Melhor ainda, aprenderam eles, quando os imperialistas não lhes pagavam o preço que pediam, podiam fazer incursões nos impérios e levar o que quisessem de camponeses pacíficos e desarmados.

Temos as primeiras notícias sobre um império enfrentando dificuldades com nômades da estepe em fontes assírias anteriores a 700 a.C. A Assíria se expandira pelas montanhas do Cáucaso até o começo das estepes (Figura 3.3). Quando cavalarianos da Cítia começaram a aterrorizar as terras fronteiriças, os reis assírios contrataram alguns nômades para combater os outros nômades. Mas logo descobriram que as características que haviam tornado os citas atraentes como empregados – mobilidade e ferocidade – também os tornavam incontroláveis. As sementes do desastre estavam sendo plantadas.

No século VII a.C., bandos de citas passaram a agir por conta própria, roubando quem quer que aparecesse pela frente e efetivamente assumindo o controle do que hoje corresponde ao norte do Iraque, da Síria e ao leste da Turquia. "A vida virou um caos devido à sua agressão e violência", escreveu o historiador grego Heródoto, "pois eles cavalgavam por toda parte, levando tudo embora." Na década de 610, rebeldes anti-Assíria contrataram seus próprios citas, e antes que a década terminasse o império estava arruinado. Isso, no entanto, deixou os rebeldes vitoriosos com um problema: o que fazer com os citas. Acabaram resolvendo o problema na década de 590 (segundo Heródoto, embebedando os líderes citas e matando-os).

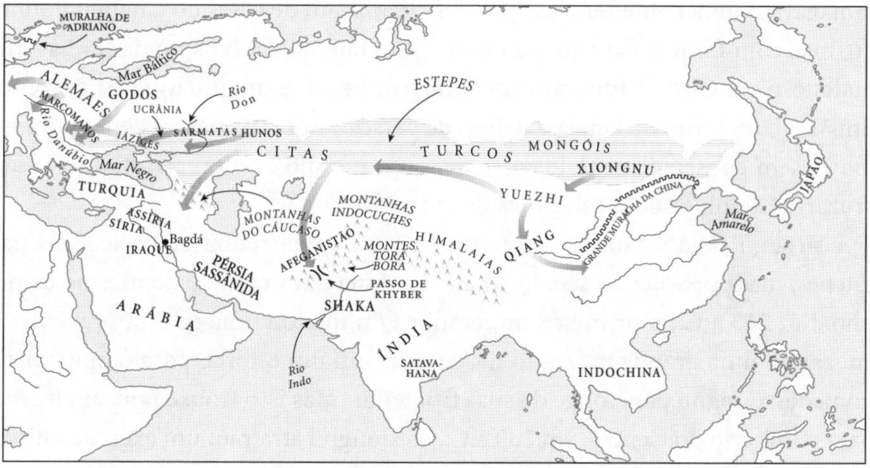

Figura 3.3. Ataques nas estepes: um milênio de guerras assimétricas, por volta de 700 a.C.-300 d.C.

Quanto mais os impérios da Eurásia cresciam, mais se viam diante de um problema peculiarmente moderno: como travar guerras assimétricas nas fronteiras da Ásia central. No final da década de 1990, quando Osama bin Laden perpetrou seus primeiros massacres, os Estados Unidos não acharam uma maneira de "neutralizá-lo" (o termo preferido por eles) em seu esconderijo afegão, a não ser disparando mísseis de cruzeiro no valor de 1 milhão de dólares cada um sobre as tendas de 10 dólares dos terroristas. Os antigos impérios, com seus imensos e pesados exércitos de infantaria, enfrentaram dificuldades similares para caçar bandos de cavalarianos pelos descampados.

Não se tratou de uma questão de opor maneiras de guerra ocidentais a maneiras não ocidentais, mas sim de um confronto entre costumes agrários e costumes nômades. Da Europa à China, todos os governantes de impérios ricos enfrentaram mais ou menos os mesmos desafios ao lidar com cavaleiros das estepes, e por volta da época de Agrícola eles já haviam experimentado todas as permutações possíveis para travar uma guerra assimétrica. Então, como agora, a abordagem óbvia é a guerra preventiva, e os reis persas enviaram uma série de exércitos para as estepes para abater os citas. Mas os persas aprenderam que perseguir os nômades nos lugares em que eles se escondem podia ser quase tão problemático como não fazer nada, pois a infantaria não conseguiria obrigar a cavalaria nômade a lutar se ela não quisesse. Às vezes, as guerras preventivas davam resultado rápido, como em 519 a.C., quando os persas esmagaram uma confederação que eles chamavam de Citas do Chapéu Pontudo, mas com frequência não era esse o caso. Em 530 a.C., os nômades haviam matado o rei Ciro, o fundador do Império Persa, e aniquilado seu exército. Em 514, o rei Dario da Pérsia - depois de perseguir os citas pelas estepes durante meses sem conseguir pegá-los - só evitou o mesmo destino arrastando-se até cruzar o Danúbio sob a cobertura da escuridão.

Assíria e Pérsia foram os primeiros impérios a enfrentar complicações nas estepes, mas por volta do século III a.C. a China estava indo pelo mesmo caminho. Em 213 a.C., o primeiro imperador Qin iniciou uma guerra preventiva, anexando uma grande extensão das estepes em um esforço para empurrar os nômades xiongnu para longe de suas fronteiras. Mas isso trouxe poucas alegrias para o Império do Centro: em 200 a.C., os xiongnu atraíram um exército chinês para dentro das estepes e o destruíram completamente.

Em 134 a.C., o imperador Wudi tentou uma guerra preventiva de novo, e nos 15 anos seguintes uma meia dúzia de vezes mandou exércitos de centenas de milhares para as estepes. Poucos de seus homens voltaram, e os custos acabaram com os superávits orçamentários que seus prudentes predecessores haviam acumulado, mergulhando fundo o governo em dívidas. Mas, apesar de ter gasto tanto, Wudi - como Dario - nunca conseguiu sua batalha decisiva contra os nômades.

De Atenas a Chang'an, intelectuais denunciavam que a guerra preventiva era um desastre. Mas, em outro paralelo peculiar com as experiências modernas, a longo prazo mostrou-se surpreendentemente difícil dizer quem havia vencido as guerras preventivas, ou mesmo quando é que elas terminavam. O custo em termos de sangue e recursos financeiros havia sido terrível, mas os citas nunca mais ameaçaram a Pérsia depois de 513, e os ataques dos xiongnu haviam declinado acentuadamente por volta de 100 a.C.

A conclusão a que os imperadores acabaram chegando foi que o poder rígido das expedições dispendiosas nas estepes funcionava melhor quando combinado com técnicas mais suaves, embora ainda onerosas. A mais popular era a contenção, que em geral significava construir muros para manter os nômades do lado de fora. A mais famosa, a Grande Muralha da China, remonta à década de 210 a.C.; a muralha que Adriano ergueu na década de 120 d.C., mencionada no início deste capítulo, era sua prima distante. Os muros podiam não impedir totalmente a entrada de nômades, mas pelo menos canalizavam a entrada dos cavalarianos.

A estratégia mais bem-sucedida (ou, talvez, a menos malsucedida) era o suborno. Os ataques dos nômades matavam um monte de gente e reduziam o montante de impostos acumulados pelo império, então por que não simplesmente pagar para que os nômades não atacassem? Desde que os subornos custassem menos do que a guerra preventiva, a taxa de proteção era uma proposta em que ambos os lados saíam ganhando – os imperadores poupavam gastos, os camponeses nas fronteiras poupavam suas vidas e os nômades poupavam-se de uma série de aborrecimentos. Dois mil anos depois, o suborno mantém seu apelo nas guerras assimétricas: ao entregar 70 milhões de dólares em dinheiro vivo para os chefes militares do Afeganistão em 2001, a CIA também poupou um monte de dinheiro, vidas e complicações.

Há um dito em Chicago segundo o qual um político honesto é o que, quando você o compra, permanece comprado, mas as expectativas são mais baixas nas guerras assimétricas. O comandante afegão que levou 10 mil dólares em dezembro de 2001 para guardar as rotas de fuga dos montes Tora Bora – e que deixou os combatentes da al-Qaeda passarem por ali quando estes lhe ofereceram mais – teria se dado muito bem nas antigas estepes. Citas e xiongnu recebiam regularmente subornos e depois atacavam do mesmo jeito. O suborno, foi o que se viu, era a pior maneira de lidar com nômades – exceto por todas as outras maneiras. Os estrategistas persas e chineses descobriram que os subornos funcionavam melhor como parte de um pacote de recompensas e punições. Uma série de medidas sedutoras, combinada com uma ocasional guerra preventiva, massiva e violenta, podia mais ou menos manter a paz.

Combinando todos esses truques, os governantes dos últimos séculos antes de Cristo aprenderam a lidar com suas fronteiras. Eles transformaram sua relação com os nômades das estepes em algo parecido com um mau casamento, no qual os parceiros não conseguem nem viver juntos, nem um sem o outro. Quando um império era forte, ele podia impor um acordo em parte das estepes e manter a violência dentro de limites toleráveis; quando era fraco, tinha que pagar mais e sofrer mais.

A única maneira de ficar em vantagem, e é o que todos os impérios descobriram em algum ponto do milênio entre cerca de 500 a.C. e 500 d.C., era vencer os nômades em seu próprio jogo. Isso significava que os imperadores tinham que adicionar aos seus imensos exércitos de infantaria mais e mais cavalaria. Os historiadores que afirmam ter existido um modo ocidental de guerrear, com raízes na cultura da Grécia Antiga, com frequência encaram a luta no lombo de um cavalo como típica de uma atitude evasiva oriental, enquanto lutar a pé seria a marca dos valores ocidentais. Na realidade, porém, a grande mudança para a cavalaria entre 500 a.C. e 500 d.C. foi conduzida pela geografia, não pela cultura. Impérios cujas fronteiras corriam diretamente para as estepes mudaram para a cavalaria relativamente cedo, após 500 a.C.; aqueles que eram blindados por montanhas e florestas mudaram depois, e de maneira menos completa. Mas, por vontade própria ou forçados, todos os impérios das latitudes afortunadas do Velho Mundo moveram-se na mesma direção.

A mudança começou na Pérsia, o que não surpreende, pois era o império mais exposto a ataques de nômades. Quando Dario perseguiu os citas pela região onde hoje fica a Ucrânia em 514 a.C., quase todos os seus homens iam a pé, mas por volta de 479, quando os persas lutaram contra os gregos em Plateia, eles dependiam quase na mesma medida da cavalaria e da infantaria. E, em 334, quando Alexandre, o Grande, invadiu a Pérsia, o império confiava quase inteiramente em seus cavalarianos para a vitória. A China, o segundo império mais exposto, foi também o próximo a seguir pela trilha do combate a cavalo. O imperador Wudi reuniu uma imensa força montada antes de lançar suas guerras preventivas. Em 110 a.C., tinha 180 mil homens a cavalo em sua folha de pagamento, o que equivalia a um terço do exército, e para alimentá-los todo ano gastava o dobro do que o império inteiro pagava em impostos. A Índia, em grande parte protegida das estepes pelos Himalaias e pelas montanhas Indocuches, estava menos exposta, e entre os séculos V e II a.C. seus reis se sentiam seguros atendo-se ao que já conheciam. Confrontos diretos com elefantes de armadura ainda venciam batalhas, com os cavalarianos fazendo pouco mais do que dar cobertura aos flancos dos elefantes – até que outro desenvolvimento moderno tirou o chão de sob seus pés.

Em 1954, diante das crescentes exigências de fazer algo a respeito da disseminação do comunismo no sudeste asiático, o presidente Dwight Eisenhower advertiu os Estados Unidos quanto "ao que vocês poderiam chamar de 'efeito dominó'. Você tem uma fileira de dominós em pé", explicou ele, "você derruba o primeiro e o que vai acontecer com o último é que com certeza irá cair em pouquíssimo tempo. Então vocês poderiam assistir ao início de uma desintegração que teria as mais profundas consequências".

Sejam quais forem os pontos fortes e fracos dessa análise da Indochina na década de 1950, trata-se de uma excelente descrição das estepes no século I a.C. Conforme os imensos exércitos a cavalo do Império Han começaram a levar a melhor sobre os xiongnu, muitos dos nômades migraram para oeste, para ficar onde os povos yuezhi tradicionalmente deixavam pastar seus rebanhos. Os yuezhi, aterrorizados, mudaram-se então mais para oeste ainda, o que os levou para território cita. Quando a próxima pedra do dominó caiu, os citas (chamados de shaka na Índia) moveram-se para o sul, para o que é hoje o Afeganistão, cruzaram o passo de Khyber e desceram pelo vale do Indo. Por volta de 50 a.C., os shaka haviam invadido a maior parte do noroeste da Índia.

Um século mais tarde – depois de mais guerras de cavalaria meio esquecidas nas estepes –, os yuezhi perseguiram os shaka pelas montanhas Indocuche. Empurrando os shaka mais para o interior da Índia, os yuezhi conquistaram um imenso domínio, que se estendia do atual Turcomenistão até a metade do Ganges, o que ficou conhecido entre os historiadores como o Império dos Kushana. Os kushana prosperaram muito, tornando-se uma das grandes forças de cavalaria da época. Por volta do século II d.C., seus temíveis arqueiros montados, celebrados em incontáveis esculturas no que hoje corresponde ao Afeganistão, Paquistão e norte da Índia, controlavam as Estradas da Seda que ligavam Roma à China. Os kushana chegaram a fazer suas próprias guerras preventivas, como uma contra uma expedição han ao Afeganistão.

A experiência da Índia revelou o fato concreto de que as revoluções nos assuntos militares são incontornáveis. Conforme caíam as pedras do dominó e os impérios agrários ficavam sob pressão, os impérios podiam ou recorrer aos poderes da cavalaria, como fizeram a Pérsia e a China, ou, como a Índia, ser invadidos por grupos nômades que já eram potências de cavalaria – e nesse caso os invasores iriam de qualquer modo transformar a sociedade que conquistavam em uma potência de cavalaria. As escolhas feitas pelos governantes podiam acelerar ou desacelerar o processo, mas a lógica paradoxal da guerra sempre vencia no final.

Nesses mesmos anos, o Império Han da China (que havia iniciado os infortúnios da Índia ao fazer as pedras do dominó caírem pelas estepes) aprendeu uma realidade ainda mais dura – que a longa história das complicações dos impérios com as estepes chegava agora ao seu ponto culminante. A China estivera combatendo os nômades xiongnu ao longo de sua fronteira norte desde 200 a.C., mas tudo ficara tranquilo em seu fronte ocidental, blindado das estepes por uma densa faixa de 150 quilômetros de montanhas e florestas. Mas isso mudou quando os xiongnu migraram por volta de 50 a.C. Enquanto um ramo da confederação se movia para oeste e derrubava as pedras do dominó que levaram os yuezhi e os shaka para o interior da Índia, um segundo ramo movia-se para o sul, saqueando os agricultores qiang na fronteira ocidental da China.

Durante décadas, os qiang haviam blindado a China ao travarem acirradas guerras de fronteira, contra ataques nômades do tipo agredir e fugir, mas no século I d.C., enjaulados entre os nômades e a fronteira imperial han, os qiang começaram a formar seus próprios governos. Grupos qiang grandes e bem organizados mudaram-se para território han para fugir dos xiongnu, lutando contra soldados do império se fossem obrigados a isso. Os qiang estavam mudando de escudo para espada, golpeando os órgãos vitais do império.

Os oficiais de fronteira chineses podiam ver para onde as coisas estavam indo. "Recentemente", um deles observou em 33 a.C., "os qiang ocidentais têm guardado nossa fronteira, e com isso entram regularmente em contato com o povo han"; no entanto, continua o relato do oficial, conforme mais qiang se mudaram para território han, "oficiais menos graduados e pessoas comuns ambiciosas têm roubado os qiang, levando gado, mulheres e crianças. Isso despertou o ódio dos qiang, por isso eles se rebelaram".

No século I d.C., os han perderam o controle de sua fronteira ocidental. Em 94 d.C., em 108 e mais uma vez em 110, grandes rebeliões/invasões (era difícil distinguir) fugiram ao controle. As terras de fronteira entraram em uma espiral de violência. "Até as mulheres carregam alabardas e lanças, levam arcos nas mãos e flechas nas costas", lamentou um oficial chamado Gong Ye.

No distante extremo oeste da Eurásia, um conjunto similar de fatos estava prestes a encerrar a guerra produtiva de Agrícola e trazer Roma para o mesmo ponto culminante. O Império Romano vinha sendo havia muito tempo blindado das estepes pelo escudo de uma zona de pastores e agricultores germânicos ainda mais densa que a zona qiang na fronteira ocidental da China, mas aqui também as migrações das estepes transformavam agora o escudo em espada apontada para o coração do império.

O motivo pode ter sido os sármatas, nômades que viviam ao longo do rio Don e que começaram a se deslocar para oeste no século I d.C. Eram um bando feroz: segundo Heródoto, descendiam das amazonas, e nenhuma mulher sármata era autorizada a se casar antes de ter matado um homem em batalha. Seja como for, sua combinação característica de cavalaria leve e pesada, com arqueiros a cavalo desfazendo as linhas inimigas e preparando o ataque de cavalarianos de armadura com lanças, mostrou ser devastadora. Foi a chegada da tribo sármata dos iáziges à margem norte do Danúbio no início da década de 80 d.C. que levou Domiciano a pedir a ajuda dos soldados de Agrícola lotados na Bretanha, e a disseminação de outras tribos pela Europa do leste levou o caos a todos aqueles com quem elas cruzassem.

Nos dois primeiros séculos depois de Cristo, o clima mais quente trouxe crescimento populacional para a Europa, aumentando o enjaulamento entre os agricultores alemães. Em decorrência, qualquer tribo que tentasse sair do caminho dos sármatas travava imediatamente guerras desesperadas com vizinhos determinados a defender seus campos. Os alemães que viviam mais perto das estepes copiaram seus atormentadores e começaram a lutar montados em cavalo, e mesmo aqueles germânicos mais distantes das estepes adotaram armas e táticas melhores. Sob a pressão da guerra, chefes tornaram-se reis, passando a centralizar poder, cobrar impostos e organizar verdadeiros exércitos.

Em algum ponto por volta de 150 d.C., um povo germânico conhecido como godos abandonou suas velhas terras aráveis perto do mar Báltico e começou a se deslocar para o sul, em direção ao mar Negro. Sua grande viagem atraiu para eles outras tribos, até que na década de 160 uma vasta federação, que os romanos chamaram de marcomanos (literalmente, "povo da fronteira"), começou a cruzar o Danúbio. Os germânicos estavam havia séculos indo e vindo pelas fronteiras de Roma, geralmente chegando em pequenos bandos de homens jovens à procura de trabalho ou roubando o que podiam, e depois correndo de volta para casa, mas dessa vez era diferente. Agora eram milhares de famílias que se deslocavam e planejavam ficar.

Em confronto com eles estava Marco Aurélio (Figura 3.4), imperador de Roma entre 161 e 180 d.C. Mais do que qualquer outro, era esse homem sábio, letrado e humano – talvez o máximo em termos de bandido estabelecido – que Gibbon tinha em mente quando considerou o século II d.C. a época mais feliz da humanidade. Tivessem lhe dado escolha, Marco Aurélio teria passado os dias discutindo os mais sutis aspectos da filosofia estoica com professores gregos de barba, mas em vez disso os distúrbios nas estepes o forçaram a gastá-los lutando e marchando pelas florestas além do Danúbio. Mas, ao ficar sem sono durante os intervalos das batalhas, conseguiu encontrar tempo para escrever suas *Meditações*, o clássico do pensamento estoico. (Se algum imperador antigo merece o rótulo de "grande homem" com certeza é Marco Aurélio.)

Figura 3.4. Guerreiro nos dias úteis: estátua equestre de bronze de Marco Aurélio (imperador romano, 161-180 d.C.).

Como os sucessores de Eisenhower na década de 1960, Marco Aurélio foi pressionado pela necessidade de colocar dominós em uma guerra que ele nunca desejou, travada de maneiras que ele nunca previu. Harry Summers, um coronel do Exército norte-americano, conta uma história a respeito de ter sido enviado em uma delegação a Hanói em 1975, logo depois que a previsão de Eisenhower se concretizou e a pedra de dominó do Vietnã do Sul caiu. Um oficial norte-vietnamita que falava inglês, chamado Tu, encontrou-se com ele no aeroporto, e, como seria de esperar, sua conversa logo derivou para o recente desentendimento entre seus países.

"Sabe", disse Summers a Tu, "vocês nunca ganharam de nós no campo de batalha."

Tu pensou por um instante. "Talvez isso seja verdade", retrucou ele finalmente. "Mas também é algo irrelevante."

Como os norte-americanos no Vietnã, os exércitos romanos na década de 160 d.C. contavam usualmente vencer seus inimigos em uma luta direta,[31] e, como os norte-vietnamitas, os germânicos procuravam, portanto, tornar essas lutas irrelevantes. Como resultado, as altivas legiões romanas ficaram

31 As cenas de abertura do filme *Gladiador*, de 2000, recriam em estilo frenético a última grande batalha da Guerra Marcomânica, em 180 d.C.

reduzidas a táticas absolutamente familiares ao Vietnã. Com uma honestidade alarmante, a coluna erguida para enfeitar o túmulo de Marco Aurélio em 180 foi decorada tanto com cenas de romanos queimando aldeias, roubando animais de criação e matando prisioneiros como com lutas entre homens armados (Figura 3.5).

Para piorar as coisas, quando os romanos conseguiam de fato batalhas campais, estas raramente eram do tipo que eles esperavam. A primeira vez que os soldados romanos atacaram a cavalaria dos iáziges, por exemplo, tiveram uma surpresa desagradável. Usando táticas nômades clássicas, os iáziges fingiram fugir, atraindo uma legião para dentro do Danúbio congelado. Com seus perseguidores escorregando pelo gelo, os cavalarianos voltaram atrás, cercaram os romanos e partiram para cima, consumando a matança.

Figura 3.5. Destruir a vila para salvá-la: soldados romanos queimam cabanas e levam mulheres e crianças, em um monumento erigido em homenagem a Marco Aurélio, na década de 180 d.C.

Somente a disciplina dos romanos conseguiu salvá-los. "Os romanos mantiveram a calma", escreveu o historiador Cássio Dio.

> Eles formaram um quadrado, de frente para todos os oponentes. A maior parte dos homens deixavam os escudos no chão e ficavam parados, com um pé em cima do escudo, para que este não escorregasse. Então recebiam a carga do inimigo. Agarravam as rédeas, escudos e lanças dos cavalarianos. Puxando-os para a frente, arrastavam homens e cavalos por cima deles. Se um romano caía para trás, puxava o inimigo para cima dele, e então, com as pernas, o fazia voar por cima, como um lutador de luta livre, e se safava. Se caísse para a frente, mordia o sármata [...] Os bárbaros, não acostumados a esse tipo de coisa, e usando armadura leve, entraram em desespero. Poucos escaparam.

Nesse dia, a infantaria de Roma venceu a cavalaria, mas nos 100 anos seguintes cada vez mais germânicos passaram a montar a cavalo, e cada vez mais sármatas (e outros nômades) fizeram incursões pelas fronteiras. Para piorar a situação de Roma, uma nova dinastia agressiva – os sassânidas – assumiu o trono persa em 224 d.C. e começou a mandar a campo milhares de catafractários, uma cavalaria superpesada, com cavalos e cavalarianos, ambos protegidos por cotas de malha e aço. "Todas as companhias vinham cobertas de armaduras de metal", escreveu uma testemunha romana no século IV, "tão bem ajustadas que as juntas rígidas se conformavam às dos membros dos cavalarianos. Imagens de rostos eram tão habilmente ajustadas aos elmos que seus corpos ficavam completamente protegidos por armadura. Os únicos pontos por onde as flechas podiam penetrar era pelos pequenos orifícios para os olhos e as narinas, por onde recebiam um pouco de luz e ar."

Os historiadores discutem muito a respeito de quando exatamente os romanos chegaram à óbvia conclusão de que precisavam de mais cavalaria, mas entre cerca de 200 e 400 d.C. Roma tomou o mesmo caminho que Pérsia, China e Índia. A proporção de homens a cavalo nos exércitos romanos cresceu de um décimo para um terço ou mesmo metade, e por volta de 500 d.C. a mais recente revolução nos assuntos militares já havia sido completada. Do Mediterrâneo ao mar Amarelo, a guerra a cavalo reinava suprema.

A maneira como cada império usava a cavalaria variava geograficamente. Os han e os kushana apoiavam-se em hostes de cavalarianos leves, atacando com rapidez pelas estepes abertas; os persas sassânidas preferiam cargas frontais desferidas por cavalarianos de armadura e lança; e os romanos empregavam táticas de armas combinadas, fazendo incursões profundas pelas florestas dos bárbaros para queimar vilas e emboscar os rebeldes. Mas cada sistema funcionava suficientemente bem contra os inimigos próximos, e nos primeiros séculos depois de Cristo raramente era óbvio que os antigos impérios haviam infelizmente ultrapassado o ponto culminante de suas guerras produtivas.

Foi preciso um inimigo imprevisto para deixar isso claro.

O cemitério de impérios

Os aristocratas dos antigos impérios odiavam os nômades. Para Heródoto, as práticas de escalpo dos citas diziam tudo. "Quando um cita mata seu primeiro homem, ele bebe um pouco de seu sangue e leva sua cabeça para o rei", registrou ele. Depois, "corta a cabeça em círculo ao redor das orelhas e, segurando-a, arranca a pele fora. Em seguida, raspa essa pele com uma costela de boi e a amassa com as mãos até que fique maleável; então passa a usá-la como guardanapo". Mil anos mais tarde, o escritor romano Amiano Marcelino foi ainda mais direto a respeito dos hunos. "Eles têm um corpo atarracado, membros fortes e pescoço grosso", afirmou, "e são tão horrendos e deformados que parecem animais sobre duas pernas."

O que deve ter realmente alarmado esses senhores civilizados, no entanto, não foram os nômades sujos que atacavam montados a cavalo. Foram os ainda mais imundos micróbios que vinham cavalgando os nômades.

Até o século XX d.C., o maior assassino da guerra sempre foram as doenças. Ao juntar milhares de homens, compactá-los em espaços reduzidos, alimentá-los mal e deixá-los chafurdar na própria sujeira, os exércitos funcionaram como placas de Petri, nas quais os micróbios podiam multiplicar-se loucamente. Em campos superlotados, sem condições de higiene, vírus exóticos prosperavam mesmo depois de ter matado seus hospedeiros humanos, pois sempre havia outro hospedeiro ao qual se agarrar. Disenteria, diarreia, tifo e tuberculose: sempre foi essa a sina dos soldados.

Mas em 161 d.C., ano em que Marco Aurélio assumiu o manto imperial púrpura em Roma, algo ainda pior estava em formação. Ouvimos falar disso primeiro na fronteira noroeste da China, onde, como era muito comum, um grande exército lutava contra os nômades das estepes. Os relatos descrevem uma nova doença enigmática, que em poucas semanas matou um terço dos homens nos campos de batalha. Quatro anos mais tarde, infecções igualmente terríveis grassaram pelas bases militares romanas na Síria. A doença alcançou a cidade de Roma em 167 d.C., onde matou tanta gente, que Marco Aurélio adiou sua partida para o Danúbio e dedicou-se a rituais para proteger a cidade. Quando seu exército partiu para o front, levou a doença junto.

Descrições de testemunhas dão a impressão de que a praga era parecida com a varíola. Os geneticistas ainda poderão confirmar com base em DNA antigo, mas podemos estar razoavelmente seguros de que a causa da eclosão desses surtos ao mesmo tempo em ambas as extremidades da Eurásia foi a queda das pedras de dominó nas estepes. Por milhares de anos, cada uma das grandes civilizações eurasianas havia desenvolvido seu próprio conjunto de doenças. No perfeito estilo Rainha Vermelha, patógenos letais e anticorpos protetores competiam entre si, correndo cada vez mais rápido, mas sem chegar a lugar nenhum, mantendo-se corpo a corpo em um equilíbrio doentio. Entre a quarta parte e um terço de todos os bebês morriam no prazo de mais ou menos um ano após o nascimento; poucos adultos sobreviviam após os 50 anos; e, mesmo quando as pessoas desfrutavam do que era considerado boa saúde, seus corpos transbordavam de germes.

A distância havia mantido esses conjuntos de doença separados, mas o sucesso da guerra produtiva mudou isso. Conforme os impérios cresciam, populações migrantes se movimentavam entre eles, particularmente ao longo das estepes. Essa mobilidade misturou os conjuntos de doenças que antes permaneciam isoladas, produzindo um perverso coquetel epidemiológico novo para todos. Não eram muitos os que tinham a sorte de ter nascido com anticorpos capazes de combater essas doenças, e até que seus robustos genes se espalhassem pelo grupo de sobreviventes (o que podia demorar séculos) as pragas continuaram voltando.

Os melhores registros vêm do Egito, onde, ao que parece, a população caiu em 25% entre 165 e 200 d.C. Em outras partes, somos obrigados a conjeturar a partir de vestígios arqueológicos, mas estes sugerem que a experiência egípcia foi amplamente compartilhada. Com menos pessoas, os impérios então esforçaram-se para recrutar soldados para seus exércitos e recolher impostos para poder pagá-los. Isso tornou mais difícil manter as pedras do dominó em pé ao longo das fronteiras das estepes, e os governantes romanos e han viram com horror suas fronteiras desabarem e as grandes migrações espalharem doenças com maior rapidez ainda. E, se tudo isso já não bastasse, a mudança climática também acelerou seu passo em apenas três anos. Tanto em núcleos de gelo da Antártica como em turfeiras da Polônia, os climatólogos veem sinais de que o mundo estava ficando mais frio e mais seco. O esfriamento global encurtou as estações de cultivo dos agricultores, reduziu as colheitas e colocou ainda mais migrantes em movimento pela Eurásia, atrás de melhores condições climáticas.

Exauridas por migrações, doenças e colheitas em declínio, as complicadas redes de impostos e comércio que haviam sido construídas por séculos de guerra produtiva começaram a se desfazer. Na China, à medida que a coleta de impostos encolheu e os custos da defesa das fronteiras ficaram maiores, alguns servidores civis do século II d.C. passaram a sugerir que o caminho mais sábio era simplesmente parar de pagar os soldados. Afinal, raciocinaram eles, a fronteira ocidental onde os rebeldes/invasores qiang produziam tantos danos estava muito longe da capital Luoyang; será que as coisas iriam piorar tanto assim se o governo apenas deixasse o exército se virar por conta própria?

A resposta: sim, as coisas iriam piorar muito. Os soldados viraram bandidos, saqueando os camponeses que supostamente estavam defendendo, e os generais viraram chefes guerreiros, que obedeciam apenas às ordens que lhes convinham. "Esses, que são os mais fortes e corajosos do império", observou o oficial Gong Ye, "são temidos pelas pessoas comuns." Em 168 d.C., com as pragas brotando por toda parte e o exército desintegrando-se, os eunucos palacianos armaram um golpe contra o imperador de 12 anos e o círculo de amigos e parentes que controlavam sua política. Foi um desastre. O governo esfacelou-se totalmente, já que os servidores civis mataram-se aos milhares em manobras de expurgo e contraexpurgo. A lei e a ordem também começaram a desmoronar, e as rebeliões fizeram incontáveis vítimas ao longo das décadas de 170 e 180. Em 189, o mais terrível dos chefes guerreiros da fronteira ocidental marchou sobre Luoyang, incendiou a cidade e sequestrou o último menino imperador (este de apenas 8 anos).

Durante os 30 anos seguintes, um líder após outro abriu caminho no reino à base de saques, afirmando que a intenção era restaurá-lo, até que em 220 o Império Han finalmente dividiu-se em três reinos combatentes. As fronteiras se dissolveram, centenas de milhares de qiang e nômades da Ásia central migraram para o norte da China, e milhões de chineses étnicos fugiram do norte para o sul da China. Os oficiais até pararam de tentar contar os mortos.

Roma seguiu o mesmo caminho. Com a população, a agricultura e o comércio em queda livre, os imperadores, de mãos atadas por falta de recursos financeiros, restringiram o soldo dos soldados ou depreciaram a moeda para fazer seu limitado estoque de prata render mais. O resultado, previsível, foi que a cunhagem de moeda sem valor alimentou uma inflação perversa, enfraquecendo ainda mais a economia.

Os soldados, enraivecidos, decidiram assumir o controle da situação. Em 193 d.C. e de novo em 218 a guarda imperial vendeu o trono pelo melhor lance, e entre 218 e 222 o império foi governado – se é que se pode usar esse termo – pelo enlouquecido adolescente Heliogábalo, que se destacou mesmo entre os imperadores romanos por sua corrupção, crueldade e incompetência. Entre 235 e 284, Roma teve, dependendo de como se fizer a contagem, nada menos que 43 imperadores. A maioria eram militares, e todos morreram de forma violenta, exceto um, que foi levado embora pela peste. Dos outros 42 imperadores, os invasores godos mataram um em batalha, e os persas sassânidas capturaram outro, que enfiaram em uma jaula, submetendo-o a ridicularizações e torturas até que se cansaram disso e o mataram. Os 40 restantes foram todos mortos por patrícios romanos.

Forçados a enfrentar múltiplas ameaças militares, os imperadores não tinham escolha a não ser confiar grandes exércitos a generais subordinados, mesmo que esses subordinados repetidas vezes retribuíssem a confiança de seus governantes desferindo-lhes golpes (e isso apesar de praticamente nenhum deles conseguir sobreviver à promoção a imperador por mais de uns poucos meses). Quando um general se rebelava, seu exército normalmente abandonava o posto na fronteira a fim de poder lutar na guerra civil, deixando o império vulnerável a qualquer um que quisesse entrar.

Os godos construíram navios, navegaram pelo mar Negro e saquearam a Grécia. Os francos (baseados então no que hoje chamamos de Alemanha) invadiram a Gália e a Espanha. Outros germânicos atacaram a Itália, enquanto os mouros invadiram o norte da África e os persas sassânidas queimaram as prósperas cidades da Síria. Compreendendo que o governo central não era capaz ou não se disporia a protegê-las, as províncias orientais e ocidentais formaram seus próprios governos, e em 260 d.C. o Império Romano – como o Império Han – dividiu-se em três Estados menores.

A ruptura sangrenta de grandes impérios tornava-se comum. Na Índia, o Império dos Kushana, derrotado pelos exércitos persas sassânidas e pelos invasores citas, dividiu-se em dois na década de 230. O reino ocidental foi absorvido pela Pérsia após uma derrota final em 248, e na década de 270 o reino oriental encolheu e virou quase nada depois de perder o controle das cidades do Ganges. Mais longe, ao sul, o grande império comercial de Satavahana, do século II, também lutava para conter os citas, e também caiu em 236.

Mancur Olson, o economista de quem tomei emprestado o termo "bandidos estabelecidos" no capítulo 1, gostava de destacar o contraste entre esses ladrões relativamente benignos e os "bandidos itinerantes", totalmente malignos. Enquanto os bandidos estabelecidos vinham, viam e conquistavam, e depois administravam, os bandidos itinerantes vinham, viam, roubavam e caíam fora. Os impérios do primeiro milênio antes de Cristo floresceram em grande parte porque seus bandidos estabelecidos foram geralmente fortes o suficiente para manter os bandidos itinerantes a distância, mas por volta do século III d.C. as coisas não eram mais assim. Em quase todas as partes da Eurásia, a guerra tornou-se contraproducente, dilacerando os antigos impérios, imensos, pacíficos e prósperos.

Em quase todas as partes – mas não em todas. A grande exceção à regra do século III, de colapso dos impérios, foi a Pérsia, onde, após destronar os partos em 224 d.C., a nova dinastia sassânida tornava-se cada dia mais forte. Ela esmagou os exércitos dos kushana e dos romanos, fez recuar os nômades das estepes e centralizou o poder. Por volta de 270, quando o grande conquistador Shapur I morreu, a capital sassânida, Ctesifonte, era uma das maiores cidades do mundo.

Mas um exame mais detido revela que a exceção sassânida não foi de modo algum uma exceção, pois a regra nesses anos não era simplesmente a queda de impérios. Ao contrário, os 1.200 anos entre cerca de 200 d.C. e 1400 d.C. foram uma era de ciclos de guerras produtivas e contraproducentes. Como vimos nos capítulos 1 e 2, os milênios que levaram até 200 d.C. foram uma era de Leviatãs em expansão, de prosperidade crescente e de queda dos índices de morte por violência, e, como veremos nos capítulos 4 a 7, isso é ainda mais verdadeiro para os séculos a partir de 1400 d.C. Mas as longas Idades Médias que separam esses dois períodos constituíram um interlúdio complicado, tumultuado e violento.

Trata-se de um enredo intrincado. Durante um tempo, no final do século III, parecia que o ressurgimento sassânida era de fato o primeiro exemplo de uma nova tendência em direção a uma recuperação imperial. Depois de meio século de anarquia, Roma recuperara o controle de toda a bacia do Mediterrâneo por volta de 274, a dinastia Jin ocidental reunificara a China em um único império por volta de 280 e na década de 320 a dinastia Gupta começara a fazer o mesmo na Índia. A essa altura, porém, a recuperação já se encerrava em outras partes da Eurásia. Nômades xiongnu incendiaram as antigas cidades da China, executaram uma série de imperadores jin ocidentais e massacraram milhões de refugiados. Seguiram-se 60 anos de lutas, até que em 383 parecia que uma nova dinastia estava prestes a unificar a China de novo, mas seu exército misteriosamente se dispersou em pânico após uma derrota de menor relevância, e outro ciclo de massacres tomou conta do leste asiático.

Roma também retrocedeu para o caos no final do século IV. Os godos destruíram os exércitos de campo do império em Adrianópolis em 378 e as fronteiras começaram a se dissolver. Migrações para o ocidente dos hunos (os mais aterrorizantes de todos os antigos nômades) derrubaram mais peças de dominó, e, na véspera do ano-novo de 406, milhares de germânicos cruzaram o rio Reno congelado. A Europa ocidental viveu uma espiral de violência e caos, e em 476 – apenas 70 anos após a queda da fronteira do Reno – um rei germânico anunciou que a metade ocidental do Império Romano havia deixado de existir.

Em 484, parecia que a Pérsia sassânida teria o mesmo destino, pois outro ramo de hunos dizimou seu exército e matou seu rei. Mas os sassânidas resistiram, e por volta dessa época a China também encaminhava-se de volta à unidade. No século V, outra nova dinastia reunificou a região do rio Amarelo, e em 589 a dinastia Sui finalmente fez a China inteira voltar a ter um governo único.

Por alguns anos tumultuados, o Mediterrâneo também parecia voltar à unidade. Na década de 520, Justiniano, governador do Império Bizantino – como se costuma chamar a porção sobrevivente (oriental) do antigo Império Romano –, reconquistou a Itália e partes da Espanha e norte da África. Por volta de 550, porém, a expansão havia cessado, e no século VI novas invasões fizeram os bizantinos recuar. A Índia teve uma trajetória igualmente dura: depois de 467, o Império Gupta começou a se desintegrar diante dos ataques de outro ramo dos hunos, e, apesar de uma grande vitória sobre os nômades em 528, em 550 o império, para todos os efeitos, havia virado história. E isso continuou, um século de caos após outro, por todas as latitudes afortunadas da Eurásia.

Não tentei atenuar o fato de que essa é uma narrativa confusa, e acho que a Figura 3.6 resume essa confusão muito bem. O gráfico divide as latitudes afortunadas em quatro regiões (Europa, Oriente Médio, China e Índia) e mapeia a dimensão geográfica do maior império em cada uma delas ao longo dos primeiros 14 séculos depois de Cristo. Devemos reconhecer que há todo tipo de problemas técnicos em se usar apenas o tamanho como medida do leviatanismo (e com esse termo me refiro à força do governo centralizado). O mais óbvio é o grande pico na curva do Oriente Médio entre 650 e 850 d.C., que representa os califados Omíada e Abássida estabelecidos pelos árabes. Em tese, os califas que governavam de Damasco a Bagdá controlavam 11 milhões de quilômetros quadrados, um dos maiores impérios da história, mas na prática quase ninguém fora da Síria e do Iraque tinha algum conhecimento desses califas. O pico indiano por volta de 150 d.C., representando o Império dos Kushana, levanta outro problema: os kushana governavam 6 milhões de quilômetros quadrados, mas a maior parte dessa área era praticamente desabitada.

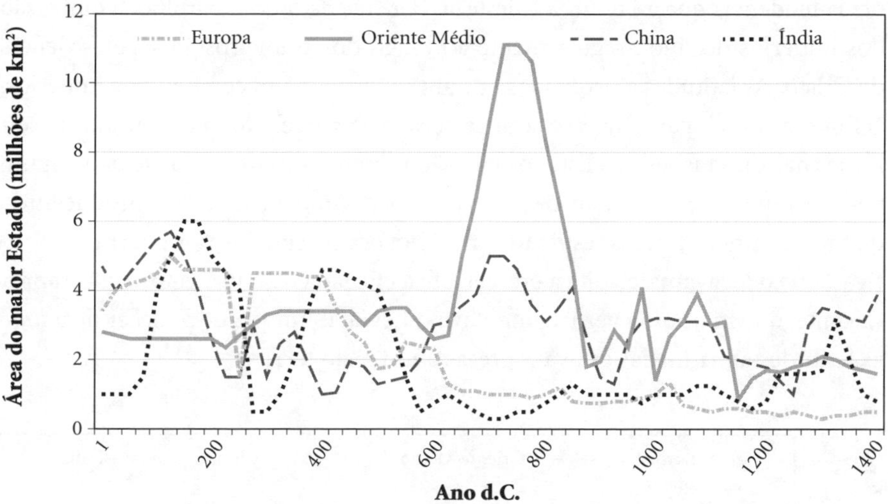

Figura 3.6. Uma desgraça após outra? A ascensão e queda (e mais ascensões e quedas) de Leviatãs nas latitudes afortunadas da Eurásia, conforme refletidas pelo tamanho do maior Estado de cada região, 1 d.C.-1400 d.C.

No entanto, apesar dessas (e outras) questões, esse gráfico intrincado sem dúvida atesta um ponto central. Entre os séculos II e XIV houve poucos anos em que todas as partes das latitudes afortunadas estavam se movendo na mesma direção. Para cada império que surgia, outro caía. A fase áurea de uma sociedade era a fase de trevas da outra.

E o que isso quer dizer? A interpretação óbvia, e uma das mais favorecidas pelos historiadores, é – como o brilhante erudito Arnold Toynbee expressou nos idos da década de 1950 – que o passado é simplesmente "um caos inominável para as leis [científicas]; uma sucessão ininteligível de eventos que um romancista do século XX, também laureado poeta, chamou de *odtaa*, ou seja '*one damned thing after another*' ("uma desgraça após outra")". Em vista disso, a Figura 3.6 seria uma representação da *odtaa*. Impérios surgem e desaparecem, batalhas são ganhas e perdidas, mas nada disso muda muita coisa. Tudo constitui uma exceção em relação a todo o resto.

Toynbee, porém, inventou essa noção de *odtaa* apenas para descartá-la. Depois de passar décadas estudando a história mundial, sabia perfeitamente bem que a história é cheia de grandes padrões que vão além da *odtaa*, e acho que enxergaria vários desses padrões no nosso gráfico. Em primeiro lugar, poderia observar uma óbvia tendência que a Figura 3.7 destaca. Por trás de todo o barulho, a dimensão dos impérios declinou regularmente ao longo dos primeiros 14 séculos depois de Cristo. As latitudes afortunadas haviam se tornado um cemitério de impérios.

Em segundo lugar, Toynbee com certeza teria percebido que as grandes oscilações nas dimensões dos Estados não são meramente *odtaa*: elas se dão em um padrão repetitivo de expansões e contrações. As guerras contraproducentes, que reduziam as dimensões de um império, eram seguidas por guerras produtivas, que o levavam de volta a crescer, até a chegada de outra guerra contraproducente, que mais uma vez fragmentava o Leviatã. Em vez de padecer de *odtaa*, as latitudes afortunadas estavam presas a um ciclo terrível.

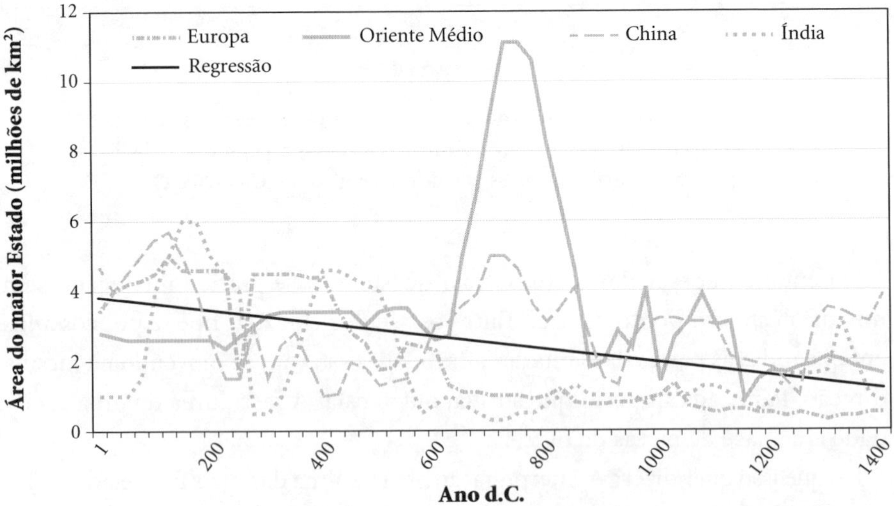

Figura 3.7. Ordem dentro do caos: a linha escura mostra a queda do tamanho médio dos impérios nas latitudes afortunadas da Eurásia, de 1 d.C. a 1400 d.C. (calculada pelo método Tukey, ou de comparação de médias: $\hat{y} = 3{,}83 - 0{,}047x$).

Não é difícil encontrar a explicação. Como a guerra produtiva havia ultrapassado seu ponto culminante, as estepes e os impérios agrários haviam ficado interligados. Cada ação tinha agora uma reação igual e oposta. Em determinado momento, pestes, rebeliões e invasões faziam um império ruir em uma guerra contraproducente, deixando milhões de mortos; no momento seguinte, chefes guerreiros locais – ou talvez um invasor – desencadeavam novas guerras produtivas, explorando o vácuo para criar outro Leviatã. Seu rei, entronizado com todas as pompas e cerimônias, fazia então todo o esforço para restabelecer o domínio da lei e arrancar impostos de seus súditos, o que só servia para que a riqueza do novo Estado atraísse mais invasores e rebeldes, pondo em ação uma nova espiral descendente de guerras contraproducentes... e assim por diante.

Toda região das latitudes afortunadas era sacudida para a frente e para trás entre as guerras produtivas e contraproducentes, segundo sua própria pauta, principalmente porque o sucesso de um reino em expulsar os agressores tendia a aumentar a pressão sobre os reinos vizinhos. Algumas migrações provenientes das estepes eram tão devastadoras que pareciam atingir todos os cantos ao mesmo tempo, como quando os hunos saquearam tudo ao longo do caminho desde a Índia até a Itália, no século V, ou quando os mongóis atacaram do Japão à Alemanha no século XIII, mas mesmo então as vitórias e derrotas acidentais no campo de batalha deram um caráter aleatório aos resultados, produzindo os efeitos aparentemente caóticos que vemos na Figura 3.6.

Já haviam ocorrido guerras contraproducentes antes, mas mesmo as piores delas haviam sido rupturas dentro de um padrão mais amplo de guerras produtivas. Alguns dos colapsos haviam durado séculos, mas, apesar da queda do Império Acadiano e do Antigo Reino do Egito por volta de 2200 a.C., das cidades do vale do Indo por volta de 1900 a.C. e dos reinos da era internacional do Mediterrâneo oriental por volta de 1200 a.C., as latitudes afortunadas da Eurásia haviam prosseguido seu caminho em direção a Roma, Chang'an e Pataliputra. A cada recuo correspondiam dois ou três passos para a frente.

Entre 200 e 1400 d.C. isso deixou de ser assim. O poder dos cavaleiros das estepes era simplesmente grande demais. Um rei ou outro poderia rechaçar as forças do caos, mas nenhum deles conseguiria deter de modo permanente as migrações das estepes. Cedo ou tarde, os bandidos itinerantes estariam de volta, e, até que alguém aprendesse a detê-los, as latitudes afortunadas da Eurásia seriam incapazes de interromper esse sangrento ciclo de guerras produtivas e contraproducentes.

A contrarrevolução nos assuntos militares

As guerras contraproducentes inverteram todos os desenvolvimentos descritos nos capítulos 1 e 2. Devastados por inimigos, os governos não eram capazes de cumprir seu dever básico de prover segurança. Os comerciantes ficavam em casa, com consequências desastrosas para os reis que lhes cobravam impostos e para as pessoas que precisavam de seus bens. Como os governantes eram incapazes de pagar seus exércitos, os soldados tomavam o atalho de saquear os camponeses, e estes procuravam a segurança sob a proteção de grandes senhores de terras. Esses respeitáveis senhores organizaram os aldeões, cada vez mais subservientes, em milícias, para combater os invasores e os coletores de impostos, e quase sempre viam pouco sentido em pagar alguma coisa a monarcas distantes.

As guerras produtivas dos últimos cinco milênios antes de Cristo haviam levado a uma série de revoluções nos assuntos militares, que transformaram bandos desorganizados em legiões disciplinadas e bem orientadas, mas as guerras contraproducentes desencadeavam agora o que só podemos chamar de uma contrarrevolução nos assuntos militares. Reis, generais e soldados de infantaria não esqueceram as vantagens de se contar com uma massa, com disciplina e refeições regulares – afinal, o que foi uma vez inventado não pode ser simplesmente desinventado –, mas, conforme os Leviatãs da Eurásia perdiam suas garras, os governos deixaram de ser capazes de pagar essas boas coisas.

Os exércitos encolheram, os navios apodreceram, as redes de abastecimento foram desfeitas, e as cadeias de comando e controle ruíram. Lá atrás, no século VIII a.C., Tiglath-Piléser III da Assíria deixara sua marca ao excluir da guerra a aristocracia, montando (e pagando) exércitos leais apenas a ele. Mil anos depois, os reis começaram a fazer exatamente o oposto. Incapazes de conseguir dinheiro para seus exércitos extraindo-o de seus caprichosos barões, começaram em vez disso a fazer acordos com eles.

Nos velhos tempos, reis e senhores de terras haviam mordido uma parte dos minguados rendimentos de seus camponeses; os monarcas chamavam sua parte de impostos e os chefes locais davam-lhe o nome de arrendamento. Vendo-se fracos demais para coletar impostos, os reis agora desistiram de suas reivindicações e passaram a conferir grandiosos títulos e privilégios a todo valentão com sua própria quadrilha armada. Como retribuição por deixar que a aristocracia dirigisse suas propriedades como se fossem minirreinos, a coroa extraía promessas de que seus condes e barões dariam as caras sempre que o monarca fosse fazer alguma guerra, trazendo com eles soldados recrutados em seus próprios feudos.

A maneira mais fácil que esses nobres tinham de arrumar esses soldados era repetindo a estratégia do rei, ou seja, concedendo algumas de suas terras e trabalhadores a cavaleiros menores, em troca de mais promessas de que estes se apresentariam para combater. Esses cavaleiros, por sua vez, passavam terras e trabalhadores para personagens ainda menores, e assim por diante, até que as redes de direitos e deveres interligaram todo mundo, do rei em seu castelo aos pobres camponeses, os que de fato trabalhavam.

Para os reis, que vinham despencando pelas encostas das guerras contraproducentes, esses arranjos tinham uma vantagem evidente: o trono já não precisava pagar soldados profissionais para lutar ou burocratas para coletar impostos. No entanto, organizar exércitos dessa maneira também apresentava desvantagens. A primeira delas é que os reis agora tinham pouca ascendência sobre seus seguidores, que com frequência se preocupavam mais com sua própria fama e glória do que com qualquer plano mais amplo, e tendiam a se empenhar em batalhas (ou em fugir delas) conforme seu arbítrio. A mais famosa de todas as batalhas medievais, a de Hastings, em 1066, revelou exatamente isso. No momento crucial, os normandos que atacavam o flanco direito do exército anglo-saxão do rei Haroldo deram meia-volta e foram embora. Deixando de lado ordens, doutrina e senso comum, os irmãos de Haroldo, Leofivino e Gurt, desceram a montanha atrás deles, seguidos por seus homens eufóricos. Ao pé da encosta, os normandos se reuniram de novo, voltaram atrás e cortaram as linhas de seus desorganizados perseguidores. Com sua coesão desfeita, a linha dos anglo-saxões se dividiu. O reino estava perdido.

Segundo a lenda, o rei Haroldo foi atingido no olho por uma flecha normanda, mas, mesmo que tivesse conseguido escapar da debandada, Haroldo teria corrido de encontro ao segundo grande problema da guerra nessa era. Reis que não ganhassem batalhas deixavam de ganhar também o saque, e, a despeito de todos os votos de fidelidade e obediência, reis que não tivessem pilhagens para oferecer despertavam pouca lealdade em seus homens.

Por sua vez, o líder normando, Guilherme, o Conquistador, podia agora recompensar seus seguidores compartilhando com eles as vastas extensões da Inglaterra. No entanto, até mesmo ele e seus herdeiros não demoraram a enfrentar dificuldades, pois os novos arranjos criaram um terceiro problema. Conforme as gerações se sucediam, as redes de deveres e obrigações que vinculavam um rei a seus cavaleiros ficavam cada vez mais intrincadas. Os lordes mais inteligentes ou afortunados usavam a herança, os dotes e as aquisições para expandir suas propriedades, mas cada nova propriedade gerava novas obrigações. Não demorava muito tempo para que um homem se visse devendo fidelidade a vários senhores.

Foi esse o caso do conde Roberto II, de Flandres. Em 1101, o conde jurou fidelidade ao rei Henrique I da Inglaterra, prometendo – como era costume – auxiliar seu senhor "contra todos os homens que vivem e morrem". No entanto, acrescentou Roberto, isso não incluía o único homem com o qual o rei Henrique estava realmente procupado, que era o rei Filipe da França. Roberto não podia prometer lutar contra Filipe, pois já era vassalo dele. Roberto garantiu a Henrique que, se o rei Filipe decidisse atacar a Inglaterra, ele (Roberto) tentaria conversar com Filipe a esse respeito, mas, se a negociação verbal fracassasse e Filipe levasse adiante a invasão, Roberto admitiu que seria obrigado a lutar do lado da França – mas acrescentou que nesse caso iria mandar apenas soldados suficientes para evitar parecer desleal.

Se, por outro lado, o rei Henrique da Inglaterra requisitasse a ajuda do conde Roberto em uma guerra que não fosse contra a França, Roberto prestaria essa ajuda de bom grado – a não ser que (a) Roberto não estivesse bem de saúde, (b) o rei da França pedisse a Roberto para lutar em outra guerra ou (c) o imperador alemão (que era outro dos patrões de Roberto) também tivesse convocado Roberto. Como se isso já não fosse suficientemente complicado, a promessa final de Roberto era que se a França invadisse a Normandia – o que quase certamente significaria uma guerra entre França e Inglaterra – ele enviaria apenas 20 de seus cavaleiros para lutar do lado francês e os outros 980 para combater do lado dos ingleses.

Essa confusão inconcebível de lealdades entrecruzadas era o resultado de séculos de declínio. Algumas páginas atrás mencionei a tentativa de o imperador bizantino Justiniano reunificar a bacia do Mediterrâneo no século VI d.C., mas depois que isso fracassou o colapso do Leviatã passou a ser grave. A partir da década de 630, árabes trazendo a nova fé do Islã infiltraram-se, vindos do deserto, e devastaram os pequenos exércitos que o Império Bizantino conseguia agora bancar. Na década de 650, os árabes destronaram os governantes sassânidas da Pérsia, e pelo meio século seguinte Bizâncio dava a impressão de que iria pelo mesmo caminho.

Por volta de 750, grupos guerreiros muçulmanos haviam triunfado por toda parte, do Marrocos ao Paquistão, fazendo incursões pela França adentro e colocando Constantinopla sob cerco, mas os califas nunca conseguiram estabelecer seus Leviatãs em bases muito firmes. Desde os primeiros dias do Islã, os califas sustentaram uma posição ambígua, situada em algum ponto entre um sucessor divinamente inspirado de Maomé e um rei convencional. Nenhum deles foi realmente bem-sucedido em converter a autoridade religiosa em governo secular, a não ser em uma pequena parte de seu vasto império. Por volta do século IX, muitos sultões locais eram na prática governantes independentes, lutando entre eles, contra o califa e com quem mais aparecesse pela frente.

Bem a noroeste, os germânicos que haviam invadido a parte ocidental do Império Romano construíram novos reinos, que travavam guerras produtivas quando tinham reis fortes e guerras contraproducentes quando não os tinham. O mais produtivo de seus governantes foi o rei franco Carlos Magno, que conquistou a maior parte da Europa ocidental e central entre 771 e 814. Os burocratas nos salões de madeira de sua capital, Aachen, intimidavam senhores locais, cobrando-lhes pesados impostos e promovendo a alfabetização, tentando desesperadamente assim impor ordem aos súditos do rei. Em 800, um papa totalmente acovardado chegou a coroar Carlos Magno e proclamá-lo imperador do Sacro Império Romano, mas o sonho de reviver o Império Romano logo se desfez. A causa imediata foi que o filho e o neto de Carlos Magno ficaram ocupados demais lutando entre eles e não sobrou tempo suficiente para controlar uma aristocracia rebelde. "Isso causou grandes guerras", lamentou um cronista da época, "não porque os francos não tivessem príncipes que fossem nobres, fortes e sábios o suficiente para governar seus reinos, mas porque eles eram tão equiparados entre eles em generosidade, dignidade e poder que a discordância aumentou, pois nenhum deles se sobressaiu muito em relação aos outros a ponto de fazer com que se submetessem à sua autoridade."

Mas, mesmo antes da morte de Carlos Magno, novos agressores – os vikings que vinham do norte em seus longos barcos e os magiares que chegavam do leste a cavalo – já haviam começado a saquear a riqueza que suas guerras produtivas criaram. Aachen era distante demais das fronteiras para reagir a esses ataques-relâmpago, do tipo golpear e ir embora, e, seguindo um enredo bem conhecido, os senhores locais entraram em cena para preencher o vácuo de segurança. Nem mesmo o grande Carlos Magno seria capaz de deter as forças da guerra contraproducente. Por volta de 885, quando o imperador Carlos, o Gordo, de grandeza bem menor, falhou repetidas vezes em dar as caras em Paris durante o tempo em que o conde Odo sustentou um cerco viking, o império já era efetivamente letra morta.

Nesse novo mundo confuso a regra era cada um por si. A primeira referência em nossas fontes de um homem servindo a vários senhores surge, na verdade, apenas uma década depois da defesa que Odo fez de Paris, mas ao longo dos séculos que se seguiram isso se tornou cada vez mais comum. Por volta da década de 1380, 500 anos depois de Odo, o problema havia ficado tão grave que um clérigo francês propôs uma solução do tipo "um número para cada tamanho". O guerreiro supercomprometido, recomendou ele, deve lutar ao lado do primeiro senhor ao qual jurou fidelidade e se desincumbir de suas obrigações em relação ao segundo senhor (e terceiro e quarto, e assim por diante), contratando substitutos para lutarem em seu lugar.

Isso nunca vingou, talvez porque substitutos custam dinheiro. Muito mais comuns eram reações como a do nobre Enguerrand de Coucy, quando seu senhor (o rei da Inglaterra) convocou-o para a guerra contra seu outro senhor (o rei da França), em 1369. Coucy anunciou um tratado de paz pessoal com ambos os reis, em vez de escolher um senhor em detrimento do outro, e arrumou um terceiro senhor, indo lutar no exército do papa na Itália. Quando as campanhas papais se desvaneceram em 1374, Coucy pegou 10 mil homens e foi travar uma guerra particular na Suíça.

Na década de 1770, enquanto escrevia *A riqueza das nações* na segurança da esclarecida Edimburgo, Adam Smith comparou seu mundo bem ordenado aos tempos turbulentos de Coucy, do conde Roberto e dos reis Henrique e Filipe. Aquela era, concluiu Adam Smith com tristeza, havia sido um tempo de "anarquia feudal" (de *feoda* ou *feuda*, nomes latinos para as concessões de terras que tanto causavam embaraço às lealdades de cada um), em que "grandes senhores continuaram a fazer guerras segundo seu próprio arbítrio uns contra os outros, quase continuamente, e com muita frequência também contra o rei; e o campo aberto ainda continuou um cenário de violência, rapinagem e desordem" (Figura 3.8).

Desde os tempos de Adam Smith, os estudiosos têm tido muitas dificuldades em definir que sentido se deveria dar à era da anarquia feudal. Foi ao ler a respeito da desordem medieval que Norbert Elias concluiu na década de 1930 que a Europa devia ter passado subsequentemente por um processo civilizador, que derrubou os índices de morte por violência. Mas isso estava correto apenas em parte. Por não ter assumido uma perspectiva de longo prazo, Elias supôs que a anarquia feudal era apenas o estado natural da humanidade, e não o ponto final de um milênio de guerras contraproducentes que se seguiram ao colapso dos antigos impérios.

Figura 3.8. Anarquia feudal: a nata da cavalaria cristã e muçulmana destrói-se mutuamente em Damietta, no Egito, em 1218 (de um livro datado de aproximadamente 1255).

Por volta da década de 1960, porém, conforme o espírito de *Coming of age in Samoa* convencia mais e mais acadêmicos de que os seres humanos eram naturalmente pacíficos, muitos historiadores começaram a questionar se a anarquia feudal era de fato a maneira correta de descrever o mundo de Coucy. Afinal, para cada Guilherme, o Conquistador, decepando cabeças, havia um São Francisco de Assis servindo os mansos, e na maior parte do tempo os europeus realmente resolviam suas desavenças sem recorrer à força. Mas o mesmo fazia, é claro, a maioria dos ianomâmis do século XX – e, não obstante, algo em torno de um quarto de seus homens morriam de forma violenta. O que torna anarquia feudal um rótulo tão apropriado para a Europa do século XIV é que muitos de seus habitantes (mais ou menos como os homens ianomâmis) recorriam à violência com uma naturalidade chocante.

A minha história favorita, dos milhares que sobreviveram, é sobre um cavaleiro que foi a um castelo vizinho para jantar. "Meu senhor", disse ele, puxando conversa. "Esse seu vinho é muito bom, quanto o senhor pagou por ele?"

"Ah", respondeu o afável anfitrião. "Nenhum homem vivo jamais pediu um tostão por ele."

A meu ver, na realidade, essa anarquia feudal é uma excelente descrição não só da Europa ocidental entre cerca de 900 e 1400, mas também da maioria das latitudes afortunadas da Eurásia do mesmo período. Da Inglaterra ao Japão, as sociedades cederam à anarquia feudal conforme seus Leviatãs se desmembravam. No norte da China dos séculos III e IV, documentos falam na ascensão dos buqu, gente que seguia senhores de terras guerreiros nas batalhas, fornecendo soldados em troca de participação nos saques. Na Índia do século VI, governantes do decadente Império Gupta começaram a reconhecer a virtual independência dos samantas, senhores locais que forneciam soldados quando a burocracia imperial entrou em colapso. No Oriente Médio do século IX, as iqta' – terras doadas pelo califa a sultões locais, que podiam ou não recrutar soldados como retribuição – forneceram o pouco de coesão que ainda mantinha o mundo árabe unido. Por volta do ano 1000, o Império Bizantino seguia na mesma direção, com os imperadores fazendo concessões de terras chamadas pronoiai em troca de serviço militar. Por toda parte, os antigos impérios rumaram para os seus cemitérios.

Impérios fantasmas

Mas não permaneceram ali; como os espectros de Hollywood, os impérios ressurgiram do mundo dos mortos repetidas vezes.

Vamos pegar o caso da China. Quando o monge budista Yang Xuanzhi visitou a antiga capital Luoyang em 547, a desolação deixou-o chocado. "Os muros da cidade haviam desabado, os palácios e casas estavam em ruínas", escreveu ele. Apenas 13 anos antes, uma grande rebelião havia saqueado a cidade, matado sua população e dividido o reino Wei do norte, que por um breve tempo reunificara essa parte da China em dois Estados combatentes. Desde então, disse Yang, "animais dos campos haviam feito suas tocas nos degraus cheios de mato do palácio e pássaros da montanha montavam seus ninhos nas árvores do pátio. Pastores itinerantes vagavam pelas estradas, e agricultores plantavam painço entre as torres cerimoniais".

Mas, apenas 30 anos depois da visita de Yang, o norte da China havia sido reunificado, e outros 12 anos mais tarde, em 589, a maior parte da China estava sob o domínio da dinastia Sui. A China retomara seu caminho encosta acima como se vê na Figura 3.6.

As guerras contraproducentes, como as produtivas, tinham seus pontos culminantes, e depois de atingi-los os homens que haviam se destacado na violência viam-se (como os governantes da antiguidade) gastando menos tempo em matar e mais tempo em reuniões. "Entenda essa verdade", disse um príncipe persa ao seu filho por volta de 1080: "O reino pode ser mantido pelo exército, e o exército pelo ouro; e o ouro é adquirido por meio do desenvolvimento agrícola; e o desenvolvimento agrícola por meio de justiça e equidade. Portanto, seja justo e equitativo".

Os conquistadores que se recusavam a aprender essa verdade não duravam muito. Depois de reunificar a China em 589, a dinastia Sui continuou recrutando exércitos cada vez maiores e lançando-os em desastrosas guerras na Coreia. Na década de 610, seus súditos deram um basta nisso, e durante um tempo parecia que a China descambava de novo para a anarquia feudal. O banditismo aumentou, o número de lares que pagavam impostos caiu 75% e a maior parte da zona rural foi tomada por chefes guerreiros (incluindo milhares de monges budistas militantes, ao que parece não muito convencidos de seus próprios princípios de não violência). Mas os vencedores das guerras civis, que se estabeleceram como a dinastia Tang, haviam aprendido bem as lições da guerra produtiva. "O governante depende do Estado", escreveu o imperador Taizong, "e o Estado depende de seu povo. Oprimir o povo para fazê-lo servir o governante é como alguém cortar a própria carne para alimentar o estômago. O estômago fica satisfeito, mas o corpo fica ferido: o governante enriquece, mas o Estado é destruído."

Tão bons quanto o seu discurso, os monarcas Tang deram anistias, promoveram oficiais talentosos sem se importar com suas lealdades anteriores e reestruturaram um serviço civil profissional. Definindo ele mesmo o padrão, Taizong ficou conhecido por mandar seus burocratas dependurarem lembretes nas paredes de seu dormitório, para que ele pudesse estudá-los todas as noites antes de adormecer. Ele até trouxe a bordo os rebeldes budistas, contratando aqueles que se renderam para fazê-los rezar pelos mortos de guerra (de ambos os lados), em novos mosteiros construídos nos locais de suas maiores batalhas.

E os governantes tang tampouco se acomodaram. Como descendentes dos nômades invasores, eles entendiam as políticas das estepes suficientemente bem para saber como semear a dissensão entre as tribos túrquicas que ficavam na frente deles, do outro lado da Grande Muralha. Em 630, na pesada neblina da manhã, enviaram uma carga de 10 mil homens de cavalaria para varrer do mapa o acampamento de turcos orientais na batalha da Montanha de Ferro, e pelos 50 anos seguintes a fronteira da China esteve em segurança.

Mas o feito que realmente elevou os governantes tang acima dos reis feudais foi o restabelecimento do controle civil sobre os militares. Como homens práticos, eles fizeram acordos com nobres poderosos quando precisavam, mas se recusaram a trocar terra por serviço militar. Em vez disso, mantiveram todos na folha de pagamento tang e até revogaram concessões de terras feitas pelas dinastias anteriores. Fizeram rotações dos generais por todo o império para evitar que criassem laços locais muito fortes. Um oficial que deslocasse mesmo que fosse apenas dez soldados sem permissão corria o risco de ficar um ano na cadeia; quem deslocasse um regimento podia ser estrangulado.

Os tang basicamente fizeram tudo certo, e o século VII transformou-se em uma fase áurea do leste asiático. A paz foi restaurada, a economia expandiu-se enormemente e a poesia chinesa alcançou o auge de perfeição. Os exércitos tang invadiram a Coreia e os oásis da Ásia central; o pensamento chinês marcou de modo indelével o Japão e o sudeste asiático. No entanto, apesar desses triunfos, nem mesmo os tang conseguiram romper o ciclo de guerras produtivas e contraproducentes.

Por volta de meados do século VIII, a China havia ficado tão rica que os nômades túrquicos das estepes formaram novas confederações para saqueá-la. Para se defender, os tang precisavam colocar exércitos cada vez maiores em suas fronteiras, e em 755 um de seus generais – um turco que havia passado para o lado chinês – rebelou-se. O governo sufocou a revolta, mas seus métodos, que envolviam conceder enormes poderes a outros generais e convidar mais grupos de turcos para participar de seu império e lutar ao lado deles contra os grupos de turcos que já haviam invadido, levaram a desastres ainda piores. Houve breves períodos em que a esperança brilhou de novo, mas no geral o império passou o século e meio seguinte em queda livre. A segurança desapareceu quase totalmente. As quadrilhas criminosas ficaram fortes o suficiente para vencer o exército imperial em batalhas campais, e em 883 o mais poderoso dos fora da lei (conhecido entre seus amigos como o Generalíssimo Invasor do Paraíso e por seus inimigos como o Bandido Louco) chegou a saquear Chang'an. Antes do surgimento do Bandido Louco, Chang'an era a maior cidade do mundo, abrigando talvez 1 milhão de pessoas. Depois, o cenário mudou; segundo o poeta Wei Zhuang (que estava lá):

Chang'an repousa em silêncio; o que há ali agora?
Nos mercados em ruínas e nas ruas desertas, brotam tufos de trigo...
O Salão Hanyuan é o abrigo de raposas e lebres...
Pela Avenida do Céu você anda sobre os ossos de altos oficiais.

Segundo um relato, havia tantas pessoas passando fome que mil camponeses eram mortos e comidos todo dia, em 883, e os homens do Bandido Louco salgavam e faziam conserva de alguns corpos para consumi-los mais tarde. Por volta de 907, quando o último imperador tang foi deposto e a China formalmente se dividiu em dez reinos, parecia que nunca ninguém conseguiria romper o ciclo de guerras produtivas e contraproducentes.

Sem saída

A revolução nos assuntos militares que trouxe a guerra montada para as latitudes afortunadas entre 500 a.C. e 500 d.C. foi diferente da maioria das revoluções anteriores. Essas revoluções anteriores – o surgimento de fortificações e da guerra por meio de cercos após 4300 a.C., as armas e armaduras de bronze depois de 3300 a.C., a disciplina em algum ponto entre 3300 e 2450 a.C., as massas de infantaria armada de ferro por volta de 900 a.C. – haviam geralmente incrementado a força das latitudes afortunadas, dando aos Leviatãs ferramentas para sufocar conflitos internos e conquistar seus vizinhos, criando sociedades maiores. Mesmo os carros de guerra, inventados nas estepes por volta de 2000 a.C., haviam em última instância funcionado melhor nas mãos dos impérios do que nas dos invasores, porque só os impérios tinham como bancar a construção de veículos e treinar cavalos aos milhares.

Com o surgimento da cavalaria, no entanto, provou-se impossível converter a riqueza, a organização e a superioridade numérica das latitudes afortunadas em vitórias sobre os nômades. O problema insuperável era que os nômades dominavam terras que eram perfeitas para criar cavalos. A maioria das tribos tinha mais cavalos do que pessoas, e essas praticamente viviam sobre as selas. Mesmo os impérios agrários mais ricos e inteligentes (principalmente a China do período tang) só eram capazes de obter vantagens temporárias, que acabavam sendo anuladas por má sorte, erros de avaliação ou surgimento de uma federação nômade particularmente poderosa. Aquilo de que as latitudes afortunadas precisavam era outra revolução nos assuntos militares para fazer a balança pender de novo a seu favor, mas não houve nenhuma. Para cada avanço técnico que se traduzia em vantagem para as latitudes afortunadas (como melhores navios, castelos e infraestrutura) surgia outra (como estribos ou a criação de cavalos ainda mais fortes) que beneficiava os nômades ainda mais.

O que acabou mudando a equação foi a pólvora, mas você teria que contar com uma boa bola de cristal para prever sua chegada antes de 1400 d.C. A referência mais antiga à pólvora remonta ao século IX, quando monges taoistas chineses procurando os elixires da imortalidade puseram fogo em uma mistura de enxofre e salitre e descobriram que ela queimava e sibilava de maneiras maravilhosamente divertidas. Eles logo encontraram dois usos para a pólvora. O primeiro – os fogos de artifício – não contribuiu em nada para estender o tempo de vida, ao passo que o segundo, as armas de fogo, prometia apenas encurtá-lo.

A mais antiga receita de pólvora que sobreviveu, datada de 1044, não usava salitre suficiente para explodir. Em vez de construírem armas nas quais a pólvora fizesse explodir uma bola ou uma bala de dentro de um tambor, os artesãos chineses projetaram armas que faziam a pólvora incandescente ser espalhada por tubos de bambu ou então usavam catapultas para lançar sacos de papel cheios daquele "fogo químico". Em geral, a pólvora mostrava-se mais perigosa para quem a usava do que para seus alvos.

Na verdade, até o século XIV, o equilíbrio do poder militar ainda parecia pender para o lado dos bárbaros, em grande parte porque eles se mostraram muito bons em aprender com seus adversários. Quando os godos entraram aos montes no Império Romano em 378, haviam descoberto que eram capazes de vencer batalhas, mas não de tomar cidades de assalto. "Mantenha a paz com muros", aconselhou-os seu chefe. Mas apenas duas gerações mais tarde, quando Átila, o Huno, invadiu exatamente a mesma área, as cenas foram bem diferentes. Em 442, ao ver que seu caminho era bloqueado pelas sólidas fortificações de Naissus (a atual Nis, na Sérvia), Átila mandou os hunos derrubarem árvores e construírem dezenas de aríetes. "Dos muros, os defensores tombavam como pedras do tamanho de carroças", escreveu o diplomata romano Prisco. "Alguns dos aríetes eram esmagados, junto com os homens que os operavam, mas os romanos não conseguiram resistir ao grande número de máquinas. Em seguida o inimigo trouxe escadas [...] e a cidade foi tomada."

Átila usou o saque de suas vitórias para contratar os melhores engenheiros romanos, que retribuíram sua generosidade explorando as fraquezas das defesas que eles mesmos haviam construído. Como resultado, diz um escritor do século V, os hunos "capturaram mais de uma centena de cidades e quase colocaram Constantinopla em risco, e a maioria dos homens fugiu de lá. Até os monges quiseram fugir de Jerusalém". Uma das cidades saqueadas, Nicópolis, situada onde hoje fica a Bulgária, foi escavada extensivamente, e o grau de destruição promovida pelos hunos é impressionante. Ninguém nunca conseguiu reconstruir suas mansões.

No decorrer dos séculos, os nômades foram ficando cada vez melhores em lutar contra as latitudes afortunadas, e em 1219, quando Gêngis Khan invadiu o poderoso, mas hoje largamente esquecido Império Corásmio no leste do Irã, seu exército mongol empregava um corpo permanente de engenheiros chineses. Esse corpo comandava prisioneiros de guerra, fazendo-os cavar túneis, desviar rios, construir catapultas, aríetes e torres, e também lançar chuva de pólvora incandescente sobre os defensores. Segundo Giovanni da Pian del Carpine, primeiro europeu a viver na corte de um khan mongol, os engenheiros constantemente refinavam seus métodos sórdidos. "Eles chegavam a tirar a gordura das pessoas que matavam", afirma Carpine, "e, derretendo-a, atiravam-na sobre as casas, e o fogo que caía sobre a gordura tornava-se praticamente inextinguível."

Bagdá, a cidade mais rica do Islã, rendeu-se em 1258, depois que as catapultas mongóis concentraram sua carga em uma única torre e a derrubaram em apenas três dias. Depois de zombarem do governante da cidade por acumular riqueza em vez de empregá-la para a sua defesa, os mongóis o enrolaram em um tapete e o esmagaram até matá-lo, encerrando oficialmente o califado.

Coroando suas ações, em 1267 os mongóis sitiaram Xiangyang, talvez a maior fortaleza da Terra e, com certeza, a chave estratégica para a China. Por seis anos ela os desafiou. Nada – nem aríetes, nem armas de fogo, nem escadas – surtia efeito, mas, então, os sempre adaptáveis nômades adaptaram-se uma vez mais, trocando seus cavalos por navios. Depois de acabar com a frota chinesa do rio Han, usaram novos modelos de catapultas para abrir rombos nos muros de Fancheng, que guardavam a margem do Han ao longo de Xiangyang. Após a queda de Fancheng, a posição de Xiangyang tornou-se indefensável, e depois que Xiangyang caiu a posição da China ficou também indefensável. Em 1279, Kublai Khan expulsou o último imperador da dinastia Song para o mar e usurpou o trono celestial.

Os exércitos nômades mostraram-se igualmente adaptáveis em batalhas campais. Em 1191, por exemplo, a cavalaria das estepes do Império Gúrida fugiu em debandada ao deparar pela primeira vez com elefantes na Índia, e seu comandante mesmo assim teve a sorte de escapar com vida. Mas, ao voltar no ano seguinte, o mesmo comandante lutou contra a mesma aliança de reis do vale do Ganges, no mesmo campo de batalha em Tarain, porém usou táticas diferentes. Quatro alas de arqueiros a cavalo, cada uma com 10 mil homens, revezaram-se no assédio às forças indianas, evitando o confronto direto com os temíveis elefantes; e, então, quando a noite descia, a reserva gúrida de 12 mil lanceiros equipados de armadura desferiu seu ataque final, esmagando as desmoralizadas fileiras indianas.

O enorme exército dos gúridas – mais de 50 mil homens de cavalaria – dá testemunho da última e mais importante razão pela qual o poder dos nômades cresceu. Além de aprender como tirar o melhor proveito de muros, navios e elefantes, os nômades aprenderam também logística. Por volta do século XIII, eles regularmente recrutavam e supriam exércitos como o dos gúridas, no qual cada cavaleiro geralmente trazia três ou quatro montarias de reserva. Quando exércitos das estepes lutavam entre eles pelo controle das latitudes afortunadas – como ocorreu quando Gêngis Khan aniquilou os corásmios às margens do Indo em 1221, ou quando os mamelucos túrquicos rechaçaram uma invasão mongol da Síria em Homs 60 anos mais tarde –, meio milhão de cavalos chegavam a ficar espremidos em um quilômetro e meio quadrado de poeira e flechas, devorando cada pedacinho de relva das centenas de milhares de quilômetros em volta. Tudo isso precisava ser organizado, e os grandes conquistadores nômades reuniam imensas equipes de generais (em geral, homens capturados das cidades que haviam saqueado) para fazer isso por eles.

Nas grandes batalhas, a carnificina humana e de animais era inacreditável, mas ainda assim ficava aquém em comparação com os massacres de civis que se seguiam. Alguns dos números registrados por sobreviventes – 1,747 milhão de pessoas mais todos os gatos e cachorros mortos por mongóis em Nishapur, diz um historiador persa; 2,4 milhões em Herat, diz outro – simplesmente não podem ser verdadeiros, e não só pelo fato de serem muito maiores do que as populações totais das cidades em questão. No entanto, mesmo descontando essas afirmações mais disparatadas, parece certo que cada vez que os cavaleiros das estepes irrompiam pelas latitudes afortunadas morriam centenas de milhares, e às vezes milhões de pessoas. A conta de Gêngis Khan provavelmente chegava a dezenas de milhões, e quando Tamerlão liderou uma segunda onda de invasões mongóis por volta de 1400, saqueando Délhi, Damasco e dezenas de outras cidades, ele pode ter chegado perto disso. (Se não tivesse morrido de febre ao marchar sobre a China em 1405, poderia até ter ultrapassado aquela cifra.)

Por mais impressionante que seja ler a respeito desses banhos de sangue, devemos ter em mente que o estupro, a pilhagem, a chacina e a fome que os exércitos espalharam pela Eurásia foram apenas parte da violência daquela época. O tempo todo persistiu o ruído de fundo de assassinatos casuais, em pequena escala – homicídios, vinganças, guerras particulares, tumultos de civis –, que às vezes se fazia ouvir em um crescendo, quando os reinos entravam em colapso e caíam na anarquia feudal, e outras vezes diminuía, quando uma guerra produtiva temporariamente operava sua magia.

Pela primeira vez na história, temos estatísticas relativamente confiáveis sobre um tipo de banho de sangue, na forma dos registros de julgamentos de crimes na Europa ocidental. Eles remontam ao século XIII e, embora sejam difíceis de interpretar, tenham muitas lacunas e – devido ao estímulo para mentir quando as apostas são tão altas – estejam repletos de distorções, são quase tão alarmantes quanto as histórias sobre Gêngis Khan. Na Inglaterra, Países Baixos, Alemanha e Itália, cerca de 1 em cada 100 pessoas era assassinada entre 1200 e 1400. A Inglaterra era o lugar mais seguro, e lá apenas 1 de cada 140 pessoas tinha esse destino; a Itália, a mais violenta, tinha 1 morte por homicídio em cada 60 (em contraste, o índice da Europa ocidental do século XX foi de 1 morte por homicídio em cada 2.388).

A Europa ocidental era apenas uma pequena parte das latitudes afortunadas da Eurásia, o homicídio é apenas uma das formas de violência letal e os séculos XIII e XIV são apenas uma parte do período que estamos revendo aqui. Tudo isso significa que extrair um único valor para o índice de mortes violentas nas latitudes afortunadas da Eurásia entre 200 e 1400 é uma aposta arriscada. Não temos como avaliar as contribuições relativas de homicídios, vinganças, guerras particulares, tumultos civis e guerras entre Estados, mas, se – a título de argumento – tratarmos apenas cada uma dessas cinco formas, igualmente obteremos um índice total de 5% para a Europa ocidental (com 3,5% para Inglaterra e 8,5% para a Itália).

Esse número pode ou não estar próximo da verdade (pessoalmente, suspeito que seja ainda maior), e o que é verdadeiro para a Europa ocidental pode se aplicar ou não ao resto da Eurásia, mas sem dúvida nos dá uma indicação da ordem de magnitude do dano. E também é compatível com a impressão fornecida pela evidência qualitativa, de que o ciclo de 1.200 anos de guerras produtivas e contraproducentes entre 200 e 1400 d.C. anulou muitos dos ganhos obtidos pelos antigos impérios Romano, Máuria e Han.

O tom dos escritos que sobreviveram relativos aos impérios mais bem-sucedidos entre 200 e 1400 d.C., como a China do período tang, sugere que eles podem ter feito recuar os índices de morte por violência para a faixa de 2% a 5%, aquelas que no capítulo 2 sugerimos como o índice com o qual os antigos impérios lidavam, ao passo que as invasões nômades e a anarquia feudal claramente fizeram com que esses índices subissem de novo. No entanto, a não ser que as cifras mais extremas dos massacres nômades sejam de fato verdadeiras, os índices não podem ter voltado à faixa de 10% a 20% que os antropólogos vêm encontrando entre as sociedades da Idade da Pedra. Se esse raciocínio está correto, e o índice de morte por violência nas latitudes afortunadas da Eurásia entre 200 e 1400 foi mais alto do que o dos antigos impérios, mas menor do que nas sociedades da Idade da Pedra, essa cifra deve ter ficado na faixa de 5% a 10%.

O que isso pode ter significado para as pessoas que viveram com esse índice é difícil de depreender dos manuscritos medievais. A minha sensação, devo admitir, foi moldada por um gênero literário muito diverso: as histórias de detetives. Sob o pseudônimo de Ellis Peters, Edith Pargeter escreveu 20 romances e um livro de contos sobre um monge medieval que virou investigador, chamado Irmão Cadfael (que o ator Derek Jacobi interpretou em uma excelente adaptação para a tevê). Cadfael tem uma vida tranquila, cuidando da sua horta em um mosteiro beneditino na periferia da cidade agrícola de Shrewsbury, na Inglaterra. Mesmo assim, nos oito anos (1137-1145) abordados pelos romances, pela minha conta Cadfael depara com 33 assassinatos, 94 homens enforcados após o cerco a Shrewsbury, e um número não revelado de assassinatos em outro cerco e em duas batalhas (sem mencionar um afogamento acidental e uma diversidade de ataques, açoitamentos e tentativas de estupro).

Os personagens de Pargeter são cautelosos. Sabem que é muito fácil cometer um erro fatal. Uma resposta atravessada aos seus superiores pode custar uma surra. Se andarem sozinhos pelos bosques, podem ser assaltados e mortos. Quando a bebida corre solta, velhos amigos podem de repente virar assassinos. E, no entanto, apesar de um índice de mortes violentas que deve estar pelo menos em 5%, as pessoas que Edith Pargeter retrata não vivem em estado de constante temor, acovardadas diante da expectativa de um golpe fatal. As chances, afinal, são de cerca de 20 para 1 em favor de qualquer pessoa, mas, e essa é a questão na verdade, a violência era parte da vida naquele mundo brutal. Até mesmo as diversões eram perversas. Um cronista descreve como seus contemporâneos da cidadezinha de Prato, no norte da Itália, pregavam um gato vivo em um poste e, então, com a cabeça raspada e as mãos amarradas nas costas, competiam para ver quem conseguia matá-lo a cabeçadas, "ao som de trombetas". Quando as pessoas de Mons, na Bélgica, ficavam sem ter o que fazer, decidiam – não tendo criminosos disponíveis na própria cidade – comprar um ladrão de alguma cidade vizinha, amarrar um cavalo em cada um de seus tornozelos e pulsos e, então, despedaçá-lo, membro por membro. "Com isso", diz o relato, "as pessoas ficavam mais eufóricas do que se um novo corpo santo ressurgisse dos mortos." A única ressalva a respeito do episódio, segundo o cronista, é que os bons cidadãos de Mons haviam pagado muito caro pelo homem.

Em um mundo como esse, nem mesmo Cadfael seria capaz de manter a Besta em sua jaula.

Enjaulando o mundo

Apesar de todos os seus riscos, a Europa ocidental do século XII ainda era mais segura do que a maior parte do planeta. Mas isso começava a mudar, porque, embora as estepes e os impérios eurasianos estivessem presos ao seu sangrento ciclo, o enjaulamento difundia-se pelo resto do globo, diminuindo os índices de mortes violentas.

Muitas partes do mundo têm climas e solos adequados ao cultivo, mas, como a distribuição de plantas e animais silvestres domesticáveis era muito desigual, as latitudes afortunadas constituíam a única parte da Terra onde a agricultura se instalara nos 5 mil anos após o fim da Era Glacial. Mas na época de Cadfael três forças intervinham para disseminar a agricultura bem além dos limites das latitudes afortunadas originais, e na sua esteira o enjaulamento e as guerras produtivas levaram os Leviatãs a quase todos os continentes.

A primeira dessas forças foram as migrações. A agricultura faz crescer as populações, e, desde que a lavoura começou, a reação das pessoas tem sido espalhar-se, procurando mais terras. Enquanto as fronteiras permaneceram abertas, os primeiros agricultores puderam evitar a maior parte dos efeitos do enjaulamento, mas depois que as melhores localizações já haviam sido preenchidas o enjaulamento passou a prender as pessoas na cilada que levou à via da guerra produtiva.

Vemos isso melhor nas grandes extensões do oceano Pacífico (Figura 3.9). Os agricultores da Idade da Pedra que viviam na região onde hoje fica a China já haviam colonizado as Filipinas por volta de 1500 a.C., e pelos 2 mil anos seguintes seus descendentes fizeram épicas viagens de canoa, remando para locais onde não mais se enxergava terra, a fim de descobrir e colonizar as centenas de ilhas desabitadas mas férteis que compõem a Micronésia. Eles plantavam taro (uma raiz fibrosa que evoluiu originalmente no sudeste asiático), criavam grandes famílias e guerreavam, e, quando seus novos lares nas ilhas ficavam cheios de gente, partiam de novo em canoas.

Figura 3.9. A bacia do Pacífico na Era Medieval: locais do sudeste asiático e da Oceania mencionados neste capítulo.

No primeiro milênio depois de Cristo esses argonautas do Pacífico espalharam-se pela Polinésia, alcançando a distante Nova Zelândia por volta de 1200. Alguns poucos heróis provavelmente remaram até a costa oeste da América e voltaram (embora não se tenha evidência direta, não há nenhuma outra explicação óbvia para as batatas-doces norte-americanas terem chegado à Polinésia por volta dessa época), mas a viagem de 4.800 quilômetros do Havaí à Califórnia era longa demais para migrações propriamente ditas. Isso significaria que por volta de 1200 a jaula já estava se fechando no Pacífico.

Conhecemos melhor a história do Havaí (em grande parte, suspeito eu, porque os arqueólogos nunca precisaram de muito incentivo para ir trabalhar ali). Os humanos chegaram entre 800 e 1000, e a população teve rápida expansão entre 1200 e 1400. As tradições orais recolhidas no século XIX e as escavações mais recentes concordam que as lutas se intensificaram, e no século XV grandes guerreiros consolidaram ilhas inteiras em reinos.

O primeiro deles foi Ma'ilikukahi, que matou todos os seus rivais em Oahu (provavelmente na década de 1470) e se tornou um bandido estabelecido. Ele construiu canais de irrigação e templos e centralizou o poder em suas mãos. Seu povo, dizem os contos folclóricos, prosperou muito, e em um século outras ilhas havaianas ganharam reis ainda mais impressionantes. Segundo a lenda o governante de Maui, Kiha-a-Pi'ilani (que reinou por volta de 1590), não foi apenas um grande governante, um bravo guerreiro, um excelente surfista e um homem extremamente bonito; foi também um reformador da agricultura, que limpou florestas e plantou imensos campos de batata-doce, além de ser um pacificador que julgava seu povo com imparcialidade.

No entanto, tanto no Havaí como na Eurásia, o curso da guerra produtiva nunca foi isento de percalços. O belo rei Kiha só conseguiu ser governante porque brigou com seu irmão mais velho (o qual, segundo a história, havia atirado um cesto de peixes e polvos no rosto de Kiha) e dividiu o reino em uma guerra civil. Mas dessa ruptura adveio maior crescimento. Kiha venceu porque 'Umi, rei da Grande Ilha – e outro famoso plantador de batata-doce –, estava ansioso para estender sua influência no Maui e enviou gente para ajudar o usurpador.

Em muitos aspectos, as guerras havaianas de unificação foram impressionantemente parecidas com as guerras produtivas que os eurasianos travaram nos milênios que levaram até 200 d.C. – e impressionantemente diferentes do ciclo de guerras produtivas e contraproducentes em que os eurasianos ficaram aprisionados entre 200 e 1400. A óbvia razão para isso é que não havia estepes nem cavalos no Havaí. Como resultado disso, para cada recuo de passo – como a guerra civil do Maui – a guerra produtiva havaiana deu dois passos adiante. Por volta da década de 1610, os governantes já tentavam regularmente colocar várias ilhas sob seu controle. A praia de Waikiki tornou-se o ponto de desembarque favorito para invadir Oahu; séculos antes que o primeiro turista deitasse em suas areias perfeitas, um rei do Maui, um alto sacerdote de Oahu e vários milhares de soldados sangraram ali até a morte.

No século XVIII, a guerra reuniu as oito ilhas em apenas três reinos, capazes de mandar a campo exércitos de até 15 mil homens e, em um dos casos, uma frota de 1.200 canoas. "Se o contato com o Ocidente tivesse sido adiado por outro século", especula Patrick Kirch, o principal arqueólogo do Havaí, "um desses sistemas de governo teria vencido e obtido o controle de todo o arquipélago." Isso era guerra produtiva a pleno vapor.

No entanto, a maior parte dos agricultores que abandonaram as latitudes afortunadas em busca de novas terras não teve a sorte de encontrar lugares como o Pacífico, cheio de ilhas desertas mas férteis. O mais frequente era que os migrantes já encontrassem gente morando aonde quer que fossem. Às vezes, os forrageadores locais fugiam quando os agricultores chegavam, mas, ao fazerem isso, viam que de nada servia, pois outros agricultores continuavam chegando, limpando e arando mais florestas, até que os nativos ficassem sem ter para onde ir. E, quando a jaula se fechou, os caçadores-coletores enfrentaram escolhas difíceis.

Uma das opções era lutar, queimando plantações mais afastadas em longas e acirradas guerrilhas. Os navajos iriam travar exatamente esse tipo de guerra intermitente no sudoeste norte-americano, a partir de 1595, contra os espanhóis, e depois contra o governo mexicano, parando apenas em 1864, quando os Estados Unidos aplicaram uma força esmagadora e devastaram as terras dos navajos, expulsando os sobreviventes. Foi apenas uma dos milhares de lutas isoladas. A maioria está esquecida agora, mas todas terminaram do mesmo jeito. Forrageadores que continuaram lutando acabaram sendo aniquilados, escravizados ou confinados em reservas. A única alternativa à destruição era a assimilação, com os forrageadores copiando o que os recém-chegados faziam e virando eles mesmos agricultores. A assimilação tornou-se a segunda das grandes forças que difundiram a agricultura, o enjaulamento, a guerra produtiva e os Leviatãs por todo o planeta.

O exemplo mais interessante de assimilação talvez seja o Japão. De início, a migração era mais importante, com os coreanos levando arroz e painço a Kyushu, a ilha mais ao sul do Japão, por volta de 2500 a.C. Kyushu era uma espécie de paraíso dos caçadores-coletores, com comida silvestre em abundância para sustentar milhares de forrageadores; talvez por isso a agricultura fez poucos avanços por cerca de 2 mil anos. Apenas por volta de 600 a.C., quando novos migrantes da Coreia chegaram com armas de metal, é que a fronteira agrícola surgiu na ilha principal de Honshu.

As ilhas japonesas são bem maiores que as havaianas e por isso o enjaulamento demorou mais tempo para operar sua magia. No entanto, foi auxiliado por três outras levas de imigrantes coreanos entre 400 e 600 d.C. Esses recém-chegados ficaram famosos por levar a escrita e o budismo ao Japão, mas mais importantes ainda foram seus arcos e flechas, cavalaria e espadas de ferro. A fronteira agrícola deslocou-se para o norte, pela ilha de Honshu, mas com isso a assimilação retrocedeu. Os chefes japoneses apoderaram-se da revolução já pronta nos assuntos militares, importada pelos migrantes coreanos, e criaram seu Leviatã doméstico, o Estado de Yamato. Por volta de 800, ele já conquistara a maior parte de Kyushu e Honshu.

Nos oito séculos seguintes, a guerra produtiva uniu o arquipélago inteiro. Como no Havaí, foi um percurso acidentado, mas, cada vez que o Leviatã caía, ele voltava maior e mais forte do que antes. Yamato dividiu-se nos séculos IX e X, e por volta de 1100 a zona rural havia sido tomada por exércitos privados de espadachins contratados, conhecidos como samurais. A luta só se tornou produtiva de novo na década de 1180, quando um chefe guerreiro derrotou o resto, colocou os samurais sob controle e elevou a si mesmo à condição de xógum, ou governador militar.

Em tese, o país era governado por imperadores que faziam sua ancestralidade remontar até os deuses, mas, na realidade, quem ditava as regras eram os xóguns – geralmente homens rudes, que haviam vencido por esforço próprio galgando as hierarquias do exército. Era um arranjo confuso, mas funcionou surpreendentemente bem. Depois de conquistar quase tudo o que hoje chamamos de Japão, os xóguns asseguraram investimentos na agricultura. A produtividade e a população tiveram forte expansão, e em 1274 e 1281 o Japão chegou a rechaçar as invasões mongóis.

Os xóguns então aprenderam, como tantos outros governantes das latitudes afortunadas, como era fácil a guerra produtiva se tornar uma guerra contraproducente quando havia nômades envolvidos. Para mobilizar os recursos necessários para deter os mongóis, os xóguns precisaram fazer tantos acordos com os samurais e senhores locais que esses súditos superpoderosos já não viram nenhuma razão para temer o Leviatã. Pelos 300 anos seguintes, o Japão inclinou-se para a sua própria versão da anarquia feudal. Por volta do século XVI (o período retratado no famoso filme de Akira Kurosawa *Os sete samurais*), as vilas, arredores de cidades e templos budistas estavam contratando samurais. Os chefes guerreiros encheram a zona rural de castelos, e a violência chegou a níveis bem acima daqueles aos quais Cadfael estava acostumado.

O pêndulo só oscilou de volta na década de 1580. Nos anos em que Kiha estava subjugando Maui e 'Umi unificava o Havaí, um chefe guerreiro japonês de nome Oda Nobunaga tomou de assalto os castelos de seus rivais e depôs o xógum. Seu sucessor, Hideyoshi, foi além, levando a cabo um dos mais impressionantes desarmamentos da história. Anunciando que queria "beneficiar as pessoas não apenas nesta vida, mas também na próxima", ele pressionou seus súditos a entregarem-lhe suas armas para que ele pudesse fundi-las e fazer pregos e parafusos para uma estátua de Buda duas vezes maior do que a Estátua da Liberdade. Soldados do governo partiam em uma "caça às espadas" para certificar-se de que todos compartilhariam os benefícios de Hideyoshi.

Hideyoshi, no entanto, não estava sendo absolutamente franco. Depois de desarmar o povo, ele incrementou a guerra produtiva invadindo a Coreia, decidido a englobá-la junto com a China em um único grande Império Asiático do Leste. As baixas foram imensas, e quando Hideyoshi morreu, em 1598, seu plano faliu e seus generais envolveram-se em uma guerra civil. Mesmo assim, sua pacificação da terra natal perdurou. O governo chegou a demolir a maioria dos castelos do Japão: na província de Bizen, por exemplo, os 200 fortes que haviam sido construídos por volta de 1500 foram reduzidos a um só em 1615. Pelos próximos 250 anos, o Japão foi um dos lugares menos violentos da Terra. Até os livros que descreviam armas foram proibidos.

Por volta de 1500 d.C., a migração e a assimilação haviam levado a agricultura, o enjaulamento, a guerra produtiva e os Leviatãs para bem mais longe do que sua terra original, nas latitudes afortunadas, mas em alguns lugares uma terceira força interveio: a invenção independente. Várias partes do mundo situadas fora das latitudes afortunadas tinham pelo menos algumas plantas e animais potencialmente domesticáveis, e forrageadores dessas regiões acabaram vivendo suas próprias revoluções agrícolas e revoluções em assuntos militares. Apesar de um lapso de tempo de milhares de anos, passaram a percorrer o mesmo caminho que os povos das latitudes afortunadas já haviam trilhado.

A África é um ótimo exemplo disso. A migração e a assimilação com certeza tiveram grande papel em trazer a agricultura para o continente: os primeiros agricultores da África foram colonizadores dos Flancos Montanhosos que levaram trigo, cevada e cabras para o vale do Nilo por volta de 5500 a.C. (Figura 3.10). Conforme os agricultores egípcios espalharam-se por onde fica o atual Sudão, os forrageadores núbios decidiram imitá-los, voltando-se para a agricultura por decisão própria. Com o tempo, quando os exércitos egípcios avançaram em direção ao sul depois de 2000 a.C., os núbios descobriram a guerra produtiva e formaram seus próprios reinos. No século VII a.C., um rei núbio – Taharqa de Napata – chegou a conquistar o Egito.

A guerra produtiva era tão confusa nessa fronteira como em qualquer outro lugar, transformando-se muitas vezes em guerra contraproducente e levando ao colapso, para na etapa seguinte reverter isso e criar um Leviatã ainda mais forte. Por volta de

300 a.C., Napata estava em declínio, e uma nova grande cidade florescia em Meroë. Aproximadamente em 50 d.C., Meroë também já havia vivido seus dias de glória, e os governantes de uma cidade ainda maior, Aksum, erguiam pilares de pedra de 30 metros de altura e enviavam exércitos pelo mar Vermelho até onde fica o atual Iêmen.

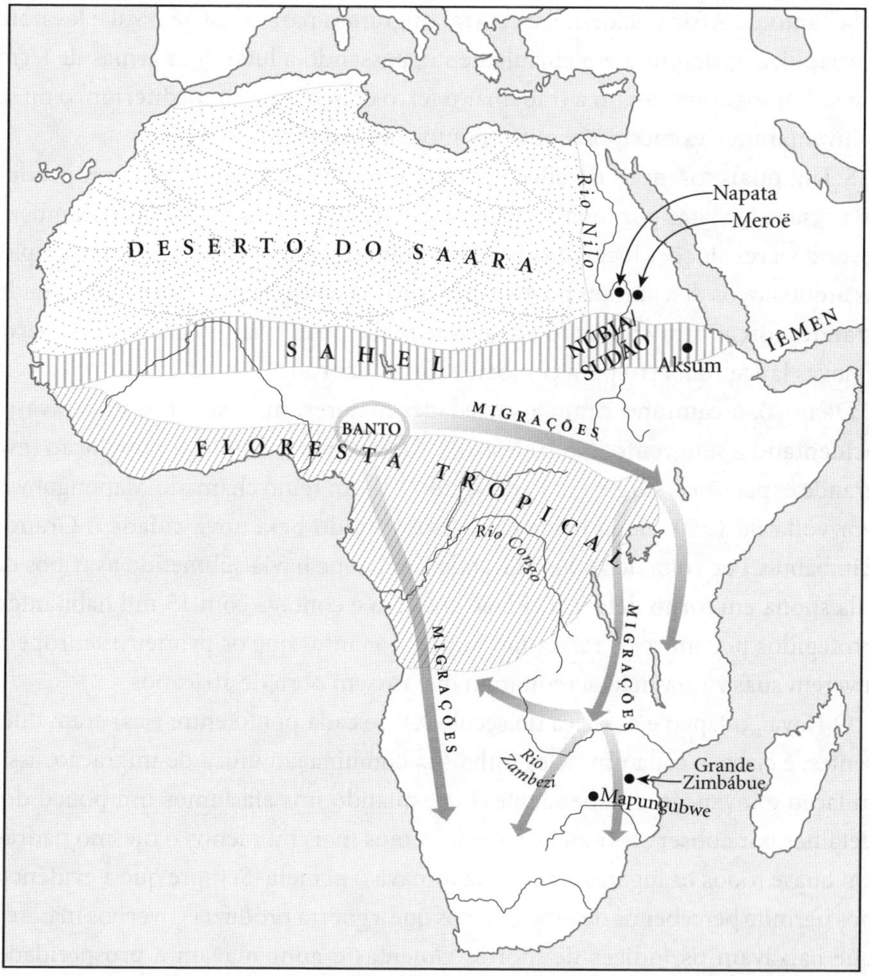

Figura 3.10. O continente não tão negro: locais na África mencionados neste capítulo.

Tivesse havido tempo, a migração e a assimilação poderiam ter levado o enjaulamento e a guerra produtiva a toda a costa leste da África, mas o enjaulamento autóctone assumiu a dianteira. Aproximadamente em 3000 a.C., os povos do Sahel, os poeirentos pastos que cruzam a África entre o limiar sul do deserto do Saara e o limiar norte da floresta tropical, haviam domesticado sorgo, inhame e dendezeiros. O que aconteceu em seguida é controverso: alguns arqueólogos sustentam que os africanos do leste e do sul também começaram a inventar a agricultura independentemente, mas a maioria acha que depois de 1000 a.C. agricultores de fala banto da África ocidental e central migraram para o leste e o sul e levaram a criação, a agricultura e o enjaulamento, passando a lutar com armas de ferro (se os bantos aprenderam a trabalhar o ferro com o mundo mediterrâneo ou se o inventaram eles mesmos é outro ponto controvertido).

Sejam quais forem os detalhes, porém, nos dias de Cadfael a guerra produtiva criava Leviatãs por toda parte, da foz do rio Congo às margens do Zambezi, levando a revoluções locais em assuntos militares. No século XIII, por exemplo, os arqueólogos detectaram novos estilos de luta na bacia do Congo, envolvendo grandes forças, um comando e controle mais forte, grandes canoas de guerra e novas lanças de ferro para combates corpo a corpo.

De novo, o caminho rumo a sociedades maiores, mais seguras, mostrava-se acidentado e sangrento. No sudeste da África, por exemplo, a população teve grande expansão, e surgiu então no século XII um reino chamado Mapungubwe. Por volta de 1250, ele já havia caído, substituído pela nova cidade o Grande Zimbábue. Por volta de 1400, o Grande Zimbábue havia submetido as tribos de fala shona em torno dela, e a cidade crescera e contava com 15 mil habitantes, protegidos por muros e torres tão impressionantes que os primeiros europeus a verem suas ruínas não acreditaram que fossem obra de africanos.

O Havaí, o Japão e a África do século XV (e cada ponto entre eles) eram diferentes, é claro, e cada um deles tinha sua combinação única de migração, assimilação e invenção independente. Mas, quando nos afastamos um pouco dos detalhes para observar o quadro geral, vemos mais ou menos o mesmo padrão em quase todos os lugares. O Leviatã tomava o planeta. Sempre que a evidência nos permite perceber os detalhes, vemos que a guerra produzia governos maiores, que baixavam os índices de mortes violentas e aumentavam a prosperidade. Por ter iniciado o caminho do enjaulamento e da guerra produtiva milhares de anos depois das latitudes afortunadas, a maior parte do resto do mundo ainda estava, em 1400 d.C., bem atrás dos Leviatãs do núcleo da Eurásia, mas, graças ao ciclo de guerras produtivas e contraproducentes que havia se desenvolvido ao longo dos limiares das estepes desde 200 d.C. a distância vinha encurtando.

Experimentos naturais

Deixei por último o caso mais interessante de todos: a América (Figura 3.11). Diferentemente do Japão, das ilhas do Pacífico e da África, todos fortemente impactados pela emigração das latitudes afortunadas da Eurásia, a América perdeu muito o contato com o Velho Mundo depois de sua colonização inicial a partir da Sibéria, há uns 15 mil anos.

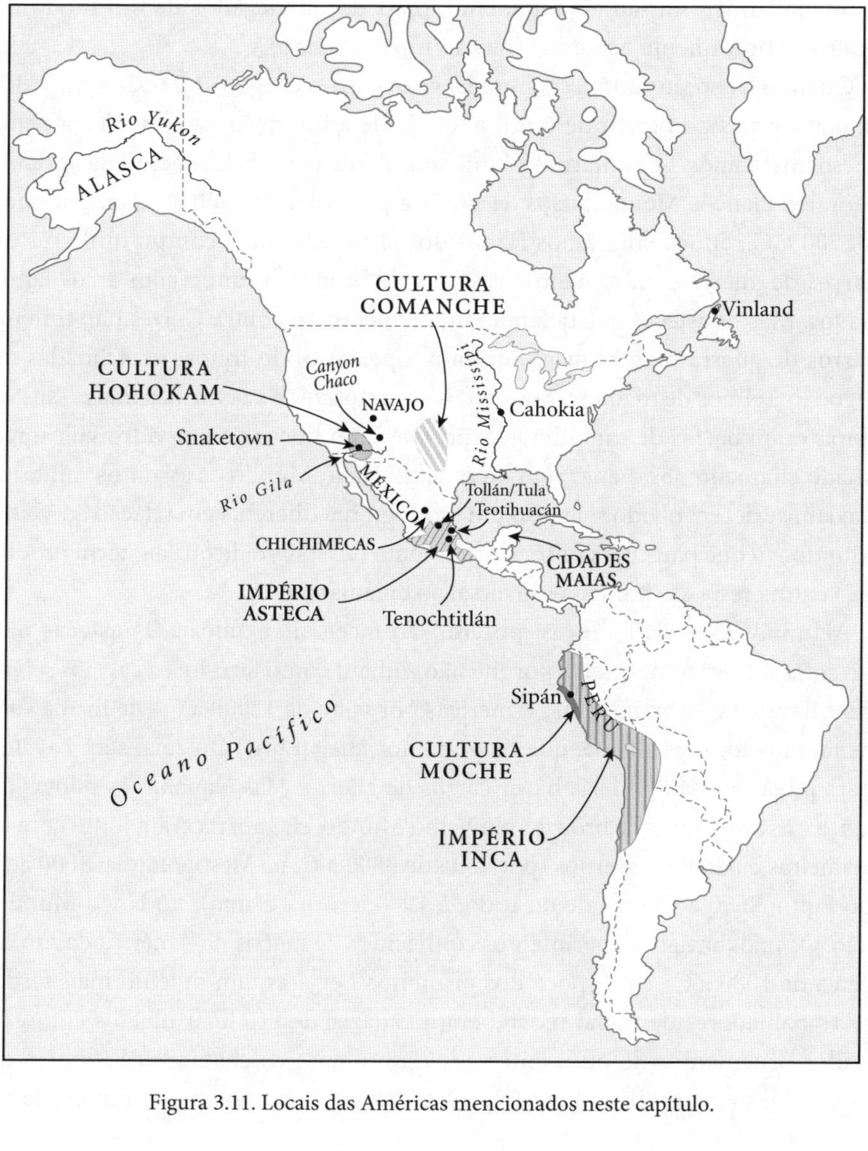

Figura 3.11. Locais das Américas mencionados neste capítulo.

Houve alguns poucos temerários que romperam as barreiras, como os vikings, que colonizaram Vinland em cerca de 1000 d.C., e os polinésios, que chegaram à costa oeste logo depois, mas, com apenas uma exceção, à qual retornarei em breve, nenhum desses empreendimentos causou muito impacto. Como resultado disso, podemos pensar no Novo e no Velho Mundos como dois experimentos naturais independentes. A comparação de suas histórias nos serve como um verdadeiro teste da teoria de que a guerra produtiva e o Leviatã são reações humanas universais ao enjaulamento, mais do que legados de um modo de guerrear tipicamente ocidental (ou mesmo eurasiano).

Quando o conquistador espanhol Hernán Cortés chegou ao México em 1519, já haviam passado cerca de 6 mil anos desde a invenção da agricultura pelos mesoamericanos. Se contarmos 6 mil anos desde o estabelecimento da agricultura nos Flancos Montanhosos da Eurásia por volta de 7500 a.C., chegaremos a 1500 a.C., época em que os faraós do Egito levavam a campo milhares de carros de guerra com arqueiros vestidos de bronze atirando com arcos laminados. Mas os astecas que defenderam Tenochtitlán contra Cortés não tinham carros de guerra nem bronze. Lutavam a pé, vestindo roupas acolchoadas de algodão e elmos de madeira. Seus arcos eram toscos, e suas armas mais assustadoras eram barras de carvalho guarnecidas com flocos de um vidro vulcânico afiado chamado obsidiana. Sem dúvida, no Novo Mundo os assuntos militares haviam se desenvolvido segundo um cronograma diferente em relação ao Velho Mundo – o que parece ir contra o argumento deste livro de que a guerra produtiva é uma resposta humana universal ao enjaulamento.

Algumas dessas diferenças, porém, são fáceis de explicar. Os astecas não inventaram carros de guerra porque não tinham como fazê-lo: os cavalos selvagens haviam sido extintos nas Américas por volta de 12000 a.C. (de forma suspeita, pois foi logo depois que os humanos chegaram). Ou seja, sem cavalos para puxá-los, não poderia haver carros de guerra. Mas e quanto às pontas de lança e às armaduras de bronze? No Velho Mundo, elas apareceram junto com as primeiras cidades e governos (por volta de 3500 a.C. na Mesopotâmia; 3000 a.C. no Egito; 2500 a.C. no vale do Indo; e 1900 a.C. na China); no Novo Mundo, não. Os mais antigos experimentos conhecidos de metais na América datam de cerca de 1000 a.C., e na época dos primeiros Leviatãs, um milênio mais tarde, os trabalhadores de metal moche eram capazes de produzir objetos como os lindos ornamentos de ouro enterrados junto com os chamados Senhores de Sipán. Mas em nenhum momento os nativos americanos pensaram em fazer ligas de cobre com outros metais para fabricar armas de bronze – ou, pelo menos, se algum ferreiro empreendedor chegou a conceber essa ideia, ela não vingou.

A experiência americana com arcos e flechas é ainda mais estranha. Mencionei no capítulo 2 que as pontas de flechas remontam a mais de 60 mil anos na África. Mas as pessoas que cruzaram a ponte terrestre da Sibéria para a América há 15 mil anos não trouxeram o arco com elas, e ninguém da América o reinventou. As primeiras pontas de flecha da América, encontradas nas margens do rio Yukon, no Alasca, datam de cerca de 2300 a.C. Eram feitas no estilo que os arqueólogos chamam de "tradição de pequenas ferramentas do Ártico", importadas por uma nova leva de imigrantes da Sibéria. O uso de arco e flecha então se espalhou de modo excruciantemente lento na América do Norte, levando 3.500 anos para alcançar o México. Quando Cortés chegou, os mesoamericanos vinham usando arcos havia apenas quatro séculos, e os arcos simples dos astecas teriam parecido ridiculamente antiquados aos faraós egípcios.

Parece ponto pacífico que as diferenças culturais tenham determinado tudo, provando – segundo a sua política, suponho – que os eurasianos não só eram mais racionais (e, portanto, talvez, melhores) do que os nativos americanos, mas também mais violentos (e, portanto, talvez, piores). Mas argumentos como esses também têm seus problemas. Os mesoamericanos desenvolveram a habilidade de resolver problemas, necessária para produzir calendários notáveis, agricultura em campos elevados e irrigação. Chamar esses povos de irracionais – ou mesmo dizer que eram menos racionais do que os europeus – não convence muito.

Tampouco convence sugerir que as civilizações dos nativos americanos eram menos violentas que as europeias. Por muitos anos, os arqueólogos trataram os antigos maias como exemplos de povos pacíficos, argumentando que pelo fato de encontrarmos poucas fortificações em volta de suas cidades eles devem ter resolvido suas disputas sem violência. Essa teoria sucumbiu quase no mesmo instante em que a escrita maia foi decifrada. Seu assunto principal era a guerra. Os reis maias lutavam tanto quanto os europeus.

Alguns historiadores apontam, em vez disso, para o que os astecas chamavam de "Guerras de Flores", campanhas destinadas a minimizar as baixas de ambos os lados. Essas guerras, argumentam eles, mostram que os nativos americanos encaravam a luta como uma espécie de desempenho, em contraste com o foco europeu na batalha decisiva. Mas esse ponto de vista é equivocado: as Guerras de Flores eram mais guerras limitadas do que guerras rituais. Uma Guerra de

Flores constituía uma maneira barata de mostrar aos inimigos que a resistência era fútil. "Se falhasse", diz Ross Hassig, o principal especialista em guerras astecas, "a guerra de flores era então expandida [...] passando de demonstração de bravura a uma guerra de desgaste." Os astecas, como os europeus, tentavam vencer os conflitos com o menor esforço possível, mas quando isso não funcionava faziam o que fosse preciso.

Então, por que os métodos militares do Novo e do Velho Mundo seguem caminhos tão diferentes? Falando com franqueza, não sabemos ao certo, porque os historiadores dedicaram um tempo notavelmente pequeno a fazer essas grandes questões comparativas. Mas no atual estágio do debate a explicação mais convincente pode ser a ideia decepcionantemente simples oferecida pelo biólogo que virou geógrafo, Jared Diamond, em seu livro *Armas, germes e aço*.

As Américas, destaca Diamond, basicamente se movem no sentido norte-sul do globo, enquanto a Eurásia o faz no sentido leste-oeste (Figura 3.12). Na Eurásia, as pessoas podiam se deslocar avançando ou recuando pelas latitudes afortunadas, compartilhando ideias e instituições, sem ter que abandonar essa faixa de zonas ecológicas relativamente similares (o que os geógrafos chamam de bioma).

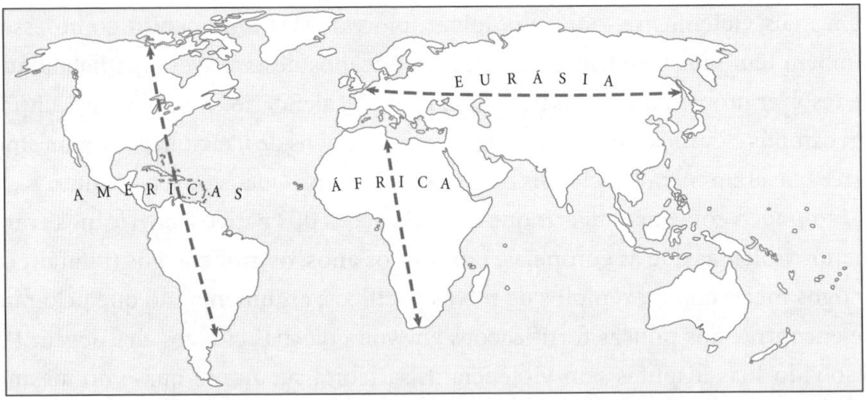

Figura 3.12. Geografia como destino: o arranjo norte-sul das Américas *versus* o arranjo leste-oeste da Eurásia.

Na maior parte das Américas, ao contrário, as pessoas não podiam se deslocar muito longe no sentido leste ou oeste dentro de um bioma; para se estenderem pelo continente, teriam que fazê-lo no sentido norte-sul, cruzando desafiadores desertos e densas florestas.

Isso, sugere Diamond, teria tido duas consequências. Em primeiro lugar, pelo fato de ser muito mais difícil mover-se no sentido norte-sul pelos biomas do que no sentido leste-oeste, as comunidades de povos capazes de compartilhar ideias e instituições teriam sido menores no Novo Mundo em comparação com as do Velho Mundo. Se a Eurásia tinha comunidades maiores de trabalhadores em metal do que as Américas, produzindo para mercados também maiores, talvez não devêssemos ficar surpresos ao ver os eurasianos apresentando ideias úteis como o bronze bem mais rapidamente do que os americanos. E, em segundo lugar, sugere Diamond, quando as pessoas de fato apresentavam ideias úteis, elas eram capazes de disseminá-las mais longe e mais rapidamente pelos biomas do Velho Mundo do que ocorria pelos biomas do Novo.

Isso parece se encaixar muito bem com os fatos. Na época em que os mesopotâmios trouxeram armas de bronze, no quarto milênio antes de Cristo, já tinham contatos que se estendiam até a Índia e o Mediterrâneo, ligando mais pessoas do que qualquer rede comparável na América seria capaz de fazer antes do surgimento do Império Inca no século XV d.C. E, quando os mesopotâmios passaram a contar com armas de bronze, a ideia se difundiu rapidamente pelas latitudes afortunadas. Em 1.500 anos, as pessoas que viviam no que hoje chamamos de China e Inglaterra também já tinham armas de bronze.

O júri ainda não se pronunciou a respeito de por que os nativos americanos não inventaram armas de bronze, mas a tese de Diamond parece ser o melhor candidato, e explica melhor ainda o estranho padrão do arco e flecha americano. Por razões desconhecidas, os caçadores pré-históricos haviam abandonado o arco ao se trasladarem para o norte pelos biomas que separam a África da Sibéria e se deslocarem depois de volta para o sul através da América. Levou mais de dezenas de milhares de anos para que o arco se difundisse até chegar ao extremo leste da Sibéria. Quando os arcos finalmente chegaram às Américas, sendo carregados pelo estreito de Bering até o Alasca, por volta de 2300 a.C., demoraram duas vezes esse tempo para passar por todos os biomas que separam o Alasca do México, enquanto as armas de bronze eurasianas haviam viajado mais ou menos a mesma distância em apenas uns poucos biomas da Mesopotâmia até a Inglaterra.

Se Diamond está certo em afirmar que a geografia importa mais do que a cultura na criação dessas diferenças, outro padrão deve também ser perceptível. Assim, teríamos que descobrir que, embora o ritmo de mudança fosse mais lento na América do que na Eurásia, sua direção geral – da agricultura ao enjaulamento e deste para a guerra produtiva e o Leviatã – foi a mesma.

Em termos gerais, podemos dizer que foi exatamente isso que descobrimos. Nas regiões que hoje chamamos de México e Peru as pessoas domesticaram as plantas e os animais que existiam disponíveis em cerca de 4500 a.C. De início, a mudança veio quase tão rapidamente quanto no Velho Mundo. No Oriente Médio, foram necessários cerca de 4 mil anos para passar dos primeiros agricultores aos primeiros Leviatãs (em Uruk e Susa, em cerca de 3500 a.C.); no Novo Mundo, foram cerca de 4.500 anos para chegar a Teotihuacán e à cultura moche, por volta de 100 a.C.

Os hemisférios oriental e ocidental passaram ambos por processos similares do tipo avançar dois passos, recuar um, produzindo sequências de revoluções nos assuntos militares. Na Mesoamérica, Teotihuacán, ao que parece, introduziu as primeiras formações regulares, disciplinadas, além de aumentar imensamente o porte dos exércitos. Por volta de 150 d.C., pequenos bandos sem elmos, escudos ou armaduras deram lugar a forças de talvez 10 mil homens. Alguns pelo menos começaram a usar elmos almofadados com algodão, que, embora possam não parecer muito seguros, devem ter sido eficazes contra machados de pedra.

Por volta de 450 d.C., os exércitos tinham provavelmente o dobro do tamanho, e as tropas de elite usavam armaduras almofadadas de algodão, além de elmos. Comparadas com as revoluções nos assuntos militares do primeiro milênio antes de Cristo na Eurásia, as melhorias americanas eram inexpressivas, não obstante Teotihuacán estivesse trilhando o mesmo caminho que os Leviatãs do Velho Mundo. E, do mesmo modo que os impérios eurasianos, Teotihuacán acabou caindo, com seu núcleo urbano saqueado e incendiado por volta de 650 d.C., provavelmente por invasores vindos do oeste do México. Em paralelos adicionais com o hemisfério oriental, a organização militar mesoamericana entrou então em colapso. As pinturas murais pós-Teotihuacán não mostram nenhuma armadura, e a proliferação de fortes em cumes de colinas sugere que a lei e a ordem se dissolveram.

A guerra mesoamericana voltou a ficar produtiva no século X. Um grupo chamado toltecas formou um grande reino, governado a partir da cidade de Tollán (também conhecida como Tula). Os combatentes toltecas usavam mais armaduras de algodão do que os de Teotihuacán e introduziram uma nova arma, que os arqueólogos chamam de porrete curvo, feito de carvalho com incrustações de lascas de obsidiana. O Império Tolteca provavelmente nunca se igualou ao de Teotihuacán e com certeza não durou tanto tempo. No século XII, foram arrasados por migrantes do extremo norte, que queimaram Tollán por volta de 1179 d.C.

(Alguns desses invasores, os chichimecas, podem ter trazido o arco e flecha para o México nessa época.) A Mesoamérica então assistiu a constantes guerras entre as pequenas cidades-Estados até o século XV, quando outro grupo de recém-chegados do norte – os astecas – renovou a guerra produtiva.

Sabemos mais sobre os astecas do que sobre qualquer outra sociedade americana antiga. Seu sucesso dependia tanto da diplomacia e dos casamentos bem arranjados quanto das lutas, mas quando eles de fato lutavam faziam-no melhor do que os povos de Teotihuacán ou os toltecas. Os exércitos astecas marchavam em múltiplas divisões, cada uma delas com cerca de 8 mil homens, capazes – como as corporações dos exércitos de Napoleão – de avançar e lutar em linhas separadas e depois se concentrar rapidamente. A logística melhorou ainda mais, com os inimigos derrotados agora sendo requisitados para prover suprimentos. Um corpo profissional de oficiais ganhou forma, e até mesmo os soldados comuns recebiam treinamento básico.

As batalhas começavam com estilingues e arcos a partir dos flancos, antes do choque entre soldados em combate corpo a corpo, protegidos por grossas armaduras de algodão, grandes escudos e elmos de madeira cobertos de penas. As tropas de choque atacavam em formações não cerradas, de modo que pudessem brandir "espadas de lâmina larga", porretes de carvalho de 1,20 metro de comprimento incrustados com fileiras de dentes de obsidiana, e avançar em duas fileiras: a primeira, dos combatentes de elite da aristocracia; e a segunda, de veteranos plebeus. Os comandantes revezavam-se entre os dois grupos, entrando e saindo do combate para evitar exaustão, e tentavam manter uma grande reserva, usada no momento decisivo para estender a linha e superar o inimigo pelos flancos.

Os exércitos astecas construíram o maior império que a Mesoamérica já havia visto. Sua população teve grande expansão, chegando talvez a 4 milhões, com 200 mil na capital, Tenochtitlán. A agricultura cresceu a novos níveis, as redes de comércio se estenderam a distâncias jamais alcançadas e as famílias prosperaram. Não temos como saber o quanto os astecas tinham segurança, mas fragmentos de poesia que sobreviveram sugerem que com certeza se *sentiam* seguros. "Orgulhosa de si é a cidade do México – Tenochtitlán", dizia uma canção. "Aqui ninguém teme morrer na guerra. Essa é a nossa glória!"

No Velho Mundo, emigração, assimilação e invenção independente difundiram a agricultura e o enjaulamento além de suas terras de origem, nas latitudes afortunadas. Se a teoria de Diamond está correta, devemos esperar que a mesma coisa tenha ocorrido no Novo Mundo, só que mais lentamente, devido aos desafios de atravessar biomas, e de novo a evidência parece mostrar isso. Para pegarmos apenas um exemplo, somente em 500 d.C. é que o milho, a abóbora e o feijão se moveram do norte do México para os vales de rio que cortam os tórridos desertos do sudoeste da América. A região era mais úmida naquele tempo, mas mesmo assim a precipitação de chuvas era pouco confiável, e a única maneira de lavrar a terra ressequida era cavando canais de irrigação. Nada enjaula mais as pessoas que a escassez de água, e por volta de 700 d.C. centenas delas se reuniam nas melhores localizações e entravam em choque ferozmente à medida que a população crescia. Os sítios dos séculos VIII e IX estão cheios de crânios esmagados por machados de pedra, setas encravadas em costelas e aldeias incendiadas e arrasadas.

Depois de 900 d.C., porém, as lutas parecem ter cessado. Os arqueólogos muitas vezes chamam isso de "Fenômeno do Chaco", referência aos impressionantes sítios do Canyon Chaco, no Novo México, mas Pax Chacoa talvez seja um nome melhor. As pessoas se concentraram em agrupamentos ainda maiores (talvez de 10 mil no Canyon Chaco), construíram casas maiores com mais despensas e levaram o comércio a pontos mais distantes.

A Pax Chacoa durou até cerca de 1150, quando também se encerrou. Motivados talvez por condições climáticas ruins, as pessoas abandonaram as grandes comunidades como a do Canyon Chaco e a de Snaketown, no rio Gila, Arizona. Passaram a combater mais, não conseguiram preservar as valas de irrigação e desistiram de fazer longas viagens de comércio. E o processo continuou. Cidades ainda mais impressionantes cresceram no Gila no século XIII, com frequência dotadas de campos do jogo cerimonial de bola, com semelhança impressionante com exemplos da Mesoamérica, mas a cultura Hohokam (como esses sítios são chamados) desintegrou-se por volta de 1450.

Poderíamos citar mais exemplos, como o da extraordinária cidade de nativos americanos Cahokia, no Mississípi, mas esses poucos que demos, acredito eu, são suficientes. As diferenças em geografia moldaram o modo como o processo operou em cada lugar específico, mas em todas as partes do mundo em que a agricultura conseguiu pôr a ponta do pé a jaula rapidamente se fechou entre 200 e 1400 d.C., criando a guerra produtiva.

A única grande exceção a esse padrão, como temos visto, foram as latitudes afortunadas da Eurásia. Ali a geografia mudou suas características no início do primeiro milênio depois de Cristo conforme os impérios agrários se envolveram com os nômades das estepes, prendendo as latitudes agora não tão afortunadas em um ciclo de guerras produtivas e contraproducentes.

Entre 200 e 1400 d.C., a fórmula da Eurásia, de cavalos mais estepes mais impérios agrários, era única. Possivelmente, com o tempo, a fórmula e o ciclo desastroso que ela produziu teriam se replicado em outras partes. No século XVIII, quando os cavalos europeus chegaram às Grandes Planícies da América do Norte (similares às estepes), os índios comanches montaram um império nômade que os historiadores – apesar de todas as diferenças culturais entre os nativos americanos e os mongóis – costumam comparar a uma versão menor do império de Gêngis Khan. Talvez impérios nômades similares acabassem surgindo nas estepes da Argentina e do sul da África.

Mas o que de fato ocorreu é que a Eurásia pagou um preço alto por ficar aprisionada a esse ciclo entre 200 e 1400 d.C., enquanto grande parte do mundo experimentava a guerra produtiva. A imensa vantagem em desenvolvimento que os eurasianos haviam construído ao longo dos 10 mil anos anteriores foi aos poucos se perdendo. A distância entre, digamos, a China da dinastia Ming e os incas do século XV continuou imensa, mas, se as tendências de 200-1400 tivessem persistido tempo suficiente, isso teria mudado. Mantidos outros aspectos, o mundo do século XXI poderia ser hoje um mundo no qual os herdeiros do Grande Zimbábue teriam unificado boa parte da África subsaariana e travariam ferozes batalhas de cavalaria no vale do Nilo, abrindo caminho rumo ao Mediterrâneo. Ou então um mundo onde exércitos mexicanos armados de ferro estariam colocando os últimos agricultores livres da América do Norte sob seu controle e construindo frotas para combater os famosos marinheiros do Império Polinésio. E um mundo no qual os impérios continuariam surgindo e caindo ao longo das latitudes afortunadas da Eurásia, sem nunca conseguir superar os nômades das estepes.

Com mais meia dúzia de séculos, o resto do mundo poderia ter alcançado a Eurásia. Mas a Eurásia não deu ao resto do mundo essa meia dúzia adicional de séculos.

Os poucos felizardos

Em 1415, um punhado de europeus notificou ao mundo que o tempo estava se esgotando.

Naquele mês de outubro, um exército inglês padecente de frio e miséria empacou entre duas florestas úmidas perto de Agincourt, no norte da França.

Havia duas semanas ele arrastava suas carroças pela lama, tentando escapar das hostes francesas, superiores em uma proporção de quatro para um. Mas agora estava sem saída.

Como era costume, o rei inglês deu um passo à frente para cumprimentar seus homens antes do massacre. "Hoje é dia de São Crispiniano", Shakespeare imaginou o rei dizendo. Nesse dia, segundo Henrique V, eles iriam obter uma das maiores vitórias de todos os tempos, tão grande, na verdade, que

Quem a este dia sobreviver e chegar à velhice,
Todo ano há de virar-se para os vizinhos na véspera,
E dizer: "Amanhã é dia de São Crispiniano";
Então arregaçará as mangas, e exibirá as cicatrizes,
E dirá: "Essas feridas são do dia de São Crispiniano"
[...]
Essa história o homem de bem contará ao filho
E Crispim, Crispiniano nunca passarão em branco
Desde aquele dia até o fim dos tempos
Pois nesse dia seremos sempre lembrados;
Nós, os poucos felizardos, nós, esse bando de irmãos.

E assim foi. Por volta da hora do almoço, os ingleses haviam matado 10 mil franceses, e suas perdas foram apenas de 29 homens. Os cadáveres franceses, diziam os cronistas, foram empilhados tão alto que os homens não conseguiam passar por cima deles, e vários cavaleiros dignificados naquela manhã jaziam sufocados sob uma pilha de mortos.

No entanto, por mais doloroso que possa ser para alguém que cresceu na Inglaterra admitir, a história que o homem de bem deveria realmente contar ao filho a respeito de 1415 envolve um bando de irmãos totalmente diferente, lutando sob um inclemente sol mediterrâneo, e não sob uma constante garoa francesa. Naquele verão, uma frota partira de Lisboa e cruzara as estreitas águas até o Marrocos para atacar a cidade de Ceuta. Essa batalha foi ainda mais desigual do que Agincourt, deixando milhares de africanos mortos contra apenas oito portugueses, mas não foi isso que a tornou especial. A importância de Ceuta, que só foi reconhecida muito mais tarde, é de ter sido a primeira vez, desde o Império Romano, que a guerra produtiva europeia se tornou intercontinental.

Guerreiros europeus já haviam cruzado os mares antes – os vikings para chegar à América; os cruzados para alcançar a Terra Santa –, mas sempre afastando-se de seus senhores e conquistando seus próprios pequenos reinos, independentes de qualquer Leviatã maior. Em Ceuta, ao contrário, o rei João de Portugal estava expandindo o domínio de Lisboa sobre a África. Era um pequeno início, mas pelos cinco séculos seguintes os europeus iriam arrumar alguma maneira, à base de dinamite, de escapar do ciclo de guerras produtivas e contraproducentes para colocar três quartas partes do planeta sob seu domínio. Os europeus estavam prestes a se tornar os poucos felizardos.

4

A Guerra dos Quinhentos Anos: a Europa (quase) conquista o mundo, 1415-1914

Os homens que queriam ser reis

Em uma noite de sábado da década de 1880 – "uma noite negra como breu, tão abafada quanto uma noite de junho pode ser", diz o narrador da história –, dois ingleses, Daniel Dravot e Peachey Carnehan, adentram uma redação de jornal no norte da Índia. "Quanto menos se disser sobre nossas profissões, melhor", anunciam; a única coisa que os preocupava naquela noite era como chegar ao Kafiristão (Figura 4.1).

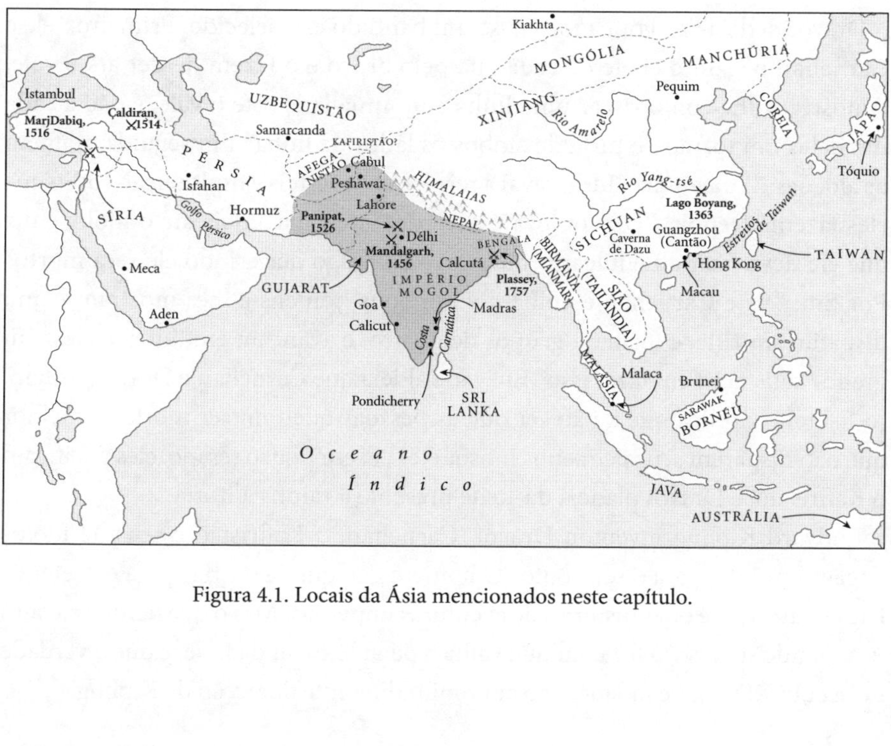

Figura 4.1. Locais da Ásia mencionados neste capítulo.

"Pela minha avaliação", diz Dravot, "fica no canto direito superior do Afeganistão, a não mais de 500 quilômetros de Peshawar. Eles têm 32 ídolos pagãos ali, e seremos o 33º e o 34º [...] E isso é tudo o que sabemos, exceto que ninguém nunca chegou lá, e que eles lutam; e, em qualquer lugar que lutem, um homem que saiba treinar homens sempre poderá tornar-se rei."

Disfarçados de sacerdote muçulmano maluco e seu ajudante, com 20 rifles Martini-Henry escondidos no lombo de dois camelos, Dravot e Carnehan arrastaram-se pelas tempestades de areia e nevascas, até que, em um grande vale coberto de neve, notaram a presença de dois bandos de homens lutando com arco e flecha. "'É aqui que começa nossa história'", diz Dravot, "e dá dois disparos de rifle nos 20 homens, e faz um deles despencar de 200 metros de altura da rocha onde estava posicionado. Os outros homens saem correndo, mas Carnehan e Dravot, sentados nas caixas [de munição], vão abatendo-os, estejam longe ou perto, vale acima e vale abaixo."

Os sobreviventes escondem-se onde conseguem, mas Dravot "vai até eles e os faz levantar a chutes, e depois ergue-os e cumprimenta a todos com a mão, para torná-los amistosos. Ele os chama e lhes passa as caixas para carregar, e acena com a mão para todo mundo, como se já fosse rei".

Dravot dedica-se agora a tornar-se um bandido estabelecido. Primeiro, "ele e Carnehan pegam o chefe de cada vila pelo braço e o fazem descer até o vale, e mostram-lhe como riscar uma linha com uma lança até o vale, e dão a cada um deles um torrão de turfa de ambos os lados da linha". Em seguida, reúnem os aldeões: "Dravot diz: 'Ide e cavai a terra, e sede férteis e multiplicai-vos', o que eles fazem". Depois: "Dravot leva o sacerdote de cada aldeia até o ídolo, e diz que ele deve ficar ali e julgar o povo, e que se algo der errado ele será morto". Por fim: "ele e Carnehan escolhem vinte bons homens e lhes mostram como disparar um rifle, e formam grupos de quatro, e avançam em linha, e eles têm grande satisfação em fazer isso". Em cada aldeia que Carnehan e Dravot visitam: "o Exército explica que a não ser que as pessoas queiram ser mortas é melhor que não disparem seus pequenos mosquetes", e, em pouco tempo, eles pacificam o Kafiristão, e Dravot planeja dá-lo de presente à rainha Vitória.

Rudyard Kipling inventou Dravot, Carnehan, o Kafiristão e seus 32 ídolos pagãos em 1888 para o seu conto "O homem que queria ser rei", para entreter os leitores ávidos de boas histórias de aventuras imperiais. Mas o que fez desse conto um grande sucesso, e faz com que valha a pena lê-lo ainda hoje, é que a verdade do século XIX, na realidade, não era muito diferente da ficção de Kipling.

Vamos pegar, por exemplo, James Brooke, um jovem desvairado que se juntou ao exército da Companhia Britânica das Índias Orientais aos 16 anos de idade. Depois de ser gravemente ferido lutando na Birmânia, ele comprou um navio, encheu-o de canhões e partiu para Bornéu em 1838. Ao chegar lá, ajudou o sultão do Brunei a sufocar uma rebelião. O governante, agradecido, nomeou Brooke seu governador da província de Sarawak, e por volta de 1841 Brooke fez dela seu novo reino. Seus descendentes - os rajás brancos - governaram por três gerações, e por fim passaram Sarawak ao governo britânico em 1946 em troca de uma (muito) generosa pensão. Até hoje, o *pub* mais conhecido de Sarawak - o Royalist - leva o nome do navio de Brooke.

Kipling faz seus heróis afirmarem que foi a esperança de conseguir imitar Brooke que os levou até o Kafiristão, "o [último] lugar do mundo atual que dois homens fortes são capazes de *sar-a-whack*".[32] Mas eles não foram os primeiros a tentar saquear a Ásia central. Em 1838, exatamente o ano em que Brooke chegou ao Brunei, um aventureiro norte-americano chamado Josiah Harlan já havia feito uma tentativa. Depois de uma desilusão amorosa, Harlan alistou-se como cirurgião na Companhia Britânica das Índias Orientais e serviu na mesma guerra da Birmânia que Brooke. Quando o conflito terminou, vagou pela Índia e acabou convencendo o marajá de Lahore a lhe dar duas províncias para governar. De lá Harlan liderou seu próprio exército até o Afeganistão e depôs o príncipe de Ghor, um conhecido comerciante de escravos. Impressionado com a disciplina dos soldados de Harlan, o príncipe de Ghor ofereceu-lhe um trato: ele lhe passaria o trono desde que Harlan o mantivesse como seu vizir.

Harlan agarrou a oportunidade e ergueu a bandeira norte-americana nas montanhas da Ásia central. Mas sua gestão monárquica acabou sendo tão curta quanto a de Dravot no Kafiristão. Poucas semanas depois de ele ser elevado à realeza, os britânicos ocuparam o Afeganistão e expulsaram o recém-empossado príncipe. Ao voltar aos Estados Unidos, Harlan quase persuadiu Jefferson Davis (então secretário da Defesa) a mandá-lo de volta ao Afeganistão, a fim de comprar camelos para o exército; uma vez lá, acreditava Harlan, ele poderia retomar sua gestão como príncipe de Ghor. Quando isso também fracassou, Harlan tentou importar uvas afegãs para a América e depois montou um regimento

32 No original, "*the [last] place now in the world that two strong men can sar-a-whack*". O autor aqui se vale da proximidade sonora entre o nome da província governada por Brooke ("Sarawak") e os verbos ingleses *to sack* ("saquear") e *to whack* ("repartir"), e inventa o verbo *sar-a-whack*. [N. T.]

para a União na Guerra Civil, mas uma desagradável corte marcial encerrou sua carreira. Ele morreu em São Francisco em 1871.

Homens como Brooke, Harlan, Dravot e Carnehan teriam sido inimagináveis em qualquer época anterior ao século XIX, mas a essa altura o mundo havia mudado a ponto de ficar irreconhecível. Entre a tomada de Ceuta pelos portugueses em 1415 e a era de "O homem que queria ser rei", os europeus travaram a Guerra dos Quinhentos Anos com o resto do mundo.

Essa Guerra dos Quinhentos Anos foi tão feia como qualquer outra, cheia de trilhas de lágrimas e de terras devastadas. Foi duramente denunciada pelos Cálgacos dos tempos modernos em cada continente, mas teve também seus Cíceros, constantemente convincentes com um ótimo argumento: essa era a guerra mais produtiva da história. Em 1914, os europeus e seus colonizadores governavam 84% das terras e 100% dos mares. Em seus núcleos imperiais, em volta das praias do Atlântico norte, os índices de morte por violência haviam caído como nunca e os padrões de vida eram os mais altos. Como sempre, os derrotados não se deram tão bem quanto os vitoriosos, e em muitos lugares a conquista colonial teve consequências devastadoras. Mas, uma vez mais, quando nos afastamos dos detalhes e examinamos o quadro geral, emerge um padrão amplo. No todo, os conquistadores de fato conseguiram suprimir as guerras locais, o banditismo e o uso privado da força mortal, e tornaram a vida de seus súditos mais segura e mais rica. A guerra produtiva continuou a operar sua magia perversa, mas dessa vez em escala global.

Armas de elite

O que levou os europeus de Ceuta até o Kafiristão foi uma nova revolução nos assuntos militares, alimentada por duas grandes invenções. Nenhuma delas, porém, era originária da Europa.

A primeira invenção foi a arma de fogo. Mencionei no capítulo anterior que os químicos chineses vinham fazendo experimentos com pólvora de qualidade inferior desde o século IX, criando fogos de artifício e artefatos incendiários. Nos séculos XII ou XIII, algum cientista maluco anônimo achou um modo de adicionar salitre para fazer pólvora de verdade. Em vez de queimar, ela explodia quando acesa e, se fosse comprimida dentro de uma câmara suficientemente forte, podia fazer explodir uma bola ou seta dentro de um tubo e arremessá-la para fora dele a velocidade suficiente para matar alguém.

Nosso primeiro registro de uma verdadeira arma de fogo se dá no improvável cenário de um templo budista perto de Chongqing, a cidade que crescia mais rapidamente na China. Por volta de 1150, os fiéis ornamentavam esse santuário esculpindo figuras nas paredes da caverna. Eram coisas bem convencionais, como fileiras de demônios em pé sobre grupos de nuvens, e em outra expressão convencional o escultor deu armas a vários dos demônios. Um deles tem um arco, outro tem um machado, um terceiro, uma alabarda, e quatro deles, espadas. Mas um deles segura o que a todos parece ser um canhão tosco cuspindo uma pequena bala em uma explosão de fumaça e chamas.

Esse entalhe é controverso. Para alguns historiadores, ele prova que os exércitos chineses do século XII usavam armas de fogo; para outros, mostra que as armas de fogo existiam, mas eram tão raras que o escultor nunca havia visto uma (se você segura um artefato de artilharia do jeito que o demônio esculpido faz, assinalam os historiadores, ele irá fritar a pele das suas mãos); outros historiadores dizem ainda que o demônio, na verdade, segura um instrumento musical e que as armas de fogo ainda não haviam sido inventadas. Não importa como se aborde essa questão, o que ninguém discute é que cerca de um século depois as armas de fogo já estavam sendo usadas, pois os arqueólogos descobriram uma – um tubo de bronze, simples, de 30 centímetros de comprimento, enterrado perto de um campo de batalha na Manchúria, que não deve ser posterior a 1288 (Figura 4.2).

Figura 4.2. O início de algo importante: a mais velha arma de fogo genuína que sobreviveu até nós, abandonada em um campo de batalha da Manchúria em 1288.

Essa arma de 1288 certamente era imprevisível, muito lenta de carregar, e totalmente imprecisa, mas versões maiores e melhores logo passaram a ser usadas. Elas foram muito populares no sul da China, onde grande parte do vale do Yang-tsé estava em franca rebelião contra os governantes mongóis do país por volta da década de 1330. As inovações se sucediam com rapidez, e dentro de uma década ou duas os rebeldes já haviam aprendido a tirar o melhor proveito das novas armas. O primeiro truque era empregá-las em grande número (em 1350, o Estado rebelde de Wu havia produzido centenas de canhões de ferro fundido, dezenas dos quais sobrevivem); o segundo truque era adotar táticas baseadas em armas combinadas. Na véspera de sua batalha decisiva contra os mongóis, travada no lago Boyang, em 1363, o líder rebelde Zhu Yuanzhang concebeu os métodos certos para seus capitães. "Quando vocês abordarem os navios inimigos", ordenou ele, "primeiro disparem as armas de fogo, depois os arcos e bestas, e, quando alcançarem os navios deles, ataquem com armas corpo a corpo." Os homens de Zhu fizeram como ele disse, e cinco anos mais tarde ele se tornava o primeiro imperador da dinastia Ming.

As pessoas que são alvo das novas armas regularmente as copiam, e as armas de fogo não foram exceção. Os coreanos tinham armas de fogo em suas fortalezas por volta de 1356. Levou outro século para que as armas de fogo contornassem os Himalaias e chegassem à Índia, mas elas definitivamente foram usadas no cerco a Mandalgarh em 1456. Por volta de 1500, canhões de bronze eram fundidos na Birmânia e no Sião (Tailândia), e, depois de um tempo de atraso (causado, talvez, pelos esforços de oficiais coreanos para impedir que chegassem até eles), os japoneses também adotaram a arma em 1542.

A história mais surpreendente, porém, é o rápido sucesso das armas de fogo na distante Europa. Em 1326 – menos de 40 anos após o primeiro exemplo definido de uma arma de fogo chinesa, e 30 anos *antes* do primeiro caso coreano definido –, dois oficiais de Florença, 8.000 quilômetros a oeste, já recebiam ordens de conseguir armas de fogo e munições (Figura 4.3). No ano seguinte, um ilustrador de Oxford pintou um pequeno canhão em um manuscrito. Nenhuma invenção jamais se espalhou com tal rapidez.

O aspecto da oferta foi crucial para essa rápida difusão. Depois de suas brutais conquistas no século XIII, os khans mongóis criaram uma espécie de Pax Mongolica nas estepes, que os mercadores aproveitaram para transferir produtos de uma ponta a outra da Eurásia. Marco Polo foi apenas o mais famoso desses mercadores. Ao distribuir produtos (principalmente a seda) e ideias (em especial o cristianismo), eles uniram Oriente e Ocidente; ao carregar micróbios (como a peste negra), também levaram o desastre a todos. Mas, de todas as bênçãos e maldições que carregaram, nenhuma foi tão importante quanto as armas de fogo.

Dito isso, o aspecto da demanda também foi importante. Os europeus foram os que mais se entusiasmaram com as armas de fogo, vendo imediatamente maneiras de usá-las e aplicando-se para introduzir melhorias. Em 1331, apenas cinco anos após a primeira referência a armas de fogo em Florença, outros italianos já usavam canhões em cercos. Em 1372, canhões abriam brechas nos muros de cidades francesas.

Algo extraordinário estava acontecendo. O ritmo das inovações no uso de armas de fogo decaiu um pouco no leste asiático por volta de 1350, mas na Europa só se intensificou. Conforme a demanda cresceu, os europeus inventaram novas maneiras de minerar salitre, cortando seu custo pela metade por volta da década de 1410. A metalurgia reagiu fazendo canhões de ferro forjado maiores e mais baratos, que usavam mais pólvora e podiam disparar balas mais pesadas, e nos sete anos após Agincourt os canhoneiros ingleses mostraram o valor da artilharia pesada ao reduzirem os castelos de pedra da Normandia a entulho.

Suas experiências, no entanto, também deixaram em evidência as desvantagens dos grandes canhões. Embora fossem ótimos para cercos, canhões imensos eram tão pesados para deslocar e tão lentos para disparar que basicamente se mostravam inúteis no campo de batalha. Mesmo que um exército conseguisse arrastar seus canhões até a posição desejada, depois de fazer um único disparo os canhões acabavam sendo superados pela cavalaria muito antes que pudessem ser recarregados. Não foi acidental o fato de que, apesar de ter usado uma dúzia de grandes canhões para forçar a rendição de Harfleur em 1415, Henrique V não tenha levado nenhum para Agincourt.

Em 20 anos, as mentes irrequietas dos homens de artilharia haviam chegado a uma solução de simplicidade brilhante. Os seguidores do rebelde religioso tcheco Jan Hus fizeram dezenas de pequenos canhões e os atrelaram a carroças. Então arrastaram as carroças até o campo de batalha, ligando-as com correntes e criando uma fortaleza móvel em miniatura (geralmente chamada em holandês de *laager*). Os canhões disparavam com a mesma lentidão de sempre, mas agora homens armados de lanças e espadas atrás das carroças podiam repelir a cavalaria até que os canhões estivessem prontos para disparar de novo.

Figura 4.3. Locais da Europa mencionados neste capítulo (as fronteiras do Império Otomano são as de 1500 d.C.).

Em 1444, as táticas *laager* quase provocaram um grande transtorno militar. Por um século e meio, os otomanos – um dos muitos grupos de guerreiros turcos das estepes que haviam migrado para as latitudes afortunadas durante a Idade Média – vinham se expandindo de sua base na Anatólia. Depois de invadirem a maior parte dos Bálcãs, seus arqueiros montados agora ameaçavam a Hungria. O papa declarou uma cruzada, e uma coalizão cristã (incluindo um contingente da Transilvânia liderado pelo irmão de Vlad Dracul, "o Empalador") bloqueou o caminho dos turcos em Varna, na atual Bulgária.

Os turcos eram os melhores soldados da Europa e superavam seus inimigos na proporção de dois para um; portanto, a batalha deve ter sido um passeio. Mas, à medida que onda após onda de cavaleiros otomanos tentavam romper a *laager* cristã eram abatidos, o moral turco começou a vacilar. Por um momento a batalha ficou equilibrada, e, se o jovem rei húngaro não tivesse decidido atacar o cerne da linha turca e acabasse morrendo junto com 500 de seus cavalarianos, o avanço otomano poderia realmente ter sido detido.

No entanto, o desfecho foi que os otomanos não só encamparam a Hungria, mas também tiraram as lições certas dessa vitória apertada. Começaram contratando canhoneiros cristãos e por volta de 1448 estavam aptos a voltar às táticas *laager* contra os húngaros. Outros cinco anos depois disso, um especialista húngaro em artilharia, a mando dos otomanos, empregou dezenas de canhões de médio porte para abrir buracos nos muros de Constantinopla, pondo fim ao Império Bizantino.

E os aprimoramentos continuaram. Os europeus aprenderam a umedecer a pólvora, deixando-a secar em grânulos ("grãos de milho"), que explodiam com intensidade bem maior. De início, não havia canhões suficientemente fortes para a força da pólvora granulada, mas na década de 1470 uma corrida armamentista entre a França e a Borgonha produziu canhões mais curtos, com câmaras mais grossas, que usavam pólvora granulada para disparar ferro em vez de bolas de pedra. Os húngaros encontraram um uso diferente para a pólvora mais potente, colocando pequenas quantidades em armas manuais chamadas arcabuzes ("armas-gancho", assim chamadas porque usavam um gancho para reduzir o retrocesso da arma).

As novas armas tiveram um primeiro teste experimental fantástico em 1494. Nesse ano, o rei francês Carlos VIII, obcecado por lançar uma cruzada e recuperar o Santo Graal, enfiou na cabeça que invadir a Itália seria o primeiro passo lógico. Na maioria dos aspectos sua campanha foi um desastre, mas mostrou que as novas armas haviam revolucionado a guerra. Com algumas poucas dezenas de canhões de projeto recente, leves, Carlos explodia tudo o que encontrasse pelo caminho. Durante séculos, os que perdiam a batalha campal haviam tido sempre a opção de se esconder em um castelo, com a esperança de resistir ao cerco resultante, mas os italianos agora aprendiam (como Maquiavel, que viveu essa guerra, expressou) que "não há muro, por mais robusto que seja, que a artilharia não seja capaz de destruir em poucos dias".

O primeiro resultado foi um aumento do número de batalhas, pois qualquer exército que recuasse de campo aberto e se retirasse para as suas fortalezas estava agora fadado a perder. Entre 1495 e 1525, os europeus ocidentais travaram uma dúzia de grandes confrontos, um índice sem precedentes desde a antiguidade. Mas ao longo das décadas seguintes isso mudou, já que avanços na ofensiva despertam reações defensivas. Os europeus agora abandonavam os altos muros de pedra que haviam detido os agressores desde os dias da pré-histórica Jericó. Em vez disso, erguiam bancos de terra baixos e inclinados, que desviavam a trajetória ou absorviam as balas de canhão. Os novos muros eram mais fáceis de ser escalados pela infantaria, mas a solução desse problema também estava à mão. "Nossa primeira providência", observou Maquiavel por volta de 1520, "é fazer nossos muros curvos [...] de modo que, se o inimigo tenta se aproximar, ele pode ser confrontado e repelido tão bem nos flancos quanto pela frente."

Ao longo do século seguinte, novos muros mais caros, em forma de estrela-do-mar e guarnecidos com revelins salientes, bastiões e tenalhas, difundiram-se pela Europa. Como os exércitos derrotados agora voltavam a ser capazes de se retirar para fortalezas inexpugnáveis, as batalhas de repente perderam seu apelo. Entre 1534 e 1631, os europeus ocidentais dificilmente se arriscavam em confrontos abertos e, quando o faziam, geralmente ocorria enquanto um dos lados tentava levantar um cerco. "Fazíamos guerra mais como raposas do que como leões", afirmou um soldado inglês, "e você pode contar 20 cercos para cada batalha."

Tudo isso soa como mais uma história da Rainha Vermelha, com os europeus correndo cada vez mais rápido apenas para ficar no mesmo lugar, desperdiçando sangue e ouro em guerras cada vez mais terríveis, mas em última instância supérfluas. No entanto, como no caso da invenção de fortificações, armas e armaduras de metal, e todas as outras antigas revoluções nos assuntos militares que vimos no capítulo 2, nada poderia estar mais distante da verdade. Os europeus ocidentais não eram capazes de ultrapassar uns aos outros, mas sem dúvida saltaram à frente de todos os demais povos do planeta.

Durante séculos, os europeus viveram na defensiva contra mongóis, turcos e outros invasores. A queda de Constantinopla em 1453 enviou ondas de choque por todo o continente, e em 1529 um exército turco chegou às portas de Viena. Uma geração mais tarde, as perspectivas da Europa pareciam ainda mais sombrias. "Será que ainda temos dúvidas quanto ao resultado", questionava-se com tristeza o principal negociador europeu em Constantinopla, ao comparar a cristandade, com "seu cofre vazio, seus hábitos luxuosos, seus recursos exauridos, [e] espíritos enfraquecidos" com os turcos e seus "recursos intactos, experiência e prática em armas, soldadesca veterana, [e] sequência ininterrupta de vitórias?"

Para surpresa da maioria das pessoas, constatou-se que a resposta era sim. Enquanto o embaixador escrevia, o equilíbrio militar de poder estava mudando o caminho da Europa. Em 1600, o comandante turco na Hungria fez um melancólico relato de que "a maioria dos soldados desses malditos [ou seja, os cristãos] estão a pé e de arcabuz. A maioria dos soldados do Islã são cavalarianos, e seus homens de infantaria, além de poucos, raramente têm alguma experiência com arcabuzes. Por essa razão, existe uma grande dificuldade nas batalhas e cercos".

Os europeus haviam aumentado consistentemente o número de canhoneiros em seus exércitos durante um século. A tendência se acelerou depois da década de 1550, quando os espanhóis introduziram uma nova espécie de arma de fogo manual, o mosquete, que disparava uma bala de chumbo de 50 gramas forte o suficiente para furar uma placa de armadura a 100 passos de distância. Na década de 1520, a infantaria de armas afiadas – lanças, espadas e alabardas – geralmente superava os arcabuzeiros na proporção de três para um, mas um século depois a proporção de tiros para espetadas havia se invertido. A cavalaria, com seu predomínio medieval encerrado, havia sido relegada a patrulhar, realizar escaramuças e guardar os flancos. Homens a cavalo raramente compunham mais de um décimo de um exército do século XVII.

E assim temos ainda outro paradoxo. Por volta de 1415, os mongóis e a China do período ming contavam com os exércitos mais poderosos da Terra, e Henrique V e os outros reis da Europa ficavam bem atrás. Por volta de 1615 – e talvez até cerca de 1515 – isso estava se invertendo, e poucos exércitos do mundo seriam capazes de fazer frente ao poder de fogo europeu. Os europeus tinham as armas de elite, e os asiáticos, que haviam inventado a artilharia, não contavam com elas.

Por que a China não manteve sua liderança em armas de fogo e não seguiu adiante para travar sua própria Guerra dos Quinhentos Anos mundo afora? Essa talvez seja a questão mais importante de toda a história militar, mas há pouca concordância quanto à resposta.

A teoria mais popular, e já vimos algumas versões dela em capítulos anteriores, é que os europeus foram os beneficiários de uma maneira de guerrear exclusivamente ocidental. Eles a herdaram dos antigos gregos, e ela foi responsável por sua revolução da pólvora. "O ponto crucial a respeito das armas de fogo e dos explosivos não é que eles tenham dado de repente a hegemonia aos exércitos ocidentais", sugere o historiador militar Victor Davis Hanson, "mas que tais armas foram produzidas com qualidade e em grande número no Ocidente e não em países não europeus – fato que em última instância é explicado por uma prolongada postura cultural do Ocidente inclinada ao racionalismo, à livre inquirição e à disseminação de conhecimento, que tem suas raízes na antiguidade clássica." A ascensão da Europa, conclui ele, foi "lógica, considerando-se as origens helênicas da civilização europeia".

A esta altura do livro, você não ficará surpreso em saber que eu não estou convencido disso. Tentei mostrar no capítulo 2 que não havia essa história de um antigo modo de guerrear ocidental, pois a maneira de os gregos e romanos lutarem não era exclusivamente ocidental. Eram apenas as versões locais (mediterrâneas) de um padrão encontrado em todas as latitudes afortunadas da Eurásia, que podemos chamar de "maneira produtiva de guerrear". Eu segui adiante no capítulo 3 defendendo que por toda parte, da China ao Mediterrâneo, essa antiga maneira produtiva de guerrear começou a falhar no primeiro milênio depois de Cristo diante da ascensão da cavalaria. Se essas afirmações são corretas, então a sugestão de Hanson de que a continuidade do modo ocidental de guerrear explica a ascensão do poder da pólvora na Europa deve ser incorreta, e, quando examinamos de perto o que aconteceu na Europa no século XVI, são muitas as coisas que não conseguem ser explicadas pela teoria do modo ocidental de guerrear.

Outros historiadores já entraram em detalhes nessa questão; portanto, vou me concentrar em apenas uns dois aspectos. Se realmente procede afirmar que "é esse desejo ocidental de um único e magnífico confronto de infantaria, essa brutal matança com armas afiadas e fatais em um campo de batalha entre homens livres que tem desconcertado e aterrorizado nossos adversários do mundo não ocidental há mais de 2.500 anos" (palavras de Hanson), por que o novo estilo europeu de guerrear se resumia então em manter distância e disparar armas em vez de se aproximar para usar armas afiadas? Se o modo ocidental de guerrear sempre foi centrado na "absoluta destruição das forças do inimigo em campo de batalha" e "no *desejo* de desferir golpes fatais e depois manter uma firme resistência, sem se retirar, a qualquer reação do oponente", por que os europeus travaram tão poucas batalhas no século que vai de 1534 a 1631? E por que, se "nos últimos 2.500 anos [...] tem havido uma prática peculiar da guerra ocidental, uma base comum e uma maneira contínua de lutar, que fizeram dos europeus os soldados mais mortíferos da história dos combates", os europeus passaram todo um milênio – de aproximadamente 500 a 1500 d.C. – em uma retirada geral diante de agressores e invasores da Ásia e do norte da África?

Alguns historiadores propõem uma resposta bem realista a todas essas questões. A revolução das armas de fogo da Europa, defendem eles, nada tem a ver com tradições culturais: os europeus se deram bem com armas de fogo apenas porque lutaram muito. A Europa, diz essa teoria, dividia-se em muitos pequenos Estados que viviam sempre se confrontando. A China, ao contrário, foi um império unificado a maior parte do tempo entre 1368 e 1911. Como resultado disso, os chineses raramente lutavam e tinham poucas razões para investir no aprimoramento de armas. Mas, para os beligerantes europeus, investir em melhores armas era literalmente uma questão de vida ou morte. Portanto, foram os europeus, e não os chineses, que aperfeiçoaram as armas.

Mas isso também deixa questões importantes sem resposta. Apesar de sua unidade, a China teve muitos conflitos entre 1368 e 1911, muitas vezes em uma escala muito superior à das rixas europeias. Em 1411 e de novo em 1449, imperadores mandaram exércitos de meio milhão de homens contra os mongóis. A luta contra piratas preencheu boa parte do século XVI, um terrível embate contra o Japão devastou a península da Coreia na década de 1590, e em 1600 cerca de 250 mil homens foram mobilizados contra uma revolta em Sichuan. Então por que nenhuma dessas guerras desencadeou inovações em armas de fogo do tipo das que ocorreram na Europa?

A real questão, explica o historiador que virou advogado, Kenneth Chase, em seu magnífico livro *Firearms: a global history to 1700*, era não quantas, mas que tipo de guerras os europeus e os asiáticos travaram. As primeiras armas de fogo eram desajeitadas, lentas, e suas taxas de disparo eram medidas em minutos por tiro, em vez de tiros por minuto. Só funcionavam de fato contra alvos também desajeitados, lentos, como muros de cidades, o que explica por que os primeiros grandes avanços foram na artilharia de cerco.

O incubador de inovações foi inicialmente o sul da China, porque as guerras contra os soberanos mongóis do vale do Yang-tsé em meados do século XIV seriam vencidas assaltando fortalezas e afundando grandes navios, em lutas no espaço restrito de um rio. Para essas duas tarefas, os primeiros canhões eram excelentes. Mas quando as lutas terminaram em 1368 o principal teatro de guerras mudou para as estepes do norte da China. Ali havia poucos fortes para bombardear, e canhões lentos em disparar eram inúteis contra uma cavalaria de rápidos deslocamentos. Os generais chineses, sendo homens racionais, puseram seu dinheiro em cavalarianos adicionais e em grandes muros, em vez de promover aprimoramentos graduais nas armas de fogo.

A Europa – pelo menos quando se trata de artilharia – tinha mais em comum com o sul do que com o norte da China. Era cheia de fortes, tinha muitas paisagens acidentadas que restringiam os movimentos dos exércitos, e, pelo fato de ficar tão distante das estepes (o que tornava a cavalaria muito cara), seus exércitos sempre incluíram muita infantaria de lento deslocamento. Nesse ambiente, experimentar com canhões para tentar obter pequenos aprimoramentos fazia muito sentido, e por volta de 1600 haviam se acumulado tantas melhorias que os exércitos europeus estavam se tornando os melhores da Terra.

Se os imperadores da dinastia Ming tivessem uma bola de cristal e pudessem ter visto que por volta do século XVII as armas de fogo seriam eficazes o suficiente para derrotar a cavalaria nômade, com certeza teriam adotado a perspectiva de longo prazo e feito os investimentos para chegar à pólvora granulada, aos mosquetes e aos canhões de ferro forjado. Mas no mundo real ninguém consegue prever o futuro (por mais que alguns de nós tentem). Tudo o que podemos fazer é reagir aos desafios imediatos com que deparamos. Os europeus investiram em armas de fogo porque isso fazia sentido na época; os chineses não investiram em armas de fogo porque isso não fazia sentido na época; e, devido a toda essa sensatez, a Europa (quase) conquistou o mundo.

A retribuição

Os europeus conheceram as armas de fogo no século XIV porque seus viajantes, mercadores e guerreiros cruzaram a Eurásia e as trouxeram para o Ocidente, e no século XVI os asiáticos tomaram conhecimento das armas de fogo aprimoradas pelos europeus porque viajantes, mercadores e guerreiros as trouxeram de volta para o Oriente. De certo modo, foi uma retribuição.

Os otomanos, situados na fronteira entre a Europa e a Ásia, foram os primeiros a tomar conhecimento das armas de fogo europeias. O poder de fogo turco geralmente mostrava atraso em relação ao europeu, mas sem dúvida estava décadas à frente da artilharia de terras mais a leste e ao sul. Foi uma artilharia montada sobre carroças que massacrou os melhores cavaleiros da Pérsia, em Çaldiran, em 1514, e do Egito, em Marj Dabiq, dois anos depois, dando aos otomanos o domínio do Oriente Médio.

Uma geração mais tarde, a Moscóvia – outro Estado assentado em ambos os lados da fronteira entre Europa e Ásia – também aprendeu a usar armas de fogo ocidentais. Desde o século XIII, os russos vinham comprando sua sobrevivência com subornos anuais aos mongóis, mas no século XVI o czar Ivã, o Terrível, vingou-se. Os russos tinham aprendido o básico da artilharia em guerras sangrentas contra a Suécia e a Polônia, e Ivã varreu o rio Volga usando artilharia para esmagar as paliçadas mongóis que encontrava pelo caminho. Na época de sua morte, em 1584, havia duplicado o tamanho do império de Moscou, mas isso foi apenas o começo. Em 1598, caçadores de peles russos armados com mosquetes de construção recente cruzaram os montes Urais; por volta de 1639, já contemplavam o oceano Pacífico.

Se as demais coisas permanecessem iguais, as caravanas talvez tivessem levado as avançadas armas de fogo europeias para leste, ao longo das Estradas da Seda, até a China, mas elas foram superadas pela segunda grande invenção dessa era – os barcos oceânicos.

Como no caso das armas de fogo, a tecnologia básica também foi desenvolvida na Ásia, mas aperfeiçoada na Europa. As bússolas magnéticas, por exemplo, estavam nas mãos dos comandantes chineses por volta de 1119. Adquiridas por mercadores árabes no oceano Índico, chegaram aos italianos do Mediterrâneo por volta de 1180. Ao longo dos três séculos seguintes, os construtores navais do leste asiático introduziram avanços no cordame, no leme e na construção do casco. Por volta de 1403, a China teve as primeiras docas secas do mundo, abrigando os maiores veleiros jamais construídos. Cheios de compartimentos à prova d´água, selados com pintura impermeável e apoiados por barcos-tanque de água potável, esses navios podiam ter ido a qualquer lugar que os marinheiros chineses quisessem, e entre 1405 e 1433 o famoso almirante Zheng He liderou centenas deles, com tripulações de dezenas de milhares de marinheiros, pelo leste da África, Meca e Java.

Comparados com esses, os navios ocidentais pareciam toscos, mas – como ocorreu com as armas de fogo – os europeus conduziram as ideias asiáticas por direções radicalmente diferentes. Mais uma vez a força propulsora foi muito básica: a geografia da Europa apresentava desafios diferentes dos da Ásia, e ao tentar ficar à altura desses desafios os europeus descobriram enormes vantagens em seu relativo atraso.

No século XV, a Europa ocidental parecia a parte mais mal localizada das latitudes afortunadas da Eurásia – uma mera "península marginal afastada", nas palavras de um economista, distante dos verdadeiros centros da ação localizada no sul e no leste asiático. Os mercadores europeus eram plenamente conscientes das riquezas da China e da Índia e havia séculos procuravam rotas fáceis para os prósperos mercados do Oriente. No entanto, a situação parecia no mínimo estar piorando depois de 1400. Os reinos mongóis estavam se desintegrando, o que tornava mais perigosas as Estradas da Seda que cortavam as estepes, ao mesmo tempo em que os impostos cobrados pelos otomanos deixavam a rota alternativa (por terra, da Síria ao Golfo Pérsico) mais cara. A melhor solução parecia ser chegar à Ásia velejando ao redor do extremo da África, desviando dos reinos interpostos, mas ninguém sabia se isso seria sequer possível.

Nenhuma parte da Europa estava mais bem localizada para descobrir isso do que Portugal, e nos anos posteriores à tomada de Ceuta navios portugueses apontaram sua proa para a costa ocidental da África. Não foi fácil; galés movidas a remo tinham supremacia no Mediterrâneo, mas eram inadequadas para as distâncias e os ventos do Atlântico. Isso parecia tão importante que o príncipe Henrique, um dos conquistadores de Ceuta e terceiro na linha de sucessão ao trono português, encarregou-se pessoalmente do esforço para produzir melhores navios.

O projeto logo rendeu frutos com as caravelas. Esses navios pequenos, de apenas 15 a 30 metros de comprimento e capacidade para meras 15 toneladas, teriam parecido ridículos a Zheng He, mas cumpriram a tarefa. Seu fundo raso podia entrar nas embocaduras lodosas dos rios africanos, suas velas quadradas davam-lhes rapidez, e as velas latinas, agilidade. Em 1420, os navios portugueses descobriram as ilhas da Madeira e em 1427 os Açores; em poucos anos essas ilhas estavam cheias de plantações viçosas. Em 1444, marinheiros portugueses chegaram ao rio Senegal, o que lhes deu acesso ao ouro das minas africanas. Em 1473, eles cruzaram a linha do equador, e em 1482 chegaram à foz do poderoso Congo (Figura 4.4).

Tudo corria de maneira memorável, mas depois do Congo as caravelas (e outras versões, novas e maiores, chamadas carracas) viram-se enfrentando fortes ventos frontais. O progresso empacou, até que os marinheiros europeus – destemidos – descobriram duas soluções. Primeiro, em 1487, Bartolomeu Dias teve a sensacional ideia da "volta do mar". A manobra consistia em aventurar-se por águas não mapeadas do Atlântico com a esperança de pegar ventos que o catapultassem para além do extremo da África. Triunfante, ele contornou o que hoje chamamos de cabo da Boa Esperança. Dias, no entanto, chamou-o de cabo das Tormentas (a experiência de tentar dormir em meio a seus ventos uivantes me faz pensar que o nome dado por Dias de fato era bem adequado), mas, qualquer que seja o nome dado ao cabo, os marinheiros portugueses preferiram amotinar-se a enfrentar aquelas intempéries. Coube a Vasco da Gama, em 1498, fazer uma segunda expedição para dar a volta à extremidade da África e adentrar o oceano Índico.

A segunda solução, de Cristóvão Colombo, foi mais drástica ainda. Como todo europeu instruído, Colombo sabia que a Terra era redonda e que – em tese –, velejando a oeste de Portugal, ele acabaria chegando ao Oriente. Os europeus mais instruídos sabiam também que o mundo tinha cerca de 38.400 quilômetros de circunferência, o que significava que essa rota para as Índias era longa demais para se mostrar lucrativa. Colombo, no entanto, não aceitava isso, e insistia que apenas 4.800 quilômetros de navegação o levariam ao Japão. Em 1492, ele finalmente levantou fundos para provar seu ponto de vista.

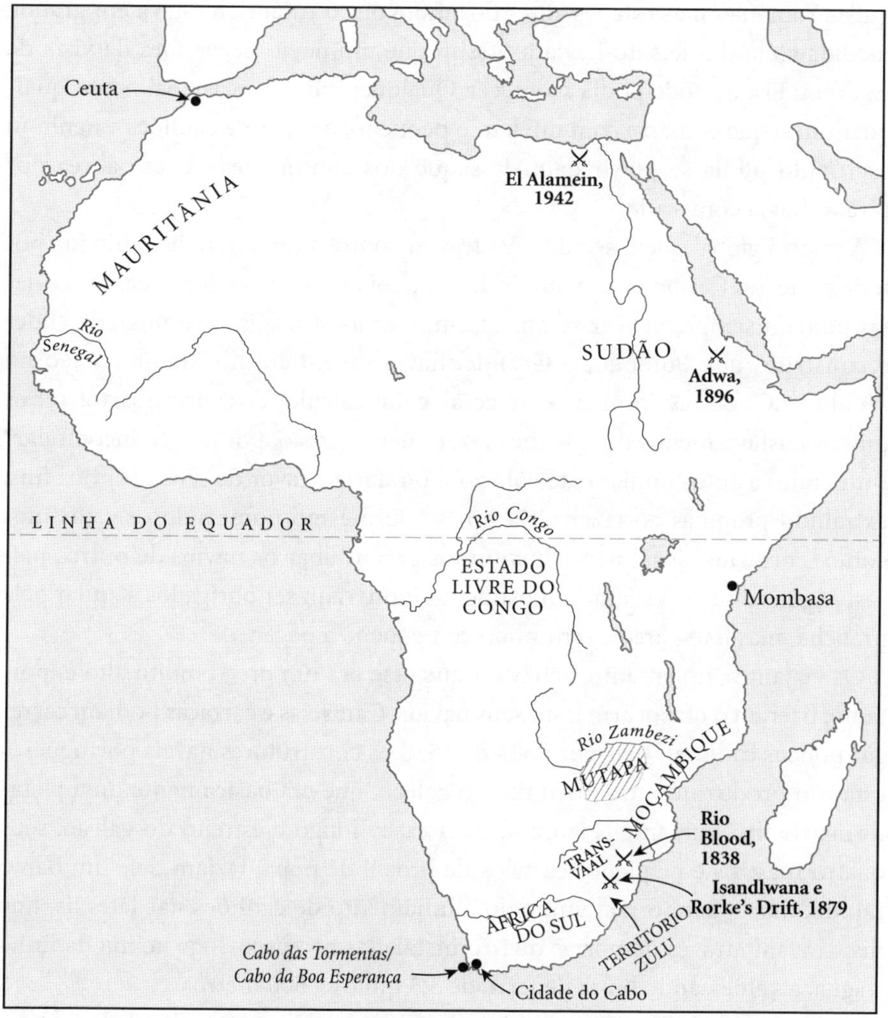

Figura 4.4. Locais da África mencionados neste capítulo.

Colombo morreu acreditando que havia navegado até a terra do grande khan, mas aos poucos ficou claro que sua descoberta acidental de um novo mundo era mais empolgante ainda. Havia a perspectiva de se ganhar muito dinheiro despachando riquezas da América – ouro, prata, tabaco, até mesmo chocolate – para a Europa e usar africanos para produzir essas coisas refinadas. Os marinheiros europeus fizeram o Atlântico deixar de ser um obstáculo e virar um caminho.

Mas era um caminho cheio de perigos. Como o Mediterrâneo antes da conquista romana ou as estepes antes dos mongóis, o Atlântico estava em grande medida além das leis do Leviatã. Assim que um navio ficava fora da vista de Cádiz ou Lisboa, tudo podia acontecer. Qualquer um (ou, ocasionalmente, qualquer uma) que contasse com um barco pequeno, um par de canhões e nenhum escrúpulo podia se servir daquele saque dos continentes. A fase áurea dos piratas havia começado.

A guerra global que o século XVI travou contra a pirataria, disseminada por toda parte, do Caribe ao estreito de Taiwan, foi outra luta assimétrica. Os Leviatãs podiam sempre vencer se quisessem, mas a estratégia de limpar, defender e construir, que Pompeu, o Grande, havia inventado no Mediterrâneo no século I a.C., custava dinheiro. No geral, pelos cálculos dos governos, tolerar os piratas custava menos do que lhes fazer guerra; então, por que se incomodar? Burocratas astutos podiam até colocar a pirataria a favor de seus próprios fins, extraindo propinas ao fazer vista grossa ou mesmo nomeando os assassinos como "corsários", legalmente instituídos para roubar os navios de outros países. Alguns poucos viajantes imprudentes poderiam ser obrigados a andar pela prancha, mas isso parecia ser um preço pequeno a pagar.

Os viajantes, no entanto, achavam que esse era um preço muito alto e, portanto, fizeram o óbvio: armaram seus navios. Caravelas e carracas podiam carregar poucos canhões, mas por volta de 1530 os construtores navais portugueses estavam produzindo um novo tipo, o galeão, que era basicamente uma plataforma de tiro flutuante (Figura 4.5). O casco longo e estreito do galeão, seus quatro mastros e pequenos castelos de proa e de popa, faziam dele um barco rápido, mas o ganho real vinha do alinhamento de canhões nas laterais, que disparavam através de portas de tiro instaladas no casco, logo acima da linha d'água, arremessando bolas de ferro de 3,5 quilos a 500 metros.

Por 2 mil anos, os capitães haviam lutado aproximando-se, batendo e abordando, mas agora aprendiam a ficar de lado e disparar contra o inimigo por uma cortina de fumaça acre. Ainda havia muito trabalho para alfanjes e adagas, mas agora era mais provável que os homens morressem devido aos "estilhaços" – uma palavra amena para lascas de carvalho irregulares de 30 centímetros que vinham em rajadas de todos os lados, arrancando braços e cabeças, sempre que uma bala de canhão atravessava um casco. Uma testemunha da carnificina fala de conveses "tingidos de sangue, seus mastros e equipamentos cobertos de cérebros, cabelo e pedaços de crânios".

Figura 4.5. Plataformas de tiro flutuantes: galeões franceses e portugueses enfrentam-se no litoral do Brasil, provavelmente em 1562.

No entanto, os canhões serviam não só para afastar os piratas. Também viraram uma fonte de lucro por si sós, pois os asiáticos pagavam bom preço por essas perversas armas. Vários homens de Vasco da Gama abandonaram seus navios e se instalaram como construtores de canhões do sultão de Calicute, vendendo-lhe 400 canhões em um ano. Em 1521, os primeiros portugueses a chegar à China também estavam distribuindo canhões para os mercados locais e, por volta de 1524, os artesãos chineses já faziam suas versões, além de produzir pólvora granulada.

O caso extremo foi o Japão. Quando uma tempestade despejou três portugueses em uma praia em 1542, eles prontamente venderam seus mosquetes de último tipo a um chefe local e ensinaram seus artesãos de metal a fazer mais. Por volta da década de 1560, os canhões japoneses eram tão sofisticados quanto os da Europa e igualmente eficientes em tornar as fortificações obsoletas. Em contraste com a Europa, porém, a defesa japonesa não evoluiu tão rápido quanto a agressão, talvez porque armas de fogo avançadas tenham surgido muito de repente, em vez de evoluírem ao longo de dois séculos, como na Europa. Mas, seja qual for a causa, como vimos no capítulo 3, um governo único controlou o arquipélago inteiro por volta da década de 1580.

As armas de estilo europeu fizeram tamanho sucesso que os militares asiáticos logo passaram a chamar todas as modernas armas de fogo pelo rótulo genérico de "francas" (*farangi* na Pérsia, *firingi* na Índia, *folangji* na China). Também adotaram táticas europeias, aprendendo que carroças lotadas de modernos mosquetes e canhões podiam realmente derrotar os cavaleiros das estepes.

A experiência do príncipe Zahir al-Din Muhammad Babur foi típica. Lutando com arcos e lanças, seus seguidores afegãos não conseguiram defender Samarcanda e Cabul quando os cavaleiros uzbeques atacaram entre 1501 e 1511, e ele teve que fugir para a Índia. Uma vez lá, Babur contratou conselheiros otomanos, que o fizeram comprar canhões e carroças, e em 1526 ele recuperou tudo na esmagadora vitória de Panipat. O Império Mogol que ele fundou iria se tornar o maior da história da Índia.

Os soldados chineses, ao que parece, descobriram a carroça *laager* de modo independente. "As carroças", observou o comandante das defesas de Pequim na década de 1570, "podem fazer as vezes dos muros de um acampamento; podem tomar o lugar da armadura. Quando a cavalaria inimiga surge em volta como um enxame, não tem como pressioná-las; são de fato como muros com pés ou como cavalos sem [necessidade de] forragem. Ainda assim, tudo depende das armas de fogo. Se perdermos as armas de fogo, como as carroças poderão resistir?"

Às vezes, perdiam-se até as armas de fogo, e as carroças não conseguiam resistir; em 1739, a cavalaria afegã arrasou os mosqueteiros da Índia mogol, saqueou Délhi e levou embora o Trono do Pavão, incrustado de safiras, do Império Mogol. Mas, em geral, entre cerca de 1550 e 1750, ocorria algo notável. Equipados com novas armas de fogo, os impérios das latitudes afortunadas finalmente dominaram as estepes, rompendo o ciclo das guerras produtivas e contraproducentes.

Os imperadores não fizeram isso mandando a infantaria embrenhar-se por territórios inóspitos para caçar cavaleiros nômades, o que continuava tão caro quanto antes, mas sim enviando agricultores para ir corroendo as extremidades das pradarias. Cavando valas, construindo paliçadas e disparando mosquetes, os camponeses canalizaram os movimentos dos nômades e cercaram os cavaleiros, até que os nômades ficaram sem lugar para se esconder. Só então é que os imperadores utilizaram sua nova artilharia, leve o suficiente para ser arrastada até as distantes estepes.

Cannon to right of them,
Cannon to left of them,
Cannon in front of them
Volley'd and thunder'd...[33]

Escreveu o poeta Tennyson sobre a famosa batalha entre cavalos e canhões, mas cenas bem similares aos da cavalgada da brigada ligeira rumo ao desastre em Balaclava ocorreram incontáveis vezes nas estepes durante os séculos XVII e XVIII. Atingidos por tiros e obuses, para a boca do inferno cavalgaram os nômades.[34] Poucos voltaram.

Russos e otomanos foram expulsos da extremidade ocidental das estepes entre 1500 e 1650; na Ásia central, os mogóis e os persas rechaçaram os uzbeques e os afegãos entre 1600 e 1700; e, no leste, a China encampou as vastidões infindáveis de Xinjiang entre 1650 e 1750. Por volta de 1727, quando os oficiais russos e chineses se encontraram em Kiakhta para firmar um tratado que definisse suas fronteiras na Mongólia, os impérios da pólvora haviam de fato bloqueado a estrada das estepes.

Com os nômades fora da equação, a guerra produtiva foi logo retomada. Da Turquia à China floresceram impérios extraordinários sob a segurança da estepe fechada. Com seus flancos da Ásia central em segurança, os otomanos

33 Em tradução livre: "Canhões à direita deles / Canhões à esquerda deles / Canhões à frente / Saraivadas e estrondos..." Do poema de Tennyson "A carga da brigada ligeira". [N. T.]

34 Esta frase, com algumas supressões, é também uma menção quase literal aos versos deste poema: "*Storm'd at with shot and shell / Boldly they rode and well / Into the jaws of Death / Into the mouth of Hell Rode the six hundred*". [N. T.]

conquistaram o norte da África e avançaram pelo Danúbio. A Rússia absorveu a Sibéria, a dinastia Safávida criou o maior império que a Pérsia havia visto em mil anos, os mogóis dominaram quase toda a Índia e a dinastia Qing levou as fronteiras da China além até mesmo dos limites da moderna República Popular.

Os detalhes variaram enormemente, mas, apesar de incluírem mais que a costumeira cota de bêbados, viciados em drogas e degenerados, os imperadores foram obrigados a seguir o roteiro antigo e se transformaram em bandidos estabelecidos. Contrataram burocratas, pagaram seus exércitos em vez de deixá-los saquear e – como tiros e obuses (para não mencionar haréns e ópio) custam dinheiro – encontraram maneiras de promover a agricultura e o comércio, as principais fontes de impostos. "Procure favorecer os comerciantes", sugeriu um oficial otomano comum ao seu sultão. "Cuide sempre bem deles; não deixe que ninguém os incomode, pois é através de seu comércio que a terra se torna próspera."

A maioria dos governantes continuou recebendo propinas e oprimindo os pobres, mas alguns poucos começaram a esclarecer os direitos de propriedade, a cobrar impostos razoáveis e a estimular o investimento. Eles trouxeram das Américas novos cultivos maravilhosos – batata, batata-doce, amendoim, abóbora, milho –, o que aumentou as colheitas imensamente. Ao investir em estradas e pontes, prender bandidos e aprovar leis favoráveis aos negócios, os governos incentivaram os agricultores a introduzir culturas lucrativas, como a de algodão, café e seda. Por volta de 1600, o delta do Yang-tsé provavelmente tinha os agricultores mais produtivos do mundo, e os do sul da Índia e de Bengala talvez não ficassem muito atrás.

As novas regras funcionavam bem para os sultões e xás, que foram capazes de construir seus Taj Mahal e mesquitas, mas não fica claro o quanto esses governos deixaram os asiáticos comuns em melhores condições. Há indícios de que os salários aumentaram conforme os Leviatãs se expandiram e que baixaram quando os governos se desintegraram, mas será necessário estudar muito mais as obscuras e confusas fontes espalhadas em arquivos de Istambul a Pequim antes que se possa afirmar isso com certeza.

Estamos em terreno mais seguro ao afirmar que os governos reduziram a violência. Na Pérsia – o pior caso –, os conflitos tribais paralisaram o país até o século XVI. "Durante anos", lamentava-se o xá Tahmasp em 1524, "fui obrigado a observar pacientemente o derramamento de sangue entre as tribos e tentei ver qual era a vontade de Deus nesses episódios." Mas, 70 anos mais tarde, o xá Abbas adotou uma linha mais dura. "Assim que assumiu o trono", registrou seu biógrafo, "ele pediu que os principais salteadores de estradas fossem identificados em cada província e então promoveu a eliminação dessa classe de pessoas." Essa abordagem "mãos à obra" de Abbas em relação à segurança (ele pessoalmente decapitou um arruaceiro em 1593) funcionou; na década de 1670, um viajante francês maravilhou-se com o fato de "as estradas serem tão seguras por toda a Ásia, especialmente na *Pérsia*".

Na China, temos algumas estatísticas. Durante a primeira metade de sua história, entre 1368 e 1506, a dinastia Ming construiu Leviatãs, e nesses anos estão registrados apenas 108 episódios de banditismo ou rebelião. Entre 1507 e 1644, porém, os burocratas ming foram perdendo o controle, e a folha de ocorrências cresceu para 522 registros. O que é igualmente notável é que os bandidos antes de 1506 tendiam a pilhar, estuprar, matar e depois fugir, antes que as forças do governo aparecessem. Depois de 1506, eles passaram com maior frequência a defender seu território contra os soldados, e muitas vezes saíam vencedores.

De qualquer modo, em 1644, o governo Ming desabou de vez. Mas, embora milhões – talvez dezenas de milhões – morressem no subsequente cataclismo Ming-Qing (como os historiadores o chamam), esse episódio terrível foi diferente de outros colapsos dinásticos anteriores. Dessa vez, a desintegração não trouxe múltiplas ondas de cavaleiros das estepes para tirar proveito da situação; a China não descambou para crises sangrentas recorrentes. Em vez disso, a nova dinastia Qing restaurou as fronteiras, esmagou os rebeldes e construiu um Leviatã mais forte ainda.

Alguém que vivesse em 1650 ou mesmo em 1700 facilmente acharia que a Ásia era a grande vencedora desde que as armas de fogo haviam sido inventadas. Os asiáticos haviam dado as armas de fogo e os navios oceânicos aos europeus, mas estes haviam retribuído o presente com juros, melhorando os navios e depois usando-os para levar armas de fogo aprimoradas de volta para a Ásia. Com armas de fogo de estilo europeu, os asiáticos então resgataram a guerra produtiva, fechando as estepes e construindo impérios maiores, mais seguros e ricos do que nunca. Na Europa, ao contrário, nem mesmo o Império Otomano havia conseguido assumir uma dianteira suficiente na sempre acelerada corrida armamentista, a ponto de conquistar todos os demais, e o continente continuou sendo uma confusão fragmentada e beligerante de reis, príncipes, czares e até mesmo algumas poucas repúblicas. Contemplando com admiração os esplendores do Oriente, não eram poucos os europeus que chegavam à conclusão de que estavam ficando cada vez mais para trás.

Drill, baby, drill

Mas estavam equivocados. Longe de ficar para trás, os europeus, na verdade, estavam dando um salto adiante, e tudo por terem ficado no mesmo lugar.

O que quero dizer com essa formulação um tanto torcida é que os europeus aprenderam a organizar soldados e marinheiros e fazê-los defender seu território, o que lhes permitiu tirar o máximo proveito de seu poder de fogo. Por volta de 1650, os europeus haviam descoberto os princípios fundamentais por trás das operações militares pré-mecânicas com pólvora, e pelos 150 anos seguintes foram aperfeiçoando-as. Os impérios asiáticos podem ter resgatado a guerra produtiva, mas os europeus a reinventavam totalmente.

Em 1590, a maior fragilidade dos exércitos e frotas europeus ainda era a lentidão e a imprecisão de seus mosquetes e canhões, que permitiam que, com um pouco de sorte e senso de oportunidade, as investidas repentinas da cavalaria ou de piratas fossem capazes de superá-los antes que conseguissem ser recarregados. A solução, diz a lenda, veio à mente do conde Guilherme Luís de Nassau (comandante do exército holandês que travava uma dura guerra para tornar o país independente da Espanha) em 1594, enquanto lia um relato de Roma Antiga sobre o melhor uso dos dardos.

Guilherme Luís rabiscou uma carta ao seu primo Maurício (Figura 4.6). Mosqueteiros competentes, assinalou Guilherme Luís, podem disparar uma saraivada a cada 30 segundos mais ou menos. Mas que tal se, em vez de dispararem todos ao mesmo tempo, eles formassem seis fileiras e disparassem uma fileira por vez, como os arremessadores de dardos romanos? A primeira fileira poderia disparar, virar as costas e marchar de volta pelo meio das outras fileiras. Enquanto fizessem essa contramarcha, a segunda fileira dispararia; em seguida, enquanto esta voltasse atrás, a terceira dispararia, e assim por diante. Quando a sexta fileira tivesse feito seus disparos e voltado atrás, a primeira estaria pronta de novo para disparar. Em vez de uma grande saraivada a cada 30 segundos, os mosqueteiros agora fariam uma saraivada menor a cada cinco segundos – tempo suficientemente breve para promover uma contínua chuva de balas de mosquete, capaz de deixar cavalarias ou piratas perplexos.

Isso, como se viu na prática, era mais difícil de aplicar do que parecia em tese – afinal, os inimigos revidavam os tiros –, mas, na década de 1620, soldados suecos finalmente fizeram a saraivada funcionar da maneira que Guilherme Luís disse que deveria. O rei sueco Gustavo Adolfo inovou ao inverter a ideia holandesa.

Em vez de mandar os homens atirarem e depois marcharem de volta, Gustavo os fez avançar dez passos, atirar e depois permanecer onde estavam e fazer a recarga. Em seguida, como um oficial escocês do exército de Gustavo explicou: "as outras fileiras avançavam à frente deles e abriam fogo da mesma maneira, até que a tropa inteira tivesse descarregado, e então recomeçava como antes [...] sempre avançando em direção ao inimigo, nunca voltando sem ter encontrado a morte ou a vitória".

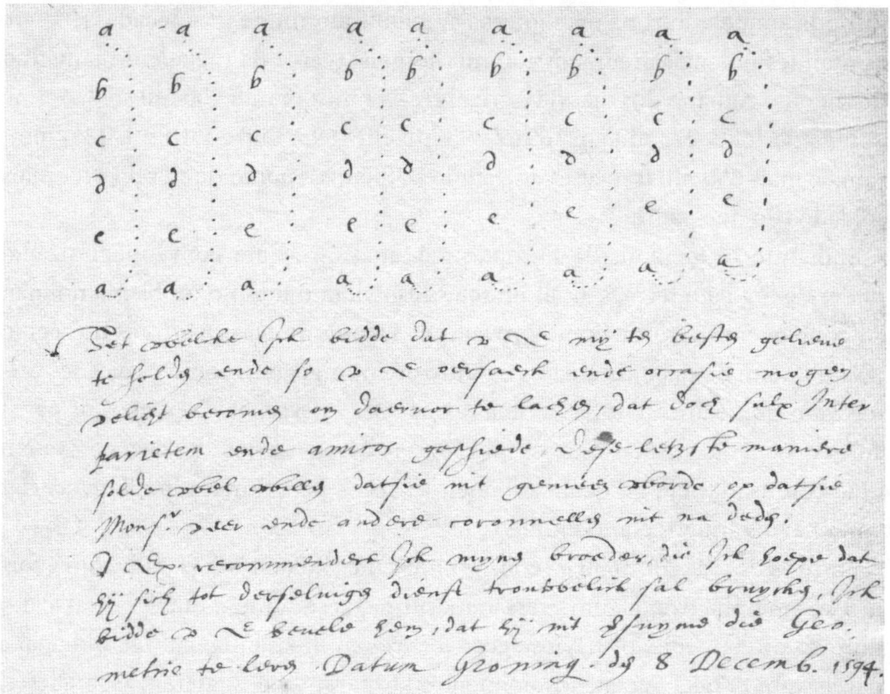

Figura 4.6. O segredo do sucesso da Europa: a famosa carta do conde Guilherme Luís de Nassau de dezembro de 1594 ao seu primo Maurício, explicando os princípios da saraivada de disparos.

Gustavo ainda notou que para tirar o máximo proveito da saraivada da infantaria era preciso reorganizar também o restante do exército. A artilharia de campo deveria agora ser usada em massa, com baterias móveis engrossando a salva de tiros de mosquete da infantaria. A cavalaria, porém, deveria abrir mão da arma de fogo. Os cavalarianos do século XVI geralmente atacavam a infantaria inimiga com uma pistola em cada mão, atiravam a curta distância e se retiravam a galope, mas a saraivada contínua de mosquetes tornava isso um suicídio.

Gustavo fez os cavalarianos voltarem à era das armas brancas, mantendo sua cavalaria bem longe da infantaria até que um descuido do inimigo deixasse um flanco aberto ou um regimento desmoralizado virasse as costas e fugisse correndo. Então os cavalarianos atacavam com sabres afiados.

Gustavo percebeu que para fazer bem todas essas tarefas os exércitos também precisavam ser bem maiores. Em Agincourt, em 1415, os franceses provavelmente tinham 30 mil homens, mas conforme as reformas de Gustavo se difundiram pela Europa os números aumentaram muito. Na década de 1640, as grandes potências reuniam 150 mil homens (cerca da metade do tamanho do exército romano dos dias de Agrícola). A França reuniu 200 mil soldados na década de 1670, 273 mil em 1691 e 395 mil em 1696. Entre 1701 e 1713, juntaram-se mais 650 mil franceses, inchando as fileiras a ponto de a França ter mais soldados do que padres.

Enquanto os generais da Europa preocupavam-se em como maximizar o poder de fogo em terra, seus almirantes resolviam o mesmo problema no mar. Ali a meta era tirar o máximo proveito de laterais amplas. As frotas do século XVI tendiam a velejar direto de encontro ao inimigo, mas como os galeões carregavam praticamente todas as suas armas nas laterais havia poucos disparos antes que as duas frotas estivessem próximas. Então a batalha degenerava em uma confusão total, na qual canhoneiros, cegos pela fumaça, podiam acertar tanto navios amigos como inimigos.

Entre as décadas de 1630 e 1650, os almirantes holandeses vieram com a formação em linha frontal, uma versão marítima da saraivada. Em vez de atacar o inimigo diretamente, os navios agora formavam uma linha, em fila indiana, e navegavam paralelamente aos oponentes, disparando das laterais. Os ingleses, franceses e espanhóis, é claro, aprenderam logo a estratégia. Duas frotas podiam navegar lado a lado por horas, disparando, até que a noite caísse ou um almirante se rendesse; ou, se uma brecha fosse aberta na linha inimiga, uma frota poderia navegar por ela, fazendo seguidos disparos de canhões de ambos os lados para atingir as vulneráveis proas e popas dos navios inimigos.

Os almirantes redesenharam suas frotas com base nesse princípio. Os navios da linha (ou seja, aqueles fortes o suficiente para ficarem em formação de fila indiana) passaram a ser a espinha dorsal da marinha, enquanto os navios menores protegiam a linha, escoltavam ou – pelo menos até cerca de 1700 – eram usados como navios de fogo – incendiados propositalmente e empurrados contra a linha inimiga para provocar o caos.

Por mar e terra, a chave para essas táticas lineares era a padronização. Já em 1599 os intendentes holandeses estavam dando a cada soldado o mesmo tipo de mosquete para que levassem o mesmo tempo para recarregá-lo. Gustavo reduziu a miscelânea de canhões do século XVI a apenas três tipos, que disparavam balas de 1,4; 5,5 ou 11 quilos. E, ao adotar os "setenta e quatro", um tipo de projeto francês de 74 canhões espalhados por dois ou três conveses, os almirantes confiavam que cada vaso de guerra iria reagir às sutis mudanças das brisas exatamente do mesmo modo e manteria assim seu lugar na fileira indiana.

Previsivelmente, a parte da máquina de guerra mais difícil de padronizar eram os homens. Segundo um manual holandês de 1607, a saraivada envolvia 43 passos distintos que os mosqueteiros tinham que memorizar e desempenhar perfeitamente sob fogo. Os canhões tinham suas próprias rotinas complexas, e manter os barcos navegando com força máxima e em linha era o mais difícil de tudo. Milhares de marinheiros competentes tinham que escalar cordames e velas, enrolar, prender, panejar a vela, avançar e bordejar exatamente no momento certo – tudo isso envoltos em fumaça e sob fogo inimigo. Os homens tinham que funcionar como partes intercambiáveis.

Quatro séculos depois dessa revolução militar, delegados da Convenção Nacional Republicana de 2008 criaram um slogan sugestivo para resumir sua reação à alta dos preços da gasolina. "*Drill, baby, drill*", cantavam eles, instando a América a extrair mais petróleo de seu próprio território. Nenhum slogan poderia descrever melhor o método que Gustavo Adolfo e seus contemporâneos inventaram para padronizar os homens. Treinar[35] era a maneira de torná-los intercambiáveis. Instrutores incansáveis (assim chamados depois de Jean Martinet, um instrutor francês notoriamente exigente) treinavam os soldados em socar pólvora, embuchar e enfiar as balas de mosquete pelo cano adentro até que fossem capazes de fazer isso de olhos fechados. Os marinheiros, por sua vez, praticavam a amarração de nós até que seus dedos ficassem em carne viva. Ainda não se conseguiu transformar os homens completamente em engrenagens de uma máquina, mas os instrutores do século XVII chegaram bem perto disso.

O tipo de homem mais difícil de padronizar eram os oficiais. O novo sistema exigia grande número deles (os exércitos holandeses da década de 1590

---

35 *Drill* tem dois sentidos em inglês: perfurar e treinar. Na primeira frase, o sentido é de perfurar petróleo. No caso de Gustavo Adolfo, o sentido de *drill* é treinar infinitas vezes. [N. T.]

passaram de companhias de 250 soldados e 11 oficiais para companhias de 120 homens e 12 oficiais, e essa proporção de 10 para 1 continua padrão até hoje), mas os homens óbvios para a tarefa – das classes altas – tendiam a ver a si mesmos em primeiro lugar como aristocratas, e como engrenagens de uma máquina em segundo lugar, bem distante. "Nossa vida e nossas posses são do rei. Nossa alma é de Deus. Nossa honra é nossa mesmo", escreveu um oficial francês. Os oficiais menos graduados regularmente debatiam com seus superiores questões arcanas de etiqueta, e ser enfiado em uniformes que diluíam sua individualidade em hierarquias padronizadas era para a maioria uma grave ofensa.

Já bem entrado o século XVIII, os oficiais se vestiam para a batalha como o fariam para um baile, com perucas empoadas, sapatos afivelados e calções de cetim, e deixavam atrás de si um rastro de perfume. "Ai de mim", a heroína de uma comédia do século XVIII comenta, "pensar que nossos caros companheiros dormem no chão, e lutam em meias de seda e babados de renda." (Na batalha de Fontenoy, em 1745, um oficial francês trouxe com ele sete pares de meias de seda de reserva – para alguma eventualidade.) Só em 1747 é que um grupo de jovens oficiais navais britânicos, reunido secretamente em uma cafeteria, concordou com a ideia de que "um uniforme é útil e necessário para oficiais".

Mas à parte essa anarquia de vestimentas, as recém-criadas academias militares sem dúvida começaram a forjar classes de oficiais com razoável profissionalização depois de 1600. Samuel Pepys – diarista, homem do mundo e mestre administrador – reformulou o treinamento naval inglês[36] em 1677 e tinha uma meta clara: produzir oficiais com "sobriedade, diligência, obediência a ordens e dedicação ao estudo e à prática da arte da navegação". Com a possível exceção da sobriedade, ele teve um sucesso brilhante, obrigando todo oficial – não importa o quanto fosse bem relacionado – a passar por exames de astronomia, artilharia, navegação e sinalização.

Por volta de 1700, as linhas de fogo que os europeus dispunham por terra e mar eram inquestionavelmente as mais combativas que o mundo já havia visto. Seu único ponto fraco, observou Pepys, era "a ânsia por dinheiro, [que] põe todas as coisas, e sobretudo a Marinha, fora dos eixos". Acompanhar a corrida armamentista em termos de homens padronizados e canhões era extremamente caro.

---

36 Por convenção, os historiadores falam em Inglaterra e Escócia como países separados antes da Lei de União de 1707, e em Grã-Bretanha depois disso (a Irlanda foi anexada à União em 1801).

Mesmo nos Estados mais ricos nunca havia dinheiro suficiente, e compatibilizar os fins e os meios logo se tornou o principal desafio para os governos.

A solução mais grosseira era falsear os livros de contabilidade. Os governos levianamente deixavam de pagar suas dívidas, permitiam que a inflação corresse solta e, quando tudo o mais falhava, simplesmente paravam de pagar seus soldados. Isso, porém, em geral piorava muito as coisas. Marinheiros ingleses que não recebiam pagamento inventaram o conceito de greve,[37] ao arrancarem as velas dos navios para que a frota não pudesse navegar até que o governo pagasse os soldos. Em 1667, com a frota em greve e Pepys incapaz de agir devido aos "lamentos dos pobres marinheiros que ficam estendidos à míngua pelas ruas por falta de dinheiro", uma frota holandesa subiu o Tâmisa e queimou ou rebocou e levou embora os melhores navios da Inglaterra. As mulheres dos marinheiros agarravam os membros do Parlamento pelas ruas de Londres, gritando: "É isso que dá não pagar nossos maridos!"

A alternativa para baixar os custos da guerra era levantar mais fundos para pagá-la, e os governos tomaram essa direção ainda mais vigorosamente. Uma técnica, conhecida como absolutismo, consistia em remover o conjunto de privilégios que nobres, cidades e clérigos haviam acumulado ao longo dos mil anos anteriores, e permitir então que os monarcas taxassem tudo em seus reinos. Naturalmente, isso era muito atraente para os reis, mas aqueles cujos privilégios estavam sendo retirados ficaram bem menos felizes. Com muita frequência, o resultado era a guerra civil.

Quando as coisas iam mal para os reis, como ocorreu na Inglaterra em 1649 e na França em 1793, eles podiam acabar perdendo a cabeça, literalmente. Mas, mesmo quando as coisas corriam bem, nunca havia dinheiro suficiente. O próprio Luís XIV na França, o maior dos absolutistas (a quem se atribui a famosa frase *L'état, c'est moi*, "O Estado sou eu"), foi incapaz, na verdade, de obter dinheiro suficiente para derrotar todos os reinos que se aliaram para lhe opor resistência e submetê-lo. Quando morreu, em 1715, a França estava quase falida.

Uma terceira abordagem era mobilizar o dinheiro de modo mais eficiente. Nisso os holandeses se destacaram, ao criar um mercado secundário para bônus do governo. Isso permitiu aos capitalistas comprarem frações da dívida nacional e revendê-las depois a outros investidores, auferindo lucro com os

---

37 Em inglês, greve é *strike*, e o termo se originou das greves de marinheiros, que ao não receberem os soldos decidiam arrancar (*strike*) as velas dos navios, impedindo a navegação. [N. T.]

juros – mais ou menos como os bancos fazem hoje com os empréstimos hipotecados, que são em um segundo momento renegociados. Em combinação com algumas leis, que apaziguavam os receios dos investidores de sofrer um calote soberano, isso deu aos governos holandeses maior capacidade de levantar dinheiro, de modo mais rápido e mais barato que qualquer de seus rivais. Os holandeses guerreavam constantemente no século XVII, e sua dívida passou de 50 milhões de florins em 1632 para 250 milhões em 1752, mas, graças à confiança dos investidores, os juros que eles pagavam caíram gradualmente, chegando a menos de 2,5% em 1747.

Em 1694, a Inglaterra levou essa ideia adiante, criando um banco nacional para gerir a dívida pública e alocar impostos específicos para pagar os juros dos bônus. Finanças públicas saudáveis trouxeram quantias extraordinárias de dinheiro; enquanto uma única grande derrota podia levar nações com pouco crédito a ficarem de joelhos, os governos de Amsterdã e de Londres pareciam capazes de reunir, treinar e empregar novas frotas e exércitos praticamente quando quisessem. Para o escritor inglês Daniel Defoe, a impressão era que "o crédito faz o soldado lutar sem receber, e os exércitos lutarem sem provisões".

Os governos não poderiam desejar nada melhor, mas a maioria permaneceu ambivalente em relação às novas instituições. Antes, como agora, os instrumentos financeiros, que pareciam maravilhosos aos banqueiros, podiam se afigurar alarmantes a todos os demais, e, tanto na época como agora, quase ninguém – incluindo os banqueiros – comprendia bem como as novas ferramentas funcionavam de fato. Em 1720, com a Bolha dos Mares do Sul na Grã-Bretanha e a Bolha do Mississípi na França, os bancos quebraram e deixaram os investidores arruinados. Instalou-se uma reação do tipo *Tea Party*, e, embora o século XVIII não tivesse nada parecido com Wall Street *versus* Main Street, ele tinha, sim, algo do tipo Threadneedle Street (o endereço do Banco da Inglaterra) *versus* a propriedade rural. Os aristocratas que haviam dominado a política por gerações suspeitavam (com razão) que os governos mais voltados para os negócios poderiam deixá-los em situação pior, e os reis tinham dificuldade em se desapegar das políticas "pilhar e gastar" que haviam dado certo para eles no passado.

Mas a solução mais construtiva para o problema de financiar a guerra não veio do falseamento das contas nem da obtenção de rendimentos adicionais ou da mobilização do dinheiro de modo mais eficiente, mas da colocação do paradoxo da guerra para funcionar. Os reis reduziram um pouco suas forças letais crescentes, mas construíram redes de alianças para compartilhar os custos das campanhas. O resultado foi uma espécie de equilíbrio de poder, que elevou o preço de uma agressão (se um governo rompesse o equilíbrio, os outros iriam se agrupar para tentar restabelecê-lo) e reduziu o preço da sobrevivência (se um Estado fosse ameaçado de destruição, os outros iriam socorrê-lo para manter o equilíbrio intacto).

Paradoxalmente, pelo fato de as forças armadas serem agora tão mortíferas, a quantidade de mortes que elas produziam caiu. Para evitar que se formassem coalizões hostis, os governantes limitaram suas guerras, definindo objetivos mais restritos e usando a força com parcimônia. As batalhas continuaram pavorosas como sempre (em 1665, o duque de York da Inglaterra ficou abaladíssimo ao ver rolar a cabeça decepada do segundo filho do conde de Burlington), mas as guerras – que escritores europeus começaram a chamar de *Kabinettskriege*, ou "guerras de ministros"– ficaram mais ordenadas. "Já não são as nações que combatem entre elas", observou um político francês na década de 1780, "mas apenas exércitos e profissionais; as guerras são como jogos de azar, nos quais ninguém arrisca tudo o que tem; o que antes era uma fúria selvagem agora é só uma insensatez."

Em um caso clássico, sete governos europeus fizeram uma grande aliança em 1701 para evitar que as coroas da França e da Espanha fossem parar em uma única cabeça real. Unir Paris e Madri teria criado uma superpotência, destruindo o equilíbrio; assim, durante uma década, saraivadas e canhões navais explodiram de Blenheim a Barbados para evitar que isso ocorresse. Por volta de 1710, a aliança claramente estava em vantagem, mas alguns de seus membros começaram a achar que, se a França e a Espanha fossem esmagadas, a balança penderia demais em favor da Grã-Bretanha; então, mudaram de lado para equilibrar as coisas. A luta finalmente terminou em 1713-1714.

A julgar pelo que estava sucedendo na Europa ocidental, a chegada dos canhões e o fechamento das estepes não tinham sido muito produtivos. Embora tivessem libertado a Europa do longo ciclo de guerras produtivas e contraproducentes, dando-lhe as armas para derrotar os cavaleiros das estepes, a guerra produtiva não havia sido resgastada do modo que ocorrera na Ásia, onde grandes novos impérios continentais haviam se formado desde 1500. Os europeus ocidentais pareciam atolados em guerras improdutivas, nas quais reis e seus gabinetes sitiavam fortalezas e trocavam províncias fronteiriças, mas nenhuma dessas guerras se mostrava produtiva em construir sociedades maiores nem contraproducente pelo fato de desintegrá-las.

A guerra contra o mundo

Os 300 anos de guerras entre 1415 e 1715 pouco fizeram para mudar o mapa da Europa ocidental, mas viraram boa parte do resto do mundo de cabeça para baixo. Os conflitos da Europa transbordaram pelos oceanos, e os europeus passaram a fazer guerra com o resto do mundo. De Portugal aos Países Baixos, os governantes da faixa atlântica da Europa ficaram muito ligados à atividade ultramarina, que eles tinham condições de taxar, para poder gastar o que ganhavam em guerras domésticas. O dinheiro que entrava pagou boa parte da revolução militar da Europa, e a revolução militar por seu turno deu aos europeus as armas que tornaram possível a expansão ultramarina.

Os canhões conferiram aos navegadores do século XV superioridade naval aonde quer que fossem e operaram maravilhas no sentido de redirecionar as mentes de parceiros comerciais relutantes. Em 1498, Vasco da Gama tentou barganhar com os mercadores de Moçambique e Mombasa para convencê-los a vender-lhe suprimentos. A barganha não deu certo, e Vasco da Gama descobriu que os tiros de canhão eram mais convincentes. Do mesmo modo, quando Pedro Álvares Cabral chegou às Índias dois anos mais tarde (descobrindo o Brasil no caminho, quando adentrou um pouco demais pelo Atlântico ao tentar contornar a África), a decisão de bombardear Calicute – matando 500 pessoas – abriu-lhe os mercados prontamente.

Por volta de 1506, Portugal havia concebido uma plano incrivelmente ambicioso, elevando a pirataria ao nível de grande estratégia. Todo navio que comerciasse especiarias precisava usar alguns portos-chave; os navegantes portugueses viram então que, se disparassem canhões e tomassem Hormuz, Aden, Goa e Malaca, poderiam transformar o oceano Índico em um lago privado e cobrar taxas de todo navio que passasse por ali. Portugal ficaria tão rico que superaria os sonhos mais ambiciosos.

O plano quase deu certo. Parte do problema foi militar; como Portugal nunca conseguiu tomar Aden, os comerciantes árabes continuaram usando o oceano Índico sem pagar impostos alfandegários. Mas o maior problema era que a expansão marítima exigia mais do que vencer batalhas. Quatro outras forças – distância, doenças, demografia e diplomacia – tinham tanto a ver com o resultado quanto o poder de fogo devastador. O sucesso dos europeus em qualquer parte do mundo dependia do equilíbrio entre essas forças.

A América, onde o equilíbrio favorecia muito os europeus, viu o resultado mais extremo. A distância e a demografia certamente eram desfavoráveis aos intrusos, limitando o número de europeus que conseguiam chegar ao Novo Mundo a uma pequena proporção do número de nativos americanos. Mas, com a chegada dos europeus, os machados de pedra, porretes e armaduras de algodão dos nativos mostraram-se quase inúteis contra espadas de aço, cavalos e canhões. Quarenta anos após a chegada de Colombo, apenas 168 espanhóis conseguiram afugentar dezenas de milhares de incas e capturaram o rei Atahualpa em Cajamarca (Figura 4.7). Crânios cheios de balas em cemitérios do século XVI dão um claro testemunho do triunfo do poder de fogo sobre a distância e a demografia.

Figura 4.7. Locais das Américas mencionados neste capítulo.

Como os portugueses no oceano Índico, porém, os espanhóis nas Américas aprenderam que o poder de fogo nem sempre era suficiente. Em 1520, os conquistadores de Cortés só escaparam por um fio de um levante asteca, e o seu saque de Tenochtitlán no ano seguinte teve a ver com diplomacia tanto quanto com armas de fogo. Cortés certamente tinha seus problemas particulares com a diplomacia, e a certa altura enfrentou uma guerra civil contra um conquistador rival, mas isso não foi nada comparado com as divisões entre os nativos americanos. Na Mesoamérica, os tlaxcaltecas e outras vítimas do imperialismo asteca estavam todos mais do que felizes em se revoltar, ao passo que, no Peru, Pizarro enfrentou um Império Inca já profundamente dividido após uma recente guerra civil. O grosso das tropas que tomaram Tenochtitlán e Cuzco era na verdade composto por nativos.

O maior fator do sucesso dos espanhóis, no entanto, foi a doença. Por milhares de anos, agricultores europeus e asiáticos conviveram com animais domésticos e desenvolveram a desagradável série de micróbios descrita no capítulo 3. Os nativos americanos, com pouco contato com animais domésticos, não tinham resistência contra essas infecções. Sofriam de algumas poucas enfermidades locais horríveis (incluindo a sífilis), com as quais puderam dar sua retribuição aos espanhóis, mas a troca de infecções atuou de maneira avassaladora em favor dos europeus.

"Erupções de chagas cobriram nossos rostos, peitos, barrigas", declarou uma testemunha asteca. "Os doentes estavam tão fracos que só conseguiam ficar deitados na cama [...] Não conseguiam levantar para ir buscar comida, e todos os outros estavam também doentes demais para cuidar deles; então, todos passaram fome até morrer na cama." Os números exatos ainda são discutidos, mas um estudo recente de DNA mostra que a população nativa encolheu pelo menos a metade ao longo dos séculos XVI e XVII.

Esse desastre demográfico deixou os invasores com grande liberdade para fazer o que quisessem, como saquear os astecas e os incas, cavar o maior depósito de prata do mundo em Potosí, nos Andes, e importar escravos africanos para substituir a mão de obra nativa perdida. As lutas selvagens com nativos americanos prosseguiram por séculos, mas a maior ameaça que os espanhóis enfrentaram veio não da resistência indígena, mas de outros europeus, que, a partir de 1600, tentaram se imiscuir em seus negócios.

Esses recém-chegados – principalmente ingleses, holandeses e franceses – enfrentaram uma luta difícil. Alguns poucos otimistas acharam que havia mais impérios astecas e incas à espera de serem roubados, e desperdiçaram sua vida procurando o El Dorado, mas a maioria supôs que os espanhóis já houvessem roubado tudo o que valesse a pena roubar (um relato concluiu que o Novo México não tinha nada além de "pessoas nuas, falsos pedaços de coral e quatro cristais de rocha"). As únicas maneiras de ficar rico pareciam ser procurar novos veios de metal precioso ("a loteria mais desvantajosa do mundo", nas palavras de Adam Smith) ou pilhar os navios que voltavam levando prata para a Espanha.

Certamente era assim que os ingleses pensavam. Walter Raleigh montou um covil de piratas na ilha Roanoke em 1585, mas os colonos sumiram sem deixar rastro. Os cavalheiros que se instalaram em Jamestown em 1607 puseram suas esperanças em encontrar ouro e pedras preciosas, mas em pouco tempo ficaram desapontados e começaram a passar fome. Marcas de corte nos ossos de uma garota de 14 anos escavados de um depósito de lixo sugerem que no inverno de 1609-1610 eles foram reduzidos a cadáveres comestíveis. Mas, em 1612, os macilentos sobreviventes fizeram uma grande descoberta: o tabaco vicejava em seu novo lar pantanoso e malárico. Suas folhas não eram tão doces quanto a versão que os espanhóis cultivavam em Cuba, mas o tabaco era barato, e os ingleses o adquiriam satisfeitos.

A essa altura, colonizadores franceses em Quebec e holandeses em Manhattan encontravam mercados europeus igualmente fortes para as peles americanas, e os refugiados religiosos que vieram da Inglaterra para Massachusetts na década de 1620 agora vendiam alegremente madeira para mastros de navios aos seus antigos perseguidores. Por volta da década de 1650, os puritanos também exportavam comida para o Caribe, onde os donos de fazendas aproveitavam cada pedaço de terra para plantar cana-de-açúcar, uma droga maravilhosa, que vendia ainda melhor que o tabaco. As commodities iam agora do Ocidente para o Oriente, e as pessoas – que o historiador Niall Ferguson chama de "praga branca" – vinham aos milhares na direção oposta.

Fora da América, porém, a guerra da Europa contra o resto do mundo não foi tão bem de início, pois o equilíbrio entre distância, doença, demografia, diplomacia e o poder de fogo era menos favorável. Na África ocidental, fonte de escravos para as minas e fazendas americanas, os europeus de novo tinham domínio militar esmagador, mas quase sempre perderam a guerra dos micróbios, devido à febre amarela e à malária. Apenas onde excepcionalmente o ambiente da doença era favorável, como em volta da Cidade do Cabo, é que os europeus tiveram de fato as coisas a seu favor. Após o desembarque ali em 1652, os colonos holandeses empurraram os agricultores khoekhoe locais 80 quilômetros para trás, e uma epidemia de varíola em 1713 praticamente acabou com a resistência nativa.

Mas isso foi exceção. Em geral, os europeus faziam poucos avanços, a não ser que tivessem a sorte de contar com alguma trégua diplomática. No sudeste da África, por exemplo, comerciantes portugueses começaram a subir o rio Zambezi em 1531, mas o reino de Mutapa (um dos sucessores do Grande Zimbábue, que declinara na década de 1440) os mantinha a distância. Somente por volta de 1600, quando uma rebelião veio perturbar o rei mutapa, é que isso mudou. Temendo perder o trono, o rei aceitou a presença dos soldados e missionários portugueses, e quando morreu, em 1627, esses conselheiros tinham tanta influência que foram capazes de escolher seu sucessor.

Em data tão tardia quanto 1700, os europeus ainda tinham que se contentar na maioria das vezes com pequenas possessões ao longo do litoral, onde os mercadores erguiam fortes e negociavam o que fosse possível com as comunidades locais. "Vocês têm três coisas que nós queremos", teria dito um chefe africano a um comerciante europeu: "pólvora, mosquetes e balas. E nós temos três coisas que vocês querem: homens, mulheres e crianças." Nessas bases, entre 1500 e 1800, os europeus despacharam pelo Atlântico algo em torno de 12 milhões de pessoas, aprisionadas por chefes africanos em guerra.

A posição da Europa na Ásia era ainda mais frágil no início. As doenças não conferiram vantagem aos europeus: as doenças da Eurásia haviam em grande parte se misturado desde a peste negra no século XIV, produzindo um equilíbrio que, na verdade, atuava contra os europeus, que também continuavam vulneráveis à malária nos trópicos.

A grande distância que separa a Europa da Ásia – 12.800 quilômetros de Lisboa a Calicute, depois outros 3.200 até Malaca e mais 3.200 até Guangzhou – também era difícil de superar. Os marinheiros holandeses descobriram um atalho em 1611 (em vez de seguir pela rota costeira que os portugueses haviam descoberto para o sudeste asiático, eles cortavam 3.200 quilômetros pegando os ventos do oeste perto do cabo da Boa Esperança, indo com eles quase até a Austrália e então desviando para o norte). Mas, mesmo em 1620, eram apenas 20 mil europeus contra cerca de 200 milhões de asiáticos pelo oceano Índico e outros 100 milhões na China.

Os asiáticos não conseguiam fazer com que os navios europeus parassem de vir, mas até bem entrado o século XVII eles, na realidade, não tinham interesse nisso. A visão do sultão de Gujarat, de que "guerras no mar são assunto de mercadores, e não dizem respeito ao prestígio dos reis", não estava muito equivocada. As carracas portuguesas podiam ser ameaça à existência de pequenas cidades-Estados como Malaca, mas, para Turquia, Pérsia, Índia, China e Japão, eram mais um incômodo do que um perigo. Os europeus estavam na mesma categoria dos piratas: as duas espécies de parasita podiam reduzir os rendimentos imperiais ao matarem pessoas nas cidades costeiras, mas desde que ficassem dentro de certos limites era mais barato ignorá-las do que lutar contra elas. Poderia até haver vantagens em tratar os europeus com cortesia, particularmente quando um imperador precisava comprar canhões.

Uma economia de duas velocidades tomou forma no oceano Índico. Os grandes impérios continuaram a dominar seus imensos mercados internos, mas os europeus inseriram-se ao redor de seus limites e, enquanto os impérios os ignoravam, lutavam entre eles por fatias do rico comércio internacional.

Essas lutas não favoreceram Portugal. Desde os dias de Vasco da Gama, a coroa havia mantido os comerciantes com rédea curta, e o tipo de cartel comercial que resultou na Companhia das Índias Orientais em Londres (1600), Amsterdã (1602) e Paris (1674) praticamente não existia em Lisboa. Em princípio, e com frequência também na prática, essas Companhias das Índias Orientais, empresas privadas, arcavam com todos os custos de fazer negócios no oceano Índico. O governador-geral da Companhia das Índias Orientais holandesa descreveu bem isso em carta aos seus diretores em 1614: "O comércio na Ásia deve ser conduzido e mantido sob a proteção e com a ajuda de suas próprias armas, e essas armas devem ser manejadas com os lucros obtidos pelo comércio. Portanto, o comércio não pode ser mantido sem a guerra nem a guerra sem o comércio".

O já sobrecarregado governo português simplesmente não era capaz de competir com esse modelo de negócios. Por volta da década de 1650, os holandeses já haviam tirado os portugueses de suas bases em Malaca e em volta do Sri Lanka, e, com eles efetivamente fora da jogada, voltaram-se para os ingleses. "O comércio mundial é pequeno demais para nós dois", explicou um navegador inglês; "portanto, um de nós tem que cair fora." Entre 1652 e 1674, as frotas dos dois países aprimoraram as novas táticas navais de linha de navios em fila indiana em uma série de batalhas desgastantes. Graças em grande parte ao trabalho de Pepys no Almirantado, a Inglaterra aos poucos assumiu a dianteira, mas a essa altura a França já emergira como novo rival.

No entanto, apesar de todo o drama dessas guerras, os sultões, xás e imperadores de Istambul, Isfahan, Délhi e Pequim davam-lhes pouca atenção. Um grupo de europeus podia substituir o outro, mas o equilíbrio de poder geral estava gravado na pedra. Já bem tarde, em 1690, o Império Mogol ainda era capaz de intimidar quase sem esforço a Companhia das Índias Orientais quando sentia que os intrusos estavam forçando demais as coisas em Bengala. Metade dos homens de uma força inglesa invasora morreu de doença naquele ano, e a Companhia teve que engolir uma paz humilhante.

A lição parecia clara: os europeus tinham supremacia no campo de batalha, mas, a não ser que conseguissem combinar isso com uma vantagem na guerra dos germes, de pouco lhes serviria. Distância, doença e demografia tornavam os impérios asiáticos invulneráveis. O máximo que os europeus podiam esperar era disputar as migalhas que caíam de suas mesas.

Mas depois tudo isso mudou. Cedo ou tarde, a má sorte, o sangue ruim ou a má avaliação recai sobre os impérios, e em 1707 foi a vez do Império Mogol. Depois de governar a Índia por quase meio século, o grande Aurangzeb finalmente morreu. O ocupante do Trono do Pavão havia passado os últimos anos brigando, primeiro, com seu próprio filho e, depois, com os rajás, nababos e sultões menores que faziam de fato o trabalho de comandar o subcontinente para ele. Ao falecer, seus antigos agentes agarraram a oportunidade de sair da organização mogol. A lei e a ordem se desintegraram e a violência imperou. Era cada um por si.

Por volta de 1720, os grandes do reino estavam promovendo intrigas e lutando entre si, e lutando contra seus soberanos nominais na distante Délhi e contra os próprios súditos insatisfeitos. Os atores desse jogo de tronos contraíram dívidas imensas para financiar suas ações. "Estou caindo aos pés dos meus credores, a ponto de ralar a pele da minha testa", queixava-se um deles na década de 1730. Desnecessário dizer, as várias Companhias da Índias Orientais ficaram superfelizes em poder explorar essa abertura diplomática fazendo empréstimos aos possíveis nababos – especialmente quando estes devolviam o dinheiro diretamente às próprias companhias para contratar soldados europeus.

Mas esses eram dias de ansiedade também para as companhias. No aspecto positivo, as que apoiassem os homens certos podiam escolher reis, e talvez até conquistar o direito de administrar e cobrar impostos das terras nos arredores dos enclaves costeiros, mas, no aspecto negativo, todas as lutas comprometiam o comércio que sustentava as operações das companhias, ameaçando-as com a falência. Homens taciturnos de chapéus de três bicos entravam e saíam furtivamente dos fortes europeus e dos palácios dos rajás, traindo e sendo traídos, em um mundo obscuro de políticas obscuras.

"Os príncipes tornaram-se independentes", observou o político e filósofo britânico Edmund Burke, "mas sua independência levou-os à ruína." Poucos homens das companhias, se é que algum, estavam procurando de fato arruinar os príncipes, mas foi justamente isso que ocorreu em Karnataka, no sul da Índia. Ali, as coisas eram ainda mais confusas que o habitual, porque os nababos e sultões, afeitos a intrigas, tinham a opção de lidar não só com os ingleses (estabelecidos em Madras), mas também com os franceses (em Pondicherry), e de colocar as duas Companhias das Índias Orientais uma contra a outra. Em 1744, quando chegaram notícias de que a Grã-Bretanha e a França estavam de novo em guerra na Europa, as duas companhias decidiram entrar em luta na região de Karnataka, o que logo se expandiu em um conflito multifacetado.

Esse confronto anglo-francês acrescentou outro ingrediente – a revolução nos assuntos militares em curso na Europa – às oportunidades diplomáticas decorrentes da dissolução do Império Mogol. Se a Índia tivesse se fragmentado na década de 1640, os europeus poderiam não ter sido suficientemente fortes para capitalizar isso, mas na década de 1740 seus exércitos profissionais eram imbatíveis. Eram forças pequenas, raramente de mais de 3 mil homens, e a maioria dos soldados, na verdade, eram recrutas locais, e não europeus, mas na hora de lutar os bem armados, bem treinados e altamente disciplinados homens da Companhia quase sempre derrotavam exércitos nativos que tinham dez vezes o seu tamanho (mesmo quando os indianos vinham com elefantes de armadura). Os europeus eram como "um muro vomitando fogo e chamas", afirmou um sobrevivente de uma batalha.

A Guerra Carnática aumentou as apostas para as companhias. A que vencesse o conflito anglo-francês iria dispor de toda a região carnática, não só do seu comércio litorâneo, mas também ficou claro que, conforme a guerra se arrastasse, o custo para as companhias seria enorme. Ambas as companhias tinham ido à Índia para ganhar dinheiro; portanto, a lógica comercial exigia um fim negociado da guerra. Em 1754, a companhia francesa começou a buscar uma estratégia de retirada. Mas os ingleses, não.

Durante 150 anos, as grandes potências da Europa haviam lutado por causa do comércio e das colônias, a fim de poder levantar dinheiro para bancar as suas guerras em casa. Os britânicos se deram melhor que os demais nisso, tornando-se, segundo declarou um escritor em 1718: "a mais importante de todas as nações do mundo [devido] à vastidão e à expansibilidade do nosso comércio". Mas se isso fosse verdade, perguntavam alguns bretões, não implicaria que a sabedoria convencional estava errada? Em vez de o comércio na Índia ser um meio, contribuindo para vencer as guerras na Europa, talvez as guerras na Europa é que seriam os meios, e conquistar mais comércio na Índia é que seria a meta.

Mudanças realmente profundas no pensamento estratégico só ocorrem de modo característico a cada século ou dois, mas agora havia uma mudança em curso em Londres. Em meio a intenso debate, uma vaga aliança de interesses comerciais arrastou aos poucos a Grã-Bretanha em direção a um novo modelo de negócios, dentro do qual lutar na Europa era apenas uma maneira de desviar a atenção da França, a fim de que a Grã-Bretanha pudesse desenvolver suas colônias e comércio sem interferência.

O governo britânico emprestou dinheiro e homens a outros inimigos da França na Europa, enquanto a Companhia das Índias Orientais britânica manteve sua trajetória na região carnática e conseguiu fazer com que o trono passasse ao nababo de sua escolha. A Companhia então extorquiu imensas retribuições desse dignatário, ficou com a receita dos impostos e inundou a economia com seus agentes. Circulou muito dinheiro, e, quando um novo nababo pró-França de Bengala – a região mais rica da Índia – começou a criar problemas em 1756, a Companhia aproveitou a oportunidade para repetir a estratégia carnática.

Mas o nababo tomou a iniciativa primeiro: atacou a base da Companhia em Calcutá na escura e calorenta noite de 21 para 22 de junho e enfiou mais de 100 prisioneiros em uma cela onde cabiam 8. De manhã, metade deles haviam morrido sufocados ou de parada cardíaca. A Companhia mandou Robert Clive – um homem mal-humorado, mas sem dúvida um herói da Guerra Carnática – para vingar o Buraco Negro de Calcutá.

Clive não só expulsou o nababo de Calcutá como também aderiu a um levante bengali contra ele e, juntando os homens da Companhia aos rebeldes, formou um exército vinte vezes maior que sua tropa. A batalha que se seguiu, em Plassey, teve lances ridículos. Os canhoneiros do nababo acidentalmente estouraram parte de sua própria artilharia, o que fez os elefantes que puxavam os canhões saírem em disparada. O resto do exército do nababo então fugiu quando o principal aliado dele – que por acaso era também o escolhido da Companhia para ser o próximo nababo – mudou de lado. Assim, a Companhia assumiu a coleta de impostos em Bengala, e Clive serviu-se de uma recompensa de 160 mil libras (agora que escrevo, o equivalente a cerca de 400 milhões de dólares) de seu tesouro.

E Bengala foi só o começo. Nos dois anos seguintes, a Grã-Bretanha uniu-se aos seus aliados para manter a França amarrada na Alemanha enquanto tomava para si ilhas importantes do Caribe e o Canadá inteiro. Um exército britânico venceu a França de novo na Índia, e a Marinha Real esmagou a frota francesa não uma vez, mas duas. Raramente uma estratégia foi tão bem-sucedida. "Quem poderia acreditar", perguntou Burke ao porta-voz da Câmara dos Comuns em 1783, "quando passei a existir [em 1729] ou quando você, um homem mais jovem, nasceu [1735], que hoje, nesta Casa, estaríamos empenhados em discutir a conduta daqueles súditos britânicos que dispuseram do poder e da pessoa do grão-mogol[38]?"

O punho invisível

Entre a tomada de Ceuta pelos portugueses e o discurso de Burke em 1783, os europeus ocidentais haviam conquistado milhões de quilômetros quadrados de território e dezenas de milhões de pessoas. Haviam reinventado a guerra produtiva, em vez de apenas resgatá-la; deram-lhe um caráter global, criando tipos inteiramente novos de sociedades maiores. E, enquanto suas guerras se desenrolavam pelos oceanos e na América, Ásia e África, nos lares da Europa ocidental os índices de morte por violência caíam mais rápido do que nunca.

O século XV foi talvez o mais sangrento da Europa desde a queda do Império Romano mil anos antes, com bandos de mercenários desempregados saqueando a França e a Itália e a guerra civil destruindo a Inglaterra. "Oh, deplorável espetáculo! Oh, tempos sangrentos!" – Shakespeare imaginou o rei louco Henrique VI gritando em 1461, quando 50 mil homens se golpeavam horas a fio em meio a uma tempestade para decidir quem ficaria com o trono da Inglaterra. E deve ter gritado bem alto, a julgar pelo que os arqueólogos têm encontrado no campo de batalha de Towton. Um soldado, agora conhecido apenas como Towton 25, foi abatido com uma sequência de golpes que esmagaram seu crânio oito vezes.

38 Isto é, o imperador mogol.

Primeiro, foram cinco punhaladas no rosto, nenhuma delas fatal. Depois um vigoroso golpe arrancou a parte de trás do crânio e espalhou lascas de ossos pelo cérebro. Ele caiu para a frente, mas outra pancada o fez levantar, até que um golpe final de espada cortou-lhe seu rosto pela metade, entrando por uma das cavidades oculares e saindo pela garganta (Figura 4.8).

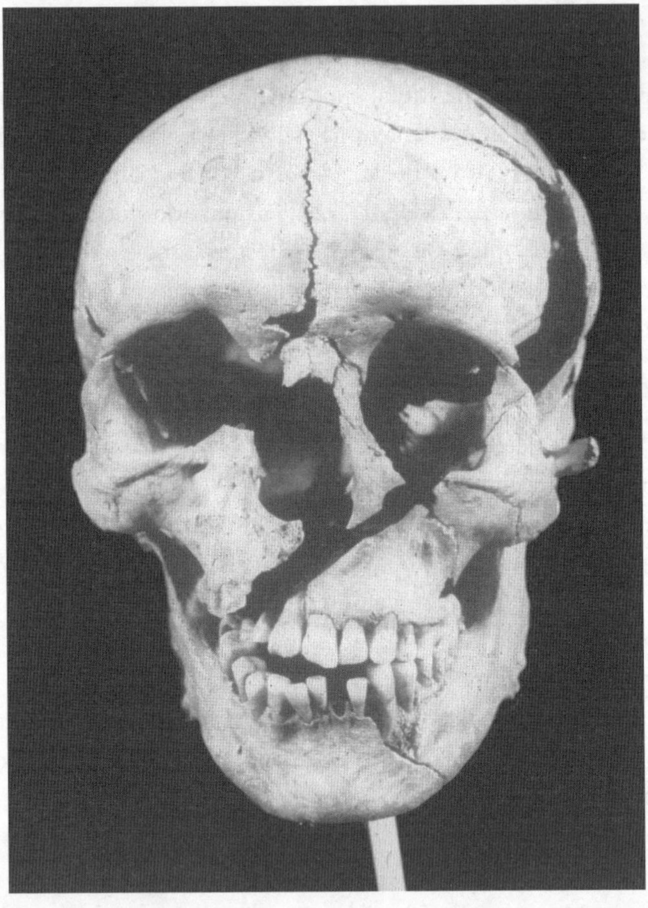

Figura 4.8. Tempos sangrentos: o crânio de Towton 25, esfacelado por oito golpes em 1461.

Mas poderia ter sido pior. Seu companheiro, Towton 32, recebeu 13 golpes na cabeça, um dos quais lhe decepou uma orelha. Nem os reis em litígio estavam imunes. Em 1485, na última batalha da guerra civil, Ricardo III (identificado em 2013 por sua coluna curvada e pelo DNA) foi amarrado, golpeado na cabeça com uma espada e uma alabarda. Em seguida, já morto, apunhalaram-lhe as nádegas e o jogaram em uma fossa.

Na época em que Burke fez seu discurso, em 1783, ninguém imaginava que essa violência pudesse voltar à Europa ocidental. Ao longo dos três séculos anteriores, o governo – desesperado para levantar dinheiro para seus imensos exércitos e marinhas, seus novos navios e canhões combativos e seus oficiais e homens profissionalizados – havia se reafirmado. Era o "processo civilizador" de Elias, a maioridade da razão, da ordem e da prosperidade que teria deixado estupefatos os reis Henrique e Ricardo.

Foi um processo irregular. O século XVII assistiu à outra onda de Estados fracassados, o que levou Hobbes a escrever seu *Leviatã*, mas, por volta de 1783, piratas e salteadores de estradas estavam virando coisa do passado (Barba Negra foi alvejado – cinco vezes – em 1718, e Dick Turpin, enforcado em 1739), e os índices de homicídio desabaram.

Na década de 1480, cerca de 1 europeu ocidental em cada 100 era assassinado; na década de 1780, esse destino aguardava apenas uma de cada mil pessoas. A Inglaterra de Burke provavelmente era o lugar mais seguro que o mundo já vira.

Os europeus ocidentais em certo sentido estavam vendo de novo o filme da história antiga. Como os romanos, os máurias e os han antes deles, vinham criando Leviatãs maiores. Do mesmo modo que nos tempos antigos, o processo era brutal e explorador, mas, de novo, como nos velhos tempos, a longo prazo ele baixou os índices de morte por violência e fomentou a prosperidade. Os intelectuais estavam bem cientes disso, dedicando polêmicos panfletos e tratados acadêmicos ao que chamavam de "a batalha entre os antigos e os modernos", discutindo se – ou quando – haviam superado as conquistas da antiguidade. (Nesse sentido, o índice de desenvolvimento social que descrevi em meus livros anteriores *Why the west rules – For now* e *The measure of civilization* fornece uma resposta que eles teriam apreciado: sim, e foi na década de 1720.) Em outro sentido, porém, os europeus estavam indo bem além dos romanos: como sucedeu com a guerra produtiva, eles não só resgataram o Leviatã como o reinventaram.

Ao construírem impérios do outro lado dos oceanos em vez de impérios territoriais tradicionais em seu próprio continente, os europeus ocidentais criaram um tipo inteiramente novo de economia, que gerou riqueza em uma escala impressionante. Só a Grã-Bretanha viu suas exportações crescerem de cerca de 2 milhões de libras em 1700 para perto de 40 milhões de libras no final do século.

O que tornou a nova economia diferente de tudo o que se viu antes foi o oceano Atlântico. A conquista da América pela Europa havia transformado a parte norte do mar em uma espécie de oceano "Cachinhos Dourados", grande o suficiente para abrigar diversas ecologias e sociedades em suas praias, mas também pequeno o suficiente para que os navios pudessem cruzá-lo, comerciando em todos os pontos e gerando lucros constantes (Figura 4.9).

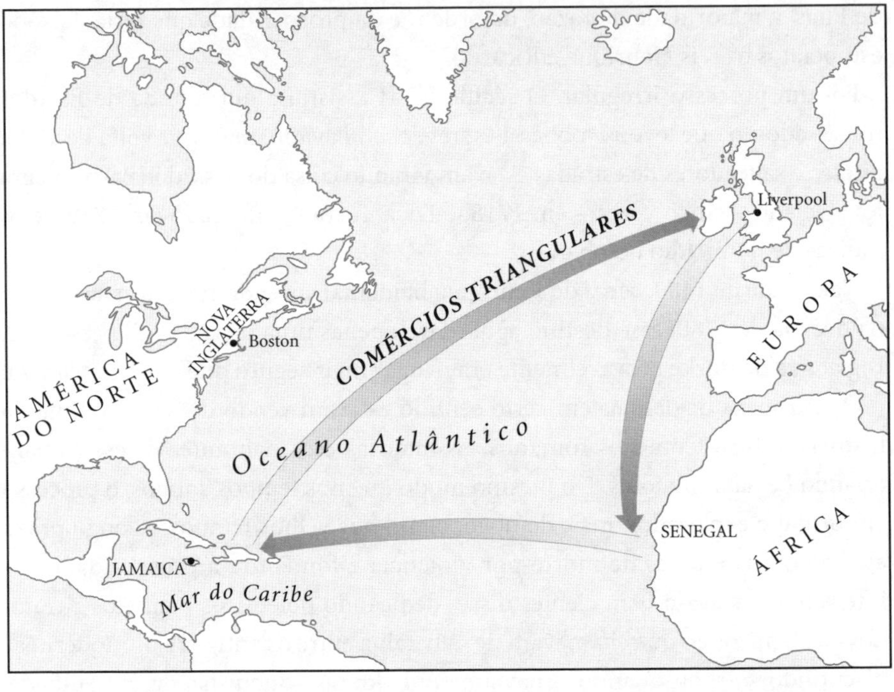

Figura 4.9. O oceano "Cachinhos Dourados": os comércios triangulares, que geraram riqueza sem precedentes, desencadearam uma revolução de mercado na Europa e transportaram 12 milhões de africanos para a escravidão nas Américas.

Os historiadores costumam descrever isso como "comércio triangular". Um homem de negócios poderia sair de navio de Liverpool carregado com tecidos ou armas e navegar até o Senegal, para trocá-la, com lucro, por escravos. Transportaria então os escravos para a Jamaica para permutá-los (também com lucro) por açúcar, que ele traria de volta para a Inglaterra, vendendo-o para obter ainda mais lucro e comprar então um novo lote de bens manufaturados e partir mais uma vez para a África. Ou, então, um bostoniano poderia levar rum para a África e trocá-lo por escravos, levar os escravos para o Caribe e trocá-los por melaço de cana e depois levar o melaço para a Nova Inglaterra para produzir mais rum.

A conquista da América pela Europa criara algo totalmente imprevisto - um mercado intercontinental integrado que gerou uma divisão do trabalho geográfica e produziu homens ricos em cada porto. Deu a cada uma das terras adjacentes ao Atlântico norte uma vantagem econômica e incentivou os empreendedores a se especializarem - em capturar escravos na África, arar terras no Caribe e também nos Estados do sul da América do Norte e manufaturar bens na Europa e nos Estados do norte da América.

Para funcionar bem, a nova economia precisava de novos tipos de governo, que tornassem a especialização mais fácil. A África ocidental viu surgir reis poderosos; no Caribe e na América do Sul formaram-se oligarquias de fazendeiros; e no noroeste da Europa e no nordeste da América do Norte, as elites comerciais desafiaram os monarcas absolutistas. Cada mudança gerava conflito.

Os africanos atacavam seus vizinhos para abduzir escravos, os colonos na América tomavam as terras dos nativos e os europeus assaltavam ou afundavam os navios uns dos outros para obter o domínio das rotas comerciais.

Em todo lugar a que a economia do novo Atlântico chegasse, as relações fixas, cristalizadas, eram abolidas. Na Europa ocidental, o barateamento das remessas por barco colocou um mundo de pequenos luxos ao alcance do homem comum. Por volta do século XVIII, um homem com um pouco de dinheiro no bolso podia fazer mais do que apenas comprar outro filão de pão; podia adquirir mercadorias miraculosas - chá, café, tabaco, açúcar - trazidas de continentes distantes ou maravilhas de fabricação caseira, como cachimbos de argila, guarda-chuvas e jornais. E a mesma economia do Atlântico que propiciava essa abundância também produziu pessoas dispostas a fornecer o dinheiro de que um homem precisava; os comerciantes compravam todos os chapéus, armas ou cobertores que conseguissem a fim de despachá-los para a África ou a América, e com isso os fabricantes estavam sempre dispostos a pagar a pessoas que produzissem esses itens.

Assim, os homens já não seguiam automaticamente os pais na agricultura, pois mudar para as cidades prometia melhores salários. Alguns punham a própria família para fiar e tecer a fim de ganhar dinheiro; outros passavam a trabalhar em oficinas e iam embora do campo. Os detalhes variavam, mas ao longo dos séculos XVII e XVIII os europeus cada vez mais venderam seu trabalho a empregadores e passaram a trabalhar em expedientes mais longos. E, quanto mais fizessem isso, mais açúcar, chá e jornais poderiam comprar – o que significava que mais escravos seriam arrastados pelo Atlântico, mais hectares seriam arados para plantações e mais fábricas e lojas seriam abertas. As vendas aumentaram, era possível obter economias de escala e os preços caíam, abrindo esse mundo dos bens de consumo a um número ainda maior de europeus ocidentais.

A real fonte da riqueza, como concluiu em 1776 o filósofo Adam Smith em sua *Investigação sobre a natureza e as causas da riqueza das nações*, não era o saque, a conquista ou os monopólios; era a divisão do trabalho. Essa divisão do trabalho, segundo ele, era, por si mesma, a "consequência de uma certa propensão da natureza humana [...] a permutar, intercambiar e negociar uma coisa por outra". Em busca de lucro, as pessoas começam a se especializar em ocupações que desempenham particularmente bem ou com baixo custo e trocam o fruto de seu trabalho por bens e serviços que outras pessoas produzem particularmente bem ou com baixo custo. Ao criar mercados para esses bens e serviços, elas simultaneamente reduzem os custos e elevam a qualidade, o que faz com que todos fiquem em condição melhor. "Não é da benevolência do açougueiro, do cervejeiro ou do padeiro que esperamos conseguir nosso jantar", observou Smith, "mas do seu cuidado com os próprios interesses."

"Ao direcionar a [sua] atividade de maneira tal que seu produto possa ser o de maior valor", explica Smith, um homem "visa apenas a seu próprio ganho; [mas] nisso, como em muitos outros casos, ele está sendo conduzido por uma mão invisível, que o leva a promover um fim que não fazia parte de suas intenções [...] Ao perseguir seu próprio interesse, ele com frequência promove o da sociedade mais efetivamente do que quando de fato tem a intenção de fazê-lo." A implicação era óbvia: quanto mais o governo deixasse de ser um obstáculo para as pessoas, dando-lhes liberdade para permutar, intercambiar e negociar, mais bem iria funcionar a mão invisível, e em melhor condição iriam todos ficar.

Ou será que não? Por 5 mil anos, uma das grandes vantagens de governar havia sido o direito de saquear os súditos bem-sucedidos. Até os bandidos estabelecidos mais dedicados às vezes cediam a essa tentação, mas a visão de mundo de Smith agora pedia aos poderosos que fizessem uma aposta. Roubar dos próprios súditos, advertia ele os governantes, dá a você uma fatia maior do bolo, mas, se você se contenta com uma fatia menor, no final acabará comendo mais, porque o bolo será maior. Naquelas partes da Europa ocidental em que os reis detinham maior poder – particularmente a Espanha – isso não parecia muito plausível. Mas em países onde os reis eram mais fracos – Inglaterra e especialmente a Holanda, que nem sequer tinha rei – os governos eram mais inclinados a jogar os dados e garantir aos novos-ricos permutadores, intercambiadores e negociadores cada vez maior liberdade para explorar a nova economia do Atlântico. (A França, lar dos primeiros novos-ricos, ficava em posição intermediária.)

Felizmente para a delicada sensibilidade dos bem-nascidos podia-se confiar que os homens que ganhassem dinheiro no comércio geralmente iriam comprar propriedades rurais e vestir perucas empoadas assim que a oportunidade surgisse. Mas tirar proveito da economia do Atlântico não significava apenas fazer acordos com essas pessoas sem sobrenome; também significava convidá-las para o seu círculo íntimo. A liberdade econômica criou inexoravelmente exigências de liberdade política, e os reis que tentassem reprimir essa maré podiam perder o trono (como Jaime II na Inglaterra, em 1688) ou mesmo a cabeça (como Carlos I na Inglaterra, em 1649, e Luís XVI na França, em 1793).

Mas nem tudo era mar de rosas também para os ricos comerciantes. O modo tradicional de conduzir um reino envolvia delegar o direito de coletar impostos, julgar desavenças e administrar monopólios de mercado aos notáveis locais, que quase sempre forravam os próprios bolsos, mas também mantinham as despesas do governo controladas. Liberar as pessoas para permutar, intercambiar e negociar significava abolir grande parte dessa máquina arcaica e dar rédea solta à mão invisível, mas algo precisava ocupar o lugar do velho modo de garantir a lei e a ordem, e a única coisa disponível era o governo central. Permitir que os mercados operassem bem era mais complicado do que parecia. Não era apenas uma questão de tirar o governo do meio do caminho; ao contrário, o governo precisava intervir, criando uma nova estrutura de funcionários, juízes e servidores públicos mais imparciais. Sem isso, a "ordem do livre acesso" (como os destacados cientistas sociais Douglass North, John Wallis e Barry Weingast chamam o novo sistema no livro deles *Violence and social orders*) não poderia funcionar.

Não devemos exagerar a escala e a velocidade das mudanças. Os governos do século XVIII continuaram minúsculos pelos padrões do século XXI; o "tipo melhor" de governo esperava receber, e em geral recebia, uma deferência; e, em quase toda parte, o termo "democracia" era um palavrão. Mas, mesmo assim, os interesses das pessoas comuns começaram a ter maior importância para os governantes. O preço da representação, no entanto, era a taxação, e mais dinheiro significava que os governos precisavam de mais administradores - que, pouco a pouco, estenderam o alcance do Leviatã mais profundamente na sociedade civil. Na Inglaterra, que liderou o caminho desse livre acesso, o número de burocratas do governo triplicou entre 1690 e 1782 e o volume de impostos coletados cresceu seis vezes. "Deixe qualquer cavalheiro dar uma olhada no Código Civil que está em cima da nossa Mesa", comentou, indignado, o conde de Bath em 1743. "É monstruoso, é até mesmo assustador olhar para os Índices, onde em várias Colunas seguidas não vemos outra coisa a não ser Impostos, Impostos, Impostos."

Apesar da insatisfação, era claro no tempo de Smith que os governos que apostavam no livre acesso estavam indo melhor que aqueles que o impediam. De Madri a Constantinopla, os governantes seguiam adiante defendendo prerrogativas reais, aristocráticas e clericais contra os comerciantes. Procuravam limitar o número dos que podiam comerciar, estabeleciam monopólios e continuavam a confiscar os bens dos súditos. O resultado: fome, miséria e escassez, já que as economias cresciam mais devagar do que as pessoas se reproduziam. Já no noroeste da Europa os governantes eram bem mais inclinados a apostar nas novas maneiras de fazer as coisas. Mesmo de cara feia, faziam acordos com os homens do dinheiro. O resultado: economias que cresciam mais depressa do que as pessoas conseguiam se reproduzir (Figura 4.10).

Mesmo assim, notou Smith, reordenar as relações dentro das nações era apenas o início. Os governantes precisavam também reordenar as relações entre as nações. Ao forçar Ásia, África e América a entrar em um mercado tão amplamente expandido, reconhecia Smith, os governos europeus haviam aumentado muito a riqueza do mundo, mas agora o mercado havia crescido tanto, argumentava ele, que a Europa "deveria voluntariamente abrir mão de toda autoridade sobre suas colônias e deixar que elas elegessem seus próprios magistrados, promulgassem as próprias leis e fizessem paz ou guerra, conforme achassem adequado". Os assírios, romanos ou qualquer outro império antigo teriam sido insensatos em abandonar suas províncias e confiar no comércio para enriquecer, mas agora, dizia Smith, liberar as colônias para permutar e negociar como julgassem adequado seria um ganho líquido para os governantes.

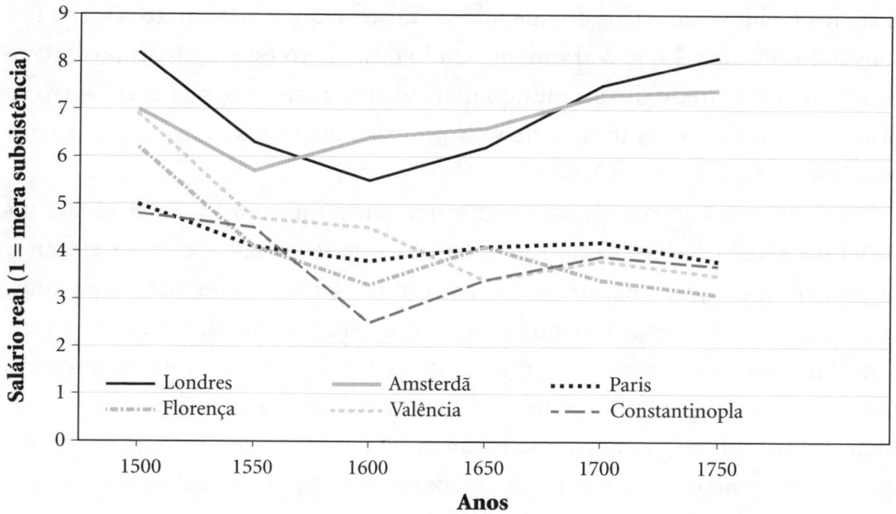

Figura 4.10. O rendimento do trabalho assalariado: diferença entre os ganhos médios de trabalhadores não qualificados do noroeste e do sul da Europa, 1500-1750.

"Tal medida", admitia Smith, "nunca foi, e nunca será, adotada por nenhuma nação do mundo", mas em 1776 – o mesmo ano em que *A riqueza das nações* foi publicado – os colonos britânicos da América se rebelaram, e com isso desobrigaram sua terra mãe da necessidade de decidir se iria seguir ou não o conselho de Smith. Os políticos de mente mais tradicional acharam que perder as colônias iria arruinar o comércio da Grã-Bretanha no Atlântico, mas os eventos logo mostraram que estavam equivocados e que Smith estava certo. O comércio anglo-americano recuperou seu nível pré-guerra em 1789 e continuou crescendo.

Explicar isso tornou-se, de muitas maneiras, *a* questão mais candente do final do século XVIII, uma questão que nunca foi de fato abandonada desde então. Em certo sentido, é essa a questão a que tento responder neste livro. Tenho argumentado que, nos 10 mil anos desde que a agricultura começou, a guerra produtiva tem sido o motor que tornou o mundo mais seguro e mais rico, criando Leviatãs que por sua vez criaram sociedades maiores, pacificaram-nas internamente e permitiram que as economias crescessem. Mas a Revolução Americana parece apontar para a direção oposta. Ao arrancar uma grossa fatia do Império Britânico, a revolução foi em grande parte uma guerra contraproducente (no sentido em que venho usando essa expressão), mas, em vez de conduzir de novo ao tipo de calamidades que vimos no capítulo 3, ela tornou a Grã-Bretanha e os

Estados Unidos mais ricos do que nunca. Talvez o que a Revolução Americana possa nos ensinar é que o argumento todo deste livro está equivocado. Talvez o verdadeiro segredo de um mundo mais seguro, mais rico, seja apenas deixar todo mundo livre para ir atrás de seus próprios interesses, sem governos para estabelecer regras e impô-las com violência.

Essa foi com certeza a conclusão a que chegaram muitos intelectuais no final do século XVIII. Foram os anos em que Rousseau desafiou Hobbes, argumentando que, antes de os governos começarem a incomodar as pessoas, elas viviam em um estado natural, pacífico e feliz. Foram também os anos em que Thomas Paine, em seu muito vendido panfleto *Senso comum*, garantiu aos americanos que "o governo, mesmo em sua melhor versão, é apenas um mal necessário". Alguns dos revolucionários da América – principalmente o grupo em torno de Thomas Jefferson, conhecido como republicanos – tentaram colocar a nova teoria em prática. Outros – principalmente o grupo em torno de Alexander Hamilton, conhecido como federalistas – combateram a ideia de que "o próprio governo irá se tornar desnecessário, e a Sociedade irá subsistir e florescer livre de seus grilhões". Conforme o federalista John Adams (que logo se tornaria presidente) disse a Jefferson, a realidade era que os homens viviam escravizados às suas violentas paixões e que "Nada, exceto a Imposição, o Poder e a Força, pode refreá-los".

Smith, por sua vez, optou por um caminho intermediário. Basta olhar, dizia ele, para os Atos de Navegação, promulgados pela Inglaterra em 1651. Tais leis, concebidas em grande parte para excluir os rivais holandeses do comércio colonial inglês, foram desastrosas em termos puramente econômicos. Barrar os holandeses fez com que os mercados ingleses encolhessem e deixou todos mais pobres. Em termos estratégicos, porém, as leis foram vitais, porque o crescente poder holandês ameaçava a própria sobrevivência da Inglaterra. "Como a defesa", assinalava Smith, "é muito mais importante que a opulência, o ato de navegação é, talvez, a mais sábia de todas as regulamentações comerciais da Inglaterra."

Os Atos de Navegação colocaram em forte relevo o problema fundamental da economia atlântica – um problema que ela compartilhava com todas as demais partes da ordem do livre acesso. Os mercados não podiam funcionar bem a não ser que os governos saíssem deles, mas os mercados não poderiam funcionar de modo algum a não ser que o governo estivesse dentro usando a força para pacificar o mundo e manter a Besta sob controle. Violência e comércio eram duas faces da mesma moeda, porque a mão invisível precisava de um punho invisível para aplanar o caminho antes que ela pudesse operar sua magia.

Os 50 anos após a Revolução Americana aos poucos mostraram como resolver essa charada – não ao fazer o mundo se livrar do Leviatã, mas ao produzir um Leviatã que cobrisse o mundo todo. Esse Leviatã seria uma nova espécie de bandido estabelecido, que estaria acima das refregas e arbitraria de modo imparcial uma ordem internacional de livre acesso, evitando que Leviatãs menores interferissem na mão invisível. Aquilo que os novos governantes do noroeste da Europa, mais amigos dos negócios, estavam fazendo em seus países, um novo super-Leviatã, amigo dos negócios, faria entre os países. Iria atuar como um globocop, um policial global imparcial, que proveria segurança a todos e permitiria que o autointeresse econômico unisse as pessoas em mercados cada vez maiores. Em retribuição ao fato de abrir mão do saque e dos monopólios, o globocop iria se tornar o ator mais privilegiado de um mercado imensamente expandido e, se tudo corresse bem, acabaria mais rico do que os Leviatãs tradicionais jamais haviam sido.

De novo, a guerra alcançava um ponto culminante. Desde que tinham reinventado a guerra produtiva no século XV, os europeus haviam conquistado mais área do planeta e criado mercados maiores do que alguém jamais conseguira antes, mas as estratégias que haviam sido tão bem-sucedidas estavam agora conduzindo-os ao desastre. Para prosperar no novo mundo de comércio global que a guerra produtiva construíra os governos precisavam adotar a ordem do livre acesso. Como Smith previra, nenhuma nação do mundo estava pronta para adotar tais medidas completamente, e, mesmo após a derrota na América do Norte, a Grã-Bretanha prosseguiu estendendo agressivamente seu controle na Índia. No entanto, os governos britânicos de fato começaram a ver que não precisavam governar a América do Norte para obter os benefícios de uma sociedade maior; bastava-lhes dominar os mares (não por acaso, *Rule, Britannia!*[39] – a trilha musical deste capítulo – foi cantada pela primeira vez em 1740). A Grã-Bretanha avançou aos poucos no sentido de se tornar um globocop, usando seu punho invisível para policiar as rotas marítimas, desimpedindo o caminho para que a mão invisível do mercado pudesse fazer seu trabalho.

39 *Rule, Britannia!* ["Reine, Grã-Bretanha!"] é uma canção patriótica britânica, com base no poema de James Thomson, musicado em 1740 por Thomas Arne, e que está fortemente associada à Marinha Real da Grã-Bretanha. [N. T.]

A guerra produtiva e os Leviatãs não haviam ficado obsoletos. Ao contrário, estavam apenas evoluindo para formas novas e mais poderosas. Infelizmente, ainda seria necessária outra geração de matanças antes que o mundo aprendesse essa lição.

A guerra e a paz perpétua

"Em 1793, surgiu uma força que suplantou toda a imaginação. De repente, a guerra tornou-se mais uma vez um assunto do povo."

Esse, pensou Clausewitz (que viveu tais eventos), foi o verdadeiro legado do final do século XVIII. Não foi à toa que os Pais Fundadores dos Estados Unidos abriram seu esboço de Constituição em 1787 com as palavras "Nós, o Povo": foi o povo em armas, e não profissionais ou mercenários pagos, que se ergueu contra os britânicos. Mesmo sem contar com os recursos financeiros e a organização de seus inimigos, os revolucionários norte-americanos haviam formado exércitos e os incentivado com patriotismo, em vez de pagá-los, tendo se mostrado superiores aos profissionais rígidos e entediados. A ordem do livre acesso estava agora abrindo a guerra, além dos mercados e da política, para as energias das massas. Uma nova revolução nos assuntos militares estava começando.

Isso não foi bem compreendido de início, mas deveria ter sido. Muitos observadores europeus insistiram que na realidade a Revolução Americana não havia sido nada de especial. Assinalavam que, longe de se tratar do povo unido, os norte-americanos haviam se mostrado profundamente divididos quanto a se rebelar, e que os rebeldes poderiam muito bem ter perdido se não fosse a intervenção tanto das frotas francesa e espanhola como do Barão von Steuben, um oficial alemão que treinou o Exército Continental para combater de maneira mais profissional.

Mesmo quando os europeus chegavam a reconhecer que os norte-americanos haviam travado uma nova espécie de guerra do povo, raramente achavam que isso havia tido muita importância. Os Estados Unidos pós-revolução, observavam eles, eram um poder militar insignificante. Em data tão avançada quanto 1791, índios de Miami, em inferioridade numérica, aniquilaram o exército norte-americano perto das cabeceiras do rio Wabash. Mataram 600 soldados brancos e encheram suas bocas de terra para saciar a fome deles por território. Se era isso que a guerra do povo trazia, concluíram muitos europeus, eles poderiam muito bem passar sem ela.

Quando os europeus se *mostravam* impressionados com a Revolução Americana, era mais por sua profusão de pronunciamentos no sentido de que a nova república transcendera a guerra do que pela maneira que havia lutado. Até mesmo George Washington, que sabia mais a respeito de batalhas do que a maioria dos homens, sentiu-se capaz de dizer a um correspondente francês que "já é hora de encerrar a era dos Cavaleiros Errantes e do heroísmo insano", porque "os benefícios humanizadores do comércio podem superar os desperdícios da guerra e a violência da conquista [...] como dizem as Escrituras: 'as nações não aprenderão mais a guerra'".

Por volta de meados da década de 1790, os salões literários da Europa foram inundados por propostas de paz mundial, com frequência inspiradas de modo explícito no exemplo norte-americano. Nenhuma delas, porém, chegou perto do impacto causado pelo pequeno panfleto de Immanuel Kant, *A paz perpétua*. Kant era talvez o mais famoso filósofo da Europa, renomado quase tanto por seu estilo de vida austero (gostava de terminar sua única refeição do dia com uma gargalhada, dizia, não porque gostasse de rir, mas porque isso fazia bem à digestão) quanto por suas monografias brilhantes e de rigorosa argumentação (até mesmo os outros filósofos de início acharam as 800 páginas de sua *Crítica da razão pura* impenetráveis). No entanto, *A paz perpétua* não era nem austero nem denso. Kant até abria com uma pequena piada: seu título, dizia ele, vinha da "satírica inscrição na tabuleta de uma hospedaria holandesa, sobre a qual havia sido pintado um cemitério".

À parte o humor negro, Kant queria ressaltar que a paz perpétua era possível também aqui e agora. A razão, dizia ele, era que as repúblicas de livre acesso eram melhores no comérico do que as monarquias de acesso fechado, e "se é necessário o consentimento dos cidadãos para decidir se uma guerra deve ser declarada", como ocorre nas repúblicas, então "nada mais natural que eles sejam muito prudentes quando se trata de iniciar um jogo tão pobre como este". E, à medida que as repúblicas abrissem mão da guerra, cada uma delas "poderia e deveria, em prol da própria segurança, exigir que as outras se juntassem a ela em uma constituição similar à da constituição civil, pois sob uma constituição desse tipo cada um pode estar seguro por direito. Teríamos então uma liga das nações". Não haveria mais guerras.

A paz perpétua continua tendo imensa influência e costuma ser muito estudada (às vezes junto com *Coming of age in Samoa*) nas salas de aula das universidades. Mas na época em que veio a público, em 1795, já era claro que havia algo de errado no seu argumento. Longe de conduzir à paz perpétua, o republicanismo havia mergulhado a Europa na guerra.

Em uma das maiores ironias do século XVIII, o catalisador foi o adido militar de Luís XVI da França, que havia esbanjado dinheiro com os revolucionários norte-americanos a fim de enfraquecer a Grã-Bretanha. Ele contraíra vultosos empréstimos e por volta de 1789 não foi capaz de cumprir o pagamento dos juros. Seus esforços para levantar dinheiro desencadearam uma revolta daqueles que pagavam impostos, que logo se tornou violenta. Os revolucionários prenderam o rei e sua mulher, Maria Antonieta, e mandaram os dois e mais 16.592 de seus cidadãos para a guilhotina.

Horrorizadas, as grandes potências da Europa uniram-se em uma grande coalizão para restaurar o *status quo*, e em 1793 os revolucionários franceses, de repente amedrontados, desencadearam uma guerra do povo, com tal força que superou a imaginação de Clausewitz. "Todo o peso da nação foi colocado na balança", disse Clausewitz. "Os recursos e esforços agora disponíveis para serem usados ultrapassaram todos os limites convencionais; nada agora impedia o vigor com que a guerra poderia ser travada." Um milhão de franceses aderiram.

Kant talvez estivesse certo ao afirmar que os cidadãos das repúblicas seriam muito prudentes em relação a iniciar um jogo tão pobre como a guerra, mas depois de iniciá-lo eles se lançavam com uma fúria violenta que os profissionais pagos geralmente não tinham. A Guerra de Independência dos Estados Unidos havia visto relativamente poucos massacres, com exceção das campanhas nas Carolinas, mas as guerras revolucionárias francesas foram travadas em frenesis de justiça própria, dirigidas particularmente contra inimigos internos. "Estamos suportando o fogo e a morte", escreveu um oficial francês à sua irmã em 1794. "Um voluntário matou três mulheres com as próprias mãos. É algo atroz, mas a segurança da República exige isso imperativamente."

O exército revolucionário chacinou naquele ano 250 mil conterrâneos do campo (considerados contrarrevolucionários). Por acharem as armas e as guilhotinas muito lentos, passaram a amarrar os civis e a atirá-los nos rios. "Que torrente revolucionária virou o Loire", brincou um comandante, para acrescentar depois, ao que parece de modo sincero, que "é a partir de um princípio de humanidade que estou purgando a nossa terra da liberdade desses monstros."

Mas, contra os soldados treinados de seus inimigos prussianos, austríacos e russos, os revolucionários tiveram dificuldades bem maiores, do mesmo modo que os revolucionários norte-americanos tiveram inicialmente contra os ingleses e seus mercenários de Hesse. O exército popular da França era imenso, indisciplinado, e – por ter decapitado ou exilado a maioria de seus oficiais reacionários – mostrava-se em geral muito mal liderado. Foi poupado do desastre apenas graças à sua excelente artilharia, que conservou a espinha dorsal de oficiais pré-revolucionários, não aristocráticos. Por volta de 1796, um desses oficiais – um provinciano baixinho e briguento chamado Napoleão Bonaparte – já havia até resolvido a questão de como transformar um exército popular em uma arma vencedora de guerras.

"Chega de manobras, chega de artes militares, apenas fogo, aço e patriotismo", haviam proclamado os revolucionários, mas o gênio de Napoleão foi transformar essa retórica em realidade. Abandonando os desajeitados comboios de fornecimento, que diminuíam a agilidade dos exércitos profissionais, os homens de Napoleão passaram a viver à custa do território, comprando ou roubando aquilo de que precisavam. Ninguém tentara isso desde o século XVII, pois as forças militares haviam ficado grandes demais para serem alimentadas pelas fazendas ao longo de sua linha de percurso. Napoleão, porém, dividiu seu exército em unidades e divisões menores, cada uma delas marchando em uma linha própria. Elas eram capazes de empreender uma batalha isolada se fosse preciso, mas a chave da vitória era que as colunas podiam convergir rapidamente quando o inimigo era localizado, permitindo a Napoleão concentrar uma tropa avassaladora.

No campo de batalha, Napoleão seguia os mesmos princípios. Seus homens raramente conseguiam desempenhar táticas lineares elaboradas tão bem quanto os profissionais da velha escola; portanto, não eram exigidos nesse sentido. Em vez disso, enxames de combatentes atiravam de locais escondidos nas bem perfiladas linhas inimigas, enquanto a massa da infantaria francesa avançava em colunas irregulares, com a cobertura de barragens de tiros e bombas. Quando as colunas ficavam próximas da confrontação, eram capazes de se espalhar rapidamente em linhas toscas e disparar rajadas suficientemente eficazes, compensando a falta de precisão com a superioridade numérica, ou então podiam continuar avançando, atropelando a linha inimiga com baionetas caladas. Até mesmo os profissionais quase sempre depunham seus mosquetes e fugiam antes de receber a carga dos revolucionários.

Bem na época em que Kant redigia *A paz perpétua*, a França passou – sem muita deliberação – das guerras do povo em defesa da revolução a guerras destinadas a expandi-la. Em 1796, Napoleão assolou o norte da Itália. Em 1798 invadiu o Egito e, em dezembro de 1800, os exércitos franceses pararam a apenas

80 quilômetros de Viena. Em 1807, três anos após a morte de Kant, Napoleão ocupava Königsberg, a cidade natal do filósofo.

A guerra do povo na Europa tomara rumo muito diferente da versão norte-americana. Depois que os britânicos se renderam em Yorktown em 1781, os norte-americanos transformaram suas baionetas em arados. Os generais revolucionários voltaram às suas fazendas, e Jefferson e demais republicanos de orientação similar à dele resistiram com obstinação a adotar um poder centralizado, impostos, dívida nacional, exércitos permanentes e todas as demais ferramentas do Leviatã.

Para alguns norte-americanos, isso mostrava que eles eram feitos de outra fibra, mais virtuosa que a daqueles europeus corrompidos. No entanto, o fato de os Estados Unidos retrocederem para o Leviatã toda vez que percebiam algum perigo – como no final da década de 1790, quando os temores de uma invasão francesa se acenderam – sugere que a verdadeira diferença era a geografia política. Os Estados Unidos enfrentaram poucas ameaças à sua existência depois de 1781. Sem elas, podiam seguir adiante mesmo sendo um anão militar, e até mesmo ficar discutindo se teriam mesmo necessidade de um Leviatã. Já os governos europeus enfrentavam vizinhos predatórios por todos os lados. A mais leve fragilidade poderia ser fatal, e as repúblicas tiveram que lutar para sobreviver tanto quanto as monarquias.

Nos dois continentes, o crescimento das paixões patrióticas era parte do crescimento mais amplo das ordens de livre acesso, mas a guerra do povo na Europa divergiu ainda mais da sua versão norte-americana quando Napoleão descobriu que ela podia ser desvinculada do republicanismo. Um golpe silencioso em 1799 fez dele efetivamente o monarca da França, e em 1804 ele publicamente coroou a si mesmo imperador. A partir de então os exércitos de massa da França lutaram pela bem antiquada causa da expansão imperial. George Washington acreditou que o comércio estava tornando a guerra supérflua, mas Napoleão nunca viu as coisas desse modo. Na verdade, depois de 1806, tentou provar justamente o contrário, usando a guerra para subjugar o comércio ao requerer que os adversários derrotados se unissem ao "Bloqueio Continental" – basicamente, um embargo comercial que objetivava levar a Grã-Bretanha à falência fechando-lhe os mercados da Europa.

Foram necessários mais dez anos de guerras, incluindo algumas das maiores batalhas da história europeia (600 mil homens lutaram em Leipzig em 1813), para mostrar que Napoleão estava errado. A única maneira pela qual a guerra podia derrotar o comércio era as frotas francesas assumirem o controle dos oceanos e colocarem um fim ao comércio britânico, mas como esse comércio era muito lucrativo os britânicos sempre foram capazes de construir mais navios, e melhores, e de treinar mais marinheiros, e melhores, que a França. Os esforços navais de Napoleão redundaram em nada, e, como o comércio global da Grã-Bretanha sobreviveu, os europeus logo se deram conta de que precisavam mais do comércio britânico do que a Grã-Bretanha precisava deles. Uma nação após outra encontrou uma maneira de contornar o Bloqueio Continental e continuar lidando com os mercados da Inglaterra.

As lutas de Napoleão para impor o bloqueio logo o fizeram ir além do ponto culminante da guerra do povo. Desde 1799, ele havia mostrado que era capaz de cooptar a guerra do povo para se fazer imperador, mas os monarcas mais estabelecidos da Europa agora aprendiam a fazer o mesmo para derrubá-lo. Quando Napoleão ocupou a Espanha em 1808 para mantê-la dentro do Bloqueio Continental, viu-se mergulhado em um atoleiro de revolta popular (Figura 4.11), e os insurgentes espanhóis, reforçados por soldados britânicos, aprisionaram centenas de milhares de soldados franceses pelos seis anos seguintes.

Figura 4.11. A guerra do povo: insurgentes espanhóis travam uma *guerrilla* ("pequena guerra") contra os soldados franceses em Madri, em 2 de maio de 1808.

O pior veio quando Napoleão, ainda tentando reforçar o bloqueio, invadiu a Rússia. (Como mencionado no capítulo 3, foi esse erro estúpido que inspirou Clausewitz a apresentar sua teoria dos pontos culminantes: furioso ao ver sua Prússia natal ser submetida à França, ele se juntou ao exército russo em 1812 como voluntário e compreendeu que a sua própria raiva anti-França era apenas parte de uma ampla reação que o próprio Napoleão criara ao ir longe demais.) A maré virou rapidamente: apenas dois anos após Napoleão ter tomado Moscou, os russos já entravam em Paris e Napoleão partia para o exílio. Mas a maré então virou de novo, e, em 100 dramáticos dias de 1815, Napoleão voltou para a França, organizou outro exército e quase – mas não de todo – aniquilou os britânicos em Waterloo antes de ser mandado outra vez para um exílio ainda mais remoto.

Portanto, esse império comercial britânico, de feição nova, de livre acesso, sobreviveu ao grande desafio que Napoleão apresentara ao fundir um militarismo da escola antiga com uma guerra do povo moderna. Quando Bonaparte morreu, em 1821 (com a ajuda, dizem alguns, de um veneno britânico), a Grã-Bretanha esparramava-se por boa parte do mundo como um colosso. Atuar como globocop estava sendo compensador: policiar as rotas marítimas com navios de guerra britânicos custava dinheiro, mas valia a pena, porque entre 1781 e 1821 as exportações britânicas triplicaram, e seus trabalhadores tornaram-se os mais produtivos do planeta.

A Grã-Bretanha estava se tornando uma nação como jamais se vira – e também resolvendo um problema que jamais se apresentara antes.

O sol nunca se põe

Mercados maiores, argumentara Adam Smith, promovem melhor divisão do trabalho, o que aumenta a produtividade, o lucro e os salários, em uma espiral ascendente. Mas o que aconteceria quando as tarefas já tivessem sido subdivididas da melhor maneira possível e já não se pudesse extrair ganhos de eficiência?

Smith não se preocupara muito com isso, porque o problema nunca havia surgido. Mas, na época em que Napoleão morreu, seus sucessores estavam de fato muito preocupados com isso. Os altos salários que os trabalhadores britânicos recebiam já encareciam alguns de seus produtos fora dos mercados europeus. Parecia que a única maneira que as empresas britânicas tinham de se manter nos negócios era pagar menos aos seus trabalhadores, e o londrinense comum do início do século XIX ganhava 15% menos que seus avós. Depois de vencer a guerra, a Grã-Bretanha parecia estar perdendo a paz.

Thomas Malthus, David Ricardo e outros economistas políticos especulavam que havia uma lei de ferro a respeito de salários. A divisão do trabalho, a expansão imperial e o fato de se tornar um globocop podiam todos puxar os salários para cima durante um tempo, mas no final a renda sempre iria ser puxada de volta para o limite da inanição. O século XIX, previam alguns, seria uma época de miséria. Mas isso não aconteceu, porque uma singular concatenação de forças impeliu a mão invisível e o punho invisível a trabalharem juntos de várias maneiras.

A história começa com as roupas. Como todos precisam delas, os têxteis foram um setor principal em todas as economias pré-modernas, e, como carneiros e ovelhas se dão bem em países úmidos, relvados, os bretões durante séculos vestiram lã. Mas, conforme a Companhia Britânica das Índias Orientais abria estradas pelo interior da Ásia, vislumbrou uma oportunidade e começou a despachar rolos de tecidos de algodão de cores vivas, baratos, de volta para as suas ilhas. Foi um grande sucesso.

Os comerciantes de lã, descontentes com essa concorrência, contra-atacaram fazendo o tipo de coisa que Adam Smith mais odiava: distorceram o mercado promovendo lobby no Parlamento para proibir o algodão indiano. O algodão não cresce na Grã-Bretanha, por isso os comerciantes de tecidos reagiram importando algodão cru (que ainda era legal) das colônias do Caribe, para fiar e tecer na Grã-Bretanha, mas os trabalhadores britânicos não eram capazes de fazer o trabalho por um custo tão baixo (ou, para sermos honestos, de fazê-lo tão bem) quanto os indianos. Na década de 1760, eram vendidas 30 peças de roupa de lã para cada peça de algodão.

O gargalo na produção de algodão era a fiação, a tarefa trabalhosa, repetitiva, de torcer as fibras de algodão para fazer fios fortes, uniformes, e foi inaugurada (segundo a lenda) em 1764, quando uma roca de fiar pertencente a um certo James Hargreaves caiu no chão. Quando viu que a roca, mesmo tombada de lado no chão, continuava a girar por vários segundos, Hargreaves conta que teve uma epifania: ele poderia construir uma máquina que deslocasse um fuso da posição vertical para a horizontal, e vice-versa, repetidamente, substituindo os dedos humanos, que faziam grande esforço para torcer as fibras. Na verdade, uma única máquina poderia ter dezenas de fusos e faria o trabalho mais rápido que um humano.

Hargreaves encontrara uma solução para o inconveniente dos altos salários: iria incrementar o trabalho humano com o poder da máquina, aumentando a produtividade. A máquina de fiar de Hargreaves foi um sucesso (talvez até grande demais; Hargreaves não conseguiu impor sua patente), e em 1779 um dispositivo muito superior (a fiadeira de Crompton) também apareceu no mercado para fiar e produzir um algodão que não só era mais barato como muito melhor que qualquer coisa produzida na Índia.

Tudo isso parece muito distante da história da guerra, mas, antes que sua relevância fique mais clara, ainda teremos que nos afastar um pouco mais do campo de batalha, adentrando o mundo das correntes de água subterrâneas. No século XVIII, os donos de minas de carvão também enfrentavam o problema dos altos (pelos padrões da época) salários. Conforme os salários aumentavam, os bretões tinham mais filhos; com a população crescendo, as pessoas derrubavam florestas para arar a terra; e, conforme a lenha passou a ser mais escassa, o carvão veio substituí-la para aquecer e cozinhar. Todas essas eram notícias boas para os mineiros de carvão, que cavavam mais fundo suas minas para trazer cada vez mais carvão, mas por volta de 1700 uma mina atrás da outra começou a ficar inundada. Pagar trabalhadores de alto salário para tirar água das escavações era algo caro, que levaria à ruína, da mesma forma que usar terras caras para cultivar aveia e alimentar as dezenas de cavalos que puxavam as fileiras de baldes. A resposta, instalada pela primeira vez em uma mina de carvão em 1712, era uma maravilha da engenharia – uma máquina que colocava o carvão barato no lugar dos músculos humanos. Ela queimava carvão para fazer a água ferver, produzindo vapor que movia um pistão, que por sua vez bombeava a água para fora do poço da mina, permitindo assim que mais carvão fosse escavado, levado para cima e queimado.

O carvão e as roupas se uniram em 1785, quando o dono de um cotonifício conectou seus teares de fiação a um mecanismo a vapor. A produtividade subiu vertiginosamente. O preço do algodão fiado caiu de 38 shillings por libra em 1786 para menos de 7 shillings em 1807, mas as vendas cresceram com maior rapidez ainda. Em 1760, a Grã-Bretanha havia importado 2,5 milhões de libras de algodão cru; por volta de 1787 esse valor saltou para 22 milhões de libras (em 1837 alcançou 366 milhões de quilos). O mecanismo a vapor então saltou de um setor para outro, conforme os engenheiros concebiam novas aplicações. Os salários britânicos, que vinham decaindo desde a década de 1740, conforme as melhorias dos preceitos de Smith passaram a dar retornos cada vez menores, estabilizaram-se, e depois de 1830 tiveram um aumento rápido. A Revolução Industrial havia chegado.

O mecanismo a vapor derrubou as últimas barreiras ao comércio europeu. Durante séculos, as grandes distâncias que separavam a Europa do leste asiático haviam mantido o comércio ocidental como um mero filete de água, ao mesmo tempo em que o interior da África e o interior da Ásia continuavam totalmente fora do alcance dos mercadores. O vapor mudou isso. Os engenheiros logo viram que os mecanismos a vapor podiam ser montados sobre rodas e que essas rodas podiam fazer os navios remarem pelos oceanos e os trens se deslocarem por trilhos. O vapor podia fazer o trabalho dos ventos e das ondas nos transportes, da mesma forma, mais ou menos, que vinha fazendo o trabalho dos músculos nas fábricas. O vapor era capaz de reduzir espaços.

Os britânicos saíram na frente. "A terra foi feita para a Dombey and Son comerciar", anunciou Charles Dickens em seu grande romance – *Dombey and Son* – que trata de orgulho, preconceito e comércio global. "O sol e a lua foram feitos para iluminá-los. Os rios e mares se formaram para fazer flutuar seus navios; os arcos-íris prometiam-lhes bom tempo; os ventos sopravam a favor ou contra os seus empreendimentos; as estrelas e planetas circulavam em suas órbitas a fim de manter inviolado um sistema do qual eles eram o centro [...] A.D. não se refere a *Anno Domini*, e sim a Anno Dombey – and Son."

Dickens escreveu isso em 1846 (*Anno Domini*, por certo). Em 1838, um navio a vapor britânico havia cruzado o Atlântico em 15 dias, ignorando ventos frontais e correntes marinhas, e alcançou a média inédita de 16 quilômetros por hora. No ano seguinte, um navio ainda mais extraordinário navegou da Inglaterra até a China: o *Nemesis*, um barco a vapor todo de ferro, armado com canhões e foguetes. O barco se afigurava tão estranho que até seu capitão admitiu que "assim como a propriedade *flutuante* da madeira [...] fez dela o material mais natural para a construção de barcos, a propriedade do ferro, de afundar, faz com que à primeira vista ele pareça ser muito mal adaptado a um propósito similar".

O *Nemesis* estava a caminho do leste asiático por causa de uma disputa extraordinariamente sórdida. Os governos chineses, alimentando profundas suspeitas em relação aos comerciantes ocidentais, haviam decidido confiná-los por várias gerações em minúsculos enclaves, em Macau e Guangzhou, limitando o que podiam comprar e vender. Os comerciantes, no entanto, viam que independentemente do que o governo chinês pudesse dizer, os clientes chineses estavam muito interessados em seus produtos, especialmente o ópio. Como o melhor ópio do mundo crescia na Índia, controlada pela Grã-Bretanha, tratava-se de um bom negócio – até que, em 1839, Pequim declarou guerra às drogas.

Os oficiais chineses confiscaram uma fortuna em ópio dos comerciantes de drogas britânicos. Após umas ambíguas ações de lobby, os comerciantes convenceram o governo de Londres a exigir uma indenização, e também uma base em Hong Kong, além de assegurar aos distribuidores e comerciantes (incluindo os traficantes de drogas) o direito de entrar em outros portos. Os chineses – compreensivelmente – recusaram, confiando que a distância iria protegê-los, mas o *Nemesis* e uma pequena frota britânica logo mostraram que essa suposição já não se sustentava.

A disparidade tecnológica entre os dois lados dessa Guerra do Ópio era simplesmente abismal. Os juncos chineses, observou um oficial britânico, pareciam "exatamente como se o tema de gravuras [medievais] tivesse ganhado vida e substância e cor, e estivesse movendo-se e apresentando-se diante de mim, alheio à marcha do mundo através dos séculos, e a todos os modernos usos, invenções e aprimoramentos". As fortificações chinesas ruíram sob os canhões dos invasores, e em 1842 Pequim deu à Grã-Bretanha o que ela exigia.

Navios a vapor agora invadiam as cidades do litoral da China com produtos ocidentais, e em 1853 uma flotilha norte-americana, à procura de estações de fornecimento de carvão, adentrou audaciosamente na baía de Tóquio. Ela conseguiu intimidar o governo japonês mesmo sem disparar um único tiro. De volta a Washington, o presidente ignorou a sugestão do comandante de anexar Taiwan, mas a lição era clara: nenhum país litorâneo estava agora a salvo do Ocidente.

E tampouco, nesse sentido, estavam os países sem litoral. O que os navios a vapor faziam no mar, ou subindo pelos rios, as estradas faziam no interior. Nisso, porém, a agressão foi liderada menos pelos europeus do que por seus colonos ultramarinos. Os governos europeus logo descobriram que seus colonos, separados de casa por milhares de quilômetros, sentiam pouca necessidade de acatar ordens. Desde o século XVI, Lisboa, Madri, Londres e Paris emitiam montes de regulamentações sobre comércio, chá, escravos e selos, mas Brasil, México, Massachusetts e Quebec as ignoravam. Mesmo quando as exigências dos reis eram bem moderadas – por exemplo, que os colonizadores pagassem eles mesmos a própria defesa –, os colonizadores brancos normalmente se recusavam e resistiam aos esforços para coagi-los. Depois que a Grã-Bretanha perdeu os Estados Unidos, só conseguiu segurar Canadá,

África do Sul, Austrália e Nova Zelândia, dando-lhes a maioria das coisas que os rebeldes norte-americanos haviam exigido. A França vendeu suas últimas possessões na América do Norte em 1803; por volta de 1825, a Espanha havia perdido todas as suas possessões norte-americanas, exceto Cuba e Porto Rico, e a essa altura Portugal estava totalmente fora do jogo.

Os governos europeus tinham hesitado em adentrar o continente, preocupados com os custos da conquista, e às vezes até com os direitos dos povos locais. Os colonizadores brancos, porém, tinham menos escrúpulos. Os norte-americanos já percorriam os Apalaches antes mesmo que a tinta da Declaração de Independência tivesse secado, e as guerras Chickamauga (1776-1794) deram início a um século de ataques contra os nativos. Na década de 1820, os australianos brancos seguiram o mesmo caminho, conquistando a Tasmânia e invadindo o interior de seu continente. Na década de 1830, os bôeres da África do Sul tomaram a iniciativa de fugir ao domínio britânico e na batalha de Blood River mataram 3 mil zulus, com uma perda de apenas três africâneres feridos. Na década de 1840, os neozelandeses foram à guerra contra os maoris e os Estados Unidos chegaram ao Pacífico, estendendo-se finalmente de um oceano cintilante a outro.

Estava em curso um grande recuo dos nativos, mas o que transformou esse recuo em debandada foram as ferrovias. Na década de 1830, os norte-americanos colocaram duas vezes mais trilhos que a Europa inteira, depois duplicaram isso na década de 1840 e triplicaram na de 1850. O cavalo de ferro levou milhões de migrantes para o oeste e carregou os suprimentos que o exército necessitava para arrebanhar os nativos americanos em reservas cada vez mais remotas. Por volta de 1880, as ferrovias também levavam mineiros da Cidade do Cabo para cavar ouro e diamantes no Transvaal e traziam colonizadores e soldados russos para Samarcanda. Em 1896, um exército britânico que invadiu o Sudão para esmagar um levante islamita chegou a construir uma ferrovia durante seu avanço.

A última barreira à expansão ocidental – a doença – caiu entre 1880 e 1920. No tempo de duração de uma existência humana, os médicos isolaram e venceram a cólera, o tifo, a malária, a doença do sono e a peste negra. Só a febre amarela (responsável por 13 de cada 14 mortes na Guerra Hispano-Americana de 1898) resistiu até a década de 1930.

As consequências fizeram-se sentir em todos os trópicos, mas de modo mais intenso na África. Em 1870, ainda era raro encontrar um europeu que tivesse andado mais do que um ou dois dias a partir do litoral, mas em 1890 os navios a vapor e as ferrovias conduziam milhares deles para o interior, e a medicina os mantinha vivos quando lá chegavam. Durante séculos, a única maneira de conseguir marfim, ouro, escravos e tudo o mais que os europeus queriam tinha sido fazer acordos com as longas cadeias de chefes africanos, cada um deles pegando uma fatia do lucro, mas agora os europeus podiam cuidar disso sozinhos.

Como ocorre com frequência, resolver um problema serve apenas para criar outro. O quinino e as vacinas funcionavam tão bem em franceses e belgas como em ingleses e norte-americanos, e o resultado foi que os negociantes que desbravavam desertos, selvas e nativos hostis passaram a ver que outros europeus já haviam chegado antes deles. Em uma reprise do que sucedera na América e na Índia séculos antes, os homens que estavam nos territórios fizeram lobby nos seus governos para que estes pegassem fatias maiores da África e mantivessem os outros ocidentais a distância.

A anexação muitas vezes exigia apenas umas poucas centenas de soldados ocidentais. Africanos e asiáticos haviam se esforçado muito para equiparar-se ao poder de fogo dos europeus desde a década de 1750 (após uma batalha particularmente acirrada na Índia em 1803, o comandante britânico confessou: "Nunca estive em uma situação tão difícil na minha vida, nem em nada semelhante a isso, e rezo a Deus para que nunca me veja de novo em tal situação"), mas o poder de fogo ocidental simplesmente não parou de se aprimorar. Na década de 1850, rifles propriamente ditos – ou seja, armas com ranhuras no interior do cano para fazer as balas girarem, aumentando seu alcance e precisão – tornaram-se de uso geral, com efeitos devastadores.

Fábricas movidas a vapor despejavam dezenas de milhares de rifles, todos perfeitamente usinados e muito menos propensos a falhas do que os mosquetes pré-industriais. Os norte-americanos destacaram-se particularmente nessa produção em massa; observadores britânicos ficaram assombrados em 1854 quando um trabalhador da Springfield Armory, em Massachusetts, escolheu aleatoriamente dez mosquetes feitos naquela fábrica de armas durante a década anterior, desmontou-os, jogou as peças dentro de uma caixa e depois montou todos de novo, obtendo dez armas de fogo de funcionamento perfeito. Os britânicos imediatamente compraram o maquinário norte-americano e fundaram a Enfield Armoury. "Não há nada que não possa ser produzido por máquinas", declarou Samuel Colt aos britânicos.

Quando os dois lados tinham rifles e sabiam como usá-los, como ocorreu na Guerra Civil norte-americana, milhares de homens podiam ser dizimados em minutos. O dia 17 de setembro de 1862 continua sendo o mais sangrento da história militar norte-americana, com quase 23 mil homens mortos ou feridos na batalha de Antietam (geralmente chamada de Sharpsburg no sul). Na África e na Ásia, porém, os europeus raramente enfrentavam muita reação de fogo de rifles. O comentário do general Henry Havelock em 1857, depois de aniquilar um imenso exército indiano que emboscara sua pequena coluna britânica – "Em 10 minutos, o problema foi resolvido" –, poderia ser aplicado a dezenas de matanças perpetradas em meados do século, do Senegal ao Sião. A metralhadora Gatling (patenteada em 1861), o rifle Martini-Henry (introduzido em 1871) tão apreciado por Carnehan e Dravot, e a metralhadora Maxim, totalmente automática (patenteada em 1884), tornaram tão grande a disparidade entre o Ocidente e o restante do mundo (Figura 4.12) que ela só podia ser encurtada pela pura incompetência, como a exibida pelos oficiais britânicos contra os zulus em Isandlwana em 1879 e pelos italianos contra os etíopes em Adwa em 1896.

Por volta do final do século XIX, os exércitos ocidentais podiam ir praticamente aonde quisessem, e as marinhas ocidentais tinham maior liberdade ainda. Os navios europeus não encontravam sérios rivais desde o século XVII, mas a introdução no século XIX de navios a vapor com chapas de aço e bombas explosivas tornou a resistência inútil. O primeiro confronto de barcos revestidos de ferro, que foi o tiroteio à queima-roupa entre o *Monitor* e o *Merrimack*[40] durante a Guerra Civil norte-americana, deixara os espectadores perplexos, mas por volta da década de 1890 os navios de guerra deslocavam de 15 mil a 17 mil toneladas, navegando a 16 nós, carregando 4 canhões de 30 centímetros e combatendo em duelos com alcance de 8 quilômetros. Os governos europeus gastaram fortunas com esses navios, mas eles ficaram instantaneamente obsoletos em 1906, quando a Grã-Bretanha lançou o HMS *Dreadnought*, com motores a turbina, couraças de 28 centímetros e 10 canhões de 30 centímetros. Cinco anos depois, os navios britânicos passaram do carvão para o óleo, e a essa altura, com uma única exceção à qual voltarei no capítulo 5, a disparidade marítima entre o Ocidente e o resto do mundo tornou-se absolutamente intransponível.

---

40 Os navios *Monitor* e *Merrimack* eram ambos originalmente da União, mas depois que o *Merrimack* afundou os confederados recuperaram seus restos e o encouraçaram com chapas de ferro, relançando-o com o nome de CSS *Virginia*.

Figura 4.12. Avalie a disparidade: em 1879, quando essa fotografia foi tirada, a diferença de poder de fogo entre os exércitos ocidentais e não ocidentais era enorme. Aqui, o príncipe zulu Dabulamanzi kaMpande (centro) e seus homens exibem a sua diversificada coleção de armas de fogo, rifles de caça e mosquetes antigos. Dabulamanzi seria logo expulso de Rorke's Drift, apesar de superar os defensores na proporção de 10 para 1. Só quando os oficiais ocidentais eram muito incompetentes é que os exércitos não ocidentais tinham condições de vencer.

Quando era garoto, minha avó tinha um globo surrado, que devia ter sido feito mais ou menos nessa época. Sua superfície de papel era cheia de bolhas e estava descascada em alguns pontos, mas ele me fascinava. Os jornais britânicos da década de 1960 viviam contando histórias sobre a humilhação nacional e o retrocesso do império, mas ali, naquela pequena cápsula do tempo, tudo era diferente. Dois quintos do planeta eram cor-de-rosa, a cor do Império Britânico. "Nos seus domínios, o sol nunca se põe", o mais antigo jornal escocês celebrara no longínquo 1821. "Ao mesmo tempo em que mergulha nas águas do Lago Superior, seu olho se abre sobre a foz do Ganges" (Figura 4.13).

Juntos, europeus ou seus antigos colonizadores dominaram cinco sextos do mundo, mas nem o globo terrestre da minha avó conseguia captar toda a magnitude da vitória da Europa na Guerra dos Quinhentos Anos. O domínio ocidental era tão absoluto que os historiadores normalmente sugerem que a palavra "império" não lhe faz jus de fato.

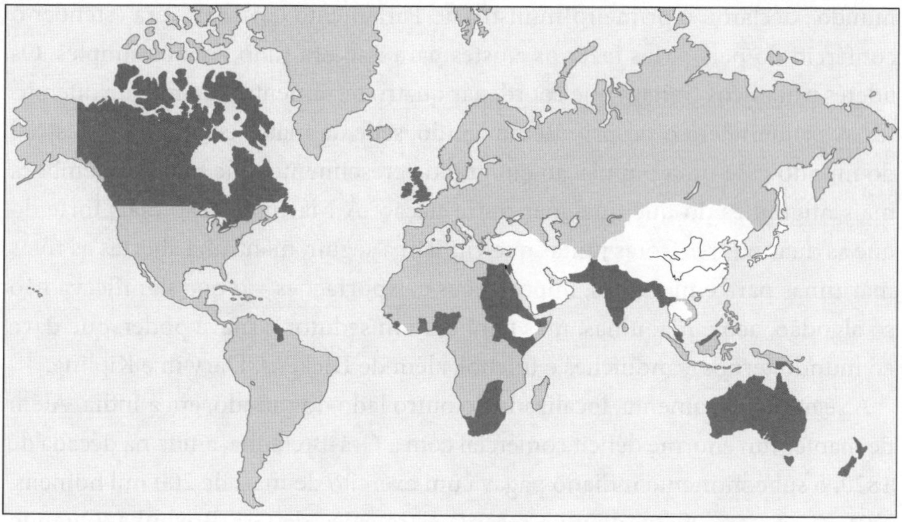

Figura 4.13. A escala da vitória: por volta de 1900, os europeus haviam conquistado 84% da superfície da Terra (em cinza-claro; o Império Britânico é representado em cinza-escuro).

Em vez dela, sugerem eles, deveríamos pensar em um "sistema mundial" do século XIX, no qual os impérios formais comandados desde as capitais europeias eram apenas uma parte – e não necessariamente a mais importante – de uma ampla rede de conexões que unia o planeta inteiro.

Essa não era exatamente a visão de Adam Smith de um mundo unido pelo autointeresse, mas era mais próximo dela do que os impérios de eras precedentes. Por volta de 1850, a mão invisível e o punho invisível estavam cooperando de maneiras totalmente novas. A Marinha Real britânica mantinha os mares livres e punia as pessoas que violassem a ordem do livre acesso (entre 1807 e 1860, ela efetivamente bloqueou o comércio de escravos pelo Atlântico, apreendendo 600 navios e devolvendo os 150 mil escravos a bordo deles para a África ocidental), mas o sistema era tão vasto que nunca havia nenhuma possibilidade de a Grã-Bretanha governá-lo diretamente. As ilhas britânicas eram sem dúvida seu centro, mas o tipo de coordenação que Londres impunha dependia do provimento de incentivos às partes formalmente independentes, para que agissem de modo a manter o sistema como um todo funcionando.

A meta em direção à qual a Grã-Bretanha tentava conduzir o sistema mundial era bastante simples. "O grande objetivo do Governo em todos os cantos do mundo", declarou o primeiro-ministro no Parlamento em 1839, "era estender o comércio do país." Mas fazer os ajustes para isso era tudo, menos simples. Os líderes britânicos tinham que coordenar quatro ferramentas totalmente diferentes. A primeira era o próprio Reino Unido, sede da maior economia industrial do mundo e de uma população em grande crescimento, que mandava embora mais migrantes do que qualquer outra nação. A Marinha Real, mais forte do que as duas ou três frotas juntas que vinham a seguir, mantinha abertas as rotas marítimas para emigrantes, importações e exportações – o que significava não só algodão, aço e máquinas, mas também um sedutor e suave poder, que dava ao mundo ternos, sanduíches e futebol, além de Dickens, Darwin e Kipling.

A segunda ferramenta, localizada do outro lado do mundo, era a Índia. Além de manter um enorme déficit comercial com a Grã-Bretanha, ainda na década de 1820, o subcontinente indiano pagava um exército de mais de 200 mil homens. Tratava-se, com efeito, de uma reserva estratégica da Grã-Bretanha. Quando Napoleão precisou ser expulso do Egito em 1799, ou os mercados chineses foram forçados a abrir em 1839, ou o xá da Pérsia precisou ser intimidado em 1856, ou a Rússia, afastada do Afeganistão em 1879 (ou, ainda, quando Rommel precisou ser detido em El Alamein em 1942), a maioria dos homens que cuidaram disso eram indianos.

A torrente de emigrantes britânicos – no todo, cerca de 20 milhões – compunha a terceira ferramenta – isto é, colonos brancos, capazes, habitando outros continentes. Seu explosivo crescimento econômico passou a ter cada vez maior importância conforme o século XIX chegava ao fim, e no século XX seus rapazes foram tão importantes quanto os indianos na defesa do sistema mundial.

Por fim, a quarta ferramenta: uma rede disseminada de capital, especialistas, marinha mercante, telégrafos, serviços financeiros e investimento. Esse império vasto e invisível estendia-se muito além das áreas pintadas de cor-de-rosa no globo. Países inteiros – Argentina, Chile, Pérsia – tornaram-se tão dependentes dos mercados e do dinheiro britânicos que os historiadores muitas vezes os chamam de impérios informais. Eles não acatavam ordens diretas dos políticos britânicos, mas raramente ousavam desafiar os financistas britânicos. Por volta da década de 1890, a marinha mercante e os serviços traziam três quartos do dinheiro que entrava na Grã-Bretanha gerado pelas mercadorias exportadas.

Manter esse elaborado sistema mundial operando era um número de equilibrismo complicado. Exigia que os impérios asiáticos continuassem fracos, que a Europa continuasse em paz (ou pelo menos que não fosse ameaçada por um império único e hostil, por um novo Napoleão travando uma guerra do povo) e que os Estados Unidos continuassem fortes, mas cooperativos. E, como a Grã-Bretanha raramente era capaz de obrigar qualquer um desses atores a desempenhar o papel que lhe cabia, tudo dependia de uma delicada mistura de diplomacia de canhoneira, pressões de mercado e um autointeresse esclarecido.

As crises eram constantes. A pior delas foi na Índia, onde um grande motim, em 1857, poderia ter expulsado os britânicos de vez se tivesse sido mais bem conduzido. Na Europa, foi necessário travar uma guerra terrível na Crimeia entre 1854 e 1856 para impedir que a Rússia rompesse o equilíbrio de poder, e no front norte-americano as ameaças de guerra eram constantes. Em 1844, discussões sobre a latitude da fronteira entre Estados Unidos e Canadá chegaram a tal ponto que a frase "*Fifty-four forty or fight!*"[41] se tornou slogan de campanha presidencial. Em 1859, soldados cavaram trincheiras e foram enviadas canhoneiras para a mesma fronteira depois que um porco britânico ficou passeando por um campo de batatas norte-americano. E, em 1861, com o Congresso norte-americano dividido, a guerra espreitou de novo quando marinheiros da União abordaram um navio britânico.

Mas a guerra nunca ocorreu. Quando conseguiu controlar uma crise anterior, em 1858, dessa vez a respeito de marinheiros britânicos abordando navios norte-americanos, o presidente norte-americano James Buchanan lembrou ao Congresso que "nunca houve antes na face da Terra duas nações que pudessem fazer uma à outra tanto bem ou tanto mal". O Congresso concordou, e, depois de fazer as devidas acomodações às circunstâncias locais, a maioria dos governos da Ásia e da Europa chegou a conclusões similares. Para quase todos, havia mais a ganhar comprando do sistema britânico do que tentando rompê-lo.

Pax Britannica

"Acho que há muito do que se orgulhar pelo que o Império Britânico conseguiu fazer", disse o primeiro-ministro da Grã-Bretanha, David Cameron, em 2013. "Mas, é claro", acrescentou, "houve eventos ruins, assim como houve bons eventos."

41 "Cinquenta e quatro e quarenta ou guerra" é uma referência ao paralelo 54° 40' N, a latitude defendida por alguns extremistas norte-americanos em sua disputa com os britânicos. [N. T.]

Ele discursava em Amritsar, onde, quase um século antes, soldados britânicos haviam abatido milhares de manifestantes indianos desarmados, matando 379 deles. Imediatamente, as palavras de Cameron sofreram ataques de todos os lados. Para alguns, elas cheiravam a uma culpada autodepreciação liberal; para outros, indicavam sua grosseira insensibilidade e a nostalgia do imperialismo.

Primeiros-ministros sabem que serão ridicularizados por qualquer coisa que disserem, mas talvez não seja possível avaliar o legado da Guerra dos Quinhentos Anos da Europa sem ser acusado de tendenciosidade política. Aceitando isso, vou me preparar para o pior e ir direto ao ponto: a Guerra dos Quinhentos Anos foi a guerra mais produtiva – no sentido em que usei o termo neste livro – que o mundo tivera até então, e criou a maior, mais segura e mais próspera sociedade (ou sistema mundial) já vista. Em 1415, o globo havia sido dividido, e cada continente era dominado por um agregado de poderes regionais. Em 1914, esse mosaico antigo já não existia, substituído por apenas três ou quatro poderes com alcance de fato global (França, Alemanha, Estados Unidos e, é claro, o Reino Unido), fortemente vinculados entre si em um sistema dominado pela Grã-Bretanha. A Europa havia (quase) conquistado o mundo.

O casamento da mão invisível com o punho invisível tornou o sistema mundial moderno muito diferente de qualquer império pré-moderno, mas a Guerra dos Quinhentos Anos que o criou seguiu, não obstante, um padrão amplamente familiar. Primeiro, veio uma fase de conquista, que aumentou os índices de morte por violência; a seguir, em muitos casos, instalou-se uma era de rebelião, com maiores banhos de sangue; e, finalmente, uma era de paz e prosperidade, à medida que a violência declinou e as economias foram reconstruídas em uma escala maior.

O tempo em que essas fases se verificaram depende do lugar considerado. A onda de conquistas se deu na América do Sul e na América Central no século XVI; na América do Norte, do século XVII ao XIX; na Índia, nos séculos XVIII e XIX; na China, em meados do século XIX; e na África, no final do século XIX, com as grandes rebeliões em geral ficando intensas logo após o final das conquistas.

Os efeitos variaram tanto quanto as épocas. Nas Américas, os invasores submeteram os nativos a horrores indescritíveis (e, deve ser dito, os nativos responderam na mesma moeda sempre que puderam), mas, como já vimos neste capítulo, o maior assassino foram as doenças. Se, como acho que devemos, contarmos as vítimas da pestilência e da fome entre os mortos de guerra, os números se mostram chocantes. Entre 1500 e 1650, as populações nativas do Novo Mundo reduziram-se à metade. Os historiadores que chamam a conquista de "holocausto americano" têm razão em fazê-lo.

No sul da Ásia, as conquistas da Companhia das Índias Orientais a partir de 1740 devem ter matado centenas de milhares de nativos, em geral com perdas mínimas do lado europeu. Mas, de uma população que iniciou seu período por volta de 175 milhões de anos atrás e cresceu constantemente, todos os tiros e golpes de sabre acrescentaram apenas uma fração de 1% ao índice de mortes. Um historiador tem afirmado que os britânicos massacraram em torno de 10 milhões de pessoas depois do motim de 1857, ou 1 de cada 25 indianos, mas, embora as retaliações fossem selvagens o suficiente para chocar muitos bretões, quase todos os especialistas colocam o número verdadeiro praticamente uma ordem de magnitude abaixo. Um número de mortes na casa das centenas de milhares continua sendo escandaloso, mas mesmo em seu pior momento os britânicos mataram menos de 1 de cada 250 indianos.

Como na conquista europeia das Américas, o maior assassino não foi a violência direta, mas as suas consequências, o que na Índia significava a fome, com maior frequência que a doença. Entre a Grande Fome de Bengala de 1769-1770 e a Fome da Índia Inteira de 1899-1900, morreram de 30 a 50 milhões de indianos – uma cifra horripilante. Cerca de 1 bilhão de pessoas viveu na Índia ao longo desses 130 anos e, portanto, 1 de cada 20 ou 1 de cada 30 pessoas morreu de fome em decorrência da guerra – isso, caso esse horror deva ser atribuído inteiramente aos britânicos.

O mau tempo, particularmente os eventos de El Niño, foi a causa imediata da maior parte desses desastres, mas alguns historiadores sustentam que uma combinação dos distúrbios causados pela conquista com a crueldade e/ou estupidez dos conquistadores fez com que as inevitáveis crises relacionadas com o clima se transformassem em catástrofes humanas perfeitamente evitáveis. Esse jogo de determinar os culpados vem sendo praticado desde a década de 1850, mas mesmo o mais feroz crítico da Europa teria que admitir que a conquista da Índia foi muito menos letal do que a da América.

Na China, o padrão foi diferente, mais uma vez. As invasões europeias (e, em grau menor, a japonesa), entre as décadas de 1840 e 1890, mataram centenas de milhares. Cerca de 750 milhões de pessoas viveram na China durante esse meio século, o que significa que as guerras mataram diretamente cerca de

1 pessoa em cada 1.000, mas aqui o maior número de mortes começou quando a dinastia Qing foi destronada e os rebeldes se levantaram pela China inteira. Essas guerras civis mataram dezenas de milhões. A população da China sofreu redução de 10% entre 1840 e 1870, com a violência e sua esteira de fome e doenças causando a maioria dessas perdas.

Para completar esse catálogo de horrores, devemos mencionar as imensas variações entre as experiências das diferentes partes da África. Em alguns lugares, os europeus praticamente não encontraram resistência e tiveram mínimo impacto sobre os povos que supostamente governavam. As vastas possessões francesas na África ocidental, por exemplo, eram uma espécie de império virtual, onde praticamente não havia nenhum oficial para administrar praticamente nenhum súdito, nas extensões praticamente desabitadas do deserto do Saara. Mas em outros lugares a história foi pavorosa. O caso extremo foi o da bacia do Congo, tomada pela Bélgica em 1884. Ali, um brutal sistema de punir os nativos que não entregavam as cotas de borracha estipuladas pode ter reduzido a população à metade por volta de 1908, principalmente por meio de fome e doenças.

Ninguém poderá negar que a Guerra dos Quinhentos Anos tornou o mundo mais perigoso para os povos que foram conquistados. Os europeus, como os antigos romanos, criaram regularmente terras devastadas. Mas – de novo como os romanos – o legado da guerra foi a paz. Na maioria dos casos, assim que a fumaça das armas se dissolveu, as instituições dilaceradas foram reconstruídas, e novos anticorpos evoluíram, vendo-se os conquistados governados por novos e poderosos Leviatãs que de maneira agressiva suprimiram a violência – mais ou menos como Dravot e Carnehan fizeram no Kafiristão.

Para muitos ocidentais, essa missão civilizatória transformou o imperialismo em uma causa moral. "Assume o fardo do Homem Branco", pediu Kipling aos Estados Unidos em 1899,

Send forth the best ye breed
Go bind your sons to exile
To serve your captives' need...

Take up the White man's burden,
In patience to abide,
To veil the threat of terror
And check the show of pride;

By open speech and simple,
An hundred times made plain.
To seek another's profit,
And work another's gain.[42]

Dias após sua publicação, o poema já inspirava paródias ("Empilha o fardo do homem pardo", dizia uma, "Para satisfazer tua cobiça; Vai, livra-te dos 'pretos', que o progresso vão impedir"), e é difícil ler as palavras de Kipling hoje sem algum constrangimento. No entanto, ele não estava de forma alguma sozinho ao enxergar o mundo desse modo. Milhares de memorandos de oficiais, depositados em poeirentos ou mofados escritórios distritais da Mauritânia à Malásia, registram a seriedade com que funcionários de todos os níveis se dedicavam a mascarar o risco de terror e a controlar as mostras de arrogância. "Esses pequenos principados estão desfrutando totalmente da proteção britânica e vivem na mais profunda tranquilidade", escreveu um certo lugar-tenente Murray em um relatório de 1824, ao se referir a uma década de pacificação no Nepal. "Raramente se comete algum homicídio e desconhece-se o roubo, e vários rajás estão satisfeitos e seus súditos recebem todas as bênçãos de um governo moderado e feliz. A lavoura quadruplicou, e as montanhas estão cobertas de verde até sua base."

Mas será que Murray – ou Kipling – sabia do que estava falando? Ou os dois estariam simplesmente mentindo para justificar um império do qual se beneficiavam à custa de seus súditos? É difícil responder a essa pergunta, entre outras coisas devido à extrema variedade de lugares que havia nesse sistema mundial do século XIX. Na Austrália, onde os europeus praticamente aniquilaram os nativos, ou na ilha de Ascensão, onde não havia um vertebrado sequer antes da chegada dos britânicos, a pacificação foi muito diferente do que ocorreu, por exemplo, na Indochina, onde uns poucos milhares de paraquedistas franceses desceram no meio de 30 milhões de nativos.

E, mesmo dentro de uma única região, podia ser difícil saber o que estava acontecendo. Como de hábito, a Índia é o caso mais bem conhecido (e mais controverso). Ali, a Companhia das Índias Orientais, com seu foco na maximização

42 Em tradução livre: "Envia teus melhores filhos / Vai, condena-os ao exílio, / Para que sirvam teus cativos... / Assume o fardo do Homem Branco / E fica à espera, paciente / Mascara o risco de terror / E controla as mostras de arrogância; / Com a fala sincera e simples, / Explicada centenas de vezes. / A fim de buscar outro lucro / E conseguir outro ganho". [N. T.]

do lucro, dedicou-se intensamente à pacificação. O mesmo colapso mogol que criara condições para o início da Companhia na década de 1740 também encheu o subcontinente de príncipes antagônicos, e – embora estatísticas confiáveis mais uma vez, infelizmente, se mostrem ausentes – todas as evidências sugerem que os índices de morte por violência subiram à medida que a lei e a ordem sofriam ruptura. Os nababos e sultões em litígio contratavam milhares de cavalarianos irregulares para travar seus combates, e, quando ficavam sem trabalho, muitos desses viravam bandidos, aterrorizando os camponeses. As estradas da Índia no século XVIII viviam infestadas de salteadores (alguns se diziam thugees, membros de um culto dedicado a estrangular viajantes e oferecê-los à deusa Káli), e a área rural ficou inundada de armas.

Como qualquer bandido estabelecido competente, a Companhia tomou severas medidas contra esses assaltantes itinerantes. Mas, como ocorre com tantos bandidos estabelecidos, as atividades da Companhia eram tão violentas (e lucrativas) que os observadores com frequência ficam imaginando se a cura não foi pior que a doença. Montes de "rúpias, sacos de diamantes, indianos torturados para revelar seus tesouros", lamentava um panfletário londrino; "cidades, vilas e aldeias saqueadas e destruídas, jaghires e províncias roubadas; nababos destronados e mortos têm feito o deleite e constituído a religião dos Diretores e de seus empregados".

Já em 1773, o governo britânico tentou regulamentar a Companhia e torná-la um bandido estabelecido melhor. Os oficiais da Companhia "não devem aceitar, receber ou tomar diretamente [...] de nenhum dos príncipes ou Poderes *indianos*, ou de seus Ministros ou Agentes (ou de quaisquer nativos da *Ásia*) nenhum Presente, Oferta, Doação, Oportunidade ou Recompensa", determinou o Parlamento. Os homens que lá estavam, no entanto, tomaram pouco conhecimento disso, até que em 1786 o Parlamento decidiu adotar medidas severas. Promoveu o impeachment de Warren Hastings, o governador da Companhia, acusando-o de graves crimes e malfeitos – basicamente, o de promover uma devastação.

Edmund Burke liderou a acusação, pois todos, como Cícero, se apresentaram para humilhar o equivalente dos tempos modernos do venal governador romano Verros. "Peço seu impeachment em nome da nação inglesa", trovejou, "cuja antiga honra ele deslustrou. Peço seu impeachment em nome do povo da Índia, cujos direitos pisoteou e cujo país transformou em um deserto. Por fim, em nome da própria natureza humana, em nome de ambos os sexos, em nome de todas as idades, em nome de todos os níveis de hierarquia, peço o impeachment desse inimigo comum de todos."

E isso era apenas a declaração de abertura de Burke. O julgamento prosseguiu, com uma revelação sórdida atrás de outra, durante sete vergonhosos anos. No final, apesar de um oceano de evidências, a Câmara dos Lordes absolveu Hastings, mas isso não foi nenhuma vitória para a Companhia. A Grã-Bretanha já estava saturada desse tipo de pacificação. O Parlamento aprovou uma nova Lei da Índia e assumiu a atribuição de nomear governadores-gerais, armando assim o cenário para o surgimento do Serviço Público Indiano, que granjeou fama de incorruptível.

O Parlamento de Londres, como os Leviatãs em todas as eras, continuou mais interessado em reduzir seus custos administrativos do que em criar uma ordem de livre acesso entre seus súditos. Em um caso notório, iniciado em 1808, o juiz que processou um colono inglês particularmente perverso, que espancara um servo indiano e o fizera passar fome até morrer, parecia menos preocupado com o fato de as ações de seu réu serem "uma ofensa [...] à paz e felicidade de nossos súditos nativos" do que com o fato de ele ter "desafiado minha autoridade e se conduzido de maneira altamente desrespeitosa com o Tribunal".

Mas não importam os motivos, os juízes enviados da Grã-Bretanha conseguiram aos poucos refrear a tosca lei marcial da Companhia e reduzir a violência da vida indiana. A consequência mais visível foi uma proibição total do ritual hindu do sati, que levava uma viúva a se atirar na pira funerária do marido. Vários imperadores mogóis haviam legislado contra o sati ("em todas as terras sob o controle mogol, nunca mais um oficial deverá permitir que uma mulher seja queimada", determinou Aurangzeb em 1663), com algum sucesso, mas a proibição total expedida pelos britânicos em 1829 praticamente erradicou o costume.

Documentos escritos por indianos instruídos nos séculos XVIII e XIX dizem pouco sobre os índices de morte por violência, mas um número expressivo de seus autores parece ter chegado à conclusão de que o Império Britânico não era, no cômputo geral, uma má coisa. O extraordinário erudito que vivia em Calcutá, Rammohun Roy, por exemplo, acolheu o liberalismo britânico, a educação e a lei, e se juntou à cruzada britânica contra o sati. Roy não hesitou em criticar os europeus, repreendeu os britânicos em 1823 por terem demorado para ensinar as "ciências úteis" aos bengalis e fez um comentário mordaz a um bispo de Calcutá que equivocadamente se congratulou com ele pela sua conversão do hinduísmo ao cristianismo ("Meu senhor", disse Roy, "eu não abandonaria uma superstição simplesmente para me apegar a outra"). Mas, no final das contas, Roy achava que o desfecho ideal para a Índia seria continuar dentro do Império Britânico, em uma posição como a do Canadá. "A Índia, de maneira similar [à dos canadenses]", escreveu ele em 1832, "não sente uma disposição de cortar seus vínculos com a Inglaterra, que devem ser preservados com o mesmo grau de benefício para ambos os países."

Outros indianos – como os membros do Movimento Jovem de Bengala, que chocaram os mais velhos em 1830 ao defender Tom Paine em detrimento das escrituras hindus – foram mais adiante na sua admiração das coisas inglesas. Mas a opinião deles, assim como a de Roy e do lugar-tenente Murray, continua como meras impressões. Até que os historiadores sociais façam o penoso trabalho de pesquisa em arquivos para comprovar as afirmações de Elias de que os europeus estavam se tornando menos violentos, ou até que os antropólogos de campo cataloguem um número maior de evidências de esqueletos com traumas violentos, temos que continuar confiando em evidências qualitativas, exatamente como fazemos ao estudar as épocas antigas. Mas, mesmo assim, o peso da documentação parece ser de fato esmagador. Apesar de sua presunção, Kipling e Murray realmente apontavam para algo importante. Depois que as conquistas cessaram e as rebeliões foram sufocadas, os impérios europeus em geral fizeram baixar os índices de morte por violência.

Posto isso, as colônias e fronteiras sempre continuaram sendo os lugares mais violentos do que os núcleos imperiais na Europa. Por volta de 1900, o homicídio tirava a vida de apenas 1 europeu ocidental em cada 1.600, mas 1 norte-americano em cada 200 ainda morria de forma violenta nessa época. E, mesmo dentro das colônias de brancos, havia acentuadas diferenças entre os núcleos urbanos e as periferias: o assassinato não era mais comum na Nova Inglaterra do que na velha Inglaterra, mas partes do oeste e do sul eram dez vezes mais perigosas (segundo uma história, um sulista, questionado a respeito disso por um ianque, "respondeu que achava que era simplesmente porque havia mais gente no sul que precisava ser morta").

A probabilidade de ser morto em guerra caiu quase tão rapidamente quanto a chance de ser assassinado. Quando consideramos todas as batalhas, cercos e brigas, cerca de 1 europeu ocidental em 20 morria de forma violenta por volta de 1415, mas entre 1815 e 1914 os europeus participaram de poucas grandes guerras. A enlameada e sangrenta Guerra da Crimeia de 1853-1856 matou

300 mil; a Guerra Franco-Prussiana de 1870-1871, outros 400 mil ou mais; e a Guerra Russo-Turca de 1877-1878, outro meio milhão. Era muita carnificina, e, no entanto, mesmo depois de somar cada uma dessas guerras, menos de 1 europeu em 50 (e provavelmente perto de 1 em cada 100) pode ter morrido em conflito entre 1815 e 1914.

As guerras no interior e entre núcleos de colonizadores brancos (em oposição a guerras que eles travaram contra não brancos) também foram quase raras. Nas Américas, a horrível Guerra da Tríplice Aliança, de 1864 a 1870 (na qual Argentina, Brasil e Uruguai bloquearam a expansão paraguaia), tirou a vida de meio milhão de pessoas, e a Guerra Civil norte-americana (1861-1865) ceifou quase 750 mil vidas. Na África, a Segunda Guerra dos Bôeres (1899-1902) matou pelo menos 60 mil. No todo, os europeus que se instalaram além-mar tinham maior probabilidade de morrer de forma violenta do que os que ficaram em casa, mas não muito mais.

A Guerra dos Quinhentos Anos foi muito maior do que as guerras que construíram os antigos impérios. Grandes exércitos com armas de ferro haviam permitido a romanos, han, partos e máurias projetar seu poder em escala subcontinental, mas os navios oceânicos, os canhões e as máquinas a vapor estenderam o alcance dos europeus ao planeta inteiro. As guerras antigas produziram sociedades de dezenas de milhões de pessoas, com índices de morte por violência, sugeri eu, na faixa de 2% a 5%, mas a Guerra dos Quinhentos Anos produziu sociedades de centenas de milhões de pessoas, com índices de morte por violência no núcleo europeu na faixa de 1% a 3%. Os índices foram um pouco mais altos nos núcleos de colonizadores brancos americanos e australianos, e, nas colônias com governo direto, mais altos ainda.

Dados incompletos, falta de estudos acadêmicos e a imensa variedade de lugares envolvidos – desde infernos na Terra como o Congo até a Samoa de Margaret Mead e pacatos postos avançados no Nepal – combinam-se e tornam quase impossível fazer estimativas significativas sobre os índices de morte por violência nos impérios do século XIX. Isso significa que o número que eu coloco na Figura 4.14 – algo entre 2,5% e 7,5% – talvez seja o mais especulativo de todo este livro. Ele significa apenas que, na média, as colônias de governo direto do século XIX na África, Ásia e Oceania eram mais violentas do que os antigos impérios, mas menos violentas do que a Eurásia na era das migrações. Um dia, as pesquisas de arquivo e os estudos de esqueletos nos possibilitarão fazer estimativas melhores, mas ainda não chegamos lá.

O que Cálgaco disse sobre Roma e suas guerras de conquista vale também para a Europa: ambas produziram devastação. Mas, por outro lado, o que Cícero disse sobre o Império Romano também vale para a Europa: ambos acabaram criando para seus súditos sistemas econômicos maiores que, na maioria dos casos, deixaram todos em melhor condição. É difícil contra-argumentar com o economista Daron Acemoglu e o cientista político James Robinson quando dizem, em seu influente e recente livro *Por que as nações fracassam*, que "a lucratividade dos impérios coloniais europeus com frequência foi construída em cima da destruição de regimes independentes e das economias indígenas". E, no entanto, como mostra a Figura 4.15, isso é o que os economistas gostam de chamar de "destruição criativa". À medida que novos sistemas econômicos substituíram os antigos, a renda e a produtividade, a partir de 1870, subiram no mundo inteiro. Houve certamente exceções (o Congo de novo vem à mente), e o grosso dos ganhos realmente foi para os dirigentes do novo sistema mundial. Mas, conforme o século XIX se encaminhava para o seu final, a maré ascendente da Guerra dos Quinhentos Anos fazia com que todos os barcos subissem, tornando o mundo mais rico do que jamais havia sido, e também mais seguro.

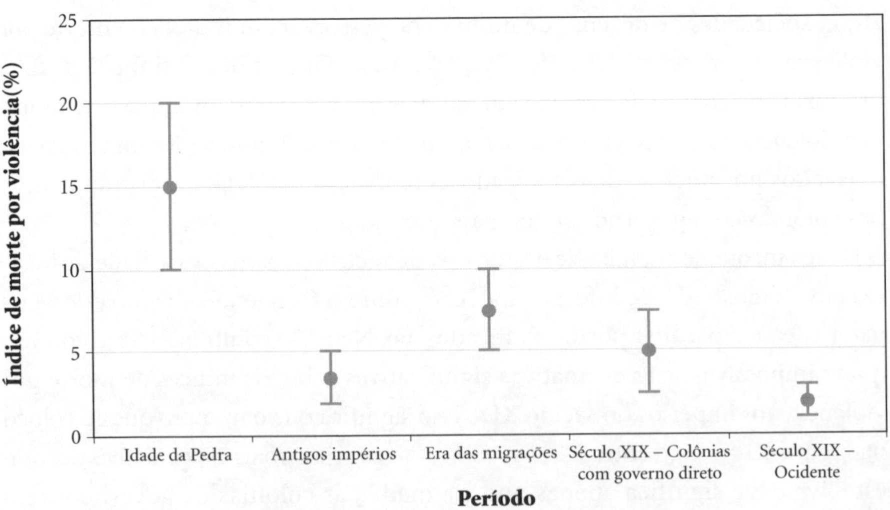

Figura 4.14. Melhorando cada vez mais, versão 1: estimativas de índices de morte por violência, com a faixa de variação em cada período (10% a 20% para as sociedades da Idade da Pedra, 2% a 5% para os antigos impérios, 5% a 10% para a Eurásia na era das migrações, 1% a 3% para o Ocidente no século XIX e 2,5% a 7,5% para as colônias de governo direto da Europa), e seu ponto médio.

E foi então que, em agosto de 1898, Nicolau II, czar de todas as Rússias, chegou àquela que parecia ser a conclusão óbvia e ordenou que seu ministro do Exterior fizesse um anúncio sem precedentes aos dignitários que aguardavam com expectativa em sua corte. "Preservar a paz geral e reduzir na medida do possível o excesso de armamentos que hoje onera todas as nações", disse ele, "são ideais que todo governo deve se esforçar para realizar." Nicolau então propôs uma conferência internacional – "uma feliz inauguração do século à nossa frente" – para tratar do fim da guerra e promover o desarmamento em massa.

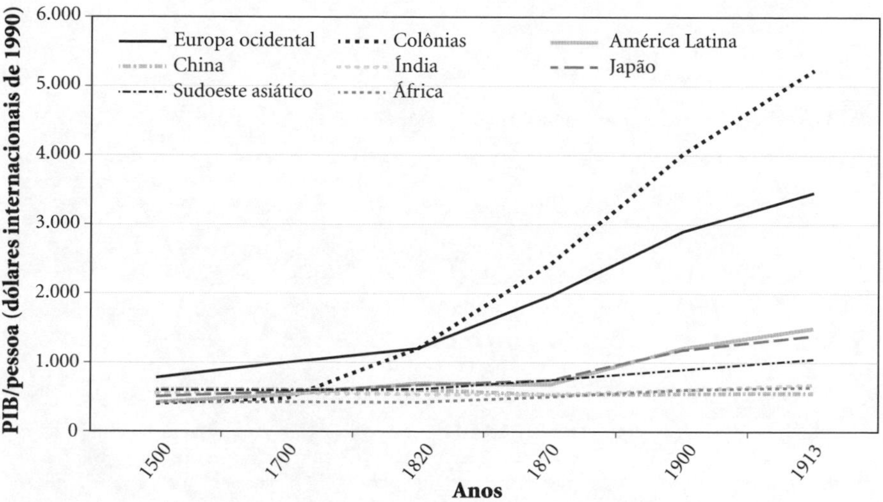

Figura 4.15. Melhorando cada vez mais, versão 2: produtividade por pessoa por ano, de 1500 a 1913, conforme calculada pelo economista Angus Maddison, expressa em "dólares internacionais" de 1990 (uma unidade artificial comumente usada para contornar o problema de calcular taxas de conversão ao longo de períodos extensos).

Seguiu-se uma onda geral de satisfação. A baronesa Bertha von Suttner, autora do best-seller internacional *Lay down your arms* (um dos favoritos de Tolstói) e que logo se tornaria a primeira mulher a ganhar o Prêmio Nobel da Paz, chamou Nicolau de "uma nova estrela no céu da cultura", e em 1899 – no aniversário do czar – 130 diplomatas se reuniram em um château na floresta perto de Haia, na obstinadamente neutra Holanda, para decidir como isso seria feito.

Depois de dois meses de jantares e almoços, bailes e editais, eles apresentaram uma série de acordos que, se não estavam fadados a pôr fim às guerras, pelo menos buscavam limitar suas barbaridades. Concordaram, entusiasmados, em convocar outra reunião. Ela foi marcada para 1907 no mesmo agradável lugar, e foi um sucesso tão grande que todos fizeram firmes planos de se reunir ali de novo – em 1914.

5

Uma tempestade de aço: a guerra pela conquista da Europa, 1914-1980

Mergulhar o cosmos no caos

O *Daily Mail* nunca foi o porta-voz das classes mais esclarecidas da Grã-Bretanha ("produzido por office-boys para office-boys", comentou causticamente um primeiro-ministro britânico por volta de 1900), mas há 100 anos era o jornal mais vendido do país, e Norman Angell – editor do jornal em Paris – era um homem acostumado a que lhe dessem ouvidos. Mas até ele ficou perplexo com o sucesso do seu livro *A grande ilusão* quando foi publicado em 1910.

Angell era uma figura excêntrica. Depois de abandonar um internato suíço caro aos 17 anos, fugiu para a Califórnia, onde tentou a sorte criando porcos, cavando canais, criando gado e no transporte postal. Mas depois voltou à Europa e, quando se aproximava da respeitável meia-idade, tornou-se mais kantiano do que o próprio Kant. Atualizando *A paz perpétua* para o século XX, ele perguntava: "Qual é a real garantia de que um Estado irá se comportar bem em relação a outro?". Sua resposta: "É a elaborada interdependência que, não só no sentido econômico, mas em todos os sentidos, faz com que uma agressão injustificada de um Estado a outro tenha efeito sobre os interesses do próprio agressor". A guerra, concluía ele, decretou sua própria falência. "Os dias de progresso pela força já ficaram para trás", anunciou; a partir de agora "será progresso por ideias, ou então nada."

Angell se juntou à longa lista de profetas com pouquíssimo senso de oportunidade. Em 1914, os mesmos políticos que haviam elogiado seu livro e ido às conferências de paz de Haia deflagraram a Primeira Guerra Mundial, e durante os quatro anos seguintes mataram 15 milhões de pessoas. As guerras civis que se arrastaram por outros quatro anos mataram mais 20 milhões, e entre 1939 e 1945 a maior guerra de todas matou de 50 a 100 milhões mais. Angell talvez tenha sido o pior profeta de todos os tempos.

Mas, então... se Angell pudesse voltar um século depois de ter escrito o livro, poderia se considerar o *maior* profeta de todos os tempos. Em 2010, veria o planeta mais pacífico e próspero do que nunca, e com o risco de morte por violência bem abaixo de 1 entre 100 (na Europa ocidental, abaixo de 1 em 3.000). Veria as pessoas geralmente vivendo o dobro do que antes, comendo bem o suficiente para crescer 10 centímetros em altura e ganhando quatro vezes mais que seus avós em 1910.

O século XX foi a melhor das épocas e também a pior – aquilo que o grande historiador Eric Hobsbawm chamou de "era dos extremos" –, pois combinou a guerra mais sangrenta já travada com a maior paz de que já se teve notícia. Angell continuou escrevendo livros por mais 40 anos depois que *A grande ilusão* foi publicado, mas nunca conseguiu explicar realmente esse paradoxo.

A saída mais fácil para resolver o enigma, que Angell algumas vezes adotou, foi insistir em que a questão central era que o mundo estava realmente indo na direção que ele (e Kant) havia dito, mas que sofrera a intervenção do azar. Considerando o modo como a Primeira Guerra Mundial começou, com uma avalanche absoluta de acasos infelizes, isso parece bastante razoável. Se o arquiduque da Áustria Franz Ferdinand tivesse tomado a simples decisão de não ir a Sarajevo em 28 de junho de 1914 (Figura 5.1), não teria sido assassinado, a Áustria não teria declarado guerra à Sérvia, e a Rússia, a Alemanha, a França e a Grã-Bretanha teriam mantido a paz também. Ou, se o chefe da segurança austríaca naquele dia não tivesse tornado público com antecedência o trajeto do arquiduque por Sarajevo, deixando-o desfilar em carro aberto a 15 quilômetros por hora, e não tivesse se recusado a usar alguns dos 70 mil soldados em manobras nos arredores como seguranças porque seus uniformes poderiam se sujar, o plano terrorista com certeza teria falhado. Se o chefe da segurança não tivesse se esquecido de avisar os motoristas dos dois primeiros carros do comboio do arquiduque sobre uma mudança de trajeto; se não os tivesse feito parar e ordenado que o comboio inteiro voltasse, fazendo-o andar ainda mais devagar ao passar pelo assassino Gavrilo Princip; se tivesse colocado os guarda-costas do arquiduque do lado do carro voltado para a multidão, e não do lado voltado para a rua vazia; e se outro sérvio não tivesse atacado o policial que agarrou a mão de Princip quando ele puxou seu revólver... se qualquer uma dessas coisas tivesse acontecido de modo diferente, não teria havido nenhuma Crise de Julho. Os Canhões de Agosto não teriam sido disparados. E, quando dezembro chegasse, 1 milhão de jovens ainda estariam vivos. Um acidente tem sempre um monte de respostas a justificá-lo.

Quando a guerra terminou, os políticos que haviam feito seus povos entrar nela agarraram-se a esse argumento, apressando-se em garantir aos seus leitores que a catástrofe não tinha ocorrido por culpa deles.

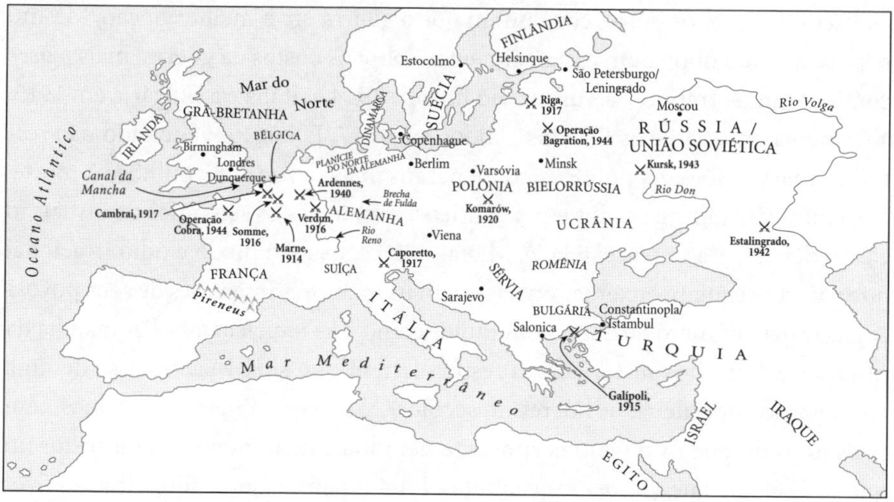

Figura 5.1. As grandes guerras: a luta pela Europa, 1910-1980.

"As nações em 1914 escorregaram pela borda e caíram no caldeirão fervente da guerra sem nenhum vestígio de apreensão ou temor", afirmou em suas memórias o primeiro-ministro britânico em tempo de guerra David Lloyd George. Avançando um pouco mais, Winston Churchill (primeiro-lorde do Almirantado, em 1914) sugeriu que a guerra havia sido uma força da natureza, fora do controle de quem quer que fosse. "Devemos pensar na relação das nações naqueles dias", escreveu ele em 1922,

> como prodigiosas organizações de forças ativas ou latentes que, do mesmo modo que corpos planetários, não conseguiam se aproximar uma da outra no espaço sem que isso originasse profundas reações magnéticas. Se se aproximassem demais, os raios começariam a faiscar, e a partir de certo ponto poderiam ser deslocadas totalmente das órbitas que as submetiam [...] e mergulhar o Cosmos no Caos.

E, no entanto, cartas, diários e registros de gabinete que os políticos de fato escreveram durante o fatídico verão de 1914 revelam algo inteiramente diferente. Os líderes da Europa não estavam escorregando, deslizando ou sofrendo atrações magnéticas. Na realidade, com frieza, calma e o devido cálculo, eles avaliaram os riscos e, um após outro, concluíram que a guerra era a melhor opção. Mesmo depois, quando obtiveram esclarecimentos sobre os custos da guerra, mais países continuaram entrando – a Turquia no final de 1914, a Itália e a Bulgária em 1915, a Romênia em 1916 e os Estados Unidos em 1917. E, em 1939, quando não restavam mais ilusões, os políticos condenaram mais dezenas de milhões à morte. Devemos concluir que todos esses políticos, com todos os seus anos de instrução e experiência, eram, na realidade, idiotas, tão cegos pelo medo e ódio irracional que não conseguiam enxergar quais seriam os melhores interesses de seus povos? A julgar pelo número de livros com títulos como *The march of folly* ["A marcha da insensatez"], muitos historiadores responderiam que sim. Mas trata-se de uma constatação superficial: os líderes do século XX não eram nem mais sábios nem mais tolos do que os de outras épocas, e nem mais nem menos predispostos do que os homens que vimos nos capítulos 1 a 4 a pensar que a força iria resolver seus problemas. A razão pela qual o último século combinou tanta violência com tanta paz e prosperidade é que o legado da Guerra dos Quinhentos Anos foi mais complexo do que imaginaram Angell – e muitos escritores depois dele.

Desconhecidos desconhecidos

"Quando o dever policial tem que ser cumprido, tem que ser cumprido", cantava o coro na ópera cômica de Gilbert e Sullivan *The pirates of Penzance*, "a sina de um policial não é lá muito feliz." As plateias desatavam a rir assistindo ao espetáculo que estreou em 1879, mas os donos do sistema mundial talvez não o achassem tão divertido.

Durante duas gerações, a Grã-Bretanha mostrara (geralmente) boa disposição e competência para fazer o papel de globocop, até porque, mesmo em data tão avançada quanto a década de 1860, era a única economia da Terra industrializada de fato. As fábricas britânicas produziam os melhores bens, os mais baratos, e desde que os mares fossem seguros para o livre comércio tais produtos sempre poderiam achar compradores. Os bretões podiam então usar seus lucros para comprar comida onde fosse melhor e mais barata, e os fazendeiros que vendessem comida podiam usar seus lucros dessas vendas para comprar mais bens britânicos, o que permitia aos britânicos comprar mais comida... e assim por diante. Os britânicos tinham o dinheiro para desempenhar o papel de globocop e precisavam desempenhá-lo para continuar ganhando dinheiro.

Todos os envolvidos prosperaram, mas quem mais prosperou foi a Grã-Bretanha. Seu produto interno bruto (PIB) quase triplicou entre 1820 e 1870, e sua fatia passou de 5% a 9% do total mundial (hoje é de 3%). Navios e bases para manter as rotas marítimas abertas custam dinheiro, mas a economia britânica cresceu tão rápido que esses custos pareciam uma pechincha, correspondendo a apenas seis pence de cada libra de riqueza que era produzida – menos de 3% do PIB.

Por volta de 1870, no entanto, a Grã-Bretanha estava achando esse seu dever policial uma sina menos feliz, não porque o estivesse cumprindo mal, mas porque o cumpria bem demais. Conforme os lucros britânicos se acumulavam, o mesmo livre comércio que permitiu à Grã-Bretanha prosperar também permitiu que os capitalistas do país investissem sua riqueza excedente onde quer que ela prometesse maiores retornos – o que, na maior parte do tempo, significava financiar revoluções industriais em outros países. Apoiando-se fortemente em empréstimos britânicos (muitas vezes usando dinheiro britânico para comprar máquinas britânicas que iriam produzir bens que fariam concorrência às exportações britânicas), uma série de países se industrializou depois de 1870. Que a França, velha rival da Grã-Bretanha, seguisse por esse caminho não foi surpresa para ninguém, mas guerras civis nos Estados Unidos (1861-1865) e Japão (1864-1868) e guerras de unificação na Alemanha (1864-1871) também produziram governos centralizados que buscavam agressivamente a industrialização (Figura 5.2). Em 1880, a Grã-Bretanha ainda respondia por 23% da manufatura e do comércio mundial, mas em 1913 esse número havia caído para 14%.

Em termos puramente econômicos, isso, na verdade, era bom para a Grã-Bretanha, pois à medida que o mundo se industrializava o bolo ficava maior. Ou seja, 14% da manufatura e do comércio mundial em 1913 equivalia a bem mais do que os 23% de 1870. Além disso, a Grã-Bretanha estava subindo na cadeia de valor. Havia passado da agricultura para setores mais lucrativos depois da década de 1780, e na década de 1870 mudou de novo, abandonando o investimento na indústria para obter lucros maiores nos serviços (particularmente no sistema bancário, em transporte marítimo, seguros e empréstimos para o exterior). O PIB da Grã-Bretanha mais do que duplicou entre 1870 e 1913, e com toda essa riqueza adicional a Grã-Bretanha (e outras nações industrializadas) podia bancar uma expansão agressiva da sua ordem de livre acesso. A Alemanha liderou, introduzindo o seguro-saúde e a aposentadoria por idade aos trabalhadores na década de 1880, e por volta de 1913 a maior parte das nações industrializadas já havia seguido seu exemplo. Educação primária gratuita, sufrágio universal para os homens e mais adiante o voto das mulheres tornaram-se a norma.

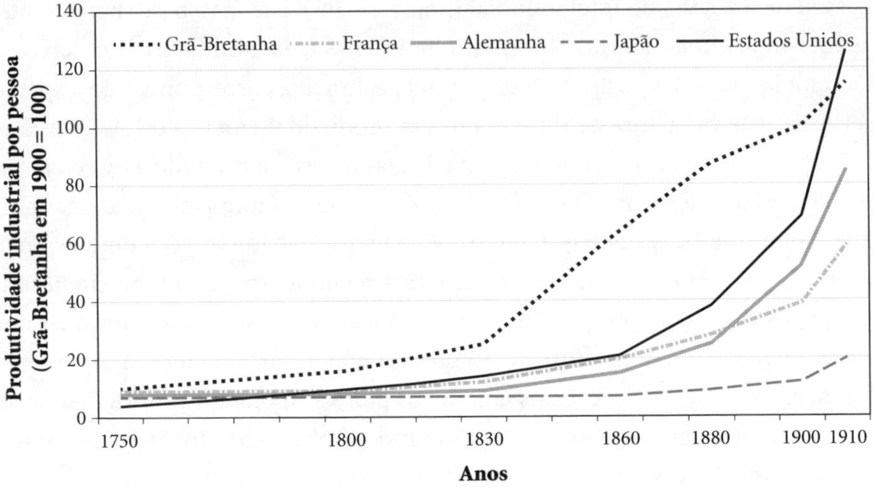

Figura 5.2. Fábricas satânicas: a produtividade industrial por pessoa em cinco grandes economias, 1750-1913 (a produção da Grã-Bretanha em 1900 é equiparada a 100 pontos).

Estrategicamente, porém, o triunfo econômico foi um desastre para a Grã-Bretanha, porque sua estratégia, similar à dos antigos impérios de 17 séculos antes, havia ultrapassado seu ponto culminante. A economia dos Estados Unidos superou a da Grã-Bretanha em 1872, e em 1901 a da Alemanha fez o mesmo (Figura 5.3). Todo governo que acabava de enriquecer construía agora uma moderna frota para projetar seu poder e prestígio. A Grã-Bretanha permaneceu na frente, e mais do que quadruplicou o porte e o poder de fogo de sua marinha entre 1880 e 1914, mas mesmo assim sua fatia da artilharia global declinou (Figura 5.4). O globocop podia dar conta de qualquer combinação plausível de inimigos, mas já não era capaz de intimidar todos ao mesmo tempo.

Se a Grã-Bretanha era o policial do mundo, podemos pensar nos novos gigantes industriais como os equivalentes de gangues urbanas. O globocop, como qualquer policial, precisava decidir se enfrentava esses rivais, fazia algum acordo com eles ou então tentava uma combinação dessas duas coisas. A Grã-Bretanha podia travar guerras comerciais com seus rivais, travar guerras de fato com eles ou fazer concessões. As duas primeiras opções ameaçavam arruinar o livre comércio, responsável pela riqueza da Grã-Bretanha; a terceira podia fortalecer os rivais a ponto de deixar a Grã-Bretanha incapaz de desempenhar o papel de globocop.

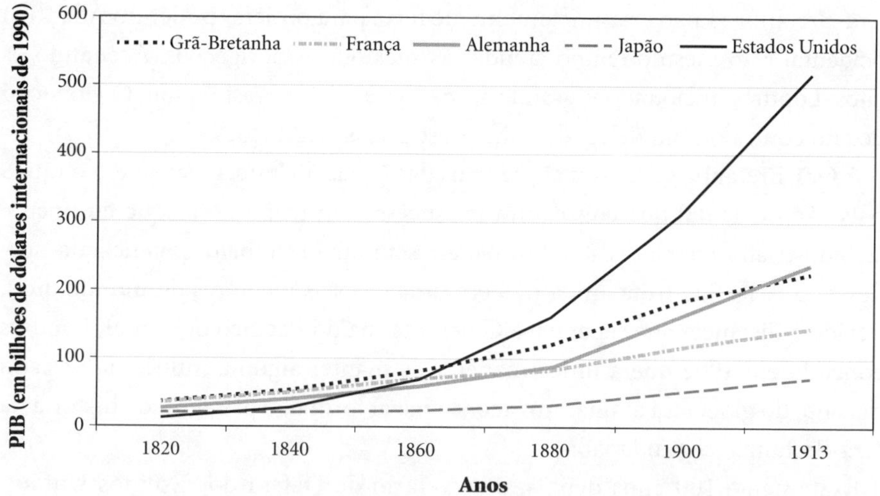

Figura 5.3. A ascensão dos demais: o porte de cinco grandes economias industriais, 1820-1913.

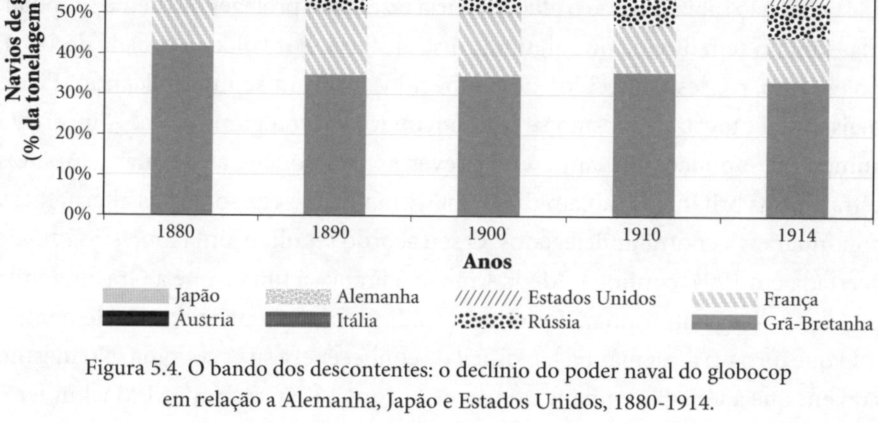

Figura 5.4. O bando dos descontentes: o declínio do poder naval do globocop em relação a Alemanha, Japão e Estados Unidos, 1880-1914.

As coisas chegaram a um ponto crítico primeiro com os Estados Unidos. A Doutrina Monroe de 1823 em tese proibira os europeus de se imiscuírem nos assuntos norte-americanos, mas na década de 1860 a perspectiva de que a Marinha Real interviesse na Guerra Civil continuou sendo o principal pesadelo de Abraham Lincoln. Por volta da década de 1890, porém, ficou claro a todos que a Grã-Bretanha já não era suficientemente forte para projetar poder no Atlântico ocidental e ao mesmo tempo atender às suas outras obrigações. Aceitando os fatos, Londres iniciou uma "grande aproximação" com Washington. O globocop de fato contratou um delegado e lhe passou suas atribuições.

A Grã-Bretanha se retirou ainda mais das águas do leste. O Japão era o único país não ocidental que conseguira ter sucesso em reagir ao ataque europeu e se industrializar, e na década de 1890 era sem dúvida a maior potência do nordeste da Ásia. Sua frota ainda não era uma das seis melhores do mundo, mas, devido à distância que separava a Grã-Bretanha do Pacífico ocidental, Londres concluiu em 1902 que a única maneira de manter alguma influência no lado distante do globo era assinar um acordo naval formal, o primeiro da história da Grã-Bretanha, com o Japão.

Exatamente 100 anos depois, o secretário da Defesa dos Estados Unidos, Donald Rumsfeld, iria dizer aos jornalistas: "Existem desconhecidos conhecidos, ou seja, sabemos que há algumas coisas que desconhecemos, mas também há desconhecidos desconhecidos – aquelas coisas que não sabemos que não sabemos". Enquanto o século XIX teve um único globocop, estável, os problemas estratégicos foram em sua maior parte decorrentes de desconhecidos conhecidos. Quando os russos ameaçaram tomar Constantinopla em 1853, ou os indianos se amotinaram em 1857, ou os confederados abriram fogo contra o Forte Sumter em 1861, eles não sabiam o que o globocop iria fazer para proteger o sistema mundial, mas sabiam sem dúvida que alguma coisa ele faria. Por volta da década de 1870, no entanto, os desconhecidos desconhecidos estavam se multiplicando. Ficou mais difícil prever até mesmo se o globocop iria fazer alguma coisa. A incerteza aumentou, e poucos tinham como prever as consequências de suas ações. Os estrategistas britânicos sabiam disso, mas, em virtude das sombrias alternativas, continuaram a contratar delegados. O seu acordo seguinte, uma *Entente Cordiale* acertada em 1904, confiou o Mediterrâneo à França a fim de que a Grã-Bretanha pudesse se concentrar no maior dos desconhecidos desconhecidos: a Alemanha.

O que tornava a Alemanha tão difícil de conhecer era sua geografia. No mesmo ano em que a Grã-Bretanha fez seu acordo com a França, Halford Mackinder –

geógrafo, explorador e primeiro-diretor da London School of Economics – deu uma palestra pública extraordinária. A história do século XX, anunciou ele, seria determinada pelo equilíbrio entre três grandes regiões. O pivô da história seria o que ele chamou de núcleo central – "a região crucial da política do mundo, a vasta área da Eurásia que é inacessível a navios, mas que na antiguidade esteve aberta aos cavaleiros nômades" (Figura 5.5).

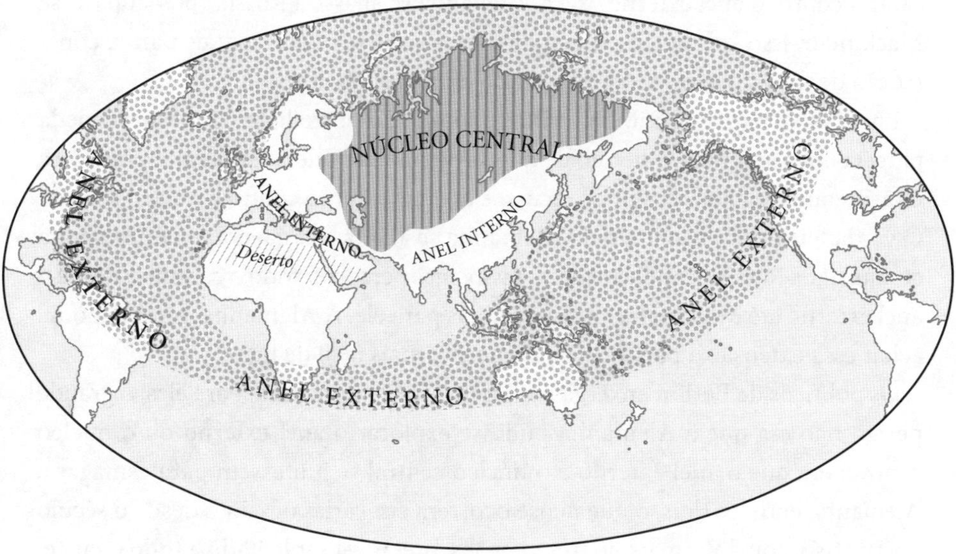

Figura 5.5. O mapa de Mackinder: o núcleo central, o anel interno e o anel externo.

Até o século XV, explicou Mackinder, os invasores das estepes do núcleo central dominaram as ricas civilizações de China, Índia, Oriente Médio e Europa, que ele chamou de anel interno. Depois desse anel interno, ele identificou um anel externo, que contava pouco – até que, depois de 1500, os navios europeus uniram essa imensa região. Por volta do século XVIII, as potências desse anel externo estavam projetando sua força no anel interno, contestando o controle do núcleo central sobre ele, e no século XIX a força do anel externo era tão grande que ele penetrou o próprio núcleo central (soldados britânicos marchavam sobre o Tibete no momento em que Mackinder dava sua palestra). O controle dos mares nas mãos do anel externo propiciou o controle tanto do anel interno como do núcleo central – e, portanto, do mundo.

Os políticos britânicos não gostaram de ter que partilhar o anel externo com os Estados Unidos, o Japão e a França, mas apostaram que seriam capazes de fazer acordos com homens que pensassem como eles e enfrentassem problemas do anel externo similares aos que a própria Grã-Bretanha enfrentava. A Alemanha, porém, era outra questão. Ela pertencia ao anel interno, o que lhe dava acesso direto ao núcleo central. Vista de Londres, uma Alemanha forte, unida e industrializada parecia o tipo de lugar capaz de voltar os recursos do núcleo central contra o anel externo. "Se a Alemanha se aliasse à Rússia", preocupava-se Mackinder, isso "permitiria o uso de vastos recursos continentais para a construção de frotas, e o império do mundo estaria então à vista."

Encarado a partir de São Petersburgo, porém, o outro lado da mesma moeda parecia mais urgente – o perigo de que a Alemanha pudesse superar a França e a Grã-Bretanha e então dirigir os recursos do anel externo contra o núcleo central. O verdadeiro risco não era o da Alemanha se aliar à Rússia; era o da Alemanha conquistar a Rússia. Napoleão tentara isso, mas percorrer todo o caminho desde o anel externo até Moscou havia sido demais para ele. A Alemanha, porém, podia achar essa extensão a partir do anel interno, mais fácil de lidar.

Os políticos de Berlim enxergavam uma terceira dimensão. Para eles, o grande perigo não era que a Alemanha pudesse explorar o anel externo ou o núcleo central; era que o anel externo e o núcleo central se juntassem para esmagar a Alemanha entre os dois, o que quase ocorrera em várias ocasiões desde o século XVIII. Isso, concluíram os líderes alemães, precisava ser evitado a todo o custo, e esse simples fato estratégico explica em grande parte a trágica história da Alemanha no século XX.

As três visões de onde a Alemanha se encaixava no mundo apontavam para maneiras muito diferentes de organizar a política europeia, mas de início os alemães levaram as coisas a seu modo. Eles deviam muito de seu sucesso a Otto von Bismarck, talvez o diplomata com menos escrúpulos, mas de visão mais clara do século XIX. Bismarck viu que os alemães precisavam ser violentos na década de 1860. Guerras curtas e intensas contra Dinamarca, Áustria e França transformaram a confusão de principados alemães frágeis no mais forte Estado nacional do anel interno. Mas, depois de ter vencido essas guerras, Bismarck viu que na década de 1870 os alemães precisavam abrir mão da violência. A melhor maneira de escapar de ser esmagado entre o núcleo central e o anel externo era manter todos os demais em desequilíbrio, o que significava fazer e romper alianças na Europa central e do leste, aplacar a Grã-Bretanha e isolar a França.

Bismarck manteve todas essas bolas no ar sem deixá-las cair até adentrar a década de 1880, mas a proliferação de estranhos desconhecidos conforme a posição da Grã-Bretanha se deteriorava tornou esse sutil malabarismo cada vez mais difícil. Em 1890, um jovem novo cáiser mandou embora seu idoso chanceler e começou a imaginar – como faziam os chefes de Estado por toda parte – se a força não seria, afinal de contas, a melhor solução para os problemas que a sua nação enfrentava naquele mundo tão incerto. Ele mandou seus generais planejarem guerras preventivas, como precaução, e os políticos alemães tiravam partido desse risco de guerra para desviar a atenção dos eleitores dos conflitos de classe domésticos causados pela rápida industrialização. Patrões e trabalhadores podiam se odiar mutuamente, mas, se ambos odiassem os estrangeiros ainda mais, tudo daria certo.

Os líderes alemães viram-se correndo riscos que teriam parecido insensatos na época de Bismarck, porque as alternativas pareciam piores. Tomar posse de colônias africanas e construir navios de guerra eram coisas fadadas a provocar a Grã-Bretanha, mas não tomar posse delas e não construir navios parecia ser o caminho que levaria ao cerco. Na melhor das hipóteses, significaria que os rivais da Alemanha poderiam bloquear-lhe os mercados internacionais; na pior, significaria encarar uma guerra em duas frentes. A Alemanha precisava fazer tudo de que fosse capaz para romper o círculo, e, no entanto, tudo o que ela fez pareceu servir apenas para aproximar mais seus inimigos e uni-los. Com desconhecidos desconhecidos multiplicando-se e rumores de guerra pesando em todas as mentes, as potências continentais compraram mais armas, recrutaram maior número de seus jovens e os mantiveram por mais tempo em serviço militar – embora isso ameaçasse transformar os boatos em realidade.

Por volta de 1912, o cáiser e seus conselheiros sentiram que medidas drásticas eram a única opção. Às vezes falavam em forjar os Estados Unidos da Europa, dominados, é claro, pela Alemanha; outras vezes, como um jornal vienense estampou no dia de Natal de 1913, eles vislumbravam "uma união alfandegária da Europa central, à qual os Estados ocidentais cedo ou tarde iriam se juntar, querendo ou não. Isso criaria uma união econômica igual, ou talvez até superior, à da América". Em Londres ou Washington, tal ideia soava como rumores de guerra.

Nada disso tornou a guerra inevitável em 1914. Franz Ferdinand poderia ter sobrevivido facilmente ao 28 de junho; cabeças menos esquentadas poderiam facilmente ter prevalecido nas semanas que se seguiram. A maioria das pessoas, na realidade, achava que as cabeças menos esquentadas *haviam* prevalecido: os investidores em mercados de ações não se mostraram muito ansiosos até o final de julho, e os políticos e generais mantiveram suas férias de verão. Com apenas um pouco mais de sorte, a memória mais vívida de 1914 teria sido a de seus dias ensolarados, e não a de seus campos de morticínio.

Mas o que teria acontecido então? Evitar a guerra em 1914 não teria ressuscitado o globocop, porque a contínua disseminação de revoluções industriais pelo mundo afora - causada pelo sucesso do globocop - teria tornado sua posição cada vez mais insustentável. Os desconhecidos desconhecidos teriam continuado a se multiplicar. Novas crises teriam se seguido à de 1914, do mesmo modo que a crise nos Bálcãs de 1914 havia se seguido às crises do Marrocos de 1905 e 1911 e à outra crise nos Bálcãs em 1912-1913. Se cada um dos diplomatas europeus do século XX tivesse sido um Bismarck renascido, talvez conseguissem atenuar as emergências indefinidamente, mas não era esse o mundo real, e seus diplomatas, na média, não eram nem melhores nem piores do que os de épocas anteriores. A crise toda foi, na realidade, um lance de dados, e cedo ou tarde - se não na década de 1910, então com certeza na de 1920 - algum rei ou ministro iria concluir que a guerra seria, afinal de contas, a solução menos pior para os problemas que os estivessem pressionando.

E, assim, um mês depois que Princip baleou Franz Ferdinand, o Império Austro-Húngaro declarou guerra à Sérvia, confiando na garantia do cáiser de que ele havia "considerado a questão da intervenção russa e aceitado o risco de uma guerra geral". Afinal, ponderou o chanceler alemão, a alternativa era "a autocastração". Uma semana depois, a maior parte da Europa estava em marcha. Não houve escorregões em beiradas nem planetas saindo de suas órbitas; tratava-se apenas de um mundo no qual o globocop perdera sua força.

A tempestade começa

"O objetivo geral da guerra", dizia um documento dirigido ao chanceler alemão um mês depois de iniciado o conflito, "é a segurança do Império Alemão no Ocidente e no Oriente, por todo o tempo imaginável." Para conseguir isso, "a França precisa ser enfraquecida, a ponto de tornar impossível sua reabilitação como grande potência para sempre [e] a Rússia deve ser repelida o mais longe possível da fronteira oriental da Alemanha e ter rompido o seu domínio sobre os vassalos não russos". Iriam então se seguir as anexações da Bélgica e da França, as antigas províncias russas se tornariam satélites da Alemanha e os produtos britânicos seriam excluídos dos mercados franceses. A meta era travar uma guerra contraproducente que quebrasse a aliança maior que cercava a Alemanha e desferisse no globocop um golpe terrível – talvez fatal.

Se a Alemanha foi para a guerra com esse plano em mente, ou se apenas o formulou reagindo às terríveis baixas sofridas nas primeiras semanas de luta, é algo que não está claro, mas de qualquer modo os alemães estavam assumindo riscos gigantescos, terríveis. O pior cenário de Bismarck ocorreu em 1914, expondo a Alemanha a todo o peso do núcleo central e do anel externo, e o Estado-Maior alemão concluiu que sua única esperança era explorar sua posição central e sua organização industrial para tirar a França da guerra antes que a Rússia pudesse ser mobilizada.

Realizando um golpe de mestre administrativo, os burocratas alemães apropriaram-se de 8 mil trens e levaram 1,6 milhão de homens e meio milhão de cavalos para a fronteira ocidental. Dali invadiram a neutra Bélgica, marchando e lutando sem descanso. Por volta de 7 de setembro, a vanguarda cruzava o rio Marne, a menos de 40 quilômetros de Paris. No mapa, a impressão é que a guerra estava praticamente ganha, com o exército francês sendo cercado e forçado a sair de sua capital, mas Helmuth von Moltke, o chefe do Estado-Maior alemão, estava prestes a descobrir como a moderna guerra funcionava na realidade. Seu Leviatã do século XX havia convocado um exército de 1 milhão de homens, que agora se distribuía por uma centena e meia de quilômetros, mas ele contava apenas com meios de comunicação do século XIX para entrar em contato com eles. Os rádios eram raros e pouco confiáveis, os telefones, piores ainda, e praticamente não havia aviões de reconhecimento.

Moltke não tinha ideia do que estava ocorrendo de fato em setembro de 1914. Os relatórios demoravam dias para chegar. Um deles dizia que os franceses estavam cedendo; o seguinte, que estavam contra-atacando. Sem outro jeito de descobrir o que estava acontecendo, Moltke colocou um oficial em um carro e o mandou para o front. "Se o pessimista [tenente-coronel] Hentsch tivesse batido o carro em uma árvore [...] em algum ponto de sua viagem de 8 de setembro", lamentou outro oficial alemão mais tarde, "ou se tivesse sido alvejado por um francês qualquer, teríamos tido um cessar-fogo duas semanas mais tarde e a partir disso teríamos conseguido uma paz que nos permitiria exigir o que quer que fosse." Mas Hentsch conseguiu chegar ao front e, horrorizado com os riscos que os homens corriam ali, convenceu o comando a ordenar uma retirada.

Mesmo um século depois dos fatos, não estamos hoje em posição melhor do que Moltke em 1914 para saber se Hentsch arrancou a derrota das mandíbulas da vitória ou se salvou os alemães de uma catástrofe. Mas, para homens que sempre achavam que o triunfo estava a seu alcance, a decisão de bater em retirada foi devastadora. Ela funcionou "como um raio", disse o comandante do 133º Regimento de Infantaria da Reserva. "Vi muitos homens chorando, as lágrimas escorrendo pelo rosto; outros simplesmente não acreditavam." Moltke teve uma crise nervosa.

A grande aposta da Alemanha não vingou, e ela não tinha um plano B. No entanto, a aliança que se opunha a ela não estava muito melhor. O seu plano A havia sido, como os alemães previram, esmagar a Alemanha entre ataques simultâneos da França e da Rússia, mas por volta de outubro os russos haviam sofrido uma série de derrotas, e os franceses ainda estavam na guerra, por um golpe de sorte. A aliança anglo-franco-russa tinha de fato um plano B, no qual a imensa frota da Grã-Bretanha iria reter os navios de guerra da Alemanha em seus portos, impor um bloqueio naval e tomar as colônias ultramarinas do inimigo. Com exceção da África oriental, onde um coronel alemão extraordinário ainda travava uma guerrilha quando as hostilidades na Europa terminaram, tudo isso foi feito sem sobressaltos, mas infelizmente o plano B só tinha condições de produzir a vitória muito lentamente, à base de deixar à míngua tanto o povo alemão quanto a sua indústria.

Churchill, responsável pelo Almirantado, pressionou para que se fizesse um uso mais decisivo da supremacia naval. Os almirantes haviam rejeitado a proposta de invadir o norte da Alemanha por achá-la arriscada demais, mas Churchill insistia que em lugar disso operações anfíbias poderiam acessar os pontos vulneráveis das Potências Centrais. Um desembarque em Salonica (ignorando o detalhe de que a Grécia era neutra) não levou a lugar nenhum; outro no Iraque levou a uma humilhante rendição; e um terceiro, em Galípoli, foi um desastre tão absoluto que quase encerrou a carreira de Churchill. Por volta de 1915, até os defensores do poder naval mais determinados reconheciam que a guerra seria vencida ou perdida em terra.

Mas como fazer isso? Há um dito segundo o qual os generais sempre repetem a guerra que travaram antes, mas de início os militares da Europa estavam em um ponto do tempo ainda anterior. A Guerra dos Bôeres e a Guerra Russo-Japonesa tinham mostrado que os exércitos não podiam sobreviver a céu aberto contra o moderno poder de fogo, e já na década de 1860 os últimos estágios da Guerra Civil norte-americana haviam revelado que os soldados que cavavam trincheiras ficavam praticamente imóveis. No entanto, em 1914, os exércitos concentravam seus homens, desfraldavam suas bandeiras e atacavam, mais ou menos como faziam na época de Napoleão. Ofensiva à outrance era seu lema: "Atacar sem trégua".

Apenas três semanas após o início da guerra, um jovem tenente francês chamado Charles de Gaulle foi ferido ao liderar um desses ataques na Bélgica. "O fogo do inimigo era preciso e concentrado", escreveu ele mais tarde. "A cada segundo a chuva de balas e o trovejar de bombas ficavam mais fortes. Os que sobreviviam ficavam deitados no chão, no meio dos gritos dos feridos e dos pobres cadáveres. Com uma calma fingida, os oficiais deixavam-se abater em pé [...] mas tudo isso sem propósito algum. Em um instante havia ficado claro que nem toda a coragem do mundo podia suportar aquele fogo." Ernst Jünger, que serviu a Alemanha com a mesma bravura temerária que De Gaulle mostrara pela França, cunhou a expressão perfeita para isso e colocou-a como título de suas memórias de guerra (que eu lembre, as melhores que já foram escritas): *Tempestade de aço*.

Depois da guerra, virou lugar-comum dizer que esses De Gaulles e Jüngers haviam sido "leões liderados por asnos" – heróis enviados para a morte por bufões embriagados de champanhe que conheciam pouco e se importavam menos ainda com os horrores do front. Na realidade, porém, os líderes aprenderam com seus erros tão rápido quanto os de épocas anteriores e logo modificaram seus métodos. Na França, ficou óbvio por volta de outubro de 1914 que, com milhões de homens espremidos em um front de 500 quilômetros, montar linhas contínuas de trincheiras da Suíça até o mar do Norte era perfeitamente possível, e depois que os dois lados tivessem cavado trincheiras a questão prioritária seria como romper essas linhas.

De início, a resposta parecia óbvia. "Romper as linhas do inimigo", concluiu o comandante britânico em janeiro de 1915, "é em grande parte uma questão de gastar munição altamente explosiva. Se houver munição suficiente, pode-se abrir caminho explodindo a linha. Se a tentativa falha [...] é o caso de ou trazer mais canhões ou aumentar a cota de munição por canhão."

Isso colocava ênfase no front doméstico. A impressão era que aquele que canalizasse sua economia de modo mais eficiente para produzir armas e bombas iria vencer. Em cada país, a produção decolou, com os governos assumindo tudo, de munição e transportes a comida e salários. As mulheres tiveram que ser convencidas a sair de casa e ir para os campos e fábricas para substituir os homens arrastados para os exércitos; a comida precisou ser racionada e distribuída; foi preciso racionalizar a produção para poder dar aos exércitos o suficiente de tudo aquilo de que precisavam. Tudo isso significou mais burocratas, mais impostos e mais regulamentações. Os Leviatãs tiveram um crescimento explosivo.

Mas, apesar disso tudo, nenhum dos lados conseguiu fazer uma ruptura decisiva das linhas inimigas. De novo, parecia que o padrão da Rainha Vermelha estava em ação. O poder ofensivo dos exércitos teve um incremento tremendo. Foram fabricadas bombas aos milhões, dezenas de milhões de cavalos foram persuadidos, chicoteados e arrastados até o front (só a Alemanha perdeu 1 milhão de cavalos na guerra, devido mais à exaustão e à fome do que ao fogo inimigo), e os homens da artilharia ficaram mais sofisticados, combinando barragens de fogo curtas e intensas com outras mais longas e sustentadas, e disparando barragens rasteiras que abriam caminho para a infantaria em sua ofensiva. Mas, para cada melhoria que os atacantes faziam, os defensores encontravam uma resposta. Eles cavaram múltiplas linhas de trincheiras, de 6 a 8 quilômetros de extensão. Guarneciam as posições frontais com menos homens, fazendo uma rotação de soldados, que entravam e saíam da linha, para mantê-los mais descansados. A maioria dos homens ficava para trás do alcance da artilharia, deixando que o inimigo capturasse as linhas frontais para então contra-atacar quando o assalto ficava fora da cobertura da artilharia.

A verdadeira questão, como os generais compreenderam já em 1915, era que o problema de Moltke estendia-se de cima a baixo. Depois que a batalha começava, os comandantes não conseguiam controlar seus exércitos. Se seus homens invadissem as defesas inimigas, podiam transcorrer horas antes que o quartel-general tomasse conhecimento disso, e se perdia assim a chance de empregar reservas frescas e explorar a abertura. "Os generais eram como homens sem olhos, sem ouvidos e sem voz", observou o historiador John Keegan.

Nessa era da ciência, ambos os lados voltaram-se para a tecnologia a fim de encontrar novas maneiras de vencer a Rainha Vermelha. A Alemanha saiu na frente, usando gás lacrimogêneo na Polônia em janeiro de 1915. Não foi um sucesso; fazia tanto frio que o gás congelou. Mas, quando eles tentaram com gás cloro no front ocidental três meses mais tarde, os resultados foram impressionantes. Uma brisa leve carregou as nuvens verdes venenosas até as trincheiras cheias de soldados franceses e africanos, que foram pegos de surpresa. O cloro tem uma maneira sórdida de matar: ele queima os pulmões, estimulando-os a produzir muco em excesso; os homens, então, ao inalar esse muco se afogavam. O gás matou apenas cerca de 200 homens (um mero punhado pelos padrões sangrentos da Primeira Guerra Mundial), mas milhares deles fugiram "como um bando de carneiros", observou um oficial alemão. A debandada abriu uma brecha de cerca de 8 quilômetros de largura, mas infelizmente para os alemães seus próprios soldados ficaram tão surpresos quanto os do inimigo e não conseguiram atravessar essa brecha. Por volta do segundo dia do ataque, não havia mais nenhuma surpresa, e, como o cloro é solúvel, os canadenses que vieram cobrir a brecha na linha puderam neutralizar seu efeito simplesmente cobrindo o rosto com panos molhados.

O gás permeia a memória popular da Primeira Guerra Mundial ("Se você pudesse ouvir", escreveu Wilfred Owen, "a cada espasmo, o sangue / Vindo gorgolejante dos pulmões corrompidos pela espuma, / Obsceno como câncer, regurgitando amargo / De feridas repulsivas, incuráveis, de línguas inocentes"), mas, para exércitos que esperavam por isso, tratava-se mais de um incômodo do que de algo que fosse mudar o jogo. Menos de 1 de cada 80 baixas de guerra foi causada por gás, e apenas 1 de cada 100 pensões de guerra estava relacionada com ele.

A Grã-Bretanha tentou uma solução tecnológica diferente: tanques. H. G. Wells havia escrito um conto intitulado "The land ironclads" em 1903, e os engenheiros já discutiam a respeito de veículos blindados que se moviam sobre esteiras por volta de dezembro de 1914. O motor de combustão interna ainda estava em sua infância, e os desafios técnicos de mover várias toneladas de aço sobre trincheiras e buracos abertos por explosão de bombas eram enormes, mas em setembro de 1916 quase 50 tanques já estavam prontos para o combate. Treze deles quebraram antes de a batalha começar, mas os alemães fugiram à simples visão dos outros, que avançaram 3 quilômetros antes de quebrarem também. No final de 1917, a Grã-Bretanha dispunha de 324 tanques em um front de 8 quilômetros em Cambrai e conseguiu avançar 6 quilômetros – grande avanço para os padrões da Primeira Guerra Mundial – antes que os tanques empacassem. Os sinos de igreja britânicos foram tocados para celebrar o fato, mas a linha alemã resistiu.

Outras inovações eram menos espetaculares, mas talvez mais importantes. Quando a guerra começou, os homens da artilharia costumavam ter pouca paciência com os técnicos que queriam introduzir muita ciência em seus afazeres. "Garoto, isso aqui é guerra, é uma coisa prática!", um subalterno lembrou-se de lhe terem dito. "Esqueça essas bobagens todas que eles ensinam lá no 'Escritório'! Se estiver errando o alvo, levante um pouco o canhão!"[43] Por volta de 1917, porém, o controle do fogo havia melhorado em uma ordem de magnitude – muito por causa do outro grande avanço técnico na guerra: a aviação. Não existia aviação até 1903, e ela só foi usada na guerra em 1911, mas, por volta de 1918, 2 mil aviões roncavam pelos céus do front ocidental, corrigindo o fogo de artilharia, atacando a infantaria inimiga e até abatendo aviões inimigos.

No entanto, o grande rompimento das trincheiras não ocorria. Perdendo as esperanças, em 1916 os generais passaram a fazer da contagem de corpos um fim em si. Quando os alemães atacaram em Verdun em fevereiro, em vez de tentar transpor as linhas inimigas, eles se concentraram em fazer sangrar o alvo francês. Setecentos mil homens morreram em alguns poucos quilômetros quadrados de lama durante os nove meses seguintes. Tampouco os britânicos tinham a expectativa de romper as linhas inimigas em seus ataques ao longo do rio Somme naquele mês de julho; seu objetivo era apenas tirar o foco dos alemães de Verdun. Por volta da hora do almoço do primeiro dia, 20 mil bretões haviam sido mortos, e nos quatro meses seguintes mais 300 mil tiveram o mesmo destino.

A Alemanha em geral se saía melhor nessa guerra de desgaste; matava mais homens do que perdia e fazia isso com um custo mais eficiente. Segundo um cálculo sórdido, Grã-Bretanha, França, Rússia e (no final) Estados Unidos gastavam 36.485,48 dólares por soldado inimigo morto, enquanto a Alemanha e seus aliados gastavam apenas 11.344,77 dólares por cadáver. Onde a eficiência alemã falhou, porém, foi no domínio da estratégia. Depois de iniciar a guerra sem ter um plano B, a Alemanha logo passou a ter planos B demais. Alguns generais sustentavam que a Alemanha se concentrasse em derrotar a Rússia. No front oriental, assinalavam eles, o desafio não era de que modo romper as linhas – havia tanto espaço para manobrar que os exércitos faziam isso regularmente –, mas como sustentar os avanços em um território onde quase não havia ferrovias nem estradas. Resolver esse problema, sugeriam eles, seria muito mais fácil do que encontrar uma maneira de franquear as trincheiras na França. Outros generais, no entanto, argumentavam que a Rússia tinha importância secundária; a única maneira de vencer a guerra era penetrar nas linhas britânicas e francesas, pois com isso os russos iriam se dobrar também.

---

43 Ou seja, eleve ligeiramente o trajeto do projétil.

Primeiro uma facção, depois a outra, se impôs, dissipando os esforços alemães, e, para piorar as coisas, outras vozes influentes achavam que a guerra seria vencida fora da Europa. "Nossos cônsules na Turquia e na Índia", escreveu o cáiser em 1914, "deverão erguer o mundo muçulmano todo em uma rebelião feroz contra essa nação [a Grã-Bretanha] de lojistas, odiosa, mentirosa e sem princípios." A jihad deu em nada, mas em 1915 a marinha iniciou outra estratégia global. Como a Grã-Bretanha dependia ainda mais de importações do que a Alemanha, observaram os almirantes, por que não usar submarinos para fechar suas rotas comerciais?

Após muitas idas e vindas, em fevereiro de 1917 a Alemanha comprometeu-se a afundar qualquer navio mercante que divisasse, não importava sua bandeira. Os líderes alemães sabiam que isso poderia fazer os Estados Unidos entrarem na guerra, mas, segundo seu ponto de vista, os norte-americanos já eram praticamente combatentes. Antes da guerra, a Grã-Bretanha havia dominado o sistema mundial exportando capital e bens industriais, mas agora ela importava um quarto de bilhão de dólares de material bélico norte-americano todo mês. Para piorar as coisas, muito do dinheiro usado nisso era emprestado dos mercados de Nova York. Os economistas alemães calcularam que, se cortassem essa linha vital do Atlântico, a Grã-Bretanha só seria capaz de lutar por mais sete ou oito meses. Provocar os norte-americanos poderia levar à derrota, mas, para os economistas alemães, ficar sem fazer nada iria levar à derrota de modo inapelável. Porém, para bancar suas apostas, os alemães tiveram a ideia incrivelmente ruim de oferecer financiamento a uma invasão mexicana dos Estados Unidos. Isso foi a gota d'água, e em abril de 1917 os norte-americanos declararam guerra à Alemanha.

Foi um momento decisivo. Os Estados Unidos colocavam toda a sua força em prol da Grã-Bretanha e da França no exato momento em que a guerra de desgaste e o foco no leste começavam a funcionar para a Alemanha. No início de 1917, a Rússia já perdera 3 milhões de pessoas (um terço delas eram civis), e seu exército se desintegrava. Um motim em março (conhecido, em razão do antigo calendário russo, como Revolução de Fevereiro) destronou o czar, e a Revolução de Outubro (em novembro) colocou os agitadores bolcheviques no poder. Os russos agora passaram a lutar entre eles, e a Alemanha intimou a nova União Soviética a entregar seus territórios não russos.

Isso produziu fronteiras impressionantemente similares às que se seguiram ao colapso final soviético de 1991, com a exceção de que, em 1918, Polônia, Ucrânia, Bielorrússia e os Estados do Báltico receberam como governantes membros variados da realeza alemã. "O prestígio alemão", explicou Erich von Ludendorff (general intendente da Alemanha e, a essa altura, virtual ditador), "exige que matenhamos uma mão protetora forte, não só sobre os cidadãos alemães, mas sobre todos os alemães." Isso incluía os alemães do Império Austro-Húngaro, que era agora uma espécie de satélite de Berlim. Se Ludendorff tivesse vencido a guerra, uma Grande Alemanha iria se estender do canal da Mancha até a bacia do Don, o que com certeza teria representado o fim do globocop britânico.

O colapso da Rússia libertou meio milhão de alemães para lutar no ocidente antes que a inundação americana chegasse. Mas, mais importante ainda, o combate na Rússia também mostrou como resolver o problema fundamental de comando e controle.

Já mencionei várias vezes a teoria do historiador militar Victor Davis Hanson de um modo ocidental de guerrear, que vinha desde a Grécia Antiga até chegar à Europa e América modernas, e que vencia as batalhas com "um único e magnífico confronto de infantaria". O que os alemães descobriram em 1917, no entanto, foi um "sistema moderno" de fazer guerra (como o estrategista Stephen Biddle o chama), no qual a infantaria faz exatamente o oposto, e, em vez de colidir magnificamente, "reduz sua exposição ao fogo hostil", ou seja, em vez de buscar a concentração e o choque, busca "cobertura, ocultação [e] dispersão".

Esse modo moderno de guerrar revolucionou mais uma vez os assuntos militares. Ele mexeu com os brios das pessoas envolvidas na guerra ao incentivar a iniciativa nas hierarquias mais baixas, nas mãos de oficiais subalternos e até mesmo dos soldados das tropas de assalto (como os alemães chamavam esse novo tipo de soldado). Com treinamento adequado, esses homens podiam exercer a própria iniciativa sem precisar de oficiais por perto para empurrá-los para a frente. Pequenos grupos se enfiavam por terras inóspitas, investindo pelos campos de batalha sob a proteção de crateras abertas por granadas, pedaços de troncos de árvore e qualquer outro tipo de cobertura que tivesse sobrevivido (Figura 5.6).

As tropas de assalto carregavam armas leves mas poderosas – as primeiras submetralhadoras e lança-chamas –, mas esse tipo moderno de guerra não tinha a ver com tecnologia. Tinha a ver com surpresa. Em vez de um bombardeamento intenso, que deixava claras suas intenções, os ataques agora começavam com curtas rajadas de gás, suficientes para semear a confusão entre o inimigo, que ficava ocupado em ajustar suas máscaras ("Gás! Gás! Rápido, pessoal! – Um frenesi desajeitado, / Para ajustar os incômodos capacetes a tempo"), mas não suficientes para dar-lhes tempo de se preparar para o que vinha a seguir. As tropas de assalto então infiltravam-se pelas trincheiras, esquivando-se de defensores bem organizados e rastejando adiante para alcançar postos de comando e artilharia. Estes eram então atingidos com violência, o que decapitava a organização do inimigo e armava a maior confusão. Para a maioria dos defensores, o primeiro sinal de encrenca eram os disparos vindos por *trás* deles.

Figura 5.6. Para lá dos campos verdes: tropas de assalto alemãs infiltrando-se pela aldeia francesa em ruínas de Pont-Arcy, em 27 de maio de 1918.

A essa altura, uma segunda leva de alemães já assaltava os pontos fortes que haviam sido deixados pela primeira, mas, quando tudo corria bem, nem isso era necessário. Rodeados, sem receber ordens e sem ideia de onde estava ocorrendo de fato a batalha, os exércitos normalmente fugiam ou se rendiam. Um oficial britânico que havia sido vítima das novas táticas alemãs chamou o efeito de "paralisia estratégica". "Atacar os nervos de um exército, e por meio de seus nervos atacar a determinação de seu comandante", compreendeu ele, "é mais produtivo do que fazer em pedaços os corpos de seus homens."

A primeira vez que os alemães testaram essa guerra com tropas de assalto, em Riga em setembro de 1917, a linha russa inteira sucumbiu. Em Caporetto, na Itália, seis semanas depois, o pânico (imortalizado no livro de Ernest Hemingway, *Adeus às armas*) foi mais arrasador ainda. A certa altura, um tenente alemão – Erwin Rommel – capturou 1.500 italianos com a ajuda de apenas cinco de seus homens. No todo, 250 mil italianos se renderam, e os alemães e austríacos avançaram 96 quilômetros.

Mas isso eram apenas ensaios. No final de 1917, a única coisa que importava era abandonar o front ocidental antes que chegassem norte-americanos demais. Ludendorff não viu outra opção a não ser apostar tudo em romper a linha britânica, fazer as tropas do globocop recuarem de volta para os portos do canal e empurrar os franceses para a mesa de negociação. Em março de 1918, ele fez um último lance de dados.

Apenas dois dias após iniciados os ataques, o Quinto Exército Britânico cedeu. Milhares de homens largaram seus fuzis e fugiram, deixando milhares mais para trás, permanentemente (Figura 5.7). O cáiser concedeu um feriado de vitória aos estudantes da Alemanha, mas, ao contrário de Riga ou Caporetto, dessa vez os defensores mantiveram a cabeça no lugar e mandaram forças de reserva para ocupar o espaço criado. Quando o avanço alemão desacelerou e virou um rastejar, Ludendorff atacou outro trecho da linha, e no início de maio a posição britânica ficou de novo mais crítica. "Com nossas costas contra a parede", veio a ordem, "e, acreditando na justiça da nossa causa, cada um de nós deve lutar até o fim [...] Não deve haver retirada."

Na verdade, houve uma retirada substancial, mas os britânicos de novo conseguiram conter os ataques. Ludendorff voltou à carga, pressionando os franceses a tal ponto que os norte-americanos, recém-chegados depois da travessia do Atlântico, tiveram que ser lançados ao combate. Os franceses recuaram e recomendaram que os fuzileiros navais americanos fizessem o mesmo, mas receberam a resposta que ficou imortalizada: "Recuar? Diabos, mas nós acabamos de chegar!" Com a posição mantida, Ludendorff podia considerar-se derrotado.

Agora eram os alemães que sofriam com o peso da guerra de desgaste. Cada lado perdeu cerca de meio milhão de homens na primavera de 1918, e um horrendo inimigo novo, a gripe espanhola, começou a grassar nos dois exércitos (o vírus H1N1 provavelmente evoluiu em campos superlotados do exército em 1917-1918 e matou entre 50 e 100 milhões de pessoas até o final de 1919). Mas enquanto os aliados tinham como repor suas baixas – já estavam na França 700 mil norte-americanos, e mais que o dobro desse número encontrava-se a caminho – a Alemanha não era capaz disso. A aliança anglo-franco-americana planejava imensas novas ofensivas para 1919, falando em ataques de paraquedistas bem atrás das linhas alemãs e em invasões de blindados com milhares de veículos (se bem que ainda é questionável se os aviões e tanques de 1919 estariam aptos para isso), mas no final o velho plano B da Grã-Bretanha – de deixar o inimigo à míngua até se render – superou esses esquemas grandiosos. No outono de 1918, a fome tomou conta da Alemanha. Soldados e marinheiros se amotinaram. Os bolcheviques tomaram cidades. A guerra civil começou.

Figura 5.7. Trecho de um campo estrangeiro que será para sempre inglês: soldados ingleses mortos em Songueval, em março de 1918.

No front, soldados alemães começaram a se render em grande número. Os americanos aprisionaram 13.251 em um só dia, e entre abril e outubro de 1918 o exército alemão já tinha 1 milhão de homens a menos. Ludendorff teve um colapso nervoso no final de setembro; o cáiser demitiu-o e mandou-o para o exílio. Por fim, em 11 de novembro, o fogo foi interrompido no front ocidental. "Às onze da manhã daquela dia", relatou o primeiro-ministro David Lloyd George ao Parlamento, "chegava ao fim a mais cruel e terrível guerra que já castigara a humanidade. Espero que possamos dizer que foi assim, nesta decisiva manhã, que todas as guerras chegaram ao fim."

Paz sem vitória

Por que Lloyd George estava tão profundamente equivocado? Alguns culpam o Tratado de Versalhes, por ter sido severo demais, levando a Alemanha a procurar a revanche. Outros culpam esse tratado por ter sido brando demais, deixando a Alemanha intacta em vez de reverter sua unificação de 1871. Outros ainda culpam o Congresso dos Estados Unidos, por se recusar a ratificar o tratado, ou a Grã-Bretanha ou a França, por suas maquinações para tirar proveito dele. A verdade, porém, é mais simples. A verdadeira paz exigia um globocop forte.

A Alemanha não conseguiu fazer a guerra contraproducente que pretendia, que teria rompido a aliança europeia contra ela e mutilado o globocop britânico, mas a Grã-Bretanha tampouco conseguiu uma guerra produtiva que restaurasse sua proeminência pré-1870. A Grã-Bretanha saiu da guerra praticamente intocada por tiros, estilhaços ou bombas, com uma economia que vinha atrás apenas da dos Estados Unidos, com a maior frota do mundo e, depois de absorver várias colônias alemãs, com um império que dominava cerca de um quarto do planeta. Mas o preço da vitória havia sido devastador. Mais de um quarto do milênio havia transcorrido desde que Pepys reclamara que "a ânsia por dinheiro põe todas as coisas, e acima de tudo a Marinha, fora dos eixos", mas era mais verdadeiro ainda em 1919 do que havia sido em 1661. As dívidas da Grã-Bretanha eram duas vezes maiores do que seu produto interno bruto. Eram menores que o fardo que a nação tivera que carregar após as guerras contra Napoleão, com certeza, mas em 1815 a Grã-Bretanha era a única economia industrializada do planeta, e em 1919 já não era. A Grã-Bretanha do século XIX, com seu PIB crescendo vertiginosamente, conseguira pagar suas dívidas, mas tentar repetir esse feito no século XX cortando despesas e aumentando impostos só traria recessão.

Por volta de 1921, o desemprego na Grã-Bretanha era superior a 11%, e a inflação passava de 21%. As greves desperdiçaram 86 milhões de dias úteis, e a economia – que encolhera quase um quarto desde o fim da guerra (Figura 5.8) – era menor do que havia sido em 1906. Profundos cortes de despesas levaram o chefe do Estado-Maior Imperial a declarar desesperado que "não somos fortes o suficiente em um único cenário sequer – seja Irlanda, Inglaterra, o Reno, Constantinopla, Batoum, Egito, Palestina, Mesopotâmia, Pérsia ou Índia". Incapaz de financiar sua frota, a Grã-Bretanha aceitou a paridade naval com os Estados Unidos em 1922, obtida ao se desfazer voluntariamente de mais navios do que a Marinha Real já havia perdido algum dia em uma batalha. "Não temos mais condições de atuar sozinhos como polícia do mundo", admitiu o líder do Partido Conservador.

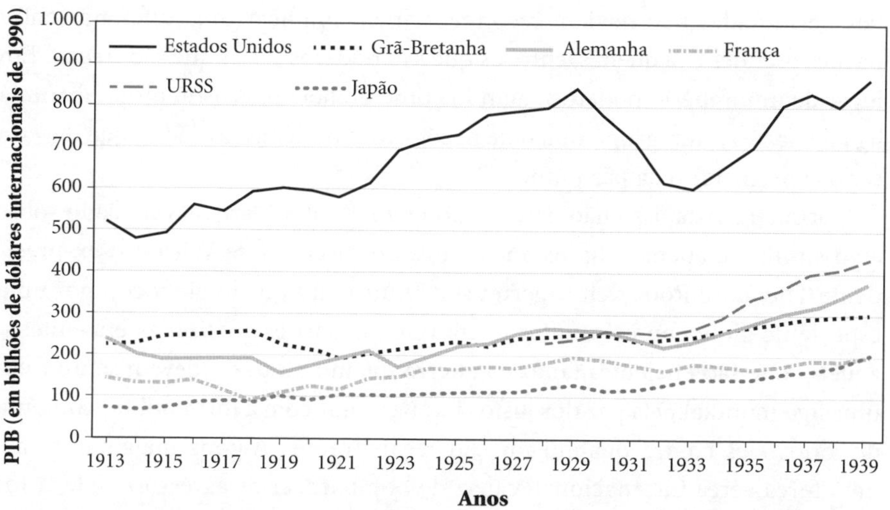

Figura 5.8. O perfil dos desconhecidos desconhecidos: os turbulentos percursos das maiores economias do mundo, 1913-1939 (os valores soviéticos anteriores a 1928 não são confiáveis).

Os Estados Unidos, por outro lado, sustentavam sua megafrota gastando apenas 1% do PIB com a defesa, pois a produtividade americana cresceu regularmente na década de 1920, enquanto as outras economias se debatiam com ciclos de expansão e contração. Por volta de 1929, o investimento norte-americano no exterior quase alcançava o nível de pico da Grã-Bretanha em 1913, e seu comércio global era 50% maior. "A mudança a partir de 1914 na posição internacional dos Estados Unidos", observou o editor de economia do *The New York Times* em 1926, foi "talvez a transformação mais impressionante da história da economia."

Os Estados Unidos pareciam prontos para tirar a Grã-Bretanha de seu posto de globocop, mas essa era a última coisa que passava pela cabeça da maioria dos norte-americanos. Alguns aderiam à esperança de Thomas Jefferson, de "paz, comércio e amizades sinceras com todas as nações, sem entabular alianças com nenhuma delas"; outros se preocupavam em evitar despesas embaraçosas; e outros ainda, entre eles o presidente Woodrow Wilson, sonhavam com algo completamente diferente.

A meta de lutar, declarou Wilson no Senado em janeiro de 1917, deve ser uma "paz sem vitória", porque "a vitória significaria uma paz imposta ao perdedor, que teria que aceitar os termos do vencedor". No entender de Wilson, "apenas uma paz entre iguais pode ser duradoura", querendo dizer com isso que "as garantias permutadas não deviam reconhecer nem implicar uma diferença entre nações grandes e pequenas, entre as que são poderosas e as que são fracas". Em lugar de um império poderoso agindo como globocop, Wilson propunha uma liga de nações, "um grupo único de nações com poder avassalador, que deveria ser o consignatário da paz mundial".

À primeira vista, isso não parecia tão novo. Kant, é claro, havia falado sobre algo similar, e apenas alguns anos antes do discurso de Wilson o ex-presidente Theodore Roosevelt sugerira substituir o antiquado globocop por uma espécie de globocop comunitário, em que "as nações civilizadas eficientes – aquelas que são eficientes tanto na guerra quanto na paz – devem se unir em uma liga mundial pela paz dos justos [...] para agir com a força militar conjunta de todos eles contra qualquer nação recalcitrante". Alguns imaginaram até uma força aérea internacional, capaz de bombardear os agressores e levá-los à mesa de negociação.

Mas, quando a Liga das Nações ganhou forma em 1919, ela não se parecia nem um pouco com isso. Não tinha poderes coercitivos. Suas conquistas ao trazer refugiados de volta para casa, estabilizar as moedas e reunir estatísticas foram extraordinárias, mas elas não podiam preencher o vácuo deixado pelo globocop britânico. Muitos críticos suspeitaram que o objetivo de todo aquele exercício era, na realidade, não competir com a Grã-Bretanha; afinal, observaram eles, quando Lloyd George declarou: "Sou favorável a uma liga das nações", ele acrescentou: "Na realidade [...] o Império Britânico *é* uma liga de nações". A constituição da liga baseava-se largamente em propostas britânicas, e uma de suas primeiras medidas foi aprovar os "mandatos" britânicos e franceses – na verdade, o estabelecimento de colônias – em boa parte do mundo árabe.

O Congresso dos Estados Unidos não queria ter nada a ver com isso, encarando a iniciativa apenas como mais uma aliança complicada; Jawaharlal Nehru, o futuro primeiro-ministro indiano, escreveu de uma prisão britânica que "a Liga das Nações [...] pretende possibilitar um domínio permanente dessas Potências sobre seus impérios"; e Lênin denunciou-a como "um cadáver malcheiroso" e "uma aliança de bandidos mundiais". A única verdadeira alternativa a um globocop, anunciaram os soviéticos em 1919, era o próprio comunismo, que iria "destruir o domínio do capital, tornar a guerra impossível, abolir as fronteiras entre os Estados [e] transformar o mundo todo em uma comunidade cooperativa".

O problema da solução comunista, porém, era que os bolcheviques vinham matando desde que haviam tomado o poder, e pareciam estar tomando gosto por isso. "Camarada!", escreveu Lênin a um comissário em agosto de 1918.

> "Enforque (e digo enforque de modo que o povo possa ver) não menos do que 100 kulaks [camponeses prósperos] conhecidos, homens ricos, sanguessugas [...]Faça isso para que por centenas de quilômetros ao redor as pessoas possam ver, tremer, saber e chorar: eles estão matando e continuarão matando os kulaks sanguessugas...
>
> Atenciosamente, Lênin.
> P.S. Encontre as pessoas mais duronas."

Em março de 1919, quando Lênin chamou a Liga das Nações de cadáver malcheiroso, mais de 5 milhões de homens travavam uma guerra civil particularmente horrenda na nova União Soviética. Tal guerra acabou matando ainda mais russos (talvez 8 milhões, computando as mortes por fome e doenças) do que os alemães haviam matado. A Grã-Bretanha e a França já tinham decidido, em maio de 1918, que precisavam intervir, e sérios combates tiveram início em 11 de novembro, o mesmo dia em que a calma baixou no front ocidental. Em 1919, 250 mil soldados estrangeiros (britânicos, tchecos, japoneses, franceses e americanos, mas também poloneses, indianos, australianos, canadenses, estonianos, romenos, sérvios, italianos, gregos e até contingentes chineses) serviram em solo russo.

Se a liga realmente fosse uma conspiração capitalista, Lênin e seus seguidores não teriam durado o suficiente para condená-la. Mas da maneira que as intervenções na Guerra Civil russa ocorreram, sem nenhum globocop supervisionando as operações, elas redundaram em desordem. Em meados da década de 1920, todas as forças, com exceção dos japoneses, haviam se retirado, e os exércitos soviéticos estavam tomando Varsóvia. Depois de ficar com a Polônia, os soviéticos planejavam levar o comunismo à Alemanha, que acabava de sufocar sua própria revolução bolchevique. Por algumas semanas no verão de 1920, parecia que a promessa de Lênin, de que a bandeira vermelha iria acabar com as fronteiras dos Estados, poderia de fato virar realidade, mas, conforme o Exército Vermelho foi ficando sem suprimentos, os poloneses se juntaram de novo e conseguiram rechaçá-lo. Ao final de agosto, os cavaleiros poloneses ganharam até a última grande batalha de cavalaria na Europa, em Komarów. Vinte e cinco mil homens atacaram e contra-atacaram, sabres empunhados, mais ou menos como os guerreiros montados haviam feito nos 2 mil anos anteriores, mas dessa vez em meio ao estrépito de metralhadoras e granadas explodindo ao redor deles.

Nos anos que se seguiram, os soviéticos foram abandonando discretamente seu discurso de revolução mundial. Ainda houve lutas esporádicas disputando as carcaças dos impérios derrubados pela Primeira Guerra Mundial, mas, pelo menos por um tempo, o mundo parecia estar se saindo muito bem sem um globocop. O comércio internacional se reabilitou, e por volta de 1924 os rendimentos na maioria dos lugares voltavam ao nível de 1914. O mundo, por fim, deixava para trás os horrores da guerra. Entre 1921 e 1927, o índice Dow Jones dos mercados de ações norte-americanos quadruplicou; entre 1927 e 1929, quase duplicou de novo, batendo nos 381,17 pontos em 3 de setembro de 1929.

Dez anos depois, nesse mesmo dia, a Grã-Bretanha e a França uma vez mais declararam guerra à Alemanha.

A morte de um globocop

O sistema mundial do século XIX finalmente morria no último fim de semana de outubro de 1929.

Apesar de 85 anos de discussões, ainda não sabemos exatamente como isso começou. "A crise de 1929 é em grande parte um verdadeiro enigma", afirma o historiador de finanças Harold James, "no sentido de ter sido um grande evento, com consequências históricas realmente mundiais (a Grande Depressão, talvez até a Segunda Guerra Mundial), mas sem causas óbvias." Sejam quais forem as razões disso, os operadores de Wall Street perderam a cabeça na quarta-feira, 23 de outubro. Quatro bilhões de dólares em riquezas (o equivalente hoje a 53 bilhões de dólares) evaporaram. Na hora do almoço de quinta-feira, outros 9 bilhões de dólares em riquezas norte-americanas haviam se pulverizado. Então os mercados se uniram, resgatados por uma aliança de banqueiros que adquiriu as ações que ninguém queria, mas na segunda-feira o teto realmente veio abaixo. Na tarde da terça-feira, o índice Dow Jones havia perdido quase um quarto de seu valor, e, no verão de 1932, 1 dólar de ações compradas no pico de alta do mercado em 3 de setembro de 1929 valia apenas 11 centavos de dólar.

A década entre 3 de setembro de 1929 e 3 de setembro de 1939 viu as finanças globais derreterem, acabando com o que restara da integração que fizera funcionar o sistema mundial do século XIX. Na década de 1870, e depois disso, a Grã-Bretanha atuara regularmente como o último recurso para empréstimos, aceitando ser uma cooperativa de crédito global como parte da sua tarefa de globocop. Mas agora já não havia globocop; era cada governo por si. Um após outro, eles ergueram muros em volta de suas economias, criando barreiras contra a competição e o contágio financeiro. Só os Estados Unidos introduziram 21 mil tarifas para refrear importações, e por volta do fim de 1932 o comércio internacional havia encolhido para um terço do que era em 1929.

Foi isso que matou as últimas pretensões da Grã-Bretanha de operar como globocop. Como todos os demais, o governo de Londres também se protegeu atrás de tarifas. Os gastos com a defesa caíram ainda mais, e em 1932 os chefes de Estado-Maior admitiram que a marinha já não podia defender o império a leste de Suez. A guerra, admitiam eles, iria "expor à depredação, por um período difícil de avaliar, as possessões e territórios, incluindo Índia, Austrália e Nova Zelândia".

Não surpreende, portanto, que as possessões e territórios, ao ficarem assim expostos, tenham reagido mal. Os domínios do colonizador branco deixaram claro que Londres não devia dar como certo seu apoio no caso de outra guerra, e a Índia, que por tanto tempo havia sido um pilar central do sistema mundial, começou a tomar caminho próprio. A Grã-Bretanha abriu negociações com o movimento de não cooperação de Gandhi em 1930, e em 1935 fez grandes concessões aos partidos políticos indianos.

O colapso da década de 1930 abalou os alicerces da classe dominante britânica. "Uma das qualidades dos ingleses", escreveu um catedrático de Cambridge em 1913, "é que eles nunca duvidam", mas ao longo dos 20 anos seguintes essa certeza se dissolveu rapidamente. Mesmo para os governantes o exercício de globocop começou a parecer um pouco sem sentido. Quem duvidava de modo mais eloquente era sem dúvida George Orwell, um velho aluno do Eton College, cujos cinco anos na força policial do império na Birmânia o transformaram em um dos mais ferozes críticos do Reino Unido. No entanto, ele de modo algum estava sozinho. "Por toda a Índia", observou, "há ingleses que intimamente abominam o sistema do qual fazem parte." Uma vez, escreveu ele, havia partilhado a cabine de trem em uma viagem noturna com um oficial (inglês) do Serviço de Educação Indiano. "Fazia calor demais para dormir", relata Orwell, "e passamos a noite toda conversando."

> Depois de meia hora de prudentes perguntas nós dois ficamos convencidos de que o outro era "confiável"; e, então, por horas, enquanto o trem sacolejava lentamente naquela noite escura como breu, sentados em nossos beliches com garrafas de cerveja à mão, amaldiçoamos o Império Britânico – e fizemos isso de dentro para fora, de modo inteligente e discreto. Fez muito bem a ambos. Mas [...] quando o trem entrou em Mandalay, nos separamos sentindo-nos tão culpados quanto um casal adúltero.

O império ainda tinha seus incentivadores, é claro. "Há ingleses que reprovam a si mesmos por terem governado [a Índia] mal", escreveu um desses admiradores. "Por quê? Porque os indianos não demonstram entusiasmo por seu governo. Eu acho que os ingleses governaram a Índia muito bem, mas seu erro foi esperar entusiasmo da parte das pessoas que eles administram."

Esse admirador era Adolf Hitler. A solução para as incertezas do mundo, insistia ele, era a força, não a hesitação, e à medida que as democracias da década de 1930 se debatiam com um crescimento lento, com coalizões cheias de facções, desemprego e agitação social, a impressão de que ele estava certo começou a ficar mais forte. Homens poderosos e violentos (alguns de esquerda, mas a maioria de direita) tomaram o poder na Europa, no leste asiático e na América Latina. Todos apostavam na mesma coisa: que sem um globocop, a solução para os seus problemas era a força.

Por diversos aspectos, a União Soviética era o modelo deles todos. Seus líderes pareciam ter descoberto o segredo do sucesso no incerto mundo do pós-guerra, isto é, que mais violência funcionava melhor do que menos violência. Stálin fuzilou dezenas de milhares de seus súditos, prendeu 1 milhão em gulags, despachou milhões pelo seu império e confiscou tantos grãos que 10 milhões de pessoas morreram de fome; e, conforme o fazia, a economia soviética, fechada, voltada para dentro, com planejamento centralizado, cresceu 80% entre 1929 e 1939. Isso fez com que o desempenho das economias capitalistas, de livre acesso, com vínculos globais, parecesse ínfimo. A Grã-Bretanha expandiu-se respeitáveis 20% ao longo da mesma década, mas a França só conseguiu crescer 3%, e os Estados Unidos, 2%.

Aclamado pelo sucesso de sua violência dirigida internamente, e sem desanimar diante do fato de ter mandado fuzilar todos os seus melhores oficiais do Exército Vermelho, Stálin dirigiu a violência para o exterior em 1939. Mandou tropas para Finlândia, Estados do Báltico, Polônia e Manchúria, e na última dessas frentes os soviéticos entraram em conflito com um Japão igualmente agressivo, que, após prosperar e se tornar uma potência comercial a partir de 1870, fora atingido duramente pelas novas barreiras comerciais na década de 1930. "Nossa nação parece estar em um beco sem saída", observou o tenente-coronel Ishiwara Kanji, "e parece não haver solução para os importantes problemas de população e fome" – a não ser, é claro, que o Japão adotasse a solução de Ishiwara: "O aproveitamento dos recursos naturais da Manchúria e da Mongólia seria suficiente para salvar [o Japão] da crise iminente" (Figura 5.9).

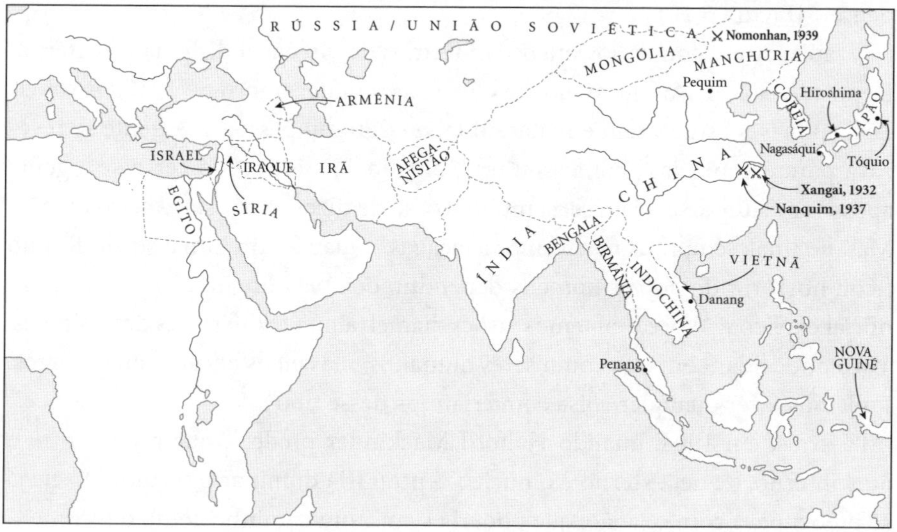

Figura 5.9. Fim do império: as guerras pela Ásia, 1931-1983.

Ishiwara e um bando de oficiais subalternos radicalizaram e invadiram a Manchúria (então parte da China) em 1931, sem quaisquer ordens de fazer isso. Ishiwara achou que iria para uma corte marcial, mas, quando ficou claro que a invasão estava correndo bem e que não havia nenhum punho invisível para puni-los, os políticos em Tóquio – eles mesmos debatendo-se com desconhecidos desconhecidos – também adotaram a força. Quando a Liga das Nações insistiu em que se retirassem da China, eles, em vez disso, retiraram-se da liga.

Os políticos britânicos e norte-americanos vociferaram, mas não fizeram nada. Um ataque japonês a Xangai em 1932 realmente chocou a Grã-Bretanha e fez cair a previsão orçamentária (assentada desde 1919) de que não teria que travar uma grande guerra na década seguinte, mas ainda assim a Grã-Bretanha hesitou em se rearmar, em grande parte por receio de fazer disparar a inflação.

Cinco anos mais tarde, o Japão atacou de novo, dessa vez invadindo o norte da China. Uma vez mais a violência compensou. Contando com mercados recém-conquistados onde podia vender seus produtos e com exércitos em expansão que precisavam ser abastecidos, o Japão viu seu PIB crescer mais de 70% na década de 1930. "Estamos realmente com muito trabalho", lembrou um operário em munições. "Ao final de 1937, todo mundo no país estava trabalhando. Pela primeira vez, fui capaz de sustentar meu pai. A guerra não é nada ruim, pensei" (Figura 5.10).

O Japão suplantou os soviéticos em termos de violência dirigida ao exterior. Depois de atacar Nanquim, no sul da China, em dezembro de 1937, os soldados japoneses estupraram e mataram talvez 250 mil pessoas. "A gente se revezava para estuprá-las", confessou um soldado. "Estaria tudo certo se a gente apenas as estuprasse. Nem seria muito o caso de dizer se eu estava certo ou não. Mas, no final, sempre as matávamos a facadas." Quando um jornalista de Tóquio ficou horrorizado ao ver homens dependurados pela língua em ganchos, um oficial explicou: "Você e eu temos visões diametralmente diferentes dos chineses. Você pode lidar com eles como seres humanos, mas eu os encaro como porcos. Podemos fazer qualquer coisa com criaturas desse tipo".

Lá atrás, em 1904, quando Halford Mackinder predisse que a luta entre o anel interno, o anel externo e o núcleo central iria dominar o século XX, ele já se preocupava com o Japão, que poderia seguir um caminho como o recomendado por Ishiwara. "Se os chineses", especulou ele, "fossem organizados pelos japoneses para derrubar o Império Russo e conquistar seu território, poderiam constituir o perigo amarelo para a liberdade do mundo, pelo simples fato de acrescentarem uma frente oceânica aos recursos do grande continente, uma vantagem até então negada ao inquilino russo daquela região crucial."

Na mesma época em que Mackinder dava sua famosa palestra em 1904, o Japão fazia pressão do anel externo sobre o anel interno, lutando contra a Rússia pelo acesso à Manchúria, mas, 35 anos mais tarde, a Manchúria estava completamente sob seu controle. Não havia o perigo imediato de o Japão invadir o núcleo central, e uma guerra dura, não declarada, com Stálin, no verão de 1939, viu os tanques soviéticos infligirem uma derrota severa aos japoneses em Nomonhan. Mas a conquista do litoral da China – segundo Mackinder, o pré-requisito para conquistar o núcleo central – estava em curso. O Japão parecia seguir o roteiro de Mackinder: ao tomar a Manchúria e a China, anunciou Ishiwara, "o povo japonês pode se tornar o dono da Ásia e ficar preparado para travar a guerra final e decisiva contra as diversas raças brancas".

Figura 5.10. "A guerra não é de todo ruim": crianças queimadas no ataque a bomba à estação de trens de Xangai, 1937.

Tudo isso era alarmante – muito alarmante –, mas o que mais preocupava os defensores do *status quo* era, mais uma vez, a Alemanha. O Tratado de Versalhes havia criado uma zona-tampão de pequenos Estados no leste europeu, mas o problema estratégico (e as oportunidades) da Alemanha não havia deixado de existir. Ela ainda ficou, como se fosse o recheio de um sanduíche, entre o núcleo central da Rússia e o anel externo franco-britânico, e a violência parecia uma política tão plausível na década de 1930 como havia sido na de 1910.

Em 1917, o cáiser comparou a Europa ao antigo Mediterrâneo. O fato de a vitória de Roma sobre Cartago na Primeira Guerra Púnica de 264-241 a.C. não ter resolvido os verdadeiros problemas entre as duas potências, observou ele, exigiu que uma Segunda Guerra Púnica, mais terrível – mas também mais decisiva –, fosse travada 20 anos depois. A Alemanha também, predisse ele, teria que travar uma Segunda Guerra Púnica. Tudo aquilo de que ela precisava era de um Aníbal – e em 1933 ela conseguiu um.

A tempestade

"O problema da Alemanha", disse Hitler a seus assessores em 1937, "só pode ser resolvido pelo uso da força." Como ele defendeu já em 1925 em seu livro *Mein Kampf*, isso queria dizer que a Alemanha tinha que lutar de novo a Primeira Guerra Mundial, e dessa vez fazê-lo direito.

Segundo Hitler, a estratégia alemã em 1914 estava basicamente correta, e na guerra a ser travada o exército iria de novo atacar o oeste e ficar marcando passo no leste. Depois de vencer as potências do anel externo – a França e a Grã-Bretanha –, a Alemanha iria voltar sua atenção para a União Soviética. Nesse ponto, porém, Hitler foi além do pensamento da década de 1910. Em 1917, Ludendorff insistira que não importava onde os alemães vivessem: do Reno ao Volga, eles eram parte de uma "Alemanha Maior". Hitler, porém, imaginou o que o historiador Niall Ferguson chama de "A Alemanha Maior Possível", um lugar onde vivessem *apenas* alemães. Isso daria à raça alemã sua Lebensraum, ou "espaço vital", no qual os robustos agricultores teutônicos seguiriam avante e se multiplicariam livres da mácula de raças inferiores.

O sucesso, dizia Hitler, dependia de aprender duas grandes lições da Primeira Guerra Mundial e então ir além delas. A primeira vinha originalmente dos oficiais britânicos, que, em 1918, descobriram que combinar as táticas de tropas de assalto alemãs com seu próprio estilo de ataques de massa, por meio de tanques e também (pelo menos na medida em que a tecnologia daquele tempo permitia) de um apoio aéreo, era o que podia tornar a guerra de trincheiras obsoleta. A ideia, como explica o teórico militar independente capitão Basil Liddell Hart, era tornar o combate mais fluente, fazendo o sucesso depender "*acima de tudo* da 'continuidade' – da maneira pela qual uma ruptura da linha inimiga [...] é explorada por uma profunda penetração estratégica, levada a cabo por forças blindadas projetando-se frontalmente sobre o grosso do exército e operando *independentemente*".

Por falta de fundos e por apego a ideias tradicionais, no período entre as guerras, os exércitos britânico, francês e norte-americano pouco fizeram para desenvolver essa visão ousada, mas os generais soviéticos a entenderam bem. Ao organizarem os tanques em corporações blindadas maiores, destinadas a operações independentes, eles planejavam travar o que chamavam de "batalha profunda", avançando bastante no front inimigo, exatamente do jeito sugerido por Liddell Hart, mas Stálin mandara fuzilar a maioria de seus oficiais em 1937, e seus substitutos, compreensivelmente, evitaram ideias radicais que pudessem atrair a atenção do grande homem.

Apenas na Alemanha, onde os limites rigorosos impostos pelo Tratado de Versalhes haviam deixado os militares sem outra opção a não ser inovar, é que a doutrina de ataques com armas combinadas - o que os jornalistas mais tarde rotularam de Blitzkrieg ou guerra relâmpago - de fato se consolidou. Na época em que Hitler começou a despejar dinheiro no exército, em meados da década de 1930, seus líderes já haviam adotado a Blitzkrieg, e seus engenheiros construíam tanques, aeronaves e rádios que (ao contrário das armas de 1918) fossem capazes de suportar o estresse da guerra móvel. O monopólio temporário que a Alemanha teve das novas táticas deu a Hitler uma chance real de obter a vitória antes que os demais compreendessem o que estava acontecendo.

A Blitzkrieg significa aceitar o risco e o caos, transformar a tempestade de aço em uma verdadeira tormenta. Bombardeiros e paraquedistas iriam semear a desordem profundamente na retaguarda do inimigo, atacando civis com a mesma frequência com que atacavam soldados e atravancando as estradas de refugiados. No front, esquadrões de infantaria, com a cobertura de intenso fogo de artilharia e arremetidas de bombardeiros em mergulho, iriam tentar abrir brechas na linha inimiga, deslizando entre pontos-chave de defesa ou fazendo incursões por flancos abertos. Tanques e caminhões iriam avançar pelas aberturas, e então o combate de fato teria início. Colunas de blindados espalhadas por quilômetros atrás das posições inimigas se apressariam em tomar centros de comando antes que as reservas pudessem se concentrar, cortar e deter as penetrações. Eventualmente, os contingentes que rompessem as linhas poderiam ficar sem suprimentos, mas a essa altura um segundo escalão de blindados já teria penetrado também. Se necessário, um terceiro escalão iria intervir, sempre mantendo os defensores em inferioridade, até que, mais cedo do que tarde, a confusão tomaria conta de tudo e o inimigo se renderia.

A Blitzkrieg funcionou exatamente como anunciado. Os exércitos da Polônia se desmantelaram antes que a Grã-Bretanha e a França pudessem até mesmo ser mobilizadas, e a própria França, que lutara tão intensamente por tanto tempo na Primeira Guerra Mundial, sucumbiu completamente em maio de 1940 quando mil tanques alemães irromperam por um mal guardado trecho do front. Três semanas depois, Winston Churchill fez o maior discurso de sua carreira, insistindo: "Devemos seguir até o fim". Mas quando seu secretário da Defesa reuniu altos oficiais em um salão de hotel para perguntar se "seria possível confiar que seus soldados continuariam lutando em quaisquer circunstâncias", a resposta deixou-o chocado. "Nenhum de nós", lembrou um dos oficiais, "ousou avaliar qualquer proporção exata."

A Grã-Bretanha, é claro, lutou de verdade, mas 12 meses mais tarde a Alemanha dava a impressão de estar ainda mais próxima da vitória. Com mais de 4 mil tanques alemães indo para o leste, o exército soviético parecia que ia desmoronar tão rapidamente quanto o francês. Os "russos perderam essa guerra nos primeiros oito dias", anunciou o chefe do Estado-Maior alemão. Stálin imediatamente teve um pequeno colapso nervoso e se retirou para a sua casa de campo, onde – no oitavo dia – o resto do Politburo foi procurá-lo. "Nós o encontramos em uma poltrona na pequena sala de jantar", escreveu um deles. "Ele levantou a cabeça e disse: 'O que vocês vieram fazer aqui?' Ele tinha o mais estranho dos olhares no rosto e a própria pergunta era bem estranha." Stálin, concluiu seu seguidor, imaginara que haviam ido até lá para executá-lo antes de se renderem aos alemães.

Mas os soviéticos também continuaram lutando, porque – e essa foi a segunda lição que Hitler aprendeu com a Primeira Guerra Mundial – não se perdem guerras apenas no campo de batalha. Apesar de (ou será que era por causa de?) suas experiências em trincheiras quando o exército caiu em 1918, Hitler compartilhava a visão popular de que a Alemanha nunca fora derrotada em campo de batalha. Ela havia fracassado, ele estava certo disso, porque traidores a haviam apunhalado pelas costas – e foi a partir disso que ele concluiu que dessa vez a Alemanha teria que atacar os possíveis traidores antes mesmo do início da guerra. Ele começou pelos comunistas, capturados aos milhares em 1933. A seguir foram os rivais da extrema direita, assassinados em massa em 1934, e depois, em escala ainda maior, todos os grupos julgados insuficientemente alemães.

"O principal", comentou Hitler reservadamente em 1938, "é que os judeus sejam postos para fora." O Império Romano tinha expulsado os judeus de sua terra natal 2 mil anos antes, e os europeus os haviam perseguido periodicamente desde então, mas os nazistas, uma vez mais, levaram as coisas além. O fato de os judeus não terem uma pátria, argumentava Hitler, fazia deles o oposto absoluto dos alemães, que tinham um vínculo sagrado com a terra. A falta de raízes dos judeus e sua ambição comercial iriam corromper o vindouro Reich de mil anos, e, portanto, eles deviam ser erradicados. Praticamente no minuto em que invadiram a Polônia em 1939 os soldados alemães começaram a fuzilar judeus. Quando isso se mostrou muito lento e caro, adaptaram caminhões para usá-los como câmaras de gás móveis. Hitler provavelmente tomou a decisão de capturar e matar todos os judeus da Europa em julho de 1941, logo depois de atacar a União Soviética. O círculo íntimo de Hitler, concordando com seu mestre que os outros Untermenschen – "sub-humanos" – da Europa também teriam que ir embora, concebeu planos de cortar o suprimento de comida para as cidades russas, a fim de matar de fome dezenas de milhões de pessoas no inverno seguinte.

Isso era a guerra do povo levada a extremos, e tornou a Segunda Guerra Mundial única. Houve massacres premeditados na Primeira Guerra Mundial (na Sérvia, Bélgica, África e principalmente na Armênia), mas um barbarismo calculado como esse, e nessa escala, era – como Churchill observou – "uma tirania monstruosa, nunca superada no seu catálogo sombrio e lamentável de crimes contra a humanidade". Nem todos os planos genocidas de Hitler foram implantados, mas os nazistas mataram também pelo menos 20 milhões de civis.

É por isso que, na Introdução deste livro, levantei a questão "E como fica Hitler?". Se é verdade, como venho defendendo, que a guerra tem sido produtiva, criando sociedades maiores que são pacificadas internamente e geram crescimento econômico, então como fica Hitler? A sua Alemanha o Maior Possível seria a maior sociedade que o continente teria visto desde o Império Romano e, no entanto, teria também empobrecido a maior parte de seus súditos e tornado sua vida mais perigosa – o oposto exato da guerra produtiva.

Sugeri na Introdução do livro que a solução para esse problema "E como fica Hitler?" é bastante óbvia quando assumimos uma perspectiva histórica de longo prazo. Como o enjaulamento começou há 10 mil anos, os conquistadores vêm produzindo devastação, mas eles ou seus sucessores depois deparam com uma difícil escolha entre se tornarem bandidos estabelecidos ou serem substituídos por novos conquistadores, que irão enfrentar exatamente as mesmas escolhas. Churchill predisse que, se Hitler derrotasse a Grã-Bretanha, "o mundo todo, incluindo os Estados Unidos, incluindo tudo o que conhecemos e prezamos, irá afundar no abismo de uma nova Idade das Trevas, que se tornará mais sinistra, e talvez mais prolongada, pelas luzes de uma ciência perversa". No entanto, todas as evidências sugerem que o regime de Hitler, na realidade, seria forçado a fazer a mesma escolha entre o banditismo estabelecido ou a extinção, como qualquer outro regime da história.

Hitler sempre reconheceu que vencer a guerra na Europa não seria o final de sua luta. "Por um período de tempo previsível, de cerca de uma a três gerações", predisse ele, a Europa oriental proveria espaço para que a raça germânica crescesse, mas depois disso ela precisaria se expandir mais, provavelmente no exterior. A essa altura, em algum ponto entre as décadas de 1970 e 2030, os sucessores de Hitler iriam travar uma Terceira Guerra Mundial, na qual a Alemanha esmagaria o que tivesse restado do Império Britânico e assumiria o controle do globo.

Talvez porque estivessem tão convencidos de que foram os traidores e não a chegada dos soldados norte-americanos que lhes subtraíram a vitória em 1918 é que poucos líderes nazistas entenderam que o verdadeiro problema dos seus planos de longo prazo eram os Estados Unidos, e não a Grã-Bretanha. Nada mais poderia explicar por que, poucos dias após o ataque japonês a Pearl Harbor, Hitler declarou guerra aos norte-americanos em vez de alimentar a esperança de que a guerra no Pacífico pudesse distraí-los da Europa. "De qualquer modo, qual é a importância dos Estados Unidos?", perguntou Hermann Göring, chefe da força aérea alemã. Churchill, porém, viu exatamente qual era a sua importância. "Agora, neste exato momento, tomo conhecimento de que os Estados Unidos entraram na guerra, até o pescoço e até a morte", disse ele ao saber de Pearl Harbor. "Portanto, nós vencemos, finalmente!"

Hitler vinha fazendo planos vagos de atacar os Estados Unidos desde 1938, e periodicamente ordenava às fábricas alemãs que começassem a construir bombardeiros de longo curso, capazes de chegar até Nova York, e grandes frotas marítimas para lutar no Atlântico, mas acabava cancelando as encomendas quando surgiam problemas mais prementes. Se ele teria levado isso mais a sério se vencesse a Grã-Bretanha e os soviéticos em 1940-1941 é algo que só podemos especular, mas acho uma especulação útil, porque, ao levantarmos essa questão, vemos por que os nazistas, como todos os governantes desde que as guerras produtivas tiveram início, seriam logo forçados a escolher entre se tornarem bandidos estabelecidos ou serem derrotados.

Se Hitler tivesse levado a sério a construção de bombardeiros e frotas e tentasse travar uma guerra transatlântica, logo teria deparado com as mesmas dificuldades que os japoneses encontraram no Pacífico. A primeira é que, assim que os norte-americanos tivessem achado um jeito de sobreviver à Blitzkrieg, o combate iria se transformar em uma longa e árdua competição logística; e a segunda, que, mesmo tendo todos os recursos de uma Europa escravizada à sua disposição, Hitler não seria capaz de vencer essa competição.

Em alguns aspectos, a posição de Hitler era bastante similar à de Napoleão, 135 anos antes. Ambos tentaram conquistar a Europa casando as modernas energias da guerra do povo com uma velha ideia de império, usando a violência para unificar o anel interno da Europa e depois isolá-lo das ordens comerciais e de livre acesso do anel externo. Essa, como sugeri no capítulo 4, já era uma estratégia fracassada quando foi tentada por Napoleão por volta de 1805, porque a vasta riqueza gerada pela economia do Atlântico significava que o poder real poderia agora fazer com que a mão invisível e o punho invisível trabalhassem juntos. Como a Grã-Bretanha estava fazendo isso e Napoleão, não, o imperador nunca teve muita probabilidade de superar a nação dos comerciantes. Na época em que Hitler reencenou uma versão mais radical e sangrenta dessa estratégia, por volta de 1940, a probabilidade de que não desse certo era ainda maior. Talvez não seja coincidência o fato de que Hitler, exatamente como Napoleão, tenha sido obrigado a recuar no canal da Mancha, nas neves de Moscou e nas areias do Egito. Os dois tiveram o mesmo destino porque estavam ambos tentando fazer a mesma coisa.

Se Hitler tivesse derrotado a Grã-Bretanha, se veria enfrentando a ordem de livre acesso dos Estados Unidos, ainda maior e mais dinâmica. Do mesmo modo que os caçadores-coletores em confronto com os agricultores na Pré-história, ou as sociedades sem Estado lutando contra os antigos impérios, os autocratas dos séculos XIX e XX estavam do lado errado da história.

Em vez de fundar o Reich de mil anos do qual Hitler falava com tanta frequência, uma vitória nazista na Europa teria criado uma situação bem parecida com a do mundo real da Guerra Fria que ganhou forma depois de 1945. Um império europeu totalitário e uma ordem norte-americana de livre acesso teriam se encarado, protegidos por barreiras de mísseis nucleares, disputando influência sobre a América Latina e as carcaças dos antigos impérios britânico e francês. Teriam patrocinado golpes de Estado, travado guerras por procuração e cortejado os aliados um do outro (Nixon poderia ter voado para Tóquio em 1972 para tentar separar o Japão da Alemanha, em vez de fazê-lo até Pequim para tentar afastar a China da União Soviética). Poderiam até ter passado por seus momentos Petrov.

Haveria também diferenças, é claro. Se Hitler saísse vencedor, o império europeu teria sido governado a partir de Berlim, não de Moscou, e então se estenderia direto até o Atlântico, em vez de parar na Cortina de Ferro. Hitler e seus sucessores talvez fossem mais propensos do que Stálin e os seus a arriscar uma guerra nuclear. E, sem a Europa oriental em sua órbita, os Estados Unidos com certeza teriam achado mais difícil levar a melhor. Mas no final os nazistas ainda enfrentariam os mesmos problemas essenciais que os comunistas, isto é, como competir com uma ordem dinâmica de livre acesso do anel externo, e seriam confrontados exatamente com as mesmas escolhas. Poderiam acabar reconhecendo as vantagens da economia de livre acesso e começar a imitá-la, como a China continental fez após a morte de Mao em 1976, ou poderiam ignorá-la e se desintegrar, como fez a União Soviética em 1989.

Terei muito mais que dizer sobre a Guerra Fria na parte final deste capítulo; aqui, contento-me em observar que essas são as razões que me levam a concluir que o problema "Como fica Hitler?" não é realmente um problema (me refiro à teoria que apresento neste livro, não às pessoas que viveram sob seu reino de terror). O regime de Hitler foi um caso extremo nos anais da atrocidade. Uma vitória nazista teria sido um desastre, condenando os europeus por décadas ao controle da Gestapo e aos campos de extermínio, elevando os índices de morte por violência a níveis que não se viam havia séculos. Mas, mesmo assim, os nazistas teriam permanecido sujeitos às mesmas leis férreas que todos os demais governos da história. Conforme as décadas se estendessem por gerações, a necessidade de competir no aspecto comercial e militar com a ordem de livre acesso teria forçado os sucessores de Hitler a fazer uma escolha entre a derrota e a transformação em bandidos estabelecidos. Na década de 2010, arrisco sugerir, a Europa ainda poderia continuar como um continente sombrio, onde a polícia secreta batesse à porta no meio da noite, mas a marcha descendente do índice de mortes violentas teria sido retomada. Hitler poderia desacelerar o processo civilizador, mas não seria capaz de detê-lo de vez.

Bem, Hitler não venceu, é claro. Se tivesse lidado melhor com a campanha de Estalingrado em 1942, ainda poderia ter se saído melhor, e mesmo no verão de 1943, quando protagonizou a maior batalha de tanques da história em Kursk, ainda tinha alguma chance. Mas a essa altura seus inimigos não só haviam aprendido a sobreviver à Blitzkrieg, mas também a montar suas próprias versões. Ao comprometerem suas imensas economias com a guerra total, eles subjugaram a

Alemanha e o Japão (Figura 5.11). Mil ataques de bombardeiros aéreos atingiram os lares do Eixo dia e noite, paralisando suas economias e matando cerca de 1 milhão de civis (incluindo 100 mil em Tóquio em uma única noite).

Figura 5.11. Subjugados: um soldado alemão de artilharia desespera-se quando a maior batalha de tanques da história, em Kursk, em julho de 1943, põe fim às esperanças de Hitler de derrotar a União Soviética.

Quando o exército alemão invadiu a União Soviética em 1941, precisou de 600 mil cavalos para rebocar seus canhões e suprimentos, o que retardou demais seu avanço, mas por volta de 1944 os exércitos aliados estavam totalmente motorizados. Agora era a vez das veteranas forças alemãs se desintegrarem conforme os tanques norte-americanos entravam em cena após os desembarques do Dia D (Operação Cobra) e os blindados soviéticos faziam sua intervenção arrasadora pela fronteira alemã, aniquilando o Comando Central do Exército de Hitler (Operação Bagration). Com suas cidades em chamas, Hitler suicidou-se com um tiro e o imperador do Japão transmitiu seu primeiro e único discurso ao povo japonês. "A situação da guerra", admitiu ele, "não se desenvolveu necessariamente em favor do Japão." Com isso, a tormenta chegava ao fim.

Aprendendo a gostar da bomba[44]

A Segunda Guerra Mundial foi a mais destrutiva de todas. Quando incluímos aqueles que morreram de fome, sucumbiram a doenças e foram assassinados em campos alemães, soviéticos e japoneses, ela ceifou de 50 milhões a 100 milhões de vidas, em comparação com os 15 milhões de mortos da Primeira Guerra Mundial e com outros 20 milhões nas guerras civis que se seguiram a ela. A Segunda Guerra Mundial transformou boa parte da Europa e do Extremo Oriente em terras devastadas e custou algo em torno de 1 trilhão de dólares (no momento em que escrevo, em 2013, o equivalente a talvez 15 trilhões de dólares, isto é, o produto anual inteiro dos Estados Unidos ou da União Europeia). E, no entanto, em um paradoxo tão impactante como qualquer outro da história dos conflitos, a Segunda Guerra Mundial também conseguiu ficar entre as guerras mais produtivas já travadas.

Isso se deveu ao fato de a guerra ter iniciado o processo de eliminar o caos deixado pelo fim do globocop britânico. Desnecessário dizer, não era o fim que Churchill tivera em mente quando pediu ao povo britânico sangue, sacrifício, lágrimas e suor. Em agosto de 1941, antes mesmo que os Estados Unidos entrassem na guerra, ele voltara às pressas de um encontro secreto com o presidente Franklin Delano Roosevelt para se gabar junto ao seu gabinete de ter conseguido "uma insinuação clara e sólida de que depois da guerra os Estados Unidos se juntarão a nós em policiar o mundo até o estabelecimento de uma ordem melhor". Mas não seria assim. Havia um dito popular durante a guerra de que a Grã-Bretanha fornecia o tempo, a Rússia os homens e a América o dinheiro para derrotar Hitler, mas por volta de novembro de 1943, quando Churchill, Stálin e Roosevelt fizeram sua primeira reunião, o tempo já estava do lado dos Aliados. Apenas os homens e o dinheiro importavam agora, e Churchill viu-se colocado em posição secundária.

---

44 Referência a um filme de muito sucesso de Stanley Kubrick, de 1964, chamado *Dr. Fantástico* (título original: *Dr. Strangelove or: How I learned to stop worrying and love the bomb*, isto é, "Doutor Estranho Amor ou: Como aprendi a parar de me preocupar e a gostar da bomba"). O filme era uma comédia de humor negro sobre a tensão provocada pela questão nuclear no mundo da Guerra Fria. [N. T.]

Longe de partilhar o domínio global com os Estados Unidos, a Grã-Bretanha, depois de celebrar a vitória sobre a Alemanha e o Japão, acordou no dia seguinte com a pior ressaca econômica da sua história. Suas dívidas eram muito piores do que em 1918, sua economia estava completamente distorcida pela produção da guerra e seu próprio suprimento de comida dependia de empréstimos norte-americanos. "Era uma coisa extraordinariamente irreal, até absurda e precária", escreveu um jornalista de esquerda em seu jornal em dezembro de 1945, depois de passar dois dias ouvindo o Parlamento debater os termos de uma nova operação de resgate financeiro dos norte-americanos. "Os oradores assumiram suas posições, mas a única realidade era o medo, que nenhum deles ousou expressar – o medo das consequências se cigarros e filmes e carne enlatada não fossem mais disponibilizados pela América."

Absurda e precária pode ter sido, mas irreal, não. A Grã-Bretanha havia falido lutando contra a Alemanha. Para pagar suas dívidas, precisava dar prioridade às exportações, e não ao consumo, e o racionamento de comida realmente foi mais rigoroso depois de 1945. Quando os ovos ficaram livremente disponíveis em 1950, houve euforia. "O que isso significa para nós apenas uma dona de casa inglesa é capaz de entender", registra um diário; "por fim, podíamos bater dois ovos e fazer um bolo... PELA PRIMEIRA VEZ EM 10 ANOS."

Aprisionada em uma armadilha entre a insolvência e as exigências de expandir a ordem de livre acesso em um dispendioso Estado do bem-estar social, a Grã-Bretanha logo descobriu que comandar seu antigo império era um luxo que já não podia bancar. Nos idos de 1916, um general alemão, no comando de soldados turcos em defesa do Iraque contra um exército com maioria de indianos que lutava pelo Império Britânico, havia escrito para casa contando que "a marca do século XX deverá ser a revolução das pessoas de raças de cor contra o imperialismo colonial da Europa", mas seria necessária mais uma guerra mundial para cumprir sua profecia.

O governo britânico nunca se recuperou de seu fracasso em resistir ao Japão. A cena em Penang, na Malásia, em dezembro de 1941, foi significativa: quando os líderes do ataque japonês se infiltraram pelas fortificações britânicas, os defensores europeus fugiram sem disparar um tiro, deixando seus aliados locais à mercê dos invasores. Das dezenas de servidores públicos asiáticos que haviam de fato governado a cidade em prol da Grã-Bretanha, apenas um foi informado da evacuação e depois foi posto para fora do barco para dar espaço ao automóvel do comandante britânico. Segundo uma jovem britânica que estava no meio da debandada: "foi uma coisa que, tenho certeza, nunca será esquecida ou perdoada".

Embora 2,5 milhões de indianos tivessem se apresentado como voluntários para lutar pelo império, ao passo que apenas alguns milhares se juntaram ao exército japonês (muitas vezes como uma forma de sair dos campos de prisioneiros), o governo de Londres não tinha ainda assim ilusões de manter o controle no subcontinente após o fim da guerra. Ele bateu em retirada com uma pressa indecente em 1947, e por volta de 1971 a Grã-Bretanha não dominava quase nada a leste de Suez (ou a leste de Dover, para ser mais exato).

"A Grã-Bretanha perdeu um império e ainda não encontrou um papel a desempenhar", observou o ex-ministro do Exterior norte-americano Dean Acheson de forma memorável em 1962, mas isso não era totalmente verdadeiro. O ex-globocop, na realidade, fez uma transição notavelmente suave para o papel de principal apoiador da nova potência que assumira sua tarefa, talvez porque a Grã-Bretanha de fato tinha poucas opções. Menos de um ano após o suicídio de Hitler, Churchill já era capaz de ver que "uma Cortina de Ferro desceu ao longo do continente [europeu]". A guerra não fora produtiva o suficiente para instalar um novo globocop, mas de qualquer modo estabeleceu dois novos policiais hemisféricos.

Durante sua Guerra dos Quinhentos Anos, a Europa havia (quase) conquistado o mundo, e agora a União Soviética e os Estados Unidos conquistavam juntos a Europa. Haviam dividido o continente pela metade e resolvido o grande problema estratégico colocado por uma poderosa Alemanha, sempre temerosa de ser esmagada entre o anel externo e o núcleo central, ao dividir o país em dois. Vista de modo isolado, a Primeira Guerra Mundial em grande parte foi uma guerra contraproducente que mutilara o globocop britânico, mas vendo as coisas de um ponto privilegiado, em 1945, o conflito parecia ser o primeiro round de uma longa guerra produtiva, que tendia a substituir o globocop do século XIX por uma versão século XX mais poderosa. Muitos observadores atentos concluíram que teria sido necessária mais uma grande guerra produtiva, com os dois policiais hemisféricos lutando entre si até que restasse apenas um globocop em pé.

Mas uma coisa barrou a obtenção desse resultado: a bomba.

A divisão do átomo havia mudado tudo. Os maiores bombardeios de artilharia das guerras mundiais arremessavam geralmente entre 15 mil e 20 mil toneladas de explosivos nas trincheiras inimigas ao longo de vários dias, mas as bombas lançadas sobre Hiroshima e Nagasaki concentraram essas barragens de fogo em explosões únicas, e também envenenaram os sobreviventes com nêutrons letais e raios gama. Com apenas duas bombas, os Estados Unidos mataram mais de 150 mil pessoas. Uma guerra entre duas nações providas de grandes arsenais nucleares (em 1986, ano do apogeu, os Estados Unidos e a União Soviética juntos possuíam 70 mil ogivas) ficava além de qualquer coisa que se pudesse imaginar. Seria sem dúvida uma guerra contraproducente, que deixaria terras devastadas por milhares de anos. Até mesmo Stálin achava essa ideia insuportável.

A questão, portanto, era o que fazer a respeito disso. Uma das possibilidades era o mundo ficar morto de medo e andar na linha: à visão do abismo, ele poderia finalmente transformar suas espadas em arados. Albert Einstein escreveu ao *The New York Times* menos de um mês depois de Hiroshima e Nagasaki explicando que essa era a única alternativa. Uma comissão séria da Universidade de Chicago propôs as linhas gerais de um governo mundial. Havia até a esperança de que as Nações Unidas, a sucessora da Liga das Nações, pudessem transformar a guerra em algo desnecessário.

Mas todas essas respostas levantavam a mesma questão: o que acontece quando os dois gigantes nucleares entram em choque? A ideia de que a Comissão de Energia Atômica das Nações Unidas poderia controlar todas as bombas atômicas caiu por terra quando os norte-americanos e os soviéticos não foram capazes de entrar em acordo sobre os protocolos de inspeção, e por volta de 1947 a confiança no poder das conversações estava em baixa. Os soviéticos consideravam as Nações Unidas “não tanto uma organização mundial, mas uma organização para os norte-americanos”; as autoridades norte-americanas, ao verem as bizarrices dos delegados, chamavam-na depreciativamente de “hospício”.

Outra possibilidade era que o mundo ficasse morto de medo e violento. Levando a lógica do mal menor a limites horripilantes, alguns norte-americanos comentaram que, já que tinham não só bombas atômicas mas também bombardeiros capazes de chegar às cidades do inimigo, ao passo que os soviéticos não tinham nada disso, fazia sentido travar uma guerra nuclear unilateral agora em vez de lutar uma muito pior, com dois lados, mais tarde. Churchill até avaliou um plano (chamado, com muito acerto, de Operação Impensável) de desferir ataques nucleares e complementá-los fazendo o recém-rendido exército alemão invadir de novo a Rússia.

A falha nesse tipo de pensamento era que, durante os quatro anos em que os Estados Unidos tinham as únicas bombas atômicas do mundo, eles não tinham bombas suficientes para derrotar os soviéticos. O Comando Geral de Defesa dos Estados Unidos calculou em 1948 que, se eles lançassem todas as suas 133 bombas sobre as cidades soviéticas, iriam matar 3 milhões de pessoas – um número horripilante, mas insuficiente para esmagar uma nação que havia sobrevivido a 25 milhões de mortes durante a Segunda Guerra Mundial. Só em 1952, quando os físicos norte-americanos detonaram uma bomba termonuclear ("de hidrogênio"), com uma explosão equivalente a 700 Hiroshimas, é que os Estados Unidos ficaram em condições de matar dezenas de milhões de comunistas, mas a essa altura – graças tanto aos seus espiões como aos seus cientistas – os comunistas já tinham também a sua bomba (Figura 5.12).

Como alguém que não desistia facilmente, o recém-eleito presidente Dwight Eisenhower comentou com seu Conselho Nacional de Segurança em 1953 que "não fazia sentido ficar apenas tremendo de medo diante da capacidade do inimigo". Em vez disso: "neste momento a questão que precisamos enfrentar é se realmente teríamos ou não que lançar tudo de uma vez sobre o inimigo". Um estudo que ele encomendou confirmou que "praticamente a Rússia inteira seria reduzida a ruínas fumacentas e cheias de radiação ao cabo de duas horas". Outro estudo, porém, assinalou que, se bombardeiros soviéticos fizessem voos suicidas apenas de ida – um comportamento razoável para tripulações cujos lares a essa altura seriam apenas ruínas cheias de radiação –, eles poderiam despejar uma centena de bombas atômicas nas cidades norte-americanas e matar cerca de 11 milhões de pessoas.

Haveria ferozes combates aéreos lá longe, no polo Norte, e muitos bombardeiros soviéticos, talvez a maioria, seriam abatidos. Mas essas ainda não eram possibilidades com as quais Eisenhower quisesse jogar, e quando os soviéticos revelaram ter bombardeiros genuínos de longo alcance em 1954, e sua bomba de hidrogênio em 1955, o cálculo ficou ainda menos atraente. Uma bomba de hidrogênio de modelo básico, com uma explosão equivalente a 1 milhão de toneladas de TNT, mataria todas as pessoas e arrasaria todos os edifícios em um raio de 5 quilômetros. Em um raio de até 10 quilômetros, todas as roupas ficariam em chamas e as pessoas seriam arremessadas pelos ares a velocidades letais. Em um raio de 18 quilômetros, qualquer pessoa ao ar livre sofreria queimaduras de segundo grau e intoxicação por radiação. No final da década de 1950, os soviéticos tinham centenas dessas bombas, e os norte-americanos, milhares.

Figura 5.12. Mudando a equação: Joe-1, o primeiro teste atômico soviético, em 29 de agosto de 1949.

Em vez de deixar o medo intimidá-los ou torná-los violentos, os norte-americanos optaram em 1947 por um curso intermediário, que veio a ser chamado de "contenção". Segundo o ponto de vista deles (acertado), os Estados Unidos eram uma potência do anel externo. Haviam levado a ordem do livre acesso além do que fizera a Grã-Bretanha do século XIX ao abrirem mão de vez do controle direto (exceto do controle sobre os cerca de 6 milhões de quilômetros quadrados conquistados dentro da América do Norte). Na realidade, a maioria dos norte-americanos via seu país como um anti-império, lutando contra o imperialismo em nome da liberdade. Mas, mesmo assim, como o historiador Niall Ferguson observou com perspicácia em seus livros *Colosso* e *Império*, a situação estratégica dos Estados Unidos após 1945 era surpreendentemente similar à da Grã-Bretanha um século antes.

Assim como a Grã-Bretanha, os Estados Unidos dominavam os mares (e agora os céus também), mantinham bases militares pelo mundo todo e detinham um poder econômico impressionante. Como líder de uma constelação de aliados, em vez de governador de províncias ou de reinos-clientes, eles se apoiaram mais em golpes e na cooperação com militares locais do que em mandar canhoneiras para manter seus seguidores na linha, mesmo que isso muitas vezes desse a seus seguidores pelo menos alguma liberdade para adotar políticas que Washington não apreciava. Mas o preço de se opor aos Estados Unidos em questões importantes – como a Grã-Bretanha e a França descobriram quando invadiram o Egito sem permissão em 1956 – era mais alto do que seus aliados geralmente se dispunham a pagar. Tudo estava sempre em condições de ser negociado, mas, no geral, os aliados faziam mais ou menos o que Washington queria – e é por isso que tantas pessoas, fossem amigos ou adversários, chamaram o mundo pós-guerra de "Império Americano".

Dentro dessa aliança/império, a paz se instalou obrigatoriamente. Em parte porque os Estados Unidos raramente deram a seus aliados a liberdade de lutar uns contra os outros (o que, considerando que a maioria das democracias do mundo estava no Império Americano, explica em grande parte o fenômeno conhecido como paz democrática). Mas a paz também triunfou dentro dos limites nacionais. A paz operara maravilhas, promovendo o respeito popular pelos governos e a aversão à violência política. As décadas que se seguiram imediatamente ao pós-guerra foram uma fase áurea da lei e da ordem: apenas 1 escandinavo em cada 5 mil e 1 bretão em cada 4 mil morreram de forma violenta entre 1950 e 1974, e embora a taxa norte-americana de homicídios – 1 em 700 – continuasse mais alta que a da Europa, mesmo assim ela ainda caiu 50% desde a década de 1930. A década de 1950 pode ter sido insípida, mas foi muito, muito segura.

E foram também anos muito, muito prósperos. Em uma grande reunião nos bosques de New Hampshire em julho de 1944, os norte-americanos haviam lançado as bases de uma nova ordem econômica internacional para substituir a que havia deixado de existir entre 3 de setembro de 1929 e 3 de setembro de 1939, e os Estados Unidos começaram a despejar dinheiro nas economias devastadas da Europa. A maior parte foi para os aliados em tempos de guerra, mas, com o princípio de livre comércio levado além de qualquer coisa que a Grã-Bretanha do século XIX tivesse experimentado, grandes somas foram também para a Alemanha ocidental, o Japão e a Itália. Por volta de 1951, os Estados Unidos haviam distribuído 26 bilhões de dólares, equivalentes a cerca de 10% de seu PIB anual.

Segundo o estrategista Robert Kagan: "foi a solução capitalista perfeita para um problema que era tanto estratégico quanto econômico". Como o açougueiro, o cervejeiro e o padeiro de Adam Smith, o Império Americano agiu não por benevolência, mas por próprio interesse. A injeção de capital na Europa incentivou uma demanda efetiva por alimentos e produtos norte-americanos, e depois de um curto e agudo período de depressão, à medida que as economias passavam da produção de tempos de guerra para a de tempos de paz, o Império Americano desfrutou do maior e mais amplamente compartilhado crescimento econômico da história (Figura 5.13). Na Grã-Bretanha, onde a permissão de comprar ovos causara tanta euforia em 1950, por volta de 1960 mais de um quarto das famílias tinha carro, e em 1965, mais de um terço. A propriedade de um carro continuou sendo duas vezes mais comum nos Estados Unidos, mas poucos europeus se queixavam.

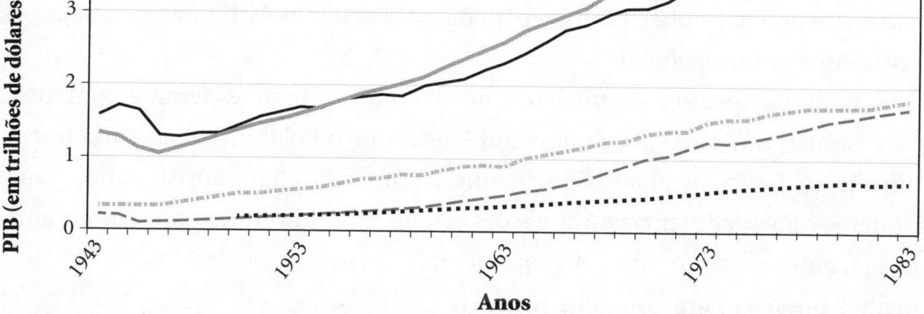

Figura 5.13. Vamos aproveitar a boa maré: o maior crescimento econômico da história tem início, 1943-1983 (os dados relativos ao leste europeu anteriores a 1950 geralmente não são confiáveis).

Cada guerra mundial viu seus Leviatãs estenderem os tentáculos para mais longe na sociedade civil, a fim de que pudessem mobilizar seus recursos para vencer e assumir a responsabilidade pela organização de tudo, desde a produção de munições até o provimento de hospitais e de cuidados com as crianças. Depois de 1918, a maior parte dos eleitores via isso como uma violação de suas liberdades e buscava eleger governos que se dispusessem a aliviar o fardo dos pesados impostos e que controlassem menos a vida de seus cidadãos. No entanto, por volta de 1945, muitos europeus ocidentais (e alguns, embora não tantos, norte-americanos) já viam o grande governo com outros olhos – não como uma forma de opressão, mas como um instrumento de liberdade. O grande governo havia vencido a guerra contra Hitler e agora, quem sabe, poderia ganhar guerras contra a pobreza e a injustiça. Para horror de muitos conservadores, os eleitores começaram a eleger governos comprometidos com serviços nacionais de saúde, previdência social, ensino superior financiado pelo Estado, estatização de alguns setores, tributação crescente e proteção legal para grupos antes marginalizados.

No que diz respeito a impérios, segundo concluiu a maior parte dos membros da versão norte-americana, isso não era tão ruim assim.

Chegando a Petrov

O Império Americano não tinha necessidade de forçar sua entrada no núcleo central eurasiano, mas sem dúvida precisava proteger e expandir mercados livres por todo o anel interno, e especialmente na Europa ocidental. Sua política de contenção implicava deixar os soviéticos seguirem adiante como quisessem em seu próprio núcleo central, mas também reagir a todos os avanços comunistas dentro de seu anel interno. Se os Estados Unidos não podiam ser um globocop, isto é, um policial global, podiam pelo menos ser um globobouncer, ou seja, um porteiro-segurança global.

Vista da perspectiva do núcleo central, como seria de esperar, a contenção parecia mais um cerco. Para quase todo lugar que o Politburo olhasse, da Escandinávia ao Japão, os aliados norte-americanos os tinham aprisionado, e suas riquezas e liberdade tentavam as nações do anel interno a entrar para a órbita americana, ameaçando o futuro do comunismo. Os ideólogos de Moscou faziam o melhor possível para competir na guerra de ideias, e os diversos planos quinquenais geraram um crescimento econômico que teria sido impressionante em qualquer época anterior. Mas, desde o primeiro instante em que conquistaram a Europa oriental, os soviéticos tiveram que se apoiar muito na força, mais ou menos como os czares haviam feito antes deles.

A repressão fazia sentido para uma potência do núcleo central. Distantes do grande fluxo de comércio oceânico e incapazes de gerar tanta prosperidade quanto um império do anel externo, os soviéticos tiveram muito mais dificuldades do que os norte-americanos ou mesmo do que os britânicos antes deles em comprar a lealdade com padrões de vida mais elevados. No seu auge, em 1953 (último ano de vida de Stálin), o sistema do gulag abrigava 2,5 milhões de prisioneiros. Stálin chegara até a reabrir por curto período o campo de concentração nazista de Buchenwald, matando ali mais umas 10 mil pessoas. Em dois casos de que se tem notícia, houve famílias que tiveram um filho executado por Hitler e outro por Stálin.

As estatísticas soviéticas são notoriamente pouco confiáveis, mas, por deprimente que seja esse pensamento, os Estados policiais comunistas parecem ter de fato reduzido os índices de crime violento a níveis muito baixos. No entanto, claramente também tornaram os súditos do Império Soviético infelizes, e os imensos gastos exigidos para sustentar toda a máquina repressiva distorceram a economia. Os padrões de vida soviéticos aumentaram, sem dúvida, e mais ou menos dobraram entre 1946 e 1960, mas a renda dos norte-americanos no mesmo período chegou a triplicar.

Além de todos esses obstáculos, os recursos gastos no milhão de soldados soviéticos necessários para ocupar a Europa oriental criaram uma impressão nitidamente ameaçadora do lado norte-americano da Cortina de Ferro, e, com cada superpotência suspeitando das intenções da outra (com frequência, tendo boas razões para isso), o resultado inevitável foram constantes conflitos de interesses em torno do anel interno. Na sombria disputa que se seguiu, na qual combateram não só espiões e policiais, mas também insurgentes e exércitos, os Estados Unidos e a União Soviética descobriram – parafraseando Marx – que, embora criassem suas próprias estratégias, nem sempre eram capazes de fazê-lo segundo maneiras que fossem de sua escolha. Ambas as superpotências tiveram que trabalhar em estreita proximidade com aliados, e muitas vezes a impressão era que o rabo abanava o cachorro, e não o contrário. Os soviéticos queixavam-se de que seus clientes da Alemanha Oriental os arrastavam para crises que eles não desejavam, e o primeiro-secretário-geral da Organização do Tratado do Atlântico Norte (Otan), formada por iniciativa norueguesa em 1949, brincou que a aliança era uma cínica conspiração da Europa ocidental "para manter os russos fora, os norte-americanos dentro, e os alemães por baixo".

Na outra ponta da Eurásia, a política de alianças era mais confusa ainda. Durante anos, Mao Tsé-tung havia bombardeado Moscou com pedidos de ajuda para a Guerra Civil chinesa, e Kim Il Sung pedia permissão para invadir a Coreia do Sul. Stálin, preocupado em não provocar Washington, esquivara-se dos dois, mas, quando Mao surpreendeu a todos hasteando a bandeira vermelha em Pequim, em 1949, Stálin achou que a tentação de expulsar os Estados Unidos de vez do anel interno do Pacífico era sedutora demais. Ele aprovou a Guerra da Coreia em 1950.

Foram necessários três anos, 3 milhões de mortos e ameaças norte-americanas de ataques atômicos à China para encerrar a luta. Os Estados Unidos haviam preservado o anel interno, mas a um custo terrível, e em 1954 Eisenhower apresentou uma nova versão, de tolerância zero, da contenção, chamada New Look (uma escolha de nome bizarra, emprestada de uma linha de vestidos, com saias rodadas compridas, lançada por Christian Dior em 1947). As explicações oficiais eram estudadamente vagas, mas pareciam se resumir a uma retaliação nuclear maciça contra qualquer ataque, onde quer que ocorresse. As forças terrestres seriam cortadas ao mínimo, servindo apenas como condutoras de armas nucleares. O comandante da Otan na Europa foi franco. Nós "estamos baseando todo o nosso planejamento em usar armas atômicas e termonucleares para a nossa defesa", escreveu ele. "Agora já não se trata de: 'Elas podem ser usadas'. É algo bem definitivo: 'Elas serão usadas'."

Enquanto os soviéticos aceitassem que a guerra seria um suicídio para eles, mas apenas um *quase* suicídio para os americanos, o New Look de certo modo devolveria a iniciativa a Washington, pelo menos contra Moscou e Pequim (que conseguiu a bomba em 1964). Mas, graças à estranha lógica do impasse nuclear, do tipo o rabo abanando o cachorro, os países comunistas, mais fracos, sentiram-se capazes de correr mais riscos, sabendo que os Estados Unidos prefeririam perder as discussões com eles a serem vistos como o perverso valentão que recorria a armas nucleares contra um camundongo. Em 1954, Eisenhower teve que reconhecer que não usaria armas nucleares contra Ho Chi Minh na Indochina.

A velocidade com que a revolução nuclear nos assuntos militares se desenvolveu tornou quase impossível adotar estratégias estáveis. Em 1945, os Estados Unidos e a União Soviética já haviam contratado o maior número possível dos cientistas de foguetes de Hitler, pondo-os para trabalhar no projeto de mísseis balísticos intercontinentais (ICBMs). Em 1957, os soviéticos conseguiram uma vitória apertada ("Nossos alemães são melhores que os deles", gabava-se Kruschev no filme *The right stuff* ["Os eleitos"]) e usaram um dos seus primeiros foguetes operacionais para colocar em órbita uma bola de aço de 83 quilos, o Sputnik. Dentro havia um radiotransmissor, que não fazia nada exceto emitir um bipe, mas isso foi suficiente para deixar os norte-americanos desesperados. "Ouçam agora", advertia a NBC, "o som que para sempre irá separar o velho do novo."

Mas, como quase tudo nesse admirável mundo novo, a liderança dos soviéticos durou pouco. Dois anos depois os Estados Unidos também haviam lançado ICBMs operantes, e em 1960 ambos os lados já dominavam a arte de lançá-los a partir de submarinos. Isso eliminou a possibilidade de um primeiro ataque aniquilar um número de mísseis inimigos suficiente para impedi-lo de revidar, e mais uma vez alterou os cálculos.

No início da década de 1960, os Estados Unidos ainda tinham uma superioridade nuclear de 9 contra 1 sobre os soviéticos (Figura 5.14), e o Departamento de Defesa projetava que um primeiro ataque norte-americano seria capaz de matar 100 milhões de pessoas, praticamente arrasando a União Soviética. No entanto, prosseguia o relatório, um contra-ataque soviético às maiores cidades dos Estados Unidos e de seus aliados mataria 75 milhões de norte-americanos e 115 milhões de europeus, arrasando a maior parte do resto do hemisfério norte.

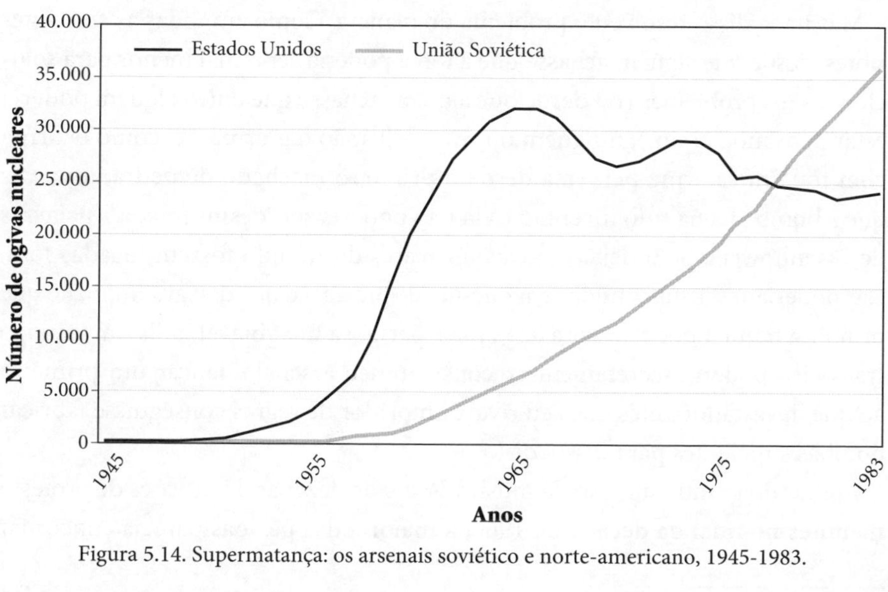

Figura 5.14. Supermatança: os arsenais soviético e norte-americano, 1945-1983.

Instalara-se a era da Destruição Mútua Assegurada, com sua sigla quase perfeita, MAD.[45] A retaliação maciça agora significava que os Estados Unidos, assim como a União Soviética, iriam cometer suicídio, o que naturalmente tornou o New Look bem menos atraente. Os desconhecidos desconhecidos estavam de volta. Em 1961, especulando se o recém-empossado presidente John F. Kennedy iria de fato arriscar Nova York para salvar seus interesses em Berlim, os soviéticos pressionaram mais do que o usual na infindável confrontação a respeito da cidade dividida. O medo tomou conta do mundo à medida que os políticos assumiam posições e faziam ameaças. Por fim, os comunistas fizeram concessões e ergueram um muro no meio da cidade, mas no ano seguinte as coisas pioraram. "Por que não jogar um ouriço nas calças do Tio Sam?", perguntou Kruschev, e enviou mísseis soviéticos para Cuba. Durante 13 dias de fazer o coração parar, a impressão era que o pior cenário havia chegado. Foi como uma reprise da década de 1910, mas dessa vez com recursos do Apocalipse.

O mundo acordou sobressaltado com o que havia sido forjado. Nas democracias liberais da aliança norte-americana, milhões marcharam em campanhas a favor do desarmamento nuclear, entoaram canções de protesto e fizeram filas para assistir ao filme *Dr. Fantástico*. Predominava a suposição, na linha de *Coming of age*, de que a guerra não era boa para absolutamente nada, quaisquer que fossem as circunstâncias.

Mas nada disso resolveu o problema do planeta. Como em todas as eras anteriores, desde que alguém achasse que a força poderia ser o mal menor para solucionar seus problemas (ou desde que alguém achasse que outro alguém poderia estar pensando assim), ninguém ousava abrir mão das armas, e, como ocorreu com toda nova arma perversa desde o primeiro machado de pedra, uma vez que a bomba havia sido inventada, ela não poderia ser "desinventada" (palavras de Eisenhower). Se todas as ogivas nucleares do mundo fossem jogadas fora, elas poderiam ser substituídas em questão de meses – o que deixava implícito que proibir a bomba poderia ser a ação mais perigosa imaginável, pois um inimigo traiçoeiro poderia secretamente reconstruir seu arsenal e lançar um primeiro ataque devastador antes que seu rival cumpridor de regras conseguisse fabricar bombas suficientes para dissuadi-lo.

Apesar do grande sucesso da música *War* e de dezenas de canções de protesto menores no final da década de 1960, a maioria das pessoas parecia concordar

45 Em inglês, *Mutual Assured Destruction* – que forma o acrônimo MAD, "louco". [N. T.]

com essa lógica. Nenhum eleitorado de países com armas nucleares jamais votou em um partido que pregasse o desarmamento. Quando o Partido Trabalhista inglês prometeu proibir a bomba, teve uma épica derrota (um de seus deputados no Parlamento chamou seu manifesto de "o bilhete de suicídio mais longo da história").

Os homens de olhar frio que lidavam com as realidades da guerra nuclear procuraram soluções mais práticas. Algumas dessas soluções eram fáceis, como instalar uma linha telefônica direta entre Washington e Moscou (via relês colocados em Londres, Copenhague, Estocolmo e Helsinque). Outras, como reduzir os imensos estoques de ogivas, não eram. Os Estados Unidos pararam de expandir seu arsenal em 1966, mas os soviéticos não fizeram o mesmo durante 20 anos (como um secretário da Defesa norte-americano observou: "quando a gente fabrica, eles fabricam; quando a gente para, eles fabricam").

O passo mais difícil de todos foi encontrar estratégias para competir com o anel interno sem provocar o fim do mundo. A resposta norte-americana foi uma nova política de reação flexível. Em vez de ameaçar matar centenas de milhões por causa de qualquer desentendimento, os Estados Unidos iriam reagir de modo proporcional à ameaça. Mas como definir o que era proporcional? Esse problema de definição surgiu logo depois que os impérios europeus se retiraram do sudeste asiático. Os norte-americanos concordavam que manter uma cabeça de ponte no anel interno naquele canto distante do mundo não era importante o suficiente para desencadear uma guerra nuclear, mas valia os ossos dos soldados norte-americanos? Em seu primeiro ano no cargo, Kennedy reclamara: "Os soldados irão entrar em ação; as multidões irão celebrar [...] Depois vão nos dizer que precisamos mandar mais soldados. É como começar a beber". Mesmo assim, ele enviou 8 mil assessores ao Vietnã do Sul. Dois anos mais tarde, havia o dobro disso. Quatro anos depois, os fuzileiros navais norte-americanos desembarcaram em Danang, e em 1968 havia meio milhão de norte-americanos lutando no Vietnã (Figura 5.15).

Colocar as botas no chão simplesmente criou a necessidade de um enxame de decisões adicionais. A detenção de civis – um método consagrado de cortar os suprimentos aos insurgentes – seria adequada? Sim, decidiu a Casa Branca. E bombardear o Vietnã do Norte? Às vezes. Ou invadir o Vietnã do Norte? Não, porque isso poderia provocar a escalada dos soviéticos. Bombardear e atacar posições comunistas no supostamente neutro Camboja pareceu adequado ao presidente Nixon, mas muitos norte-americanos discordaram. Eclodiram distúrbios;

a Guarda Nacional matou quatro em Ohio. Consequentemente, na hora de dar o passo maior e interromper os suprimentos comunistas construindo uma linha fortificada ao longo do Laos – um lance militar óbvio que, segundo os generais do Vietnã do Sul, iria "isolar o front norte de sua retaguarda" –, nenhum presidente disse sim.

Figura 5.15. Busque e destrua: a 1ª Divisão de Cavalaria Aérea dos Estados Unidos varre as terras baixas do litoral da província de Binh Dinh, no Vietnã do Sul, na infindável busca de insurgentes (janeiro ou fevereiro de 1968).

A guerra se arrastou, e no final acabou matando 3 milhões de pessoas ou mais. Mas, apesar desse início insatisfatório, a Otan aplicou a reação flexível também à Europa. Ali, a guerra teria equivalido à maior de todas as Blitzkriege. Sob a cobertura do maior bombardeio aéreo e de artilharia da história, 7 mil tanques soviéticos avançariam pela tênue linha defensiva ao longo da fronteira interior da Alemanha, enquanto tropas de assalto de elite, chegando de paraquedas ou helicóptero, semeariam o caos 160 quilômetros retaguarda adentro. Enquanto as primeiras batalhas fossem travadas, os aviões da Otan que houvessem sobrevivido aos ataques aéreos iniciais bombardeariam o caminho todo até a Polônia para destruir o segundo, terceiro e quarto escalões de blindados soviéticos antes que eles chegassem ao campo de batalha, enquanto a infantaria se entricheiraria para desgastar a primeira leva de tanques soviéticos antes que pudessem cruzar a Brecha de Fulda ou atravessar a planície Norte da Alemanha.

Os generais da Otan colocariam suas esperanças nas evidentes lições dos ataques do Egito e Síria a Israel em 1973, quando, por alguns dias, a mal comandada e mal treinada infantaria árabe com mísseis antitanque guiados por fio havia enfrentado e detido forças israelenses muito bem comandadas e treinadas. Levou menos de duas semanas para que os israelenses se adaptassem, contra-atacassem e aniquilassem os exércitos árabes, mas a Otan apostou que seus soldados poderiam resistir mais tempo – tempo suficiente, era essa a esperança, para que as forças americanas cruzassem rapidamente o Atlântico, pegassem equipamento pesado pré-posicionado e expulsassem os soviéticos.

Foi mais ou menos assim que o general John Hackett (ex-comandante das forças britânicas na Alemanha Ocidental) imaginou uma guerra em seu romance muito bem recebido de 1978, *A Terceira Guerra Mundial*. Na sua história, a reação flexível funcionou perfeitamente. Depois de 17 dias de batalhas convencionais, a ofensiva soviética foi detida, e, com os soldados norte-americanos chegando para fortalecer a linha e até fazê-la recuar, os soviéticos reagiram com armas mais potentes. Eles lançaram um único míssil SS-17 com uma ogiva nuclear, destruindo Birmingham, Inglaterra. Trezentos mil morreram. A Otan reagiu proporcionalmente, com um ataque nuclear a Minsk. O instável regime soviético entrou em colapso.

Eu morava em Birmingham em 1978 (a uns 3 quilômetros de Winson Green, o Marco Zero de Hackett), e não gostei nem um pouco de sua profecia. Mas, na realidade, como o general sabia muito bem, é provável que tivesse sido bem pior. A Otan previu que seria a primeira a usar a força nuclear, por meio de dispositivos "táticos" (em geral, equivalentes a meia Hiroshima), para deter a ruptura das linhas e também para sinalizar que o ataque deveria ser encerrado. Se Moscou ignorasse a mensagem, seriam usadas bombas e ogivas maiores (equivalentes a meia dúzia de Hiroshimas), e, se ainda não houvesse resposta quando os tanques soviéticos tivessem já avançado 90 quilômetros pela Alemanha Ocidental, a coisa iria ficar mais séria.

Infelizmente, os soviéticos não demonstraram a menor intenção de encarar as bombas H como sinais sutis. Seu plano previa usar tanques para chegar ao Reno em duas semanas e ao canal da Mancha e Pireneus em outras quatro. Para conseguir isso, o primeiro escalão usaria de 28 a 75 armas nucleares para abrir brechas na linha da Otan, e o segundo dispararia outras 34 a 100 durante sua penetração com blindados. Esperando que a Otan fosse reagir na mesma moeda, os soldados soviéticos estariam equipados para lutar em campos de batalha encharcados de substâncias químicas e radiação, concentrando-se com rapidez para atacar e depois dispersar-se. A Alemanha Ocidental sofreria com várias centenas de Hiroshimas, que matariam a maioria de seus habitantes. A essa altura, os ICBMs já roncariam pelo polo Norte. Na visão de Moscou, uns poucos dias de guerra total devastariam os dois países, mas depois que as ogivas se esgotassem a luta convencional continuaria até que um dos lados já não conseguisse lutar.

A visão soviética oficial era otimista a respeito da vitória (talvez superotimista, pelo que sabemos agora de sua infraestrutura e organização precaríssimas), mas ninguém, na realidade, desejava uma guerra assim. Consequentemente, em meio a acalorados debates, ambas as superpotências começaram a se encaminhar para um entendimento (batizado de "détente"), que iria permitir-lhes sair do apuro de alguma maneira, apesar da inadequação da reação flexível como estratégia de dissuasão. As conversações sobre limitação de armas nucleares começaram em 1969, e na década de 1970 os soviéticos fizeram concessões na questão de direitos humanos. Os norte-americanos venderam-lhes grãos e emprestaram-lhes dólares para compensar os fracassos múltiplos das fazendas coletivas e das economias comunistas, e os astronautas e cosmonautas dos dois países deram-se as mãos em órbita.

Tudo parecia bem, mas nada disso alterou a realidade. Dois impérios semiglobais com poder de fogo suficiente para destruir a civilização permaneceram aferrados a uma competição pelo anel interno; o anel interno continuou a ser comandado em grande parte por governos por procuração, instáveis, pouco confiáveis e com agendas próprias; e nenhum dos lados podia se dar ao luxo de perder.

O cabo de guerra estratégico ficou mais tenso primeiro de um lado, depois do outro. Em 1972, o presidente Richard Nixon desferiu um gigantesco golpe quando o antigo cliente de Moscou, Mao, declarou que não odiava os Estados Unidos tanto quanto odiava a União Soviética. A rede estratégica apertou do lado da Rússia – mas apenas um ano depois a mais nova guerra árabe-israelense anulou muitos dos ganhos dos Estados Unidos. Os produtores árabes de petróleo quadruplicaram seus preços, empurrando a aliança norte-americana para uma crise econômica e ao mesmo tempo inundando de dinheiro a União Soviética exportadora de petróleo. A desaceleração econômica, as preocupações sobre como lidar com a paridade nuclear com os soviéticos e as recriminações relativas à Guerra do Vietnã formaram um caldo tóxico, esfacelando o consenso estratégico de 25 anos dos Estados Unidos sobre a contenção. Os conservadores começaram a argumentar que apenas com cortes nas despesas com bem-estar social e com as burocracias que o administravam é que se poderia retomar o crescimento econômico, sem o qual a contenção não iria funcionar, e o escândalo de Watergate convenceu muitos liberais de que não odiavam tanto os soviéticos como odiavam Nixon. Com o impasse político paralisando as políticas de defesa, os Estados Unidos assistiram ao Vietnã do Norte tomar o Vietnã do Sul.

Ao final da década de 1970, os Estados Unidos batiam em retirada por toda parte. Os comunistas ganhavam guerras civis (e até uma eleição) na África e na América Latina, além de conquistar corações e mentes na Europa. Houve um Natal – o de 1976, se não me engano – em que um dos meus tios, um metalúrgico desempregado, me deu de presente um exemplar do pequeno *Livro vermelho,* de Mao. Em 1979, radicais não comunistas no Irã também entraram em cena, pondo para fora o Grande Satã de mais uma parte do anel interno. A gota d'água veio ao final do ano, quando os soviéticos invadiram o Afeganistão – ainda o elo estratégico que ligava o núcleo central e o anel interno no sul da Ásia, exatamente como acontecera quando a Rússia e a Grã-Bretanha haviam lutado por ele um século antes.

A détente fracassou. Os Estados Unidos rearmaram-se furiosamente, instalando novíssimos mísseis de cruzeiros na Europa e fazendo alarde de tecnologias que iriam fatiar as defesas soviéticas como uma faca cortando manteiga. A paranoia virou pânico em Moscou em 1982, quando os israelenses usaram sistemas de armas computadorizados feitos nos Estados Unidos para destruir 17 dos 19 silos de mísseis terra-ar de fabricação soviética da Síria e abater 92 de seus aviões soviéticos, com perda de apenas três (ou seis, dependendo de quem contava). Embora qualquer cientista sensato pudesse ter dito aos soviéticos que ainda demoraria décadas até que vissem funcionar de fato tanto o "Guerra nas Estrelas" (um sistema norte-americano para abater ICBMs com laser) quanto o Assault Breaker (um foguete de longa distância que espalhava massas de pequenas bombas de fragmentação guiadas por computador para destruir divisões blindadas inteiras antes que chegassem ao front), na atmosfera febril de Moscou no início da década de 1980, presumir o pior era um modo de vida.

Tudo chegou ao auge em novembro de 1983, apenas seis semanas depois que Stanislav Petrov teve que decidir se acreditava ou não no algoritmo de seu próprio computador quando este disse que os norte-americanos estavam lançando seus mísseis. Convencido de que a Otan planejava desferir um primeiro ataque, o neurótico e diabético primeiro-ministro soviético Yuri Andropov – acamado devido aos seus combalidos rins – pressionou a KGB a encontrar evidências disso. Sempre dedicados, seus espiões relataram que um monte de funcionários civis norte-americanos e britânicos parecia estar trabalhando até tarde em seus escritórios. A única conclusão possível: os Estados Unidos deviam estar planejando realizar um novo exercício militar na Europa ocidental como cobertura para um ataque. A aviação soviética na Alemanha Oriental estava equipada com armas nucleares prontas para uso. As licenças foram canceladas. Até as previsões meteorológicas militares foram suspensas, com receio de que algo pudesse vazar.

Felizmente, a única coisa certa na Guerra Fria era que ninguém conseguia manter segredo. "Quando contei aos britânicos", rememorou um veterano oficial da KGB mais tarde em entrevista, "eles simplesmente não conseguiam entender como a liderança soviética podia ser tão estúpida e ter uma visão tão estreita a ponto de acreditar em algo tão impossível." As opiniões variam quanto a Andropov ser realmente tão estúpido e de visão estreita, mas o medo norte-americano do medo soviético chegou ao ponto de Reagan sentir necessidade de despachar o general (depois consultor de Segurança Nacional) Brent Scowcroft até Moscou para convencer Andropov a recuar um passo diante do abismo.

De novo, milhões marcharam em protesto contra a bomba. Bruce Springsteen lançou seu remake de *War*. Qualquer um que não estivesse preocupado com o fim do mundo era porque não estava prestando atenção.

E, no entanto, cá estamos nós, trinta anos depois, mais seguros e ricos do que nunca. Contra todas as previsões e desafiando as tendências dos últimos 10 mil anos, a guerra para acabar com a guerra – e com a própria humanidade – não ocorreu. Para cada 20 ogivas nucleares que ameaçavam nossa sobrevivência quando Petrov pegou o telefone em 1983 há agora (meados de 2013) apenas uma. A probabilidade de uma megaguerra matar 1 bilhão de pessoas nos próximos anos parece estar perto de zero.

Como conseguimos superar esses dias perigosos? E por quanto tempo nossa sorte se manterá? Essas, a meu ver, são algumas das questões mais importantes que alguém poderia levantar. As respostas, porém, estão em um lugar para o qual raramente olhamos.

6

Vermelho em dentes e garras[46]: por que os chimpanzés de Gombe foram à guerra

Símios assassinos e chimpanzés hippies

7 de janeiro de 1974.

No início da tarde, um bando guerreiro de Kasekela insinuou-se sem ser visto pela fronteira do território Kahama. Eram oito invasores, movendo-se em silêncio, decididos, em uma missão assassina. Quando Godi de Kahama viu o bando, era tarde demais.

Godi saltou da árvore onde estava comendo frutas e correu, mas os agressores caíram em cima dele. Um deles grudou a cara de Godi na lama; os outros, com gritos de fúria, desferiram-lhe golpes e mordidas por dez minutos. Por fim, depois de atirar pedras no seu corpo, o bando guerreiro sumiu embrenhando-se na floresta.

Godi não estava morto, ainda, mas o sangue escorria por dezenas de cortes e perfurações de seu rosto, peito, braços e pernas. Depois de vários minutos deitado, quieto, gemendo de dor, rastejou até os arbustos. Nunca mais foi visto.

Essa foi a primeira vez que cientistas viam chimpanzés de uma comunidade deliberadamente procurar, atacar e abandonar (dando-o como morto) um chimpanzé de outra comunidade. Em 1960, Jane Goodall montara o primeiro projeto mundial para estudar chimpanzés no ambiente selvagem em Gombe, na Tanzânia (Figura 6.1), e por uma década ela deleitou os leitores da *National Geographic* e os espectadores de seus documentários para a televisão com histórias do gentil e sábio David Greybeard, da esperta Flo, do travesso Mike e todos os seus amigos chimpanzés. Mas agora os chimpanzés tinham se revelado assassinos.

46 Alusão ao verso "*Nature, red in tooth and claw*", do célebre poema do inglês Tennyson "In memoriam A. H. H.", de 1850. [N. T.]

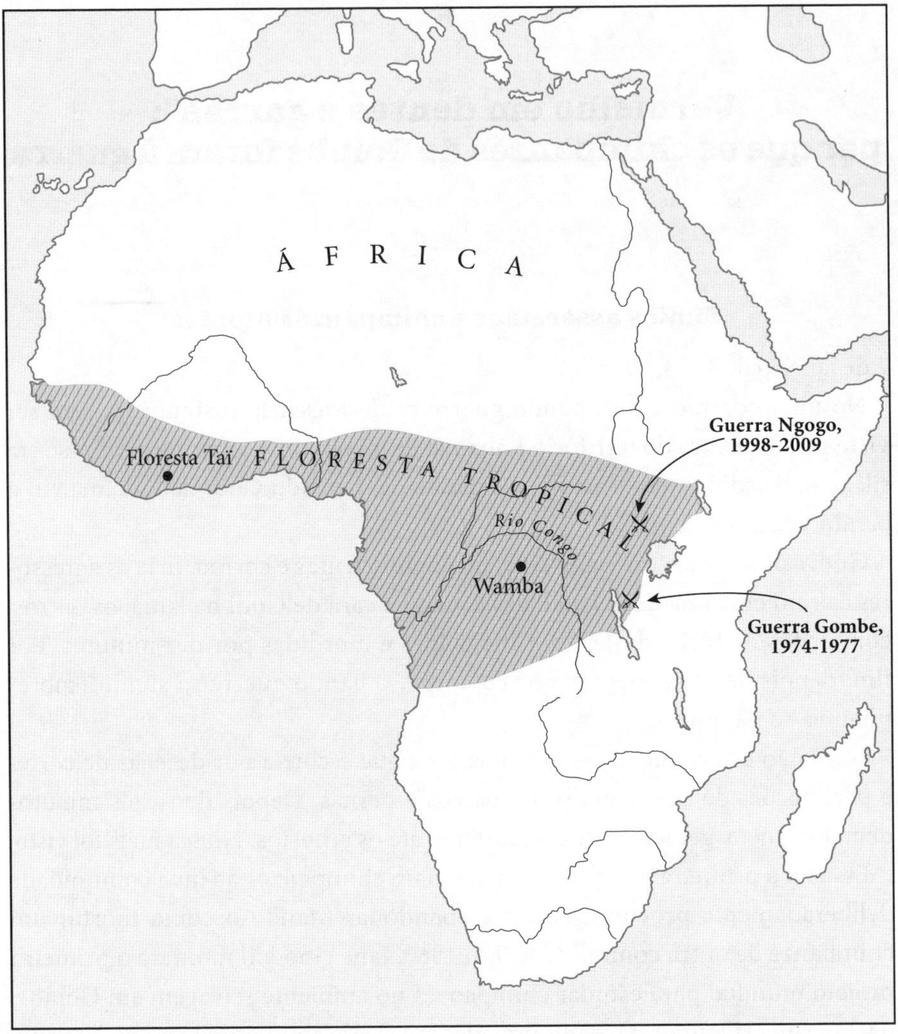

Figura 6.1. O berço da guerra: locais da África mencionados neste capítulo.

Viria coisa pior. Ao longo dos três anos seguintes, os kasekelanos espancaram até a morte todos os seis machos e uma fêmea da comunidade Kahama. Mais duas fêmeas kahama sumiram, dadas como mortas; outras três, espancadas e estupradas, foram incorporadas aos kasekelanos; e, finalmente, os kasekelanos tomaram o território Kahama. A morte de Godi havia sido o primeiro passo de uma guerra de extermínio (Figura 6.2).

Figura 6.2. Símios assassinos? Quatro chimpanzés (à esquerda) provocam, ameaçam e agridem um quinto chimpanzé (à direita) no parque de primatas do Zoológico de Arnhem, na Holanda (final da década de 1970).

As notícias sobre a Guerra Gombe abalaram o mundo da primatologia. As implicações, à primeira vista, eram imensas. Nós, humanos, compartilhamos mais de 98% do nosso DNA com os chimpanzés. Quando duas espécies intimamente relacionadas se comportam do mesmo modo, sempre há uma boa probabilidade de que tenham herdado esse traço de uma espécie ancestral comum. Como só precisamos recuar 7,5 milhões de anos (o que não é muito tempo para um biólogo evolucionário) para encontrar o último ancestral comum de chimpanzés e humanos, a conclusão óbvia parecia ser que os humanos são projetados para a violência.

A década de 1970 foram os dias áureos da visão de *Coming of age*, e, como seria de esperar, esse achado não caiu bem a todos. Alguns acadêmicos colocaram a culpa na mensageira. Insistiam que era Jane Goodall que havia provocado a guerra. Em seu esforço para deixar os chimpanzés confortáveis perto dos humanos, ela os alimentara com bananas, e a competição por esse rico alimento, sugeriam os críticos, havia corrompido a sociedade naturalmente pacífica dos chimpanzés, tornando-os violentos.

O debate que se seguiu foi tão acalorado quanto as discussões que descrevi no capítulo 1 em torno do relato do antropólogo Napoleon Chagnon sobre a ferocidade dos ianomâmis, mas Jane Goodall não precisou esperar tanto tempo quanto Chagnon para que se demonstrasse que estava certa. Nas décadas de 1970 e 1980, dezenas de outros cientistas mergulharam na floresta africana para viver entre símios (meu relato da Guerra Gombe e muitas outras coisas na seção de abertura deste capítulo foram extraídas do livro *O macho demoníaco* que um desses cientistas, um antigo aluno de pós-graduação de Goodall chamado Richard Wrangham, escreveu em parceria com Dale Peterson). Desenvolvendo métodos de observação mais sofisticados, menos invasivos, eles logo mostraram que os chimpanzés fazem guerras quer os humanos os alimentem, quer não.

No momento em que você lê estas palavras, gangues de chimpanzés machos estão patrulhando as fronteiras de seus territórios por toda parte, desde a Costa do Marfim até Uganda, sistematicamente procurando localizar chimpanzés estrangeiros para atacar. Eles se movem de modo silencioso e cuidadoso, e nem sequer reservam tempo para comer. O estudo mais recente, em Uganda, usou recursos de GPS e rastreou dezenas de ataques e 21 assassinatos perpetrados pela comunidade Ngogo de chimpanzés entre 1998 e 2008, que terminaram com a anexação de um território vizinho (Figura 6.3).

As únicas armas dos chimpanzés são os punhos, dentes e alguma pedra ou galho ocasional, mas mesmo um chimpanzé idoso pode bater mais forte que um boxeador peso-pesado, e suas presas afiadas podem ter até 10 centímetros. Quando encontram inimigos, eles lutam para matar, mordendo dedos e artelhos, quebrando ossos e rasgando rostos. Em uma ocasião, primatólogos viram com horror agressores rasgarem a garganta da vítima e arrancarem a traqueia.

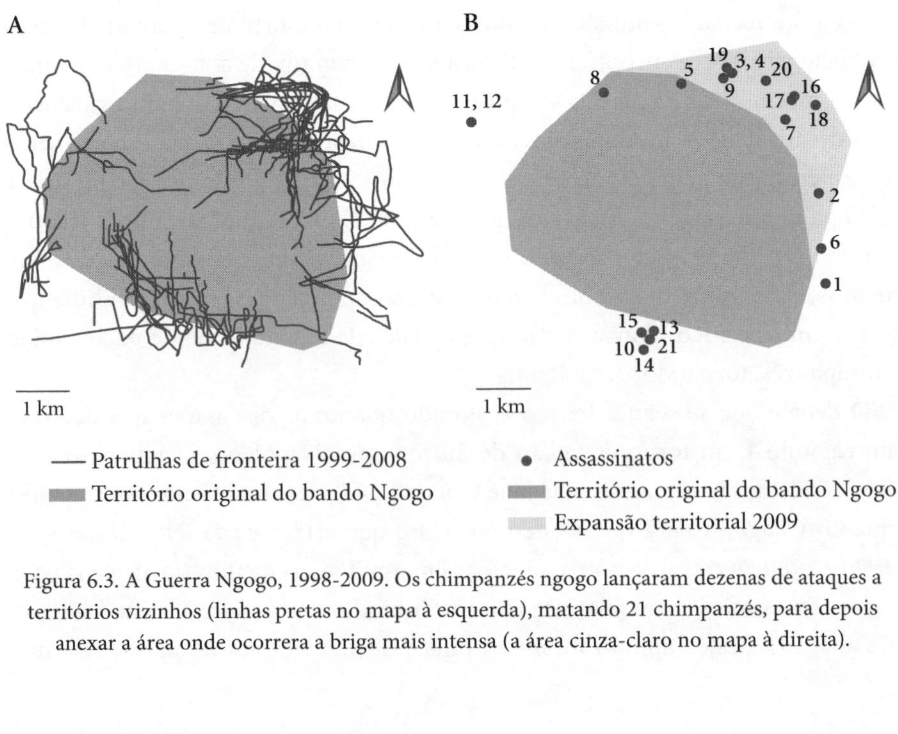

Figura 6.3. A Guerra Ngogo, 1998-2009. Os chimpanzés ngogo lançaram dezenas de ataques a territórios vizinhos (linhas pretas no mapa à esquerda), matando 21 chimpanzés, para depois anexar a área onde ocorrera a briga mais intensa (a área cinza-claro no mapa à direita).

Portanto, *O senhor das moscas*, ao que parece, acertou: a Besta é parte de nós, e está perto, perto, perto. Mas, como costuma se verificar em novos campos científicos, não demoramos a ficar sabendo que as coisas eram mais complicadas. Quando apresentei a teoria de *O senhor das moscas* no capítulo 1, imediatamente precisei acrescentar que uma viagem pelos mares do sul até outra ilha, Samoa, colocava as coisas por um ângulo totalmente diferente. Ali, Margaret Mead encontrou evidências que a convenceram de que havia ido parar em um paraíso do Pacífico, onde a violência raramente erguia sua horrenda cabeça. De modo similar, se andamos 1.000 quilômetros pelo poderoso rio Congo, a partir de Gombe, até um trecho diferente da floresta tropical africana chamado Wamba, a impressão é que fomos atrás de Alice através do espelho e chegamos ao País das Maravilhas.

Em 21 de dezembro de 1986, o primatólogo Gen'ichi Idani estava sentado à beira de uma clareira. Esperava um bando de símios passar por ali, mas, para seu espanto, em vez de um, dois bandos apareceram ao mesmo tempo. Se Idani estivesse em Gombe, as coisas poderiam ter ficado bem feias nos minutos seguintes. Haveria urros ameaçadores entre os dois bandos, seguidos por ameaças de ataques e galhos sendo brandidos. Sob as circunstâncias erradas, poderiam ter ocorrido brigas e mortes.

Em Wamba, porém, nada disso se deu. Os dois bandos sentaram-se a alguns metros de distância um do outro e ficaram se entreolhando. Depois de meia hora, uma fêmea do bando que os primatólogos nomearam como grupo P levantou-se e andou pelo campo aberto em direção a uma fêmea do grupo E. Após instantes, as duas fêmeas se deitaram, uma de frente para a outra. Afastaram as pernas; pressionaram seus genitais. Começaram a mexer os quadris de lado, cada vez mais rápido, esfregando os clitóris e gemendo. Em questão de minutos os dois símios estavam ofegantes e gritando, acariciando-se com força, e entrando em espasmos. Por um momento de tensão as duas fêmeas ficaram em silêncio, olhando nos olhos uma da outra, e então desabaram, exaustas.

A essa altura, a distância entre os dois bandos já não existia. Quase todos os símios partilhavam comida, cuidavam dos pelos uns dos outros ou faziam sexo – macho com fêmea, fêmea com fêmea, macho com macho, jovens com velhos, com mãos, bocas e genitais, misturando-se indiscriminadamente. Estavam fazendo amor, e não guerra (Figura 6.4).

Ao longo dos dois meses seguintes, Idani e seus colegas observaram os grupos P e E repetirem essa cena umas 30 vezes. Nenhuma vez sequer viram algo parecido com a violência dos chimpanzés Gombe – mas isso porque os símios de

Wamba não eram chimpanzés. Quer dizer, não o mesmo tipo de chimpanzés. Tecnicamente, os símios de Wamba eram chimpanzés-pigmeus (*Pan paniscus*), enquanto os símios de Gombe eram chimpanzés-comuns (*Pan troglodytes*).

Para um olho não treinado, as duas espécies são quase indistinguíveis, exceto pelo fato de a variedade pigmeia ser um pouco menor, ter braços e pernas um pouco mais compridos e finos, bocas e dentes um pouco menores, rostos um pouco mais escuros, e o pelo repartido na metade (os primatólogos só identificaram a *Pan paniscus* como espécie à parte em 1928).

As diferenças entre eles, no entanto, nos ajudam a responder à questão fundamental sobre o que a guerra traz de bom e sobre o que irá acontecer com a humanidade no século XXI.

Figura 6.4. Chimpanzés hippies: duas fêmeas bonobos na bacia do Congo envolvem-se no que os cientistas chamam de roçar genito genital.

O DNA dos chimpanzés-pigmeus (para evitar confusão, os cientistas costumam chamá-los de bonobos; os jornalistas com frequência os chamam de chimpanzés hippies) e o DNA dos chimpanzés-comuns (geralmente chamados apenas de chimpanzés, sem nenhum adjetivo qualificativo) são quase idênticos, e as espécies divergiram de seu ancestral comum há apenas 1,3 milhão de anos (Figura 6.5). Mais surpreendente ainda, os dois tipos de símio são geneticamente equidistantes dos humanos. Se as guerras entre chimpanzés sugerem que os humanos talvez sejam assassinos de nascença, as orgias dos bonobos sugerem que poderíamos igualmente ser amorosos de nascença. Em vez de puxarem suas espadas e saírem golpeando no monte Graupius, Agrícola e Cálgaco poderiam ter arrancado as togas e começado a roçar genitais.

Explicar por que houve golpes de espada em vez de roçar de genitais em 83 d.C. também irá nos mostrar por que, depois de 10 mil anos optando regularmente pela guerra em vez do diálogo, *não* fomos em frente e explodimos o mundo em pedaços no final do século XX. Também pode nos dar indícios sobre como podemos manter esse feito no século XXI. Mas é uma longa história – na realidade, de 3,8 bilhões de anos.

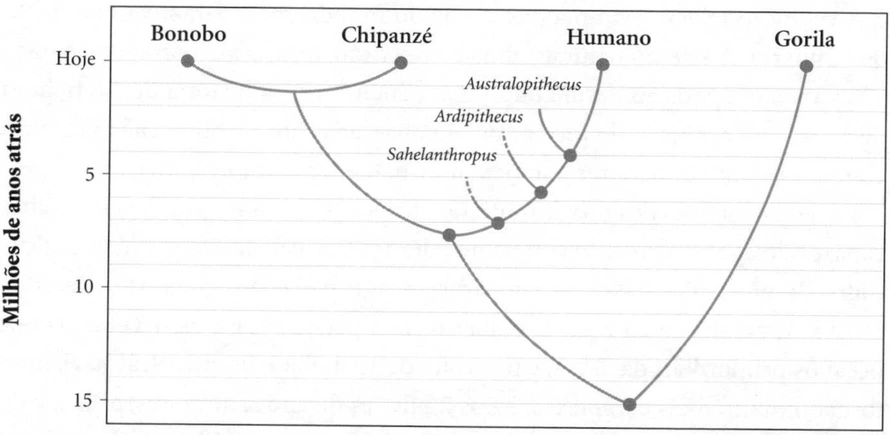

Figura 6.5. Árvore genealógica: a divergência dos grandes símios de seu último ancestral comum, há 15 milhões de anos.

O jogo da morte

No início, havia bolhas.

Pelo menos, é assim que os biólogos costumam chamá-las: pequenas cadeias de moléculas com base de carbono unidas por toscas membranas. Essas bolhas começaram a se formar há 3,8 bilhões de anos, por meio de reações químicas entre proteínas simples e ácidos nucleicos. As bolhas cresceram absorvendo substâncias químicas, e quando ficaram grandes demais para as suas membranas dividiram-se em múltiplas bolhas. Cada vez que uma bolha se dividia, as substâncias químicas que a compunham sabiam como se recombinar em novas bolhas, porque o plano-base para a produção de bolhas estava codificado no ácido ribonucleico (RNA), que dizia às proteínas o que elas deviam fazer. Por mais banal que soe, esse foi o início da vida.

Darwin deu uma definição memorável da evolução: "descendência com modificação". O RNA (ou, em formas de vida mais complicadas como nós, o DNA, ácido desoxirribonucleico) copia o código genético quase – mas não totalmente – com perfeição, introduzindo mutações genéticas aleatórias. A maior parte delas fizeram pouca diferença para as bolhas; algumas poucas foram catastróficas e fizeram as bolhas se romper (matando-as, poderíamos dizer); e outras fizeram as bolhas se replicarem melhor. Com o tempo – *muito* tempo –, as bolhas mais eficientes passaram a se reproduzir em maior número do que as menos eficientes.

A evolução talvez seja uma das coisas do mundo mais paradoxais ainda do que a guerra. A seleção natural é uma competição, mas as maiores recompensas vão para a cooperação, resultando – para encurtar essa história de 3,8 bilhões de anos – na evolução de formas de vida baseadas em carbono cada vez mais complexas, que cooperam e competem de maneiras extraordinárias.

Trezentos milhões de anos de mutações genéticas aleatórias produziram bolhas capazes de cooperar bem o suficiente para formar células (feixes mais sofisticados de moléculas baseadas em carbono, agrupadas em volta de cadeias de DNA). As células superaram as bolhas na competição por acesso à energia nos oceanos primordiais da Terra, e por volta de 1,5 bilhão de anos atrás haviam se tornado muito mais complexas. Pelos 2 bilhões de anos anteriores, toda a vida se reproduzira por clonagem, e os erros nas cópias genéticas eram a única fonte de modificação. As novas células, porém, podiam cooperar, partilhando a informação em seus DNAs – ou seja, por reprodução sexual. O sexo aumentou massivamente a variação no pool de genes, fazendo a evolução ganhar um ritmo muito mais intenso. Há cerca de 600 milhões de anos, algumas células partilhavam informação genética tão profundamente que eram capazes de se agrupar aos milhões para compor organismos multicelulares (nosso corpo contém cerca de 100 bilhões de células).

As células desses animais cooperaram assumindo funções diferentes. Algumas viraram guelras e estômagos, para processar a energia de novas maneiras; outras se tornaram sangue, para carregar essa energia pelo corpo todo; e outras ainda converteram-se em conchas, cartilagens e ossos. Por volta de 400 milhões de anos atrás, alguns peixes viram suas guelras se transformar em pulmões e as barbatanas, em pés; eles invadiram a terra.

As células de barbatanas ou pés não competiam com as de estômagos ou ossos; em vez disso, cooperaram para formar uma criatura capaz de competir de maneira mais bem-sucedida com outros agrupamentos de células e conseguir a energia de que todos esses animais precisavam. O resultado foi uma corrida armamentista evolucionista. Foram necessárias centenas de milhões de anos, mas algumas células se especializaram em ser sensíveis a luz, som, toque, gosto ou cheiro, e disso resultaram olhos, ouvidos, pele, línguas e narizes, que deram aos animais a informação sobre aonde ir e o que fazer. Os nervos carregaram essa informação até um ponto único, normalmente na parte frontal do animal, onde formaram nós e pequenos cérebros.

Os animais que se tornavam cientes de seus próprios corpos – sabendo onde estava a pele, onde eles mesmos terminavam e o resto do mundo começava – tendiam a competir melhor do que aqueles que não tinham ciência de seus limites; e aqueles que tinham ciência da própria ciência competiam melhor ainda. O cérebro tornou-se consciente de que o animal em que estava alojado era um indivíduo; formulou esperanças, medos e sonhos. O animal tornou-se um "eu" e a mente fez sua aparição no mundo.

O fato de esse processo cego, não direcionado, de descendência com modificação, ter transformado, ao longo dos últimos 3 bilhões de anos, as bolhas de carbono em poetas, políticos e indivíduos como Stanislav Petrov parece uma espécie de milagre, e não deve nos causar surpresa que até os dias de Darwin quase todo ser humano que aqui viveu enxergasse a mão de deus (ou de deuses) por trás do prodígio da vida. Mas essa história assombrosa também tinha um lado mais sombrio.

Há cerca de 400 milhões de anos, das bocas de alguns peixes brotaram dentes cartilaginosos, afiados o suficiente – e implantados em mandíbulas fortes o suficiente – para rasgar a carne de outros animais. Esses prototubarões haviam descoberto um atalho na competição por energia. Podiam roubar a energia presa no corpo de outros animais comendo-os, e, quando deparavam com outros prototubarões competindo pela mesma comida ou pelo mesmo parceiro sexual, podiam lutar. Os dentes elevaram a competição a outro patamar, e os outros animais reagiram desenvolvendo escamas protetoras, maior velocidade de fuga e dentes próprios (ou ferrões, bolsas de veneno e – na terra – garras e presas) para revidar os ataques. A violência evoluía.

Isso não transformou o mundo em um vale-tudo. Quando um animal persegue outro que é capaz de revidar, ele pensa duas vezes antes de atacar. Animais fortemente armados com presas e garras rosnam, mostram os dentes ou arrepiam as penas ou pelos, em vez de simplesmente se atracarem com o agressor. Se essas bravatas não dão resultado e o rival não se agacha, foge, nada ou sai voando, as coisas podem chegar ao ponto de os dois se engalfinharem com os chifres ou dar golpes de cabeça até que um dos contendores reconheça sua inferioridade e desista. Mas esse tipo de luta é arriscado, podendo causar sérios ferimentos, e cada espécie desenvolveu maneiras de evitar a luta por meio de elaborados sinais de submissão, como rebaixar-se, mostrar a barriga ou a parte traseira, e até urinar de medo.

Explicar esse comportamento dará a chave para entender muitos dos comportamentos que vimos em nossa própria espécie nos capítulos 1 a 5, mas, para chegar às respostas, precisamos passar da biologia à matemática. Imagine, dizem os matemáticos, dois animais que deparam ao mesmo tempo com um bocado saboroso de alimento ou com um parceiro disponível. Eles irão brigar? Todo tipo de fatores irá intervir nessa decisão, e não há dois animais que reajam exatamente da mesma maneira. Meus dois cachorros, por exemplo. Um deles, Fuzzy, acha que todo mundo é amigo dele e transforma todo encontro com outro cão em um frenesi de abanar rabo, cheirar e lamber. O outro, Milo, pressupõe que todos os cachorros (exceto Fuzzy) estão prontos a atacá-lo. Ele rosna, ameaça e puxa a guia; se tiver oportunidade, primeiro morde e depois cheira.

E, no entanto, observam os matemáticos, por trás da infinita variedade de personalidades de animais e contatos efetivos existem padrões. A luta tem consequências para o sucesso genético dos participantes. Os efeitos podem ser diretos, como quando o vencedor transmite os genes procriando ou o perdedor fica fora do pool de genes ao ser ferido ou ao morrer, mas com maior frequência os efeitos são indiretos. Um vencedor poderá se alimentar, armazenando energia para procriar mais tarde, ou ganhar prestígio, tornando-se mais atraente para parceiros e mais intimidador para os rivais. Um perdedor poderá passar fome ou perder prestígio.

Poucos animais (incluindo os humanos) ficam calculando tão friamente enquanto o confronto está ocorrendo; em vez disso, somos tomados por hormônios que evoluíram justamente para nos ajudar a tomar decisões rápidas. Substâncias químicas inundam nosso cérebro. Entramos em pânico e fugimos, abanamos o rabo e nos aproximamos, ou vemos tudo vermelho – “a louca agitação do sangue", dizia Shakespeare – e então explodimos de raiva. As escolhas que cada animal faz, porém, afetam suas chances de transmitir genes para a geração seguinte, e, graças à lógica implacável da seleção natural, os comportamentos que favorecem a transmissão aos poucos substituem aqueles que não.

Podemos pensar nessas confrontações, sugerem os matemáticos, como se fossem jogos, e atribuir pontos, como em uma tabela de um campeonato de sucesso genético, aos diferentes lances que um animal é capaz de fazer. A teoria dos jogos (que é como os cientistas chamam esse exercício) simplifica muito a realidade, mas nos ajuda a ver como cada espécie – incluindo os humanos – faz evoluir seu próprio equilíbrio entre lutar, temer e fugir.[47]

Vou pegar emprestado um exemplo do biólogo evolucionista Richard Dawkins. Vamos dizer, propõe ele em seu best-seller *O gene egoísta*, que um animal que vence uma confrontação ganha 50 pontos na corrida para o sucesso genético, enquanto um que perde pontua 0. Sair machucado faz o jogador perder 100 pontos, e uma longa confrontação que desperdiça tempo (que seria usado de modo mais proveitoso comendo ou acasalando-se em algum outro lugar) faz o animal perder 10 pontos.

Se os dois animais que se enfrentam são pombos, não chegarão a lutar (não se trata de pombos de verdade; isso é matemática, portanto "pombo" é um símbolo, indicando um animal que nunca briga). Mas ambos querem o parceiro, a comida ou o status que está em disputa; portanto, surge um impasse, e há muito eriçar de penas e olhares furiosos. Isso prossegue até que uma das aves perde a paciência e sai voando. O vencedor então consegue 50 pontos, mas perde 10 pelo tempo desperdiçado, com um ganho líquido de +40. O pombo que desiste pontua -10 (ganha 0 ponto e perde 10 pelo tempo desperdiçado). O resultado médio desses confrontos, repetidos milhões de vezes por milhares de anos, é de +15 pontos (os 40 pontos do vencedor e os -10 do perdedor, divididos por 2).

Mas e se um dos pombos for na realidade um falcão? (De novo, trata-se de um falcão matemático, o que significa simplesmente um animal que sempre luta.) O falcão nunca fica olhando fixo nem eriça as penas ou os pelos; ele ataca, e o pombo foge. Se toda confrontação na qual esse falcão entrar for contra um pombo, o falcão sempre irá ganhar 50 pontos (sem perder pontos, pois não desperdiçou tempo) – muito mais do que os +15 que um pombo obtém na média com sua estratégia. O resultado: os genes de falcão se espalham pela população de pombos.

47 Com a tradução, "lutar, temer e fugir" perde a aliteração do inglês: "*fight, fright and flight*". [N. T.]

Mas agora intervém o paradoxo da evolução. À medida que o número de falcões aumenta, fica maior a probabilidade de um falcão se ver enfrentando outro falcão em vez de um pombo, e nesse caso ambos irão atacar. Um dos falcões vencerá (+50 pontos; para simplificar, vou supor que ele não se feriu), e o outro será ferido, perdendo 100 pontos. O cômputo geral (50 – 100, dividido entre os dois animais) dá -25 pontos.

Nessa situação, os pombos restantes saem-se relativamente bem. Como eles sempre fogem, sempre marcam 0 ponto, o que é bem melhor do que os -25 que os falcões estão pontuando. Os genes de pombos começam a se disseminar de novo na população. O sistema de pontuação que Dawkins implementou nesse jogo significa que o pool de genes irá se encaminhar para um ponto ideal – o que os biólogos chamam de "estratégia evolucionariamente estável" –, no qual cinco de cada 12 animais agem como pombos enquanto os outros sete o fazem como falcões.

Mutações aleatórias, sorte e todo tipo de outras forças constantemente tiram os números reais desse equilíbrio, e então o jogo da morte os recoloca de novo. Cada espécie, incluindo a nossa, terá seus casos à parte – seus Fuzzys e Milos –, mas a maioria dos membros está mais ou menos no meio, empurrados pelo jogo da morte em direção à estratégia evolucionariamente estável, com sua própria forma característica de violência.

Esse abstrato jogo da morte traz à tona os princípios implícitos no uso da força em toda espécie de animal. Ele sugere que nossa própria violência, como a de outras criaturas, deve ser uma adaptação evolucionista, que descende, com modificações, dos hábitos de ancestrais que viveram há milhões de anos. Mas ao mesmo tempo a teoria dos jogos nos mostra também as peculiaridades da violência humana. Nós regularmente matamos, em vez de apenas expulsar nossos inimigos. Como vencedores que lutam até a morte enfrentam mais riscos do que vencedores que aceitam submissão, os matadores deverão na média obter ganhos menores no jogo da morte do que os não matadores. Aquele que luta e foge vive para lutar outro dia, e o mesmo vale para aquele que reconhece sinais de submissão e deixa o perdedor ir embora.

Então, temos que perguntar: por que, quando Godi saltou da sua árvore em Gombe em 1974 e correu para salvar a vida, os kasekelanos o perseguiram, o derrubaram no chão e o espancaram até a morte? Por que foram adiante e mataram os demais machos kahama? Por que os chimpanzés adotaram a violência letal como parte de sua estratégia evolucionariamente estável? E por que fazemos isso também?

Uma pequena ajuda dos amigos

Parte da resposta é óbvia. O ataque que matou Godi diferiu em um aspecto crucial dos experimentos abstratos da teoria dos jogos: eram oito contra um. O chimpanzé kahama nunca teve a menor chance, e seus agressores saíram andando, do jeito característico dos chimpanzés, praticamente sem um arranhão. Um dos kasekelanos era tão velho que seus dentes haviam se desgastado e virado tocos, mas mesmo assim ele se juntou alegremente ao banho de sangue.

Ataques de oito contra um são um tipo especial de violência, possível apenas com animais capazes de cooperar e formar gangues. Foi necessário um volume impressionante de evolução para produzir essa mistura de cooperação e competição. Há 3,5 bilhões de anos, algumas bolhas evoluíram e passaram a cooperar tão bem que conseguiram se tornar células, aptas a competir por energia de modo mais eficaz do que as toscas bolhas. Cerca de 1,5 bilhão de anos atrás, algumas células trabalharam em conjunto tão bem que conseguiram se reproduzir sexualmente, gerando mais mutações e descendência do que as células assexuadas. Por volta de 600 milhões de anos atrás, algumas dessas células complexas cooperavam tanto que formaram animais multicelulares, com ainda mais vantagens na competição para a transmissão de seus genes. Mas foi só nos últimos 100 milhões de anos que alguns desses animais elevaram a cooperação a um patamar mais alto ainda, formando sociedades multianimais.

Os biólogos chamam esses organismos de "animais sociais". Todos os pássaros e mamíferos são pelo menos um pouco sociais, já que mães e filhotes criam vínculos fortes, mas algumas poucas dezenas de espécies vão bem além disso. Elas formam comunidades permanentes, que podem ter desde dezenas de membros até bilhões deles, cada um dos quais tendo suas próprias funções em uma divisão de trabalho maior. Apenas animais sociais são capazes de formar gangues e se envolver em uma atividade como a de matar Godi.

Os humanos, os animais mais inteligentes da Terra, são altamente sociais. Também os golfinhos, as orcas e os símios não humanos, que igualmente se destacam pela capacidade mental. Mas, antes que saltemos para a conclusão de que a inteligência causa sociabilidade, devemos ter em mente que as formigas – talvez os animais mais sociáveis de todos – estão também entre os mais estúpidos. Embora a cooperação entre as formigas alcance tal nível que os biólogos chamam suas colônias de "superorganismos", com milhões de insetos atuando em conjunto como se compusessem um único animal gigante, os especialistas em formigas também chamam esses superorganismos de "civilização por instinto", porque as formigas individualmente têm vidas mentais tão esquemáticas que o nó de terminações nervosas da cabeça delas mal pode ser considerado um cérebro ("gânglio" é o termo preferido).

Conhecem-se cerca de 10 mil espécies de formigas, e muitas ainda aguardam classificação. Algumas dessas espécies são muito pacíficas, enquanto outras lutam constantemente. Do mesmo modo que algumas células do corpo de um animal viram sangue enquanto outras se tornam dentes, algumas formigas fêmeas de cada colônia tornam-se rainhas reprodutoras enquanto outras se tornam operárias estéreis, e nas espécies guerreiras algumas delas também crescem e viram soldados. Sem nunca pensarem de fato no que estão fazendo, elas travam guerras selvagens orientando-se pelo cheiro.

Como existem inúmeras espécies de formiga, há muitos padrões diferentes, mas um dos mais comuns é as formigas-soldados "cheirarem" as operárias em sua colônia, tocando-as com suas antenas (que funcionam mais ou menos como nosso nariz). Se as forrageadoras saem de manhã, mas não voltam, a ausência de seu cheiro dispara uma reação que faz as formigas-soldados saírem correndo para enfrentar o que estiver detendo as forrageadoras. Depois que cerca de um quinto das formigas-soldados saíram, os quatro quintos restantes reagem ao novo equilíbrio químico permanecendo em seu lugar, como uma reserva para o caso de outra colônia de formigas vir explorar sua ausência e tomar o ninho desocupado.

Se a força expedicionária descobre que as formigas inimigas estão matando as forrageadoras ausentes, ela não sai apenas correndo para atacar o inimigo. Em vez disso, as formigas-soldados passam a tocar mais e a cheirar, e, se isso lhes diz que estão em número superior ao inimigo, atacam, apertando com suas mandíbulas os abdomes das formigas hostis e partindo-as em duas metades (Figura 6.6). Se as chances parecem equilibradas, elas param, mexendo seus sensores, e, se percebem que estão em inferioridade numérica, voltam correndo para casa. Quando há um desequilíbrio extremo no número, a força mais numerosa pode atacar o ninho da mais fraca, massacrando a rainha e seus soldados e levando embora os bebês para criá-los como escravos.

Os biólogos tiraram três amplas conclusões disso. Primeira: considerando que algumas espécies de formiga não inteligentes e algumas espécies de símios muito inteligentes travam guerras letais entre gangues enquanto outras espécies não fazem isso, conclui-se que cérebros poderosos não são nem necessários nem suficientes para esse tipo de comportamento. A segunda: podemos concluir que a sociabilidade é necessária para a guerra letal entre gangues, porque apenas animais sociáveis podem formar gangues, cooperando para atacar inimigos em cenários de probabilidades tão desiguais que eles podem com segurança lutar até a morte. A terceira conclusão, porém, é que a sociabilidade por si só não é causa suficiente para a violência letal, porque algumas espécies de símio e formiga sociáveis não formam grupos assassinos.

Para que os animais tornem a matança parte de sua estratégia evolucionista estável, algum outro fator deve condicionar a recompensa pela agressão letal, e as histórias naturais de formigas e símios sugerem que esse ingrediente secreto é o território. Quando os animais têm territórios valiosos pelos quais competir, estes constituem a recompensa por matar inimigos. Toda vez que os chimpanzés de Kasekela invadiram Kahama durante a Guerra Gombe, os chimpanzés kahama revidaram invadindo Kasekela.

Figura 6.6. Soldados de seis patas: Formigas do gênero *Plectroctena* em luta mortal na Tanzânia.

Se os kasekelanos tivessem assustado Godi, mas o tivessem deixado fugir em 7 de janeiro de 1974, poderiam estar certos de que ele se juntaria ao próximo ataque contra eles. Mas, se o matassem, a certeza seria de que ele não voltaria. E, se matassem todos os machos kahama, poderiam tomar seu território e suas fêmeas sobreviventes.

Aqui nos defrontamos com um dos maiores paradoxos da guerra. A territorialidade é o que guia a recompensa para as formigas e símios sociáveis a ponto de serem capazes de matar com segurança, mas, ao final da Era Glacial, quando o crescimento populacional e a agricultura começaram a enjaular as sociedades humanas nas latitudes afortunadas, essa versão extrema da territorialidade levou nossos ancestrais à guerra produtiva, que aumentou as recompensas por *não* matar inimigos derrotados. Em vez disso, as sociedades reconheceram os sinais de submissão e absorveram seus perdedores, tornando-se mais seguras e mais ricas e competindo melhor do que seus rivais, até que – no final – um deles virou globocop.

Vou voltar a esse estranho desdobramento ao final deste capítulo. Por ora, no entanto, quero me concentrar no fato de que – apesar de todas as suas diferenças – chimpanzés, bonobos e humanos são todos sociáveis e territoriais e descendem de um ancestral comum (em geral chamado de proto-Pan, do grego para "símio ancestral"). Claramente, essa espécie ancestral tinha o potencial de desenvolver estratégias evolucionistas estáveis incrivelmente diferentes. Alguma coisa ocorreu há 7 ou 8 milhões de anos e colocou chimpanzés e humanos no caminho da violência; depois, há cerca de 1,3 milhão de anos, outra coisa deve ter sucedido para fazer os bonobos optarem por não usar a violência contra a sua própria espécie (embora eles cacem macacos para comê-los e tenham sido vistos em um episódio perturbador, no qual adultos bonobos devoraram um bebê bonobo morto, com a mãe dele liderando a ação). Por fim, nos últimos 10 mil anos, mais um desenvolvimento fez os humanos reagirem ao enjaulamento e se tornarem menos violentos. Mas o quê?

Planeta dos macacos

Quero examinar primeiro a divisão chimpanzé/bonobo, que, segundo nos foi revelado pelo estudo do DNA dos dois símios, começou por volta de 1,3 milhão de anos atrás. Isso torna essa divisão muito mais recente do que a divisão humanos/proto-Pan (que ocorreu há uns 7,5 milhões de anos). Infelizmente, porém, sabemos bem menos a respeito dela, pois os fósseis não sobrevivem bem na floresta tropical onde ela ocorreu. Isso nos obriga a trabalhar com linhas de evidência indiretas.

A análise de DNA sugere que há 2 milhões de anos (data recente pelos padrões da escala evolucionária), os hoje extintos proto-Pan vagavam por uma floresta tropical da África central do tamanho dos Estados Unidos continentais. Mas nada dura para sempre, e, à medida que o clima oscilou nos 500 mil anos seguintes, um grande lago interior do leste da África transbordou. A água correu para o norte e para o oeste em direção ao Atlântico, transformando-se no que é hoje o imenso rio Congo, com seus 1.600 metros de largura (Figura 6.7). Intransponível para os símios, ele dividiu em dois o reino proto-Pan. Por volta de 1,3 milhão de anos atrás, os símios ao norte do rio Congo evoluíram como chimpanzés, e os do sul do rio, como bonobos.

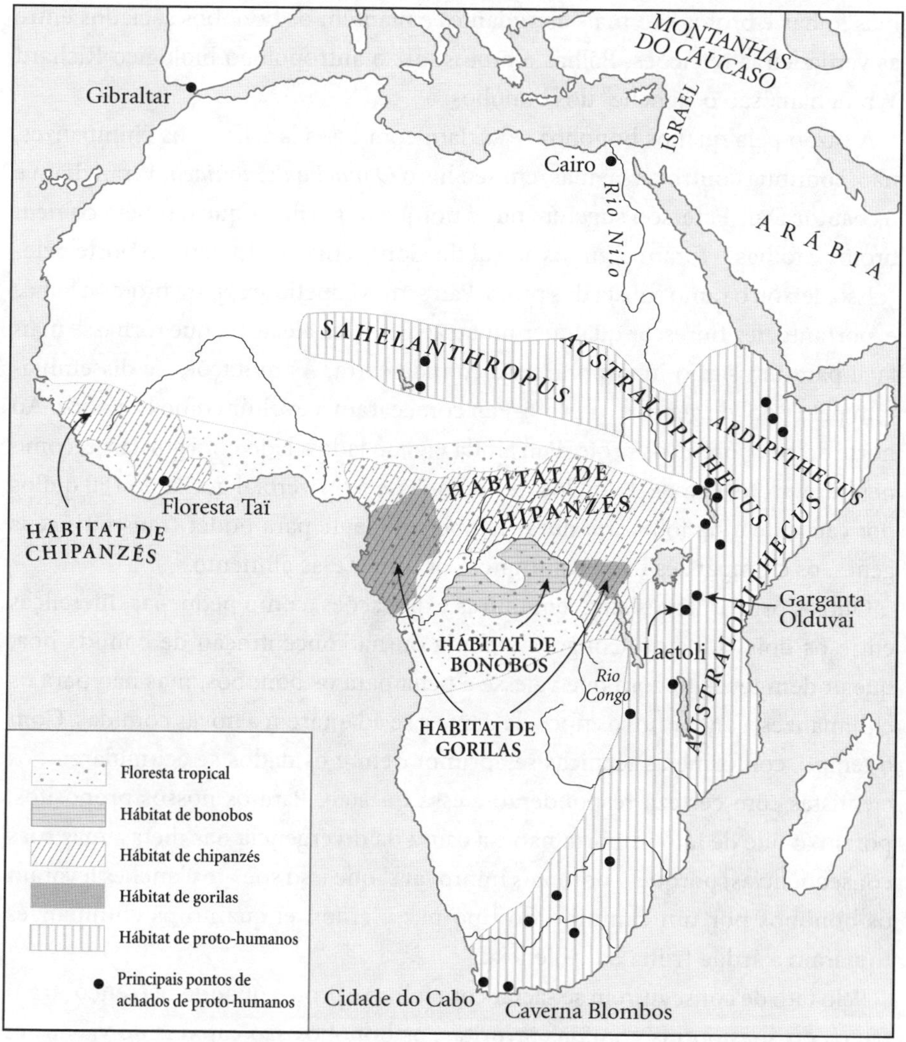

Figura 6.7. Planeta dos macacos: as atuais áreas de chimpanzés, bonobos e gorilas, e os principais sítios de fósseis proto-humanos de 1 milhão a 6 milhões de anos.

As florestas de ambos os lados do rio não eram muito diferentes, e os símios dos dois lugares comiam principalmente frutas, sementes e (quando conseguiam pegá-los) macacos. Ao sul do Congo, no entanto, os símios que acabaram evoluindo como bonobos expandiram sua dieta comendo folhas e brotos verdes. Seus corpos se adaptaram a essa dieta e ganharam dentes com bordas amplas e afiadas que permitiam cortar essas folhagens. Os bonobos não acham as folhas e brotos tão saborosos quanto as frutas, sementes e a carne dos macacos, mas folhas e brotos são mais abundantes e mantêm os bonobos saciados entre as verdadeiras refeições. Folhas e brotos, diz o antropólogo biológico Richard Wrangham, são o "lanche" dos bonobos.

A razão pela qual os bonobos se saciam com esses lanches e os chimpanzés, não, continua controversa, mas, em seu livro *O macho demoníaco*, Wrangham e o coautor Dale Peterson sugerem que é porque os gorilas – que também comem brotos e folhas – foram extintos ao sul do Congo, mas resistiram ao norte dele.

Isso deixou o ramo sulista dos proto-Pan sem competidores para brotos e folhas e, portanto, fez florescer qualquer mutação genética aleatória que tornasse mais fácil para um símio incorporar essa comida extra. As mutações se disseminaram pelo pool de genes e os proto-Pan começaram a evoluir como bonobos. Ao norte do rio, porém, os proto-Pan ainda viviam lado a lado com gorilas, e, como nenhum proto-Pan de 45 quilos que desafiasse o proverbial gorila de 180 quilos por causa de uma folha iria durar tempo suficiente para poder transmitir seus genes, os chimpanzés não evoluíram para comer esse alimento.

Outros primatólogos sugerem outras explicações, como pequenas diferenças entre os dois lados do Congo, no clima ou na concentração de comida boa, que podem ter feito com que valesse a pena para os bonobos, mas não para os chimpanzés, ganhar novos tipos de dente e se adaptarem a novas comidas. Com o tempo, conforme as técnicas se aprimorarem e os dados se acumularem, os cientistas com certeza responderão a essa questão. Para os nossos propósitos, porém, o que de fato importa não é a causa da divergência nas dietas, mas suas consequências, porque – por mais improvável que isso soe – os lanches levaram os bonobos por um caminho do tipo paz e amor, enquanto os chimpanzés tomaram a árdua trilha da violência.

Pelo fato de conseguirem se saciar com folhas e brotos quando não encontram frutos ou suas outras comidas favoritas, os bonobos são capazes de viajar em grupos grandes e estáveis (geralmente, cerca de 16 animais). Os chimpanzés, porém, têm que se dividir regularmente em grupos bem pequenos, de

2 a 8 animais, pois não conseguem encontrar frutas suficientes para alimentar bandos maiores. A desastrosa decisão de Godi de sair andando por sua conta em 1974 foi muito típica de um chimpanzé, mas seria algo muito excêntrico para um bonobo. Como resultado, é claro, os bonobos quase nunca se veem em uma inferioridade numérica de 8 contra 1.

Mas isso não é tudo. Grupos de chimpanzés também tendem a se dividir de maneiras bem específicas quando procuram comida. Os machos podem se mover mais rápido do que as fêmeas (especialmente as fêmeas sobrecarregadas com bebês) e, portanto, é comum os machos liderarem grupos de um único sexo. As chimpanzés fêmeas, porém, costumam recorrer à busca de alimentos individualmente, porque se movem muito devagar e não conseguem cobrir em um dia terreno suficiente para encontrar a comida necessária a um grupo maior. Tudo isso contrasta muito com os bonobos e sua abundância de lanches. Seus grupos forrageadores, além de grandes e estáveis, normalmente têm um número quase igual de machos e fêmeas.

A essa altura, a falta de lanches na terra dos chimpanzés vira um problema. Grupos de meia dúzia de machos regularmente encontram fêmeas sozinhas. Os machos nem sempre estupram as fêmeas, mas isso ocorre com uma frequência alarmante. Diante dessa probabilidade, as fêmeas não têm chance real de revidar os ataques; onde a luta, sim, pode ocorrer é entre os machos, para decidir qual deles ficará com a fêmea.

Ao longo do último milhão e poucos de anos os chimpanzés machos desenvolveram dois traços muito específicos decorrentes da sua incapacidade de subsistir por meio de lanches: a agressividade tipo falcão e testículos imensos. Como o estupro é sempre uma opção, os machos que lutam têm maior probabilidade de transmitir seus genes do que os machos que não lutam, e, como as fêmeas com frequência acabam tendo sexo com vários machos em um único dia, os machos com testículos maiores (para bombear a maior abundância possível de esperma e aumentar assim as probabilidades de ser o felizardo que fertilizará o óvulo) têm uma vantagem reprodutiva sobre aqueles de testículos menores.

Essa peculiaridade da evolução dos símios é tão importante que os biólogos criaram todo um subcampo chamado "teoria da competição espermática". Na média, os testículos do chimpanzé pesam nada menos do que 110 gramas, enquanto os gorilas, mesmo tendo um corpo quatro vezes maior, têm testículos de apenas 30 gramas. Isso porque cada macho-alfa gorila monopoliza um harém de fêmeas e enfrenta pouca competição espermática de outros gorilas.

Os bonobos também têm testículos imensos, pois os machos bonobos, como os machos chimpanzés, estão envolvidos em competição para engravidar as fêmeas, que têm múltiplos parceiros sexuais. No entanto, ao contrário do que ocorre entre chimpanzés, as competições espermáticas entre os bonobos são quase totalmente sem violência. É raro os machos superarem as fêmeas em número, e, se um macho corteja sua pretendida de modo agressivo demais, as outras fêmeas irão se agrupar e partir para cima dele, expulsando-o com urros e ameaças (chimpanzés fêmeas às vezes também cooperam contra os estupradores, mas nem de longe de modo tão eficaz).

Bonobos machos vencem a competição espermática não ao lutar entre eles, mas procurando se tornar agradáveis para as fêmeas. Um dos melhores métodos, ao que parece, é ser um bom filho; as mães bonobos usam suas amizades entre as fêmeas para garantir que seus filhos encontrem namoradas. Na terra dos bonobos, os filhinhos da mamãe se dão melhor.

Ao longo de 1 milhão de anos mais ou menos, as recompensas por se portar como pombo cresceram entre os bonobos Os mansos herdaram a floresta tropical, e os bonobos de ambos os sexos evoluíram e ficaram menores, mais delicados e bem mais *gentis* do que os chimpanzés. "Em toda a minha experiência", afirmou Robert Yerkes (pai fundador da primatologia) referindo-se a Prince Chim, o primeiro bonobo em cativeiro, "nunca conheci um animal igual a Prince Chim em perfeição física, vivacidade, adaptabilidade e disposição agradável." Se Prince Chim se sentia da mesma forma em relação a Yerkes, que o manteve trancado em Cambridge, Massachusetts, e o treinou para comer com garfo em uma mesa minúscula, jamais saberemos.

O macaco nu

Os caminhos evolucionários que levaram a Chim e Yerkes ramificaram-se há cerca de 7,5 milhões de anos. Em torno deles, símios vivendo nas fronteiras da grande floresta tropical da África central começaram a evoluir afastando-se do proto-Pan e vindo em nossa direção – os únicos animais com a capacidade de enjaular a própria Besta.

De novo, a comida parece ter estado no centro das coisas. Como as árvores frutíferas são mais escassas nessas terras secas de fronteira, que originaram primeiro bosques mistos e depois savanas abertas, os símios tiveram que descobrir coisas novas para comer a fim de poder viver ali. Como a adversidade é a mãe da invenção evolucionária, floresceu todo tipo de mutação genética à medida que os símios se adaptavam. Os antropólogos têm dado a essas criaturas nomes maravilhosos e exóticos – *Sahelanthropus* ao norte da floresta tropical, *Ardipithecus* a leste dela e diferentes tipos de *Australopithecus* por todo o seu contorno –, mas irei chamar todos eles coletivamente de proto-humanos.

Para o olho não treinado, os ossos de proto-humanos parecem com os de qualquer outro símio, mas grandes mudanças estavam ocorrendo. Ao longo de alguns milhões de anos, os dentes molares ficaram maiores e mais achatados, com grossa cobertura de esmalte. Isso tornou-os ideais para triturar alimentos duros, secos, e as análises químicas mostram que as comidas em questão eram tubérculos e raízes de gramíneas. Esses alimentos são boas fontes de carboidratos e ficam disponíveis mesmo em períodos de seca, quando as partes das plantas acima do solo murcham – é claro, *desde* que os símios possam cavar o chão e mastigá-las. Portanto, qualquer mutação que tornasse as patas mais ágeis iria produzir proto-humanos mais gordos, mais fortes e provavelmente também melhores lutadores, e, no conjunto, mais propensos a disseminar seus genes pela população.

A anatomia dos tornozelos e alguns achados de pegadas reais, deixadas por proto-humanos que andavam por cinzas e lamas macias que depois endureceram e viraram pedra, mostram que a mudança estava a caminho há cerca de 4 milhões de anos. Proto-humanos haviam começado a andar nas patas traseiras, liberando as frontais para que se transformassem em braços. No entanto, tais criaturas com certeza eram ainda muito diferentes de nós. Tinham apenas 1,20 metro de altura, provavelmente eram cobertas de pelos e ainda passavam muito tempo nas árvores. Raramente – se é que o faziam – construíam instrumentos de pedra e com certeza não eram capazes de falar; e faz sentido apostar que os machos ainda tinham testículos na escala do chimpanzé/bonobo.

Mas, não importa o quanto fossem simiescos, eles mais do que compensaram isso ao levar as mutações no caminho de cérebros cada vez maiores. Há 4 milhões de anos, o *Australopithecus* médio ostentava 360 centímetros cúbicos de matéria acinzentada (menos que o moderno chimpanzé, que tem 410 centímetros cúbicos). Há 3 milhões de anos, isso havia aumentado para 460 centímetros cúbicos, e outro milhão de anos mais tarde para 620 (hoje temos em média 1.400 centímetros cúbicos).

Pode parecer evidente que cérebros maiores são melhores do que os menores, mas a lógica da evolução é mais complicada. Cérebros são caros de manter. Nosso cérebro equivale em média a 2% do peso do corpo, mas responde por

20% da energia que consumimos. Mutações que produzem cérebros maiores só se disseminam se o tecido cerebral que é acrescentado bancar esse acréscimo, trazendo a comida adicional de que necessita. No meio da floresta tropical, raramente era esse o caso, porque os símios não precisam ser Einsteins para encontrar folhas e frutos. Mas, nos bosques e savanas mais secos, inteligência e suprimento de comida crescem juntos em uma espiral positiva. Símios espertos dos bosques cavam em busca de raízes e tubérculos, que bancam cérebros maiores; símios ainda mais espertos conceberam maneiras melhores de caçar, e a carne obtida bancou mais dessas células cinzentas tão caras.

Armados com toda essa capacidade mental, os proto-humanos passaram a trabalhar na invenção de armas. Os modernos chimpanzés e bonobos ficaram conhecidos por usar tocos e pedras para pegar comida e para atacar os outros, mas por volta de 2,4 milhões de anos atrás os proto-humanos já haviam compreendido que podiam bater uma pedra na outra para obter bordas cortantes. Marcas reveladoras mostram que eles usavam esses cortadores (como os arqueólogos os chamam) para separar fatias de carne dos ossos de um animal, embora até hoje não tenhamos encontrado sinais de que os usassem para arrancar fatias uns dos outros.

Os biólogos convencionalmente consideram que essa combinação de cérebros de mais de 620 centímetros cúbicos com a capacidade de fazer ferramentas é o limiar a partir do qual os símios se tornam *Homo* ("humanidade", em latim), o gênero ao qual pertencemos, *Homo sapiens* ("homem sábio"), e ao longo dos 500 mil anos seguintes o *Homo* começou a ter aparência e modos bem mais parecidos com os nossos. Por volta de 1,8 milhão de anos atrás, no espaço de poucos milhares de gerações – um piscar de olhos evolucionário –, a altura do adulto médio disparou para mais de 1,5 metro. Os ossos ficaram mais leves, com mandíbulas que se projetavam menos e narizes que sobressaíam mais. O dimorfismo sexual – a diferença de tamanho entre machos e fêmeas – declinou para a faixa que vemos nas pessoas de hoje, e os proto-humanos passaram em definitivo da vida nas árvores para a vida no chão.

O rótulo que os biólogos usam para essas novas criaturas é *Homo ergaster*, "homem trabalhador", escolhido por refletir sua habilidade na produção de ferramentas e armas. Algumas delas podem ser muito bonitas, produzidas a partir de pedras cuidadosamente selecionadas e com acabamento feito com delicados toques de "martelos" de madeira ou osso – tudo isso exigindo cuidadosa coordenação, planejamento antecipado e, é claro, cérebros maiores ainda (868 centímetros cúbicos por volta de 1,7 milhão de anos atrás).

O *Homo ergaster* bancou sua imensa cabeça com uma permuta peculiar: seus intestinos ficaram menores. Proto-humanos anteriores tinham caixas torácicas que se expandiam na parte de baixo, como as dos modernos símios, para permitir acomodar intestinos enormes, mas as costelas do *Homo ergaster* eram mais parecidas com as nossas (Figura 6.8). Isso deixava menos espaço para vários metros de tubo digestivo, o que coloca uma questão difícil para os antropólogos. Os símios têm intestinos imensos para que possam digerir as fibrosas plantas cruas das quais se alimentam.

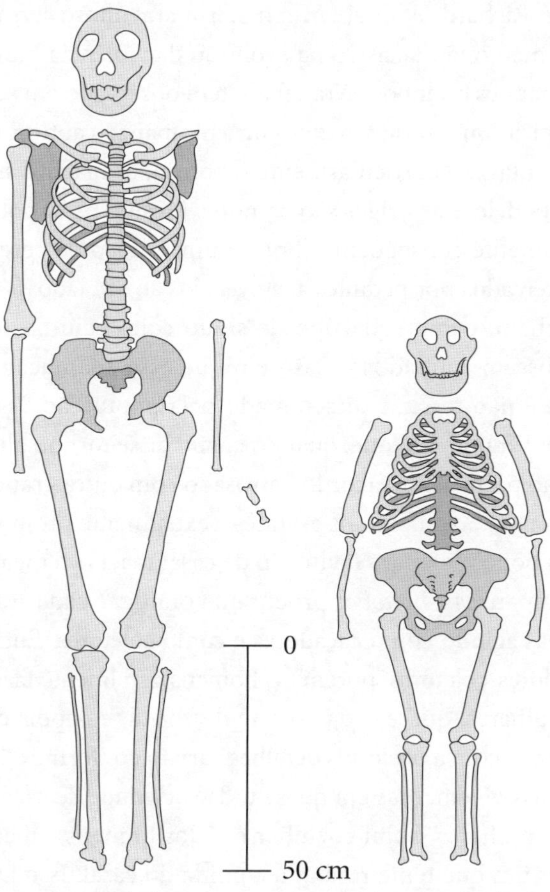

Figura 6.8. *La bella figura*: à esquerda, o mais bem preservado esqueleto de *Homo ergaster* encontrado até hoje (conhecido como Menino Turkana), pertencente a um menino de cerca de 10 anos que morreu há 1,5 milhão de anos; à direita, a famosa Lucy, fêmea adulta de *Australopithecus afarensis* que viveu há 3,2 milhões de anos.

Vísceras menores poderiam significar que o *Homo ergaster* estava extraindo menos energia de sua comida – mas seu cérebro maior pedia mais energia. Então, o que será que estava acontecendo?

A resposta, podemos estar razoavelmente certos, é que o *Homo ergaster* foi o primeiro proto-humano capaz de fazer fogo quando quisesse e de usá-lo em sua nova habilidade: cozinhar. A comida cozida é mais fácil de digerir, o que tornou supérfluos os enormes intestinos, e também os imensos dentes planos e as poderosas mandíbulas que os primeiros proto-humanos precisavam ter para mastigar tubérculos, raízes e relvas crus. Tudo isso agora desaparecia.

Como sugere Richard Wrangham em seu maravilhoso livro *Pegando fogo*, esse foi um momento tão decisivo na evolução da violência humana quanto os lanches foram para os bonobos. Wrangham tem observado em seus muitos anos na floresta tropical que, toda vez que um chimpanzé captura um macaco ou encontra uma fruta-pão particularmente saborosa, os machos surgem todos de repente em volta dele, e as brigas são comuns. Mesmo os bonobos de natureza mais dócil raramente conseguem saborear um pedaço de cérebro de macaco sem se verem cercados por pedintes acotovelados ao seu lado. É difícil imaginar, observa Wrangham, como cada tipo de símio conseguiu cozinhar alimentos sem que eles fossem roubados – caso em que essa adaptação não teria sido compensadora e não teria se disseminado pela população. Isso nos obriga a concluir, sugere Wrangham, que, quando cozinhar se tornou algo estabelecido, isso se deu como parte de um acordo entrosado com outra grande mudança – a passagem de uma vida em bandos grandes, sexualmente promíscuos (como os chimpanzés ou bonobos), para o vínculo de casal macho-fêmea.

Quando chimpanzés e *bonobos* procuram comida, é cada símio por si, com machos e fêmeas agindo como caçadores e como coletores. Entre os modernos humanos caçadores-coletores, porém, os homens geralmente fazem toda a parte de caça e as mulheres, quase toda a parte de coleta, e depois compartilham a comida entre eles e com a prole. Os detalhes variam conforme o lugar do mundo em que as pessoas vivem, mas em quase toda sociedade de caçadores-coletores o trabalho das mulheres inclui cozinhar e o dos homens, ameaçar ou mesmo atacar qualquer um que tente roubar a comida do casal. Isso aumenta o custo do roubo, mudando a estratégia evolucionariamente estável. Famílias substituem bandos como a base da sociedade, com regras elaboradas de compartilhamento e etiqueta, que evoluem para a adoção de cuidados com idosos, órfãos e outros que não tenham sua própria casa ou lar.

Essas mudanças devem ter revolucionado a initimidade proto-humana. Conforme nossos ancestrais passaram de uma vida sexual similar à dos símios para o vínculo de casal, a melhor estratégia para os proto-homens transmitirem seus genes também mudou: de lutar a fim de chegar ao primeiro lugar da fila e inundar proto-mulheres de sêmen para uma habilidade em cortejar e prover. Se os machos do *Homo ergaster* ainda tivessem testículos de 30 gramas, estes seriam um luxo tão caro quanto os enormes intestinos. Proto-homens ainda enfrentavam competição espermática de sedutores e estupradores, e não poderiam se sair bem com gônadas tão pequenas quanto as dos machos-alfa gorilas, mas, agora, nos tempos modernos, nossos testículos encolheram para apenas 42 gramas.

Além dos escrotos imensos, os proto-homens também perderam um traço bastante desagradável dos pênis dos bonobos e chimpanzés: um pequeno esporão lateral que serve para recolher e retirar antigos depósitos de sêmen da vagina de uma parceira antes de inserir o novo. O fato de tanto os bonobos quanto os chimpanzés terem esses esporões sugere fortemente que nosso último ancestral comum também o tinha e que os proto-humanos perderam seus esporões porque não precisaram mais deles. Em seu lugar, os proto-homens desenvolveram falos superdimensionados. A ereção humana média é de cerca de 15 centímetros de comprimento, mas os chimpanzés e bonobos só conseguem chegar a 7,5 centímetros, e os gorilas, a apenas 3 centímetros. Proto mulheres retribuíram a lisonja desenvolvendo peitos que parecem montanhas comparados aos montículos dos demais símios.

Essas peculiaridades anatômicas levaram Desmond Morris, um antigo cuidador de primatas do zoológico de Londres, a concluir em seu famoso livro *O macaco nu* que os humanos são "o primata vivo mais *sexy*" (isso foi há 50 anos, antes que os primatólogos descobrissem do que os bonobos são capazes nesse aspecto). Fato notável é que os zoólogos não parecem estar de acordo sobre por que os seios e pênis humanos cresceram tanto ("A incapacidade da ciência do século XX em formular uma Teoria do Comprimento do Pênis", como Jared Diamond pondera secamente, é "um gritante fracasso"), mas o palpite mais óbvio é que passar de lutar pelas parceiras a cortejá-las coloca alta prioridade em mandar sinais de aptidão sexual, tanto para o sexo oposto quanto para os rivais do mesmo sexo. Que melhor maneira de fazer isso do que expondo de modo ostensivo órgãos enormes?

Por volta de 1,3 milhão de anos atrás – o ponto no qual bonobos e chimpanzés começaram a divergir –, os proto-humanos já haviam evoluído e se afastado muito dos outros símios. De que modo isso afetou as estratégias de trauma, porém, ainda é controverso, porque estamos hoje longe de contar com esqueletos fósseis suficientes para ter alguma noção de como muitos proto-humanos eram atingidos com porretes, apunhalados ou mortos de alguma outra forma. Até o momento, apenas um corpo datado de mais de 1 milhão de anos mostra vestígios de trauma letal, e mesmo esse não é um caso seguro de assassinato proposital. Somente nos esqueletos dos últimos 500 mil anos, muito mais comuns, é que encontramos feridas inequivocamente fatais.

Mas, dadas as similaridades entre as maneiras de os chimpanzés e de os modernos humanos lutarem, podemos fazer algumas especulações razoavelmente seguras. Em ambas as populações, a violência é prerrogativa esmagadora dos machos jovens, que geralmente são maiores, mais fortes e mais raivosos do que as fêmeas ou os machos velhos. Há um dito segundo o qual quando você tem um martelo todo problema parece um prego, e para machos jovens, chimpanzés e humanos, cheios de músculos e de testosterona, muitos problemas dão a impressão de poderem ser resolvidos pela força. Os primatólogos dizem que os machos cometem bem mais de 90% dos ataques entre os chimpanzés, e os policiais nos contam que as estatísticas humanas são bem similares. Machos jovens (humanos ou chimpanzés) irão brigar por quase qualquer coisa, sendo o sexo e o prestígio os principais motivos, com os bens materiais vindo em terceiro, bem atrás, e eles têm maior probabilidade de se tornarem homicidas quando se juntam em gangues que superem em número os inimigos.

Os evolucionistas não podem provar neste momento que os humanos e os chimpanzés herdaram a prática de violência letal de gangue masculina do proto-Pan, mas com certeza essa é a conclusão mais econômica. Se ela estiver correta, devemos provavelmente concluir também que a partir de cerca de 1,8 milhão de anos atrás o vínculo de casal tornou a luta menos útil do que cortejar, como estratégia de acasalamento entre os *Homo ergaster,* mas não reduziu seu valor como maneira de lidar com comunidades rivais de proto-humanos. Bonobos, ao contrário, começaram a evoluir em uma direção totalmente diferente há 1,3 milhão de anos, já que a solidariedade das fêmeas reduziu as recompensas da violência dos machos em todos os níveis (o vínculo de casal pode, na realidade, ter reduzido a abrangência da solidariedade de grupo do tipo bonobo entre as proto mulheres).

À medida que os arqueólogos forem escavando mais esqueletos, os detalhes ficarão mais claros, mas a única coisa da qual já podemos estar certos é que a nova estratégia evolucionariamente estável dos proto-humanos foi muito bem-sucedida. Os *Homo* seguiram em frente e se multiplicaram como nenhum símio fizera antes. No curso de milhares de séculos, nossos ancestrais se espalharam por boa parte da África, e os milhares de séculos mais de extensão gradual de suas faixas de obtenção de alimento levaram-nos muito longe, até o que chamamos hoje de Inglaterra e Indonésia, por exemplo (o esqueleto mais antigo com sinais de violência, na verdade, vem de Java). Eles se mudaram para ambientes radicalmente diferentes da savana do leste africano, e, como seria de esperar, as mutações floresceram. Hoje em dia, quase todo ano vemos arqueólogos ou geneticistas anunciarem a descoberta de alguma outra nova espécie de proto-humano na Ásia ou na Europa.

Por volta de meio milhão de anos atrás, uma dessas variantes de proto-humano – conhecida, devido ao lugar da Alemanha onde foi descoberta, como Homem de Heidelberg – havia desenvolvido cérebros quase tão grandes quanto o nosso, e ao longo das centenas de milhares de anos seguintes os neandertalenses (também batizados a partir do seu local original na Alemanha), na realidade, ostentaram cérebros maiores do que o nosso, embora mais achatados, com algumas áreas, portanto, menos desenvolvidas. Uma ou ambas as espécies podem ter se comunicado de maneiras que chamaríamos de fala, e com certeza descobriram novas maneiras de matar, usando resinas e tendões tirados de outros animais para prender pontas de pedra a lanças de madeira.

Os arqueólogos encontraram suficientes esqueletos de neandertalenses para saber que eram muito, muito violentos. Pelo menos dois crânios mostram vestígios curados de punhaladas não fatais. Pontas de lança de pedra são comuns nos sítios de neandertalenses, e traumas na cabeça e no pescoço mais comuns ainda. O paralelo mais próximo desses padrões de quebra de ossos nos neandertalenses vem dos modernos cavaleiros de rodeio – mas como não havia cavalos indomados dando pinotes 100 mil anos atrás, provavelmente temos que supor que os neandertalenses se machucavam lutando. Possivelmente eram lutas contra as suas presas, mas, como essas às vezes incluíam outros neandertalenses – a evidência de canibalismo ocasional é esmagadora –, é difícil não suspeitar que os neandertalenses de cérebro grande tenham sido os mais violentos de todos os grandes símios. Inteligentes, bem armados e extraordinariamente fortes (dois destacados arqueólogos os descrevem como "um misto [do físico de] um pugilista forte com [a resistência de] um corredor de maratona"), por volta de 100000 a.C. eles haviam estendido sua disseminação da Ásia ao Atlântico.

Mas então viemos nós.

Um quilo e duzentos gramas de magia

Dentro da sua cabeça há uma pequena porção de magia. Nada na natureza se compara a esse 1,2 quilo de água, gordura, sangue e proteína pulsando sem parar dentro do seu crânio, bebendo energia com avidez e quase crepitando de eletricidade. Tendo levado 400 milhões de anos para ser feito, esse cérebro nos coloca à parte de qualquer outro animal da Terra e mudou completamente o lugar onde somos obrigados a viver nossa vida.

Arqueólogos e geneticistas concordam que esse milagre da natureza assumiu sua forma totalmente moderna na África, em algum ponto entre 200 mil e 50 mil anos atrás. Era um tempo em que novos ramos estavam nascendo com particular vigor do galho proto-humano da árvore da vida, talvez porque um clima muito instável fizesse mudar continuamente as recompensas dos jogos de vida e morte.

Foi uma época difícil: as temperaturas há 200 mil anos eram bem mais baixas que hoje (na média, talvez uns 5,5 graus mais baixas), mas, então, em meio a muitos zigue-zagues extraordinários, as espécies entraram em uma genuína era glacial. Por volta de 150 mil anos atrás, o mundo era 8 graus centígrados mais frio do que hoje. Glaciares com espessura de 1,5 quilômetro cobriam a maior parte do norte da Ásia, Europa e América, bloqueando tanta água, que o nível do mar caiu 90 metros abaixo do nível ao qual estamos acostumados hoje. Ninguém podia viver nos glaciares, e as vastas estepes áridas em volta deles, com ventos zunindo e tempestades de areia furiosas, eram apenas um pouco melhores. Mesmo próximo à linha do equador os verões eram curtos, a água, escassa, e os baixos níveis de carbono atmosférico impediam o crescimento das plantas.

Humanos que se pareciam conosco, com crânios altos, abobadados, rosto chato e dentes pequenos, começaram a andar pela terra pela primeira vez nesses anos. Vestígios de fósseis escavados e estudos de DNA concordam com isso, sugerindo que os primeiros humanos modernos evoluíram no leste da África entre 200 mil e 150 mil anos atrás. O que é estranho a respeito dos achados mais antigos, porém, é que, embora esses grandes símios lascassem ferramentas de pedra, caçassem e coletassem, e lutassem e se acasalassem, pouco do que encontramos nos seus sítios difere muito daquilo que vemos em sítios de neandertalenses ou de outros proto-humanos. Por que isso é assim continua sendo motivo de intenso debate, mas só quando o mundo se aqueceu por alguns milênios e depois caiu em outra era glacial é que os humanos começaram a agir como nós, humanos, e a se parecer mais conosco.

Nos sítios arqueológicos do período entre 100 mil e 70 mil anos atrás, coisas estranhas começaram a aparecer. As pessoas passaram a se enfeitar, algo que proto-humanos de épocas anteriores não faziam. Elas catavam cascas de ovo e passavam horas fazendo com elas pequenos discos com suas lascas. Usando apenas um osso pontudo, abriam um buraco no meio de cada disco e juntavam centenas deles em um fio para fazer um colar. Trocavam esses ornamentos entre elas, e às vezes também com outras pessoas, distantes centenas de quilômetros.

Os proto-humanos estavam agindo de uma maneira cada vez menos proto e bem mais humana. Coletavam ocre, uma espécie de minério de ferro, e o usavam para desenhar linhas vermelhas sólidas em paredes de cavernas, e talvez nos corpos uns dos outros. Na caverna Blombos, na África do Sul, alguém chegou até a riscar padrões geométricos simples sobre um pequeno toco de ocre há 75 mil anos – produzindo não só a obra de arte mais antiga que se conhece, mas também uma obra de arte usada para fazer outras.

Com paciência, as pessoas persuadiam seus dedos a produzir pequenas ferramentas, mais leves e mais sutis que qualquer coisa antes vista, e depois usavam algumas dessas ferramentas como armas. Entre os ossos esculpidos mais antigos que se conhece estão anzóis, e entre os mais antigos bladelets de pedra (é assim que os arqueólogos chamam ferramentas e lâminas minúsculas) estão pontas de flechas e pontas de dardos. Ossos de pássaros e de peixes encontrados em cavernas ao longo de praias do sul da África mostram que as pessoas usavam esses recursos para matar presas que antes estavam além de seu alcance (restos das juntas de seus ombros e cotovelos sugerem que os neandertalenses, apesar de toda a sua ferocidade, não eram capazes de arremessar muito bem, e menos ainda de atirar flechas).

Como os neandertalenses, os primeiros *Homo sapiens* também comiam ocasionalmente os de sua própria espécie, usando lâminas de pedra para retirar a carne dos ossos longos e martelos de pedra para quebrar ossos e extrair o tutano e a parte mais saborosa de todas, o milagroso cérebro humano. Uma sequência grande de crânios afundados descoberta por arqueólogos sugere fortemente que os humanos estavam se matando, mas as evidências decisivas foram encontradas em vestígios de 30 mil anos atrás. E elas vêm não de esqueletos mutilados, mas das famosas pinturas que o *Homo sapiens* começou a deixar em paredes de cavernas no norte da Espanha e no sul da França. São coisas de rara beleza. "Nenhum de nós seria capaz de pintar assim", teria comentado Picasso ao vê-las pela primeira vez. "Depois de Altamira, é tudo decadência." No entanto, algumas delas têm também um lado sombrio, mostrando de maneira inequívoca cenas de humanos se matando com flechas.

Os arqueólogos que escavam sítios de 100 mil a 50 mil anos às vezes encontram objetos que parecem claramente modernos, como joias ou arte, mas sítios de menos de 50 mil anos quase sempre revelam artefatos desse tipo. As pessoas estavam fazendo coisas novas, concebendo novas maneiras de fazer velhas coisas e inventando múltiplas maneiras de fazer tudo. Da Cidade do Cabo ao Cairo, sítios pré-50000 a.C. parecem todos muito iguais, com os mesmos tipos de achados, usados da mesma maneira. No entanto, sítios pós-50000 a.C. variam de modo impressionante. Por volta de 30000 a.C., só o vale do Nilo abrigava uma dúzia de estilos regionais diferentes de ferramentas de pedra.

Os humanos haviam inventado a cultura, usando seus cérebros grandes e rápidos para tecer redes de símbolos que não apenas comunicavam ideias complexas – neandertalenses e talvez até *Homo ergaster* eram capazes de fazer isso –, mas também preservavam essas ideias ao longo do tempo. Os modernos humanos, ao contrário de qualquer outro animal na Terra, podiam mudar o jeito de pensar e de viver de maneiras que iam se somando, com uma ideia levando a outra e todas elas se acumulando no decorrer de gerações.

A cultura é um produto da evolução biológica de nossos cérebros grandes e rápidos, mas a própria cultura também evolui. A evolução biológica é guiada por mutações genéticas, e as mutações que funcionam melhor vão substituindo aquelas que não funcionam, ao longo de milhares ou mesmo milhões de anos. A evolução cultural, no entanto, se move bem mais rápido, pois, ao contrário da versão biológica, é dirigida. As pessoas enfrentam problemas, e então as pequenas células cinza passam a trabalhar e surgem ideias. A maior parte das ideias, como a maioria das mutações genéticas, acaba fazendo pouca diferença para o mundo, e algumas são francamente prejudiciais, mas com o tempo as ideias que funcionam bem superam na competição aquelas que não o são.

Imagine, por exemplo, que você fosse um jovem caçador no vale do Nilo há 30 mil anos. No meu fictício jogo da morte, na parte inicial deste capítulo, usei "pombos" como símbolo de animais que nunca lutam e "falcões" para aqueles que lutam sempre; aqui, vou usar "carneiros" para indicar pessoas que seguem o bando e "cabras" para aqueles que não o fazem. Nosso jovem caçador é uma cabra, tem certeza de que sabe das coisas e inventa um novo design para as pontas de seta. Vamos dizer que sua versão tem aletas mais longas, de modo que a seta fica mais bem alojada no flanco de um antílope ferido do que as setas antigas. Para seu espanto, porém, seus colegas "carneiros" não dão valor à sua ideia e lhe dizem que, se os ancestrais não precisavam de aletas mais longas, eles também não necessitariam.

Da mesma forma como lutar e fugir no jogo do pombo e do falcão, tanto a inovação quanto o conservadorismo têm custos e benefícios. Os inovadores pagam um preço: gasta-se tempo para aprender a fazer novas pontas de seta e usá-las de modo adequado (custa, vamos dizer, 10 pontos), e – talvez algo mais sério – ir contra a maneira com que as coisas sempre foram feitas pode fazer perder prestígio (-20 pontos). Outros homens podem não querer cooperar nas caçadas com alguém tão esquisito, e nesse caso o inventor "cabra" pode acabar realmente com menos carne, apesar de ter uma tecnologia melhor (outros -10 pontos). No final, ele pode simplesmente deixar a coisa toda pra lá.

Isto é, a não ser que os ganhos superem as perdas. Se suas pontas de seta realmente produzem mais mortes, ele não só ganhará peso ao comer mais (digamos, +20 pontos), mas poderá também ganhar prestígio ao compartilhar filés de antílope generosamente (+25 pontos). Um homem tão bem-sucedido poderá conseguir mais sexo (+10 pontos), o que colocará o equilíbrio firmemente a seu favor (+15 pontos). Ao longo de várias gerações, ele talvez dissemine seus engenhosos genes de "cabra" pelo seu pequeno grupo de caçadores-coletores, mas a mudança cultural irá ultrapassar a mudança biológica muito antes que esta se dê, porque os demais homens do bando irão tão somente copiar suas pontas de seta. A contagem de pontos do inventor e o seu sucesso com as garotas irão então declinar, mas talvez não cheguem a voltar a zero, porque nem todo mundo está comendo melhor – a não ser, é claro, que a nova tecnologia dos caçadores seja tão eficaz que mate todos os antílopes, desencadeando novas séries de consequências...

Como no jogo do pombo e do falcão, que é divertido de praticar. Podemos fazer a história se ramificar em todas as direções, porque mesmo pequenas mudanças nas recompensas produzem grandes mudanças nos resultados. Mas a questão, como no jogo anterior, é que na vida real o jogo do carneiro e da cabra é praticado repetidas vezes, sempre com resultados diferentes. Se os custos de ir contra a tradição forem altos no grupo do inventor, a ponta de seta não fará sucesso, mas, se ela de fato for uma ponta de seta melhor, as pessoas de outros grupos também vão pensar no assunto, e ela logo fará sucesso em outro lugar. Bandos de "cabras" poderão então caçar melhor do que os de "carneiros", forçando estes últimos ou a passar finalmente para as setas com aletas mais longas, ou a mudar sua dieta, ou a lutar contra os inovadores – ou, em um cenário não enjaulado, eles poderiam apenas se mudar dali.

Guerras culturais desse tipo são exclusivamente humanas. Pode-se dizer que alguns outros animais têm culturas (em particular, os chimpanzés, cujas comunidades fazem as coisas de modo um pouco diferente de seus vizinhos), mas nenhum deles parece ser capaz de uma mudança cultural cumulativa. As consequências evolucionárias da cultura têm sido um pouco como as do surgimento da reprodução sexual há 1,5 bilhão de anos: onde o sexo acelerou a mutação genética a cultura acelerou a inovação. Ambos os mecanismos aumentaram muito a diversidade dos resultados, permitindo que as células ou os humanos cooperassem e competissem em escala maior.

Armados de cérebros suficientemente poderosos para a evolução cultural, os humanos modernos conquistaram o mundo. Alguns *Homo sapiens* saíram da África pouco antes de 100 mil anos atrás, quando a cultura era ainda uma flor frágil, e talvez por causa disso esses primeiros emigrantes só chegaram até o que chamamos hoje de Israel e Arábia. Ali viveram junto com neandertalenses, se bem que não necessariamente de modo feliz: a fatalidade mais antiga conhecida, provocada por um golpe de lança, por volta de 100 mil anos atrás, é de um desses pioneiros. Mas uma segunda leva, que saiu da África há cerca de 70 mil anos, levou o pacote inteiro de comportamento humano moderno junto com ela e se espalhou pelo planeta 50 vezes mais rápido do que os proto-humanos que haviam saído da África quase 1,6 milhão de anos antes.

A cultura deu aos novos migrantes imensas vantagens sobre os proto-humanos. Quando os humanos modernos chegaram à Sibéria há 30 mil anos, por exemplo, o lugar era ainda mais frio do que agora. Mas, ao contrário de outros animais, eles não tiveram que esperar milênios até que seus genes evoluíssem e lhes dessem mais pelos para mantê-los aquecidos. Em vez disso, inventaram agulhas de osso e fios de vísceras, e costuraram roupas adequadas. Talvez alguns conservadores preferissem as tradicionais peles mal ajustadas a esse novo look, mas o primeiro inverno ou fez com que mudassem de ideia ou então os matou.

Esse processo explica não só por que existe tanta variedade cultural ao redor do mundo (leves variações nas condições locais, combinadas com a produção aleatória de ideias suficientemente boas, resultaram em incontáveis e diferentes estratégias evolucionariamente estáveis), mas também por que existe muita similaridade (culturas que competem tendem a convergir em algumas poucas estratégias vencedoras). E, além de ser a melhor ferramenta da humanidade para se adaptar a novos ambientes, a cultura foi a principal força para a transformação desses ambientes. Na verdade, ela os transformou em tal medida que todos os proto-humanos do mundo foram extintos.

É perturbador pensar no que isso envolveu. Por um lado, não há evidência conclusiva de que nossos ancestrais tenham ativamente levado os proto-humanos à extinção, e as análises de DNA sugerem que pode ter havido cooperação entre espécies. O genoma do homem de Neandertal, sequenciado em 2010, mostra que *Homo sapiens* e neandertalenses misturaram seus fluidos corporais com suficiente frequência para que 1% a 4% do DNA de todas as pessoas de descendência asiática ou europeia venham de ancestrais do homem de Neandertal, enquanto 6% do DNA de aborígines australianos e da Nova Guiné vêm dos denisovanos, uma espécie de proto-humanos que só foi descoberta em março de 2010. Por outro lado, não temos como saber quantos desses acasalamentos foram estupros – ou se, quando encontramos crânios de neandertalenses esmagados, a mão que segurava a arma assassina pertencia a outro neandertalense ou a um *Homo sapiens*. Mas, quer os humanos modernos tenham abatido seus rivais, quer não, é bem fácil imaginar como nossa inventividade teria tornado a vida impossível a parentes de entendimento mais lento que precisassem da mesma comida.

Seja qual for a cadeia de causa e efeito, trata-se de uma coincidência deprimente que, à medida que nossa espécie de humanos se disseminou, todas as demais espécies tenham desaparecido. Por volta de 25 mil anos atrás, os neandertalenses haviam se retirado para umas poucas cavernas inacessíveis de Gibraltar e das montanhas do Cáucaso, e cerca de 20 mil anos atrás já estavam extintos. Outras espécies de proto-humanos resistiram, em ilhas isoladas, até 18000 a.C., e há pessoas que afirmam ver Yetis ainda hoje, mas todas as evidências mais incisivas dizem que estamos sozinhos e que assim temos estado desde o momento mais frio da última Era Glacial, há 200 séculos.

Essas foram apenas as primeiras maneiras pelas quais a cultura transformou o planeta. Ocupei uma página ou duas no capítulo 2 falando sobre como, após o fim da mais recente Era Glacial, por volta de 9600 a.C., as plantas se multiplicaram loucamente e os animais – incluindo os humanos – se alimentaram delas e se multiplicaram também loucamente. Para todos os animais exceto os humanos, esses bons tempos duraram apenas umas poucas gerações, até que seu próprio número superou o suprimento alimentar aumentado e a fome voltou. Os humanos das latitudes afortunadas, porém, foram capazes de reagir evoluindo culturalmente e domesticando plantas e animais para aumentar seu suprimento de comida.

Quando falei dos primórdios da agricultura no capítulo 2, disse que aquele tempo foi um dos dois ou três momentos decisivos da história humana, em parte porque os novos cenários concentrados da agricultura tornavam mais difícil que os perdedores do jogo da morte fugissem. Isso transformou a territorialidade em enjaulamento, mas, enquanto o território deu às formigas e aos símios razões para lutar até a morte, o enjaulamento teve efeitos mais complicados em nós. Na verdade, criou a nova estratégia evolucionariamente estável que tenho chamado de "guerra produtiva". Essa estratégia recompensou as pessoas que continuavam matando até que seus rivais perdessem a vontade de resistir, mas além desse ponto recompensou pessoas que aceitavam os sinais de submissão de seus inimigos derrotados em vez de sacrificá-los. A evolução cultural transformou assassinos em conquistadores, que comandaram sociedades maiores, mais seguras e mais ricas.

Chimpanzés também incorporam alguns inimigos derrotados às suas próprias comunidades, como os chimpanzés kasekelanos fizeram com as últimas fêmeas kahama sobreviventes no final da Guerra Gombe de 1977. Mas falta aos chimpanzés capacidade mental flexível para uma evolução cultural cumulativa. Não há cidades símias ou impérios de formigas, porque as comunidades que ficam grandes demais se dividem, mais ou menos como faziam as bolhas de carbono nos oceanos primordiais da Terra. Foi assim, na realidade, que os bandos de chimpanzés kasekelanos e kahama emergiram originalmente. Quando Jane Goodall montou sua estação de pesquisa em Gombe em 1960, havia apenas uma comunidade de chimpanzés, mas ela cresceu e depois se dividiu em duas, no início da década de 1970.

Os humanos, ao contrário, podem se organizar para viver em grupos maiores e mais complexos sem ter que evoluir biologicamente e tornar-se uma espécie animal inteiramente nova. No mundo enjaulado cada vez mais competitivo, pós-era glacial, das latitudes afortunadas, comunidades maiores geralmente conseguiram ganhar a competição das menores, mas manter grupos grandes juntos exigiu líderes que fomentassem a cooperação interna de modo que o grupo pudesse competir melhor contra gente de fora.

Portanto, os Leviatãs tornaram-se parte da estratégia humana evolucionariamente estável. Uma vez mais podemos ver uma pálida sombra de comportamento humano entre os chimpanzés, que lutam com menor frequência quando vivem em comunidades com um macho-alfa bem estabelecido do que em bandos onde a hierarquia não está consolidada. E, como fazem os líderes humanos que se tornam bandidos estabelecidos ao buscarem o interesse próprio, os machos-alfa assentados de fato podem ser surpreendentemente imparciais e até altruístas em relação aos fracos. O caso extremo talvez seja Freddy, um chimpanzé macho-alfa muito seguro da floresta Taï, na África ocidental. O popular documentário da Disney Nature *Chimpanzé* mostra Freddy alimentando e cuidando de um bebê chimpanzé órfão chamado Oscar, embora isso custe a Freddy o tempo que ele normalmente usaria para patrulhar fronteiras com outros machos adultos. De acordo com o filme, porém, tudo terminou bem, com o grupo de Freddy repelindo um ataque da comunidade vizinha, cujo chefe – o abominável Scar – havia fracassado em evitar que as dissensões entre seus seguidores aumentassem.[48]

Como muitos grandes líderes – o mais famoso deles talvez Abraham Lincoln –, Freddy protagonizou um exemplo de cooperação que talvez tenha ajudado sua equipe de rivais a trabalharem bem juntos. No entanto, Freddy não seria capaz de fundar uma dinastia que baixasse consistentemente os índices de violência letal na floresta Taï. Para fazer isso, ele e seu bando precisariam evoluir biologicamente e tornar-se animais que, como os humanos, fossem capazes de evoluir culturalmente. Chimpanzés macho-alfa não são capazes de reorganizar suas sociedades tomando por base as realizações de seus predecessores, e tampouco de fomentar revoluções nos assuntos militares. Só nós somos capazes dessas coisas.

E essas coisas, como vimos nos capítulos 1 a 5, são justamente o que temos feito nos últimos 10 mil anos. Construímos sociedades maiores que de tempos em tempos revolucionam seus assuntos militares. Fortificações, armas e armaduras de metal, disciplina, carros de guerras, infantaria equipada com aparatos de ferro, cavalaria, canhões, navios de guerra, tanques, aviões, armas nucleares – a lista segue adiante –, com cada avanço permitindo travar guerras cada vez mais violentas, mas, para competir nesses conflitos, nossas sociedades maiores também tiveram que encontrar maneiras de fazer seus membros cooperarem melhor, o que as levou rumo a bandidos estabelecidos, paz interna e prosperidade. Dessa maneira peculiar e paradoxal, a guerra tornou o mundo mais seguro e mais rico.

---

48 Digo "de acordo com o filme" porque, como me contou Richard Wrangham, embora Freddy, Scar e seus diferentes padrões de comportamento sejam todos bem reais, os dois chimpanzés, na realidade, vivem em lados opostos da África – Freddy na Costa do Marfim e Scar em Uganda. Os cineastas permitiram-se uma pequena licença artística e colocaram duas histórias separadas como se fossem a mesma. A moral da história, no entanto, parece sobreviver a essa abordagem flexível da realidade.

O dilema do pacifista

Em *Os anjos bons da nossa natureza*, talvez o melhor livro sobre o moderno declínio da violência desde *O processo civilizador*, de Norbert Elias, o psicólogo Steven Pinker ilustra seus argumentos sobre a crescente paz da Europa e América do Norte a partir de 1500 d.C. com um jogo que ele chama de "O dilema do pacifista". O formato básico é mais ou menos como o dos jogos do pombo e do falcão e do carneiro e da cabra, que vimos neste capítulo. Pinker estipula que toda vez que há uma disputa a ser resolvida a recompensa por cooperar vale +5 pontos para cada jogador. A recompensa por você atacar um jogador desavisado e simplesmente pegar o que quiser é de +10 pontos, enquanto o custo por sofrer um ataque desses é punido com desproporcionais -100 pontos (se você já foi assaltado alguma vez, isso fará sentido). Como esperado, o medo de perder 100 pontos é suficiente para que todos fiquem com o dedo no gatilho, mesmo que a pontuação quando os dois jogadores atacam seja de -50 para ambos (os dois jogadores se machucam, e nenhum dos dois consegue o que quer). Todo mundo gosta de receber a recompensa de +5 por cooperar, mas fica com -50 por lutar para evitar os -100 quando é assaltado.

E, no entanto, nos últimos poucos séculos, lutar é algo que tem declinado, e o mundo está indo na direção do +5. Como Pinker assinala, a lógica do jogo da morte significa que a única explicação possível é que as recompensas mudaram com o tempo. Tanto as recompensas pela paz como os custos da luta (ou ambos) cresceram tanto que o número de situações nas quais a força compensa encolheu, e temos reagido recorrendo cada vez menos à força.

As mudanças que nós, pessoas de meia-idade, temos visto ao longo da vida são francamente muito impressionantes. Há alguns anos, eu dirigia uma escavação arqueológica na Sicília, quando o assunto da luta veio à tona durante um jantar. Um dos estudantes – um garoto alto, robusto, de seus vinte e poucos anos – comentou que não conseguia imaginar qual seria a sensação de bater em alguém. Achei que estivesse brincando, até que ficou claro que quase ninguém na mesa havia alguma vez erguido a mão com raiva para alguém. Por um instante, senti como se tivesse entrado em algum episódio da antiga série de televisão *Além da Imaginação*. Eu não fui uma criança briguenta, mas não havia como frequentar a escola secundária nos idos da década de 1970 sem ter trocado socos alguma vez. Ao que parece, os alunos da Universidade de Stanford devem estar próximos de um dos extremos do espectro de não violência (os psicólogos chamam essas pessoas de Weird – *Western, Educated, Industrialized, Rich and Democratic*),[49] mas mesmo assim elas integram uma tendência mais ampla. Estamos vivendo numa época mais afável, mais benévola.

Pinker sugere que houve cinco fatores que mudaram as recompensas pela violência e fizeram com que a força ficasse menos atraente. Primeiro, diz ele, vem nosso velho amigo Leviatã. Os governos viraram bandidos estabelecidos, passando a punir os agressores. Em seu jogo dilema do pacifista, mesmo uma punição bem pequena como a de -15 pontos iria fazer a recompensa por ganhar uma luta passar de +10 para -5 pontos, o que seria menos do que os +5 em média por ser pacífico. Isso logo levaria os súditos do Leviatã a fazer as pazes.

Mas o governo, argumenta Pinker, foi só o primeiro passo. O comércio também aumentou as recompensas da paz. Se ganhos do comércio acrescentassem 100 pontos à recompensa de cada jogador toda vez que ambos escolhessem cooperar em vez de lutar,[50] observa Pinker, o escore resultante de +105 pontos iria ganhar de longe dos +10 que todos poderiam pontuar vencendo uma guerra (para não falar dos -50 com que seriam punidos por uma guerra que se arrastasse sem vitória).

E depois, diz Pinker, há a feminização. Em toda sociedade humana documentada os machos são responsáveis por quase todo crime violento e todas as guerras. Ao longo da história, os homens – e os valores masculinos – predominaram, mas nos últimos séculos, a começar pela Europa e América do Norte e depois espalhando-se pelo mundo, as mulheres ganharam cada vez mais poder. Não fomos tão longe como os bonobos, entre os quais as fêmeas colocam os machos agressivos no seu devido lugar, mas, sugere Pinker, o feminismo tem reduzido as recompensas pela violência fazendo o machismo parecer ridículo em vez de algo magnífico. Pinker especula que, se 80% da recompensa pela violência bem-sucedida é piscológica, então a crescente importância dos valores femininos iria fazer baixar os ganhos das vitórias de +10 para +2 pontos. Isso fica bem abaixo dos +5 pontos que todo mundo consegue por ser pacífico,

49 Em inglês, Weird, é "esquisito, estranho". A tradução da sigla seria "Ocidental, Instruído, Industrializado, Rico e Democrático". [N. T.]

50 Cem pontos me parece excessivamente otimista, considerando o que sabemos sobre a escala do comércio na maioria dos períodos históricos, mas, como os números nesses jogos são todos fictícios, não parece valer muito a pena nos preocuparmos com esses detalhes.

e rapidamente transformaria o pacifismo em uma nova estratégia evolucionariamente estável.

Mas isso não é tudo. Desde o Iluminismo do século XVIII, continua Pinker, a empatia se tornou algo cada vez mais importante. "Eu sinto sua dor" não é uma mera pieguice new age; passar a ver as outras pessoas como parceiros humanos fez subir não apenas as recompensas psicológicas por ajudá-las, mas também aumentou os custos por feri-las. Se a escolha da cooperação pacífica dá a cada jogador apenas 5 pontos a mais em termos de prazer, irá aumentar as recompensas por trabalhar juntos para +10 pontos para ambos os lados, e, além disso, o fato de não haver nenhuma redução pela culpa por ter causado dor fará baixar a recompensa por agressão para apenas +10 pontos. Paz, amor e compreensão sairão vencedores.

Finalmente, sugere Pinker, a ciência e a razão também mudaram as recompensas. Desde a revolução científica do século XVII aprendemos a ver o mundo objetivamente. Sabemos como o universo começou, que a Terra gira em torno do Sol e como a vida evoluiu. Descobrimos o bóson de Higgs e até inventamos a teoria dos jogos. Saber que a cooperação é mais racional do que o uso da força deve elevar as recompensas psicológicas da cooperação e reduzir as do uso da força.

Difícil discordar de qualquer um dos pontos de vista de Pinker, mas acho que podemos ir além. Na Introdução deste livro sugeri que a história global de longo prazo é uma das nossas ferramentas mais poderosas para entender o mundo, e agora quero sugerir que, ao limitar seu foco à Europa ocidental e à América do Norte nos últimos 500 anos, Pinker, na realidade, viu apenas parte do quadro. Se em vez disso olharmos para o planeta todo nos últimos 100 mil anos, descobriremos que o quadro é ao mesmo tempo mais complicado e mais simples do que Pinker sugere.

O que torna o quadro mais complicado é que o declínio euro-americano na violência no último meio milênio não foi um evento único. Nos capítulos 1 e 2 vimos que os índices de morte por violência também caíram na era dos antigos impérios, despencando por volta do final do primeiro milênio antes de Cristo para talvez apenas um quarto do que haviam sido 10 mil anos antes. Entre 200 e 1400 d.C., os índices de violência aumentaram de novo nas latitudes afortunadas da Eurásia, onde vivia o grosso da população mundial (capítulo 3), antes que tivesse início uma segunda grande pacificação – aquela em que Pinker se concentra (capítulos 4 e 5). Bem antes de 1900, o risco de morte por violência havia caído e era mais baixo ainda do que no tempo dos antigos impérios, e desde então continua caindo (Figura 6.9).

O que torna o quadro mais simples que o de Pinker, porém, é que, quando consideramos os períodos antigo e moderno de declínio de violência e os comparamos com o período medieval intermediário de aumento de violência, descobrimos que basta um único fator, e não cinco, para explicar por que a violência declinou. Esse fator, que a essa altura do livro você talvez já saiba adivinhar qual seja, é a guerra produtiva.

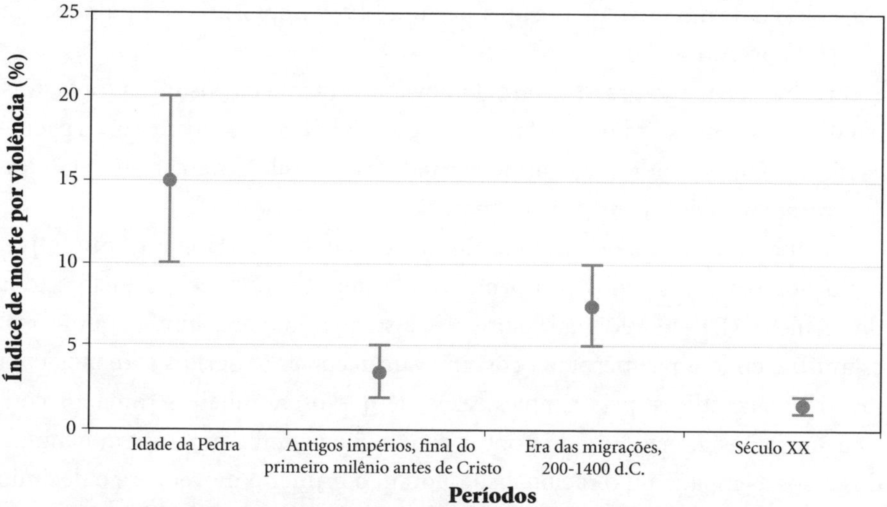

Figura 6.9. O quadro geral: índices de morte por violência, 10000 a.C.-2000 d.C.

Pinker reconhece que "um Estado que usa um monopólio da força para proteger seus cidadãos de outro talvez seja o mais consistente redutor de violência", mas a realidade me parece mais simples. Durante 10 mil anos, a guerra produtiva sempre foi o principal elemento para a redução da violência, criando sociedades maiores governadas por Leviatãs, que, para sobreviver na competição com outros Leviatãs, tiveram que se tornar bandidos estabelecidos, punindo a violência não autorizada. Os outros quatro fatores de Pinker – comércio, feminização, empatia e razão – são sempre consequências da paz trazida pela guerra produtiva, e não causas independentes.

Isso é mais óbvio no caso do comércio. Nos tempos antigos e de novo depois de 1500 d.C., a mão invisível aumentou os benefícios da cooperação comercial – mas apenas porque o punho invisível já havia elevado os custos de se usar a força. Quer olhemos para o antigo Império Romano, o Império Han ou o Máuria, quer para os primeiros impérios da Europa moderna, o punho sempre precedeu a mão. Quando o punho fracassou na Eurásia depois de cerca de 200 d.C. e os nômades das estepes arrasaram os antigos impérios, a mão fracassou junto com ele. Só quando os navios e canhões europeus conquistaram os oceanos é que o comércio global decolou, atingindo alturas vertiginosas na era do globocop no século XIX. Quando o globocop vacilou no início do século XX, o comércio encolheu e a violência aumentou, e, como veremos no capítulo 7, a instalação de um novo globocop a partir de 1989 impulsionou uma nova era de expansão comercial.

O padrão de longo prazo é claro. O Leviatã aumenta os custos da força, tornando a recompensa da paz melhor do que a da violência, e, quanto mais pacíficas se tornam as condições, mais fácil é para o comércio florescer, aumentando as recompensas decorrentes da cooperação.

Empatia e racionalismo também foram consequências da guerra produtiva, tanto nos tempos antigos como nos modernos. Os cavalheiros esclarecidos do século XVIII que redigiam panfletos sustentando que a simpatia universal estava trazendo a paz perpétua costumavam recorrer a escritos romanos para justificar suas ideias, pela simples razão de que os cavalheiros romanos com frequência haviam sustentado pontos de vista bem similares. Mas em nenhum dos casos a empatia ou o racionalismo foram o primeiro móvel para o declínio da violência. Como vimos nos capítulos 1 e 2, as mensagens de não violência do confucionismo, budismo, estoicismo e cristianismo só ganharam adeptos em massa depois que as guerras de conquista travadas pelos impérios Han, Máuria e Romano chegaram ao auge; do mesmo modo, a era europeia de empatia e racionalismo nos séculos XVIII e XIX veio depois que as piores partes da Guerra dos Quinhentos Anos haviam passado. Esses movimentos intelectuais justificavam e explicavam mundos que o Leviatã já estava tornando mais seguros – mas não eram eles que estavam criando a paz –, e, como vimos no capítulo 3, quando os Leviatãs sucumbiram no primeiro milênio depois de Cristo e a violência voltou, nenhum sistema filosófico foi capaz de detê-la.

A feminização é, de modo mais claro ainda, uma consequência do declínio da violência. O aumento do poder da mulher teve pequeno papel no antigo declínio e é difícil localizá-lo na versão moderna até o século XIX ou mesmo no século XX, época em que o Leviatã já baixara os índices de morte por violência mais do que nunca. Talvez só quando as sociedades ficam pacificadas a ponto de a morte por violência ficar abaixo de 2% é que as mulheres se tornam suficientemente empoderadas para desafiar a agressão masculina. Nunca se conseguiu isso de modo consistente antes de 1750-1800 d.C., mas, no momento em que esse nível foi alcançado, na Europa e em algumas de suas colônias, começamos a ver sinais de feminização.

Aceitando as recompensas que Pinker atribui ao dilema do pacifista (+5 para cada jogador quando ele coopera, +10 por vencer uma luta, -100 quando perde uma luta e -50 para todos quando os dois lutam), eu agora quero olhar para a maneira como o jogo pode ser praticado. A punição de 15 pontos que o Leviatã impõe aos agressores torna a cooperação o melhor dos jogos à disposição. O resultado é que a guerra produtiva reduz a violência, e, conforme isso ocorre, os outros quatro fatores de Pinker também entram em jogo, atuando como multiplicadores. Primeiro, a paz estimula o comércio (isso estava ocorrendo claramente em vários dos antigos impérios por volta de 200 a.C. e na Europa moderna ao redor de 1700 d.C.), e mesmo um bônus bem menor do que o imenso salto de 100 pontos sugerido por Pinker faria uma grande diferença. São necessários apenas 10 pontos para dar às pacíficas sociedades mercantis uma recompensa de +15, bem à frente da segunda melhor opção de -5 (por vencer uma luta e depois ser punido pelo Leviatã). Pinker não sugere uma pontuação para a racionalidade, mas de qualquer modo faz a empatia render 5 pontos para os pacifistas. Se dividirmos esses 5 pontos entre a racionalidade e a empatia, a recompensa por ser pacífico sobe para +20, e, quando os índices de violência caem e ficam realmente baixos, como ocorreu na Europa por volta de 1800, a feminização entra em cena e torna a força ainda menos atraente.

O processo todo depende de o Leviatã ser suficientemente forte não só para punir seus súditos, mas também para defendê-los, porque, é claro, o jogo da morte que o Leviatã está praticando com seus súditos está imbricado com outros jogos que o Leviatã pratica com seus vizinhos. Um Leviatã que vence guerras produtivas, ganhando +10 pontos a cada vez, acaba dominando sua vizinhança, engolfando seus antigos rivais. Vira algo como o Império Romano, no qual comércio, empatia e o resto florescem em uma escala bem maior. Com o tempo, pode até se tornar um globocop.

É claro que a realidade é mais confusa do que jogos simplificadores como esse dilema do pacifista. No final do século XIX, como vimos no capítulo 5, o globocop entrou em ciclos de feedback imprevistos à medida que seu sucesso em comandar um sistema internacional tornou todos mais ricos, o que estimulou novas revoluções industriais, que por sua vez criaram rivais que reduziram a capacidade do globocop de punir quem quebrasse as regras. Por volta de 1914, vários atores do jogo concluíram que a recompensa pelo uso da força voltava a ser maior que aquela pela cooperação pacífica – e com resultados catastróficos. E depois as coisas pioraram: na década de 1930, o dilema do pacifista de repente se transformou em um jogo do falcão e do pombo. A maioria dos governos europeus, traumatizados pelo derramamento de sangue da Primeira Guerra Mundial, passou a perseguir a paz a qualquer preço, deixando o campo livre para que Hitler se tornasse mais "falcão". Ele quase ganhou o jogo em 1940, de novo em 1941, e uma terceira vez em 1942, antes que britânicos, soviéticos e norte-americanos chegassem por fim à conclusão de como jogar. Quando isso aconteceu, é claro, a lógica implacável do jogo só poderia levar em uma direção, e por volta de 1945 os aliados haviam derrotado Hitler em seu próprio jogo violento. A maior parte da Europa e do leste asiático ficou em ruínas, cerca de 100 milhões de pessoas estavam mortas, e os Estados Unidos tinham a bomba.

As recompensas agora mudaram a ponto de ficarem irreconhecíveis, porque as armas nucleares começaram a elevar ao infinito a punição pelo uso da força. Segundo as frias regras do jogo, mesmo que não houvesse um único globocop para impor penas, a força só poderia ter recompensas positivas se fosse aplicada tão timidamente – em insurreições, golpes e guerras limitadas – que não chegasse a provocar um revide violento. Se uma superpotência fizesse algo que desafiasse a sobrevivência da outra, ambas perderiam o jogo. A lógica, portanto, exigiu que a força se tornasse obsoleta, e, seguindo essa lógica, os soviéticos e os norte-americanos deram um jeito, década após década, de não entrar em guerra. Mas o problema, como Ronald Reagan colocou de forma memorável, era que ter dois policiais hemisféricos com armas nucleares em vez de um globocop era "como ter dois pistoleiros do Velho Oeste em pé dentro de um saloon com as armas apontadas na cabeça um do outro – permanentemente". Tudo ficaria bem, desde que nenhum dos pistoleiros tivesse tido um dia difícil.

Indo além de Petrov

A teoria dos jogos viveu seu grande momento no cenário contrastante da bela Santa Monica, Califórnia. Ao ver, no início da década de 1950, que o jogo da morte ganhara um perfil alarmante, o governo norte-americano encomendou à Rand Corporation a tarefa de avaliar – objetiva e cientificamente – como seria possível evitar explodir o mundo. A solução da Rand foi convidar um grupo de brilhantes matemáticos, pertencentes às mais prestigiosas universidades norte-americanas (a chamada Ivy League), e colocá-los para calcular as recompensas de cada movimento concebível do jogo.

Esses guerreiros da lousa e do giz eram um grupo estranho de gênios. Hoje, o mais conhecido deles é John Nash, o herói, se esse for o termo certo, do best-seller e filme *Uma mente brilhante*. Nash provou que era possível definir recompensas de um modo que rivais implacáveis se encaminhassem para um equilíbrio mutuamente satisfatório (o que os matemáticos chamam hoje de "um equilíbrio Nash") sem recorrer à força. Isso sugeriu que a dissuasão nuclear realmente podia funcionar, desde que as pessoas que praticassem o jogo continuassem frias e racionais. A avaliação que se fazia do próprio Nash, porém, não inspirava confiança. Ele começou a ouvir vozes, teve revogado seu acesso a informações de segurança do Estado ao ser detido por se desnudar em um banheiro masculino e depois acabou sendo internado em um hospital psiquiátrico, com diagnóstico de esquizofrenia.

Felizmente, os homens que tomaram decisões sobre a guerra nuclear e a paz eram menos brilhantes, mas mais equilibrados do que Nash. Só que na ausência de um globocop, e com maior número de desconhecidos desconhecidos do que nunca, mesmo alguém tão impassível quanto Dwight Eisenhower logo se viu perdendo o sono, tomando leite para aplacar as úlceras e sofrendo de distúrbios cardíacos que o levaram ao hospital. O mais leve acidente ou erro de cálculo poderia significar o fim. Em tese – em jogos explicados na lousa infindáveis vezes –, a dissuasão fazia muito sentido, mas, na realidade, o destino do mundo dependia de tomadas de decisão rápidas de homens como Petrov. A dissuasão carecia de estabilidade e, sem isso, não é possível, sem dúvida, haver uma estratégia evolucionariamente estável.

Ao longo da história, a única solução estável para o jogo da morte sempre foi que alguém ganhasse, o que significava que a única maneira de superar momentos como o de Petrov era um dos policiais hemisféricos derrotar o outro. A corrida armamentista da Guerra Fria, as guerras por procuração, os espiões e golpes eram tentativas de encontrar algo que mudasse o jogo, que promovesse uma mudança gradual ou repentina no equilíbrio de poder, capaz de colocar o outro lado de joelhos (ou de evitar que o outro lado fizesse isso). No início da década de 1980, muitos estrategistas soviéticos passaram a se preocupar com o fato de as armas de precisão serem capazes de acabar com eles (a expressão "revolução nos assuntos militares" foi, na realidade, cunhada por analistas soviéticos para descrever essa nova tecnologia). Eles estavam certos, embora não da maneira que achavam.

A computadorização americana da guerra mudou o equilíbrio militar na Europa o suficiente para que Moscou começasse a explorar maneiras de lutar que não exigissem o recurso nuclear, mas uma análise retrospectiva revela que o mais importante em relação a Guerra nas Estrelas, Assault Breaker e outras novas armas é que seria algo realmente muito complicado e custoso contrabalançá-las. A economia soviética poderia produzir montes de tanques, Kalashnikovs, ogivas nucleares e ICBMs, mas não seria capaz de igualá-los – ou de pagá-los – aos computadores e munições inteligentes que prometiam dominar os campos de batalha na década de 1990.

Esse aumento nos custos da guerra veio no pior momento possível para Moscou. Muito do sucesso dos soviéticos na década de 1970 havia sido pago por exportações de petróleo, levado a preços estratosféricos por guerras e revoluções no Oriente Médio, mas entre 1980 e 1986 o custo de um barril de petróleo caiu quase 80%, cortando grande parte da renda à disposição de Moscou. Para piorar as coisas para o Krêmlin, enquanto a produtividade do trabalhador norte-americano subiu 27% entre 1975 e 1985 e a do trabalhador europeu, 23%, a renda do cidadão soviético cresceu apenas 9%, e seus súditos da Europa oriental tiveram desempenho só 1% melhor. As fazendas comunistas eram tão ineficientes que a produtividade praticamente não cresceu. Como consequência disso, as importações de grãos (em especial dos Estados Unidos e do Canadá) mais do que dobraram e foram pagas em boa medida com grandes empréstimos de bancos da aliança norte-americana. Uma crise de dívida se seguia à outra.

"A força", na afirmação célebre de Clausewitz, é "o *meio* da guerra; impor nossa vontade ao inimigo é o seu objetivo." Portanto, concluía Clausewitz, não devemos hesitar em matar se essa parece a melhor maneira de quebrar a disposição do inimigo de resistir, mas, quando matar não é a melhor maneira, não devemos perder tempo fazendo isso. Os Estados Unidos reconheceram esse fato no final da década de 1940, e esse foi o aspecto brilhante da sua grande estratégia de contenção. A maior parte do tempo, as autoridades norte-americanas rejeitaram afirmações estilo "pombo" de que dois policiais hemisféricos poderiam coexistir indefinidamente, e a maior parte do tempo também rejeitaram a afirmação contrária, estilo "falcão", de que a vitória seria possível, bastando que os Estados Unidos apenas fizessem suas guerras por procuração de modo mais agressivo. Em vez disso, seguiram um curso intermediário que favoreceu os aspectos fortes do país.

Os Estados Unidos haviam herdado o manto da Grã-Bretanha como a grande potência do anel externo e, com ele, o papel exercido pela Grã-Bretanha de Leviatã liberal, promotor de mercados livres, eleições e discursos. A maneira de alavancar a força liberal, como compreenderam os estrategistas norte-americanos, era travar guerras liberais, usando a liberdade como arma para minar a vontade soviética de resistir. Os Estados Unidos só podiam travar esse tipo de guerra se tivessem um punho invisível para dar apoio à mão invisível, e, portanto, por mais que isso trouxesse discordância e fosse desagradável, Washington tinha que continuar fabricando bombas de hidrogênio, fazendo guerras por procuração e se aproximando de ditadores. Mas no meio disso tudo os líderes norte-americanos tinham que lembrar que bombas, batalhas e brutalidade não iriam por si sós levar à vitória – ela só poderia ser proporcionada pelos próprios súditos do Império Soviético, à medida que aguardavam nas filas das lojas, praguejavam contra seus automóveis que não davam partida e compravam LPs de Bruce Springsteen no mercado negro. Pouco a pouco, a mão invisível iria estrangular a vontade do comunismo.

O plano estava longe de ser secreto. Já em 1951 o sociólogo norte-americano David Riesman ridicularizara e celebrara isso em um conto chamado "A guerra do náilon". Nele, os oficiais de alta patente do Pentágono vendem a guerra liberal à Casa Branca explicando que: "se o povo russo tivesse a oportunidade de provar as riquezas da América, não mais toleraria aqueles mestres que lhes davam tanques e espiões em vez de aspiradores de pó". O presidente concorda, a força aérea faz chover meias de náilon e cigarros dos céus da Rússia, e o comunismo desmorona.

A realidade, sem dúvida, não era tão simples assim, mas, pouco a pouco, Stálin e seus sucessores vieram a compreender a importância das meias de náilon. Um ano após a publicação desse conto de Riesman, o primeiro-ministro soviético disse ao ministro do Exterior da China ("brincando", segundo a transcrição) que "a principal arma dos americanos [...] são os náilons, os cigarros e outros bens de consumo [...] Não, os americanos não sabem fazer guerra". Antes que a década terminasse, porém, os soviéticos descobriram que a única maneira de vencer a Guerra do Náilon era os seus próprios ideólogos revidarem, negando a verdade das afirmações americanas e destacando as injustiças do capitalismo. Graças ao fato de as armas nucleares significarem que um confronto aberto na prática seria um suicídio, os soviéticos nunca consideraram seriamente adotar o caminho escolhido por centenas de governantes em tempos passados, que reagiram ao declínio econômico atacando seus vizinhos mais prósperos e tomando suas ricas províncias ou rotas comerciais. Em vez disso, os líderes soviéticos deixaram que a guerra liberal de desgaste agisse até fragmentar seu império.

O Politburo deixou isso ocorrer não porque os apparatchiks estivessem ouvindo *War*, mas porque sabiam que a força não poderia resolver seu problema. Invadir a Alemanha Ocidental ou a Coreia do Sul não deixaria o Império Soviético tão rico e produtivo como o norte-americano; só serviria para instalar o Armagedon. Por 30 anos, os soviéticos conseguiram tapar a maioria das rachaduras, convencendo muitos de seus súditos (e até mesmo algumas pessoas de fora) que o império estava florescendo, mas na década de 1980 isso já não foi possível.

A essa altura, racionamento de ovos e outras indignidades da austeridade da década de 1940 eram apenas memórias distantes para a maior parte dos europeus ocidentais, mas na Europa oriental era bem fácil sentir que isso estava de volta. "Era uma luta conseguir coisas básicas como sabão em pó", relembra uma enfermeira polonesa. "Eu tinha que lavar o cabelo com gema de ovo porque não havia xampu [...] Se a gente não tivesse informações sobre como era a vida em outros países, seria diferente. Mas sabíamos como as [outras] pessoas viviam ali." E, se alguém ainda tinha dúvidas de que o bloco soviético estava perdendo a guerra econômica, o derretimento do reator nuclear em Chernobyl acabou com todas elas em 1986, inundando a Ucrânia de radiação e expondo a incompetência e a desonestidade do regime soviético de uma maneira impossível de acobertar.

"Não podemos continuar assim", confessou Mikhail Gorbachev à esposa em 1985, horas antes de ser nomeado primeiro-ministro soviético. Tempos desesperados pedem medidas desesperadas, e Gorbachev, reconhecendo que a vontade de resistir do Império Soviético estava acabando, colocou tudo em uma grande aposta. Ele retomaria o crescimento econômico promovendo uma reestruturação (perestroika) com transparência (glasnost), ao mesmo tempo em que – a todo custo – evitaria recorrer à violência, que só poderia terminar mal.

Muitos norte-americanos acharam que se tratava de outra manobra inteligente no jogo da morte (tão inteligente, na verdade, que não foram capazes de entender o que os soviéticos estavam tentando fazer). "Eu tinha suspeitas em relação aos motivos de Gorbachev", confessaria o conselheiro de Segurança Nacional Brent Scowcroft mais tarde. "Meu receio", explicou ele, "era que Gorbachev pudesse nos convencer a nos desarmarmos sem que a União Soviética fizesse nada de fundamental com sua estrutura militar e que, em questão de uma década mais ou menos, viéssemos a enfrentar uma ameaça militar mais séria do que as que havíamos enfrentado antes."

Em algumas épocas, Scowcroft pareceu estar certo. Em outubro de 1986, Reagan e Gorbachev sentaram à mesa em Reykjavík e começaram a conversar efetivamente sobre proibir todas as armas nucleares. Isso colocou em pânico os especialistas em defesa norte-americanos. Os soviéticos podiam estar estarrecidos diante do novo arsenal high-tech da Otan, mas os norte-americanos – que sabiam que poucas dessas armas maravilhosas estavam operantes – ficavam igualmente estarrecidos com o fato de que, sem essa dissuasão nuclear, suas forças convencionais na Europa teriam muito trabalho para deter os exércitos soviéticos, muito maiores. Gorbachev, porém, não estava tentando enganar ninguém, e aos poucos ficou claro que estava sendo de fato sincero no que se referia a praticar o jogo sem recorrer à força. Ninguém sabia o que dizer a respeito disso.

"Se a gente sabia o que havia pela frente quando assumimos o cargo [em janeiro de 1989]?", comentou mais tarde George Bush, pai, admitindo: "Não, não sabíamos". E, se Bush *pudesse* de algum modo antever como seria 1989 e tivesse afirmado em seu discurso de posse que antes do fim do seu mandato iria assistir ao colapso do Império Soviético e ao recuo da Rússia para as fronteiras que a Alemanha lhe impusera em 1918, todo mundo teria achado que esse super-realista antigo diretor da CIA havia ficado completamente louco. Por mais de 40 anos, os Estados Unidos haviam feito intrigas, tramado e matado, na tentativa de quebrar a determinação dos soviéticos, mas, quando o jogo finalmente chegou ao seu desfecho, todo mundo foi pego de surpresa.

Poucos meses após a posse de Bush, uma comissão oficial na Hungria concluiu que a rebelião do país em 1956 contra os soviéticos havia sido um "levante popular contra um sistema oligárquico de poder que havia humilhado a nação". Na época de Stálin, um relatório nesses moldes equivaleria a uma nota de suicídio coletivo. Mesmo sob Kruschev ou Brejnev, as consequências poderiam ter sido muito graves. Mas Gorbachev não só não mandou fuzilar ninguém como tacitamente sinalizou sua concordância.

Encorajados, em junho de 1989 os húngaros fizeram um funeral público retroativo para um ex-primeiro-ministro que os soviéticos *haviam* fuzilado. Duzentas mil pessoas se reuniram para homenageá-lo, mas mesmo assim Moscou não mexeu um dedo. Sem consultar ninguém, o primeiro-ministro húngaro anunciou que problemas orçamentários o impediam de refazer a cerca de arame farpado ao longo da fronteira com a Áustria, e, como o arame anterior violava a saúde e as normas de segurança, ele seria retirado. Um buraco, com centenas de quilômetros de largura, estava prestes a surgir na Cortina de Ferro. Em pânico, os comunistas da Alemanha Oriental pediram que o Krêmlin interviesse, e tiveram como resposta: "Não podemos fazer nada".

Qualquer soma de concessões, raciocinou Gorbachev, era melhor do que arriscar o colapso de todo o sistema soviético usando a força. Nem todos concordavam, e em dezembro o criminoso ditador da Romênia, Nicolae Ceausescu, ordenou que seus soldados atirassem contra manifestantes. O país se ergueu contra ele, os soviéticos não fizeram nada e no dia de Natal ele e a esposa foram fuzilados.

Os comunistas da Alemanha Oriental, debatendo-se em meio à confusão, tomaram a direção oposta e abriram os portões do Muro de Berlim. Os alemães orientais correram para o lado ocidental; os alemães-ocidentais foram passear no lado oriental; todo tipo de gente dançava em cima do muro ou o destruía a marteladas; e nada aconteceu. "Como é que você poderia atirar nos alemães que cruzavam a fronteira para encontrar outros alemães do lado de lá?", perguntou Gorbachev no dia seguinte. "A política havia mudado."

Os episódios na Romênia sugeriam que Gorbachev estava certo, mas no verão de 1989 já não restava aos soviéticos nenhum lance vencedor. Mudar uma política servia apenas para criar pressões irresistíveis na política seguinte. Menos de três meses após a queda do Muro de Berlim, o primeiro-ministro da Alemanha Oriental disse a Gorbachev que as duas Alemanhas queriam se fundir em uma só. Isso só seria possível, respondeu Gorbachev, se a Alemanha unificada fosse desmilitarizada e neutra. Foi apresentada uma proposta aos norte-americanos, mas Bush recusou-se a retirar os 250 mil norte-americanos que serviam na Alemanha Ocidental. Mesmo assim, Gorbachev retirou seus 300 mil soldados da Alemanha Oriental, e a nova Alemanha reunificada se juntou à Otan.

Vendo as coisas retroativamente, talvez não surpreenda que a partir do momento em que alemães, poloneses, húngaros, tchecos, eslovacos, romenos e búlgaros se retiraram do Império Soviético, o mesmo caminho tenha sido tomado por estonianos, lituanos e letões, bielorrussos, ucranianos, armênios, geórgios, azeris, chechenos, cazaques, uzbeques, turcomenos, quirguizes, tadjiques e mongóis. O que ainda parece notável, no entanto, é que os próprios russos decidissem que não queriam ter mais nada a ver com seu próprio império e anunciassem sua retirada do Império Soviético. No dia de Natal de 1991, Gorbachev assinou um decreto formal dissolvendo a União Soviética.

Praticando o jogo sem violência, Gorbachev obteve uma recompensa ruim, mas a única alternativa óbvia – usar a força para subjugar os europeus do leste e para resistir a qualquer esforço norte-americano de recuperar o império – teria tido resultados muitíssimo piores. A Rússia havia sido derrotada, expulsa sem nenhuma cerimônia do anel interno e até mesmo de boa parte do núcleo central, mas pelo menos isso tinha ocorrido praticamente sem que se disparasse nenhum tiro. Quinhentos milhões de vidas haviam estado na mira durante aquela hora da verdade de Petrov em 1983, mas, quando a Guerra Fria finalmente acabou, menos de 300 pessoas haviam sido mortas.

Os Estados Unidos conseguiram o maior e mais imprevisto triunfo da história da guerra produtiva (Figura 6.10). O mundo tinha um novo globocop.

Figura 6.10. Muitos motivos para sorrir: Mikhail Gorbachev e Ronald Reagan fecham as cortinas da Guerra Fria, e 1 bilhão de pessoas têm sua vida poupada.

7

A última grande esperança da Terra: o Império Americano, 1989-?

Você nunca vai chegar lá partindo daqui

Na segunda-feira, 26 de novembro de 2012, ocorreu um milagre moderno. Por um dia inteiro (na verdade, das 22h30 da noite de domingo até as 10h20 da manhã de terça-feira), nenhuma pessoa foi baleada, esfaqueada ou morta de alguma outra forma em nenhum lugar da cidade de Nova York. Nunca houve um dia como esse desde que começaram a ser feitas coletas de dados abrangentes em 1994, quando a Big Apple tinha em média 14 assassinatos por dia. Na verdade, precisamos recuar mais de 50 anos, até uma época em que os registros eram pontuais e a cidade tinha meio milhão de habitantes a menos, para encontrar outro dia sem morte violenta. No todo, em 2012 apenas 1 nova-iorquino em 20 mil morreu de forma violenta – provavelmente a média mais baixa de todos os tempos.

É claro que Nova York não é o único lugar da América. Em Chicago, os assassinatos subiram um sexto em 2012, enquanto em San Bernardino, Califórnia – onde metade dos proprietários de imóveis devem mais do que o valor de suas casas e a prefeitura da cidade decretou falência –, os homicídios aumentaram 50% ("Tranquem suas casas e deixem suas armas carregadas", aconselhou o procurador do município). E, conforme 2012 se encerrava, um psicopata de Newtown, Connecticut, matou 20 alunos de uma escola, 6 funcionários, sua própria mãe e depois se suicidou. No entanto, Nova York era um caso mais característico do que Newtown: apesar das exceções assustadoras, o índice de assassinatos do país caiu em 2012.

Na realidade, Nova York é um exemplo comum não apenas dos Estados Unidos, mas em grande parte do mundo. O homicídio está em queda. Cerca de 1 humano em cada 13.000 foi assassinado em 2004; em 2010, a cifra caíra para apenas 1 em cada 14.500. Mortos em guerras seguiram a mesma tendência. As guerras entre países – geralmente os conflitos maiores e mais sangrentos – praticamente desapareceram. As guerras civis que se seguem à falência de um Estado continuam (em 2012, a guerra civil matou cerca de 1 de cada 400 sírios), mas as estatísticas sugerem que esses conflitos estão se tornando mais raros também.

Em sua média no planeta, a violência matou 1 de cada 4.375 pessoas em 2012, o que significa que apenas 0,7% das pessoas vivas hoje terão morte por violência, contra 1% a 2% das pessoas que viveram no século XX, 2% a 5% das pessoas dos antigos impérios, 5% a 10% das pessoas da Eurásia na era das migrações das estepes e terríveis 10% a 20% na Idade da Pedra (Figura 7.1). O mundo finalmente chega à Dinamarca, e a própria Dinamarca – onde apenas 1 pessoa de cada 111 mil foi assassinada em 2009, o que representa um risco de morte por violência durante o tempo de vida de apenas 0,027% – torna-se mais dinamarquesa a cada dia. O mais maravilhoso de tudo é que para cada 20 ogivas nucleares no mundo de 1986 – quando Bruce Springsteen regravou *War* – existe agora apenas uma. Há 50 anos, o Comando Aéreo Estratégico (encarregado de disparar armas nucleares) era um dos setores de maior prestígio da força aérea norte-americana; hoje, a maioria dos oficiais da força aérea considera um suicídio de carreira ir para o setor nuclear.

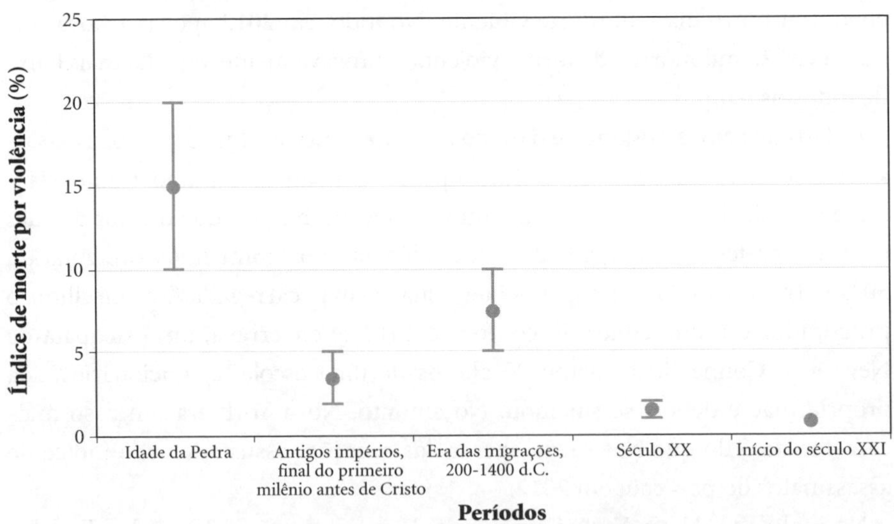

Figura 7.1. Quase lá: índices de morte por violência, 10000 a.C.-2013 d.C.

E as boas notícias não param aí. Como tem sido comum ao longo dos últimos milênios, a queda nos índices de morte por violência tem andado de mãos dadas com o aumento da prosperidade. Quando os Estados Unidos assumiram o papel de globocop inquestionável em 1989, o ser humano em média gerava apenas cerca de 5 mil dólares de riqueza.[51] Por volta de 2011, ano mais recente com dados completos, essa cifra havia duplicado. A Ásia foi a mais beneficiada, com a China costeira, partes do sudeste asiático e algumas regiões da Índia passando por suas próprias revoluções industriais, que foram o combustível das maiores migrações de camponeses para as cidades da história, tirando mais de 2 bilhões de pessoas da miséria absoluta (definida pelo Banco Mundial como a condição das pessoas que sobrevivem com menos de 1 dólar por dia). América Latina, África e leste europeu inicialmente andaram para trás, devido a crises de dívida, à epidemia da Aids e ao colapso pós-comunista, respectivamente, mas todas elas ganharam terreno a partir de 2000 (Figura 7.2).

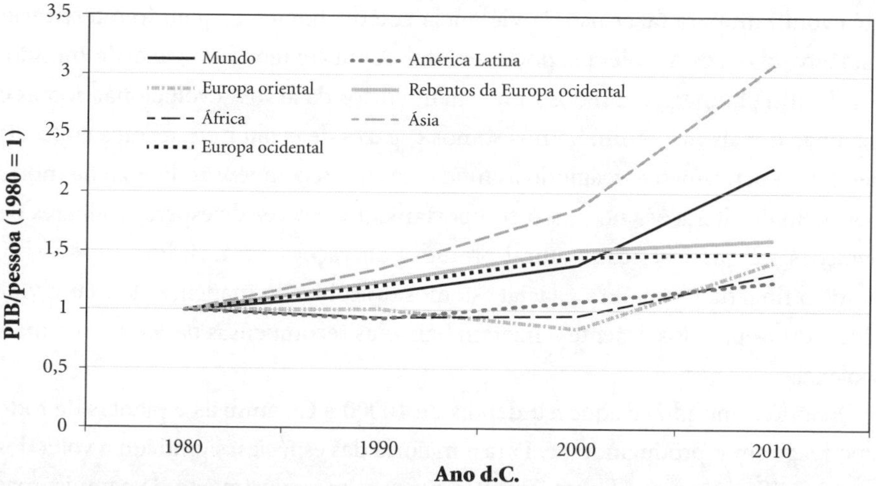

Figura 7.2. Os ricos ficam mais ricos e os pobres ficam ricos mais depressa: a velocidade com que a riqueza cresceu em diferentes partes do mundo entre 1980 e 2010. Globalmente, a pessoa média era 2,2 vezes mais rica em 2010 do que em 1980, mas o asiático médio era três vezes mais rico. Africanos e latino-americanos ficaram mais pobres na década de 1980 e os europeus do leste também, na década de 1990, mas todos dos países do noroeste da Europa e de suas colônias enriqueceram (Austrália, Canadá, Nova Zelândia e Estados Unidos) desde 2000.

51 Medida em dólares internacionais de 1990, uma unidade-padrão de comparação. Pelas atuais taxas de câmbio do mercado, a relação PIB/per capita global em 2011 ficou em torno de 12 mil dólares.

As Figuras 7.1 e 7.2 são gráficos notáveis, mostrando que o mundo está ficando não só mais seguro e mais rico, mas também – conforme se reduzem as desigualdades entre os continentes – mais justo. No entanto, mais notável ainda é a explicação para todas essas boas notícias, defendida ao longo de todo este livro: a guerra produtiva fez do planeta um lugar melhor. Essa é uma noção paradoxal, que vai contra a intuição, e também francamente perturbadora (como mencionei na Introdução, não é uma noção que tivesse me passado pela mente antes de começar a estudar a história de longo prazo das guerras). Mas as evidências fornecidas pela arqueologia, antropologia, história e biologia evolucionária parecem conclusivas.

A violência evoluiu há 400 milhões de anos como uma maneira de vencer disputas (de início, entre proto tubarões que queriam comer outros peixes e outros peixes que não queriam ser comidos). Ela tem sido uma adaptação imensamente bem-sucedida, e quase todos os animais agora fazem uso dela. Alguns até evoluíram para fazer uso da violência coletivamente, e, quando o território está envolvido, essa violência pode ser letal. A guerra tem feito parte do mundo.

A história humana é um dos ramos mais curtos da árvore evolucionária, mas é de longe o mais incomum. Só nós somos capazes de evoluir em termos culturais além de geneticamente, reagindo às mudanças nas recompensas do jogo da morte por meio de alterações no nosso comportamento, em vez de esperar milhares de gerações até que a seleção natural promova alterações em nós. Por causa disso, desde o final da última Era Glacial estamos descobrindo maneiras de usar a violência que – paradoxalmente – fizeram baixar as recompensas para o uso de mais violência.

Quando o mundo se aqueceu depois de 10000 a.C., animais e plantas de todo tipo reagiram reproduzindo-se. Para a maioria das espécies, significou a volta dos tempos difíceis, em que bocas famintas superavam o suprimento de comida, mas nas latitudes afortunadas os humanos resolveram o problema evoluindo culturalmente e se tornando agricultores. A agricultura tinha seu custo, mas também conseguia sustentar mais gente, e a concentração maior de gente que resultou disso criou o enjaulamento. Para os chimpanzés e provavelmente também para os humanos da Era Glacial, a territorialidade significava que as maiores recompensas no jogo da morte vinham de matar grupos competidores, mas o enjaulamento significava que a incorporação dos inimigos derrotados em sociedades maiores era mais benéfica ainda. "Incorporação" é uma termo brando para um processo que incluía pilhagem, estupro, escravização e deslocamento, mas, como a competição recompensava os conquistadores que se transformavam em bandidos estabelecidos, o resultado a longo prazo de toda essa violência foi a pacificação e o aumento da prosperidade.

Em 3500 a.C., os bandidos estabelecidos estavam evoluindo e virando genuínos Leviatãs, capazes de cobrar impostos e punir súditos recalcitrantes. O processo começou no que chamamos hoje de Oriente Médio, porque foi ali também que a agricultura havia começado e era, portanto, o lugar onde o enjaulamento e a competição haviam ido mais longe, mas, nos milênios seguintes, a maior parte das latitudes afortunadas seguiu pelo mesmo caminho.

Toda região das latitudes afortunadas do Velho Mundo passou por uma sequência similar de revoluções nos assuntos militares (embora, pelas razões que vimos no capítulo 3, e acima de tudo pela ausência de cavalos, a sequência no Novo Mundo tenha sido um pouco diferente). Primeiro, vieram as fortificações, como reação aos ataques endêmicos; os agressores reagiram aprendendo como sitiar os muros que não conseguiam escalar. Em seguida, na Eurásia, veio o bronze, usado em armas agressivas e armaduras defensivas. Depois surgiu a disciplina, para convencer homens jovens e violentos a atacar apesar do perigo e a defender seu território contra inimigos assassinos. Por volta de 1900 a.C., pastores das estepes da Eurásia aprenderam a atrelar cavalos a carroças, trazendo velocidade e fluência para os campos de batalha. Por volta de 1200 a.C., guerreiros em torno do Mediterrâneo encontraram maneiras de revidar, mas no primeiro milênio antes de Cristo a iniciativa passou para as massas de soldados de infantaria armados de ferro, que conquistaram grandes impérios por todas as latitudes afortunadas da Eurásia.

Cada revolução foi uma corrida entre agressão e defesa, mas, como tenho insistido neste livro, a guerra nunca foi um exemplo do que os evolucionistas chamam de "Efeito Rainha Vermelha". A corrida não deixou todos no mesmo lugar, porque transformou as sociedades que participaram dela. Cada revolução exigiu que os Leviatãs ficassem mais fortes, e Leviatãs mais fortes fizeram baixar os índices de morte por violência ainda mais.

E os fatos tampouco se encaixam confortavelmente a uma teoria do modo peculiar ocidental de guerrear, inventado pelos gregos em tempos antigos e que teria levado os combatentes europeus a uma superioridade em relação a todos os demais no mundo. Na realidade, os povos ao longo das latitudes afortunadas inventaram um modo único e produtivo de guerrear, e o que ele produziu foi Leviatãs mais fortes, seguros e ricos. No primeiro milênio antes de Cristo, esses povos chegaram até Chang'an, Pataliputra e Teotihuacán, assim como a Roma.

No entanto, outro tema deste livro é que tudo na guerra é paradoxal. Ao fim do primeiro milênio antes de Cristo, as guerras produtivas da Eurásia estavam alcançando o que Clausewitz chamou de "ponto culminante", no qual o comportamento antes bem-sucedido começava agora a produzir desastres. A expansão dos antigos impérios cada vez mais os enredava nas estepes. Ali, cavaleiros de alta mobilidade eram capazes de cobrir grandes distâncias e atacar impérios praticamente à vontade, mas os grandes exércitos de infantaria que haviam criado os impérios lutavam apenas para sobreviver nas planícies áridas. Da China à Europa, a cavalaria passou a dominar o campo de batalha, e por mais de mil anos – desde cerca de 200 até 1400 d.C. – as latitudes afortunadas e as estepes se envolveram em um ciclo terrível de guerras produtivas e contraproducentes. Para cada guerra produtiva que gerava sociedades maiores, mais seguras e mais ricas, uma guerra contraproducente irrompia e fazia com que elas se desintegrassem. Os Leviatãs perderam suas garras afiadas, os índices de morte por violência subiram e a prosperidade caiu.

Algum dia, que não deve estar muito distante, os antropólogos de campo terão estudado suficientes esqueletos para colocar números precisos nesses índices, mas por enquanto temos que confiar na evidência impressionista que revisei nos capítulos 1 a 3. Para a Pré-história, podemos combinar as analogias com as sociedades da Idade da Pedra existentes no século XX e o pequeno mas crescente corpo de evidências provenientes de esqueletos, mas para os antigos impérios e a era das migrações das estepes temos que nos apoiar amplamente nos próprios relatos literários das sociedades. Argumentei nos capítulos 1 e 2 que esses escritos nos deixam a quase certeza de que os antigos impérios reduziram os índices de morte por violência e, no capítulo 3, que os índices aumentaram de novo depois de cerca de 200 d.C., mas no presente momento não há francamente maneira de saber com precisão o *quanto* subiram e caíram.

Minhas próprias estimativas – de que o risco de morte por violência ficava na faixa de 2% a 5% nos antigos impérios, subindo para 5% a 10% nos tempos da anarquia feudal – sem dúvida irão se mostrar incorretas à medida que evidências forem se acumulando, mas é desse modo, a meu ver, que os estudos acadêmicos devem funcionar. Um pesquisador faz conjeturas; vem outro e as refuta, substituindo-as por conjeturas melhores. Mas, no mínimo, espero que esse primeiro "chute" em colocar números concretos sobre a mesa irá estimular outras pessoas a questioná-los e colocar dados melhores, concebendo também métodos melhores que revelem onde foi que eu errei.

O quadro só avança para uma base numérica mais firme na metade do segundo milênio depois de Cristo, quando os Leviatãs – especialmente na Europa – mais uma vez renascem, à medida que os canhões fecham a via das estepes e os navios de longo curso abrem os oceanos. Ambas as invenções foram feitas no leste asiático, mas aprimoradas na Europa ocidental, onde quebraram o ciclo de guerras produtivas e contraproducentes.

A razão disso, como sugeri no capítulo 4, de novo teve mais a ver com geografia do que com o modo ocidental de guerrear. Por um lado, a geografia política da Europa – com muitos pequenos reinos, constantemente em guerra – recompensava sociedades que construíssem melhores canhões; de outro lado, a geografia física da Europa – o fato de estar duas vezes mais perto das Américas do que o leste asiático – tornou mais fácil aos europeus do que aos asiáticos descobrir, saquear e colonizar o Novo Mundo. Os europeus iniciaram sua Guerra dos Quinhentos Anos contra o mundo não porque fossem mais dinâmicos (ou mais malvados) do que os demais, mas porque a geografia tornou as coisas mais fáceis para eles do que para os outros.

A Guerra dos Quinhentos Anos obrigou os europeus a reinventarem a guerra produtiva, porque o grande porte das sociedades que suas conquistas produziram mudou as regras do jogo. Em uma era de impérios intercontinentais, descobriram eles, a riqueza das nações poderia aumentar em maior grau não pelo saque ou mesmo com a cobrança de impostos de súditos oprimidos, mas usando o poder do Estado para dotar o maior número possível de pessoas de liberdade para comerciarem em mercados cada vez maiores.

Começando no noroeste da Europa, a competição acirrada forçou os Leviatãs a adotarem a ordem de livre acesso, que colocou em harmonia a mão invisível do mercado e o punho invisível do governo. A Grã-Bretanha, depois de dar de cara com uma revolução industrial na década de 1780, emergiu como o primeiro globocop, e seus navios, dinheiro e diplomatas passaram a policiar uma ordem mundial. Mas, embora os índices de morte por violência caíssem a novos e baixos níveis, e a prosperidade alcançasse novas alturas, até mesmo o globocop teve um ponto culminante. A Pax Britannica produziu tantos rivais que o globocop já não conseguiu fazer seu trabalho. Depois de 1914, as piores guerras da história o destronaram – e os Estados Unidos emergiram como o vencedor 75 anos mais tarde, no auge de uma ordem de livre acesso ainda maior, produzindo índices de morte por violência ainda mais baixos e riqueza maior.

Esse é um fato muito importante, que só é visível se olharmos para o conjunto da história humana ao longo do planeta inteiro e dermos atenção às quatro abordagens (pessoal, de história militar, técnica e evolucionária) que discriminei na Introdução. Só isso, sugiro eu, pode mostrar o que a guerra trouxe de bom – e quais foram os custos disso.

A resposta à pergunta do título deste livro é ao mesmo tempo paradoxal e horrível. A guerra tem trazido de bom para a humanidade mais segurança e mais riqueza, mas fez isso por meio do assassinato em massa. No entanto, pelo fato de a guerra *ter* sido boa para alguma coisa, temos que reconhecer que todo esse sofrimento e mortes não foram em vão. Se pudéssemos escolher uma maneira de sair da Idade da Pedra pobre e violenta para a paz e a prosperidade das figuras 7.1 e 7.2, poucos de nós, tenho certeza, iriam escolher a guerra como caminho, mas a evolução – que é no que consiste a história humana – não é movida pelo que queremos. No final, a única coisa que importa é a cruel lógica do jogo da morte.

Examinando a maneira pela qual essa lógica funcionou desde o fim da Era Glacial, fica óbvio para onde ela deverá nos levar em seguida. Passamos de bandos de forrageadores via Leviatã para um globocop; o passo seguinte, com certeza, seria um governo mundial que fizesse cair para zero as recompensas pelo uso da violência. Todos devem chegar à Dinamarca, e, apesar de todos os horrores retratados nestas páginas, depois de tudo, este livro deverá ter um final feliz – quase tão feliz, na realidade, quanto o final do livro *A grande ilusão*, de Norman Angell, que mencionei no início do capítulo 5. Em 1910, quando esse livro surgiu, fazia 95 anos que não havia uma guerra entre grandes potências. Ao longo desse período, as rendas globais haviam duplicado, e na Europa pelo menos o índice de homicídios havia caído à metade. A implicação disso, segundo Angell e seus admiradores concluíram, era que um mundo sem guerra estava muito próximo.

Não estava, mas de qualquer modo ainda vale a pena ler *A grande ilusão*, porque as razões pelas quais Angell estava equivocado se aplicam também à nossa época. Como vimos no capítulo 5, a marcha do século XIX em direção à Dinamarca foi insustentável. Quanto mais o globocop fazia bem sua tarefa, mais rivais ele criava, e, quanto mais rivais criava, mais difícil se tornava para ele sua tarefa. A Figura 7.2 sugere que a história está se repetindo. O colosso americano domina o mundo na década de 2010 ainda mais completamente do que a versão britânica na década de 1860, mas os Estados Unidos parecem estar repetindo a experiência do Reino Unido. Quanto mais Washington consegue manter bem a ordem global, mais ricos e fortes seus potenciais rivais se tornam. Desconhecidos desconhecidos estão proliferando e os jogadores já estão fazendo suas apostas. Quanto mais perto ficamos da Dinamarca, mais ela parece distante.

Da primeira vez que visitei a Nova Inglaterra, uma pessoa que residiu lá a vida inteira me contou uma velha anedota sobre o temperamento ranzinza dos habitantes da região. Um turista (na maioria das versões é um nova-iorquino) fica totalmente perdido na escuridão de Massachusetts (ou quem sabe do Maine). Depois de rodar em círculos por uma hora, ele para e pede informações. Um senhor encarquilhado reflete um tempo, mas depois descarta, um após outro, todos os trajetos possíveis. Por fim, balança a cabeça desanimado e diz ao turista: "Você nunca vai chegar lá partindo daqui".

Uma informação inútil, com certeza, mas as similaridades entre a Figura 7.2 e os gráficos do início do capítulo 5 sugerem que talvez seja uma descrição melhor do mundo em que vivemos do que a interpretação mais otimista de Angell. Talvez não estejamos diante do Efeito Rainha Vermelha, mas de um Efeito Tartaruga e Lebre. Ao correr muito rápido, a humanidade *chegou* a algum lugar: os índices de morte por violência caíram e a prosperidade aumentou. Mas, embora estejamos mais perto da Dinamarca, nunca chegaremos lá partindo daqui. A lebre corre para a frente, mas a tartaruga sempre rasteja um pouco adiante, criando novos rivais, novos desconhecidos desconhecidos e talvez até novas tempestades de aço. Coisas demais para que possamos acreditar em um final feliz.

Neste último capítulo, quero sugerir que nem o final feliz de Angell nem o final infeliz do sujeito da Nova Inglaterra são, na realidade, um bom guia para o perfil das coisas que estão por vir. A ideia de Angell – que a interconexão econômica torna a guerra impensável – estava errada havia 100 anos, e ainda está errada hoje, mas o mesmo vale para o sujeito da Nova Inglaterra quando diz que não podemos chegar lá partindo daqui.

Parece que estamos construindo o pior dos mundos para nós. Por um lado, ele será menos estável ainda do que o das décadas de 1870 a 1910, quando o globocop anterior estava em declínio; por outro, suas armas serão mais mortíferas ainda do que as das décadas de 1940 a 1980, quando os Estados Unidos e a União Soviética ameaçaram a humanidade com uma destruição mútua incontestável. Apesar do constante declínio dos índices de morte por violência ao longo dos últimos 40 anos, e apesar da improbabilidade de uma nova guerra mundial em meados da década de 2010, os próximos 40 anos prometem ser os mais perigosos da história.

Mas, se nos afastarmos um pouco dos detalhes e olharmos para as décadas à nossa frente da mesma maneira que fizemos para a história a longo prazo da violência nos capítulos 1 a 6, partes diferentes do quadro geral vão se tornar mais nítidas. Apesar de tudo, é o que essa perspectiva mais ampla sugere, nós de fato podemos chegar lá partindo daqui – mesmo que esse "lá" não seja o lugar que esperávamos.

Vênus e Marte

Por muitos anos, o governo dos Estados Unidos publicou regularmente um folheto chamado *Defense Planning Guidance*, resumindo sua posição oficial sobre a estratégia mais ampla. A maior parte desses guias eram documentos bastante inócuos, mas, em fevereiro de 1992, apenas dois meses após a dissolução da União Soviética, a comissão encarregada de elaborar um novo guia fez algo escandaloso. Contou a verdade.

O que ela apresentou foi um guia para globocops. Embora os Estados Unidos não fossem capazes de "assumir responsabilidade pela correção de tudo o que está errado", admitia o documento, "manteremos a grande responsabilidade de corrigir seletivamente as coisas erradas que ameacem não só nossos interesses, mas os de nossos aliados ou amigos, ou que possam perturbar seriamente as relações internacionais". Isso significava conseguir uma coisa importantíssima:

> Nosso primeiro objetivo é evitar que emerja um novo rival, seja no território da antiga União Soviética, seja em outra parte, que coloque uma ameaça nos moldes daquela representada anteriormente pela União Soviética. Isso [...] exige que nos esforcemos para evitar que qualquer potência hostil domine uma região cujos recursos possam ser, sob um controle consolidado, suficientes para gerar poder global. Entre essas regiões estão a Europa ocidental, o leste asiático, o território da antiga União Soviética e o sudeste asiático.

Imediatamente vazado para a imprensa, o esboço do documento desencadeou uma tempestade política. O que o texto propunha era "literalmente uma Pax Americana", queixou-se o futuro vice-presidente Joe Biden, que "não irá funcionar". Repreendido, o Departamento de Defesa baixou o tom da versão final, mas, seja lá o nome que se dê, é justamente a Pax Americana que os

Estados Unidos têm buscado nos últimos vinte e tantos anos (vários deles com Joe Biden na Casa Branca).

A lição que os políticos deveriam ter aprendido da Pax Britannica é que uma versão norte-americana dela *poderia* funcionar, pelo menos por algumas décadas. No geral, a experiência norte-americana a partir de 1989 tem sido impressionantemente igual à da Grã-Bretanha no final do século XIX, e mesmo as aparentes exceções são do tipo que só levam a confirmar a regra.

A mais extraordinária dessas aparentes exceções é com certeza a Europa ocidental, o primeiro dos quatro potenciais pontos problemáticos que preocupavam os planejadores em 1992. Os paralelos entre as experiências dessa região com os globocops britânico e norte-americano são bastante óbvios. No final do século XIX, as economias da Europa ocidental prosperaram em mercados garantidos pelo globocop britânico, e uma Alemanha rica e poderosa tornou-se o rival mais mortal da Grã-Bretanha na década de 1890. No final do século XX, as economias da Europa ocidental mais uma vez floresceram em mercados garantidos pelo globocop norte-americano, e muitos políticos – na Europa ainda mais do que nos Estados Unidos – ficaram alarmados com o fato de a Alemanha reunificada continuar reprisando o roteiro histórico ("As pessoas comentam: 'É uma coisa terrível a Alemanha não estar indo bem'", disse uma autoridade francesa meio de brincadeira, "mas eu digo: 'Será mesmo? Quando a Alemanha vai bem, seis meses depois ela costuma estar marchando pelos Champs-Élysées.'").

Mas isso não aconteceu. Ao contrário, a Europa ocidental tomou um rumo que à primeira vista parece desafiar não só a analogia entre o poder global americano e o britânico, mas também praticamente todos os argumentos deste livro. Longe de se tornar um rival do globocop, a Europa ocidental renunciou quase totalmente à força como instrumento político. Uma coisa de fato impressionante está ocorrendo. Pela primeira vez na história, um número imenso de pessoas – 500 milhões até agora – está se juntando para formar uma sociedade maior, mais segura, mais rica, sem serem obrigadas a isso (Figura 7.3).

Vem sendo uma transformação notável, embora silenciosa. Passei meus primeiros 27 anos vivendo nela (presumindo, para os propósitos do argumento, que se considere a Grã-Bretanha parte da Europa ocidental), e sem perceber o que estava sucedendo. Na verdade, nada me fazia desligar a TV mais rápido do que mais um anúncio dos burocratas de Bruxelas sobre o que eu tinha permissão de comer ou beber e em que tipo de embalagem deveria estar acondicionado.

Mas eu – assim como os milhões de outros que compartilhavam comigo essa falta de interesse pelas coisas europeias – estava muito equivocado. O principal problema da Comunidade Europeia (como era chamada até mudar sua marca para União Europeia em 1993) era seu lado monótono.

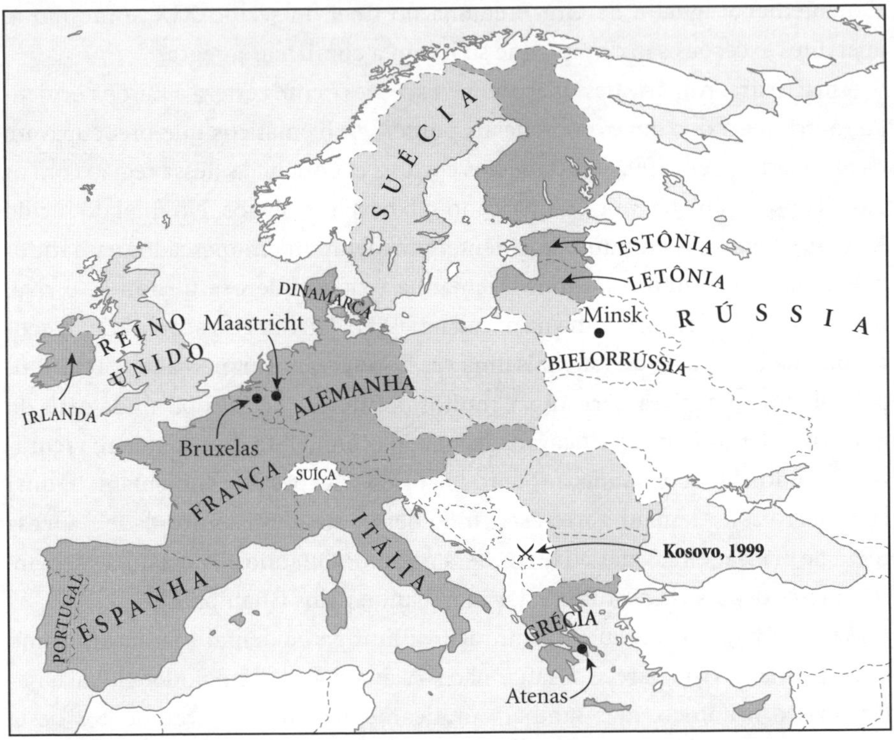

Figura 7.3. Um mundo (quase) sem guerra: lugares da Europa mencionados neste capítulo. Os países indicados em cinza-escuro pertencem à União Europeia e à zona do euro; os indicados em cinza-claro fazem parte apenas da União Europeia (situação em 2014).

Os Leviatãs à moda antiga haviam usado a violência para criar unidade política e depois usavam a política (e, quando necessário, mais violência) para criar unidade econômica, mas a Europa ocidental agora invertia a fórmula mais bem-sucedida da história. Em seguidas reuniões de comissões, seus heróis anônimos teceram uma rede de normas e regulamentações que vincularam todos os seus membros a uma unidade econômica e depois passaram a usar a economia para criar unidade política. "A meta final", segundo explicou o antigo diretor do Bundesbank [Banco

Central alemão] em 1994, "é uma meta política [...] para alcançarmos algum tipo de unificação política da Europa, uma federação de Estados, uma associação de Estados ou mesmo uma forma mais forte de união." Nessa pauta, "a união econômica é [apenas] um importante veículo para se alcançar esse objetivo".

Esse era ao mesmo tempo o truque mais monótono e mais ousado que os estadistas já haviam tentado, e durante 15 anos após a assinatura do crucial Tratado de Maastricht, em 1992, pareceu funcionar. A Europa continuou um mosaico de Estados independentes, mas da Irlanda à Estônia a maioria dos europeus compartilhava uma moeda única e um banco central, aceitava decisões de uma corte e de um parlamento europeus, e cruzava fronteiras sem precisar de passaporte. Até 2010, pelo menos, o tedioso caminho da criação de um consenso realmente pareceu fazer com que a Europa chegasse lá partindo daqui.

A essa altura, porém, os países que haviam adotado o euro como moeda mergulharam em uma crise de dívida (ou, mais precisamente, uma crise de balanço de pagamentos entre o norte altamente produtivo e o sul menos produtivo) e descobriram os limites de uma união baseada em regras. Um Leviatã no estilo antigo poderia ter usado a força para resolver os problemas, como fez a Grã-Bretanha quando mandou canhoneiras para cobrar dívidas da Grécia em 1850, mas na nova Europa não haveria tanques alemães rodando pelas ruas de Atenas para restaurar a disciplina fiscal.

Apoiada mais na mão invisível do mercado do que no punho invisível do poder militar para impor suas regras, a União Europeia (UE) pareceu cambalear à beira de um abismo. No final de 2011, o banco suíço UBS demonstrou publicamente estar preocupado com que as coisas pudessem descambar para a violência. "Praticamente nenhuma união de moedas fiduciárias modernas", observaram seus analistas, "quebrou sem que houvesse alguma forma de governo autoritário ou militar, ou guerra civil." Muito sensato, e no entanto, enquanto escrevo, em meados de 2013, a tão criticada política de inatividade magistral – fazer apenas o suficiente para manter solventes os países endividados, mas não mais do que isso – parece de fato estar evitando o desastre. Apesar do desemprego altíssimo, de protestos de rua violentos e da crise política, a Grécia tem se mantido dentro da zona do euro, e apesar das crescentes pressões na Irlanda, Portugal, Espanha, Itália e mesmo na França, nenhum desses países entrou em colapso. Longe de dividir a Europa, a crise pode se tornar uma oportunidade de aumentar a centralização política. Sem atirar em ninguém, os administradores da Europa talvez sejam bem-sucedidos naquilo que Napoleão e Hitler fracassaram.

A Comissão do Prêmio Nobel reconheceu isso em 2012 e outorgou o Nobel da Paz à União Europeia inteira. E fez bem – os cidadãos da UE matam-se menos do que qualquer outro povo da Terra; seus governos aboliram a pena de morte; e ela abriu mão da guerra dentro de suas fronteiras e praticamente desistiu dela também além do seu território. Os europeus que não pertencem à UE às vezes veem recompensas positivas no uso da força, como a Rússia mostrou em sua Guerra dos Cinco Dias contra a Geórgia em 2008, mas dentro da UE poucos parecem concordar. A Política de Defesa e Segurança Comum da UE reconhece o direito de usar a força, mas apenas a Grã-Bretanha e a França têm feito isso, e sempre para restaurar a paz em antigas colônias. Mesmo quando houve claros argumentos humanitários para uma ação militar, como em Kosovo em 1999, os governos da Europa ocidental agiram com uma cautela que muitas vezes enfureceu seus parceiros norte-americanos. O surrealista confronto entre Suécia e Bielorrússia em 2012 – quando um avião sueco lançou de paraquedas 800 ursinhos de pelúcia sobre Minsk, cada um deles com um pequeno cartaz onde se lia "Liberdade de expressão já", e a Bielorrússia contra-atacou demitindo os generais da força áerea e os encarregados de patrulhar suas fronteiras – talvez reflita bem a nova maneira europeia de guerrear.

Em 2003, pesquisas de opinião descobriram que apenas 12% dos franceses e alemães achavam que a guerra tinha alguma justificativa, contra 55% dos norte-americanos, e, em 2006, pessoas entrevistadas na Grã-Bretanha, França e Espanha chegaram a responder aos pesquisadores que os belicosos norte-americanos eram a maior ameaça à paz mundial. "Hoje, nas principais questões estratégicas e internacionais", concluiu o estrategista Robert Kagan, "os norte-americanos são de Marte e os europeus, de Vênus."

O contraste cada vez maior entre as atitudes antiguerras de europeus e norte-americanos em relação à violência tem gerado muitos comentários, mas não há mistério algum. Os europeus são de Vênus *porque* os norte-americanos são de Marte. Sem o globocop norte-americano protegendo a paz, a estratégia "pombo" da Europa seria impossível. Mas, por outro lado, sem o caráter "pombo" dos europeus, os Estados Unidos não seriam capazes de continuar como globocop. Se a União Europeia tivesse agido mais como falcão nos últimos 15 anos, os custos de contra-atacar já teriam minado a posição norte-americana, do mesmo modo que os custos de contra-atacar a Alemanha minaram o globocop britânico há 100 anos. Marte e Vênus precisam um do outro.

Entre 1945 e 1989, a melhor maneira que a Europa ocidental encontrou de participar do jogo da morte foi sendo belicosa o suficiente para deter a União

Soviética, mas não tão belicosa a ponto de alarmar os norte-americanos (divergências sobre qual seria esse ponto exato explicam em parte a saída da França da estrutura do comando unificado da Otan em 1966). A partir de 1989, porém, ao não enfrentar graves riscos de segurança e ser capaz de confiar nos Estados Unidos para punir quaisquer falcões, a Europa ocidental tornou-se mais "pombo" ainda (divergências sobre quais falcões teriam que ser punidos explicam em parte o surto europeu de antiamericanismo em 2003). O resultado: ao contrário dos governos britânicos de um século atrás, as administrações norte-americanas nunca tiveram que se preocupar com o fato de seu dinheiro e proteção estarem nutrindo rivais da Europa que poderiam desafiar sua capacidade de atuar como globocop.

O movimento da Europa em direção a Vênus não eliminou, é claro, as tensões entre o anel externo, o anel interno e o núcleo central, identificadas por Mackinder há 100 anos. Desde o século XVII, a grande estratégia britânica girara em torno de se envolver com o mundo em geral e ao mesmo tempo evitar que qualquer potência isolada dominasse a Europa continental. "Não temos aliados eternos e não temos amigos perpétuos", disse lorde Palmerston, o secretário do Exterior, em 1848; só os "nossos interesses são eternos e perpétuos." Seguindo essa lógica, ele teria entendido por que a Grã-Bretanha decidiu ficar fora da zona do euro, por que ela irá promover um referendo sobre a filiação à União Europeia em 2017 e por que se mostra às vezes bem menos venusiana do que seus vizinhos.

Os europeus do leste também têm dúvidas em relação a Vênus. Capturados ao longo da linha que separa o núcleo central do anel interno, e sem barreiras naturais que os protejam de seus poderosos vizinhos alemães e russos, eles também acham que as preocupações estratégicas de séculos atrás ainda são vigentes. Como a Grã-Bretanha, vários governos da Europa oriental procuram contrabalançar seus temores de uma União Europeia dominada pela Alemanha inclinando-se ainda mais em direção ao globocop norte-americano. No entanto, como o paradoxo do poder é o que é, os Estados Unidos não querem que seus melhores amigos se afastem demais da União Europeia, pois isso ameaçaria a tranquilidade de que a América tanto precisa para poder fazer seu trabalho.

A Europa ocidental não transcendeu o jogo da morte. Ao contrário, tem participado do jogo com muita habilidade, colhendo as recompensas oferecidas a pombos pela presença de um globocop que pune os falcões. Tampouco os Estados Unidos se tornaram uma nação bandida; eles também têm praticado o jogo com habilidade, colhendo as recompensas do estilo "pombo" da Europa para manter sua posição como globocop. A União Europeia mereceu muito seu Nobel da Paz de 2012, mas, quando a Comissão do Nobel deu o prêmio de 2009 a Barack Obama, teria feito melhor se o tivesse conferido a todos os presidentes norte-americanos desde 1945. Coletivamente, foram eles que tornaram o experimento europeu possível.

A Guerra dos Bôeres americana

Se a Europa ocidental é a região onde os Estados Unidos se saíram melhor evitando criar um rival, o sudoeste asiático, por alguns aspectos, foi um dos lugares onde eles se saíram pior. Os Estados Unidos lutaram três guerras ali (quatro se contarmos os ataques aéreos à Líbia) desde que o Muro de Berlim caiu, e terá sorte se passar pela década de 2010 sem lutar uma quarta (ou quinta). Nessa região, as similaridades entre os problemas do novo e do velho globocop são especialmente visíveis.

Isso vale mesmo que a importância estratégica do sudoeste asiático tenha mudado radicalmente nos últimos 100 anos. Na época de Mackinder, os impérios Otomano e Persa tinham máxima importância para o globocop porque ficavam um de cada lado de sua rota de comunicação, que passava pelo canal de Suez e chegava até a Índia (Figura 7.4). Do Cáucaso até o Indocuche, exploradores e espiões britânicos e russos tiveram embates durante décadas no que Kipling chamou de "o Grande Jogo". Os exércitos russos encamparam o que são agora os "-istões" da Ásia central; os casacas-vermelhas britânicos encamparam, mas não conseguiram manter, o Afeganistão.

O que mudou no Grande Jogo, na versão que agora está sendo praticada, foi, sem dúvida, o petróleo. Durante décadas depois que o primeiro poço do mundo foi perfurado em Titusville, Pensilvânia, em 1859, os Estados Unidos continuaram sendo o centro da produção, mas a perfuração teve início no sudoeste da Ásia em 1871, e pioneiros russos logo acharam o ouro negro em Baku, no Azerbaijão. Vieram então as petrolíferas ocidentais, com um especulador britânico comprando os direitos de dois terços do petróleo da Pérsia em 1901 e a Standard da Califórnia abrindo o primeiro campo de petróleo saudita em 1933. A produção teve alto crescimento na década de 1960 para atender à demanda norte-americana, europeia e japonesa, e em meados da década de 1970 o petróleo sugava mais de 400 milhões de dólares de dinheiro estrangeiro para as praias do Golfo Pérsico todo dia.

Os jornais ocidentais enlouqueciam com as histórias de milionários árabes comprando marcos históricos, mas mesmo isso não indicava que houvesse risco de que o sucesso norte-americano em criar um livre mercado para o petróleo de que precisava pudesse também gerar um rival no sudoeste asiático. Com suas pequenas classes médias, sistemas educacionais restritos e corrupção endêmica, nem mesmo os mais ricos países produtores de petróleo da década de 1960 estavam em posição de promover suas próprias revoluções industriais ou de formar economias modernas, diversificadas.

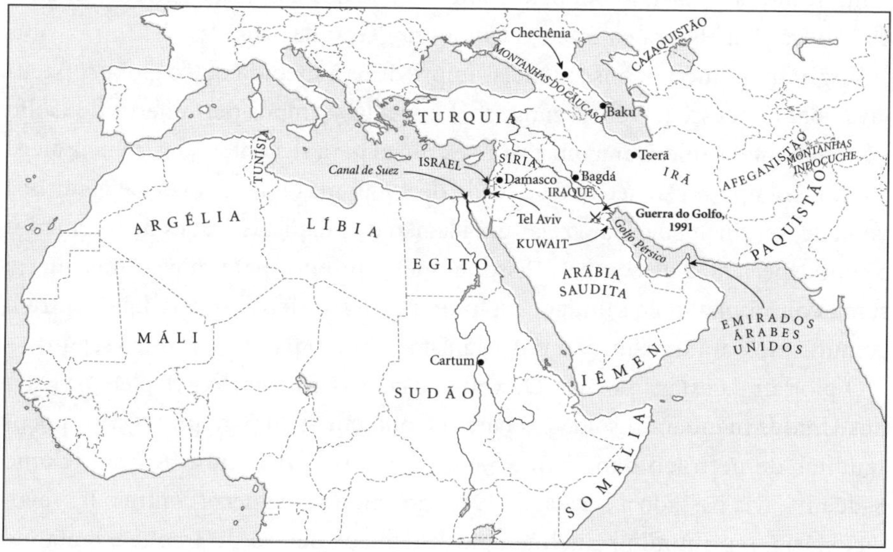

Figura 7.4. O novo Grande Jogo, da Argélia ao Afeganistão.

Por causa disso, o dinheiro do petróleo não originou cidadanias plenas, como o auxílio norte-americano fizera na Europa após a Segunda Guerra Mundial. Em vez disso, o dinheiro fluiu em grande quantidade para as mãos de pequenas elites, cuja repressão, desonestidade e incompetência provocaram uma revolta crescente. Os Estados Unidos, preocupados em manter as fontes de petróleo fora das garras soviéticas, viram-se apoiando ditadores, juntas e reis absolutistas; os críticos costumavam acusar os norte-americanos de estarem agora comandando o mesmo tipo de império informal que os europeus haviam usado para dominar o Oriente Médio no século XIX e início do XX.

As oligarquias do petróleo tentaram canalizar o descontentamento popular para um nacionalismo e ódio contra Israel, mas os mulás e aiatolás se saíram melhor ao sequestrar essa raiva para servir ao fundamentalismo islâmico (e, é claro, também ao ódio contra Israel). Poucos islâmicos viam os Estados Unidos como seu principal inimigo, e mesmo durante a crise dos reféns iranianos alguns norte-americanos ainda tinham esperanças de se tornarem amigos dos religiosos radicais (por improvável que possa parecer agora, a revista *Time* elegeu o aiatolá Khomeini como o Homem do Ano em 1979). Mas os revolucionários logo descobriram que não havia maneira de lutar contra fantoches dos norte-americanos sem fazê-lo também contra os Estados Unidos, e antes do final de 1979 o Irã já apelidara os Estados Unidos de "Grande Satã".

Surgiram inúmeras consequências imprevistas à medida que o globocop tentava lidar com esse novo Islã zangado. Longe dos campos petrolíferos do Golfo Pérsico, a ajuda americana mostrara-se crucial para sustentar a resistência afegã contra a ocupação soviética da década de 1980, mas isso, em vez de gerar boa vontade, serviu apenas para criar uma legião de jihadistas árabes bem armados e com experiência de combate. Esses homens, prontos para mover uma guerra santa contra qualquer inimigo, exploraram o caos deixado pela luta contra o comunismo para transformar o Afeganistão em um paraíso islâmico seguro.

O pior ainda estava por vir. De volta ao centro do país do petróleo, os Estados Unidos mandaram soldados para o Golfo em 1990 para proteger os poços sauditas de petróleo depois que Saddam Hussein invadiu o Kuwait. Como Saddam havia passado a década de 1980 movendo uma guerra contra o Irã revolucionário, reprimindo brutalmente os islâmicos dentro do Iraque e tentando desenvolver armas nucleares, as ações de Washington deveriam ter conquistado corações e mentes árabes, mas, em vez disso, a presença de infiéis no sagrado solo árabe fez com que muitos muçulmanos suspeitassem das motivações norte-americanas ainda mais.

A Guerra do Golfo em 1991 e as fortes sanções que se seguiram impediram que o Iraque se tornasse o tipo de rival do sudoeste asiático que os redatores do esboço daquele *Defense Planning Guidance* temiam. Mas, ao longo da década seguinte, os estrategistas norte-americanos (e quase todo mundo) foram pegos de surpresa pela maneira como o Islã radical se transformou. Todas as forças que abalavam o mundo muçulmano – o dinheiro do petróleo, a oposição aos governantes árabes, a jihad no Afeganistão, ofensas aos norte-americanos na Arábia Saudita, a infindável hostilidade em relação a Israel – se juntaram em um só homem, Osama bin Laden. "Sob a sua supervisão", escreveu ele em uma carta aberta aos norte-americanos em 2002,

> os governos de países [muçulmanos] que agem como seus agentes atacam-nos diariamente [...] Vocês roubam nossa riqueza e nosso petróleo por preços irrisórios devido à sua influência internacional e às ameaças militares. Esse roubo é, na realidade, o maior jamais testemunhado pela humanidade na história do mundo [...] Suas forças ocupam nossos países; vocês espalham suas bases militares por todos eles; corrompem nossas terras e sitiam nossos locais sagrados, a fim de proteger a segurança dos judeus.

A essa altura, a organização de Bin Laden, a al-Qaeda, havia declarado guerra aos Estados Unidos em nome de todos os muçulmanos e matado 3 mil norte-americanos.

A partir do final da década de 1990, a al-Qaeda presenteou o globocop com um novo tipo de rival. Na maioria dos aspectos, ele é muito mais fraco do que os Estados-nações com os quais os redatores do *Guidance* de 1992 estavam preocupados. Se a al-Qaeda ou alguma afiliada tivesse acesso a uma arma nuclear, poderia matar mil vezes mais gente do que matou no 11 de Setembro, mas um Iraque com armas nucleares poderia fazer – e um eventual Irã com armas nucleares também – muito mais estragos. Os governos do sudoeste asiático, com arrecadação de impostos e abundante espaço para esconder suas armas, poderiam reunir centenas de ogivas em vez de apenas uma ou duas. Poderiam construir mísseis capazes de levar a morte a lugares distantes, como a Europa, se assim decidissem. No prazo de mais alguns anos e com os amigos certos, nenhum lugar mais do mundo seria seguro. A al-Qaeda, no entanto, não tem como fazer isso, a não ser que encontre algum país patrocinador, e nunca irá representar o tipo de ameaça ao globocop norte-americano que a Alemanha e os Estados Unidos representaram para o globocop britânico há um século.

A al-Qaeda, porém, sem dúvida se parece muito com um tipo de ameaça diferente que o sistema mundial britânico também enfrentou no final do século XIX. Naquele tempo como agora, o terrorismo e o fundamentalismo religioso eram reações populares ao globocop. Tanto os anarquistas quanto os islâmicos desfrutaram de uma época áurea entre as décadas de 1880 e 1910, com suas balas e bombas destronando czares e presidentes. Muhammad Ahmad, que os britânicos conheciam como Mad Mahdi, criou uma al-Qaeda dos tempos antigos no Sudão.

Em 1883, seus seguidores massacraram até o último homem um exército egípcio de 10 mil soldados e seu comandante britânico, e no ano seguinte tomaram Cartum e mataram outro general britânico. A Grã-Bretanha só conseguiu destronar o domínio islâmico no Sudão em 1899 e manteve soldados ali até 1956.

Bin Laden tinha muito em comum com Mad Mahdi, mas era muito mais perigoso, porque contava com um plano real. Sabendo que a al-Qaeda nunca poderia ser uma ameaça direta à sobrevivência dos Estados Unidos, ele então concebeu uma abordagem indireta, em duas partes. Seu primeiro passo foi usar a violência para derrubar qualquer governo, da Argélia à Indonésia, que julgasse insuficientemente islâmico (o que a al-Qaeda chama de "o inimigo próximo"), e com isso a ideia era criar um califado de todos os fiéis; o segundo passo era enredar os Estados Unidos ("o inimigo distante") em guerras que ele não fosse capaz de bancar e que não entendesse, até que se cansasse de apoiar regimes não islâmicos. "Então", como explicou o número 2 da al-Qaeda, "a história daria uma nova guinada, com a vontade de Deus, na direção oposta, contra o império dos Estados Unidos e contra o governo judeu do mundo."

No momento em que escrevo, meados de 2013, a impressão é que a história não está conseguindo dar essa guinada. Longe de derrubar seu inimigo próximo, a al-Qaeda tem inspirado medo e ódio por todo o Oriente Médio ao assassinar mais árabes do que norte-americanos. Seus afiliados podem ser capazes de se beneficiar dos distúrbios na Líbia e na Síria, mas Afeganistão, Sudão e Somália, que tinham todos governos islâmicos antes de a guerra de Bin Laden começar, têm mudado desde então, e os países onde os islâmicos vinham exercendo fortes pressões sobre os governos – Argélia, Máli, Iêmen, Paquistão – estão todos bem fora da região do Golfo, estrategicamente crucial e rica em petróleo. Apenas o Paquistão, com seu arsenal nuclear, representa uma real ameaça à ordem global ("Um Afeganistão estável não é essencial; um Paquistão estável é essencial", gostava de repetir o ex-consultor especial do presidente Obama para a região).

A grande estratégia dos Estados Unidos para enfrentar a guerra da al-Qaeda contra seus inimigos próximos era enfraquecer o apelo islâmico promovendo reformas democráticas – "divulgar a notícia", dizia o presidente Bush (filho), "de Damasco a Teerã, de que a liberdade pode ser o futuro de toda nação. O estabelecimento de um Iraque livre no coração do Oriente Médio", insistia ele, "será um evento divisor de águas na revolução democrática global".

Pode-se argumentar que a queda dos tiranos na Tunísia, Líbia, Egito e Iêmen desde 2011 tem feito vingar essa estratégia – se bem que, como o próprio Bush reconheceu: "modernização não é a mesma coisa que ocidentalização; governos representativos do Oriente Médio irão refletir suas próprias culturas". Libertos de governantes autoritários, os eleitores árabes quase sempre elegeram islâmicos, mas enquanto escrevo isso as consequências ainda não são claras. No Egito, o exército abandonou um ditador à própria sorte em 2011, mas derrubou um presidente islâmico eleito dois anos mais tarde. Na Líbia, os extremistas islâmicos criaram raízes durante a guerra civil que encerrou o domínio de Kadhafi e, usando armas saqueadas de seu regime, estenderam a jihad até o Máli. A Síria, mais ou menos como a Somália e o Líbano antes dela, desintegrou-se em uma terra de comandantes militares, alguns deles tão violentos quanto a al-Qaeda. No conjunto, o mundo pós-Primavera Árabe que vem emergindo parece um pouco democrático, mas é muito instável. Continua preponderantemente islâmico, pobre, mal governado, desconfiado dos Estados Unidos, e ainda mais desconfiado de Israel. Difícil saber quem, entre Bush e Bin Laden, teria gostado menos dele.

A segunda parte do plano da al-Qaeda – fazer os Estados Unidos entrarem em tantas guerras perniciosas que acabem virando as costas para o vasto anel interno islâmico – começou bem. Bin Laden calculou com acerto que ao atingir os Estados Unidos com violência em 2001 não deixaria aos norte-americanos outra opção a não ser invadir o Afeganistão a fim de expulsá-lo de lá. Isso impôs aos Estados Unidos a sua guerra mais longa de todas, e embora a decisão norte-americana de fazer com que a invasão do Iraque fosse parte da sua reação ao terrorismo tenha ficado longe de ser uma resposta aos eventos de 11 de setembro, a marcha sobre Bagdá foi exatamente o tipo de reação exagerada que Bin Laden desejava ver.

No que Bin Laden errou desastrosamente, porém, foi pensar que os Estados Unidos, ao ficarem supercomprometidos, iriam ou falir ou se retirar do sudoeste asiático. Em vez disso, eles mantiveram o curso, mataram Bin Laden e em grande parte conseguiram "desorganizar, desmantelar e derrotar a al-Qaeda" (a definição que Barack Obama fez da meta). Mas o custo disso foi ser arrastado para um novo conjunto de problemas surpreendentemente similares àqueles que o globocop britânico enfrentou um século antes.

A guerra que os Estados Unidos travaram ao invadir o Iraque em 2003 foi, em uma notável série de maneiras, uma espécie de reprise da Guerra dos

Bôeres que a Grã-Bretanha travou contra a República da África do Sul e o Estado Livre de Orange entre 1899 e 1902. Tanto a Guerra dos Bôeres como a do Iraque foram preventivas, encetadas para impedir futuras agressões. Tanto em 1899 quanto em 2003 os críticos com frequência colocaram a culpa da guerra em uma perversa aliança de políticos e homens de negócios movidos por interesse próprio e pela cobiça de recursos naturais – ouro e diamantes da África do Sul; petróleo do Iraque. Mas os políticos que levaram os dois globocops para a guerra com frequência viam a si mesmos como humanitários, não materialistas, lutando para proteger os oprimidos (xiitas e curdos no Iraque, negros africanos na Guerra dos Bôeres); no entanto, não importa qual das interpretações seja mais verdadeira, a Grã-Bretanha e os Estados Unidos viram que sua decisão de usar a força dividiu a opinião pública doméstica e fez os velhos aliados se voltarem contra eles.

Onde as guerras dos Bôeres e do Iraque diferiram mais foi em seus estágios iniciais. Em 2003, os Estados Unidos esmagaram o exército do Iraque, enquanto em 1899 a Grã-Bretanha foi tropeçando de derrota em derrota, mandando soldados em fileiras cerradas por terreno aberto para serem mortos por uma artilharia destruidora e pelo fogo de fuzis. Em 18 meses, porém, os britânicos haviam colocado suficientes soldados na área para reduzir os exércitos bôeres a migalhas – mas acabaram descobrindo, como os norte-americanos fariam 103 anos mais tarde, que seus inimigos desapareciam e se tornavam insurgentes.

O exército britânico em 1900 e o norte-americano em 2003 haviam sido formados para travar guerras convencionais, e de início ambos tiveram muitas dificuldades com a contrainsurgência. Para os britânicos, isso significava perseguir pequenos destacamentos, que os bôeres chamavam de comandos, por longas extensões de estepes. "Vivíamos na expectativa de receber a qualquer hora a ordem 'Montar!'", relembrou um oficial. "Montávamos várias vezes, mas, por mais rápidos que fôssemos, nunca éramos rápidos o suficiente." Com uma atitude similar, mais de um século depois um fuzileiro naval norte-americano contou ao seu recém-chegado comandante: "Senhor, nós patrulhamos até dar de cara com um IED (*Improvised Explosive Device*, isto é, "dispositivo explosivo improvisado", ou bomba caseira) e então chamamos um Medevac (*medical evacuation helicopter*, ou helicóptero de resgate médico) e voltamos; e depois fazemos isso de novo no dia seguinte".

Ambos os exércitos aprenderam rápido. Novos comandantes (Herbert Kitchener para os britânicos, David Petraeus para os americanos) elaboraram estratégias de contrainsurgência e foram bem-sucedidos. Mas ambos os globocops pagaram um preço por seu sucesso, porque a maneira óbvia de lutar contra inimigos fora do padrão era recorrer ao que o vice-presidente Dick Cheney chamou de "o lado sombrio", e isso era altamente impopular domesticamente e entre os aliados.

Os Estados Unidos espionaram seus próprios cidadãos, detiveram prisioneiros indefinidamente e negaram-lhes a proteção das convenções de Genebra. Torturaram alguns de seus prisioneiros e despacharam outros para países que não admitiam ter recebido nenhum prisioneiro, e, mesmo depois que abriram mão desses métodos, assassinatos feitos por meio de drones continuaram mantendo a oposição ativa. Mas, em comparação com o tratamento dispensado pela Grã-Bretanha aos sul-africanos, os norte-americanos nunca se mostraram de modo algum muito sombrios. Kitchener incendiou milhares de fazendas, abateu a tiros o gado dos insurgentes e prendeu suas famílias em campos de concentração. Cerca de um quarto dos detidos – a maioria mulheres e crianças – morreram de doença ou de fome.

No geral, apesar dos erros de conduta, os Estados Unidos lidaram com a sua versão da Guerra dos Bôeres muito melhor do que os britânicos o fizeram com a sua original, dissipando muito menos sangue e ouro e infligindo menos dor. Dos cerca de 1,5 milhão de soldados norte-americanos que serviram no Iraque, menos de 5 mil morreram; a Grã-Bretanha mandou um número equivalente à África do Sul, mas perdeu 22 mil (a maioria por doença). Cerca de 1 civil iraquiano em cada 300 morreu de forma violenta durante a ocupação norte-americana, a maioria nas mãos de outros iraquianos e de militantes estrangeiros em lutas sectárias, mas a Grã-Bretanha foi dez vezes mais assassina, matando 1 em cada 30 sul-africanos durante a Guerra dos Bôeres. A guerra norte-americana também foi mais eficiente em termos de custos. A conta final, depois de pagos os juros de empréstimos, deve ter somado cerca de 2,4 trilhões de dólares, ou aproximadamente um sexto do PIB norte-americano em 2011, mas o gasto da Grã-Bretanha, de 211 bilhões de libras na Guerra dos Bôeres, representou um terço do seu PIB de 1902.

No final, tanto a Grã-Bretanha quanto os Estados Unidos ganharam suas Guerras dos Bôeres, mas para isso ambos tiveram que definir o que a vitória significou. A Grã-Bretanha mandou o líder sul-africano pré-guerra Paul Kruger para o exílio, mas acabou concedendo muito do que ele havia desejado aos governos sul-africanos pós-guerra, comandados por antigos insurgentes. De modo similar, os Estados Unidos derrubaram Saddam e viram os iraquianos elegendo governos com fortes vínculos com os insurgentes e o Irã.

A lição parece ser que é fácil para um globocop entrar em uma guerra do tipo da dos bôeres em uma parte rica em recursos do anel interno, mas é difícil, desagregador e caro sair dela. Um globocop determinado talvez seja sempre capaz de vencer uma Guerra dos Bôeres, mas um globocop que se habitua a lutar Guerras dos Bôeres provavelmente não irá se manter no cargo por muito tempo.

A Grã-Bretanha aprendeu essas lições e evitou outras Guerras dos Bôeres. O tempo dirá se os Estados Unidos serão capazes de seguir o mesmo caminho. No lado positivo, a al-Qaeda e seus afiliados estão em retirada geral, e a dependência norte-americana do petróleo do Golfo Pérsico está diminuindo (as importações norte-americanas de energia em 2014 deverão ser menores do que em qualquer época desde 1987, graças à maior eficiência e ao crescimento da produção doméstica). Mas, no lado negativo, a guerra do Afeganistão, ao que parece, irá terminar de modo menos satisfatório do que a do Iraque; a Primavera Árabe tem gerado colapso econômico e – particularmente no fracasso diplomático com relação à Síria em setembro de 2013 – causado danos à credibilidade norte-americana; e o Irã está perto de conseguir armas nucleares – o que, como Henry Kissinger advertiu durante os dias mais sombrios da guerra do Iraque: "seria um dos piores pesadelos estratégicos que a América poderia imaginar". Desde então, fortes sanções, assassinatos de cientistas e ataques cibernéticos diabolicamente inteligentes têm levado o Irã à mesa de negociações, mas nada disso foi capaz de desfazer os avanços nucleares que o país já fez.

Se o Irã chegar a colocar uma ogiva nuclear ativa em um míssil, arrisca-se a travar uma guerra com Israel e talvez com os Estados Unidos também. Mas não precisa ir tão longe, porque provavelmente é capaz de provocar e chantagear seus vizinhos pelo simples fato de eles saberem que é capaz de dominar a tecnologia nuclear de uma hora para outra. Talvez os Estados Unidos e o sudoeste asiático aprendam a conviver com isso, assim como os Estados Unidos e o nordeste da Ásia conviveram (até o momento) com uma Coreia do Norte nuclear. Mas é igualmente possível que um Irã quase nuclear faça com que seus vizinhos ricos – Turquia, Arábia Saudita, Emirados Árabes Unidos – corram para alcançar também esse limiar quase nuclear. A essa altura, Israel e/ou os Estados Unidos poderiam muito bem achar que outra guerra preventiva – a mãe de todas as Guerras dos Bôeres – poderia ser menos ruim do que o risco de uma guerra nuclear no Oriente Médio.

Atualmente, o sudoeste asiático consome quase um sexto do orçamento militar norte-americano. Devido às contínuas ameaças representadas pelo terrorismo, pelo islamismo e pelo programa nuclear iraniano, somados (pelo menos a curto prazo) à persistente importância do petróleo da região, parece improvável que esse valor caia a curto prazo, mesmo supondo que os Estados Unidos evitem outra Guerra dos Bôeres. Esses custos talvez sejam suportáveis se o sudoeste asiático continuar sendo o principal foco militar norte-americano, mas de todas as incertezas da próxima década essa parece ser a mais incerta de todas.

A analogia inevitável

"Quando se trata de prever a natureza e a localização de nossos próximos compromissos militares", declarou o secretário da Defesa, Robert Gates, aos cadetes de West Point em 2011, "nosso histórico tem sido perfeito. Não acertamos uma única vez."

Mas isso não impediu os militares de continuarem tentando. Planos, afinal, precisam ser feitos, e sistemas de armas ser providenciados, e na década de 1990, com o desaparecimento da União Soviética e a diminuição do número de conflitos entre nações, um especialista após outro passou a concluir que já não haveria grandes guerras. Os conflitos no Iraque e no Afeganistão depois de 2001 pareciam confirmar esse prognóstico. A partir de agora, seria contrainsurgência o tempo todo.

E tanto foi assim que, quando tive a oportunidade, no início de 2012, de visitar o Centro Nacional de Treinamento do Exército dos Estados Unidos em Fort Irwin, Califórnia, vi-me no meio de uma simulação de aldeia do Oriente Médio, perfeita, com mesquitas e atores falando árabe. Juntei-me a um grupo em uma cobertura inacabada, batida por forte vento, para ver soldados tentando levar idosos "afegãos" para uma reunião – e serem emboscados por jihadistas falsos pelas ruelas. Uma bomba explodiu em um latão de lixo com um barulho ensurdecedor. Franco-atiradores surgiram por janelas e pelas encostas da montanha. Um Humvee interveio, bloqueando um cruzamento importante. Tudo era incrivelmente barulhento, poeirento e confuso (Figura 7.5), mas o comboio finalmente conseguiu escapar.

Figura 7.5. Jogos de guerra de verdade: o tamanho do estrago em 2011 em uma simulação de aldeia do Oriente Médio, no Centro Nacional de Treinamento do Exército dos Estados Unidos, em Fort Irwin, Califórnia.

Fort Irwin, um trecho do deserto de Mojave do tamanho do Estado de Rhode Island, é o último lugar para onde vão os soldados norte-americanos antes de partirem para o exterior. Por mais de 30 anos tem sido um barômetro do pensamento norte-americano sobre os próximos compromissos militares. Se eu tivesse aparecido por ali em 1980, quando o centro foi inaugurado, teria visto disparos a longa distância entre centenas de tanques, o céu cheio de caças e batalhões inteiros de infantaria tomando de assalto réplicas toscas de cidades da Europa central. Mas tudo isso mudou em 2005, quando as preocupações com contrainsurgência passaram a predominar. Todos os falsos blocos de apartamentos foram derrubados e ficou apenas uma falsa cidade, em homenagem aos velhos tempos. E então tudo isso foi substituído por aquelas imitações de minaretes e madraças que eu vi se erguerem da areia.

Se eu tiver em breve a oportunidade de fazer outra visita, o cenário do deserto do Mojave terá mudado de novo. A contrainsurgência constituiu o panorama da batalha enquanto o globocop foi forte o suficiente para dissuadir todos os rivais de tentar qualquer coisa, mas o exército pergunta agora por quanto tempo mais isso continuará valendo. Esperando que aconteça o melhor, mas planejando em função do pior, o centro está trazendo de volta os tanques. Maquetes estilo Oriente Médio estão dando lugar a uma variedade de cenários, desde ataques tipo Blitzkrieg a tiroteios com gângsteres. Os novos cenários podem representar praticamente qualquer lugar da Síria à Coreia do Sul, mas as grandes guerras estão definitivamente de volta à pauta do exército.

Apesar da vida dura que o globocop enfrenta no sudoeste asiático, parece cada vez mais que a região onde ele vem fracassando mais seriamente em prevenir a ascensão de rivais estratégicos é, na realidade, o leste asiático. Ao longo do anel externo do continente – a corrente de ilhas que vai do Japão a Jacarta (Figura 7.6) –, o esforço tem geralmente sido bem-sucedido. Em alguns aspectos, na verdade, os desenvolvimentos no anel externo do leste asiático têm sido muito similares aos da Europa ocidental. O Japão, como a Alemanha Ocidental, foi desmilitarizado e ocupado em 1945, e depois parcialmente remilitarizado e admitido nos mercados mundiais sob supervisão norte-americana. Coreia do Sul, Taiwan, Hong Kong e Cingapura vieram a seguir, tornando-se gigantes econômicos, mas, mesmo na década de 1980, quando o Japão crescia ainda mais rápido que a Alemanha Ocidental e suas compras de bônus do tesouro norte-americano haviam alcançado níveis elevadíssimos, a ansiedade norte-americana em relação a ter criado um rival japonês continuou na surdina.

Já o anel interno do leste asiático tem sido uma história diferente. A República Popular da China controla não só milhares de quilômetros de anel interno no litoral, mas também um grande trecho do núcleo central da Eurásia, colocando-a mais ou menos na mesma posição que a Alemanha estaria se tivesse vencido qualquer uma das duas guerras mundiais. Por dois milênios, essa localização fez da China uma das maiores economias mundiais, mas a partir da revolução industrial a nação ficou dependente da importação de recursos naturais e da exportação de bens manufaturados através do anel externo. Todo ano, 5 trilhões de dólares em bens passam pelo mar do Sul da China, o que confere imensa importância estratégica não só ao estreito de Malaca, mas também a pequenos pontos de rocha como as ilhas Spratly e Paracel (em chinês, ilhas de Nansha e Xisha).

Figura 7.6. Correntes de ilhas: o aspecto do mundo visto de Pequim.

Na época em que Mao Tsé-tung tomou o poder, em 1949, parecia que os sucessivos globocops do anel externo haviam cercado a China com correntes de ilhas que seriam capazes de estrangular sua economia. A reação inicial de Mao foi procurar soluções drásticas. Em seus primeiros cinco anos, ele tentou aliviar o controle do globocop mandando milhões de homens para lutar na Coreia e ameaçando invadir Taiwan, mas nos dois casos a chantagem nuclear norte-americana o convenceu a desistir. Em seguida, decidiu ignorar a geopolítica e deu início a uma revolução industrial chinesa movida por pura força de vontade. No entanto, quando ordenou que os camponeses passassem da agricultura para uma metalurgia doméstica, 20 milhões morreram de fome. Determinado, Mao proclamou uma revolução cultural, incitando comunistas mais jovens a derrubarem tudo o que fosse velho (incluindo a economia) para depois construir uma utopia que não tinha como ser alimentada por nada mais sólido do que o Pensamento de Mao Tsé-tung. De novo, o resultado foi o desastre.

As coisas ficaram tão ruins por volta de 1972 que Mao sentiu-se obrigado a sinalizar sua abertura para uma mudança, e da maneira mais grandiosa possível. Por algum tempo, Richard Nixon vinha sondando uma aproximação entre China e Estados Unidos, como forma de se opor à União Soviética; então, para espanto geral, Mao convidou o antigo perseguidor de comunistas da América a ir a Pequim. "Essa foi a semana que mudou o mundo", anunciou Nixon com grandiloquência, mas, na realidade, só depois que Mao estava bem morto é que conselhos mais sensatos passaram realmente a predominar na China. A essa altura, no final da década de 1970, a economia da China precisava crescer 8% ao ano durante décadas para evitar uma situação de fome ainda pior do que aquela que já havia suportado. Reconhecendo isso, Deng Xiaoping abriu a China à economia mundial. Como a China não era capaz de quebrar as correntes de ilhas pela força (praticamente não tinha marinha, e o imenso Exército de Libertação do Povo, antiquado na melhor das suas fases, havia chegado perto do colapso durante a Revolução Cultural), isso significava fazer as pazes com o globocop.

As políticas de Deng desencadearam uma devastação ambiental e uma corrupção desenfreada, mas também produziram bens. Durante a década de 1990, o impressionante número de 150 milhões de agricultores fugiram do interior empobrecido e foram para fábricas perto do litoral, criando de fato uma nova Chicago a cada ano. Mudar para uma cidade geralmente aumentava a renda de um trabalhador em 50%, e, como os novos habitantes urbanos ainda precisavam comer, aqueles que ficavam no campo e vendiam comida para as cidades também viram seus salários aumentarem em 6% ao ano. Por volta de 2006, a economia da China era nove vezes maior do que à época em que Mao morreu, 30 anos antes.

Mas isso foi só o começo. Em 2006, 14 mil novos automóveis chegavam todo dia às estradas da China, e perto de 85 mil quilômetros de novas estradas estavam sendo construídos para eles. Por volta de 2030, segundo avaliações oficiais, esses carros e estradas irão trazer outros 400 milhões de camponeses para as cidades, e para acomodá-los a China teria que construir mais da metade de todas as casas que estão sendo erguidas no planeta. Entre 1976 e 2006, a participação da China na produção econômica mundial mais do que triplicou, passando de 4,5% para 15,4%. Ao longo desse mesmo período, a participação norte-americana declinou, e, embora os Estados Unidos estivessem na frente ainda, produzindo 19,5% do PIB mundial, era inegável que o globocop agora tinha um rival.

Os Estados Unidos deixaram que a China se tornasse esse rival pela mesma razão que o Reino Unido deixou que a Alemanha e os próprios Estados Unidos se tornassem seus rivais no final do século XIX: porque isso também deixou o globocop mais rico. Na verdade, a ascensão da China foi um negócio financeiro extraordinário para a América. O baixo preço dos importados chineses fez com que a maioria dos trabalhadores norte-americanos visse seu padrão de vida melhorar, mesmo que seus salários tivessem estagnado, e, como a China emprestou muito de seus lucros de volta para os Estados Unidos, comprando trilhões de dólares de bônus do Tesouro, os norte-americanos nunca ficaram sem dinheiro para continuar a comprar os importados chineses. Como toque final, os bens chineses baratos exerceram pressões deflacionárias que impediram que o crédito chinês barato disparasse uma inflação galopante. Todos ganharam.

O relacionamento entre o globocop e seu amigo asiático foi tão compensador para ambos que o historiador Niall Ferguson e o economista Moritz Schularick o apelidaram de "Chimérica" – uma combinação de China e América. O que tornou o nome tão adequado, porém, é que a Chimérica era também uma quimera, um sonho do qual o mundo uma hora iria acordar. Em economia, assim como em estratégia, toda ação tem um ponto culminante, depois do qual, observou Clausewitz, "a balança oscila para o outro lado e vem a reação".

A balança já estava oscilando em 2004, quando a revista *Business Week* anunciou que "o Preço China" eram "as três palavras mais assustadoras para a indústria norte-americana", e oscilou de vez por volta de 2008, quando a lógica econômica voltou a se manifestar e a bolha de ativos do Ocidente estourou. Em abril de 2009, quando o fundo do abismo ainda não era visível, os líderes das 20 maiores economias mundiais se reuniram em Londres para definir uma reação. Sua expectativa mais otimista, segundo sugeriu um dos anfitriões britânicos, era que um chiste feito durante as reuniões se tornasse verdade: "Após a crise [na Praça da Paz Celestial] de 1989, o capitalismo salvou a China. Após 2009, a China salvou o capitalismo".

Tenha cuidado com o que você deseja, reza o dito. O papel da China em ajudar a salvar o capitalismo transformou "o Preço China" nas três palavras mais assustadoras para os diplomatas norte-americanos e também para os donos de indústrias. A China tornou-se um corpo sólido no firmamento financeiro, e sua força de gravidade econômica está atraindo o Pacífico ocidental para uma órbita sinocêntrica. Antes do final de 2009, Coreia do Sul, Japão e mesmo Taiwan haviam todos feito propostas bastante públicas a Pequim. Vínculos vitais na corrente de ilhas em volta da China estavam perto de ser cortados.

A grande questão era o que isso iria significar para o globocop. Não muita coisa, dizia Pequim, que desde 2004 vinha descrevendo a crescente influência da China como uma "ascensão pacífica". A China, insistiam seus porta-vozes, estava se juntando – e não desafiando – ao sistema mundial norte-americano e iria aceitar suas regras. E, se "ascensão pacífica" ainda soava alarmante, Pequim suavizou sua imagem ainda mais em 2008 ao mudar o rótulo para "desenvolvimento pacífico". Isso, explicaram os porta-vozes, fazia parte de uma antiga cultura estratégica chinesa, com raízes no confucionismo. Em vez de usar a força para resolver divergências, a China sempre confiara na virtude, mostrando por seu exemplo humano que a cooperação sempre iria fazer com que todos melhorassem.

Os norte-americanos com frequência têm feito afirmações similares sobre suas próprias políticas. Já em 1821, John Quincy Adams argumentava que os Estados Unidos haviam deixado sua marca no mundo por meio da "benigna simpatia de seu exemplo". Mas, a despeito dessas belas palavras, os Estados Unidos recorreram regularmente à força, e ao longo da história essas mudanças geopolíticas, do porte da decolagem da China, sempre foram acompanhadas por forte violência. A ascensão da Europa entre os séculos XV e XIX envolveu a Guerra dos Quinhentos Anos, e a mudança do centro de gravidade econômico da Europa para a América do Norte entre 1914 e 1945 desencadeou uma tempestade de aço. Quem sabe agora será diferente, mas, se essa passagem do Pacífico ocidental para uma órbita sinocêntrica também significar colocar a região fora da órbita norte-americana, as consequências para o globocop poderiam ser fatais – muito similares, na verdade, àquelas que a Grã-Bretanha teria sofrido se a Alemanha tivesse derrotado a França em 1914, excluindo-a de uma união alfandegária da Europa ocidental.

Os líderes da China não são nem totalmente virtuosos (como o argumento confuciano implica) nem totalmente perversos (como seus críticos mais ferozes às vezes sugerem). São simplesmente como os demais líderes ao longo do planeta e da história – mas é isso justamente que torna a situação alarmante. A China, como qualquer outro país, tem que praticar o jogo da morte. Desde a década de 1980 ela tem jogado bem a maior parte do tempo, o que significa (como sempre) ser "pombo" quando isso funciona e ser "falcão" quando não funciona. Longe de colocar Confúcio no lugar de Mackinder, a China é (nas palavras do jornalista Robert Kaplan) uma "potência über-realista".

Reconhecendo sua fraqueza militar, isolamento diplomático e vulnerabilidade estratégica, durante uma geração após a morte de Mao a China evitou confrontações e injetou dinheiro em uma modernização militar. Entre 1989 e 2011, os gastos cresceram quase sete vezes, enquanto o orçamento da defesa norte-americano – apesar dos grandes desembolsos na Guerra Global contra o Terror – cresceu apenas um quarto.[52]

Uma "analogia inevitável", diz o estrategista Edward Luttwak, é a que vemos entre a China de hoje e a Alemanha da década de 1890. Mas, embora os dois países tenham gastado muito para transformar poder industrial em poder militar, o gasto da China tem sido mais inteligente do que foi o alemão. O cáiser Guilherme desafiou o Reino Unido diretamente ao construir uma frota de navios de guerra, mas a China está desafiando os Estados Unidos de modo assimétrico.

O investimento chinês foi principalmente em submarinos, minas e mísseis balísticos de curto alcance. Isso não pode competir com o domínio norte-americano dos oceanos, mas pode tornar as águas em volta da China perigosas demais para os Estados Unidos operarem nelas. Segundo um renomado

52 Se em vez disso fizermos a medição a partir de seu ponto mais baixo, em 1998, até seu pico, em 2010, o gasto norte-americano com a defesa quase dobrou, mas mesmo isso equivale a menos de um terço do aumento proporcional chinês.

consultor chinês, Pequim "está buscando maior espaço estratégico na parte ocidental do Pacífico, para que as armas estratégicas norte-americanas não sejam capazes de atravessar o mar Amarelo e o mar do Leste da China". O sucesso pode estar próximo: jogos de guerra realizados pela Rand Corporation em 2009 sugerem que já por volta de 2013 a China seria capaz de vencer uma guerra aérea contra Taiwan. Seus milhares de mísseis iriam rapidamente suprimir os caças de Taiwan com base terrestre, e, com os aviões norte-americanos obrigados a operar a partir de porta-aviões posicionados fora do alcance de mísseis ("além do horizonte", em linguagem militar) ou desde a distante Guam, uma invasão continental de Taiwan teria boa chance de sucesso.

Nada disso se revelaria importante se a China pudesse se apoiar na sua pujança econômica para resolver todas as divergências a seu favor, mas, sendo a estratégia o que é, isso não está ocorrendo. Por volta de 2010, o crescente poderio da China vinha alarmando seus vizinhos a tal ponto que alguns estavam se agrupando para resistir ao gigante. Previsivelmente, à medida que o comportamento estilo "pombo" parou de dar resultados, a China se tornou mais "falcão". Seguiu-se uma série de impasses com Japão, Filipinas, Vietnã e até mesmo com a Índia. Em volta de atóis desabitados, aviões trocaram voos rasantes, fragatas foram atingidas com mangueiras de incêndio e pescadores foram presos. "A China está pronta para o pior cenário Diaoyu"[53], advertiu o *Global Times* (praticamente um veículo do Partido Comunista Chinês).

Em meados de 2011, enquanto os governos em volta do círculo do Pacífico pesavam suas opções, tive a boa sorte de ser convidado a ir a Canberra para uma reunião do Australian Strategic Policy Institute [Instituto Australiano de Políticas Estratégicas]. Vistos a partir de Canberra, os dilemas eram particularmente sérios. Quando o resto do Ocidente entrou em recessão em 2009, a Austrália continuou crescendo, em grande parte porque o continuado interesse da China por seu carvão e ferro alimentou uma grande expansão da mineração e das commodities. Por volta de 2011, o país era o único entre as nações ricas a manter pelo vigésimo ano seguido o crescimento econômico. Para muitos australianos, isso sugeria – como o diretor do instituto, major-general Peter Abigail, colocou – "que a Austrália em algum estágio terá que optar entre seu principal parceiro econômico [China] e seu principal parceiro de segurança [os Estados Unidos]".

53 As ilhas Diaoyu (Senkaku, em japonês) são reclamadas tanto pela China quanto pelo Japão.

Durante os piores dias da crise financeira global, a Austrália já tinha pistas sobre qual seria sua escolha. "A avaliação do governo", anunciou um documento oficial da Defesa em 2009, "é que a estabilidade estratégica na região é mais bem sustentada pela presença contínua dos Estados Unidos." Mas o problema, como os jornalistas australianos impiedosamente assinalaram, era que o pensamento oficial se apresentava confuso: depois de insistir na primazia do parceiro de segurança da Austrália, o principal teor do documento oficial era sobre como continuar nas graças do parceiro econômico.

A reunião da qual participei havia sido convocada para tentar ajustar essa confusão antes que o governo publicasse seu próximo documento oficial da Defesa. A discussão foi aberta e participativa, indo da natureza da estratégia à urbanização e energia, mas o tempo todo era palpável o desconforto na sala. Cada opção parecia trazer mais custos do que benefícios. Um racha com o parceiro econômico iria arruinar a Austrália. Um racha com o parceiro de segurança deixaria a Austrália incapaz de fazer frente à China. E se, milagre dos milagres, a Austrália conseguisse manter todas as bolas no ar, a perpetuação do forte crescimento da mineração iria arruiná-la de qualquer modo ao distorcer sua economia.

Pessoalmente, ao sair de Canberra eu tinha menos certeza ainda sobre o que poderia acontecer do que quando cheguei, mas nos bastidores corriam conversações mais importantes. De início, essas conversações também pareciam ser mais decisivas: renunciando à ambiguidade, o governo australiano anunciou que "a Austrália e os Estados Unidos estão procurando alinhar suas respectivas posições de força de maneira que atendam a interesses de segurança compartilhados". Em novembro de 2011, Barack Obama voou até Canberra. "Vamos deixar bem claro", ele anunciou ao Parlamento. "No Pacífico asiático do século XXI, os Estados Unidos da América estão inteiros dentro dele [...] Vamos alocar os recursos necessários para manter nossa forte presença militar na região [...] Iremos honrar nossos compromissos." Nos meses que se seguiram, discussões como essas em Canberra também se deram por toda a corrente de ilhas. Um governo após outro seguiu o exemplo da Austrália e firmou posição. Um turbilhão de acordos coletivos de segurança veio em seguida, e algumas nações fizeram importantes mudanças de política. Myanmar voltou as costas para a China e fez um pacto com Washington (e a democracia); o Japão falou em rearmamento e até em enfrentar a China na questão da ilhas Senkaku.

Mas nem bem essas novas certezas tinham tomado forma e já começaram a se dissolver. Em maio de 2013, o novo documento oficial da Defesa australiano abandonou os recentes termos duros e cortou fortemente as despesas militares. "Apesar de os chineses terem encarado o plano [anterior] como uma provocação do tipo um pano vermelho exibido a um touro", observou Rory Medcalf, do Instituto Lowy de Política Internacional, de Sydney, "é tentador caricaturizar a nova estratégia da Austrália como o equivalente a levantar uma bandeira branca." Essa, ao que parece, foi exatamente a conclusão a que chegou o Exército de Libertação do Povo. "O poder dos Estados Unidos", declarou seu recém-nomeado subchefe do Estado-Maior a um jornal do Partido Comunista, "está em declínio, e a liderança do Pacífico asiático está além de seu alcance."

Talvez eu tivesse bons motivos para estar confuso em Canberra. Nada está claro no Pacífico ocidental porque a névoa de desconhecidos desconhecidos é mais densa ali do que em qualquer outro ponto da Terra. E, no entanto, é lá que as decisões mais importantes precisam ser tomadas. "Se entendermos mal a China", admitiu uma pessoa próxima a Washington, "daqui a 30 anos essa será a única coisa de que todos irão se lembrar."

Partindo as correntes

A pior maneira pela qual os Estados Unidos poderiam entender mal a China é a mesma pela qual a Grã-Bretanha poderia ter entendido mal a Alemanha há um século: entrando em guerra com ela.

Para os especialistas em Washington, o cenário militar mais fácil de imaginar é que a China poderia tomar as ilhas Senkaku, Spratly, Paracel, ou partes de territórios igualmente isolados, talvez com a esperança de que uma resposta fraca dos norte-americanos levasse seus aliados a abandoná-los, partindo as correntes de ilhas. No entanto, praticamente ninguém acha que esse cenário iria de fato ocorrer. Em 2011, a revista *Foreign Policy* pediu a um grupo de especialistas que avaliasse a probabilidade de um conflito bélico sino-americano na próxima década, segundo uma escala que ia de 1 (impossível) a 10 (certeza). Nenhum deles deu uma pontuação acima de 5, e a média foi de apenas 2,4. Os não especialistas pensam da mesma forma; naquele mesmo ano, o Pew Research Center descobriu que apenas 20% dos norte-americanos viam a China como a maior ameaça internacional – embora isso represente o dobro do que era em 2009, e a China tenha obtido pontuação mais alta que qualquer outro país (em segundo lugar, com 18%, ficou a Coreia do Norte).

A razão pela qual esse cenário de tomada de ilhas parece tão improvável é que, apesar do crescimento militar da China, a supremacia norte-americana continua impressionante. A agressão iria fazer cair sobre a China uma contraofensiva que os planejadores norte-americanos chamam de "AirSea Battle" ["Batalha ArMar"]. Os Estados Unidos têm planos bem desenvolvidos para uma guerra cibernética e iriam começar com um grande ataque eletrônico, paralisando as estações de transmissão de energia elétrica da China e as finanças, deixando cegos seus satélites e sua vigilância, e obstruindo seus sistemas de comando e controle. Mísseis de cruzeiro e balísticos, capazes de atingir os alvos com precisão de 5 a 10 metros mesmo depois de terem voado milhares de quilômetros, abririam crateras nas pistas militares de pouso e decolagem da China e aniquilariam suas defesas terra-ar. Aviões furtivos, praticamente indetectáveis – bombardeiros B-2, caças F-22 e até mesmo F-35 –, iriam atacar o interior, arrasando bases de lançamento de mísseis. A China perderia a iniciativa em questão de horas, e, embora os almirantes norte-americanos pudessem ainda hesitar em navegar o litoral chinês, suas aeronaves e mísseis navais iriam afundar qualquer barco chinês estúpido o suficiente para se lançar ao mar e pulverizariam qualquer brecha na corrente de ilhas.

Especialistas em Pequim parecem concordar que a tomada de ilhas seria insensata. Na verdade, sugerem eles, o risco real de segurança não é de um ataque chinês especulativo, mas de um ataque norte-americano preventivo. Na década de 1950, os presidentes americanos enviaram tanques para o rio Yalu e por duas vezes fizeram ameaças de uma guerra nuclear. Mesmo o sensato primeiro-ministro Hu Jintao às vezes se sentia sitiado; observando em 2002 que os Estados Unidos haviam "reforçado suas posições militares na região do Pacífico asiático, fortalecido a aliança militar Estados Unidos-Japão, reforçado a cooperação estratégica com a Índia, melhorado as relações com o Vietnã, se aproximado do Paquistão, fortalecido um governo pró-americano no Afeganistão, aumentado a venda de armas para Taiwan, e assim por diante", ele sugeriu que "eles têm expandido os postos avançados e colocado pontos de pressão sobre nós a partir do leste, sul e oeste". Para alguns generais chineses, a lógica implacável do jogo da morte parece estar encorajando os Estados Unidos a explorar sua supremacia militar enquanto ainda podem, desferindo um ataque espontâneo em seu rival em ascensão para conseguir continuar outra geração como globocop.

Esse, no entanto, é o futuro menos provável de todos. Globocops, como policiais reais, pagam um preço imenso em reputação quando maltratam inocentes. Globocops democráticos pagam um preço mais alto ainda, e, quando a vítima em vista é também o banqueiro do globocop – como a China é dos Estados Unidos –, maltratá-lo torna-se realmente uma péssima ideia. A Pax Americana, como a Pax Britannica antes dela, é tanto um equilíbrio diplomático e financeiro quanto militar, e vencer uma guerra preventiva seria prejudicial aos norte-americanos quase tanto quanto aos chineses.

Se alguém ganharia com uma guerra dessas provavelmente seria a Rússia, a quarta região que os redatores do *Defense Planning Guidance* colocaram em suas preocupações em 1992. Por uma década, seus temores de um revanchismo da Rússia pareceram deslocados, porque o país despencou por um abismo econômico. A produção declinou 40% na década de 1990 e os salários reais caíram 45%. O governo deu calote na dívida em 1998, e o padrão de vida caiu tanto que em 2000 o russo médio passou a morrer mais jovem do que seus avós. A Rússia ainda se manteve como o maior arsenal nuclear do mundo, mas não era claro nem se seus mísseis ainda funcionavam, e seus soldados deram um triste espetáculo contra os islâmicos na Chechênia.

Mas desde a década de 1990 muita coisa mudou. Alimentado pelas exportações de petróleo e gás, o PIB per capita da Rússia dobrou entre 2000 e 2012. O Krêmlin anunciou uma verba de 600 bilhões de dólares para modernizar seus submarinos e mísseis, e está recuperando uma força expedicionária menor e mais ágil a partir das ruínas do velho Exército Vermelho. A Rússia continua muito menos ameaçadora do que a União Soviética e pode tornar-se menos ameaçadora ainda, segundo previsão do Banco Mundial, conforme sua renda do petróleo caia depois de 2015. Mas, mesmo assim, se a agressão norte-americana empurrasse a China para os braços da Rússia, esse seria um dos piores resultados possíveis para o globocop. Um eixo russo-chinês controlando o núcleo central eurasiano e um grande trecho de seu anel interno seria o pior pesadelo de Mackinder.

Por alguns anos, a Rússia e a China colaboraram vagamente para bloquear os planos norte-americanos na Síria, Irã, Paquistão e Coreia do Norte, mas as diferenças entre os dois países – sobre a venda de armas da Rússia para o Vietnã e a Índia, sobre o acesso chinês ao petróleo e ao gás russos e sobre a competição pela riqueza de minérios do Cazaquistão e da Mongólia – têm até agora sido obstáculos para que ocorra algo mais profundo. Longe de ganhar mais tempo para atuar como globocop, se os Estados Unidos vencessem a China no campo de batalha, isso iria impedi-los de alcançar o ponto culminante de sua estratégia, deixando Pequim sem outra opção a não ser voltar-se para Moscou, trazendo com isso justamente o desastre estratégico que os norte-americanos estavam tentando impedir.

A conclusão óbvia é que, apesar de todos os preparativos e reposicionamento político desde 2009, os custos de se usar a força são proibitivamente altos para todos os envolvidos, e as recompensas também são baixas. É difícil imaginar alguém começando uma guerra de grandes potências no leste asiático na década de 2010 – do mesmo modo que era difícil imaginar que alguém fosse fazer isso na Europa na década de 1870, quando o globocop britânico começou a mostrar os primeiros sinais de perder seu controle. Foram necessários mais 40 anos de relativo declínio, nos quais a economia da Grã-Bretanha cresceu mais lentamente do que a de seus rivais, para que alguém se dispusesse a levar as questões ao extremo. E essa, na minha visão, é a analogia histórica com a qual precisamos nos preocupar. Se os 40 anos entre as décadas de 2010 e de 2050 se desenrolarem de fato como os 40 anos entre as décadas de 1870 e de 1910, eles serão os mais perigosos da história.

Não há, é claro, garantia nenhuma de que a história irá se repetir. Muita coisa pode mudar nas próximas quatro décadas. O crescimento chinês pode estancar, como ocorreu com o do Japão na década de 1990. Ou a economia norte-americana pode ganhar novo fôlego, revigorada quem sabe por sua presente revolução na extração de gás e petróleo a partir de xisto e de areias asfálticas. Isso promete (ou ameaça – os ambientalistas condenam como suja a nova tecnologia de fracionamento) disponibilizar vastos suprimentos de energia de fontes que antes pareciam inaproveitáveis. Alguns economistas também sugerem que uma "terceira revolução industrial" em nanotecnologia e na impressão em 3D irá impulsionar a produtividade norte-americana de maneira ainda mais substancial. Os Estados Unidos poderão então confundir seus críticos, como já aconteceu com frequência antes. Muitas pessoas deram a América por perdida na década de 1930, para vê-la ressurgir e derrotar os nazistas na década de 1940. Outros a deram por perdida de novo na década de 1970, e o país derrotou os soviéticos nos anos 1980. Quem pode afirmar que os Estados Unidos não irão continuar o ciclo de 40 anos, recuperando-se de seus infortúnios da década de 2010 para superar a China na década de 2020?

As tendências atuais, no entanto, fazem com que esses prognósticos otimistas pareçam bastante improváveis. É provável que o crescimento chinês desacelere nas próximas décadas, mas a maioria dos economistas acha que mesmo assim continuará mais rápido do que a expansão econômica americana. A Organização para a Cooperação e Desenvolvimento Econômico (OCDE), por exemplo, prevê que o crescimento chinês irá baixar de 9,5% em 2013 para 4,0% em 2030, e prevê também que em nenhum ano a economia norte-americana irá se expandir mais do que 2,4%. A Comissão de Orçamento do Congresso é mais pessimista ainda, definindo um teto para o crescimento anual americano de 2,25% na década de 2020, e alguns analistas financeiros preveem que o crescimento americano anual a longo prazo será em média de apenas 1% a 1,4%.

A maioria das previsões é que a economia da China irá superar a americana em algum ponto entre 2017 e 2027 (provavelmente em 2019, e quase com certeza por volta de 2022, diz a *The Economist*). Segundo os contabilistas da PricewaterhouseCoopers, o PIB da China será 50% maior que o dos Estados Unidos na década de 2050, ao passo que os economistas da OCDE acham mais provável que essa diferença seja de 70%. E, a essa altura, os dois grupos de especialistas concordam, a economia da Índia também estará alcançando – ou ultrapassando – a norte-americana (Tabela 7.1).

	2011	**2030**	**2050**
Estados Unidos	13,6	21,2	38,8
China	10,8	33,3	66,2
Índia	4,1	13,3	43,4
	2012	**2030**	**2060**
Estados Unidos	15,2	23,4	38,0
China	11,3	30,6	53,9
Índia	4,5	13,7	34,7

Tabela 7.1. O mundo pós-americano? No alto, as estimativas da PricewaterhouseCoopers sobre o PIB nos Estados Unidos, China e Índia, 2011-2050 (em trilhões de dólares americanos de 2011, em paridade de poder de compra [purchasing power parity – PPP]); embaixo, as estimativas da Organização para a Cooperação e Desenvolvimento Econômico, 2012-2060 (em trilhões de dólares americanos de 2005, em PPP).

Uma das razões que tornam a supremacia militar norte-americana tão esmagadora em meados da década de 2010 é que os Estados Unidos não só têm uma economia maior que a da China (cerca de 15 trilhões de dólares *versus* 12 trilhões de dólares em 2012, calculados em paridade de poder de compra) como também gastam mais em preparativos para a guerra (4,8% *versus* 2,1%). Mas isso também está mudando. O investimento militar chinês, depois de ter mais que dobrado entre 1991 e 2001 e triplicado na década seguinte, irá provavelmente desacelerar na década de 2010, mas os gastos norte-americanos irão, na realidade, encolher. Depois de fracassar em encontrar um plano para lidar com sua dívida total de 16,7 trilhões de dólares – 148 mil dólares por pagador de impostos –, o governo norte-americano autoimpôs cortes de cima a baixo em março de 2013. Os gastos militares, que foram de 690 bilhões de dólares em 2012, reduziram-se a 475 bilhões; em 2023, serão mais baixos em termos reais do que em 2010.

A China levará anos até alcançar o orçamento militar norte-americano (em 2012, a diferença era de 228 bilhões de dólares em paridade de poder de compra), e mesmo então não terá apagado a liderança em prestígio, comando e controle e em eficácia geral que as forças norte-americanas construíram durante um século de preeminência. Mas esse talvez não seja o ponto mais importante. A Grã-Bretanha deixou de ser um globocop eficaz muito antes que qualquer potência estrangeira fosse capaz de superar sua marinha em um combate direto, e mais ou menos o mesmo destino aguarda os Estados Unidos tão logo eles não consigam mais bancar as forças armadas com suficiente poder para intimidar todos ao mesmo tempo. A década de 2010, adverte Michael O'Hanlon da Brookings Institution, irá provavelmente impor "radicais mudanças na abordagem estratégica básica dos Estados Unidos [...] [e] embora dificilmente castrem o país ou suas forças armadas, [os cortes] serão arriscados demais para o mundo em que vivemos".

"A ameaça mais significativa à nossa segurança nacional", advertiu o extrovertido diretor do Joint Chiefs of Staff norte-americano em 2010, "é nossa dívida." Mas isso, na realidade, minimiza o problema de duas grandes maneiras: primeiro, a dívida é apenas um sintoma da questão mais profunda, que é o relativo declínio da economia norte-americana (Figura 7.7); e, segundo, os problemas econômicos dos Estados Unidos ameaçam toda a segurança mundial, não apenas a sua própria.

Se a tendência de queda dos últimos 60 anos prosseguir por mais 40, os Estados Unidos perderão a supremacia econômica da qual precisam para ser um globocop. Como a Grã-Bretanha por volta de 1900, podem ter que delegar partes de sua função a aliados, multiplicando os desconhecidos desconhecidos. Para as potências emergentes da década de 2010 e provavelmente para as de 2020 também, qualquer lance que implique o risco de uma guerra com os Estados Unidos beira a loucura. Mas as recompensas podem parecer muito diferentes para as potências emergentes das décadas de 2030 e 2040. Não havendo uma recuperação econômica norte-americana, a década de 2050 pode ter muito em comum com a de 1910, com ninguém tendo muita certeza se o globocop ainda pode atirar melhor que todos os demais.

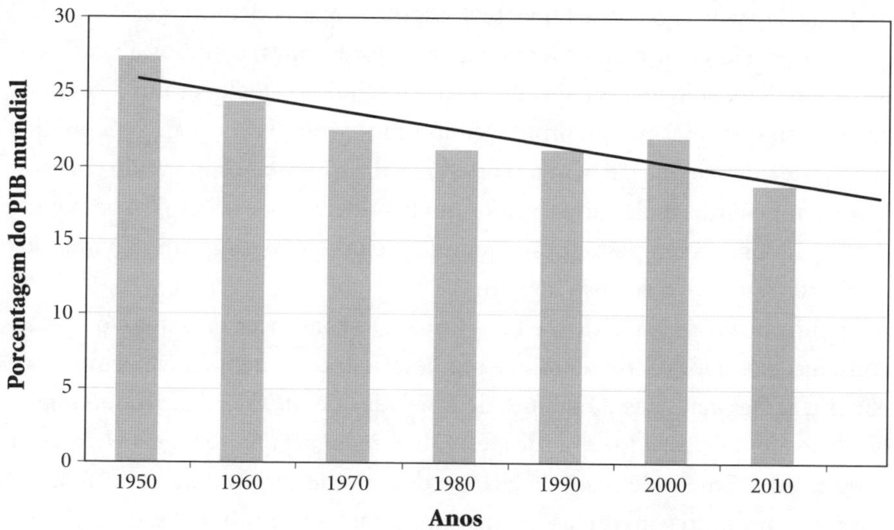

Figura 7.7. Ladeira escorregadia: o declínio econômico dos Estados Unidos em relação ao resto do mundo – gradual nas décadas de 1950-1970, parcialmente revertido nos anos 1980-1990 e abrupto a partir de 2000.

Anos para se viver perigosamente

"Estamos adentrando águas desconhecidas", adverte o National Intelligence Council no *Global Trends 2030*, a edição de 2012 do relatório de previsões estratégicas que o órgão apresenta a cada quatro anos ao presidente americano recém-eleito ou reeleito. A verdadeira questão na década de 2010, sugerem eles, não é se os Estados Unidos fracassaram em impedir a emergência de um novo rival; é que a politicagem das grandes potências que preocupava os redatores do *Defense Planning Guidance* há 20 anos é, na verdade, apenas a ponta de um iceberg de incerteza muito maior.

Bem abaixo da superfície, diz o conselho, há sete "movimentos tectônicos" que irão atuar devagar pelas próximas décadas: o crescimento da classe média global, o acesso amplo a tecnologias letais e perturbadoras, o deslocamento do poder econômico em direção ao leste e ao sul, um envelhecimento sem precedentes e amplamente disseminado, urbanização, pressões por alimento e água, e a recuperação da independência norte-americana em termos de energia. Nem todos esses fatores irão agir contra os interesses do globocop, mas no mínimo, no mínimo, todos parecem propensos a complicar seu trabalho. Mais perto da superfície, o conselho vê seis "aspectos que podem mudar o jogo [...] questões relacionadas com economia global, governança, conflitos, instabilidade regional, tecnologia e o papel dos Estados Unidos". Qualquer um deles pode eclodir em qualquer ponto, promovendo um rearranjo do cenário geopolítico em questão de semanas. E bem na superfície, diz o conselho, operando em escalas de tempo ainda mais curtas, vemos um bando de "cisnes negros" – com tudo, desde pandemias, tempestades solares que prejudiquem o suprimento mundial de eletricidade, até o colapso do euro.

Os anos instáveis entre 1870 e 1914 tinham as suas incertezas, mas, destaca o conselho, nós agora acrescentamos um desafio inteiramente novo: a mudança climática. Das centenas de bilhões de toneladas de dióxido de carbono que os humanos têm despejado no ar desde 1750, uma quarta parte foi expelida entre 2000 e 2010. Em 10 de maio de 2013, o dióxido de carbono na atmosfera por um breve período superou as quatrocentas partes por milhão, seu nível mais alto em 800 mil anos. A temperatura média subiu 0,83°C entre 1910 e 2010, e os 10 anos mais quentes de que se tem notícia foram registrados todos a partir de 1998.

Até agora, os efeitos foram relativamente pequenos, mas os piores impactos vêm ocorrendo no que o conselho chama de "arco de instabilidade" (Figura 7.8). As notícias sobre esse crescente de terras pobres, áridas, politicamente instáveis, mas com frequência ricas em energia, são geralmente ruins. O fluxo de água no imenso rio Eufrates, que irriga grande parte da Síria e do Iraque, tem declinado em um terço nas décadas recentes, e o nível de água em sua bacia hidrográfica caiu 30 centímetros por ano entre 2006 e 2009. Em 2013, o Egito até cogitou entrar em guerra se a Etiópia levasse adiante o projeto de construir uma represa gigante no Nilo. Os extremos climáticos irão perturbar o arco com mais secas, mais safras perdidas e milhões de migrantes a mais. Trata-se de uma receita para mais Guerras dos Bôeres.

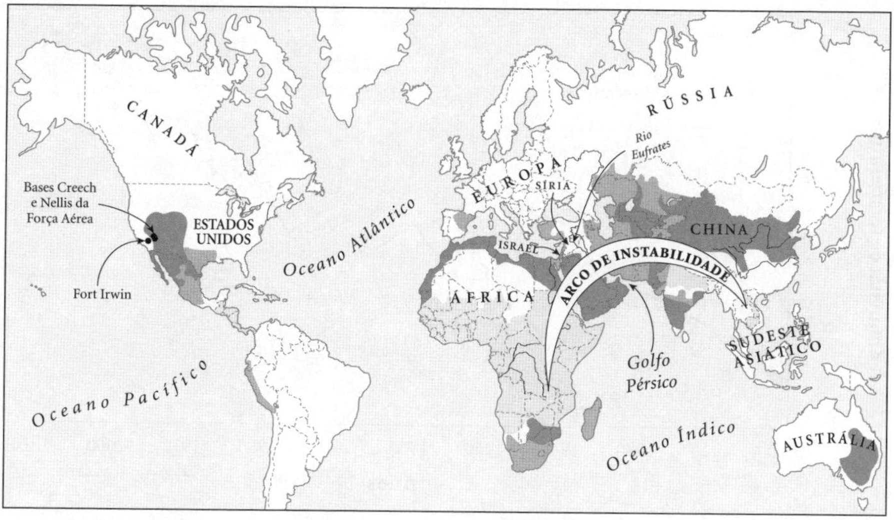

Figura 7.8. Avaliando o calor: quanto mais escuro o sombreado de uma região, maior sua vulnerabilidade à seca. Países ricos, como Estados Unidos, China e Austrália, são capazes de bombear água das regiões úmidas para as secas, mas os países pobres – principalmente aquelas nações do anel interno situadas no arco de instabilidade – não o são. Pode haver problemas à espreita se as temperaturas retomarem a tendência de alta nas próximas décadas.

A maior incerteza, porém, é que a mudança climática constitui um fator desconhecido no sentido mais pleno: os cientistas não sabem o que irá acontecer. Em 2013, a Nasa relatou que "a temperatura global na média de cinco anos tem se mantido estável há uma década" (Figura 7.9). Isso pode ser uma boa notícia, significando que as temperaturas estão menos sensíveis aos níveis de carbono do que os climatologistas haviam pensado – e, nesse caso, o aquecimento global poderia permanecer no extremo baixo das estimativas, subindo apenas 0,55 °C entre 1985 e 2035. Ou poderia ser uma má notícia, significando que a relação entre carbono e clima é mais volátil do que se achava – e, nesse caso, as temperaturas irão subir de repente do seu patamar de 2002-2012. Poucos debates científicos têm tanta importância estratégica, mas, no que pode ser um sinal de mais incertezas ainda à frente, os cortes no orçamento obrigaram a CIA a fechar seu Centro para Mudança Climática e Segurança Nacional no final de 2012, poucos dias antes da publicação do relatório *Global Trends 2030*.

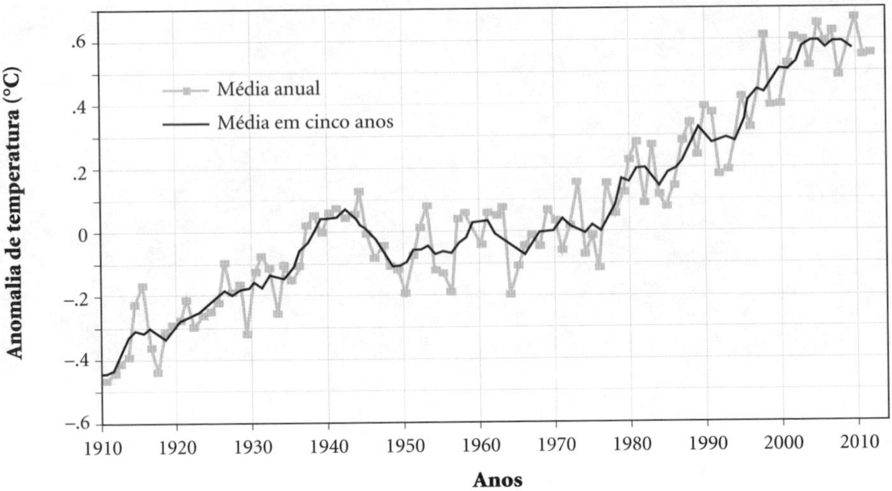

Figura 7.9. Ciência estratégica: estimativas de aquecimento global da Nasa, 1910-2010. A linha cinza mostra a temperatura média anual e a linha preta, a média de cinco anos, que, para surpresa de muitos cientistas, tem se mantido estável desde 2002.

No entanto, apesar de todo esse cenário sombrio, o National Intelligence Council continua bastante otimista a respeito do panorama até 2030, o ponto final do estudo. O globocop irá provavelmente enfrentar crescentes pressões financeiras, mas ainda será capaz de fazer seu trabalho; portanto, embora "grandes potências possam ser atraídas para um conflito, não vemos quaisquer [...] tensões ou conflitos bilaterais que possam disparar uma conflagração em grande escala". Além disso, o número potencial de mortes em conflitos de grandes potências está atualmente em declínio. Já não há ogivas nucleares suficientes no mundo para matar a todos nós: um conflito nuclear generalizado em meados da década de 2010 poderia matar algumas centenas de milhões de pessoas – mais do que na Segunda Guerra Mundial, mas muito menos do que o bilhão e tantas que tiveram suas vidas colocadas na balança quando Petrov enfrentou a sua hora da verdade. E, conforme a década de 2010 avança, a escala de um possível morticínio provavelmente irá cair ainda mais. Todas as grandes potências (à exceção da China) planejam maiores reduções nucleares, e em 2013 os Estados Unidos excluíram qualquer possibilidade de rearmamento a curto prazo ao interromperem a atividade de suas novas instalações de produção de plutônio de Los Alamos por problemas financeiros.

Além de terem ficado mais escassas, as ogivas nucleares se tornaram menores. A bomba é uma tecnologia que já tem 70 anos de idade, inventada em uma era em que os explosivos despejados pela parte traseira de um avião tinham sorte quando caíam dentro do raio de 1 quilômetro do seu objetivo. Explosões de muitos megatons resolviam esse problema da precisão do alvo ao arrasar cidades inteiras, mas, hoje, quando as munições de precisão podem acertar as vítimas com margem de erro de um metro e pouco, essas bombas de hidrogênio, imensas e caras, parecem ser a solução para um problema que já não existe. Foram em grande parte substituídas por ogivas nucleares precisas, mais baratas – ou mesmo por bombas convencionais inteligentes.

Mais importante ainda, os computadores que tornaram as bombas inteligentes possíveis também nos dão defesas antimísseis que realmente funcionam. Ainda há um longo caminho a percorrer, e não há escudo hoje capaz de deter um ataque severo de centenas de mísseis equipados com dispositivos de despiste e contramedidas, mas, em 16 testes desde 1999, o sistema de interceptação de ogivas dos Estados Unidos Ground-Based Midcourse Defense (GMD) atingiu metade dos ICBMs enviados contra ele. Em novembro de 2012, o sistema israelense Iron Dome fez melhor ainda, abatendo 90% dos foguetes lentos de curto alcance disparados da Faixa de Gaza (Figura 7.10).

Figura 7.10. Iron Dome: um míssil israelense antimíssil a caminho de abater um foguete invasor sobre Tel Aviv, em 17 de novembro de 2012.

Na próxima década ou duas, a computadorização da guerra irá bem além, e – pelo menos, de início – quase tudo o que se relaciona com ela tornará a guerra menos sangrenta. Quando a União Soviética tentou sufocar os insurgentes do Afeganistão na década de 1980, ela cobriu suas aldeias com tapetes de bombas, matando dezenas de milhares de pessoas. Desde 2002, ao contrário, os Estados Unidos transferiram cada vez mais sua ação de contrainsurgência no país para aeronaves pilotadas remotamente. Do mesmo modo que os mísseis teleguiados de precisão, os drones – como são comumente chamados[54] – são mais baratos do que as alternativas (cerca de 26 milhões de dólares para um MQ-9 Reaper top de linha, contra previstos 235 milhões de um caça F-35) e matam menos gente. As estimativas de mortes de civis por ataques de drones no Afeganistão e Paquistão viraram pretexto para um intenso debate político, e variam de poucas centenas a poucos milhares, mas mesmo as cifras mais altas são bem mais baixas do que a carnificina que teria sido produzida por qualquer outro método de perseguir os mesmos alvos (digamos, usar forças especiais ou ataques aéreos convencionais).

Por volta de 2011, os drones da força aérea tinham um registro de 1 milhão de horas de voo em serviço ativo e fizeram 2 mil incursões apenas naquele ano. A missão típica envolve drones rondando o céu a 15 mil pés de altitude de um suspeito, invisíveis e inaudíveis, durante até três semanas. Câmeras sofisticadas (que respondem por um quarto do custo de um MQ-1 Predator) registram cada movimento do alvo, mandando fotos por meio de uma rede de satélites e estações de transmissão até a Base da Força Aérea de Creech, no Estado de Nevada. Ali, equipes de duas pessoas sentam em trailers apertados, mas frescos e confortáveis (tive a oportunidade de visitar um deles em 2013), durante horas seguidas, observando os monitores cintilantes para definir os "padrões de vida" dos suspeitos.

Na maior parte do tempo, a missão não leva a nada. O suspeito revela ser apenas um afegão comum, fruto de alguma falsa delação por um vizinho ressentido ou hipervigilante. Mas, se as câmeras gravam comportamento suspeito,

---

54 Aqui, como é frequente, a terminologia é discutível. *Remotely Piloted Aircraft* (RPAs) ["aeronaves pilotadas remotamente"] é o termo preferido pela força aérea, pois enfatiza que se trata de aviões que ainda têm pilotos. O exército e a marinha falam em veículos aéreos não tripulados (*Unmanned Aerial Vehicles*, ou UAVs), enquanto os civis tendem a chamá-los de "drones". Como civil, vou chamá-los também de drones, embora nos círculos militares drone signifique convencionalmente um veículo robótico usado para praticar fogo de artilharia.

convocam-se forças em terra para fazer uma detenção, geralmente na calada da noite, para reduzir o risco de tiroteio. Se insurgentes alertas – acordados pelo ronco de helicópteros e Humvees – entram ou fogem (*leakers* e *squirters* [*goteiras* e *esguichos*], como os pilotos os chamam), um drone os faz "brilhar" com laser infravermelho, invisível a olho nu, mas que permite aos soldados com equipamento de visão noturna fazerem a detenção na hora que acharem mais conveniente. A mera possibilidade de atrair a atenção de drones tem paralisado os jihadistas: o melhor plano, advertia um folheto com recomendações para os insurgentes do Máli em 2012, era "silenciar completamente todos os contatos sem fio" e "evitar reunir-se em áreas abertas" – o que dificilmente constitui uma receita para operações eficazes.

Os drones se transformaram nos olhos e ouvidos da contrainsurgência no Afeganistão, e em cerca de 1% das missões eles são também sua arma agressiva. As equipes da força aérea seguem regras rígidas de ação, mas, quando um suspeito faz algo claramente hostil – como montar um morteiro na traseira de um caminhão –, o piloto pode apertar um botão em um joystick lá em Nevada, matando o insurgente com um míssil Hellfire guiado de precisão. (No Paquistão e no Iêmen, onde os Estados Unidos tecnicamente não estão em guerra, a CIA tem programas secretos de drones separados. Com diferentes regras de ação e menos opções de usar forças terrestres, esses programas provavelmente usam mísseis e bombas com maior frequência do que a força aérea, mas nesse caso também as baixas de civis caíram bastante entre 2010 e 2013.)

Os drones são a ponta afiada de uma cunha robótica, que está penetrando e dividindo a luta convencional desempenhada por humanos. Essa cunha não se expandiu tão rápido quanto algumas pessoas esperavam (em 2003, um relatório do Joint Forces Command dos Estados Unidos especulava que "entre 2015 e 2025 [...] a força conjunta poderia ser em grande parte robótica no nível tático"), mas nem andou tão devagar como alguns de seus opositores pensavam. "Há dúvidas sobre se os computadores serão algum dia inteligentes o suficiente para fazer todo o combate", argumentou o historiador Max Boot em 2006, o que o levou a prever que "as máquinas [só] serão chamadas para realizar trabalho maçante, sujo ou perigoso".

O resultado efetivo provavelmente ficará em algum ponto entre esses extremos, e a tendência dos últimos 40 anos de as máquinas assumirem os tipos de combate mais rápidos e tecnicamente sofisticados deverá acelerar-se nos próximos 40. Atualmente, os drones só podem operar se aeronaves tripuladas estabelecerem primeiro uma superioridade aérea, porque os robôs de movimento lento seriam alvos fáceis se um rival de nível quase equivalente disputasse os céus com caças, mísseis terra-ar ou bloqueadores de sinal. Fazer um drone voar sobre o Afeganistão a partir de um trailer em Nevada parece uma experiência estranha, fora do corpo (deixaram-me experimentar alguns minutos em um simulador da base aérea de Creech), porque o delay entre o movimento da sua mão acionando o joystick e o da aeronove respondendo pode ser de até um segundo e meio, conforme o sinal corre o mundo através das estações de transmissão e dos links de satélite. Comunicações melhores, ou colocar os pilotos em trailers no próprio teatro de operações, podem encurtar esse delay, mas, como a velocidade da luz é finita, isso significa que ele nunca desaparecerá. Nesse mundo Top Gun de batalhas aéreas supersônicas, os milissegundos são importantes, e aeronaves remotamente pilotadas nunca serão capazes de competir com caças tripulados.

A solução, como sugeriu um estudo da força aérea em 2009, poderia ser, em vez de deixar os humanos simplesmente "por dentro da ação", controlando remotamente o voo da aeronave, colocá-los "de fato dentro da ação". Com isso, a força aérea se refere a empregar formações mistas, com um avião tripulado atuando como líder da esquadra para outras três aeronaves não tripuladas. Cada robô teria sua tarefa (combate ar-ar, supressão de fogo em terra, bombardeio, e assim por diante), e o líder da esquadra se dedicaria a "monitorar a execução de certas decisões". O líder da esquadra poderia passar por cima dos robôs, mas "os avanços na IA [inteligência artificial] permitirão que os sistemas tomem decisões de combate e ajam dentro de restrições legais e normativas sem necessariamente exigir a intervenção humana".

Já estão sendo testados caças a jato não tripulados, e em julho de 2013 um deles até pousou na pista de um porta-aviões (Figura 7.11), uma das manobras mais difíceis que um piloto (humano) da marinha tem que realizar. Ao final da década de 2040, sugere a força aérea: "a tecnologia será capaz de reduzir o tempo necessário para completar o ciclo OODA [*observe, orient, decide and act*] ("observar, orientar, decidir e agir") para micro ou nanossegundos". Mas se – e quando – chegarmos a esse ponto a questão óbvia surgirá: por que manter humanos no circuito?

Figura 7.11. Vejam, sem piloto! Um caça furtivo robô Northrop Grumman X-47B passa roncando pelo USS *George H. W. Bush* em 2013, tornando-se o primeiro avião não tripulado a pousar na pista de um porta-aviões.

A resposta será igualmente óbvia: porque não confiamos em nossas máquinas. Se os soviéticos tivessem confiado nos algoritmos de Petrov em 1983, talvez nenhum de nós estivesse aqui agora, e, quando a tripulação do USS *Vincennes* acreditou em suas máquinas em 1988, abateu um jato de passageiros iraniano, matando 290 civis. Ninguém quer mais isso. "A gente ainda não consegue entender nem o Microsoft Windows", brincou um pesquisador do Programa de Ciência e Segurança Global da Universidade de Princeton, e, portanto, "com certeza não iremos entender algo tão complexo quanto uma inteligência humanoide. Por que, então", ele prossegue perguntando, "deveríamos criar algo assim e depois armá-lo?"

Mais uma vez a resposta é óbvia: porque não teremos escolha. As Nações Unidas têm pedido uma moratória no que chama de "robótica autônoma letal" e está ganhando corpo uma campanha para suspender robôs assassinos, internacional, mas, quando os caças hipersônicos se enfrentarem na década de 2050, robôs com ciclos OODA de nanossegundos irão matar humanos com ciclos OODA de milissegundos, e já não haverá discussão. Como em todas as demais revoluções nos assuntos militares, as pessoas irão produzir novas armas porque, se não o fizerem, seus inimigos poderão fazê-lo primeiro.

A batalha, sugere o antigo tenente-coronel do exército norte-americano Thomas Adams, já está indo além do "espaço humano" à medida que as armas se tornam "excessivamente rápidas, pequenas e numerosas e [...] criam um ambiente complexo demais para os humanos comandarem". A robótica está "rapidamente nos levando a um lugar onde a gente talvez não queira ir, mas que talvez seja incapaz de evitar". (Ouvi uma piada na Base da Força Aérea de Nellis: a força aérea do futuro consistirá em apenas um homem, um cachorro e um computador. O trabalho do homem será alimentar o cachorro, e o trabalho do cachorro será impedir que o homem ponha a mão no computador.)

As tendências atuais sugerem que os robôs começarão a assumir nossas lutas por volta da década de 2040 – bem na época, sugerem também as tendências, em que o globocop estará perdendo o controle da ordem internacional. Na década de 1910, a combinação de um globocop em decadência com novas máquinas de luta revolucionárias (encouraçados, metralhadoras, aviões, artilharia de fogo rápido, motores de combustão interna) encerrou um século de guerras menores, menos sangrentas, e desencadeou uma tempestade de aço. A década de 2040 promete uma combinação similar.

Não se sabe ao certo se isso trará resultados similares ou ainda piores que os vistos na década de 1910, e as opiniões variam. Em uma discussão mais detalhada (ou, para alguns, mais especulativa), o previsor de estratégias George Friedman sustenta que a guerra em 2050 será dominada por sistemas inteligentes sofisticadíssimos baseados no espaço. Ele espera que o poder norte-americano esteja ancorado em uma série dessas grandes estações espaciais, rodeado e protegido por dezenas de satélites menores, mais ou menos do jeito que destróieres e fragatas protegem os atuais porta-aviões. Essas flotilhas em órbita irão policiar a Terra lá embaixo, em parte disparando mísseis, mas principalmente coletando e analisando dados, coordenando enxames de aviões robôs hipersônicos e guiando batalhas terrestres nas quais, sugere Friedman: "a arma-chave serão homens de infantaria blindados – um único soldado, encerrado em um traje motorizado [...] Pense nele como um tanque de um só homem, só que mais letal".

O foco do combate em meados do século XXI – o que Clausewitz chamou de Schwerpunkt – serão batalhas cibernéticas e cinéticas para cegar as flotilhas do espaço, seguidas por ataques às instalações elétricas responsáveis por gerar as grandes quantidades de energia de que os robôs necessitarão. "A eletricidade", especula Friedman, "será para a guerra do século XXI o que o petróleo foi para a guerra do século XX." Ele prevê "uma guerra mundial no verdadeiro sentido da palavra – mas, devido aos avanços tecnológicos em precisão e velocidade, não será uma guerra total". O que Friedman quer dizer com isso é que os civis serão espectadores, assistindo ansiosamente à batalha entre guerreiros ampliados por dispositivos robóticos. Assim que um dos lados começar a perder essa guerra robótica, sua posição ficará logo insustentável, deixando como únicas opções a rendição ou o massacre. A guerra então terminará, deixando não o bilhão de mortos dos dias de Petrov, ou mesmo os 100 milhões de mortos de Hitler, mas, avalia Friedman, mais provavelmente 50 mil – só um pouco maior que o número de pessoas que morrem todo ano de acidente de carro nos Estados Unidos.

Gostaria de acreditar nesse cenário relativamente otimista – quem não gostaria? –, mas as lições dos últimos 10 milênios de lutas tornam isso difícil. A primeira vez que apresentei a ideia de revoluções nos assuntos militares, ainda no capítulo 2, observei que não há nada de novo sob o sol. Há quase 4 mil anos, soldados no sudoeste da Ásia já haviam equipado o simples guerreiro humano combinando-o com cavalos. Esses guerreiros equipados – os cocheiros dos carros de guerra – estavam literalmente muito acima dos guerreiros não equipados que circulavam penosamente a pé, com resultados que foram, em certo aspecto, muito similares aos previstos por Friedman. Quando um dos lados perdia uma batalha de carros de guerra por volta de 1400 a.C., seus soldados a pé e civis viam-se em uma posição insustentável. A rendição ou o massacre eram as únicas opções.

Novos tipos de equipamentos foram inventados no primeiro milênio antes de Cristo na Índia, onde humanos sobre elefantes dominaram os campos de batalha, e nas estepes no primeiro milênio depois de Cristo, onde cavalos maiores foram incorporados aos humanos para produzir a cavalaria. Em cada um desses casos, depois de se juntarem à batalha, os soldados a pé e os civis com frequência se limitavam a esperar que a batalha fosse travada pelos paquidermes e homens a cavalo, com a expectativa de que o melhor acontecesse. De novo, quem perdesse a luta equipada com animais estava em posição insustentável.

Mas ali as similaridades com o cenário de Friedman terminam. Carros de guerra, elefantes e cavalaria não desferiam ataques cirúrgicos, destruindo com habilidade os carros de guerra, elefantes e a cavalaria do outro lado e depois cessando sua ação. As batalhas não levavam a cálculos frios e à rendição negociada de infantaria e civis indefesos. Em vez disso, as guerras eram frenesis de violência irrefreada. Quando a poeira assentava depois da luta high-tech com cavalos e elefantes, os perdedores regularmente eram chacinados, quer se rendessem ou não. A era dos carros de guerra assistiu a uma atrocidade após outra; a era dos elefantes foi tão apavorante que o rei máuria Asoka jurou abrir mão da violência em 260 a.C.; e a era da cavalaria, desde Átila, o Huno, a Gêngis Khan, foi pior que as outras duas.

Todos os sinais – particularmente no front nuclear – sugerem que grandes guerras em meados do século XXI terão mais esse aspecto dos conflitos antigos do que o do relato otimista de Friedman. Já estamos, segundo o cientista político Paul Bracken, entrando em uma Segunda Era Nuclear. A Primeira Era Nuclear – a da confrontação soviético-americana das décadas de 1940-1980 – foi assustadora, mas simples, porque a garantia de mútua destruição produziu estabilidade (de certo tipo). A Segunda Era, ao contrário, por enquanto não é tão assustadora, porque o número de ogivas nucleares é muito menor, mas está muito longe de ser simples. Tem mais atores do que a Guerra Fria, usa forças menores e segue poucas regras de consenso ou nenhuma. Já não há a certeza da mútua destruição, porque Índia, Paquistão e Israel (se ou quando o Irã passar a dominar a tecnologia nuclear) sabem que um primeiro ataque contra seu rival regional poderia de modo concebível tirar-lhe a capacidade de um segundo ataque. Até o momento, as defesas antimísseis e as garantias do globocop mantiveram a ordem. Mas, se o globocop perder credibilidade na década de 2030 e, depois, a proliferação nuclear, a corrida armamentista e até ataques preventivos podem começar a fazer sentido.

Se ocorrer uma grande guerra nas décadas de 2040 ou 2050, há uma boa chance de que começará não com uma batalha high-tech quarentenada entre os computadores, estações espaciais e robôs das grandes potências, mas com guerras nucleares no sul, sudoeste ou leste da Ásia, que se expandirão e atrairão todos os demais. Uma Terceira Guerra Mundial provavelmente será tão confusa e furiosa quanto as duas primeiras, e muito mais sangrenta. Devemos esperar grandes massacres cibernéticos, espaciais, robóticos, químicos e nucleares, desferidos contra os escudos digitais e antimísseis do inimigo, como espadas de lâmina larga futuristas esmagando uma armadura, e quando a armadura rachar, como eventualmente irá, tempestades de fogo, radiação e doenças irão cair sobre os corpos indefesos do outro lado. Muito possivelmente, como em tantas batalhas no passado, nenhum dos dois lados saberá realmente se está ganhando ou perdendo até que o desastre de repente caia em cima dele ou do inimigo – ou de ambos ao mesmo tempo.

É um cenário terrível. Mas, se as décadas de 2010-2050 reprisarem o roteiro das de 1870-1910, com o globocop em decadência, desconhecidos desconhecidos multiplicando-se e armas cada vez mais destrutivas, ele se tornará gradativamente mais plausível.

O dito da Nova Inglaterra, então, pode se revelar verdadeiro: talvez não seja mesmo possível chegar lá partindo daqui.

Quer dizer, a não ser que "lá" não seja onde imaginamos que é.

Todos juntos

O segredo da estratégia é saber aonde você quer ir, porque só então você pode conceber como chegar lá. Por mais de 200 anos, as pessoas que fizeram campanha pela paz têm imaginado esse "lá"– um mundo sem guerra – mais ou menos à maneira de Kant, como algo que pode ser trazido à existência por uma decisão consciente de abrir mão da violência. Margaret Mead insistia que a guerra era algo que havíamos inventado e, portanto, algo que poderíamos desinventar. Os autores de *War* sugeriram que poderíamos acabar com a guerra protestando e gritando que ela não traz nada de bom. Os cientistas políticos tendem a ser menos idealistas, mas muitos deles também sustentam que uma escolha consciente (dessa vez, de construir instituições melhores, mais democráticas e mais inclusivas) nos fará chegar lá partindo daqui.

No entanto, a história de longo prazo que tracei neste livro aponta em uma direção muito diferente. Matamos porque a lógica implacável do jogo da morte recompensa isso. No seu conjunto, as escolhas que fazemos não mudam as recompensas do jogo; ao contrário, são as recompensas do jogo que mudam as escolhas que fazemos. É por isso que não podemos simplesmente decidir pôr fim à guerra.

Mas a história de longo prazo também sugere uma segunda conclusão, mais animadora. Não estamos presos a um Efeito Rainha Vermelha, condenados a reprisar a tragédia autodestrutiva de globocops que criam seus próprios inimigos até acabarmos de vez com a civilização. Longe de nos manter no mesmo lugar, toda a corrida que fizemos nos últimos 10 mil anos transformou nossas sociedades mudando as recompensas do jogo; e nas próximas décadas é provável que as recompensas mudem tanto que o jogo da morte se torne algo totalmente novo. Estamos começando a praticar o derradeiro jogo da morte.

Para explicar o que quero dizer com essa declaração tão enigmática, vou me afastar um pouco dos horrores da guerra para tratar de alguns argumentos de meus dois livros mais recentes, *Why the west rules - For now* e *The measure of civilization*. Como mencionei no final do capítulo 2, nessas publicações apresentei o que chamei de "índice de desenvolvimento social", que mede o quanto as diferentes sociedades foram bem-sucedidas em alcançar o que elas queriam do mundo ao longo dos 15 mil anos desde a última Era Glacial. O índice atribui pontos em desenvolvimento social dentro de uma escala de 0 a 1.000, este último valor sendo o mais alto possível sob as condições que predominavam no ano 2000 d.C., até onde o índice se estendia.

Armado com esse índice, perguntei - em parte com alguma ironia, em parte com seriedade - o que aconteceria se projetássemos essas notas no futuro. Como em qualquer previsão, os resultados dependem das suposições que fizermos; então, assumi deliberadamente um ponto de partida conservador e perguntei qual seria a cara do futuro se o desenvolvimento continuasse no século XXI no mesmo ritmo que mostrou no século XX. O resultado, mesmo com essa suposição restritiva, foi impressionante: por volta de 2100, o índice de desenvolvimento terá saltado para 5 mil pontos. O período que vai desde um homem das cavernas pintando um bisão em Lascaux até chegar a você que lê este livro exigiu que o desenvolvimento subisse 900 pontos; em 2100, esse índice terá aumentado próximo de 4 mil pontos.

"De pirar a cabeça" é a única expressão para uma previsão como essa - literalmente, porque uma das principais implicações de um desenvolvimento tão elevado é que a própria mente humana será transformada no século que temos à nossa frente. A computadorização não está mudando apenas a guerra: está mudando tudo, incluindo os animais que somos. A evolução biológica nos deu cérebros tão poderosos que fomos capazes de inventar a evolução cultural, mas a evolução cultural chegou agora ao ponto em que as máquinas que estamos construindo começam a retroalimentar nossa evolução biológica - com resultados que irão transformar o jogo da morte em um *derradeiro* jogo da morte, com o potencial de tornar a violência supérflua.

É difícil imaginar algo que pudesse ser mais importante para o futuro da guerra, mas em conversas que tive ao longo do último ano, ou dos dois últimos, notei uma profunda desconexão entre os tecnólogos e os analistas de segurança na maneira de enxergar o mundo. Entre os tecnólogos, nada parece ser otimista demais; tudo é possível, e tudo vai se revelar melhor do que esperamos. Na esfera da segurança internacional, porém, o ruim sempre está prestes a ficar pior, e as coisas são sempre mais assustadoras do que havíamos pensado. Os analistas de segurança tendem a menosprezar os tecnólogos, achando-os sonhadores, tão perdidos em fantasias utópicas que são incapazes de ver que as realidades estratégicas sempre irão se sobrepor ao blá-blá-blá tecnológico; e os tecnólogos com frequência zombam do pessoal de segurança – para eles, uns dinossauros, tão presos ao velho paradigma que não conseguem ver que a computadorização irá levar embora todas as suas preocupações.

Há exceções, é claro. Os relatórios do National Intelligence Council tentam juntar os dois pontos de vista, como faz o recente livro *A nova era digital*, uma coautoria do tecnólogo Eric Schmidt com o especialista em segurança Jared Cohen. Tentando partir dos exemplos deles – por mais esquizofrênica que a experiência possa ser –, eu dedico o restante desta seção às projeções dos tecnólogos e volto na seção seguinte para o teste de realidade das preocupações com segurança. A combinação produz uma visão do futuro próximo que é ao mesmo tempo animadora e alarmante.

O ponto de partida dos tecnólogos é um fato óbvio: computadores suficientemente poderosos para comandar caças de combate em tempo real serão também poderosos o suficiente para fazer muito mais. O quanto mais, ninguém pode dizer com certeza, mas centenas de futurólogos deram mesmo assim seus palpites. Como seria de esperar, não há dois que concordem em muita coisa, e se há alguma certeza é que essas visões estão pelo menos tão cheias de erros quanto a ficção científica de Júlio Verne e H. G. Wells um século atrás. Mas, pela mesma razão, quando olhamos o conjunto de especulações, em vez de testar uma por uma, vemos que os futurólogos de hoje também se parecem com os dos últimos tempos vitorianos ao reconhecer que há um amplo conjunto de tendências transformando o mundo – e, no que diz respeito a tendências amplas, Verne e Wells talvez estivessem mais certos que errados.

A maior área de concordância entre os futurólogos contemporâneos (e que constitui o sustentáculo dos filmes *Matrix*) é que estamos nos mesclando com nossas máquinas. Essa é uma previsão fácil de fazer, já que tem sido anunciada desde que o primeiro marca-passo cardíaco foi implantado em 1958 (ou, em um sentido mais tênue, desde que surgiram os primeiros dentes postiços e pernas de pau). A versão do século XXI, porém, é mais grandiosa. Não estamos apenas nos mesclando com nossas máquinas; por meio delas estamos também nos mesclando uns com os outros.

A ideia implícita nesse desse argumento é muito simples. Dentro do nosso cérebro, esse 1,2 quilo de magia sobre o qual falei tanto no capítulo 6, 10.000 trilhões de sinais elétricos cintilam para lá e para cá a cada segundo entre os cerca de 22 bilhões de neurônios. Esses sinais fazem de você quem você é, com sua maneira única de pensar e os cerca de 10 trilhões de informações armazenadas que constituem sua memória. Nenhuma máquina chega perto desse milagre da natureza – embora as máquinas estejam evoluindo rápido.

Durante meio século, o poder, a velocidade e o custo-eficácia dos computadores têm dobrado a cada ano mais ou menos. Em 1965, o valor de 1 dólar em computação em um novo e supereficiente IBM 1130 conseguia comprar um milésimo de cálculo por segundo. Por volta de 2010, o mesmo dólar/segundo comprava mais de 10 bilhões de cálculos e, por volta de 2014, a incansável duplicação elevou isso a cerca de 100 bilhões. Laptops baratos podem fazer mais cálculos, e mais rápido, que os mainframes gigantes de 15 anos atrás. Podemos até fazer computadores com apenas algumas moléculas de largura, tão pequenos que podem ser inseridos em nossas veias para reprogramar células e combater o câncer. Há apenas um século tudo isso teria parecido feitiçaria.

Basta estender essa linha de tendência até 2029, observa Ray Kurzweil (o mais conhecido dos futurólogos da tecnologia e hoje também diretor de engenharia da Google), e teremos escâneres com poder suficiente para mapear cérebros, neurônio por neurônio, e computadores com poder suficiente para rodar os programas em tempo real. Nesse ponto, afirma Kurzweil, haverá de fato dois de você: um, a versão velha, não aprimorada, biológica, que se degrada com o tempo, e o outro, a alternativa nova, imutável, baseada na máquina. Melhor ainda, diz Kurzweil, as mentes baseadas na máquina serão capazes de compartilhar informação com a mesma facilidade com que agora trocamos arquivos entre computadores, e por volta de 2045, mantidas as tendências, teremos supercomputadores com poder suficiente para hospedar escâneres de todos os 8 bilhões de mentes do planeta. A inteligência baseada em carbono e silício se unirá em uma única consciência global, com um poder de pensamento que tornará irrisória qualquer coisa que o mundo já tenha visto. Kurzweil chama esse momento de Singularidade – "uma época futura durante a qual o ritmo da mudança tecnológica será tão rápido, e seu impacto tão profundo [...] que a tecnologia parecerá estar se expandindo a uma velocidade infinita".

São afirmações extraordinárias. Naturalmente, há muita gente que nega isso, incluindo alguns destacados cientistas, além de futurólogos rivais. Eles costumam ser diretos: a Singularidade é simplesmente "o Arrebatamento para nerds"[55], diz o escritor de ficção científica Ken MacLeod, enquanto o influente crítico de tecnologia Evgeny Morozov acha que toda essa "baboseira dígito-futurista" não passa de uma "teoria da história cyber-whig" (não tenho muita certeza do que isso significa, mas claramente não se trata de um elogio). Um neurocientista, falando em uma conferência em 2012, foi mais direto ainda. "É lixo", disse ele.

Outros críticos, no entanto, preferem seguir o exemplo do célebre físico Niels Bohr, que uma vez comentou com um colega: "Todos concordamos que a sua teoria é louca. A questão que nos divide é se ela é louca o suficiente para ter alguma chance de estar certa". Talvez, segundo alguns, Kurzweil não esteja sendo louco o suficiente. Uma pesquisa de 2012 com observadores de bola de cristal descobriu que a data mediana em que eles previram uma Singularidade tecnológica foi 2040, cinco anos antes da projeção de Kurzweil; e Henry Markram, neurocientista que dirige o Human Brain Project, espera chegar lá (com a ajuda de uma verba de 1 bilhão de euros da União Europeia) por volta de 2020.

Mas, quando saímos das adivinhações para o que está de fato acontecendo nos laboratórios, descobrimos – talvez sem muita surpresa – que, embora ninguém possa prever os resultados detalhados, a tendência geral continua indo na direção da computadorização de tudo. Falei um pouco desse tipo de ciência em meu livro *Why the west rules – For now*; então, aqui posso ser breve, mas mesmo assim quero destacar alguns avanços notáveis no que os neurocientistas chamam de "interface cérebro-cérebro" (em português coloquial, telepatia pela internet), realizados desde que esse livro apareceu em 2010.

O primeiro requisito para mesclar mentes por meio de máquinas é contar com máquinas capazes de ler os sinais elétricos dentro do nosso crânio, e, em 2011, neurocientistas da Universidade da Califórnia, Berkeley, deram um grande passo nessa direção. Depois de medirem o fluxo sanguíneo pelo córtex visual de voluntários enquanto eles assistiam a trechos de filmes, os pesquisadores usaram algoritmos de computador para reconverter os dados em imagens. Os resultados foram toscos, granulados e bastante confusos, mas Jack Gallant, o

55 No original, "*the rapture for nerds*". *Rapture* é "arrebatamento", um conceito bíblico. Ele aparece em 1 Telassonicenses, 4:17, onde se lê: "Depois nós, os que ficarmos vivos, seremos arrebatados juntamente com eles, nas nuvens, ao encontro do Senhor, nos ares, e assim estaremos para sempre com o Senhor". Essa definição da Singularidade como "o Arrebatamento para nerds", dada por MacLeod, foi aproveitada pelos escritores de ficção científica Cory Doctorow e Charles Stross como título de seu romance de 2012, *The rapture of the nerds*, ambientado no século XXI, com uma visão geralmente cômica da singularidade tecnológica. [N. T.]

neurocientista que comandava o projeto, está certo ao dizer: "Estamos abrindo uma janela para os filmes das nossas mentes".

Apenas alguns meses antes, outra equipe de Berkeley registrou a atividade elétrica em cérebros de pessoas que estavam ouvindo a fala humana, e depois os computadores traduziram esses sinais em palavras. Outros experimentos eram mais complicados: o primeiro exigia que os voluntários ficassem deitados durante horas, amarrados dentro de escâneres de ressonância magnética, enquanto o segundo experimento só podia ser realizado durante cirurgias cerebrais, em pacientes que tivessem tido grandes fatias de seu crânio removidas e com eletrodos colocados dentro dele. "Existe um longo caminho até se chegar a uma adequada leitura da mente", concluiu Jan Schnupp, professor de neurociência da Universidade de Oxford, em sua avaliação da pesquisa, mas, acrescentou: "É mais uma questão de quando do que de se... É concebível que nos próximos 10 anos isso possa acontecer."

O segundo requisito para a telepatia pela internet é encontrar uma maneira de transmitir sinais elétricos de um cérebro a outro, e em 2012 Miguel Nicolelis, neurocientista da Duke University, mostrou como isso poderia ser feito, conseguindo que ratos em seu Brasil nativo controlassem os corpos de ratos na Carolina do Norte. Por meio de treino, os roedores sul-americanos sabiam que, quando uma luz piscasse, poderiam obter petiscos apertando uma alavanca. Eletrodos ligados às suas cabeças captavam essa atividade cerebral e a enviavam pela internet aos eletrodos da cabeça de roedores norte-americanos – que, mesmo sem terem sido treinados nem contarem com luzes piscando, apertavam a mesma alavanca e obtinham o petisco em 70% do tempo.

Setenta por cento ainda está longe de ser perfeito; os cérebros de ratos são muito mais simples que os nossos, e apertar uma alavanca não é uma tarefa muito desafiadora. Mas, apesar da miríade de problemas técnicos, uma coisa parece certa. A interface cérebro-cérebro não vai parar em ratos movendo as patas uns dos outros pela internet. Pode se desenvolver de maneiras totalmente diferentes da visão de Kurzweil – que, segundo Nicolelis, não passa de "um monte de bobagens" –, mas continuará a se desenvolver mesmo assim. (Nicolelis, na realidade, acha que chegaremos mais ou menos ao mesmo lugar que Kurzweil imagina, mas vindo da direção oposta: em vez de transferir dados de scans do cérebro para computadores, diz ele, iremos implantar computadores no nosso cérebro.)

Como os especialistas não conseguem entrar em acordo nos detalhes, ganharemos muito pouco escolhendo arbitrariamente uma profecia e levando-a adiante.

No entanto, há menos ganho ainda em fingir que não está acontecendo nada. Faremos melhor se atentarmos às sábias palavras de Richard Smalley, Prêmio Nobel – um químico cativante que costuma ser chamado de "pai da nanotecnologia". A Lei de Smalley (como gosto de chamá-la) nos diz que: "quando um cientista afirma que algo é possível, ele está talvez subestimando quanto tempo irá levar. Mas, se disser que é impossível, provavelmente está equivocado". Não importa com que exatidão irá funcionar, e se gostamos da ideia ou não, a interface cérebro-cérebro – como o tenente-coronel Thomas Adams, citado algumas páginas atrás, disse da robótica no campo de batalha – está nos levando a um lugar onde a gente talvez não queira ir, mas que talvez seja incapaz de evitar.

Esse lugar é nada menos do que um novo estágio de nossa evolução. Iniciada há mais de 100 mil anos, a luta para sobreviver em um mundo hostil da Era Glacial criou condições nas quais estranhos mutantes com cérebros grandes – nós – poderiam superar espécies anteriores de proto-humanos na competição e substituí-las. Isso ocorreu embora os proto-humanos substituídos tivessem sido os criadores dos mutantes, ao ter sexo e produzir variações genéticas aleatórias, algumas das quais floresceram sob a implacável pressão da seleção natural. Parece improvável que proto-humanos quisessem criar monstros que os levassem à extinção, mas, sendo a evolução o que é, eles não tiveram escolha nessa questão.

Pois tudo o que o homem semear, isso também ceifará; e, agora, mil séculos depois, estamos fazendo algo bastante similar ao que os proto-humanos fizeram, só que mais depressa, por meio de evolução cultural, e não biológica. Em nossa luta pela sobrevivência em um mundo superlotado, em aquecimento, estamos criando novas espécies de estranhos mutantes de grandes cérebros, usando máquinas para mesclar nossas mentes não aprimoradas, individuais e meramente biológicas com alguma espécie de superorganismo. O que estamos fazendo é, em certo sentido, a mais nova ordem de livre acesso, rompendo todas as barreiras entre indivíduos. Idade, sexo, raça, classe, linguagem, educação, o que você disser – tudo irá se dissolver no superorganismo.

Talvez o processo só vá até o ponto de compartilhar pensamentos, memórias e personalidades (o palpite de Nicolelis). Ou talvez chegue a um ponto em que individualidades e corpos físicos já não signifiquem muita coisa (o palpite de Kurzweil). Ou pode ir além, e o que estamos chamando, de modo condescendente, de "inteligência artificial" irá suplantar completamente a ineficaz e antiquada inteligência animal. Não podemos saber, mas, se a história a longo prazo é algum guia, temos que suspeitar que de uma maneira ou de outra os mutantes – a nossa nova versão – irão substituir o velho nós tão completamente quanto o velho nós substituiu os neandertalenses.

Mais uma vez parece que não há nada de novo sob o sol. A interface cérebro-cérebro é apenas o último capítulo de uma história antiga. Há 2 bilhões de anos, as bactérias começaram a se mesclar para produzir células simples. Mais 300 milhões de anos depois disso células simples começaram a se mesclar em células mais complexas e, depois de outros 900 milhões de anos, células complexas passaram a se mesclar em animais multicelulares. Em cada estágio, organismos mais simples abriram mão de algumas funções – de um pouco de sua liberdade, em certo sentido – a fim de se tornarem partes mais especializadas de outro ser maior, mais complexo. As bactérias perderam seu caráter de bactérias, mas ganharam o caráter de células; células perderam seu caráter de células e ganharam animalidade – e, no final, consciência; e agora talvez estejamos prestes a perder nossa animalidade individual à medida que nos tornamos parte de algo tão afastado do *Homo sapiens* quanto estamos de nossas células ancestrais.

As consequências para o jogo da morte são, para dizer o mínimo, enormes. Dois mil anos atrás, o historiador romano Lívio contava uma história sobre uma época em que sua cidade havia ficado profundamente dividida. Os pobres, disse ele, se ergueram contra os ricos, chamando-os de parasitas. Conforme as tensões aumentaram, Menenius Agripa, um destacado senador, entrou no acampamento dos rebeldes para tentar apaziguá-los. "Houve um tempo", começou Agripa, "em que nem todas as partes do corpo humano estavam de acordo como agora, e cada uma tinha as próprias ideias." O estômago, na visão dos outros órgãos, não fazia nada o dia inteiro, a não ser criar gordura aproveitando-se dos esforços deles, "e então", continuou Agripa, "armaram um complô, e a mão não levou mais comida à boca, e a boca não aceitou mais nada do que lhe era dado, e os dentes não mastigaram mais. Só que, enquanto os órgãos revoltados ficaram tentando subjugar o estômago, o corpo todo definhou". Os rebeldes entenderam a mensagem.

Quanto mais essa interface cérebro-cérebro avança, mais a parábola de Agripa se torna realidade. Essa interface pode até reduzir a zero as recompensas pela violência. Se isso vier a acontecer, então a Besta, junto com a nossa animalidade básica, será extinta, e já não fará sentido que inteligências mescladas resolvam suas divergências com violência (seja lá o que "divergências" e "violência" possam querer dizer então). Pelo menos, não fará mais sentido do que faz para mim arrancar meu nariz para ofender meu rosto.

Ou talvez não seja isso o que irá acontecer. Se há sentido nessa analogia entre células mesclando-se para criar corpos e mentes mesclando-se para criar um superorganismo, o conflito pode simplesmente evoluir para novas formas. Nossos próprios corpos, afinal, são cenários de uma luta incessante. Uma mulher grávida compete com seu bebê na barriga pelo sangue e açúcar que seu corpo carrega. Se a mãe obtém sucesso demais, o feto sofre danos ou morre; se o feto obtém sucesso demais, a mãe pode sucumbir a uma pré-eclâmpsia ou a uma diabete gestacional, capazes de matar tanto a mãe quanto a criança. Um superorganismo pode enfrentar conflitos similares, talvez sobre que parte dele terá acesso a mais energia.

Atualmente, cerca de 1 pessoa em cada 40 também tem lutas ocorrendo dentro de suas células, onde os chamados cromossomos B se alimentam das substâncias químicas do corpo, mas se recusam a participar da troca de genes, e cerca de 1 pessoa em 500 tem câncer, quando algumas de suas células se recusam a parar de se replicar, não importa o custo que isso imponha ao resto do organismo. Para nos protegermos desses castigos e contra os vírus que nos invadem vindos de fora, nossos corpos têm feito evoluir várias linhas de defesa microscópicas. Um superorganismo talvez precise fazer algo similar, quem sabe até produzindo os equivalentes a anticorpos que possam matar intrusos ou partes do próprio corpo que passem a atuar perniciosamente. Afinal, como a maioria de nós aprendeu à própria custa, as máquinas são tão vulneráveis a vírus quanto os animais.

Há muito para se especular. Mas podemos ter certeza de que a interface e a mescla cérebro-cérebro por meio de nossas máquinas estão se acelerando. As velhas regras, pelas quais vínhamos praticando o jogo da morte por 100 mil anos, estão chegando ao seu ponto culminante e adentrando um derradeiro jogo da morte inteiramente novo. Se jogarmos mal, praticamente não há limites para os horrores que poderemos infligir a nós mesmos. Mas, se jogarmos bem, antes do final do século XXI, o velho sonho de um mundo sem guerra talvez se torne realidade.

O derradeiro jogo da morte

"Tudo na guerra é muito simples", disse Clausewitz, "mas as coisas mais simples são difíceis." Assim será no derradeiro jogo da morte. Jogá-lo bem será simples – mas também terrivelmente difícil.

O que torna o jogo final simples é que, depois que sabemos onde está o "lá" e o que a guerra traz de bom, fica bastante óbvio como – em tese – poderemos chegar lá partindo daqui. Tenho sugerido que "lá" é a computadorização de tudo, e que aquilo que a guerra traz de bom é criar Leviatãs, e no final globocops que mantêm a paz, elevando os custos da violência a níveis proibitivos. A partir dessas premissas, a conclusão parece ser que o mundo precisa de um globocop que se disponha a usar a força para manter a paz até que a computadorização de tudo torne os globocops desnecessários. A única alternativa a um globocop é uma reprise do roteiro das décadas de 1870-1910, mas dessa vez com armas nucleares. E, como os Estados Unidos são o único candidato plausível para o trabalho de globocop, eles continuam a ser, como disse Abraham Lincoln há um século e meio, "a última grande esperança da Terra". Se os Estados Unidos fracassarem, o mundo inteiro fracassará.

Em 2013, um grande debate estava em curso nos círculos políticos norte-americanos entre aqueles que acreditam que a superpotência deve "inclinar-se para a frente" e os que acham que deve "recuar". Inclinar-se para a frente, dizem seus defensores, significa aderir a "uma grande estratégia de gerenciar ativamente a segurança global e promover a ordem econômica liberal, que funcionou excepcionalmente bem para os Estados Unidos nas últimas seis décadas", enquanto os que defendem "recuar" acham que "é hora de abandonar a estratégia hegemônica dos Estados Unidos e substituí-la por uma estratégia de contenção [...] abrindo mão da reforma global e insistindo em proteger os estritos interesses da segurança nacional [...] [o que] irá ajudar a preservar a prosperidade e a segurança do país a longo prazo".

A história a longo prazo sugere que ambos os campos estão certos – ou pelo menos meio certos. Os Estados Unidos devem inclinar-se para a frente e *depois* recuar. Como vimos no capítulo 4, quando os europeus do século XV começaram sua Guerra dos Quinhentos Anos contra o resto do mundo, eram imperialistas à moda antiga que lideravam o ataque, saqueando e cobrando impostos dos povos que haviam conquistado. O sucesso da Guerra dos Quinhentos Anos, no entanto, produziu sociedades tão grandes que o imperialismo no estilo antigo foi além do seu ponto culminante. Por volta do século XVIII, ordens de livre acesso que conseguiram fazer a mão invisível e o punho invisível trabalharem juntos estavam gerando muito mais riqueza e poder do que os tipos tradicionais de império. O resultado foi o surgimento do primeiro globocop mundial – apenas para ver seu sucesso em implementar e administrar uma ordem mundial de livre acesso gerar rivais tão ricos e poderosos que o sistema britânico logo ultrapassou seu próprio ponto culminante.

A consequência disso, como vimos no capítulo 5, foi uma tempestade de aço e o surgimento de um globocop norte-americano muito mais poderoso. Agora, o sucesso do novo globocop está levando o mundo em direção ao que chamo de "derradeira ordem de livre acesso", na qual a mão invisível talvez já não precise de um punho invisível. Isso irá marcar o ponto culminante não só para o globocop norte-americano, mas para *todos* os globocops. Neste exato momento, os Estados Unidos são a nação indispensável e devem inclinar-se para a frente, mas, conforme se aproximarem do ponto culminante de sua condição de globocop, terão que recuar. A Pax Americana irá possibilitar uma Pax Technologica (uma frase que tomei emprestada dos futurólogos Ayesha e Parag Khanna), e não precisaremos mais de um globocop.

Tudo, portanto, é muito simples – até que comecemos a fazer o tipo de perguntas que vêm imediatamente à mente dos analistas de segurança. A essa altura, conseguimos ver bem como as coisas mais simples podem ser difíceis. Não se pode tão somente achar que os dilemas de defesa da humanidade irão embora porque assim o desejamos. Na realidade, a impressão é que mesclar-se com máquinas é em si o mais desestabilizador dos movimentos tectônicos, de todos os fatores que mudam o jogo e de todos os cisnes negros que vimos neste capítulo, porque o processo será muito irregular.

No momento em que digito estas palavras, estou sentado a apenas 25 quilômetros (em linha reta) de San Jose, o coração do Vale do Silício na Califórnia. O mais novo vizinho que se mudou para a minha rua, nas montanhas Santa Cruz, é um engenheiro que trabalha no Google Glass; quando vou e volto para o meu local de trabalho, muitas vezes vejo passar carros autoguiados (que geralmente respeitam os limites de velocidade estabelecidos). Mas, se eu morasse no Congo ou no Níger, que empataram em último lugar no mais recente Relatório (2013) das Nações Unidas sobre Desenvolvimento Humano, duvido que tivesse vizinhos assim ou que visse esse tipo de veículo. San Jose é uma das cidades mais ricas e seguras do mundo; Kinshasa, uma das mais pobres e perigosas. E, como seria de esperar, lugares que já são seguros e ricos (especialmente San Jose) estão indo mais rápido em direção à computadorização de tudo do que aqueles que não o são.

Ordens de livre acesso prosperam com a inclusão, pois, quanto maiores seus mercados e maiores suas liberdades, melhor o sistema funciona. Por causa disso, os tecnólogos tendem a confiar que a médio e longo prazo a computadorização de tudo irá derrubar barreiras, tornando o mundo mais justo. No entanto, ao longo da história, os que chegaram mais cedo – seja à agricultura, ao Leviatã ou aos combustíveis fósseis – sempre tiveram vantagem sobre os que vieram depois. As ordens de livre acesso não incorporam todo mundo em termos iguais, nem todos têm o mesmo entusiasmo em relação a serem incorporados. No século XVIII, os europeus que colonizaram a América trouxeram os africanos para a ordem atlântica de livre acesso principalmente como escravos; no século XIX, europeus e norte-americanos industrializados com frequência usaram canhões para obrigar outros africanos e asiáticos a entrar em mercados maiores.

É difícil imaginar esses tipos cruéis de assédio ressurgindo no século XXI (ricos do norte escaneando cérebros de sulistas pobres apontando-lhes uma arma na cabeça?), mas a curto prazo a computadorização talvez aumente a distância entre o Primeiro Mundo e o restante dele. Na próxima década, ou nas duas próximas, poderá causar mais conflito, e não menos, à medida que deslocar economias e aumentar a sensação de injustiça que já inspira a violência islâmica. Mais terrorismo, mais Guerras dos Bôeres e falências de Estados podem estar se aproximando.

E os efeitos perturbadores da interface cérebro-cérebro tampouco se limitariam ao sul pobre. A quantidade relativamente modesta de computação que os países mais ricos do mundo experimentaram desde a década de 1980 já aumentou sua desiguadade. A médio e longo prazo, mesclar por meio de máquinas deve tornar esse tipo de distinção sem sentido, mas, se – como parece bem possível – uma pequena elite de riqueza e talento lidera o caminho rumo à interface cérebro-cérebro, a curto prazo os novos tecnocratas podem vir a pairar acima de todos, de maneira que o atual 1% só poderia sonhar.

Segundo uma história, que parece de veracidade duvidosa, o escritor F. Scott Fitzgerald teria comentado em uma festa que "os ricos são diferentes de mim e de você", ao que Ernest Hemingway teria retrucado com o comentário: "Sim, eles têm mais dinheiro". Hoje, porém, Fitzgerald está quase conseguindo sua vingança. Ao longo das próximas décadas, um novo tipo de rico de fato se tornará diferente do resto de nós.

O quanto será diferente é tão discutível quanto qualquer outro aspecto relativo a previsões, mas aposto meu dinheiro que você não conseguirá superar o relato imaginativo do nanotecnólogo transformado em escritor (e consultor do National Intelligence Council) Ramez Naam. Em *Nexus*, única obra de ficção que conheço que traz um apêndice sobre bioengenharia, Naam nos diz que a edição de 2036 do *The Oxford English Dictionary* irá incluir algumas palavras pouco familiares. Uma delas é "trans-humano", definida como "um ser humano cujas capacidades foram aprimoradas de modo que agora excedem o máximo humano normal em uma ou mais dimensões importantes". Outra é "pós-humano", isto é, "um ser que foi tão radicalmente transformado pela tecnologia que ultrapassou o status de trans-humano e já não pode ser considerado humano absolutamente". Trans-humanos, segundo o dicionário *Oxford* de Naam, são "um pequeno passo adiante na evolução humana", enquanto pós-humanos são "o próximo grande passo na evolução humana".

O romance de Naam está ambientado em 2040, e a essa altura, sugere ele, os países ricos terão não só muitos trans-humanos, mas também os primeiros poucos pós-humanos. Ele imagina que haverá crescentes conflitos. Jovens de elite, idealistas, muito instruídos, manobram para dar a todos a oportunidade de sintonizar a pós-humanidade, ficar ligado e cair fora;[56] um conservador globocop norte-americano tenta controlar a tecnologia e proteger as velhas maneiras de existir como humano; e rivais em ascensão – particularmente a China – tentam explorar pós-humanos para obter vantagens estratégicas. Na sequência desse romance, *Crux*, terroristas entram em cena também, usando mentes mescladas para cometer assassinatos políticos. O mundo fica à beira da guerra, e corre muito sangue, que humanos de todos os tipos perdem ou fazem perder.

Nexus e *Crux* são apenas histórias, mas captam muito bem as perturbações causadas por mesclar-se com máquinas e por meio delas, e a complexidade das escolhas que temos pela frente. Se, por exemplo, o globocop se precipitar excessivamente – digamos, tentando controlar demais os desdobramentos ou tentando manter seu posto depois de passar o ponto culminante –, irá enfrentar uma oposição cada vez maior, será exigido até o limite e chegará ao colapso financeiro, muito possivelmente acarretando os desafios militares que estará tentando evitar. Essa é uma estratégia infalível para perder o derradeiro jogo da morte, e uma das razões pelas quais gastei tanto tempo em capítulos anteriores

56 A frase em inglês é "*tune in to posthumanity, turn on and drop out*". Ou seja, o autor faz uma paráfrase de "*Turn on, tune in and drop out*", do poeta Thimothy Leary, que virou um dos slogans do movimento hippie na década de 1960 nos Estados Unidos. Segundo Timothy, *turn on* ("ligar, ficar ligado") é ativar o equipamento genético e neural, ficar sensível a vários níveis de consciência (as drogas psicodélicas seriam uma das formas para isso). *Tune in* ("sintonizar-se") é interagir harmoniosamente com o mundo ao redor. E *drop out* ("cair fora") seria o processo de se afastar de compromissos não voluntários ou inconscientes, confiando mais em si do que no sistema. Em vez de serem tomadas mais no sentido de um desenvolvimento pessoal, com frequência essas indicações foram sintetizadas pelo movimento da contracultura norte-americana como "ficar por dentro", "chapar-se" e "cair fora" de qualquer atividade construtiva. [N. T.]

examinando a teoria do modo ocidental de guerrear é que ele parece estimular justamente esse tipo de excesso de confiança em se precipitar. Graças ao legado militar herdado da antiga Grécia, assegura Victor Davis Hanson: "exércitos ocidentais mortíferos têm pouco a temer de qualquer força exceto eles mesmos". Mas isso, argumentei eu, não é o que a história a longo prazo nos mostra. Na realidade, conforme o século XXI seguir adiante, não serão os exércitos não ocidentais que constituirão o maior desafio ao globocop. Manter a ordem irá depender de julgamento sensato e de um habilidoso direcionamento dos recursos, não do legado da antiga Grécia.

Por outro lado, enquanto precipitar-se demais ou por muito tempo para a frente fará perder o jogo final, recuar demais ou antes do tempo irá produzir isso com maior rapidez ainda. Se o globocop mostrar-se ausente sem ter ido embora, a analogia mais relevante para os anos que temos pela frente não serão as crises de lento desenvolvimento das décadas de 1870-1910, mas a catástrofe abrupta da década de 1930 – aquela década degradada e desonesta em que o globocop britânico seguia moribundo, os norte-americanos não se dispunham a ocupar o lugar dele e rivais temerários apostaram tudo em soluções violentas para os seus problemas. A longo prazo, recuar será essencial, mas a curto prazo será catastrófico.

Tudo vai depender do timing relativo dessa mudança da Pax Americana para a Pax Technologica e das crescentes dificuldades que o globocop irá enfrentar – desde que se mantenham as presentes tendências econômicas – para exercer seu trabalho. Sugeri antes que na década de 2010, e provavelmente na de 2020 também, os Estados Unidos continuarão em tese sem ser desafiados, mas nas décadas de 2030, 2040 e 2050 acharão cada vez mais difícil intimidar os rivais. Também observei que a opinião predominante entre os futurólogos é que mesclar-se com as máquinas atingirá o estágio de Singularidade na década de 2040. Se todas essas conjeturas estiverem corretas, talvez não tenhamos muito com que nos preocupar. O mundo irá ficar cada vez mais complicado, polarizado e tenso na década de 2020, mas o globocop se conservará forte o suficiente para lidar com as tensões. Ao entrarmos na década de 2030, o globocop sentirá mais o esforço, mas a essa altura já estará de qualquer modo inclinando-se para trás conforme a Pax Technologica comece a tornar a violência irrelevante para a solução de problemas; e nas décadas de 2040 e 2050, justamente no ponto em que o globocop deixa de ser capaz de lidar, o mundo já não precisará dos seus serviços. Tudo estará bem.

Mas será que a computadorização de tudo vai realmente se dar nesse ritmo confortável? A década de 2040 está a apenas 30 anos de nós, e, embora os 30 anos que acabaram de passar tenham visto mudanças tecnológicas impressionantes, ainda está longe de ser óbvio que as próximas três décadas irão nos mesclar com nossas máquinas. Mas essa falha de compreensão, insistem os futurólogos, ocorre porque não vemos que a mudança tecnológica é exponencial, duplica constantemente, ela é não linear. Imagine, dizem eles, que você alugue um chalé de verão. Quando chega, há um lindo lírio no laguinho. Uma semana mais tarde, são dois; mais uma semana, são quatro lírios. Você, então, com relutância, volta para o trabalho, e passam-se dois meses antes que você possa voltar ao chalé. Quando você chega, há mais de mil lírios à sua frente. Os quatro que você deixou ao sair duplicaram-se oito vezes; você nem consegue ver o laguinho embaixo deles.

Vamos supor que um lírio inteiro de transformação tecnológica tenha surgido em 1983, ano da hora da verdade de Petrov, e que cada lírio se reproduz uma vez a cada seis anos. Em 2013, os lírios duplicaram 5 vezes, e tínhamos 32 lírios – bem mais que em 1983, porém ainda longe de preencher o laguinho. Por volta de 2025, porém, haverá 128; e em 2043 – às vésperas da data de Kurzweil para a Singularidade –, mais de mil. O laguinho original – ou seja, nós, os não aprimorados e apenas biologicamente humanos – terá desaparecido sob um tapete de lírios trans e pós-humanos.

Os trinta e poucos lírios que vemos em meados da década de 2010 equivalem a dispositivos como o Google Glass, a internet e os ratos que conseguem mover as patas de outros ratos. São acréscimos interessantes às maneiras pelas quais os humanos têm vivido nos últimos 50 mil anos, mas nada mais do que isso. Os 200 lírios do final da década de 2020 podem resultar em inteligência artificial capaz de passar às vezes por humana, em uma pitada de telepatia e em algumas pessoas vivendo sua vida em grande medida dentro de uma realidade virtual, mas ainda haverá muito mais lago do que lírios. O "joelho da curva", como os estatísticos chamam o ponto em que os aumentos realmente decolam, vai chegar em meados da década de 2030, quando cada ano verá mais mudanças do que as ocorridas em todo o período entre as décadas de 1980 e 2010; e, na década de 2040, quando a mudança se torna tão rápida que dá a impressão de ser instantânea, o globocop poderá se aposentar.

Mas a aritmética só vai bater se as melhorias exponenciais no poder computacional continuarem à mesma velocidade dos últimos 50 anos – mas isso iria contra a Lei de Smalley, a premissa de que tudo é possível, mas leva mais tempo do que imaginamos. Se a Lei de Smalley de fato se aplica à computadorização de tudo, talvez ainda estejamos muito longe de encerrar o jogo da morte quando o globocop perder sua força, em 2040. Um aumento, por pequeno que seja, no tempo que os lírios tecnológicos levam para se reproduzir, isto é, aquela meia dúzia de anos que propus para cada década, irá empurrar o joelho da curva tecnológica para depois da década de 2060 e protelaria qualquer tipo de Singularidade para a década de 2080.

Se o globocop tropeçar na década de 2040, teremos um período de várias décadas sem Pax Americana nem Pax Technologica. Em vez de mesclar-se em um único superorganismo, o mundo smalleyano poderia dissolver-se na década de 2050 em múltiplas e incompatíveis redes cérebro-cérebro, cada uma delas dominada por uma grande potência diferente. Teríamos então uma versão high-tech da disputa pela África no século XIX à medida que as redes competissem por uma fatia do mercado neural, barrando o ingresso de seus rivais a diferentes partes do mundo. A mudança climática poderia a essa altura convulsionar o arco de instabilidade, a chegada de robôs assassinos talvez mudasse o equilíbrio de poder, e a infraestrutura e as necessidades de energia para as máquinas poderiam constituir um tipo totalmente novo de alvo de ataques. Uma nação que desfrutasse de uma vantagem temporária em transformação tecnológica poderia se sentir tentada a usá-la para impor sua vontade à força aos demais ou, talvez mais provável, um governo que estivesse ficando para trás poderia partir para o tudo ou nada, apostando todas as suas fichas em atacar antes que a vantagem do inimigo se tornasse inexpugnável.

O Armagedon estaria acenando.

Guerra! O que será que ela poderá trazer de bom?

Mas estou confiante que não é assim que a história vai terminar.

A razão do meu otimismo é o nosso percurso, revelado de modo tão claro pela história a longo prazo. Não conseguimos satisfazer o desejo de acabar com as guerras, mas a razão é que não é possível fazer isso. Porém nos saímos muito bem em reagir às mudanças de incentivos no jogo da morte. Pela maior parte do nosso tempo na Terra temos sido animais agressivos e violentos, porque a agressão e a violência compensaram. Mas nos 10 mil anos desde que inventamos a guerra produtiva evoluímos culturalmente e nos tornamos menos violentos – porque isso compensa ainda mais. E, desde que as armas nucleares vieram ao mundo em 1945, os incentivos no jogo mudaram mais rápido do que nunca, e nossas reações se aceleraram junto com eles. Como resultado, uma pessoa comum tem hoje cerca de 20 vezes menos probabilidade de morrer de modo violento do que uma pessoa comum da Idade da Pedra.

Imagine, por um momento, que eu tivesse escrito este livro há 50 anos e o publicado não em 2014, mas em 1964 – menos de três anos antes da crise de Berlim, dois anos após a crise dos mísseis de Cuba, poucos meses antes de Mao ter testado sua primeira bomba atômica e um ano antes que os fuzileiros navais norte-americanos desembarcassem no Vietnã do Sul. Imagine também que eu tivesse previsto neste livro que a humanidade estaria tão sintonizada com as mudanças nas recompensas do jogo da morte que em 20 anos a União Soviética iria abrir mão da força, derrubaria o Muro de Berlim e depois dissolveria a si mesma, tudo isso sem disparar um único tiro, muito menos um míssil nuclear. Mesmo que eu tivesse me contido e evitado especular que a China Comunista adotaria o capitalismo e se tornaria a segunda maior economia do mundo, duvido que os críticos tivessem me poupado. Mas eu teria acertado. E, agora, de volta ao presente, o mesmo raciocínio me leva a acreditar que iremos praticar o derradeiro jogo da morte tão habilmente quanto praticamos o jogo normal.

O que precisamos fazer é simples, mas, como disse Clausewitz, muito difícil, porque a humanidade só ganhará o derradeiro jogo da morte se a Singularidade chegar antes que o globocop caia. Se é que estamos realmente chegando lá partindo daqui, o globocop precisa continuar forte o máximo de tempo possível – o que significa que os Estados Unidos, pelos próximos quarenta e tantos anos, têm que manter seus gastos militares e sua prontidão em níveis que façam deles um Leviatã com credibilidade. Devem estar prontos a ameaçar e até a usar a força para preservar a ordem global, e ao mesmo tempo não devem gastar demais, a ponto de quebrar o consenso político em favor de sua disposição a ter flexibilidade, nem explorar suas vantagens tão agressivamente a ponto de se indispor contra seus aliados. Para estar à altura desses desafios, os norte-americanos precisarão pôr ordem na casa em termos financeiros, sustentar o crescimento econômico e investir em ciência básica, e tudo isso sem deixar de encontrar líderes da mesma qualidade que aqueles que fizeram o país atravessar a Guerra Fria. Simples, mas difícil.

Quanto mais rápido ocorrer a computadorização de tudo, maior a probabilidade de que a Pax Americana se transforme em Pax Technologica antes que as fraquezas do globocop nos levem a uma nova tempestade de aço. Mas, mesmo no pior dos cenários do tipo Lei de Smalley, os Estados Unidos devem estar dispostos a pagar qualquer preço, suportar qualquer fardo e enfrentar quaisquer dificuldades, como ocorreu quando John F. Kennedy recomendou pela primeira vez esse caminho em 1961. Em setembro de 2013, enquanto este livro entrava em produção, dois terços dos norte-americanos respondiam a pesquisas de opinião dizendo opor-se a qualquer uso da força na Síria, mas, se os Estados Unidos (como a Grã-Bretanha entre as duas guerras mundiais) se cansarem de seu papel de globocop, não contamos com nenhum plano B.

No conjunto, os esforços norte-americanos para preservar a ordem global irão beneficiar diretamente os muitos aliados além-mar do país, mas às vezes, inevitavelmente, não será assim – o que significa que os aliados também terão um papel importante a desempenhar no derradeiro jogo. Algumas vezes, precisarão falar duro com o poder, dizendo ao globocop coisas que ele não quer ouvir; outras, terão que dar apoio ao globocop por meio de diplomacia, dinheiro ou ainda poderio em armas. Acima de tudo, precisarão ter a sabedoria para perceber quando devem subordinar suas preocupações locais a uma estratégia global, reconhecendo que o todo é maior que a soma de suas partes.

As decisões mais difíceis de todas, porém, talvez sejam as que recaem sobre os rivais do globocop. Quanto mais crescer a riqueza desses rivais, mais os seus movimentos irão afetar como será o jogo final. Há mais de 100 anos, os dois grandes rivais em ascensão do globocop britânico eram a Alemanha e os Estados Unidos. O cáiser Guilherme da Alemanha achou que a sua única opção era fazer movimentos arriscados que minassem a ordem global, enquanto os Estados Unidos encontraram maneiras de agir em seu próprio interesse, mas que mesmo assim (a maioria delas) sustentavam o globocop. "Fale com suavidade, mas carregue um grande porrete", aconselhava o presidente Theodore Roosevelt; e, à medida que os rivais em ascensão hoje em dia adquirem grandes porretes próprios, seus líderes têm que escolher entre Roosevelt e Guilherme como modelo. Os Estados Unidos podem fazer muita coisa para influenciar as escolhas, dando espaço para o desenvolvimento pacífico de seus rivais e ao mesmo tempo agindo para dissuadir a agressão irrefletida, mas, no final, quanto mais os rivais dos Estados Unidos se inclinarem em direção a Roosevelt, mais provável é que o mundo vença o derradeiro jogo da morte.

Si vis pacem, para bellum, dizia um famoso provérbio latino: "Se queres paz, prepara-te para a guerra". Apesar de tudo o que mudou nos 2 mil anos desde que

Cálgaco e Agrícola lutaram em vez de negociar no monte Graupius, isso continuou verdadeiro. A música *War* entendeu errado. Não é verdade que a guerra não tenha trazido absolutamente nada de bom, porque – por mais desconfortável que seja encarar esse fato – a guerra é o único método que os humanos encontraram para sair dos pequenos bandos da Idade da Pedra com índices de morte por violência na faixa de 10% a 20% e chegar à grande sociedade globalizada de hoje, com um índice abaixo de 1%. A guerra tornou o planeta pacífico e próspero; tão pacífico e próspero, na verdade, que a guerra quase, *mas não totalmente*, tirou a si mesma do negócio. O que nos leva ao paradoxo final dessa história paradoxal: se realmente queremos um mundo onde a guerra não traga absolutamente nada de bom, precisamos reconhecer que a guerra ainda tem um papel a cumprir.

NOTAS

Todas as URLs foram checadas em 22 de setembro de 2013. Os números à esquerda indicam qual página do livro a nota se refere.

INTRODUÇÃO

8 "Estou me reportando a você": D. Hoffman 2009, p. 11.

8 Talvez você não esteja: a frase é normalmente atribuída a Trótski, mas pode ser apenas uma má tradução da paráfrase de uma carta que ele escreveu a Albert Goldman em junho de 1940 (http://en.wikiquote.org/wiki/Leon_Trotsky#Misattributed).

10 "*War! / Huh, good God*": Norman Whitfield e Barrett Strong, *War* (1969). Whitfield e Strong compuseram a canção originalmente para os Temptations, que a gravaram em seu álbum de 1970 *Psychedelic shack,* mas nunca o lançaram como *single.* Edwin Starr regravou-a mais tarde em 1970 e levou-a ao primeiro lugar das paradas.

11 "Paz para o nosso tempo": Neville Chamberlain, discurso na 10 Downing Street, em 30 de setembro de 1938, publicado na *Times* de 1º de outubro de 1938, www.thetimes.co.uk/tto/archive/.

13 "Bem sabe Deus, deveria existir uma maneira melhor": Whitfield e Strong, *War.*

15 "uma lógica linear não contraditória": Luttwak 2001, p. 2.

16 "a guerra é sempre": Liddell Hart 1967, p. 368. Aqui Liddell Hart brincava com os comentários de São Paulo sobre o mal (Romanos 3:8). Tremo só de pensar no que teria dito do lema empresarial da Google, "*Don't be evil*" ("Google code of conduct", 8 de abril de 2009, http://investor.google.com/corporate/code-of-conduct.html; o lema foi originalmente sugerido por Paul Buchheit e Amit Patel).

16 capturou um terrorista: professor Chris Bobonich, Stanford University, outono de 1999.

19 "as perdas de vidas": Richardson 1960, p. ix-x. Essas frases foram, na realidade, escritas pelos editores de Richardson, extraídas de sua própria prosa mais indireta.

21 "Em tais condições": Thomas Hobbes, *Leviatã* (1651), cap. 17.

22 "Na terra não há coisa que se lhe possa comparar": Jó, 41:33-34. [*Bíblia sagrada*, tradução de João Ferreira de Almeida.]

22 "A obtenção": Hobbes, *Leviatã*, cap. 17.

22 "igualmente alheio": Jean-Jacques Rousseau, *A discourse upon the origin and the foundations of inequality among mankind* (1755), parte 1.

23 "O governo [...] não é a solução": Ronald Reagan, discurso de posse, Washington, D.C., 20 de janeiro de 1981, www.presidency.ucsb.edu/ws/index.php?pid=43130#axzz1iWuZS4P3.

24 "as 10 palavras mais aterrorizantes": Ronald Reagan: "Remarks to representatives of the future farmers of America", 28 de julho de 1988, www.reagan.utexas.edu/archives/speeches/1988/072888c.htm. Reagan costuma ser citado equivocadamente como tendo dito: "As nove palavras mais aterrorizantes da língua inglesa são: 'Eu sou do governo, e vim aqui para ajudá-lo'".

23 "Um deputado": Ronald Reagan, "Address to the Republican State Central Committee Convention", 7 de setembro de 1973, http://en.wikiquote.org/wiki/Ronald_Reagan.

24 "a guerra fez o Estado": Tilly 1975, p. 42.

24 "Hobbes estava mais perto da verdade": Gat 2006, p. 663.

24 "se a primitiva era dourada de Rousseau": Keeley 1996, p. 178.

25 "Hobbes estava certo": Pinker 2002, p. 56.

25 "um conto de seis vertentes": Pinker 2011, p. xxiv.

26 "*Generals gathered*": Tony Iommi, *War pigs*, lançado pelo Black Sabbath no álbum *Paranoid* (Vertigo, 1970; Warner Brothers, 1971).

27 "Bem [...] não é que eu não esteja gostando [...]": Kathy St. John, comunicação pessoal, outubro de 2008.

27 "*O for a Muse of fire*": William Shakespeare, *Henry V* (1599), 1.1.1.

29 "A longo prazo": Keynes 1923, p. 80.

29 "Trabalho para um governo": Keynes para Duncan Grant, 15 de dezembro de 1917, citado em Moggridge 1992, p. 279.

30 "A tabela deve ser lida": N. Ferguson 2004, p. 11.

32 "*All the isms have become wasms*": Citado em Andrew Roberts 2011, p. 10.

1. DEVASTAÇÃO?

35 "Homens do norte!": Minha versão do discurso de Cálgaco é uma tradução livre e truncada da prosa latina mais formal de Tácito em *Agricola* 30 (publicado por volta de 98 d.C.). Tácito descreve sua versão como sendo apenas "o conteúdo do que [Cálgaco] disse segundo os relatos" (*Agricola* 29); portanto, senti-me à vontade para tomar algumas liberdades. Não há como dizer, entre a minha versão em inglês e a versão latina de Tácito, qual das duas está mais próxima da versão celta original de Cálgaco.

Fontes romanas regularmente usam o termo "Caledônia" para o que chamamos hoje de Escócia, mas não sabemos se o povo que lá viveu via a si mesmo como caledônio. Portanto, fiz Cálgaco chamá-los de "homens do norte" (com um toque de George R. R. Martin). Tácito também usava o termo "bretões" indiscriminadamente para os povos que viviam onde hoje corresponde a Inglaterra, País de Gales e Escócia; mais uma vez, não sabemos se os povos antigos viam a si mesmos como bretões. Mattingly 2006; Mattingly 2011, p. 81-93, 219-36.

39 Nenhum plano sobrevive: atribuído a Helmuth von Moltke (também conhecido como Moltke, o Velho). Sua fala real foi mais intrincada. Hughes 1995, p. 43-45.

40 "os bretões dispersos": Tácito, *Agricola* 38.

41 "Deixe a Ásia refletir sobre isso": Cícero, *Letters to my brother Quintus* 1.1.34 (60/59 a.C.).

43 "Os germânicos não gostam de paz": Tácito, *Germania* 14 (98 d.C.).

44 "uma narrativa de eventos recentes": Felipe de Pérgamo, *FGrH 95* T1 (década de 30 a.C.). Tradução modificada a partir de Chaniotis 2005, p. 16. Exceto por esse fragmento, *History*, de Felipe, não sobreviveu.

46 "exterminar toda forma de vida": Políbio 10.15.

47 "continuaram matando até": Talmude de Jerusalém (composto em c. 200-400 d.C.), Ta'anit 4:5.

48 "nenhum homem deveria considerar-se rico": Crasso, citado em Plutarco, *Life of Crassus* 2 (publicado em c. 120 d.C.).

48 "quanto mais os homens se dispõem": Tácito, *Annals* 1.2 (inacabado devido à morte de Tácito em 117 d.C.).

49 "O boi vagueia pelos campos": Horácio, *Odes* 4.5.17-19 (publicado em c. 15 a.C.).

49 Roma "proveu-nos com": Epíteto, *Discourses* 3.13.9 (publicado por volta de 108 d.C.).

49 "se alguém fosse chamado": Edward Gibbon, *History of the decline and fall of the Roman Empire* (Londres, 1776), v. 1, cap. 3.

49 "Durante uma troca": Tácito, *Annals* 14.17.

49 "vivíamos em paz e harmonia": informante croata da Bósnia, citado em Goldhagen 2009, p. 212.

50 "nação por *aquisição*": Hobbes, *Leviatã*, cap. 17.

50 "Primeiro sofríamos": Tácito, *Annals* 3.25.

50 precisaria de três anos: Cícero, *Against Verres* 1.40 (publicado em 70 a.C.).

52 "Quem não reconhece agora": Plínio, o Velho, *Natural history* 14.2 (publicado em 79 d.C.).

53 "pela imensa recompensa": Gibbon, *Decline and fall*, v. 1, cap. 3.

54 governantes são bandidos *estabelecidos*: Olson 2000, p. 6-14.

55 "Vim, vi, venci": Júlio César, provavelmente escrito em uma carta a um amigo em Roma, 47 a.C. (citado em Plutarco, *Life of Caesar* 50. Suetônio, *The deified Julius* 37, tem um relato um pouco diferente).

55 "libertado os habitantes de Lagash": Uru'inimgina de Lagash, c. 2360 a.C., trad. em J. Cooper 1986, nº 9.

56 "Eu, até mesmo eu": *Corpus inscriptionum latinarum* 11.11284 (c. 250-260 d.C.), trad. em MacMullen 1974, p. 43.

57 "Pessoal": Rodney King, 1º de maio de 1992, www.youtube.com/watch?v=2Pbyi0JwNug&playnext=1&list=PLB874144170217AF6&index=15.

57 "Negociar é sempre melhor": Winston Churchill, discurso na Casa Branca, 26 de junho de 1954, publicado no *The New York Times* de 27 de junho de 1954, p. 1.

57 "Com minha mão piedosa": Felipe de Pérgamo, *FGrH 95* T1 (década de 30 a.C.). Tradução modificada a partir de Chaniotis 2005, p. 16.

58 "limpar, defender e construir": extraído da discussão em Ricks 2009, p. 50-51.

58 "Animais selvagens": Plutarco, *Life of Pompey* 28 (c. 120 d.C.).

59 "pessoas vivendo": Tácito, *Agricola* 21.

59 "fatores intangíveis": Nye 2011, p. 21.

60 "Agarre-os pelos culhões": oficial norte-americano anônimo no Vietnã (1965), citado em Karnow 1986, p. 435.

60 "Dai, pois, a César o que é de César": Mateus 22:21. [*Bíblia sagrada*, tradução de João Ferreira de Almeida.]

60 "pois [...] não há autoridade": Paulo, Romanos 13:1. [*Bíblia sagrada*, tradução de João Ferreira de Almeida.]

61 "o que a maioria dos homens chama de 'paz'": Platão, *The laws* 626a (c. 355 a.C.).

63 "Que engraçado": Golding 1954, cap. 8.

64 "Conforme amanhece": Mead 1928, p. 14, 16, 19.

65 "Samoa [...] é um lugar": Ibid., p. 198.

65 "A guerra [...] é apenas uma invenção": Mead 1940.

66 "A excitação [...] ergui os olhos e quase perdi o fôlego": Chagnon 1997, p. 11-13.

66 "*Yanomamö* é o termo": Borofsky 2005, p. 4.

67 "um bom número de incidentes": Chagnon 1997, p. 9.

68 "Seguiu-se um silêncio de perplexidade": Ibid., p. 20.

69 "falar sua língua": Mead 1928, p. 10.

70 “nós simplesmente inventávamos”: Fa’apua’a Fa’amu, entrevista com Galea’i Poumele, 13 de novembro de 1987, traduzido em Freeman 1989, p. 1020, com o texto original em samoano na p. 1021n5.

71 “uma pessoa feliz, animada, sociável”: Diamond 2008, p. 75.

72 “guerra desastrosa”: Williams 1984 (1832), p. 128.

72 “Todos os distritos”: Ibid., p. 131.

75 “um lugar mítico”: Fukuyama 2011, p. 14.

2. ENJAULANDO A BESTA

77 “Os gregos tinham uma palavra para isso”: a expressão ficou conhecida a partir do título da peça de 1930 de Zoë Akins, rebatizada como *Os gregos tinham uma palavra para isso* na versão para o cinema de 1932 (que às vezes é também conhecida como *The three Broadway girls*).

77 “Os persas eram tão valentes”: Heródoto, *The histories* 9.62-63 (publicado em c. 430 a.C.).

77 “os persas [...] tinham muitos homens”: Ibid., 7.210 (ele, na realidade, faz esse julgamento em seu relato da Batalha de Termópilas, em 480 a.C.).

78 “Nos últimos 2.500 anos”: V. D. Hanson 2001, p. 5.

78 “É esse desejo ocidental”: V. D. Hanson 1989, p. 9.

79 “uma linha divisória”: Keegan 1993, p. 332-333.

82 “Quando já se tiver questionado”: De *Models on sealing and investigation* (final do século III a.C.), tradução em Lewis 1990, p. 247.

84 “depois de conquistar Kalinga [...] vitória em todas as suas fronteiras”: Asoka, *Major rock edict XIII*, tradução em Thapar 1973, p. 256.

85 “bom comportamento”: Asoka, *Major rock edict XI*, tradução em Thapar 1973, p. 254-55.

85 “funcionários de *dhamma*”: Asoka, *Major rock edict V*, tradução em Thapar 1973, p. 252.

85 “a legislação tem sido menos eficaz”: Asoka, *Pillar edict VII*, tradução em Thapar 1973, p. 266.

85 “desde que o *dhamma* foi instituído, o mal”: Asoka, *Kandahar bilingual rock inscription*, texto em aramaico, tradução em Thapar 1973, p. 260.

86 “Pompeia chinesa”: http://discovermagazine.com/2011/jan-feb/89.

87 o geógrafo romano Plínio: Plínio, o Velho, *Natural history* 6.20.

88 “Não há ano”: Ibid., 12.41.

92 “≠Gau pegou seu grupo”: R. Lee 1979, p. 390.

93 “sua terra queimada”: César, *Gallic war* 1.1, 11, 18.

94 “circunscrição”: Carneiro 1970.

94 “enjaulamento”: M. Mann 1986, p. 39-40.

96 “é o que ocorre”: Krepinevich 1994, p. 30-31.

96 “Há algo de que se possa”: Eclesiastes 1:9-10. [*Bíblia sagrada*, tradução de João Ferreira de Almeida.]

98 “Assim que o céu”: história hopi, tradução em Lomatuway’ma et al. 1993, p. 275-97.

99 “tão rápido”: Lewis Carroll, *Alice através do espelho* (1871), cap. 2.

101 “Ai de mim! [...] esse meu dia”: Tradução em Jacobsen 1976, p. 77-78.

105 “próximo da morte”: Muhammad Ali, entrevista em Manila, 1º de outubro de 1975, citado em www.nytimes.com/books/98/10/25/specials/ali–price.html.

106 “5.400 homens [...] as cidades”: Sargão da Acádia (2330 a.C.), tradução em Kuhrt 1995, p. 53, 55.

110 "o sol desapareceu [...] guerreiros dos carros de guerra": *Mahabharata* 4 (47) 31.6-7, 18-20, citado em Drews 1992, p. 125.

112 "alguns xingando": William Shakespeare, *Henry V* (c. 1599), 4.1.

124 "Ao fim de dez anos": Sima Qian, *Shiji*, tradução em Bloodworth e Bloodworth 1981, p. 74.

124 "Um rei depende": *Arthashastra* 2.2.13 e 10.5.54, tradução em Rangarajan 1992, p. 657, 659.

126 "a lei dos peixes": *Mahabharata*, Shanti Parvan 67.16 (compilado entre 400 a.C. e 450 d.C.; discutido em Thapar 1984, p. 117-18).

126 "Cento e cinquenta mil pessoas": Asoka, *Major rock edict XIII* (c. 255 a.C.), tradução em Thapar 1973, p. 255.

3. OS BÁRBAROS ATACAM DE NOVO

131 "há muitos cavalarianos": tabuletas de Vindolanda 2.164 (escritas por volta de 100 d.C.), http://vindolanda.csad.ox.ac.uk/TVII-164.

133 "O império": testamento de Augusto (14 d.C.), citado em Tácito, *Annals* 1.11.

133 "Até mesmo a vitória": Clausewitz, "O ponto culminante do ataque", tradução em Howard e Paret 1976, p. 566.

133 "Além desse ponto": Clausewitz, *On war* (1832), livro 7, cap. 5, tradução em Howard e Paret 1976, p. 528.

133 "No domínio inteiro da estratégia": Luttwak 2001, p. 16.

135 "Se lembrássemos": Clausewitz, *On war*, livro 7, cap. 5, tradução em Howard e Paret 1976, p. 528.

136 "A vida virou um caos": Heródoto 1.106.

137 "neutralizá-lo": Ver L. Wright 2006, p. 297-330.

140 "ao que vocês poderiam chamar de 'efeito dominó'": presidente Dwight D. Eisenhower, coletiva de imprensa, 7 de abril de 1954, www.mtholyoke.edu/acad/intrel/pentagon/ps11.htm.

142 "Recentemente [...] os qiang ocidentais": *Book of the former Han* 94b, p. 3804 (publicado em 111 d.C.), tradução em Lewis 2009, p. 148.

142 "Até as mulheres carregam alabardas": *Book of the later Han* 70, p. 2258 (publicado no início do século V d.C.), tradução em Lewis 2009, p. 263.

144 "Sabe": Summers 1982, p. 1.

146 "Os romanos mantiveram a calma": Cássio Dio, *Roman history* 72.7 (publicado em c. 230 d.C.). A versão original dessa parte da história de Dio se perdeu, e agora é conhecida apenas a partir de um resumo relativamente deturpado, elaborado pelo estudioso bizantino Ioannis Xiphilinos na década de 1070 d.C.

146 "Todas as companhias": Amiano Marcelino, *Histories* 25.1.12-13 (publicado em c. 380 d.C.).

147 "Quando um cita mata": Heródoto 4.64.

147 "Eles têm um corpo atarracado": Amiano Marcelino, *Histories* 31.2.

149 "Esses, que são os mais fortes e corajosos do império": *Book of the later Han* 70, p. 2258, tradução em Lewis 2009, p. 263.

153 "um caos inominável": Toynbee 1957, p. 265.

158 "contra todos os homens": Tratado de Dover, 10 de março de 1101, tradução em Chaplais 1964, nº 1.

159 "Isso causou grandes guerras": Regino de Prüm, *Chronicon*, livro 2, entrada referente a 888 (escrito por volta de 906 d.C.), tradução em Kirshner e Morrison 1986, p. 56.

160 "anarquia feudal": Adam Smith, *Uma investigação sobre a natureza e as causas da riqueza das nações* (1776), livro 5, cap. 2, art. 3.

160 "grandes senhores": Ibid., livro 3, cap. 4.

161 "Esse seu vinho": *Chronique de Bertrand du Guesclin* (final do século 14), linha 7254. Citado em Charrière 1839, p. 264.

162 "Os muros da cidade haviam desabado": Yang Xuanzhi, *Memories of Luoyang* (547 d.C.), tradução em Jenner 1981, p. 142.

163 "Entenda essa verdade": Príncipe de Gurgan, *The book of Qabus* (c. 1080 d.C.), tradução em Morgan 1988, p. 12.

163 "O governante depende": imperador Taizong, *Zizhi Tongjian* 192, p. 6026, citado em Wechsler 1979, p. 131.

164 "Chang'an repousa em silêncio": Wei Zhuang, *Lament of the lady of Qin* (c. 890 d.C.), tradução em Kuhn 2009, p. 17.

166 "Mantenha a paz com muros": Amiano Marcelino 31.6.4.

166 "Dos muros": Prisco, *History*, frag. 6 (escrito em c. 475 d.C.).

166 "capturaram mais de uma centena de cidades": Anônimo, *Life of Hypatius* 104, tradução em Heather 2006, p. 309-10.

167 "Eles chegavam a tirar a gordura": Giovanni da Pian del Carpine, *Ystoria mongalorum* (c. 1250 d.C.), tradução em Dawson 1955, p. 37-38.

170 "ao som de trombetas": Giovanni Miniati da Prato, *Narrazione e disegna della terra di Prato*, citado em Origo 1957, p. 61.

171 "Com isso [...] as pessoas ficavam mais eufóricas": Cronista anônimo, citado em Huizinga 1955, p. 23.

173 "Se o contato com o ocidente": Kirch 2010, p. 117.

175 "beneficiar as pessoas": Toyotomi Hideyoshi, *Sword collection edict* 2 (1588), tradução em Tsunoda et al. 1964, p. 320.

182 "Se falhasse": Hassig 1992, p. 146.

185 "Orgulhosa de si": *Cantares mexicanos* (século XVI), citado em M. Smith 2003, p. 183.

188 "Hoje é dia de": Shakespeare, *Henry V*, 4.3, 40-60.

4. A GUERRA DOS QUINHENTOS ANOS

191 "uma noite negra como breu": Rudyard Kipling, "The man who would be king", publicado na série Indian Railway Library 5 (Allahabad: A. H. Wheeler, 1888). Faço a citação com base na *The Bombay Edition of the works of Rudyard Kipling* (Londres: Macmillan, 1913), com citações do v. 3, p. 171, 174, 178-79, 186.

196 "Quando vocês abordarem os navios inimigos": Zhu Yuanzhang, em *Veritable records of the Ming*, Hongwu 12/6b (compilado em c. 1400), tradução em Chase 2003, p. 34.

199 "não há muro": Maquiavel, *Discourses on the first decade of Titus Livy* 2.17 (escrito em c. 1517, publicado em 1531).

200 "Nossa primeira providência": Maquiavel, *The art of war* 7.1 (escrito em 1519-1520, publicado em 1521).

200 "Fazíamos guerra": Roger Boyle, conde de Orrery, *A treatise on the art of war* (1677), p. 15, citado em Parker 1996, p. 16.

200 "Será que ainda temos dúvidas": Ogier Ghiselin de Busbecq, carta 3 (1560), citado em Ross e McLaughlin 1953, p. 255.

201 "a maioria dos soldados": Lala Mehmed Pasha, memorando ao grão-vizir Yemishchi Hasan Pasha (c. 1600), citado em Imber 2002, p. 284.

201 "O ponto crucial": V. D. Hanson 2001, p. 19, 20.

202 "é esse desejo ocidental [...] absoluta destruição [...] no *desejo* de desferir golpes fatais": V. D. Hanson 1989, p. 9.

202 "nos últimos 2.500 anos": V. D. Hanson 2001, p. 5.

205 "península marginal afastada": Frank 1998, p. 2.

209 "tingidos de sangue": participante de batalha (1653), citado em Capp 1989, p. 80-81.

210 "As carroças [...] podem fazer as vezes dos muros": Qi Jiguang, *Arrangement of military training*, zaji 6/11b (1571), citado em Chase 2003, p. 165.

211 "*Cannon to right of them*": Alfred, Lord Tennyson, "The charge of the light brigade" (1854).

212 "Procure favorecer os comerciantes": Sinan Pasha (c. 1450-1500), citado em Inalcik 1969, p. 102.

212 "Durante anos": Tahmasp I, *Memoirs* (1524), citado em Dale 2010, p. 88.

212 "Assim que assumiu o trono": Iskandar Beg Munshi, *History of shah 'Abbas the Great* (c. 1620), tradução em Savory 1978, p. 523.

213 "as e stradas serem tão seguras": Jean Chardin, *Travels in Persia, 1673-1677*, citado em Dale 2010, p. 113.

215 "as outras fileiras avançavam": coronel Robert Monro, citado em M. Roberts 1965, p. 258.

217 "*Drill, baby, drill*": http:/blogs.wsj.com/washwire/2008/09/03/steele–gives–gop–delegates–new–cheer–drill–baby–drill/tab/article/.

218 "Nossa vida e nossas posses": Blaise de Montluc, *Commentaires* (1592), citado em David Bell 2007, p. 36.

218 "Ai de mim": Richard Brinsley Sheridan, *Saint Patrick's day* (1775), 1.2.

218 "um uniforme é útil": Philip Saumarez (1747), citado em Herman 2004, p. 261.

218 "sobriedade, diligência, obediência": Samuel Pepys (1677), citado em Coote 2000, p. 271.

218 "a ânsia por dinheiro": *The diary of Samuel Pepys*, 30 de setembro de 1661, www.pepysdiary.com/archive/1661/09/30/.

219 "lamentos dos pobres marinheiros": Ibid., 7 de outubro de 1665, www.pepysdiary.com/archive/1665/10/07/.

219 "É isso que dá": Ibid., 14 de junho de 1667, www.pepysdiary.com/archive/1667/06/14/.

219 *L'état, c'est moi*: Esse *bon mot* pode muito bem ser apócrifo, mas, se Luís não disse isso, poderia muito bem ter dito.

220 "o crédito faz o soldado lutar": Daniel Defoe, *The complete english tradesman* (1725), v. 1, cap. 25.

221 "Já não são as nações": Jean-Paul Rabaut Saint-Etienne, citado em David Bell 2007, p. 48.

224 "Erupções de chagas cobriram nossos rostos": Como narrado por informantes astecas a Bernardino de Sahagún (1530s), citado em Léon-Portilla 2006, p. 85.

225 "pessoas nuas": Carta a Juan de Oñate (1605), citado em Kamen 2003, p. 253.

225 "a loteria mais desvantajosa do mundo": Smith, *A riqueza das nações*, livro 4, cap. 7, parte 1.

225 "praga branca": N. Ferguson 2003, p. 59-113.

226 "Vocês têm três coisas que nós queremos": chefe africano anônimo, citado em T. D. Lloyd 1984, p. 37.

227 "guerras no mar": sultão de Gujarat (1509), citado em Pearson 1987, p. 56.

227 "O comércio na Ásia": Jan Pieterszoon Coen, carta a diretores 17, 27 de dezembro de 1614, citado em Parker 1996, p. 132.

227 "O comércio mundial": capitão George Cocke, citado em Pepys, *Diary*, 2 de fevereiro de 1664, www.pepysdiary.com/archive/1664/02/02/.

228 "Estou caindo": Peshwa Balaji Baji Rao (década de 1730), citado em L. James 1997, p. 10.

229 "Os príncipes tornaram-se independentes": Edmund Burke, discurso de abertura no *impeachment* de Warren Hastings, Londres, 15 de fevereiro de 1788, citado em Bond 1859, p. 42.

229 "um muro vomitando fogo e chamas": sobrevivente bengali da batalha de Buxar (1764), citado em L. James 1997, p. 41.

230 "a mais importante de todas as nações": Autor anônimo de *Magnae Britanniae Notitia; or The present state of Great Britain* (Londres, 1718), p. 33, citado em Colley 2009, p. 59.

231 400 milhões de dólares: Calculados em www.measuringworth.com/ppoweruk/ usando ganhos médios; se a quantia é medida em termos do índice de preços no varejo, Clive se mandou com meros 25 milhões de dólares.

231 "Quem poderia acreditar": Burke, debate sobre a Lei da Índia, Londres, dezembro de 1783, citado em Parker 1996, p. 117.

231 "Oh, deplorável espetáculo!": Shakespeare, *Henry VI*, parte 3 (1591), 2.6.73.

236 "consequência de uma certa propensão": Smith, *A riqueza das nações*, livro 1, cap. 1.

236 "Ao direcionar a [sua] atividade": Ibid., livro 4, cap. 2.

237 "ordem do livre acesso": North et al. 2009.

238 "Deixe qualquer cavalheiro dar uma olhada": William Pulteney, primeiro conde de Bath (1743), citado em Brewer 1989, p. 91.

238 "deveria voluntariamente abrir mão de toda autoridade": Smith, *A riqueza das nações*, livro 4, cap. 7, parte 3.

239 "Tal medida": Ibid.

240 "o governo, mesmo em sua melhor versão": Thomas Paine, *Common sense* (1776), primeira seção. Disponível em: www.gutenberg.org. [*Senso Comum*. Trad. Ricardo Mendes. Porto Alegre: LP&M, 2009].

240 "o próprio governo irá se tornar desnecessário": Alexander Hamilton, "Views on the French Revolution" (1794), citado em Wood 2009, p. 302.

240 "Nada, exceto a Imposição": embaixador John Adams a Thomas Jefferson, 9 de outubro de 1787, citado em Wood 2009, p. 214.

240 "Como a defesa": Smith, *A riqueza das nações*, livro 4, cap. 2.

241 "*Rule, Britannia!*": letra de James Thomson e música de Thomas Arne, apresentada pela primeira vez em *The masque of Alfred* (1740).

242 "Em 1793, surgiu uma força": Clausewitz, *On war*, livro 8, cap. 3, tradução em Howard e Paret 1976, p. 591.

242 "Nós, o Povo": Constituição dos Estados Unidos, preâmbulo (1787), www.archives.gov/exhibits/charters/constitution_transcript.html.

243 "já é hora de encerrar a era dos Cavaleiros Errantes": George Washington a François-Jean de Beauvoir de Chastellux, 25 de abril de 1788, citado em David Bell 2007, p. 74.

243 "satírica inscrição": Immanuel Kant, A *paz perpétua* (1795), www.constitution.org/kant/perpeace.htm.

244 "Todo o peso da nação": Clausewitz, *On war*, livro 8, cap. 3, tradução em Howard e Paret 1976, p. 592.

244 "Estamos suportando o fogo e a morte": capitão Dupuy para sua irmã, 25 de janeiro de 1794, citado em David Bell 2007, p. 180.

244 "Que torrente revolucionária": Jean-Baptiste Carrier, 20 de dezembro de 1793, citado em David Bell 2007, p. 182.

245 "Chega de manobras": Lazare Carnot (1794), citado em Howard 2009, p. 80.

251 "A terra foi feita para a Dombey and Son": Charles Dickens, *Dealings with the firm of Dombey and Son: Wholesale, retail, and for exportation* (1846), cap. 1.

251 "assim como a propriedade *flutuante*": Bernard e Hall 1844, p. 6.

252 "exatamente como se o tema": Armine Mountain (1842), citado em Fay 1997, p. 222.

254 "Nunca estive em uma situação tão difícil": general Gerard Lake, novembro de 1803, citado em Barua 1994, p. 599.

254 "Não há nada": Samuel Colt, relatório ao Parlamento (1854), citado em McPherson 1988, p. 16.

255 "Em 10 minutos, o problema foi resolvido": Henry Havelock, 12 de julho de 1857, citado em E. Stokes 1986, p. 59.

256 "Nos seus domínios": *Caledonian Mercury*, 15 de outubro de 1821, p. 4.

257 "sistema mundial": Darwin 2009.

257 "O grande objetivo": Henry John Temple, visconde de Palmerston, discurso no Parlamento, 6 de agosto de 1839, citado em ibid., p. 36.

259 "*Fifty-four forty or fight!*": slogan da campanha presidencial de James Polk em 1844, citado em Foreman 2010, p. 25.

259 "nunca houve antes na face da Terra duas nações": presidente James Buchanan, dezembro de 1858, citado em Foreman 2010, p. 39.

259 "Acho que há muito do que se orgulhar": primeiro-ministro David Cameron, entrevista em Amritsar, Índia, 19 de fevereiro de 2013, citado em www.dailymail.co.uk/news/article-2281422/David-Cameron-talks-pride-British-Empire-stops-short-giving-apology-Amritsar-massacre.html.

261 "holocausto americano": particularmente Stannard 1993.

262 "Assume o fardo do Homen Branco": Rudyard Kipling, "The white man's burden: the United States and the philippine islands", *McClure's*, 12 de fevereiro de 1899.

263 "Empilha o fardo do homem pardo": Henry Labouchère, "The brown man's burden", *Literary digest*, fevereiro de 1899, www.swans.com/library/art8/xxx074.html.

263 "Esses pequenos principados": tenente Murray, relatório da comissão local sobre o Nepal (1824), citado em L. James 1997, p. 73.

264 "rúpias, sacos de diamantes": panfleto anônimo (1773), citado em L. James 1997, p. 49.

264 "não devem aceitar, receber ou tomar diretamente": Regulating Act (1773), citado em L. James 1997, p. 52.

264 "Peço seu impeachment": Edmund Burke, discurso de abertura no impeachment de Warren Hastings, Londres, 15 de fevereiro de 1788, citado em N. Ferguson 2003, p. 55.

265 "uma ofensa": Suprema Corte de Calcutá, ordem circular, 10 de julho de 1810, citado em Kolsky 2010, p. 28.

265 "desafiado minha autoridade": juiz J. Ahmuty, Calcutá, 3 de dezembro de 1808, citado em Kolsky 2010, p. 27.

265 "em todas as terras": Aurangzeb, dezembro de 1663, citado em Ikram 1964, p. 236.

265 "ciências úteis": Rammohun Roy (1823), citado em S. Bayly 1999, p. 459.

266 "Meu senhor": Rammohun Roy, citado em Fernández-Armesto 2010, p. 740.

266 "A Índia, de maneira similar": Rammohun Roy (1832), citado em C. Bayly 2004, p. 293.

266 "respondeu que achava": Hackney 1969, p. 908.

268 "a lucratividade dos impérios coloniais europeus": Acemoglu e Robinson 2012, p. 271.

269 "Preservar a paz geral": czar Nicolau II, 24 de agosto de 1898, citado em Sheehan 2008, p. 22.

269 "uma nova estrela no céu da cultura": Bertha Felicitas Sophie Freifrau von Suttner (baronesa von Suttner e condessa Kinsky von Wchinitz und Tettau), declaração na Primeira Conferência de Haia, maio de 1899, citado em Sheehan 2008, p. 30.

5. UMA TEMPESTADE DE AÇO

271 "produzido por office-boys": lorde Salisbury (primeiro-ministro 1895-1902), citado em Fyfe 1930, p. 63.

271 "Qual é a real garantia": Angell 1913 (publicado originalmente em 1910), p. 295, 361.

273 "As nações em 1914": Lloyd George 1933, p. 52.

273 "Devemos pensar na relação das nações": Churchill 1931, p. 27-28.

274 *The march of folly*: Tuchman 1984.

274 "Quando o dever policial tem que ser cumprido": William Gilbert e Arthur Sullivan, *The pirates of Penzance*. A ópera estreou em 31 de dezembro de 1879 em Nova York (talvez um sinal dos tempos) e foi para Londres em 1880.

278 "Existem desconhecidos conhecidos": secretário da Defesa Donald Rumsfeld, 12 de fevereiro de 2002, comunicado à imprensa, Washington, D.C., www.defense.gov/transcripts/transcript.aspx?transcriptid=2636.

279 "a região crucial da política do mundo": Mackinder 1904, p. 434.

280 "Se a Alemanha se aliasse": Ibid., p. 436.

281 "uma união alfandegária da Europa central": Walther Rathenau, "Deutsche Gefahren und neue Zielen", *Neue Freie Presse* (Viena), 25 de dezembro de 1913, tradução em Fischer 1974, p. 14.

282 "considerado a questão": cáiser Guilherme II para Alexander Count Hoyos, 4 de julho de 1914, tradução em Herwig 2009, p. 9.

282 "a autocastração": chanceler Theobald von Bethmann Hollweg, citado em Stevenson 2004, p. 34.

282 "O objetivo geral da guerra": Kurt Riezler, documento secreto preparado para Von Bethmann Hollweg, 9 de setembro de 1914, tradução em www.wwnorton.com/college/history/ralph/workbook/ralprs34.htm.

283 "Se o pessimista [tenente-coronel] Hentsch": capitão Edward Jenö von Egan-Krieger, que estava presente na visita de Hentsch ao quartel do Segundo Exército em 8-9 de setembro de 1914, mas só publicou seu relato depois da morte dele em 1965, tradução em Herwig 2009, p. 266.

284 "como um raio": tenente-coronel Schmidt, 133º Regimento de Infantaria da Reserva, 9 de setembro de 1914, trad. em Herwig 2009, p. 302.

285 "O fogo do inimigo": Charles de Gaulle, citado em De la Gorce 1963, p. 102.

285 "Romper as linhas do inimigo": general John French, minutas, janeiro de 1915, citado em Strachan 2003, p. 163.

286 "Os generais eram como homens sem olhos": Keegan 1998, p. 321.

287 "como um bando de carneiros": tenente Teller, 22 de abril de 1915, citado em Corrigan 2003, p. 165.

287 "Se você pudesse ouvir": Wilfred Owen, "*Dulce et decorum est*" (1917), linhas 21-24.

287 "Garoto, isso aqui é guerra": segundo-tenente Murray Rymer Jones, citado em Hart 2008, p. 20.

289 "Nossos cônsules na Turquia e na Índia": cáiser Guilherme II, 30 de julho de 1914, citado em Strachan 2001, p. 696.

290 "O prestígio alemão": Von Ludendorff 1920.

290 "um único e magnífico confronto de infantaria": V. D. Hanson 1989, p. 9.

290 "sistema moderno": Biddle 2004, p. 28, 35.

290 "Gás! Gás!": Owen, "*Dulce et decorum est*", linhas 9-10.

291 "paralisia estratégica": major J. F. C. Fuller, memorando, "Paralisia estratégica como o objetivo do ataque decisivo", maio de 1918, citado em Watts e Murray 1996, p. 382.

291 "Atacar os nervos de um exército": Fuller, palestra dada em Londres (1932), citado em Watts e Murray 1996, p. 382n35.

292 "Com nossas costas contra a parede": marechal de campo sir Douglas Haig, ordem "Costas contra a parede", 11 de abril de 1918, citado em Edmonds 1951, p. 305.

292 "Recuar?": geralmente atribuído ao capitão Lloyd Williams, 3 de junho de 1918, embora algumas fontes se refiram ao major Frederic Wise. Citado em Keegan 1998, p. 407.

293 "Às onze da manhã": primeiro-ministro David Lloyd George, discurso no Parlamento, 11 de novembro de 1918, citado em *Hansard*, 11 de novembro de 1918, col. 2463.

294 "a ânsia por dinheiro": Pepys, *Diary*, 30 de setembro de 1661, www.pepysdiary.com/archive/1661/09/30/.

294 "não somos fortes o suficiente": marechal de campo sir Henry Wilson (1921), citado em N. Ferguson 2006, p. 320.

295 "Não temos mais condições de atuar sozinhos": Andrew Bonar Law (1922), citado em N. Ferguson 2006, p. 320.

295 "A mudança a partir de 1914": Noyes 1926, p. 436-37.

295 "paz, comércio e amizades sinceras": Thomas Jefferson, discurso inaugural, Washington, D.C., 4 de março de 1801, http://en.wikisource.org/wiki/Thomas_Jefferson%27s_First_Inaugural_Address.

296 "paz sem vitória": presidente Woodrow Wilson, discurso no Senado norte-americano, 22 de janeiro de 1917, https://www.mtholyoke.edu/acad/intrel/ww15.htm.

296 "um grupo único de nações com poder avassalador": Woodrow Wilson, discurso em Londres, setembro de 1918, citado em Mazower 2012, p. 128.

296 "as nações civilizadas eficientes": presidente Theodore Roosevelt, 4 de janeiro de 1915, citado em www.theodoreroosevelt.org/TR%20Web%20Book/TR_CD_to_HTML342.html.

296 "Sou favorável a uma liga das nações": Lloyd George, setembro de 1918, citado em Mazower 2012, p. 128.

296 "a Liga das Nações": Nehru 1942, p. 638.

296 "um cadáver malcheiroso": Vladimir Lênin, Moscou, março de 1919, citado em Mazower 2012, p. 177.

297 "destruir o domínio do capital": Nikolai Bukhárin, Moscou, março de 1919, citado em Degras 1965, p. 35.

297 "Camarada!": Lênin aos bolcheviques de Penza, agosto de 1918, citado em N. Ferguson 1998, p. 394.

298 "A crise de 1929": H. James 2009, p. 47-48.

299 "expor à depredação": British Chiefs of Staff, outubro de 1932, citado em N. Ferguson 2006, p. 321.

299 "Uma das qualidades dos ingleses": Goldsworthy Lowes Dickinson (1913), citado em J. Morris 1978, p. 306.

299 "Por toda a Índia": Orwell 1937, cap. 9.

300 "Há ingleses que reprovam a si mesmos": Adolf Hitler, *Mein Kampf* (Munique: Eher, 1924).

301 "Nossa nação": tenente-coronel Ishiwara Kanji (1932), citado em Yasuba 1996, p. 553n30.

302 "Estamos realmente com muito trabalho": trabalhador japonês anônimo, citado em Taya Cook e Cook 1992, p. 49.

302 "A gente se revezava para estuprá-las": Azuma Shiro, entrevistado para o filme *In the name of the emperor* (1995), citado em I. Chang 1997, p. 49.

302 "Você e eu": tenente-coronel Tanaka Ryukichi, Nanquim, dezembro de 1937, citado em N. Ferguson 2006, p. 477.

302 "Se os chineses": Mackinder 1904, p. 437.

303 "o povo japonês pode": Ishiwara (1932), citado em Totman 2000, p. 424.

303 Segunda Guerra Púnica: cáiser Guilherme II, mencionado em uma carta do almirante Henning von Holtzendorff ao chanceler Georg Michaelis, 14 de setembro de 1917, tradução em Lutz 1969, p. 47-48.

304 "O problema da Alemanha": Hitler, reunião na chancelaria do Reich, Berlim, 5 de novembro de 1937, citado em Evans 2005, p. 359.

304 "A Alemanha Maior Possível": N. Ferguson 2006, p. 315.

304 "*acima de tudo* da 'continuidade'": Liddell Hart 1965, v. 1, p. 164.

305 "batalha profunda": Citino 2004, p. 79.

306 "Devemos seguir até o fim": Churchill, discurso no Parlamento, 4 de junho de 1940, mencionado em Churchill 1949, p. 104.

306 "seria possível confiar [...] Nenhum de nós": ministro da Guerra Anthony Eden e brigadeiro Charles Hudson, reunião secreta em York, 5 de junho de 1940, mencionado em Andrew Roberts 2011, p. 88.

306 "russos perderam essa guerra": general Franz Halder para Louise von Benda, 3 de julho de 1941, citado em Weinberg 2005, p. 267.

306 "Nós o encontramos em uma poltrona": Anastas Mikoyan, memórias, 30 de junho de 1941, citado em Bullock 1993, p. 722.

306 "O principal": Adolf Hitler para Joseph Goebbels, 25 de julho de 1938, citado em Evans 2005, p. 577.

307 "uma tirania monstruosa": Churchill, discurso na Câmara dos Comuns, 13 de maio de 1940, citado em Churchill 1949, p. 24.

307 "o mundo todo": Churchill, discurso na Câmara dos Comuns, 18 de junho de 1940, citado em Churchill 1949, p. 198.

308 "Por um período de tempo previsível": Hitler, reunião na chancelaria do Reich, Berlim, 5 de novembro de 1937, citado em Evans 2005, p. 359.

308 "De qualquer modo, qual é a importância dos Estados Unidos?": Hermann Göring, citado em Weinberg 2005, p. 238.

308 "Agora, neste exato momento": Churchill 1950, p. 539.

312 "A situação da guerra": imperador Hiroíto, pronunciamento por rádio, 15 de agosto de 1945, citado em Frank 1999, p. 320.

312 "uma insinuação clara e sólida": Churchill, minutas do gabinete, agosto de 1941, citado em Mazower 2012, p. 195.

313 "Era uma coisa extraordinariamente irreal": Malcolm Muggeridge, *Diary,* 16 de dezembro de 1945, citado em Kynaston 2007, p. 133.

313 "O que isso significa para nós": Vere Hodgson, diário, 19 de março de 1950, citado em Kynaston 2007, p. 510.

313 "a marca do século XX": general Colmar von der Goltz, carta (1916), citado em Strachan 2003, p. 123.

314 "foi uma coisa": J. A. Quitzow, "Penang experiences" (27 de janeiro de 1942), citado em Bayly e Harper 2004, p. 120.

314 "A Grã-Bretanha perdeu um império": Dean Acheson, discurso na Academia Militar de West Point, 5 de dezembro de 1962.

314 "uma Cortina de Ferro desceu": Winston Churchill, discurso no Westminster College, Fulton, Missouri, 5 de março de 1946, www.nato.int/docu/speech/1946/s460305a_e.htm.

315 "hospício": subsecretário de Estado Dean Acheson (1946), citado em Mazower 2012, p. 222.

315 Operação Impensável: N. Ferguson 2006, p. 592.

316 "não fazia sentido ficar apenas tremendo": presidente Dwight D. Eisenhower, reunião do Conselho de Segurança Nacional, 24 de setembro de 1953, citado em E. Thomas 2012, p. 102.

316 "praticamente a Rússia inteira": capitão William Brigham Moore, base da Força Aérea de Offutt, Nebraska, 15 de março de 1954, mencionado em Rosenberg e Moore 1981, p. 25.

318 *Colosso*: N. Ferguson 2004a. *Empire*: N. Ferguson 2003.

319 "foi a solução capitalista perfeita": Kagan 2012, p. 40.

321 "para manter os russos fora": general Hastings Lionel Ismay, primeiro-barão de Ismay (1949), citado em D. Reynolds 1994, p. 13.

322 "estamos baseando todo o nosso planejamento": Montgomery 1954, p. 508.

323 "Nossos alemães": Kaufman e Wolfe 1980, p. 33. A frase aparece na versão para o cinema de *The right stuff* (Warner Bros., 1983), mas não no romance de Tom Wolfe.

323 "Ouçam agora": programa da NBC, 5 de outubro de 1957, citado em E. Thomas 2012, p. 253.

324 "Por que não jogar um ouriço": Nikita Kruschev, abril de 1962, citado em Fursenko e Naftali 1997, p. 171.

324 "desinventada": Eisenhower, março de 1953, citado em Rosenberg 1983, p. 27.

325 "o bilhete de suicídio mais longo da história": parlamentar do Partido Trabalhista inglês Gerald Kaufman, junho de 1983, citado em Marr 2007, p. 450.

325 "quando a gente fabrica": secretário da Defesa Harold Brown, declaração em reunião conjunta das comissões de orçamento da Câmara e do Senado, 31 de janeiro de 1979, citado em Odom 1988, p. 115.

325 "Os soldados irão entrar em ação": presidente John F. Kennedy, entrevista para Arthur Schlesinger, outubro de 1961, citado em E. Thomas 2012, p. 408-9.

326 "isolar o front norte de sua retaguarda": general Cao Van Vien, abril de 1972, citado em Summers 1982, p. 119.

330 "Quando contei aos britânicos": coronel Oleg Gordievsky (funcionário da KGB designado para trabalhar em Londres e agente duplo, 1982-1985), citado em Sebestyen 2009, p. 88.

6. VERMELHA EM DENTES E GARRAS

340 "descendência com modificação": Charles Darwin, *On the origin of species by means of natural selection* (Londres: John Murray, 1859), cap. 4.

342 "a louca agitação do sangue": Shakespeare, *Romeu e Julieta* (1599), 3.1.4.

346 "civilização por instinto": Hölldobler e Wilson 2010.

350 "lanche": Wrangham e Peterson 1996, p. 223.

352 "Em toda a minha experiência": Yerkes 1925, cap. 13. Yerkes não sabia que Chim era um bonobo. Os bonobos só foram reconhecidos como espécie separada em 1928, e Yerkes achou que estivesse lidando apenas com um chimpanzé excepcionalmente gentil.

357 “o primata vivo mais sexy”: D. Morris 1967, p. 63. Quase 50 anos de pesquisas deixaram *O macaco nu* gravemente desatualizado, mas ainda vale a pena lê-lo.

357 “A incapacidade”: Diamond 1992, p. 75.

359 “um misto [do físico de] um pugilista forte”: Stringer e Andrews 2012, p. 157.

361 “Nenhum de nós seria capaz de pintar assim”: esse sentimento é regularmente atribuído a Picasso, mas Bahn (2005) sugere que é apócrifo. Picasso, ao que parece, não tinha muito interesse por pinturas em cavernas.

368 “O dilema do pacifista”: Pinker 2011, p. 678.

369 “*Western, Educated*”: Henrich et al. 2010.

371 “um Estado que usa um monopólio”: Pinker 2011, p. 680.

374 “como ter dois pistoleiros do Velho Oeste”: Ronald Reagan, 23 de março de 1983, citado em Gaddis 2005a, p. 225.

376 “A força [...] o *meio* da guerra”: Clausewitz 1976, p. 75.

377 “se o povo russo tivesse a oportunidade de provar”: Riesman 1964 (primeira edição em 1951), p. 64.

377 “a principal arma dos americanos”: de Stálin para Chu En-lai, agosto de 1952, citado com base em uma transcrição a mim fornecida por David Holloway.

378 “Era uma luta”: Alina Pienkowska, entrevista não datada, citado em Sebestyen 2009, p. 217-18.

378 “Não podemos continuar assim”: Gorbachev 1995, p. 165.

378 “Eu tinha suspeitas em relação aos motivos de Gorbachev”: Bush e Scowcroft 1998, p. 13-14.

379 “Se a gente sabia o que havia pela frente”: Ibid., p. xiii.

379 “levante popular contra um sistema oligárquico”: relatório húngaro, junho de 1989, citado em G. Stokes 1993, p. 100.

380 “Não podemos fazer nada”: entrevista para a série de TV *Cold War*, da CNN (1998), episódio 23, citado em Gaddis 2005a, p. 241.

380 “Como é que você poderia atirar”: Gorbachev, entrevista para a série de TV *Cold War*, da CNN (1998), episódio 23, citado em Gaddis 2005a, p. 250.

7. A ÚLTIMA GRANDE ESPERANÇA DA TERRA

383 “Tranquem suas casas e deixem suas armas carregadas”: procurador do município de San Bernardino, Califórnia, citado em Friend 2013, p. 29.

391 “Você nunca vai chegar lá partindo daqui”: devo esse insight a Dick Granger, dezembro de 1983.

392 “assumir responsabilidade”: Zalmay Khalilzad e Scooter Libby, esboço de 18 de fevereiro do *Defense planning guidance* de 1992, www.gwu.edu/~nsarchiv/nukevault/ebb245/index.htm.

392 “literalmente uma Pax Americana”: senador Joseph Biden, mencionado no *Washington Post*, 11 de março de 1992, p. A1, www.yale.edu/strattech/92dpg.html.

393 “As pessoas comentam: ‘É uma coisa terrível’”: oficial francês anônimo, mencionado no *Financial Times*, 17 de outubro de 2002, e citado em Kagan 2003, p. 63.

394 “A meta final”: Helmut Schlesinger (1994), citado em Deo et al. 2011, p. 16.

395 “Praticamente nenhuma união de moedas”: Deo et al. 2011, p. 1.

396 “Liberdade de expressão já”: mencionado com base em *Belarusian news photos*, agosto de 2012, www.bnp.by/shvedy-dejstvitelno-sbrosili-na-belarus-plyushevyx-medvedej-na-parashyutax.

396 “Hoje, nas principais questões estratégicas e internacionais”: Kagan 2003, p. 3.

397 “Não temos aliados eternos”: lorde Palmerston, discurso na Câmara dos Comuns, relatado em *Hansard*, 1º de março de 1848, col. 122.

398 “o Grande Jogo”: Rudyard Kipling, *Kim* (Londres: Macmillan, 1901), cap. 12.

401 "Sob a sua supervisão": Osama bin Laden, "Carta à América", meados de novembro de 2002, citado em www.guardian.co.uk/world/2002/nov/24/theobserver.

402 "Então [...] a história daria uma nova guinada": Ayman al-Zawahiri, *Knights under the prophet's banner* (2001), citado em L. Wright 2006, p. 46.

402 "Um Afeganistão estável": consultor especial Richard Holbrooke, citado em Sanger 2012, p. 132.

402 "divulgar a notícia": presidente George W. Bush, discurso na Câmara de Comércio dos Estados Unidos, 6 de novembro de 2003, http://georgewbush-whitehouse.archives.gov/news/releases/2003/11/20031106-2.html.

403 "modernização não é": Ibid.

403 "desorganizar, desmantelar e derrotar a al-Qaeda": presidente Barack Obama, discurso na Casa Branca, 27 de março de 2009, www.whitehouse.gov/the_press_office/Remarks-by-the-President-on-a-New-Strategy-for-Afghanistan-and-Pakistan/.

404 "Vivíamos na expectativa de receber a qualquer hora": major F. M. Crum (Primeiro Batalhão, Rifles Reais do Rei), *Memoirs of an unconventional soldier* (1903), citado em Citino 2002, p. 60.

404 "Senhor, nós patrulhamos até dar de cara com um IED": fuzileiro naval norte-americano anônimo para o general de brigada Larry Nicholson, fevereiro de 2009, citado em Chandrasekaran 2012, p. 4.

405 "o lado sombrio": vice-presidente Dick Cheney, entrevista em *Meet the press*, NBC, 16 de setembro de 2001, disponível em: www.youtube.com/watch?v=X56PBAEkzYg.

406 "seria um dos piores pesadelos": Henry Kissinger para Michael Gerson, setembro de 2005, citado em Woodward 2006, p. 409.

407 "Quando se trata de prever": secretário da Defesa Robert Gates, discurso em West Point, 25 de fevereiro de 2011, www.defense.gov/speeches/speech.aspx?spee chid=1539.

407 Gostaria de agradecer uma vez mais ao general (da reserva) Karl Eikenberry e aos soldados do Fort Irwin por terem arranjado essa visita.

411 "Essa foi a semana que mudou o mundo": presidente Richard Nixon, brinde em um jantar em Xangai, 27 de fevereiro de 1972, citado em D. Reynolds 2000, p. 329.

412 "Chimérica": Ferguson e Schularick 2007.

412 "a balança oscila para o outro lado": Clausewitz, *On war*, livro 7, cap. 5, tradução em Howard e Paret 1976, p. 528.

412 "o Preço China": *BusinessWeek*, 6 de dezembro de 2004, p. 104.

413 "Após a crise [...] o capitalismo salvou a China": ministro do Exterior David Miliband, entrevista no *Guardian*, citado em "May the good China preserve us", *Economist*, 21 de maio de 2009, www.economist.com/node/13701737.

413 "ascensão pacífica": Zheng 2005.

413 "desenvolvimento pacífico": Dai 2010.

413 "benigna simpatia de seu exemplo": John Quincy Adams, discurso na Câmara dos Representantes, 4 de julho de 1821, http://fff.org/explore-freedom/article/john-quincy-adams-foreign-policy-1821/.

414 "potência über-realista": R. Kaplan 2012, p. 196.

414 "analogia inevitável": Luttwak 2012, p. 56.

415 "está buscando maior espaço estratégico": Shi Yinhong, professor de relações internacionais da Renmin University, 28 de maio de 2013, citado em www.nytimes.com/2013/05/29/world/asia/china-to-seek-more-equal-footing-with-us-in-talks.html?ref=world&_r=1&.

415 "A China está pronta para o pior cenário Diaoyu": *Global Times*, 11 de janeiro de 2013, www.globaltimes.cn/content/755170.shtml.

415 Gostaria de agradecer ao Australian Strategic Policy Institute uma vez mais pelo convite.

415 "que a Austrália em algum estágio terá": Abigail 2012, p. 74.

416 "A avaliação do governo": Commonwealth of Australia 2009, p. 43.

416 "a Austrália e os Estados Unidos": Hawke e Smith 2012, p. 53.

416 "Vamos deixar bem claro": Barack Obama, discurso no Parlamento australiano, Canberra, 17 de novembro de 2011, www.whitehouse.gov/the-press-office/2011/11/17/remarks-president-obama-australian-parliament.

417 "Apesar de os chineses terem encarado": Rory Medcalf, diretor do programa de segurança internacional do Lowy Institute, Sydney, 7 de maio de 2013, http://thediplomat.com/2013/05/07/breaking-down-australias-defense-white-paper-2013/.

417 "O poder dos Estados Unidos [...] está em declínio": tenente-general Qi Jianguo, "An unprecedented great changing situation", *Study Times*, 21 de janeiro de 2013, tradução de James Bellacqua e Daniel Hartnett em www.cna.org/sites/default/files/research/DQR-2013-U-004445-Final.pdf.

417 "Se entendermos mal a China": diplomata norte-americano não identificado, citado em Sanger 2012, p. xix.

417 a revista *Foreign Policy* pediu a um grupo: www.foreignpolicy.com/articles/2011/02/22/the_future_of_war.

417 o Pew Research Center descobriu: http://people-press.org/files/legacy-pdf/692.pdf.

418 "AirSea Battle": Krepinevich 2010; van Tol et al. 2010.

418 "reforçado suas posições militares": Hu Jintao, comentários em 2001 em discussão privada, tradução em Gilley e Nathan 2003, p. 235-36.

420 "terceira revolução industrial": Rifkin 2011.

422 "radicais mudanças": O'Hanlon 2013, p. 30, v.

422 "A ameaça mais significativa": almirante Michael Mullen, entrevista à CNN, 25 de agosto de 2010, www.cnn.com/2010/US/08/27/debt.security.mullen/index.html.

423 "Estamos adentrando águas desconhecidas": National Intelligence Council 2012, p. v, 3.

423 Quero agradecer a Mat Burrows, antigo consultor do diretor do National Intelligence Council, e a Banning Garrett, diretor do Strategic Foresight Initiative at the Atlantic Council, por me convidarem a fazer apresentações às suas organizações em julho de 2011 e a participar de várias de suas reuniões no Vale do Silício desde então.

424 "aspectos que podem mudar o jogo" e "arco de instabilidade": National Intelligence Council 2008, p. 61.

425 "a temperatura global na média de cinco anos": Hansen et al. 2013, p. 1.

426 "grandes potências possam ser atraídas para um conflito": National Intelligence Council 2012, p. xii.

428 Mais uma vez agradeço ao general (da reserva) Karl Eikenberry por arranjar essa visita, e ao pessoal da Base da Força Aérea de Creech e de Nellis por torná-la tão informativa.

428 "padrões de vida": relatório não classificado feito pelo coronel James Hecker, 432ª Unidade Aérea, base da Força Aérea de Creech, Nevada, 5 de março de 2013.

429 "silenciar completamente": citado em Byman 2013, p. 40.

429 "entre 2015 e 2025": Joint Forces Command 2003, p. 5.

429 "Há dúvidas se": Boot 2006, p. 442.

430 "por dentro da ação": Força Aérea dos Estados Unidos 2009, p. 41.

431 "A gente ainda não consegue entender nem o Microsoft Windows": Mark Gubrud, pesquisador associado do Programa de Ciência e Segurança Global da Universidade de Princeton,

entrevista a *Mother Jones*, 3 de maio de 2013, www.motherjones.com/politics/2013/05/campaign-stop-killer-robots-military-drones.

431 "robótica autônoma letal": Nações Unidas 2013.

432 "espaço humano": Adams 2011, p. 5.

432 "a arma-chave": G. Friedman 2009, p. 202, 211.

438 "uma época futura": Kurzweil 2005, p. 5, 24.

439 "o Arrebatamento para nerds": MacLeod 1998, p. 115.

439 "baboseira dígito-futurista": Evgeny Morozov, www.newrepublic.com/article/books-and-arts/magazine/105703/the-naked-and-the-ted-khanna#.

439 "É lixo": neurocientista anônimo, reunião da Academia Sueca de Ciências, Berna, 20 de janeiro de 2012, www.nature.com/news/computer-modelling-brain-in-a-box-1.10066.

439 "Todos concordamos": Niels Bohr a Wolfgang Pauli, Columbia University, 1958, citado em *Economist*, 24 de agosto de 2013, p. 71.

440 "Estamos abrindo uma janela": Jack Gallant, professor de neurociência da Universidade da Califórnia, Berkeley, setembro de 2011, citado em: www.sciencedaily.com/releases/2011/09/110922121407.htm.

440 "Existe um longo caminho até se chegar": Jan Schnupp, professor de neurociência da Oxford University, 1º de fevereiro de 2012, citado em: www.dailymail.co.uk/sciencetech/article-2095214/As-scientists-discover-translate-brainwaves-words-Could-machine-read-innermost-thoughts.html.

440 "um monte de bobagens": Miguel Nicolelis, professor de neurociência da Duke University, 18 de fevereiro de 2013, citado em: www.technologyreview.com/view/511421/the-brain-is-not-computable/.

441 "quando um cientista afirma": Richard Smalley, outubro de 2000, citado em: washingtonmonthly.com/features/2000/0010.thompson.html.

442 "Houve um tempo": Lívio, *History of Rome* 2.32 (tradução minha).

443 "Tudo na guerra é muito simples": Clausewitz, *On war*, livro 1, cap. 7, tradução em Howard e Paret 1976, p. 119.

444 "a última grande esperança da Terra": presidente Abraham Lincoln, segunda mensagem anual ao Congresso, 1º de dezembro de 1862, www.presidency.ucsb.edu/ws/?pid=29503.

444 "inclinar-se para a frente": Brooks et al. 2013, p. 142.

444 "recuar": Posen 2013, p. 117-18.

444 "uma grande estratégia": Brooks et al. 2013, p. 42.

444 "é hora de abandonar": Posen 2013, p. 117-18.

445 Pax Technologica: Khanna e Khanna 2012.

446 "os ricos são diferentes de mim e de você": F. Scott Fitzgerald e Ernest Hemingway (possivelmente em 1936), conforme discutido em www.nytimes.com/1988/11/13/books/l-the-rich-are-different-907188.html.

447 "trans-humano": Naam 2013a, p. 23.

448 "exércitos ocidentais mortíferos": V. D. Hanson 2001, p. 24.

452 dois terços dos norte-americanos respondiam a pesquisas de opinião: www.cnn.com/2013/09/09/politics/syria=poll=main/index.html.

452 "Fale com suavidade, mas carregue um grande porrete": Theodore Roosevelt (então governador de Nova York) para Henry L. Sprague, 26 de janeiro de 1900, www.loc.gov/exhibits/treasures/images/at0052as.jpg.

453 *Si vis pacem*: provérbio latino. A versão mais próxima preservada na literatura romana é *Qui desiderat pacem, praeparet bellum*, em Vegécio, *On military matters* (c. 400 d.C.).

IMAGENS

LEITURAS ADICIONAIS

Há mais livros e ensaios sobre história da guerra do que qualquer pessoa seria capaz de ler durante 12 existências, e por isso, nesta seção, apenas relaciono as obras que tiveram maior influência no meu pensamento. Uma das coisas boas de ser acadêmico é que sou pago para ler livros sobre assuntos do meu interesse, e, portanto, embora tenha podado a lista várias vezes, ela ainda engloba centenas de títulos.

Dentro dessa massa de estudos acadêmicos, porém, quero destacar apenas uma dúzia de trabalhos sem os quais eu provavelmente nunca teria escrito este livro: *War in human civilization* (2006), de Azar Gat, o incontestável ponto de partida para todos os estudos sérios sobre a história da guerra a longo prazo; os livros de Jared Diamond, *Armas, germes e aço* (1997), e de Robert Wright, *Nonzero* (2000), exemplos maravilhosos de como combinar evolução e história; a obra de Richard Wrangham e Dale Peterson, *O macho demoníaco* (1996), ainda o melhor livro sobre violência de primatas e humanos; *A guerra antes da civilização* (1996), de Lawrence Keeley, que inaugurou um novo capítulo no estudo da guerra pré-histórica; o livro de Steven Pinker, *Os anjos bons da nossa natureza* (2011), um relato magnífico da violência moderna; *Strategy* (2001), de Edward Luttwak, e *Utility of force* (2005), de Rupert Smith, que unem a teorização de Clausewitz à moderna história da guerra; a obra de Kenneth Chase, *Firearms* (2003), um clássico negligenciado sobre história militar comparativa; *Rise and fall of the great powers* (1987), de Paul Kennedy, e *Empire* (2003), de Niall Ferguson, que oferecem grandes visões da guerra dos últimos 100 anos; e, por último, mas com certeza não menos importante, o livro de John Keegan,*A face da batalha* (1976), a meu ver a melhor história da experiência em campo de batalha que já foi escrita.

Como a literatura é muito vasta, quase todo tópico que abordo é controverso, o que torna praticamente impossível dizer algo de substancial sem ir contra o julgamento de pelo menos vários especialistas. Nas questões em que os debates são particularmente acirrados, ou quando vou contra a opinião predominante entre os especialistas, indico isso, mas infelizmente o espaço não permite dar bibliografias exaustivas sobre cada ponto.

Minha lista combina estudos voltados para o leitor em geral, resenhas acadêmicas e trabalhos de pesquisa detalhada sobre pontos específicos. Sempre que possível, citei obras recentes em inglês que contenham grandes bibliografias. Exceto quando me refiro a ensaios curtos em jornais, cito as obras pelo último sobrenome do autor e pela data de publicação; mais detalhes podem ser encontrados na bibliografia que se segue.

Todas as URLs foram checadas em 22 de setembro de 2013.

INTRODUÇÃO

Os eventos de 26 de setembro de 1983: eu me apoio no relato que está em D. Hoffman 2009, p. 6-11. Ainda não sabemos exatamente para onde estavam apontados os mísseis soviéticos em 1983, em parte porque muitos mísseis russos ainda estão apontados para os mesmos alvos. Gostaria de agradecer a David Holloway por discutir esse episódio comigo.

Prováveis baixas da guerra nuclear na década de 1980: Daugherty et al. 1986; B. Levi et al. 1987/88. Jogo de guerra dos Estados Unidos: Bracken 2012, p. 82-88.

Thompson e Smith 1980 transmitem o clima dos movimentos antinucleares na Europa, e Sabin 1986 é excelente sobre o contexto britânico que experimentei como estudante. Estoques nucleares em 1986: Norris e Kristensen 2006, p. 66.

Argumentos do tipo dos males, o menor: Pinker 2011, p. 507-8, 557.

Civilizing Process: Elias 1982 (1939). Estatísticas sobre homicídios: Eisner 2003, elaborado em Spierenburg 2008. Roth 2009 estende a análise aos Estados Unidos.

A guerra antes da civilização: Keeley 1996, mais desenvolvido em LeBlanc e Register 2003 e em Gat 2006, p. 3-145. Brian Ferguson 2013 contesta essas estimativas de mortalidade pré-histórica.

Statistics of deadly quarrels: Richardson 1960. Vários estudiosos têm oferecido refutações elaboradas (mas, a meu ver, não muito convincentes) das conclusões de Richardson de que os humanos se tornaram menos bélicos a partir de 1820; Wilkinson 1980 discute seus argumentos.

Bancos de dados sobre mortes: como agora existem tantos (e sem dúvida há muitos mais por aí dos quais eu não tenho conhecimento), divido-os em quatro grandes categorias: guerra, genocídio, terrorismo e homicídio. Isso, porém, é de certo modo arbitrário, pois as categorias se mesclam entre elas e pesquisadores diferentes as definem de modo diferente (Rudy Rummel, por exemplo, classifica os massacres nazistas de civis na Europa Oriental como genocídio, enquanto a maior parte dos bancos de dados os trata como mortes de guerra). Devido a essas diferenças de definição e às inerentes ambiguidades e lacunas de evidência, não há dois bancos de dados que mostrem exatamente os mesmos números.

Mortes em guerras: Brecke 1999, 2002; Cederman 2003; Clodfelter 1993; Eck e Hultman 2007; Eckhardt 1992; Ganzel e Schwinghammer 2000; Gleditsch et al. 2002; Hewitt et al. 2008; Human Security Centre 2005, 2006; Human Security Report Project 2007, 2008, 2009, 2011, www.hsrgroup.org/; Lacina 2009; Lacina et al. 2006; Levy 1983; Peace Research Institute of Oslo, www.prio.no/CSCW/Datasets/Armed-Conflict/Battle-Deaths; Sarkees 2000; Singer e Small 1972; Sorokin 1957; Steckel e Wallis 2009; Stockholm International Peace Research Institute 2012; Uppsala Conflict Data Project, www.prio.no/CSCW/Datasets/Armed-Conflict/UCDP--PRIO, com discussões em Themnér e Wallensteen 2012; M. White 2011, http://users.erols.com/mwhite28/; Q. Wright 1942.

Mortes em genocídios: Harff 2003, 2005; One-Sided Violence Dataset, www.pcr.uu.se/research/ucdp/datasets/; Rummel 1994, 1997, 2002, 2004.

Mortes em ações terroristas: National Consortium for the Study of Terrorism and Responses to Terrorism, www.start.umd.edu/gtd/.

Mortes por homicídio: Eisner 2003; Krug et al. 2002; Spierenburg 2008; Roth 2009.

Níveis gerais de violência: Global Peace Index, www.visionofhumanity.org/. Casos extremos: Gerlach 2010.

Análises de bancos de dados e categorias de análise: Chirot e McCauley 2006; Dulic 2004; Lacina e Gleditsch 2005; Levy e Thompson 2011; Long e Brecke 2003; Obermeyer et al. 2008; Adam Roberts 2010; Roberts e Turcotte 1998; Spagat et al. 2009.

Divergências sobre número de mortes no Afeganistão desde 2001: http://atwar.blogs.nytimes.com/2012/08/21/calculating-the-human-cost-of-the-war-in-afghanistan/.

War in human civilization: Gat 2006. *Sex at Dawn*: Ryan e Jethá 2010 (a ser lido com a igualmente apaixonada resposta *Sex at Dusk* [Saxon 2012]). *The end of war*: Horgan 2012. *War, peace, and human nature*: Fry 2013. *Winning the war on war*: Goldstein 2011. *Anjos bons da nossa natureza*: Pinker 2011. *O mundo até ontem*: Diamond 2012.

Leviatã e seus críticos: Parkin 2007. Alternativas francesas: David Bell 2007, p. 52-83.

A guerra e o Estado: Tilly 1975, 1985.

Cinquenta mil livros sobre a Guerra Civil norte-americana: Keeley 1996, p. 4.

Hitler e o Leviatã nazista: Evans 2005; Mazower 2008.

Cardápio de tipos de imperialismo: N. Ferguson 2004, p. 7-13.

1. DEVASTAÇÃO?

Batalha do monte Graupius: isso pede uma nota extensa. Para começar, não sabemos com certeza onde a batalha do monte Graupius ocorreu. No entanto, como a maioria dos historiadores desde St. Joseph (1978), suspeito que foi nas encostas de Bennachie, em Aberdeenshire.

Tampouco podemos estar muito certos sobre o que ocorreu ali exatamente. Cada detalhe do meu relato se baseia em eventos reais e em passagens de textos antigos, mas não sabemos se todos, alguns ou nenhum deles realmente sucederam naquele dia – ou mesmo em qualquer dia (Lendon 1999 discute as complexidades retóricas dos relatos de batalha romanos). Em termos gerais, eu me apoio na principal fonte para a batalha, *Agricola* 29-38, de Tácito (publicado por volta de 98 d.C.), complementando-o com detalhes sobre táticas e armas caledônias extraídos de outras fontes romanas (particularmente Tácito, *Agricola* 11 e *Germania* 4; Strabo, *Geography* 4.5.2, 7.1.2; Diodoro de Sicílio 5.30.5; e Júlio César, *The Gallic War* 5.14). Também me apoio na imensa literatura moderna sobre as táticas romanas (Goldsworthy 1996, 2003 e 2006 são relatos excelentes), modelos modernos sobre como as batalhas antigas plausivelmente se desenrolaram (Sabin 2000, 2007) e análises de batalhas de W. S. Hanson 1987, p. 129-39, e Campbell 2010.

Como poucos autores modernos presenciaram uma carga de cavalaria, e os relatos antigos são muito genéricos, eu me apoio na descrição feita por Winston Churchill (1930, cap. 15), testemunha ocular da última grande carga de cavalaria feita por um regimento britânico, em Omdurman em 1898, para a minha descrição do ataque de tropas auxiliares.

Faço Cálgaco vestir uma cota de malha antes de entrar na batalha porque, embora os escritores romanos digam repetidas vezes que os bretões lutavam sem armadura, foram encontradas cotas de malha em vários túmulos pré-romanos (Mattingly 2006, p. 48). Por volta de 83 d.C., os chefes caledônios provavelmente usavam cotas de malha para lutar.

A atitude de Tácito em relação ao imperialismo romano era, para dizer o mínimo, complicada (Sailor 2011, Woolf 2011). Ele se casou com a filha de Agrícola, regularmente elogiava Agrícola por difundir a civilização romana e criticou o imperador Domiciano por abandonar as conquistas de Agrícola na Grã-Bretanha; ao mesmo tempo, usou a simplicidade idealizada dos povos fora do império para destacar a decadência de Roma, descreveu a incorporação dos bretões ao império como escravidão e redigiu um discurso comovente para Cálgaco.

Sobre o Império Romano no geral, os volumes 8-11 da segunda edição do *Cambridge ancient history* (publicado em 1989-2000) fornecem abundantes detalhes, enquanto Woolf 2012 dá uma ótima visão de conjunto. Gat 2006, p. 3-322, é excelente sobre a evolução da guerra e do governo antigos.

Crânios de Tel Aviv: Cohen et al. 2012. Esqueletos peruanos: Arkush e Tung 2013. *The routledge handbook of the bioarchaeology of human conflict* (Knüsel e Smith 2013) apareceu enquanto este livro estava em produção, mas contém alguns ensaios excelentes.

Violência bárbara cotidiana: César, *Gallic Wars* 6.16-24; Tácito, *Germania* 13-15; Strabo, *Geography* 4.4. Escudos e lanças para os germânicos equivalendo às togas dos romanos: Tácito, *Germania* 13. Estátua de vime trançado: César, *Gallic Wars* 6.16.

Mattingly 2006 e 2011 sustentam que os escritores romanos faziam uma representação equivocada dos povos que conquistavam, e Hingley 2000 e 2005 discutem como as atitudes vitorianas em relação ao império coloriram a arqueologia romana.

Roma, violência e o Mediterrâneo oriental: Chaniotis 2005; Eckstein 2006, p. 79-117. Bandidos: Shaw 1984. Piratas: Souza 1999.

Sociedades ocidentais antes da conquista romana: Wells 1999. The Bog Man (também conhecido como Pete Marsh): Brothwell 1986. Sacrifícios humanos, cabeças etc.: K. Sanders 2009. Alken Enge: www.sciencedaily.com/releases/2012/08/120814100302.htm.

Danebury: Cunliffe 1983. Fin Cop: www.dailymail.co.uk/sciencetech/article-1378190/Iron-Age-mass-grave-reveals-slaughter-women-children.html.

Morte, escravização e guerras de Roma: Harris 1979 continua sendo o relato clássico. Épiro, 167 a.C.: Lívio 45.33-34. Saque de cidades: Políbio 10.15 (descrevendo eventos de 209 a.C.). César na Gália: Goldsworthy 2006, p. 184-356. Mortes na Guerra da Gália: Plutarco, *Life of Julius Caesar* 15; Plínio, o Velho, *Natural history* 7.92. Baixas na Guerra dos judeus de 66-73 d.C.: Josefo, *Jewish war* 6.420. Baixas na revolta de 132-135 d.C. (também conhecida como Revolta Bar Kochba): Cássio Dio 69.14. Poucas estatísticas antigas são confiáveis, e os totais de baixas podem estar incrivelmente inflacionados. No entanto, elas eram com certeza suficientemente altas para justificar o ponto de vista de Cálgaco.

Violência no século I a.C. Roma foi analisada em detalhe: Ver Lintott 1968; Nippel 1995; Riggsby 1999; e Harries 2007.

Elias sobre o Império Romano: Elias 1992, p. 222-29.

Aristocratas romanos remodelando-se: Gleason 1995; Harris 2004. Pax Romana: Woolf 1993. Parchami 2009 compara as Paces Romana, Britannica e Americana, como faço eu nos últimos capítulos deste livro, mas concentra-se mais nas teorias do império do que em suas consequências. Declínio da pirataria: Braund 1993.

Verros: Cicero, *Against Verres* (publicado em 70 a.C.).

Crescimento econômico de Roma: Bowman e Wilson 2009; Scheidel e Friesen 2009; Scheidel 2010, 2012. Sobre o comércio marítimo, Harris e Iara 2011. Gostaria de agradecer a Richard Saller, Walter Scheidel, Rob Stephan, John Sutherland e Peter Temin pelas discussões sobre esse tópico. Eu discuto os diferentes tipos de evidência e elaboro minhas visões pessoais em I. Morris 2013, p. 66-80.

O que os imperadores romanos de fato fizeram: Millar 1977. Suetônio, *The twelve caesars* (publicado em c. 120 d.C.), tem descrições visuais dos pecados de Calígula, Nero, Tibério e Domiciano.

Bandidos itinerantes e bandidos estabelecidos: McGuire e Olson 1996; Olson 2000. Diferenças entre gângsteres e governo: Tilly 1985. Diamond 2012, p. 79-118, tem um ótimo relato de como os governos mudam a lei e suprimem a violência.

Leis de Uru'inimgina: J. Cooper 1986, p. 70-78.

Rodney King: *Report of the independent commission on the Los Angeles Police Department* (1991), www.parc.info/client_files/Special%20Reports/1%20-%20Chistopher%20Commision.pdf. Vídeo do espancamento: www.youtube.com/watch?v=0w-SP7iuM6k&feature=related.

Pompeia: Seager 2002.

Baixas no Iraque, 2006-9: Os números precisos são questionáveis, mas a maioria das fontes concorda com o padrão. Uso dados da Iraq Coalition Casualty Count (http://icasualties.org/) e da Iraq Body Count (www.iraqbodycount.org/database/). Petraeus e contrainsurgência: F. Kaplan 2013.

Poder duro, suave e inteligente: Nye 2011.

Declínio da violência nas cidades gregas: Van Wees 1998. Espancar escravos: Old Oligarch 1.10. Atenas e as cidades do século V: I. Morris 2009. *Koina*: Mackil 2013 é o melhor relato, embora a análise dela seja diferente da minha. Ptolomeu VIII e Átalo III: sigo os relatos em Gruen 1984, p. 592-608 e 692-709. Os textos mais importantes estão traduzidos em Austin 1981, n°s 214 e 230.

O senhor das moscas: Golding 1954. Golding e o Pacífico: Carey 2010, p. 110.

Coming of age in Samoa: Mead 1928.

Levitar o Pentágono: A ficção de Norman Mailer, *Armies of the night* (1968), é uma leitura extraordinária.

Ianomâmis: Chagnon 1997. Desde 1970, Chagnon e Timothy Asch também lançaram 22 ótimos filmes sobre os ianomâmis: www.anth.ucsb.edu/projects/axfight/updates/yanomamo filmography.html. Homicídio e reprodução: Chagnon 1988. Entre os povos waoranis do Equador, onde os índices de violência são ainda mais altos do que entre os ianomâmis, os homens assassinos também superam os pacíficos na competição pela reprodução: Beckerman et al. 2009.

Críticas a Chagnon: Tierney 2000, 2001. Acusações sobre massacres: www.bbc.co.uk/news/world-latin-america-19413107; www.bbc.co3.uk/news/world-latin-america-19460663. Borofsky 2005 tenta ser imparcial, enquanto Dreger 2011 refuta energicamente as acusações de Tierney. O filme de José Padilha *Secrets of the tribe* (2010) chega a alegar que alguns dos críticos de Chagnon tiveram relações sexuais ilegais com crianças ianomâmis. Chagnon 2013 é um relato bom de ler sobre o que ele chama de "duas tribos perigosas – os Yanomamö e os antropólogos".

Críticas a Margaret Mead: Freeman 1983, 1989, 1999. Também há muitas defesas (por exemplo, Shankman 2009).

Trabalho de campo antropológico como performance artística: Faubion et al. 2009, com referências a outros exemplos.

Índice de mortes no século XX: ver fontes listadas para a Introdução deste livro.

Violência nas sociedades da Idade da Pedra: Keeley 1996, LeBlanc e Register 2003 e Gat 2006 são excelentes visões gerais. Vários trabalhos em Fry 2013 (especialmente B. Ferguson 2013) insistem que Keeley, LeBlanc e Register e Gat entenderam mal, mas não estou convencido disso. Nivette 2011 faz uma lista útil dos principais estudos antropológicos, enfatizando as variações, assim como o nível geralmente alto de violência. Vários ensaios transculturais sobre a guerra em sociedades de pequena escala (Otterbein 1989; Ross 1983, 1985) descobriram que de 85% a 90% dessas sociedades entraram em gerra na maioria dos anos. Arkush e Allen 2006 é uma boa revisão dos achados arqueológicos.

Motorista da Nova Guiné: Diamond 2008. Processo: Baltar 2009; www.stinkyjournalism.org/latest-journalism-news-updates-149.php#. Arquivamento do caso: comunicação pessoal de Jared Diamond, 3 de fevereiro de 2012.

A vida oculta dos cães: E. M. Thomas 1993. *The harmless people*: E. M. Thomas 1959. Índices de mortalidade: Knauft 1985, p. 379, tabela E, sugere que 1,3% dos povos san e 1,3% em Detroit morreram de forma violenta (os valores para os san são para 1920-1955; os americanos, para 1980). McCall e Shields 2008 discutem o caso dos san. Os *deuses devem estar loucos*: em africâner, *Ster kinekor*, 1980; lançamento geral em inglês, 20th Century Fox, 1984.

Violência em sociedades de pequena escala causada pelo contato com o Ocidente: B. Ferguson 1992, 1995 e 2013, com referências a trabalhos anteriores.

Fortificações de montanha em Samoa: Best 1993 (algumas poucas datações por radiocarbono são anteriores, incluindo uma de 1500 ± 80 BP de Luatuanu'u; mas, como Best assinala, p. 433, as datas mais antigas não têm associação clara com as fortificações). Lendas das guerras entre Samoa e Tonga: Ella 1899. Arquelogia em Samoa e Tonga: Kirch 1984. Porretes e canoas de guerra: Krämer 1995, p. 391.

Ex-militares na arqueologia: Wheeler 1958 é um clássico. Koukounaries: Schilardi 1984.

Homem do gelo: Sobre a descoberta original, Spindler 1993; a ponta de seta, Pertner et al. 2007; o golpe fatal, Nerlich et al. 2009, Gostner et al. 2011; células vermelhas do sangue, Janko et al. 2012; teoria do enterro ritual, Vanzetti et al. 2010.

Crow Creek: Zimmerman e Bradley 1993; Willey 1990; Willey et al. 1993. Sacred Ridge: Potter e Chuipka 2010; www.sciencenews.org/view/feature/id/64465/title/Massacre_at Sacred Ridge.

As origens da ordem política: Fukuyama 2011.

2. ENJAULANDO A BESTA

Batalha de Plateia: Lazenby 1993 faz um bom relato. Briant 2002, p. 535-42, discute o ponto de vista persa.

Modo ocidental de guerrear: V. D. Hanson 1989, 2001; Keegan 1993.

Scarre e Fagan 2007 dão uma visão geral concisa das civilizações antigas.

Estados do Novo Mundo: Smith e Schreiber 2005, 2006, com referências. Sacrifícios humanos e militarismo em Teotihuacán: Sugiyama 2005. Gladiadores romanos: Futrell 2006. Esqueletos de gladiadores romanos: Kanz e Grossschmidt 2006. Enterro wari: news.nationalgeographic.com/news/2013/06/130627-peru-archaeology-wari-south-america-human-sacrifice-royal-ancient-world. No melhor tratamento das guerras mesoamericanas, Ross Hassig (1992, p. 60) pergunta: "Existiu uma Pax Teotihuacana?" e responde: "Provavelmente, não".

Pártia: Curtis e Stewart 2007.

Império Han da China em geral: Lewis 2007. As guerras Han: Lewis 1990. Unificação da China: Hsu 1965; Lewis 1999. Yin Shang: Loewe 2006, p. 166-67. Comparação entre a lei romana e a lei han: Turner 2009. Aspecto pacífico do Império Han: Loewe 1974; Loewe e Wilson 2005; Lewis 2000, 2007.

Descoberta do *Arthashastra*: Shamasastry 1967, p. vi. Assassinato, *Arthashastra* 4.7; regras para investigar uma agressão, 3.19; médicos, 2.36.10; crueldade com animais, 3.10.30-34; tipos de violência, 4.10-11; cuspir e vomitar, 3.19.2-4 (= Rangarajan 1992, p. 427-30, 435, 329, 292, 438-39, 437). Problemas de interpretação: Thapar 1973, p. 218-25; Mukherjee 2000, p. 159-64.

Fontes gregas sobre a Índia: os fragmentos que sobreviveram estão traduzidos em www.sdstate.edu/projectsouthasia/upload/Megasthene-Indika.pdf.

Indianos cumpridores da lei: Megástenes frag. 27 (relatado em Strabo 15.1.53-56); ausência de devastação ou massacres, frag. 1 e 33 (Diodoro da Sicília 2.36; Strabo 15.1.40); pés invertidos, frag. 29 (Strabo 15.1.57); cães, frag. 12 (Strabo 15.1.37).

Funcionários urbanos de Asoka: Édito na pedra principal V. Funcionários rurais: Édito em pilar IV. Visitas de inspeção: Édito na pedra principal VIII. Reinado de Asoka: Thapar 1973. Asoka e o budismo: Seneviratna 1994.

Natureza do Império Máuria: Compare Mookerjee 1966, Mukherjee 2000 e Thapar 2002, p. 174-208. Sobre arqueologia, Allchin 1995, p. 187-273; Chakrabarti 1999, p. 262-318.

Padrão de vida han: Hsu 1980; Wang 1982.

Sanyangzhuang: Kidder et al. 2012. Vestidos de seda em Roma: Plínio, *Natural history* 6.20.

Crescimento econômico máuria: Megástenes frag. 1 (Diodoro da Sicília 2.36); Thapar 2002, p. 188-89; Allchin 1995, p. 200-221, 231-37; J. Marshall 1951, p. 26, 87-110.

Economia máuria: Saletore 1973. Padrões de vida: Allchin 1995. Bhita: J. Marshall 1911-12. Taxila: J. Marshall 1951. A fase máuria em Taxila é o stratum II.

Maravilhas da Índia: Megástenes frags. 1, 16 e 59 (citado em Diodoro da Sicília 2.36; Plínio, *Natural history* 8.14.1; Eliano, *History of animals* 16.2). Comércio romano com a Índia: Tomber 2008; Plínio, *Natural history* 6.26, 12.41. Papiros de Muziris: Rathbone 2001. PIB do Império Romano: Scheidel e Friesen 2009 avaliam em 20 bilhões de sestércios. Custo do exército romano: Duncan-Jones 1994. Escavações em Muziris: Cherian et al. 2007; www.hindu.com/2011/06/12/stories/2011061254420500.htm.

Origens da agricultura: Diamond 1997 é o relato mais claro, e G. Barker 2006, o mais completo. Bando de ≠Gau: R. Lee 1979, p. 390-91. Éduos e helvécios: Goldsworthy 2006, p. 184-204, tem um bom relato.

Circunscrição: Carneiro 1970. Enjaulamento: M. Mann 1986, p. 46-49. Keith Otterbein 2004 defende o ponto de vista oposto – de que a violência declina com a passagem da caça para a agricultura –, mas a evidência parece apontar na outra direção.

Crucifixão romana: Apiano, *Civil wars* 1.120 (publicado em c. 150 d.C.), sobre a crucifixão em massa dos seguidores de Espártaco em 71 a.C. Maslen e Mitchell 2006 explicam o horrendo desenrolar. Zias e Sekeles 1985 descrevem uma vítima concreta de crucifixão no século I d.C., encontrada com um prego de ferro alojado em um dos pés.

Baixas na Guerra do Golfo de 1991: Keaney e Cohen 1998. Revolução nos assuntos militares desde a década de 1970: Martinage e Vickers 2004. Krepinevich 1994, Knox e Murray 2001 e Boot 2006 colocam isso no contexto dos últimos sete séculos.

Batalhas na Idade da Pedra: Q. Wright 1942, p. 62-88, e Turney-High 1949 fazem as formulações clássicas da teoria da guerra ritualizada. Como é muito frequente, Keeley 1996, LeBlanc e Register 2003 e Gat 2006 colocam as coisas em seus devidos lugares. Ataques no sudoeste americano: LeBlanc 1999.

Efeito Rainha Vermelha: Van Valen 1973; Ridley 1993.

Fortificações antigas: Jericó: Bar-Yosef 1986; McClellan 2006. Mersin: Garstang 1956. Uruk: Liverani 2006.

Relações entre Uruk, Tell Brak e Habuba Kabira: Rothman 2001. Luta em Tell Brak: http://news.nationalgeographic.com/news/2007/09/070907-syria-graves.html. Antigo Egito: Wengrow 2006.

Thrilla in Manila: www.youtube.com/watch?v=D_y7FiCryb8. Guerra e sociedade na Suméria: Kuhrt 1995, p. 29-44. Sargão da Acádia: Liverani 2003.

Civilização do Indo e colapso: Rita Wright 2009.

Domesticação de cavalos e invenção dos carros de guerra: Anthony 2009; Outram et al. 2009. Batalhas com carros de guerra: Chakravarti 1941, p. 22-32; Drews 1988, 1992; Shaughnessy 1988. O documentário *Nova* "Building pharaoh's chariot" (http://video.pbs.org/video/2331305481/), exibido pela primeira vez em 2013, é excelente. Peso: Piggott 1983, p. 89.

Arcos e flechas antigos: Brown et al. 2012; Lombard 2011.

Os carros de guerra de Salomão: 1 Reis 10:29. Preço de escravos: Êxodo 21:32. Texto hitita: *Instructions of Kikkuli* (Nyland 2009). Números de carros de guerra: Drews 1992, p. 106n6 e 133-34.

Escala das guerras do Crescente Fértil e poder do Estado depois de 1600 a.C.: Hamblin 2006; Spaliger 2005; Van de Mieroop 2007, p. 119-78, 2011; p. 151-239.

Paz e prosperidade na era dos carros de guerra: Ver, por exemplo, Akkermans e Schwartz 2003, p. 327-59; Kemp 2012; Cline 2010; Von Falkenhausen 2006.

Tipos de espada: D. H. Gordon 1953. Guerra europeia no segundo milênio antes de Cristo: Harding 2000, p. 275-85; Kristiansen 2002; Kristiansen e Larsson 2005, p. 212-47. Há algum debate sobre onde os novos estilos de espada começaram a ser usados; eu sigo Drews 1992, p. 192-208, e Harding 2000.

Colapso das sociedades da Era do Bronze: Drews 1992; Cline 2013. Declínio no comércio: S. Murray 2013. Tento quantificar o declínio na população e no padrão de vida após 1200 a.C. na Grécia (reconhecidamente um caso extremo) em I. Morris 2007.

Adoção do ferro: Snodgrass 2006, p. 126-43.

Renascimento dos Estados na Assíria e em Israel: Kuhrt 1995, p. 385-546; Van de Mieroop 2007, p. 195-231.

Origens da cavalaria: Anthony 2009; Anthony e Brown 2011.

Amazonas: Heródoto 4.110-17; Mayor, em preparação. Guerreiras citas: Guliaev 2003.

Tiglat-Piléser III: Tadmor e Yamada 2011 coletaram as principais evidências. Impérios da Eurásia ocidental: Morris e Scheidel 2009; Cline e Graham 2011.

Apesar da proeminência da guerra em textos antigos, há um surpreendente volume de controvérsia sobre como os exércitos lutavam de fato. Sobre a Assíria, ver Archer 2010; G. Fagan 2010; Nadali 2010; Scurlock 1997. Sobre a Pérsia, ver Briant 1999; Tuplin 2010. Sobre a Grécia, ver V. D. Hanson 1989; Van Wees 2004; Kagan e Viggiano 2013. Sobre a Macedônia, ver Hamilton 1999; A. Lloyd 1996. Sobre a Roma republicana, ver Keppie 1984; Goldsworthy 2003.

Guerras Púnicas: Goldsworthy 2000; Miles 2011.

Tamanho dos Estados: existem diversas maneiras de contar; por isso, em prol da consistência, usei um único sistema de medidas, baseado em Taagepera 1978, 1979.

Guerra na antiga China: Lewis 1990, 1999; di Cosmo 2011; Sawyer 2011. Batalha de Changping: Sima Qian, *Shiji* 73, p. 2333-35, tradução em B. Watson 1993, p. 122-24. Primeiro Imperador: Portal 2007. Lei Qin e lei Han: Hulsewé 1955, 1985.

Guerra na antiga Índia: Chakravarti 1941; Dikshitar 1987; Thapliyal 2010. Infantaria com cota de malha: *Arthashastra* 9.2.29, tradução em Rangarajan 1992, p. 644. Elefantes: Kistler 2007.

Surgimento dos Estados do Ganges: Allchin 1995, p. 99-151; Chakrabarti 1999; Eltsov 2008; Erdosy 1988; Raychaudhuri 1996, p. 85-158; Thapar 1984.

Índice de desenvolvimento social: I. Morris 2010, 2013.

3. OS BÁRBAROS ATACAM DE NOVO

Cartas de Vindolanda: Bowman e Thomas 1994 e http://vindolanda.csad.ox.ac.uk/. Clima, n°s 234, 343; cerveja, nº 190; meias, nº 346; comida, n°s 301, 302. Bowman 1994 discute as cartas. E-mails e blogs do Afeganistão: Burden 2006; Tupper 2010.

Ciúmes de Domiciano: Tácito, *Agricola* 39-40. Situação estratégica de Roma: Luttwak 1976, p. 51-126.

Derrota de Roma em 9 d.C.: Wells 2003, com belas ilustrações na edição especial de 2009 da revista *Ancient Warfare*. Parque Kalkriese: www.kalkriese-varusschlacht.de/.

Clausewitz: Howard 2002 é uma excelente introdução.

Custos da distância no Império Romano: http://orbis.stanford.edu/.

Fronteiras chinesas: C. Chang 2007; Hsieh 2011. Xuanquan: www.dartmouth.edu/~earlychina/research-resources/conferences/changsha-bamboo-documents.html. Poucos textos foram traduzidos; eu me apoiei em Hsieh 2011, p. 221-38.

Nômades das estepes: Beckwith 2009 e Golden 2011 dão boas resenhas curtas das história, e J. D. Rogers 2012 discute as formas dos Estados nômades. Dani e Masson 1992 (v. 2-4), Harmatta 1994, Litvinsky 1996 e Sinor 1990 entram em mais detalhes. Di Cosmo 2002b e Hildinger 2001 concentram-se nos aspectos militares, e E. Murphy 2003 e Jordana et al. 2009 apresentam evidências de esqueletos para altos níveis de violência.

Cavalaria assíria: Dalley 1985. Queda da Assíria: Liverani 2001; Melville 2011. Assassinato de líderes citas na década de 590 a.C.: Heródoto 1.106.

Guerras assimétricas contemporâneas: foram de grande ajuda Burke 2011, Coll 2004, Clarke 2007 e o Joint Chiefs of Staff 2012. Neutralizar Bin Laden: Coll 2004, p. 369-584; L. Wright 2006, p. 297-330.

Ausência de cavalaria no exército de Dario em 513 a.C.: Heródoto 4.136.

Cavalaria han: C. Chang 2007, p. 177-181. Guerras Wudi: Loewe 1986, p. 152-179.

Estratégias para lidar com nômades das estepes: Barfield 1989; di Cosmo 2002a.

Suborno em dinheiro pela CIA: Woodward 2003, p. 139-50. Subornos em Tora Bora: Burke 2011, p. 69.

Modo ocidental de guerrear: ver fontes listadas para o capítulo 2.

Mudança dos persas para a cavalaria: Tuplin 2010. Cavalaria han: Chang 2007, p. 177-81. Shaka, yuezhi e kushana: Liu 2001; Mukherjee 1981, 1988. Esculturas kushanas de arqueiros a cavalo: Lebedynsky 2006, p. 62.

Guerras qiang: Lewis 2007, p. 147-51, 253-64.

Sociedades germânicas: Todd 1992; Wells 1999. Mulheres sármatas: Heródoto 4.117.

Migrações dos godos: Heather 1996, p. 11-50. Marco Aurélio e as Guerras Marcomanas: Birley 1987.

Cavalaria sassânida: Farrokh 2005, 2009.

Evolução do exército romano, 200-400 d.C.: Elton 2007; Rance 2007. A força dos soldados no final do Império Romano é alvo de intenso debate; ver Treadgold 1995, p. 55-57.

Pragas do século II d.C.: McNeill 1976, p. 93-119; Stathakopoulos 2007. Mudança climática: McCormick et al. 2012.

Queda da China Han: Beck 1986. A China depois dos han: Dien 1990, 2007; Lewis 2009a.

Crise de Roma no século III: Duncan-Jones 2004; Scheidel 2002; Witschel 2004.

Pérsia sassânida: Daryaee 2009; Dignas e Winter 2007. Satavahana: R. K. Sharma 1999.

Até onde sei, nenhum livro recente trata comparativamente das crises de todos os impérios da Eurásia entre 200 e 600 d.C., mas Christian 1998, p. 209-303, fornece um útil apanhado a partir da perspectiva dos nômades das estepes.

Tamanho dos Estados, 1-1400 d.C.: em prol da consistência, uso os tamanhos listados em Taagepera 1979. Seu conjunto de dados salta alguns períodos e não se detém em casos do sul da Ásia; encarreguei-me de mensurá-los a partir de mapas publicados.

Toynbee: McNeill 1989. Abordagens científicas na busca de regularidades na história das estepes: Turchin 2003, 2006, 2009, 2010; Turchin e Nefedov 2009.

Contrarrevolução em assuntos militares: Bloch 1961 e Ganshof 1961 são hoje extremamente datados, mas continuam úteis (veja abaixo seus críticos). Herlihy 1970 é uma ótima coleção de fontes essenciais, e Halsall 2003 vai bem ao tratar da situação militar na Europa ocidental.

Batalha de Hastings: Howarth 1981 ainda continua como o relato clássico. Indisciplina militar medieval: Morillo 2006.

Guerra medieval na Europa: Contamine 1984; Verbruggen 1997, 2004. Bachrach 2006, 2011 sustenta que a cavalaria nunca foi importante na Europa Ocidental, mas essa é uma visão minoritária.

Justiniano: Maas 2005; O'Donnell 2008. Crise do século VII: Haldon 1997; Howard-Johnston 2010. Conquistas muçulmanas e o califado: H. Kennedy 2004, 2007. Carlos Magno: Barbero 2004; McKitterick 2008.

Múltiplos laços de dependência na Europa ocidental: Bloch 1961, p. 211-18. De Coucy: Tuchman 1978, p. 246-83.

Críticas na descrição da Europa como feudal: E. Brown 1974; S. Reynolds 1994.

Debates sobre feudalismo fora da Europa ocidental: China, Graff 2002a, p. 37, 256; Lewis 2009a, p. 54-85. Índia, R. S. Sharma 1985, 2001; Chattopadhyaya 2010. Califado abássida: M. Gordon 2001; H. Kennedy 2001. Bizâncio: Haldon 1993; Treadgold 1997. Sobre a Eurásia ocidental como um todo, Wickham 2005.

Violência no último período romano e na Europa medieval: Tuchman 1978 é uma leitura maravilhosa; ver também Halsall 1998; Canning et al. 2004, p. 9-89; W. Brown 2010; McGlynn 2010; Shaw 2011.

China nos séculos VI e VII: Twitchett 1979; Graff 2002a, p. 92-204; Lewis 2009b. Cavalaria e relações com as estepes: Skaff 2012. Batalha da Montanha de Ferro: Graff 2002a, p. 183-89; 2002b.

Chang'an em 883: Kuhn 2009, p. 16-17. Queda dos Tang: Somers 1979.

Armas antigas com pólvora: Needham 1986; Chase 2003, p. 30-33; Lorge 2008, p. 32-44.

A guerra de cerco dos hun: Heather 2006, p. 300-312. Nicopolis: Poulter 1995. Guerra de cerco mongol: T. May 2007, p. 77-79. Cerco de Bagdá: T. May 2007, p. 130-34. Cercos de Xiangyang e Fancheng: Lorge 2005, p. 83-87.

Batalhas de Tarain: Sarkar 1960, p. 32-37. Cavalaria medieval indiana: Bhakari 1980, p. 55-61.

Crescente organização dos impérios nômades: Di Cosmo 1999; Chaliand 2004.

Batalha do Indo: T. May 2007, p. 123. Segunda Batalha de Homs: Amitai-Preiss 1995, p. 179-201.

Mortes associadas aos nômades: Várias seções em M. White 2011, p. 59-153, discutem os números de mortos por nômades das estepes e os impérios que os combateram. White está certo ao criticar a recente tendência entre os historiadores de minimizar a escala do massacre, mas algumas de suas próprias estimativas (como a de 36 milhões para o colapso dos Tang em 755-763 e 40 milhões para Gêngis Khan) parecem muito altas.

Tamerlão: Manz 1989.

Homicídio na Europa ocidental: Eisner 2003, com discussão em Spierenburg 2008, p. 1-42.

Cadfael: 21 livros de Ellis Peters, começando com *A morbid taste for bones* (Londres: Macmillan, 1977) e terminando com *Brother Cadfael's penance* (Londres: Headline, 1994).

Disseminação da agricultura fora das latitudes afortunadas: G. Barker 2006 é excelente nos detalhes.

Disseminação do enjaulamento pelo Pacífico: Kirch 1984, usando a cronologia revista em Kirch 2010, p. 126-27. Guerra produtiva no Havaí: Kirch 2010; Kolb e Dixon 2002. Sahlins 2004 tem um ótimo relato das grandes guerras do Havaí no século XVIII, enfatizando suas similaridades com a Guerra do Peloponeso no século V a.C. na Grécia.

Guerras navajas: McNitt 1990; Trafzer 1990.

Guerra e formação do Estado no Japão: Berry 1989; Farris 1996; Ferejohn e Rosenbluth 2010; Friday 2003; Ikegumi 1997; Turnbull 2002, 2012; e, por último, mas não menos importante, o romance épico de James Clavell *Shogun* (1975) e a correspondente minissérie de TV (NBC,

1980), ambientada no início do século XVII. Invasão da Coreia por Hideyoshi: Swope 2009. Demolição de castelos e proibição de livros: Parker 1996, p. 144-45.

Formação do Estado africano: Ehret 2002. Grande Zimbábue: Pikirayi e Vogel 2001.

Experimentos naturais em história: Diamond e Robinson 2010.

Armas astecas: Hassig 1988; Pohl 2001. Extinção dos cavalos do Novo Mundo: Haynes 2009. Trabalhos em cobre nos Andes c. 1000 a.C.: Kolata 1993, p. 61-62. Senhores de Sipán: Alva e Donnan 1993.

Cultura europeia mais racional do que a dos nativos americanos: V. D. Hanson 2001, p. 170-232. Culturas dos nativos americanos mais pacíficas do que a europeia: P. Watson 2012.

Calendários mesoamericanos: Aveni 2001; Hassig 2001. Campos de cultivo elevados e irrigação: Sanders et al. 1979, p. 252-81.

Decifração maia: Coe 2012. Guerra maia: Webster 1999.

Guerras de Flores astecas: Compare Keegan 1993, p. 110-11, com Hassig 1992, p. 145-46.

Eixos continentais: Diamond 1997, p. 360-70. Biomas: Ricklefs 2001. Turchin et al. 2006 e Laitin et al. 2012 tentaram testar a teoria de Diamond cotejando-a com dados sobre a disseminação de outras instituições e até mesmo de línguas, com resultados que sugerem que os eixos continentais podem ser importantes em vários outros aspectos.

Chegada do arco ao Alasca: B. Fagan 2012, p. 63. Chegada ao México: Hassig 1992, p. 119.

Teotihuacán: ver referências para o capítulo 2 e Cowgill 2013 sobre a queda da cidade. Toltecas: Diehl 1983; Smith e Montiel 2001. Astecas: M. Smith 2003. Violência na sociedade asteca: Carrasco 1999. Guerra mesoamericana e formação do Estado: Brown e Stanton 2003; Eeckhout e Le Fort 2005; Hassig 1988, 1992; Sherman et al. 2010; Webster 1999.

Sudoeste americano: Cordell e McBrinn 2012. Guerra no sudoeste: LeBlanc 1999; Rice e LeBlanc 2001. Cahokia: Pauketat 2004.

Império Comanche: Hämäläinen 2008 (com p. 243 e 352 sobre a analogia mongol).

Agincourt: Ver J. Barker 2007 e o ótimo relato em Keegan 1976, p. 79-116 (com p. 106-7 sobre a implausibilidade das pilhas de corpos); e, é claro, a versão para o cinema de Kenneth Branagh (1989) do *Henry V*, de Shakespeare, é um dos grandes filmes de guerra de todos os tempos. Debate-se o número exato de baixas: Ver Reid 2007, p. 275-76.

Ceuta: Boxer 1969, p. 15-19.

4. A GUERRA DOS QUINHENTOS ANOS

Não são muitos os livros que tratam o período de 1415-1914 como uma unidade em si, mas vários estudos excelentes cobrem a maior parte do período ou o discutem como parte de uma história mais longa. Tirei proveito particularmente de Chase 2003, Cipolla 1965, Headrick 2010, P. Kennedy 1987, Lorge 2008, McNeill 1982, Parker 1996, C. Rogers 1995 e Simms 2013. Sobre o Império Britânico, os volumes 1-3 da *Oxford history of the British Empire* são as obras-padrão de referência.

Kafiristão: Rudyard Kipling, "The man who would be king", publicado pela primeira vez na série Indian Railway Library 5 (Allahabad: A. H. Wheeler, 1888), relançado muitas vezes desde então e transformado por John Huston em um filme memorável, estrelado por Michael Caine e Sean Connery (Allied Artists, 1975).

James Brooke: Runciman 1960. Josiah Harlan: Macintyre 2004.

Canhões chineses antigos: Chase 2003, p. 30-55; Lorge 2008, p. 69-75. Caverna Dazu: Lu et al. 1988. Canhão da Manchúria: Needham et al. 1986, p. 111-26, 147-92.

Canhões indianos antigos: Khan 2004. Canhões persas: Woods 1999, p. 114-20. Ilustração da Oxford: Hall 1997, p. 43-44.

Há muitos estudos excelentes sobre o grande avanço no poderio da pólvora na Europa. Hall 1997, P. Hoffman 2011 e Lorge 2008 divergem da minha interpretação em aspectos importantes.

Modo ocidental de guerrear: Lynn 2003 oferece uma extensa refutação dos argumentos de Hanson. *Firearms: A global history to 1700*: Chase 2003.

Ivã, o Terrível: De Madariaga 2006. Construção de navios na China: Needham 1971. As viagens de Zheng: Dreyer 2006. Construção de navios na Europa: Gardiner e Unger 2000. Viagens de exploração: Fernández-Armesto 2006. Henrique, o Navegador: Russell 2000. Guerras de piratas: Earle 2003. Canhões europeus na Ásia: Chase 2003; Lorge 2008. Vitórias sobre os nômades das estepes: Perdue 2005.

Otomanos, safávidas e impérios mogóis: Dale 2010; Hathaway 2004; Streusand 2010.

Prosperidade safávida: Floor 2000. Prosperidade mogol: Richards 1994. Prosperidade otomana: Inalcik e Quataert 1994.

Produtividade do delta do Yang-tsé por volta de 1600: Allen et al. 2011. Sul da Índia e Bengala: Parthasarathi 2011, p. 68-78. Cultivos do Novo Mundo: C. Mann 2011.

Evidências sobre os salários asiáticos: Pamuk 2007, com referências. Debates sobre a Índia: Parthasarathi 2011, p. 37-46; Broadberry e Gupta 2006; R. Allen 2007.

Abbas I: Blow 2009. Decapitação em 1593: Dale 2010, p. 93.

Violência na literatura Ming: Robinson 2001. Estatísticas sobre a violência Ming: Tong 1991.

Cataclismo Ming-Qing: Struve 1993. Número de mortes: M. White 2012, p. 223-30, embora sua estimativa de 25 milhões de mortes pareça muito elevada.

Construção de mosquetes, treinamento, saraivada: ver particularmente Parker 1996 e C. Rogers 1995.

Nos últimos anos, alguns historiadores têm subtraído importância da novidade das reformas militares europeias (por exemplo, P. Wilson 2009, p. 186-87) ou da escala da superioridade militar da Europa em relação a outras culturas (por exemplo, Black 1999), mas não acho seus argumentos muito convincentes.

Novas táticas navais: De Glete 1999.

Sete pares de meias de seda de reserva: David Bell 2007, p. 39.

Marinha inglesa, Pepys e finanças: J. D. Davies 2008.

Kabinettskrieg: Duffy 1987. Cabeça decepada rolando: Hainsworth e Churches 1998, p. 125.

Soluções financeiras: Bonney 1999, com comparações fora da Europa ocidental em Yun-Castalilla et al. 2012.

As quebras financeiras de 1720: N. Ferguson 2008, p. 119-175, tem um ótimo relato.

Império Português: Boxer 1969. Império Espanhol: Kamen 2003.

Buracos de bala em esqueletos incas: Murphy et al. 2010. Transações comerciais no Novo Mundo: Crosby 1972, 2003; C. Mann 2011. Colapso da população norte-americana: C. Mann 2005. A estimativa de 50 por cento vem do DNA mitocondrial: O'Fallon e Fehren-Schmitz 2011.

Canibalismo em Jamestown: Horn et al. 2013.

Índia antes de 1750: Asher e Talbot 2006.

Guerras britânicas na Índia: Judd 2010; S. Gordon 1993. R. Cooper 2003 argumenta que os exércitos de Maratha eram tão eficientes quanto os britânicos, mas isso tornaria difícil explicar os desfechos.

Batalha de Towton: Boylston e Knüsel 2010. Ricardo III: www.dailymail.co.uk/news/article-2273535/500-years-grisly-secrets-Richard-IIIs-lost-grave-revealed-King-discovered-car-park-stripped-tied-suffered-humiliation-wounds-death.html.

Pacificação na Europa, 1500-1750: Elias 1982 (1939); Spierenburg 2008; Pinker 2011. Economias de mercado e mudança social na Europa ocidental: Braudel 1981-84 continua o melhor relato. Europeus trabalhando mais: De Vries 2008.

Economia atlântica: Findlay e O'Rourke 2007. Número de africanos despachados pelo Atlântico: Inikori e Engermann 1992. Guerra, política e comércio: Tracy 1991. Crescimento do comércio: Findlay e O'Rourke 2007, p. 227-364. Estatísticas: p. 260, 314.

Adam Smith: Phillipson 2010.

Transformação da Inglaterra no final do século XVII: Pincus 2010. Ordem de livre acesso: North et al. 2009. Acemoglu e Robinson 2012 desenvolvem ideias similares. Liberdade e governo na Inglaterra do século XVIII: Brewer 1989.

Salários da Europa: R. Allen 2001, 2003.

Início da República Americana: Wood 2009.

Império Britânico no século XVIII: C. Bayly 1989; P. J. Marshall 1998-2000.

A guerra do povo: David Bell 2007. Povo americano: Wood 1991. Guerra revolucionária norte-americana: entre vários relatos excelentes, meus favoritos são Middlekauff 2007 e Ferling 2009.

Filósofos europeus sobre a paz perpétua: David Bell 2007, p. 52-83.

Guerras revolucionárias francesas: Blanning 1996. Massacres: Broers 2008. Guerras napoleônicas: Rothenberg 2006. Guerras navais: Mostert 2008.

Embora esteja agora um pouco datada, a trilogia de Eric Hobsbawm (1962, 1975, 1987) sobre o mundo do século XIX continua sendo uma das grandes leituras em literatura histórica.

Revolução Industrial: R. Allen 2009; Wrigley 2010.

Guerra do Ópio: Fay 2003.

Mudança tecnológica e imperialismo: Headrick 2010.

Colônias de colonizadores brancos: Duncan Bell 2007; Belich 2009.

Disparidade entre os exércitos europeus e os demais: Callwell 1909 é o clássico relato de uma testemunha ocular. David 2006 descreve as experiências britânicas; Porch 2000 adverte contra exageros.

Guerra Civil norte-americana: a literatura é imensa. McPherson 1988 coloca a guerra no contexto; Keegan 2009 oferece uma perspectiva renovada sobre os eventos.

Isandlwana: David 2004, p. 124-58. Adwa: Jonas 2011.

Disparidade naval entre o Ocidente e o restante: Herwig 2001.

A Grã-Bretanha do século XIX e o sistema mundial: N. Ferguson 2003; Darwin 2009.

Sobre número de mortos, ver em geral M. White 2011, com referências. Cifras sobre população extraídas de Maddison 2003. Índices de mortes por doença no Novo Mundo: ver acima. Holocausto americano: Stannard 1993. Misra 2008 diz que 10 milhões foram mortos no motim indiano, mas a maioria dos historiadores coloca a cifra bem abaixo de 1 milhão (ver David 2006). Fome e índices de morte na Índia: Fieldhouse 1996. Davis 2001 dá ênfase à culpa da Grã-Bretanha pela fome. Congo: Hochschild 1998.

Receptividade ao "Fardo do Homem Branco" de Kipling: Gilmour 2002.

Anarquia indiana e a sanção à Companhia das Índias Ocidentais: Washbrook 1999. Crime violento na Índia: Fisch 1983, Yang 1985 e Singha 1998 documentam as agressivas sanções dos tribunais à violência interpessoal. No entanto, estudos mais recentes, como Kolsky 2010 e T. Sherman 2010 (este último estendendo a história até o século XX), tendem a colocar o foco na violência britânica contra os indianos, e não nos amplos esforços para suprimir a violência. Wiener 2008 examina Austrália, Quênia e Caribe, além da Índia.

Rammohun Roy: Sen 2012.

As avaliações dos historiadores sobre o Império Britânico variam enormemente. Gott 2011 é o mais negativo que conheço.

Declínio da violência na Europa: Spierenburg 2008. Violência norte-americana: Roth 2009. Baixas em guerras: M. White 2011.

Crescimento econômico no século XIX: Frieden 2006, p. 13-123.

Figura 4.17: dados extraídos de Maddison 2003.

Conferências de Haia: Sheehan 2008, p. 22-26.

5. UMA TEMPESTADE DE AÇO

A grande ilusão: Angell 1910 (o livro foi relançado com frequência em versões ampliadas; como a maioria dos historiadores, uso a quarta edição, de 1913). Sobre o próprio Angell: Ceadel 2009.

Século XX como era de extremos: Hobsbawm 1994.

Sarajevo: Dedijer 1966 continua sendo a análise acadêmica-padrão, e D. Smith 2009 dá um tratamento geral atualizado.

Mortes em 1914: Stevenson 2004, p. 75-76.

Decisões de entrar em guerra em 1914: há análises excelentes em Hamilton e Herwig 2003, McMeekin 2011, Stevenson 2004, p. 3-36, e Strachan 2001, p. 1-102. Sobre caminhos que teriam impedido a eclosão da guerra, Beatty 2012.

March of folly: Tuchman 1984.

PIB britânico: Maddison 2010. Crescimento de novas potências industriais e navais: Broadberry 1998 (leitura adicional); P. Kennedy 1987, p. 194-249; Trebilock 1981. Comparação entre as guerras norte-americana e alemã da década de 1860: Förster e Nagler 1999. Papel central das finanças no sistema mundial britânico do final do século XIX: Cain e Hopkins 2000.

Figura 5.1: dados extraídos de Bairoch 1982. Figura 5.2: dados extraídos de Maddison 2003. Figura 5.3: dados extraídos de P. Kennedy 1987, tabela 20.

Intervenção britânica e a Guerra Civil norte-americana: H. Fuller 2008; Foreman 2010. Grande reaproximação: Perkins 1968. Marinhas britânica e norte-americana: O'Brien 1998. Alianças navais britânicas: Sumida 1989.

Geografia e estratégia: Mackinder 1904, com Kearns 2009.

Alemanha antes de 1871: Sheehan 1989; C. Clark 2006. Bismarck: Lerman 2004. O *Bismarck* de A. J. P. Taylor (1967) parece hoje muito antiquado, mas ainda é uma ótima leitura. Alemanha depois de 1890: P. Kennedy 1980; C. Clark 2009. Intenções estratégicas da Alemanha: Fritz Fischer 1967, 1974 inauguraram um debate acirrado ao sugerir que a Alemanha tinha em vista a dominação mundial em 1914. Strachan 2001, p. 52-54, tem uma resenha concisa do debate, e Mulligan 2010 dá um quadro geral do período todo de 1870-1914.

Mercado financeiro no verão de 1914: N. Ferguson 1998, p. 186-97.

Crises de 1905-13: Jarausch 1983.

Andamento geral da Primeira Guerra Mundial: a literatura é imensa. Meus favoritos são Strachan 2003 para um relato breve, Stevenson 2004 para um estudo de extensão média e Strachan 2001 para um tratamento abrangente do primeiro ano da guerra.

Sobre o Plano Schlieffen, ver Zuber 2011, a ser lido junto com o debate intenso na revista *War in History*, começando pelo artigo de Zuber de 1999. Sobre o front oriental, Stone 1975 e Showalter 1991 continuam clássicos.

"Programa de Setembro" da Alemanha: Fischer 1967; N. Ferguson 1998, p. 168-73.

Derrota da Alemanha no Marne em 1914: Herwig 2009.

A guerra no mar: Strachan 2001, p. 374-494; Massie 2003. África: Strachan 2001, p. 495-643; Paice 2010.

Métodos de luta em 1914: Howard 1985. *Storm of steel*: Jünger 2003, trad. da edição alemã de 1961. Jünger publicou primeiro *In Stahlgewittern* em 1920, mas revisou bastante o texto em edições posteriores. Leões liderados por asnos: A. Clark 1962 é um relato clássico. Aprendizagem militar na Primeira Guerra Mundial: Doughty 2008; Lupfer 1981; W. Murray 2011, p. 74-118; Travers 2003.

Economias de guerra: Broadberry e Harrison 2005; Chickering e Förster 2000.

Cavalos: a adaptação feita pelo Royal National Theatre do romance *War horse* (1982), de Michael Morpurgo, que estreou no palco em 2007, oferece uma visão extraordinariamente poderosa desse lado da guerra. A versão para o cinema de 2011, dirigida por Steven Spielberg, é menos memorável.

Comando e controle: Sheffield 2001; Sheffield e Todman 2008. Problemas tecnológicos: Travers 1992; Echevarria 2007. Baixas por gás: Corrigan 2003, p. 173-74. Tanques: Childs 1999. Guerra no ar: M. Cooper 1986.

Desgaste: Harris e Marble 2008. Custo por morte perpetrada: N. Ferguson 1998, p. 336.

Jihad: Aksakal 2011. Guerra submarina: Halpern 1994. Linha vital do Atlântico: Burk 1985.

Colapso da Rússia: Figes 1997.

Sistema moderno: Biddle 2004. Tropas de assalto: Gudmundsson 1995 (Griffith 1996 afirma que os soldados britânicos dominaram táticas de infiltração antes dos alemães). *Adeus às armas*: Hemingway 1929. Ofensiva alemã de 1918: Zabecki 2006; Hart 2008. Contraofensiva aliada: Boff 2012.

Planos britânicos para 1919: J. F. C. Fuller 1936, p. 322-36. Rendição: N. Ferguson 2004, discutida em Dollery e Parsons 2007 e A. Watson 2008. Gripe H1N1 e colapso alemão: Barry 2004; Price-Smith 2009, p. 57-81.

Mundo entreguerras: P. Kennedy 1987, p. 275-343; N. Ferguson 1998, p. 395-432; Frieden 2006, p. 127-72. Situação financeira britânica depois de 1918: Boyce 1987; N. Ferguson 2001, p. 45-47, 125-27.

Wilson e a Liga das Nações: R. Kennedy 2009; Mazower 2012, p. 116-53.

Guerra Civil russa: Figes 1997, p. 555-720; Lincoln 1999 (minha impressão sobre esses eventos ficou indelevelmente marcada pelo filme de David Lean *Doutor Jivago* (1965), baseado no romance de Boris Pasternak, com Omar Sharif e Julie Christie). Guerra Russo-Polonesa: N. Davies 2003.

Quebra da Bolsa em 1929 e subsequente crise bancária: H. James 2009, p. 36-97.

Declínio da confiança no Império Britânico: J. Morris 1978, p. 299-318, é um relato clássico.

Violência soviética: Conquest 2007; Naimark 2010; Snyder 2010. Economia soviética: Davies et al. 1994. Ishiwara: Peattie 1975. Invasão japonesa da China: Mitter 2013. Estupro de Nanquim: I. Chang 1997. Guerra Russo-Japonesa de 1939: S. Goldman 2012.

Andamento geral da Segunda Guerra Mundial: a literatura é tão vasta, diz Max Hastings 2007, p. 559, que "um catálogo dos títulos relevantes torna-se uma mera exibição vaidosa de um autor". Levando em conta essa advertência, meus ensaios recentes favoritos, de média extensão e leitura fluente, são Beevor 2012, Evans 2009, Hastings 2011 e Andrew Roberts 2011, e, quanto aos detalhes, Weinberg 2005. N. Davies 2006 é bom ao tratar da miscelânea dos resultados.

Desenvolvimento do pensamento de Hitler: Kershaw 2000.

Desenvolvimento da Blitzkrieg: Muller 1996, W. Murray 1996 e Gat 2000, sugerindo que o problema de atolar na lama alegado pelos britânicos era menor do que teóricos dos tanques como Liddell Hart e Fuller gostam de afirmar. Sobre a prática da Blitzkrieg, Guderian 1992 (1937) é o clássico, embora Guderian nunca tenha usado a palavra Blitzkrieg em seu livro. O termo parece ter sido cunhado por um jornalista da revista *Time* em 1939 (a famosa passagem em que Guderian diz que pegou suas ideias de Liddell Hart não consta do texto alemão original e, ao que parece, foi inserida depois por sugestão de Liddell Hart – Guderian 1992, p. 16).

Queda da França: E. May 2001. Bloch 1999 (1946), um relato como testemunha ocular de um homem corajoso que foi abatido pelo desastre, é subjetivo, mas poderoso.

Por que os alemães quase ganharam: Mercatante 2012.

Uso de violência por Hitler contra inimigos internos: a literatura é vasta, mas Evans 2005 é um bom ponto de partida. Massacres na Primeira Guerra Mundial: Hull 2005; Kramer 2007. A Alemanha Maior Possível: N. Ferguson 2006, p. 315. Cidades russas assoladas pela fome: Weinberg 2005, p. 267.

Como os aliados venceram: Overy 1995. Aprendendo com a Segunda Guerra Mundial: W. Murray 2011, p. 119-261. Economias dos aliados: Harrison 1998; sobre os Estados Unidos, Herman 2012 é uma leitura fluente.

Se Hitler tivesse vencido: sobre isso, os romancistas têm as coisas mais interessantes a dizer (especialmente R. Harris 1992 e Sansom 2012).

Visões de uma ordem mundial anglo-americana: Ryan 1987. Pensamento norte-americano sobre a Europa: Harper 1996. Pensamento soviético sobre a Europa: Applebaum 2012.

Colapso do Império Britânico na Ásia: Bayly e Harper 2004.

Guerra Fria em geral: há excelentes relatos curtos em D. Reynolds 2000 e Gaddis 1997 e 2005a. Leffler e Westad 2010 fornecem muitos detalhes, e o documentário para TV em 24 episódios da CNN *The Cold War* (1998) tem cenas e entrevistas excelentes. Guerra Fria fora da Europa: Westad 2005; Brands 2010.

A bomba: Rhodes 1987, 1996 e 2007 são leitura obrigatória.

Governo mundial: Baratta 2004. Nações Unidas: Mazower 2012.

Estratégia nuclear dos Estados Unidos: Rosenberg 1983; Jervis 1990; Freedman 2003. Estratégia nuclear da URSS: Garthoff 1958; Holloway 1994; Fursenko e Naftali 2006. Estratégia nuclear europeia: Heuser 1997. Efeitos de uma bomba de um megaton: Freedman 2003, p. xiii. Contenção: Gaddis 2005b.

Paz democrática: Doyle 1983 elabora A *paz perpétua* de Kant em um relato filosófico sobre por que as democracias do século XX raramente foram à guerra, mas a teoria permanece controversa entre os cientistas políticos (Kinsella et al. 2005). Níveis de homicídio no Ocidente: Eisner 2003, tabela 1; Roth 2009, figura I.1. Em termos mais gerais, Spierenburg 2008, p. 165-205, e Roth 2009, p. 435-68.

A riqueza americana e a Europa: De Grazia 2006. Propriedade de automóvel: cifras extraídas de Sandbrook 2005, p. 121; e Patterson 1996, p. 71.

Figura 5.13: dados extraídos de Maddison 2003. "Europa ocidental" mostra as pontuações de Maddison para 29 países e "Europa do Leste" suas pontuações para sete países. Maddison combinou dados da Alemanha Oriental e Ocidental; eu tratei a Alemanha como parte da Europa ocidental, o que significa que a figura 5.9 atenua o desempenho da Europa oriental (embora não o suficiente para mudar de modo substancial a forma do gráfico). Os dados para a Europa oriental anteriores a 1950 não são confiáveis.

Repressão soviética: Applebaum 2003, 2012. Buchenwald: M. White 2012, p. 390. Famílias com um filho executado por Hitler e um segundo filho morto por Stálin: Snyder 2010, p. 149. Níveis de homicídio soviéticos: Pridemore 2007, p. 121. Crescimento econômico soviético: Spufford 2010 é um relato curioso, fascinante.

Lowe 2012 faz excelente trabalho ao comparar a Europa oriental e a ocidental no pós-guerra.

Estimativas de mortes para 1962: N. Friedman 2000, p. 284-85.

Figura 5.14: dados extraídos de Norris e Kristensen 2006; Kristensen e Norris 2012, 2013.

Crise de Berlim: Kempe 2011. Crise dos mísseis de Cuba: Fursenko e Naftali 1998. Movimentos pacifistas: Wittner 2009. *Dr. Fantástico*: Columbia Pictures, 1964.

Vietnã: entre os estudos escritos antes da abertura dos arquivos vietnamitas, Karnow 1997 se destaca; entre os escritos depois da abertura, Nguyen 2012 é excelente. Estratégia: Summers 1982; Krepinevich 1986.

Formas de guerra prováveis na Europa nas décadas de 1960-1980: Dinter e Griffith 1983. N. Friedman 2000, p. 271-442, é bom no que se refere ao quadro estratégico mais amplo, e Hoffenaar et al. 2012, no que diz respeito aos vários planejamentos dos exércitos. *The Third World War*: Hackett et al. 1978. Extraí os números de armas nucleares soviéticas a serem usadas do seu plano de guerra para 1983 (N. Friedman 2000, p. 424-25).

Boa parte do debate americano sobre a détente teve lugar nas páginas de revistas como *Commentary* e *Foreign Affairs*. Sobre a situação mais ampla da década de 1970: N. Ferguson et al. 2010.

Afeganistão: Feifer 2009. Reorientação da China: Lüthi 2008; Macmillan 2008. Expansão militar norte-americana na década de 1980: Zakheim 1997. Medo de uma guerra em novembro de 1983: Rhodes 2007, p. 154-67.

6. VERMELHO EM DENTES E GARRAS

Sobre evolução e comportamento humano em geral, E. O. Wilson 1975 continua sendo a obra teórica clássica. Diamond 1997 e Robert Wright 2000 são (a meu ver) as aplicações à história mais interessantes.

Guerra em símios e humanos: Wrangham e Peterson 1996 é fundamental. Política em símios e humanos: De Waal 1982.

Guerra Gombe: Goodall 1986, p. 503-16; Wrangham e Peterson 1996, p. 5-18.

Similaridades entre os genomas humano e de chimpanzés: Chimpanzee sequencing and analysis consortium, 2005 (esse valor de 98% da similaridade obscurece várias dificuldades técnicas). Divergência de humanos e chimpanzés a partir de um ancestral compartilhado, que viveu entre 7 e 8 milhões de anos atrás: Landergraber et al. 2012.

Críticas a Goodall: ver particularmente Power 1991, com discussão em Wrangham 2010 (a equipe de Goodall foi, na realidade, a primeira a destacar as distorções criadas pelo fato de se alimentar os chimpanzés [Wrangham 1974]). Debate com Chagnon: ver referências ao capítulo 1.

Guerras entre chimpanzés observadas a partir da década de 1970: Wrangham 2010; M. Wilson 2013. Guerra Ngogo: Mitani et al. 2010. Alguns poucos primatólogos e antropólogos continuam a questionar a realidade das guerras entre chimpanzés (por exemplo, Sussman e Marshack 2010; B. Ferguson 2011).

Violência extrema entre chimpanzés: De Waal 1986; Goodall 1991. De Waal 1982 faz um maravilhoso trabalho ao analisar a violência por uma perspectiva mais abrangente.

Encontros wamba: Idani 1991; Wrangham e Peterson 1996, p. 209-16. Bonobos (chimpanzés-pigmeus/*Pan paniscus*): De Waal 1997; Furuichi e Thompson 2008. Roçar genitogenital entre os bonobos: Fruth e Hohmann 2000.

Origens da vida e organismos unicelulares: há muitos relatos recentes (Dawkins 2004 é um exemplo curioso e fascinante), mas Margulis e Sagan 1987 continua difícil de superar. Dawkins 1989, Dennett 1995 e Coyne 2009 são os meus tratamentos favoritos do funcionamento da evolução biológica, e Christian 2004 e Robert Wright 2000 fazem a articulação entre a história biológica e a história humana. Evolução da consciência: Dennett 1991; Hofstadter 2007.

Teoria dos jogos: Poundstone 1992 descreve de modo envolvente a história desse campo, abordando a exposição técnica clássica que é o trabalho de Von Neumann e Morgenstern, *Theory of games and economic behavior* (1944): "um dos livros mais influentes e menos lidos do século XX" (p. 41). Schelling 1960 pode ser a melhor porta de acesso para leitores interessados em aplicações militares.

Estratégias evolucionariamente estáveis: Maynard Smith 1982 é o melhor relato, e Dawkins 1989, p. 68-87, faz um resumo extremamente claro. Casos à parte de violência entre humanos: Raine 2013.

Bases psicológicas da violência humana: Anderson e Bushman 2002.

Importância do número de membros nos ataques de chimpanzés: Wilson et al. 2012.

Animais sociais: De Waal e Tyack 2003. A teoria dos jogos tem muito a dizer sobre a evolução da sociabilidade (Axelrod 1984 é um clássico), e Shultz et al. 2011 discute a evolução da sociabilidade nos primatas. Cooperação e competição: Bowles e Gintis 2010.

Formigas: Hölldobler e Wilson 1990; D. Gordon 2000. Superorganismos: Hölldobler e Wilson 2008. Formigas-soldados: Gotwald 1995. Comunicação entre as formigas: D. Gordon 2010.

Territorialidade: Wrangham e Peterson 1996.

Canibalismo entre os bonobos: Fowler e Hohmann 2010.

Evidência fóssil da evolução dos modernos símios: Klein 2009, p. 112-26. Os únicos fósseis de chimpanzés encontrados até agora vêm do clima mais seco do Quênia, no extremo oriental de sua faixa (McBrearty e Jablonski 2005).

Formação do rio Congo: J. Thompson 2003, com Caswell et al. 2008, p. 11, sobre datação. Divergência do DNA de chimpanzés e bonobos: Caswell et al. 2008. O rio Congo como obstáculo ao fluxo de genes: Eriksson et al. 2004.

Razões para a divergência na dieta de chimpanzés e bonobos: Wrangham e Peterson 1996, p. 220-30; Potts 2004; Furuichi 2009; Hohmann et al. 2010. Sapolsky 2006 fornece mais evidências sobre a rapidez com que as mudanças no ambiente podem afetar a violência dos primatas, dessa vez entre os babuínos.

Estupro entre os chimpanzés: há um debate antigo entre evolucionistas e feministas se o estupro é uma adaptação, por meio da qual machos que de outro modo não seriam competitivos conseguem espalhar seus genes, ou é uma ferramenta de opressão masculina; a resposta, como seria previsível, é que ele parece ser as duas coisas ao mesmo tempo (Muller e Wrangham 2009).

Competição espermática entre chimpanzés: Diamond 1992, p. 72-75. Boesch 2009 enfatiza os métodos que as chimpanzés fêmeas desenvolveram para explorar a sexualidade e a agressão masculina tendo em vista as suas finalidades reprodutivas. Gorilas: Fossey 1983; Harcourt e Stewart 2007. Teoria da competição espermática: Birkhead 2002.

Violência sexual mínima entre os bonobos: Hohmann e Fruth 2003. Importância das coalizões de fêmeas bonobos: Furuichi 2011. Importância das mães na regulação da competição sexual entre os bonobos: Surbeck et al. 2011.

Prince Chim: Yerkes 1925. O famoso Laboratório de Primatas de Yerkes estava sediado na Universidade de Yale, mas Chim morreu antes de Yerkes se mudar de lá para Harvard em 1925.

Evolução humana em geral: Klein 2009 é forte nos detalhes; Stringer e Andrews 2012 têm ricas ilustrações. Nosso conhecimento sobre *Sahelanthropus*, *Ardipithecus* e *Australopithecus* (sem mencionar outros gêneros recentemente identificados) está crescendo rapidamente: ver White et al. 2009; Dirks et al. 2012; Haile-Selassie et al. 2012; Berger et al. 2013. Cérebro do *Australopithecus*: http://meeting.physanth.org/program/2013/session16/bienvenu-2013-the-endocast-of-sahelanthropus-tchadensis-the-earliest-known-hominid-7-ma-chad.html.

Dentes, tubérculos e raízes: Lee-Thorp et al. 2012. Bipedalismo: Klein 2009, p. 271-78.

Tecido cerebral caro: Aiello e Wheeler 1995; Fish e Lockwood 2003. Crescimento do cérebro nos últimos três milhões de anos: McHenry e Coffing 2000. Uso de ferramentas entre os símios: Roffman et al. 2012; Sanz et al. 2013.

Os primórdios do *Homo*: Aiello e Antón 2012. *Homo ergaster/erectus*: Antón 2003. Clima e evolução do *H. ergaster*: Magill et al. 2012. Cérebros: Rightmire 2004.

Primórdios do uso do fogo: Berna et al. 2012.

Cozinhar e vínculo de casais: Wrangham 2009. Bonobos caçando macacos: Surbeck e Hohmann 2008.

Sobre assuntos variados relacionados a seios e pênis (humanos): Yalom 1998; Hickman 2012. Tamanho de pênis, testículos e seios: Diamond 1992, p. 72-76.

Evidência esqueletal de violência entre proto-humanos: Wu et al. 2011, com tabela S2 (disponível em: www.pnas.org/content/suppl/2011/11/14/1117113108.DCSupplemental/pnas.201117113SI.pdf#nameddest=ST2) contendo 53 exemplos; Walker 2001.

Padrões de violência entre humanos da Idade da Pedra: Keeley 1996; Gat 2006. Similaridades com a violência dos chimpanzés: Wrangham e Glowacki 2012. Similaridades entre gangues de jovens adultos machos de humanos e chimpanzés: Wrangham e Wilson 2004. Chimpanzés costumam ser hostis com membros de outras comunidades, mas De Waal 1989 descreve estratégias de símios para resolver conflitos sem violência. Taxas de mortalidade entre chimpanzés: Hill et al. 2001; M. Wilson 2013. Machos e violência: Ghiglieri 1999.

Disseminação de proto-humanos fora da África: Klein 2009, p. 279-372, dá uma visão geral exaustiva. Descoberta de novas espécies: Meyer et al. 2012. Comunicação do Homem de Heidelberg: Martinez et al. 2012. Pontas de lança em pedra: Wilkins et al. 2012.

Neandertalenses: Mithen 2005. Feridas por estocadas: Shanidar 3 e St. Césaire 1, mencionados em Walker 2001, p. 585. Armas de pedra: Lazuén 2012. Padrões de fratura de ossos: Berger e Trinkaus 1995. Canibalismo: Klein 2009, p. 574-76.

O cérebro moderno: J. Allen 2009; Pinker 1997.

A Era Glacial e o seu fim: N. Roberts 1998; Mithen 2003.

Evolução de humanos totalmente modernos: Klein 2009, p. 615-751. Shea 2011 discute a variabilidade e a modernidade no comportamento do *Homo sapiens* antes de 50 mil anos atrás.

Explico de maneira mais extensiva minhas visões sobre evolução cultural (essa é a expressão geralmente usada no inglês americano [*cultural evolution*]; no inglês britânico, evolução social [*social evolution*] é mais comum) e sua relação com a evolução biológica em meu livro *The measure of civilization* (I. Morris 2013, p. 6-24, 252-63). Whiten 2011 e Whiten et al. 2011, que eu não havia lido quando escrevi *The measure of civilization*, são análises importantes sobre como a cultura humana evolui e sua relação com a cultura dos símios.

Cultura dos chimpanzés: Wrangham 2006; Boesch 2012. Cultura dos bonobos: Hohmann e Fruth 2003.

Golpe da lança fatal há 100 mil anos (Skhul esqueleto 9): Walker 2001, p. 585.

Evolução da diversidade nas culturas humanas: Foley e Mirazón Lahr 2011.

Genoma do Neandertal: Green et al. 2010. DNA denisovano: Rasmussen et al. 2011. Extinção do Neandertal: Finlayson 2010.

Hierarquia de dominância estável dos chimpanzés: De Waal 1982.

Freddy, Oscar e Scar: *Chimpanzee* (Disneynature 2012, dirigido por Alastair Fothergill e Mark Linfield).

Dilema do pacifista: Pinker 2011.

Teoria dos jogos e estratégia nuclear das décadas de 1950-1960: Poundstone 1992; Freedman 2003, p. 165-78. John Nash: Nasar 1998.

Objetivos de guerra da Otan e dos soviéticos na década de 1980: Odom 1988; Heuser 1998.

"A Guerra do Náilon": Riesman 1951.

Os estágios finais da Guerra Fria continuam controversos, mas, além das fontes citadas para o capítulo 5, achei úteis Gaidar 2007, Grachev 2008 e Sebestyen 2009, que enfocam a crise com base no lado russo.

7. A ÚLTIMA GRANDE ESPERANÇA DA TERRA

Homicídios em Nova York: www.cnn.com/2012/11/28/justice/new-york-murder-free-day/index.html. Chicago: www.huffingtonpost.com/2013/01/28/chicago-homicide-rate-201_n_2569472.html. San Bernardino: Friend 2013. Newtown: www.nytimes.com/2012/12/16/nyregion/gunman-kills-20-children-at-school-in-connecticut-28-dead-in-all.html. Índices americanos: www.fbi.gov/about-us/cjis/ucr/crime-in-the-u.s/2012/preliminary-semiannual-uniform-crime-report-january-june-2012.

Estatísticas globais para 2004: Geneva Declaration on Armed Violence and Development, www.genevadeclaration.org/fileadmin/docs/Global-Burden-of-Armed-Violence-full-report.pdf. Estatísticas globais para 2010: United Nations Office on Drugs and Crime, www.unodc.org/unodc/en/data-and-analysis/homicide.html. Índice global de mortes violentas para 2012: World Health Organization, www.who.int/violence_injury_prevention/violence/en/. Guerra Civil síria: www.cnn.com/2013/01/02/world/meast/syria-civil-war/index.html. Frequência de guerras entre Estados: Uppsala Conflict Data Program and Peace Research Institute of Oslo, www. pcr.uu.se/research/ucdp/datasets/ucdp_prio_armed_conflict_dataset/. Tendência de declínio nas guerras civis: Hegre 2013, apoiado em dados do Peace Research Institute, de Oslo.

Número de ogivas nucleares: ver Kristensen e Norris 2012a, 2012b. O índice mais conhecido de risco de aniquilação, o "Doomsday Clock" do *Bulletin of the Atomic Scientists* (www.thebulletin.org/content/doomsday-clock/timeline), é bastante enganoso: atualmente, marca cinco minutos para a meia-noite, mais perto do apocalipse do que estava durante a crise dos mísseis de Cuba.

Armas nucleares como suicídio da carreira: painel de discussão na base da Força Aérea de Nellis, Nevada, em 5 de março de 2013.

PIB por pessoa: Maddison 2010. A figura 7.2 se baseia nesses dados, atualizados com os dados do Banco Mundial (http://data.worldbank.org/indicator/NY.GDP.PCAP.CD), convertidos para a métrica de Maddison de dólares internacionais de 1990 de Geary-Khamis.

Problemas do globocop norte-americano: Ikenberry 2011. Similaridades (e diferenças) entre os globocops britânico e norte-americano: N. Ferguson 2003, 2004a.

Primeiro esboço de 1992 do Guia de Planejamento da Defesa: www/gwu.edu/~nsarchiv/nukevault/ebb245/index.htm. Vazamento no *The New York Times* e reações, 8 de março de 1992: www.nytimes.com/1992/03/08/world/us-strategy-plan-calls-for-insuring-no-rivals-develop.html.

Relações exteriores norte-americanas a partir de 1989: Herring 2011, p. 899-964. Estados Unidos e Europa: R. Kagan 2002.

PIBs da União Europeia e dos Estados Unidos: Maddison 2010.

Integração europeia: Gillingham 2003. Integração fiscal: H. James 2012. Relatório do UBS: Deo et al. 2011. Sobre política da Alemanha, a reportagem especial da *The Economist* sobre a Alemanha (15 de junho de 2013) é excelente, assim como a reportagem especial do *Financial Times* sobre o futuro da União Europeia (15 de maio de 2013). A página da OCDE, Economic Outlook, na internet (www.oecd.org/eco/economicoutlook.htm), é muito útil para os acontecimentos subsequentes.

Desmilitarização europeia: Sheehan 2008. Common Security and Defence Policy: Deighton 2011; http://eeas.europa.eu/cfsp/index_en.html; e comentários de Catherine Ashton em um almoço na Stanford University em 7 de maio de 2013.

Incidente na Bielorrússia: www.nytimes.com/2012/08/02/world/europe/in-belarus-a-teddy-bear-air--drop-vexes-lukashenko.html_? r=1& ref=europe.

Pesquisa de opinião em 2003: Sheehan 2008, p. xvi. Pesquisa de opinião em 2006: www.guardian.co.uk/world/2006/jun/15/usa.iran.

Realidades estratégicas europeias: R. Kaplan 2012. Pressão dos Estados Unidos sobre a Grã-Bretanha para permanecer na Europa: www.independent.co.uk/news/world/politics/barack-obama-piles--pressure-on-david-cameron-over-eu-exit-8458116.html.

O Grande Jogo: Hopkirk 1990 é um relato maravilhoso.

Petróleo e sudoeste asiático: Yergin 1991.

Despesas com petróleo em meados da década de 1970: baseadas em Yergin 1991, p. 792-93.

Estados Unidos e Irã: Milani 2011. Aiatolá Khomeini como Homem do Ano: *Time*, 7 de janeiro de 1980 (www.time.com/time/specials/packages/article/0,28804,2019712_201969_2019594,00.html). A *Time* recebeu mais de 14 mil cartas de reclamações.

Bin Laden e a al-Qaeda: L. Wright 2006 é excelente.

Guerra dos Bôeres: Pakenham 1979 continua sendo o melhor tratamento. Guerra do Iraque: a literatura é vasta, mas Ricks 2006 e 2009 são boas introduções.

Tortura norte-americana: Greenberg 2005. Mortes por drones: Cavallaro et al. 2012; http://openchannel.nbcnews.com/_news/2013/02/04/16843014-justice-department-memo-reveals--legal-case-for-drone-strikes-on-americans?lite.

Baixas dos Estados Unidos no Iraque: www.defense.gov/news/casualty/pdf. Mortes de civis iraquianos: www.iraqbodycount.org/analysis/numbers/ten-years/. Custos da Guerra dos Bôeres: Pakenham 1979, comparado com o PIB britânico extraído de Maddison 2010.

Declínio das importações de petróleo dos Estados Unidos: U.S. Energy Information Administration, www.eia.gov/forecasts/steo/report/usoil.cfm. Importações atingiram um pico de 12,5 milhões de barris por dia em 2005; o nível de 1987 era de 6 milhões de barris.

Desacelerando o programa nuclear do Irã: Sanger 2012, p. 141-240, www.foreignpolicy.com/articles/2013/11/19/stuxnets_secret_twin_iran_nukes_cyber_attack. Opções nucleares iranianas: Bracken 2012, p. 155-60.

Fim das grandes guerras: Hammes 2006. Gray 2005 resume e critica as previsões.

Aldeias do Oriente Médio no Fort Irwin: www.good.is/posts/picture-show-iraq-in-the-mojave/.

Preocupações norte-americanas com o crescimento econômico japonês: Vogel 1980.

Cinco trilhões de dólares em comércio pelo mar do Sul da China: Luttwak 2012, p. 206.

Desastres econômicos maoistas: Diktötter 2010; MacFarquhar e Schoenhals 2006.

Crescimento econômico e fragilidade da China: Fenby 2012; Beardson 2013; Shambaugh 2013. O detalhe sobre desmatamento vem de Economy 2004, p. 64, e as estimativas de crescimento por volta de 2030, de Economy 2007.

China como rival militar dos Estados Unidos: de uma imensa literatura recente achei particularmente úteis R. Kaplan 2012 e Luttwak 2012.

Ascensão Pacífica: Zheng 2005. Desenvolvimento Pacífico: Dai 2010.

Cultura estratégica chinesa: Yan 2011; Ye 2010. Política confucionista: Jiang 2013.

Despesas militares, 1989-2011: Dados do Sipri Military Expenditure Database, http://milexdata.sipri.org. Forças armadas chinesas: Department of Defense 2012, 2013.

Analogia China-Alemanha: Luttwak 2012, p. 56-67.

Jogos de guerra da Rand: Shlapak et al. 2009.

Os trabalhos da conferência da Aspi (*Global Forces 2011*) estão disponíveis em: www.aspi.org.au/publications/publications_all.aspx. Documento oficial da Defesa da Austrália de 2009: www.defence.gov.au/whitepaper/. Reações: Lyon e Davies 2009.

Polaridade Estados Unidos-Ásia: Clinton 2011.

Estimativas sobre o risco de uma guerra sino-americana: www.foreignpolicy.com/articles/2011/02/22/the_future_of_war. Pesquisa da Pew: http://people-press.org/rep*/-orts/pdf/692.pdf. Feldman 2013 é uma boa análise das relações Estados Unidos-China.

AirSea Battle: Krepinevich 2010; Van Tol et al. 2010, com debates em: http://thediplomat.com/the-naval-diplomat/2013/08/19/airsea-battle-vs-offshore-control-can-the-us-blockade-china. Planos cibernéticos dos Estados Unidos: www.guardian.co.uk/world/interactive/2013/jun/07/obama-cyber-directive-full-text.

Opções estratégicas da China: Tellis e Tanner 2012; Bracken 2012, p. 195-211.

Rússia a partir de 1989: M. Goldman 2008. Modernização militar: www.reuters.com/article/2012/07/30/us-russia-putin-navy-idUSBRE86T1D320120730; www.foreignpolicy.com/articles/2012/09/05/building_a_better_bear. Declínio da receita: www.worldbank.org/en/country/russia/overview.

Revolução do xisto: M. Levi 2013. Terceira revolução industrial: Rifkin 2011.

Estimativas de crescimento econômico, 2010-60: OECD, www.oecd.org/eco/outlook/lookingto2060.htm; Comissão de Orçamento do Congresso, www.cbo.gov/publications/43907. Estimativas mais baixas: www.economist.com/blogs/buttonwood/2012/11/economic-outlook; PricewaterhouseCoopers, www.pwc.com/en_GX/gx/world-2050/assets/pwc-world-in-2050-report-january-2013.pdf; *Economist*, www.economist.com/blogs/graphicdetail/2013/06daily-chart-0.

Orçamentos militares chinês e norte-americano: http://milexdata.sipri.org.

Tendências globais para 2030: National Intelligence Council 2012. Arco de instabilidade: National Intelligence Council 2008.

Níveis de dióxido de carbono: http://co2now.org. Possíveis consequências: L. Smith 2010; www.sciencemag.org/site/special/climate2013/.

Eufrates: "Less fertile crescent", *Economist*, 9 de março de 2013, p. 42, www.economist.com/news/middle-east-and-africa/21573158-waters-babylon-are-running-dry-less-fertile-

-crescent. Egito e Etiópia: www.reuters.com/article/2013/06/10/us-ethiopia-egypt-nile-war-idUSBRE95911020130610.

Temperaturas médias, 2002-12: Hansen et al. 2013; "A sensitive matter", *Economist*, 30 de março de 2013, p. 77-79, www.economist.com/news/science-and-technology/21574461-climate-may-be-heating-up-less-response-greenhouse-gas-emissions.

Escritório de Mudança Climática da CIA fecha: http://eenews.net/public/Greenwire/2012/11/19/1.

Número de ogivas nucleares: Kristensen e Norris 2012, 2013. Instalação de plutônio dos Estados Unidos temporariamente suspensa: www.lasg.org/press/2013/NWMM_22Feb2013.html. Ground-Based Midcourse Defense: www.mda.mil/system/gmd.html. Iron Dome: http://nation.time.com/2012/11/19/iron-dome-a-missile-shield-that-works/#ixzz2Ci0JS7Us.

Aprendi muito sobre o programa de drones com a minha visita à Base da Força Aérea de Creech, Nevada, em 5 de março de 2013. O programa de televisão da PBS *Nova* "The rise of the drones" (www.pbs.org/wgbh/nova/military/rise-of-the-drones.html) faz um bom relato da sua história, e um par de artigos acadêmicos (Byman 2013, Cronin 2013) na *Foreign Affairs* 92.4 (julho/agosto de 2013) apresenta as principais questões no debate público.

Custo unitário do MQ-9: www.dod.mil/pubs/foi/logistics_material_readiness/acq_bud_fin/SARs/DEC%202011%20SAR/MQ-9%20UAS%20REAPER%20-%20SAR%20-%2031%20DEC%202011.pdf. Custo unitário do F-35: www.defense-aerospace.com/article-view/feature/141238/**f_35-lot-5-unit-costs-exceed-$223m.html.

Baixas civis por drones: www.propublica.org/article/everything-we-know-so-far-about-drone-strikes, com links para outras estimativas. Baixas no Paquistão: http://natsec.newamerica.net/drones/pakistan/analysis; www.thebureauinvestigates.com/2013/07/22/get-the-data-the-pakistan-governments-secret-document/.

Singer 2009 é uma excelente introdução à guerra robótica. Relatórios oficiais: Joint Forces Command 2003, U.S. Air Force 2009. Pedido de moratória: United Nations 2013; www.hrw.org/news/2013/05/28/us-take-lead-against-lethal-robotic-weapons. Campanha para suspender robôs assassinos: www.stopkillerrobots.org. Declaração mais recente (novembro de 2012) sobre a política norte-americana para drones letais: www.dtic.mil/whs/directives/corres/pdf/300009p.pdf.

Guerra em 2050: G. Friedman 2009.

Segunda era nuclear: Bracken 2012.

Índice de desenvolvimento social: I. Morris 2010, 2013.

Combinação de perspectivas de tecnologia e segurança: National Intelligence Council 2008, 2012; Schmidt e Cohen 2013.

Cérebros e a Singularidade: Kurzweil 2005, 2013. Levantamento de previsões: http://fora.tv/2012/10/14/Stuart_Armstrong_How_Were_Predicting_AI. Human Brain Project: www.humanbrainproject.eu; www.wired.com/wiredscience/2013/05/neurologist-markam-human-brain/all/.

Críticas às teorias da Singularidade: ver particularmente Morozov 2013. Kurzweil 2013, p. 266-82, rebate algumas das objeções.

Experimento com filme em Berkeley: www.sciencedaily.com/releases/2011/09/110922121407.htm, com trecho de filme em www.youtube.com/watch?v=nsjDnYxJ0bo. Experimento com fala em Berkeley: www.plosbiology.org/article/info:doi/10.1371/journal.pbio.1001251. Telepatia em ratos: www.nature.com/srep/2013/130228/srep01319/full/srep01319.html, com discussão em http://singularityhub.com/2013/03/11/brains-of-two-rats-linked-half-way-across-the-world/.

Superorganismo humano: Robert Wright 2000.

Competições dentro do nosso corpo: Ridley 1996, p. 11-34, tem um relato claro.

Debate político: Brooks et al. 2013; Posen 2013.

Pax Technologica: Khanna e Khanna 2012.

Desigualdade em computadorização e riqueza: http://krugman.blogs.nytimes.com/2012/12/08/rise-of-the-robots/?_r=0; Cowen 2013.

Nexus e *Crux*: Naam 2013a, 2013b.

BIBLIOGRAFIA

ABIGAIL, Peter. "Australia's Next Defence White Paper: An ASPI Update." In *Global Forces* 2011, p. 71-81. Canberra: Australian Strategic Policy Institute, 2012. Disponível em www.aspi.org.au/publications/publications_all.aspx.

ACEMOGLU, Daron; ROBINSON, James. *Why Nations Fail: The Origins of Power, Prosperity, and Poverty*. Nova York: Crown, 2012. [*Por que as nações fracassam*. Trad. Cristiana Serra. São Paulo: Elsevier, 2012].

ADAMS, Thomas. "Future Warfare and the Decline of Human Decisionmaking." *Parameters* 41.4 (2011), p. 5-19. www.carlisle.army.mil/USAWC/Parameters/Articles/2011 winter/Adams.pdf.

AIELLO, Leslie; ANTÓN, Susan (eds.). "Human Biology and the Origins of *Homo*", suplemento, *Current Anthropology* 53.S6 (2012), p. S267-S478.

AIELLO, Leslie; WHEELER, Peter. "The Expensive-Tissue Hypothesis: The Brain and the Digestive System in Human and Primate Evolution." *Current Anthropology* 36 (1995), p. 199-221.

AKKERMANS, Peter; SCHWARTZ, Glenn. *The Archaeology of Syria*. Cambridge, RU: Cambridge University Press, 2003.

AKSAKAL, Mustafa. "'Holy War Made in Germany'? Ottoman Origins of the 1914 Jihad." *War in History* 18 (2011), p. 184-99.

ALDHOUSE-GREEN, Miranda. *Dying for the Gods: Human Sacrifice in Iron Age and Roman Europe*. Stroud, RU: Tempus, 2001.

ALLCHIN, F. Raymond. *The Archaeology of Early Historic South Asia*. Cambridge, RU: Cambridge University Press, 1995.

ALLEN, John. *Lives of the Brain: Human Evolution and the Organ of Mind*. Cambridge, Mass.: Belknap Press, 2009.

ALLEN, Robert. "The Great Divergence in European Wages and Prices from the Middle Ages to the First World War." *Explorations in Economic History* 38 (2001), p. 411-47.

____. "Poverty and Progress in Early Modern Europe." *Economic History Review* 56 (2003), p. 403-43.

____. "India in the Great Divergence." In Timothy Hatton et al., eds., *The New Comparative Economic History*, p. 9-32. Cambridge, Mass.: Harvard University Press, 2007.

____. *The British Industrial Revolution in Global Perspective*. Cambridge, RU: Cambridge University Press, 2009.

ALLEN, Robert et al. "Wages, Prices, and Living Standards in China, 1738-1925: In Comparison with Europe, Japan, and India." *Economic History Review* 64.S1 (2011), p. 8-38.

ALVA, Walter; DONNAN, Christopher. *The Lords of Sipán*. Los Angeles: Fowler Museum, 1993.

AMITAI-PREISS, Reuven. *Mongols and Mamluks: The Mamluk-Ilkhanid War, 1260-1281*. Cambridge, RU: Cambridge University Press, 1995.

ANDERSON, Craig; BUSHMAN, Brad. "Human Aggression." *Annual Review of Psychology* 53 (2002), p. 27-51.

ANGELL, Norman. *The Great Illusion: A Study of the Relation of Military Power to National Advantage*. 4ª ed. Londres: G. P. Putnam's Sons, 1913. [*A grande ilusão*. Trad. Sérgio Bath. São Paulo: Imprensa Oficial do Estado de São Paulo, 2002].

ANTHONY, David. *The Horse, the Wheel, and Language: How Bronze Age Riders from the Eurasian Steppes Shaped the Modern World*. Princeton, N. J.: Princeton University Press, 2009.

ANTHONY, David; BROWN, Dorcas. "The Secondary Products Revolution, Horse-Riding, and Mounted Warfare." *Journal of World Prehistory* 24 (2011), p. 131-60.

ANTÓN, Susan. "Natural History of *Homo erectus*." *Yearbook of Physical Anthropology* 46 (2003), p. 126-70.

APPLEBAUM, Anne. *Gulag: A History of the Soviet Camps*. Nova York: Penguin, 2003.

____. *Iron Curtain: The Crushing of Eastern Europe, 1944-1956*. Nova York: Doubleday, 2012.

ARCHER, Robin. "Chariotry to Cavalry: Developments in the Early First Millennium." In Fagan e Trundle 2010, p. 57-80.

ARKUSH, Elizabeth; ALLEN, Mark (eds.). *The Archaeology of Warfare: Prehistories of Raiding and Conquest*. Gainesville: University Press of Florida, 2006.

ARKUSH, Elizabeth; TUNG, Tiffany. "Patterns of War in the Andes from the Archaic to the Late Horizon: Insights from Settlement Patterns and Cranial Trauma." *Journal of Archaeological Research* 21 (2013), p. 307–69.

ASHER, Catherine; TALBOT, Cynthia. *India Before Europe*. Cambridge, RU: Cambridge University Press, 2006.

AUSTIN, Michel. *The Hellenistic World from Alexander to the Roman Conquest*. Cambridge, RU: Cambridge University Press, 1981.

AVENI, Anthony. *Skywatchers*. 2ª ed. Austin: University of Texas Press, 2001.

AXELROD, Robert. *The Evolution of Cooperation*. Nova York: Basic Books, 1984.

BACHRACH, Bernard. "Verbruggen's 'Cavalry' and the Lyon-Thesis." *Journal of Medieval Military History* 4 (2006), p. 137-63.

____. *Early Carolingian Warfare: Prelude to Empire*. Philadelphia: University of Pennsylvania Press, 2011.

BAHN, Paul. "A Lot of Bull: Pablo Picasso and Ice Age Art." *Munibe* 57 (2005), p. 217-23. www.aranzadi-zientziak.org/fi leadmin/docs/Munibe/200503217223AA.pdf.

BAIROCH, Paul. "International Industrialization Levels from 1750 to 1980." *Journal of Europe an Economic History* 11 (1982), p. 269-333.

BALTAR, Michael. "'Vengeance' Bites Back at Jared Diamond." *Science* 324 (2009), p. 872-74.

BARATTA, Joseph. *The Politics of World Federation*. Westport, Conn.: Praeger, 2004.

BARBERO, Alessandro. *Charlemagne: Father of a Continent*. Berkeley: University of California Press, 2004.

BARFIELD, Thomas. *The Perilous Frontier: Nomadic Empires and China, 221 bc-ad 1757*. Oxford: Blackwell, 1989.

BARKER, Graeme. *The Agricultural Revolution in Prehistory*. Oxford: Oxford University Press, 2006.

BARKER, Juliet. *Agincourt: Henry V and the Battle That Made England*. Boston: Back Bay Books, 2007.

BARRY, John. *The Great Influenza*. Nova York: Penguin, 2004.

BARUA, Pradeep. "Military Developments in India, 1750-1850." *Journal of Military History* 58 (1994), p. 599-616.

BAR-YOSEF, Ofer. "The Walls of Jericho: An Alternative Interpretation." *Current Anthropology* 27 (1986), p. 157-62.

BAYLY, Christopher. *Imperial Meridian: The British Empire and the World, 1780-1830*. Londres: Longman, 1989.

____. *The Birth of the Modern World, 1780-1914*. Oxford: Blackwell, 2004.

BAYLY, Christopher; HARPER, Tim. *Forgotten Armies: Britain's Asian Empire and the War with Japan*. Londres: Allen Lane, 2004.

BAYLY, Susan. "The Evolution of Colonial Cultures: Nineteenth-Century Asia." In Porter 1999, p. 447-69.

BEARDSON, Timothy. *Stumbling Giant: The Threats to China's Future*. New Haven, Conn.: Yale University Press, 2013.

BEATTY, Jack. *The Lost History of 1914: Reconsidering the Year the Great War Began*. Londres: Walker, 2012.

BECK, B. J. Mansfeld. "The Fall of the Han." In Twitchett e Loewe 1986, p. 317-76.

BECKERMAN, Stephen et al. "Life Histories, Blood Revenge, and Reproductive Success Among the Waorani of Ecuador." *Proceedings of the National Academy of Sciences* 106 (2009), p. 8134-39.

BECKWITH, Peter. *Empires of the Silk Road: A History of Central Eurasia from the Bronze Age to the Present*. Princeton, N. J.: Princeton University Press, 2009.

BEEVOR, Antony. *The Second World War*. Boston: Little, Brown, 2012.

BELICH, James. *Replenishing the Earth: The Settler Revolution and the Rise of the Anglo-World, 1783-1939*. Oxford: Oxford University Press, 2009.

BELL, David. *The First Total War: Napoleon's Europe and the Birth of Warfare as We Know It*. Boston: Houghton Mifflin, 2007.

BELL, Duncan. *The Idea of Greater Britain: Empire and the Future of World Order, 1860-1900*. Princeton, N. J.: Princeton University Press, 2007.

BERGER, Lee et al. "Australopithecus sediba." *Science* 340 (2013), p. 163-200.

BERGER, Thomas; TRINKAUS, Erik. "Patterns of Trauma Among the Neandertals." *Journal of Archaeological Science* 22 (1995), p. 841-52.

BERNA, Francesco et al. "Microstratigraphic Evidence of In Situ Fire in the Acheulean Strata of Wonderwerk Cave, Northern Cape Province, South Africa." *Proceedings of the National Academy of Sciences* 109 (2012), p. 1215-20.

BERNARD, W. D.; HALL, W. H. *Narrative of the Voyages and Services of the* Nemesis, *1840 to 1843*. V. 1. Londres: H. Colburn, 1844.

BERRY, Mary. *Hideyoshi*. Cambridge, Mass.: Harvard University Press, 1989.

BEST, Simon. "At the Halls of the Mountain Kings: Fijian and Samoan Fortifications: Comparison and Analysis." *Journal of the Polynesian Society* 102 (1993), p. 385-447.

BHAKARI, S. K. *Indian Warfare: An Appraisal of Strategy and Tactics of War in the Early Medieval Period*. Nova Délhi: Munshiran Manoharlal, 1980.

BIDDLE, Stephen. *Military Power: Explaining Victory and Defeat in Modern Battle*. Princeton, N. J.: Princeton University Press, 2004.

BIRKHEAD, Tim. *Promiscuity: An Evolutionary History of Sperm Competition*. Cambridge, Mass.: Harvard University Press, 2002.

BIRLEY, Anthony. *Marcus Aurelius: A Biography*. 2ª ed. New Haven, Conn.: Yale University Press, 1987.

BLACK, Jeremy. *Warfare in the Eighteenth Century*. Washington, D.C.: Smithsonian, 1999.

BLANNING, Timothy. *The French Revolutionary Wars, 1787-1802*. Londres: Hodder & Stoughton, 1996.

BLOCH, Marc. *Feudal Society*. 2 vols. Trad. L. A. Manyon. Publicado primeiro em francês, 1939-40. Londres: Routledge, Kegan Paul, 1961.

____. *Strange Defeat: A Statement of Evidence Written in 1940*. Publicado primeiro em francês, 1946. Nova York: Norton, 1999.

BLOW, David. *Shah Abbas: The Ruthless King Who Became an Iranian Legend*. Londres: I. B. Tauris, 2009.

BOESCH, Christophe. *The Real Chimpanzee: Sex Strategies in the Forest*. Cambridge, RU: Cambridge University Press, 2009.

____. *Wild Cultures: A Comparison Between Chimpanzee and Human Cultures*. Cambridge, RU: Cambridge University Press, 2012.

BOESCHE, Roger. *The First Great Political Realist: Kautilya and His Arthashastra*. Lanham, Md.: Lexington Books, 2003.

BOFF, Jonathan. *Winning and Losing on the Western Front: The British Third Army and the Defeat of Germany in 1918*. Cambridge, RU: Cambridge University Press, 2012.

BOND, E. A. (ed.). *Speeches of the Managers and Counsel in the Trial of Warren Hastings*. Vol. 1. Londres: Longman, Brown, Green, Longmans & Roberts, 1859.

BONNEY, Richard (ed.). *The Rise of the Fiscal State in Europe, c. 1200-1815*. Oxford: Oxford University Press, 1999.

BOOT, Max. *War Made New: Technology, Warfare, and the Course of History, 1500 to Today*. Nova York: Gotham Books, 2006.

BOROFSKY, Robert. *Yanomami: The Fierce Controversy and What We Can Learn from It*. Berkeley: University of California Press, 2005.

BOWLES, Samuel; GINTIS, Herbert. *A Cooperative Species: Human Reciprocity and Its Evolution*. Cambridge, RU: Cambridge University Press, 2011.

BOWMAN, Alan. *Life and Letters on the Roman Frontier*. Londres: British Museum Press, 1994.

BOWMAN, Alan; THOMAS, J. D. *The Vindolanda Writing Tablets* (Tabulae Vindolandenses II). Londres: British Museum Press, 1994.

BOWMAN, Alan; WILSON, Andrew (eds.). *Quantifying the Roman Economy*. Oxford: Oxford University Press, 2009.

BOXER, C. R. *The Portuguese Seaborne Empire, 1415-1825*. 2ª ed. Londres: Hutchinson, 1969.

BOYCE, Robert. *British Capitalism at the Crossroads, 1919-1932*. Cambridge, RU: Cambridge University Press, 1987.

BOYLSTON, Anthea; KNÜSEL, Christopher (eds.). *Blood Red Roses: The Archaeology of a Mass Grave from the Battle of Towton, ad 1461*. 2ª ed. Oxford: Oxbow, 2010.

BRACKEN, Paul. *The Second Nuclear Age: Strategy, Danger, and the New Power Politics*. Nova York: Times Books, 2012.

BRANDS, Hal. *Latin America's Cold War*. Cambridge, Mass.: Harvard University Press, 2010.

BRAUDEL, Fernand. *Civilization and Capitalism, 15th-18th Century*. 3 vols. Trad. Siân Reynolds. Nova York: Harper and Row, 1981-84.

BRAUND, David. "Piracy Under the Principate and the Ideology of Imperial Eradication." In Rich e Shipley 1993, p. 195-212.

BRECKE, Peter. "Violent Conflicts 1400 d.C. to the Present in Different Regions of the World." 1999. www.inta.gatech.edu/peter/PSS99_paper.html.

____. "Taxonomy of Violent Conflicts." 2002. www.inta.gatech.edu/peter/taxonomy.html.

BRIANT, Pierre. "The Achaemenid Empire." In Raaflaub e Rosenstein 1999, p. 105-28.

____. *From Cyrus to Alexander: A History of the Persian Empire*. Winona Lake, Ind.: Eisenbrauns, 2002.

BROADBERRY, Stephen. "How Did the United States and Germany Overtake Britain? A Sectoral Analysis of Comparative Productivity Levels, 1870-1990." *Journal of Economic History*, 58 (1998), p. 375-407.

BROADBERRY, Stephen; GUPTA, Bishnupriya. "The Early Modern Great Divergence: Wages, Prices, and Economic Development in Europe and Asia, 1500-1800." *Economic History Review*, 59 (2006), p. 2-31.

BROADBERRY, Stephen; HARRISON, Mark (eds.). *The Economics of World War I*. Cambridge, RU: Cambridge University Press, 2005.

BROERS, Michael. "The Concept of 'Total War' in the Revolutionary-Napoleonic Period." *War in History* 15 (2008), p. 247-68.

BROOKS, Stephen et al. "Lean Forward: In Defense of American Engagement." *Foreign Affairs* 92.1 (janeiro/fevereiro de 2013), p. 130-42.

BROTHWELL, Don. *The Bog Man and the Archaeology of People*. Londres: British Museum, 1986.

BROWN, Elizabeth. "The Tyranny of a Construct: Feudalism and Historians of Medieval Europe." *American Historical Review* 79 (1974), p. 1063-68.

BROWN, Kathryn; STANTON, Travis (eds.). *Ancient Mesoamerican Warfare*. Walnut Creek, Calif.: AltaMira, 2003.

BROWN, Kyle et al. "An Early and Enduring Advanced Technology Originating 71,000 Years Ago in South Africa." *Nature*, 7 de novembro de 2012. doi:10.1038/nature11660.

BROWN, Warren. *Violence in Medieval Europe*. Londres: Longmans, 2010.

BULLOCK, Alan. *Hitler and Stalin: Parallel Lives*. Nova York: Vintage, 1993.

BURDEN, Matthew. *The Blog of War: Front-Line Dispatches from Soldiers in Iraq and Afghanistan*. Nova York: Simon & Schuster, 2006.

BURK, Kathleen. *Britain, America, and the Sinews of War, 1914-1918*. Nova York: Harper-Collins, 1985.

BURKE, Jason. *The 9/11 Wars*. Nova York: Allen Lane, 2011.

BUSH, George H. W.; SCOWCROFT, Brent. *A World Transformed*. Nova York: Knopf, 1998.

BYMAN, Daniel. "Why Drones Work: The Case for Washington's Weapon of Choice." *Foreign Affairs* 92.4 (julho/agosto de 2013), p. 32-43.

CAIN, P. J.; HOPKINS, Anthony. *British Imperialism, 1688-2000*. 2ª ed. Londres: Longman, 2000.

CALLWELL, C. E. *Small Wars: Their Principles and Practice*. 3ª ed. Londres: War Office, 1909.

CAMPBELL, Duncan. *Mons Graupius ad 83*. Oxford: Osprey, 2010.

CANNING, Joseph et al. (eds.). *Power, Violence, and Mass Death in Pre-modern and Modern Times*. Aldershot, RU: Ashgate, 2004.

CAPP, Bernard. *Cromwell's Navy: The Fleet and the English Revolution, 1648-1660*. Nova York: Oxford University Press, 1989.

CAREY, John. *William Golding: The Man Who Wrote "Lord of the Flies."* Nova York: Free Press, 2010.

CARNEIRO, Robert. "A Theory of the Origin of the State." *Science* 169 (1970), p. 733-38.

CARRASCO, David. *City of Sacrifice: The Aztec Empire and the Role of Violence in Civilization*. Boston: Beacon Press, 1999.

CASWELL, Jennifer et al. "Analysis of Chimpanzee History Based on Genome Sequence Alignments." *PLoS Genetics* 4 (2008). doi:10.1371/journal.pgen.1000057.

CAVALLARO, James et al. *Living Under Drones: Death, Injury, and Trauma to Civilians from US Drone Practices in Pakistan*. Stanford, Calif., e Nova York: Stanford Law School e NYU School of Law, 2012. Disponível em: http://livingunderdrones.org/.

CEADEL, Martin. *Living the Great Illusion: Sir Norman Angell, 1872-1967*. Oxford: Oxford University Press, 2009.

CEDERMAN, L.-E. "Modeling the Size of Wars: From Billiard Balls to Sandpiles." *American Political Science Review* 97 (2003), p. 135-50.

CHAGNON, Napoleon. "Life Histories, Blood Revenge, and Warfare in a Tribal Society." *Science* 239 (1988), p. 985-92.

____. *Yanomamö*. 5ª ed. Nova York: Harcourt Brace College Publishers, 1997.

____. *Noble Savages: My Life Among Two Dangerous Tribes – the Yanomamö and the Anthropologists*. Nova York: Simon & Schuster, 2013.

CHAKRABARTI, Dilip. *India: An Archaeological History*. Nova Délhi: Oxford University Press, 1999.

CHAKRAVARTI, P. K. *The Art of War in Ancient India*. Primeira edição 1941. Reimpressão, Délhi: Low Price Publishers, 2010.

CHALIAND, Gerard. *Nomadic Empires from Mongolia to the Danube*. Trad. A. M. Berrett. New Brunswick, N. J.: Transaction, 2004.

CHANDRASEKARAN, Rajiv. *Little America: The War Within the War for Afghanistan*. Nova York: Knopf, 2012.

CHANG, Chun-shu. *The Rise of the Chinese Empire: Nation, State, and Imperialism in Early China, ca. 1600 B.C.-A.D. 8*. Ann Arbor: University of Michigan Press, 2007.

CHANG, Iris. *The Rape of Nanking: The Forgotten Holocaust of World War II*. Nova York: Penguin, 1997.

CHANIOTIS, Angelos. *War in the Hellenistic World*. Oxford: Blackwell, 2005.

CHAPLAIS, Pierre. *Diplomatic Documents Preserved in the Public Record Office*. V. 1, 1101-1307. Londres: Public Record Office, 1964.

CHARRIÈRE, E. (trad.). *Chronique de Bertrand du Guesclin*. V. 1. Paris: Typographie du Firmin Didot Frères, 1839. http://archive.org/stream/chroniquedebert00saingoog#page/n8/mode/ 2up.

CHASE, Kenneth. *Firearms: A Global History to 1700*. Cambridge, RU: Cambridge University Press, 2003.

CHATTOPADHYAYA, B. *The Making of Early Medieval India*. 2ª ed. Oxford: Oxford University Press, 2010.

CHERIAN, P. J. et al. "The Muziris Heritage Project: Excavations at Pattanam-2007." *Journal of Indian Ocean Archaeology* 4 (2007), p. 1-10.

CHICKERING, Roger; FÖRSTER, Stig (eds.). *Great War, Total War: Combat and Mobilization on the Western Front, 1914-1918*. Cambridge, RU: Cambridge University Press, 2000.

CHILDS, David. *A Peripheral Weapon? The Production and Employment of British Tanks in the First World War*. Westport, Conn.: Praeger, 1999.

CHIMPANZEE Sequencing and Analysis Consortium. "Initial Sequence of the Chimpanzee Genome and Comparison with the Human Genome." *Nature* 437 (2005), p. 69-87.

CHIROT, Daniel; MCCAULEY, Clark. *Why Not Kill Them All? The Logic and Prevention of Mass Political Murder*. Princeton, N. J.: Princeton University Press, 2006.

CHRISTIAN, David. *A History of Russia, Central Asia, and Mongolia*. V. 1, *Inner Eurasia from Prehistory to the Mongol Empire*. Oxford: Blackwell, 1998.

____. *Maps of Time*: An Introduction to Big History. Berkeley: University of California Press, 2004.

CHURCHILL, Winston. *My Early Life, 1874-1904*. Nova York: Charles Scribner's Sons, 1930.

____. *The World Crisis, 1911-1918*. Ed. abrev. primeira publicação em 5 vols., 1923-31. Nova York: Charles Scribner's Sons, 1931.

____. *The Second World War*. V. 2, *Their Finest Hour*. Boston: Houghton Mifflin, 1949.

____. *The Second World War*. V. 3, *The Grand Alliance*. Boston: Houghton Mifflin, 1950.

CIPOLLA, Carlo. *Guns, Sails, and Empires: Technological Innovation and the Early Phases of European Expansion, 1400-1700*. Nova York: Random House, 1965.

CITINO, Robert. *Blitzkrieg to Desert Storm: The Evolution of Operational Warfare*. Lawrence: University Press of Kansas, 2004.

____. *The Quest for Decisive Victory*: From Stalemate to Blitzkrieg in Europe, 1899-1940. Lawrence: University Press of Kansas, 2009.

CLARK, Alan. *The Donkeys*. Nova York: Morrow, 1962.

CLARK, Christopher. *Iron Kingdom: The Rise and Downfall of Prussia, 1600-1947*. Cambridge, Mass.: Belknap Press, 2006.

____. *Kaiser Wilhelm II*: A Life in Power. Nova York: Penguin, 2009.

CLARKE, Richard. *Against All Enemies*: Inside America's War on Terror. Nova York: Free Press, 2007.

CLAVELL, James. *Shogun*. Nova York: Delacorte Press, 1975.

CLIFF, Roger et al. *New Opportunities and Challenges for Taiwan's Security*. Santa Monica, Calif.: RAND Corporation, 2011. www.rand.org/content/dam/rand/pubs/conf_proceedings/2011/RAND_CF279.pdf.

CLINE, Eric (ed.). *The Oxford Handbook of the Bronze Age Aegean*. Oxford: Oxford University Press, 2010.

____. *1177 B.C. The Year Civilization Collapsed*. Princeton, N. J. Princeton University Press, 2013.

CLINE, Eric; GRAHAM, Mark. *Ancient Empires*. Nova York: Cambridge University Press, 2011.

CLINTON, Hillary. "America's Pacific Century." *Foreign Policy* 191 (novembro/dezembro de 2011). www.foreignpolicy.com/articles/2011/10/11/americas_pacific_century.

CLODFELTER, Michael. *Warfare and Armed Conflicts*: A Statistical Reference. 3 vols. Londres: McFarland, 1992.

COE, Michael. *Breaking the Maya Code*. 3ª ed. Londres: Thames & Hudson, 2012.

COHEN, H. et al. "Trauma to the Skull: A Historical Perspective from the Southern Levant (4300bce-1917ce)." *International Journal of Osteoarchaeology* 20 (2012). doi:10.1002/oa.2258.

COLL, Steve. *Ghost Wars*: The Secret History of the CIA, Afghanistan, and Bin Laden, from the Soviet Invasion to September 10, 2001. Nova York: Penguin, 2004.

COLLEY, Linda. *Britons: The Forging of a Nation, 1707-1837*. 3ª ed. New Haven, Conn.: Yale University Press, 2009.

COMMONWEALTH of Australia. *Defending Australia in the Asia Pacific Century*: Force 2030. Canberra: Department of Defence, 2009.

CONQUEST, Robert. *The Great Terror*: A Reassessment. Nova York: Oxford University Press, 2007.

CONTAMINE, Philippe. *War in the Middle Ages*. Trad. Michael Jones. Oxford: Blackwell, 1984.

COOK, Haruko Taya; COOK, Theodore. *Japan at War*: An Oral History. Nova York: Free Press, 1992.

COOPER, Jerrold. *Sumerian and Akkadian Royal Inscriptions*: Pre-Sargonic Inscriptions. Winona Lake, Ind: Eisenbrauns, 1986.

COOPER, Malcolm. *The Birth of Independent Air Power*. Londres: Unwin, 1986.

COOPER, Randolf. *The Anglo-Maratha Campaigns and the Contest for India*. Cambridge, RU: Cambridge University Press, 2003.

COOTE, Stephen. *Samuel Pepys*: A Life. Londres: Hodder & Stoughton, 2000.

CORDELL, Linda; MCBRINN, Maxine. *Archaeology of the Southwest*. 3ª ed. Walnut Creek, Calif.: Left Coast Press, 2012.

CORRIGAN, Gerald. *Mud, Blood, and Poppycock: Britain and the First World War*. Londres: Cassell, 2003.

COWEN, Tyler. *Average Is Over*: Powering America Beyond the Age of the Great Stagnation. Nova York: Dutton, 2013.

COWGILL, George. "Possible Migrations and Shifting Identities in the Central Mexican Epiclassic." *Ancient Mesoamerica* 24 (2013), p. 1-19.

COYNE, Jerry. *Why Evolution Is True*. Nova York: Viking, 2009.

CRONIN, Audrey Kurth. "Why Drones Fail: When Tactics Drive Strategy." *Foreign Affairs* 92.4 (julho/agosto 2013), p. 44-54.

CROSBY, Alfred. *The Columbian Exchange*: Biological and Cultural Consequences of 1492. Westport, Conn.: Westview Press, 1972.

____. *Ecological Imperialism*: The Biological Expansion of Europe, 900-1900. 2ª ed. Cambridge, RU: Cambridge University Press, 2003.

CUNLIFFE, Barry. *Danebury*: Anatomy of an Iron Age Hillfort. Londres: Batsford, 1983.

CURTIS, Vesta Sarkhosh; STEWART, Sarah (eds.). *The Age of the Parthians*. Londres: I. B. Tauris, 2007.

BINGGUO, Dai. "Adhere to the Path of Peaceful Development." *Waijiaobu Wangzhan*, 6 de dezembro de 2010. Trad. Xinhua News Agency. http://china.usc.edu/ShowArticle.aspx?articleID=2325.

DALE, Stephen. *The Muslim Empires of the Ottomans, Safavids, and Mughals*. Cambridge, RU: Cambridge University Press, 2010.

DALLEY, Stephanie. "Foreign Chariotry and Cavalry in the Armies of Tiglath-Pileser III and Sargon II." *Iraq* 47 (1985), p. 31-48.

DANI, A. H.; MASSON, V. M. (eds.). *History of Civilizations of Central Asia*. 6 vols. Paris: Unesco, 1992.

DARWIN, John. *The Empire Project*: The Rise and Fall of the British World-System, 1830-1970. Cambridge, RU: Cambridge University Press, 2009.

DARYAEE, Touraj. *Sasanian Persia*: The Rise and Fall of an Empire. Londres: Tauris, 2009.

DAUGHERTY, William et al. "The Consequences of 'Limited' Nuclear Attacks on the United States." *International Security* 10.4 (1986), p. 3-45.

DAVID, Saul. *The Indian Mutiny*. Londres: Penguin, 2003.

____. *Zulu*: The Heroism and Tragedy of the Zulu War of 1879. Nova York: Viking, 2004.

____. *Victoria's Wars*: The Rise of Empire. Londres: Penguin, 2006.

DAVIES, J. D. *Pepys's Navy*: Ships, Men, and Organisation, 1649-1689. Annapolis, Md.: Naval Institute Press, 2008.

DAVIES, Norman. *White Eagle, Red Star*: The Polish-Soviet War, 1919-1920, and the "Miracle on the Vistula." Londres: Random House, 2003.

____. *No Simple Victory*: World War II in Europe, 1939-1945. Nova York: Penguin, 2006.

DAVIES, R. W. et al. (eds.). *The Economic Transformation of the Soviet Union, 1913-1945*. Cambridge, RU: Cambridge University Press, 1994.

DAVIS, Mike. *Late Victorian Holocausts*. Londres: Verso, 2001.

DAWKINS, Richard. *The Selfish Gene*. 2ª ed. Oxford: Oxford University Press, 1989. [*O gene egoísta*. Trad. Rejane Rubino. São Paulo: Companhia das Letras, 2007].

____. *The Ancestor's Tale*: A Pilgrimage to the Dawn of Evolution. Boston: Houghton Mifflin, 2004.

DAWSON, Christopher (ed.). *The Mongol Mission*: Narratives and Letters of the Franciscan Missionaries in Mongolia and China in the Thirteen and Fourteenth Centuries. Nova York: Sheed and Ward, 1955.

DEDIJER, Vladimir. *The Road to Sarajevo*. Nova York: Simon & Schuster, 1966.

DE GLETE, Jan. *Warfare at Sea, 1500-1650*: Maritime Conflicts and the Transformation of Europe. Londres: Routledge, 1999.

DEGRAS, Jane (ed.). *The Communist International, 1919-1943*: Documents. V. 2. Londres: Oxford University Press, 1965.

DE GRAZIA, Victoria. *Irresistible Empire*: America's Advance Through Twentieth-Century Europe. Cambridge, Mass.: Harvard University Press, 2006.

DEIGHTON, Anne. "The European Union, Multilateralism, and the Use of Force." In Strachan e Schepers 2011, p. 315-32.

DE LA GORCE, Paul-Marie. *The French Army*: A Military-Political History. Trad. Kenneth Douglas. Londres: Weidenfeld and Nicolson, 1963.

DE MADARIAGA, Isabel. *Ivan the Terrible*. New Haven, Conn.: Yale University Press, 2006.

DENNETT, Daniel. *Consciousness Explained*. Boston: Little, Brown, 1991.

____. *Darwin's Dangerous Idea*. Nova York: Simon & Schuster, 1995.

DEO, Stephane et al. "Euro Break-Up – the Consequences." *UBS Investment Research, Global Economic Perspectives*, 6 de setembro de 2011, p. 1-18. Disponível em www.ubs.com/economics.

DEPARTMENT of Defense. *Quadrennial Defense Review Report February 2010*. Washington, D.C.: Department of Defense, 2010. www.defense.gov/qdr/.

____. *Annual Report to Congress*: Military and Security Developments Involving the People's Republic of China 2012. Washington, D.C.: Department of Defense, 2012. www.defense.gov/pubs/pdfs/2012_CMPR_Final.pdf.

____. *Military and Security Developments Involving the People's Republic of China 2013*. Washington, D.C.: Office of the Secretary of Defense, 2013. www.defense.gov/pubs/2013_china_report_final.pdf.

DE SOUZA, Philip. *Piracy in the Graeco-Roman World*. Cambridge, RU: Cambridge University Press, 1999.

DE VRIES, Jan. *The Industrious Revolution*: Consumer Behaviour and the Household Economy, 1650 to the Present. Cambridge, RU: Cambridge University Press, 2008.

DE WAAL, Frans. *Chimpanzee Politics*: Power and Sex Among Apes. Baltimore: Johns Hopkins University Press, 1982.

____. "The Brutal Elimination of a Rival Among Captive Male Chimpanzees." *Ethology and Sociobiology* 7 (1986), p. 237-51.

____. *Peacemaking among Primates*. Cambridge, Mass.: Harvard University Press, 1989.

____. *Bonobo*: The Forgotten Ape. Berkeley: University of California Press, 1997.

DE WAAL, Frans; TYACK, Peter (eds.). *Animal Social Complexity*: Intelligence, Culture, and Individualized Societies. Cambridge, Mass.: Harvard University Press, 2003.

DIAMOND, Jared. *The Third Chimpanzee*: The Evolution and Future of the Human Animal. Nova York: HarperCollins, 1992.

____. *Guns, Germs, and Steel*: The Fates of Human Societies. 2ª ed. Nova York: Norton, 2005. [*Armas, germes e aços*. Trad. Sílvia de Souza Costa. Rio de Janeiro: Record, 2001].

____. "Vengeance Is Ours." *New Yorker*, 21 de abril de 2008, p. 74-81.

____. *The world until yesterday:* What Can We Learn from Traditional Societies? Nova York: Viking, 2012. [*O mundo até ontem*: o que podemos aprender com as sociedades tradicionais? Trad. Maria Lucia de Oliveira. Rio de Janeiro: Record, 2014].

DI COSMO, Nicola. "State Formation and Periodization in Inner Asian History." *Journal of World History* 10 (1999), p. 1-40.

____. *Ancient China and Its Enemies*. Cambridge, RU: Cambridge University Press, 2002a.

____. (ed.). *Warfare in Inner Asian History (500-1800)*. Leiden: Brill, 2002b.

____. *Military Culture in Imperial China*. Cambridge, Mass.: Harvard University Press, 2011.

DIEHL, Richard. *Tula*: The Toltec Capital of Ancient Mexico. Londres: Thames & Hudson, 1983.

DIEN, Albert (ed.). *State and Society in Early Medieval China*. Stanford, Calif.: Stanford University Press, 1990.

____. *Six Dynasties Civilization*. New Haven, Conn.: Yale University Press, 2007.

DIGNAS, Beate; WINTER, Engelbert. *Rome and Persia in Late Antiquity*: Neighbours and Rivals. Cambridge, RU: Cambridge University Press, 2007.

DIKSHITAR, V. R. *War in Ancient India*. Délhi: Motilal Banarsidass, 1987.

DIKTÖTTER, Frank. *Mao's Great Famine*. Londres: Bloomsbury, 2010.

DINTER, Elmar; GRIFFITH, Paddy. *Not Over by Christmas*: NATO's Central Front in World War III. Nova York: Hippocrene, 1983.

DIRKS, Paul et al. "Geological Setting and Age of Australopithecus sediba from Southern Africa." *Science* 328 (2010), p. 205.

DOLLERY, Brian; PARSONS, Craig. "Prisoner Taking and Prisoner Killing: A Comment on Ferguson's Political Economy Approach." *War in History* 14 (2007), p. 499-512.

DOUGHTY, Robert. *Pyrrhic Victory*: French Strategy and Operations in the Great War. Cambridge, Mass.: Harvard University Press, 2008.

DOYLE, Michael. "Kant, Liberal Legacies, and Foreign Affairs." *Philosophy and Public Affairs* 12 (1983), p. 205-35, 323-53.

DREGER, Alice. "*Darkness's* Descent on the American Anthropological Association." *Human Nature* 22 (2011), p. 225-46.

DREWS, Robert. *The Coming of the Greeks*: Indo-European Conquests in the Aegean and the Near East. Princeton, N. J.: Princeton University Press, 1988.

____. *The End of the Bronze Age*: Changes in Warfare and the Catastrophe ca. 1200 A.C. Princeton, N. J.: Princeton University Press, 1992.

DREYER, Edward. *Zheng He*: China and the Oceans in the Early Ming Dynasty, 1405-1433. Nova York: Pearson Longman, 2006.

DUFFY, Christopher. *Military Experience in the Age of Reason*. Londres: Routledge, 1987.

DULIC, T. "Tito's Slaughterhouse: A Critical Analysis of Rummel's Work on Democide." *Journal of Peace Research* 41 (2004), p. 85-102.

DUNCAN-JONES, Richard. "Economic Change and the Transition to Late Antiquity." In Simon Swain e Mark Edwards (eds.), *Approaching Late Antiquity*: The Transition from Early to Late Empire, p. 20-52. Oxford: Oxford University Press, 2004.

EARLE, Peter. *The Pirate Wars*. Nova York: St. Martin's, 2006.

ECHEVARRIA, Antulio. *Imagining Future War*: The West's Technological Revolution and Visions of Wars to Come, 1880-1914. Westport, Conn.: Praeger, 2007.

ECK, K.; HULTMAN, L. "Violence Against Civilians in War." *Journal of Peace Research* 44 (2007), p. 233-46.

ECKHARDT, William. *Civilizations, Empires, and Wars*: A Quantitative History of War. Jefferson, N. C.: McFarland, 1992.

ECKSTEIN, Arthur. *Mediterranean Anarchy, Interstate War, and the Rise of Rome*. Berkeley: University of California Press, 2006.

ECONOMY, Elizabeth. *The River Runs Black*: The Environmental Challenge to China's Future. Ithaca, N.Y.: Cornell University Press, 2004.

____. "The Great Leap Backward?" *Foreign Affairs* 86.5 (2007), www.foreignaffairs.com/articles/62827/elizabeth-c-economy/the-great-leap-backward.

EDMONDS, James. *A Short History of World War I*. Oxford: Oxford University Press, 1951.

EECKHOUT, Peter; LE FORT, Geneviève (eds.). *Wars and Conflicts in Prehispanic Mesoamerica and the Andes*. Oxford: John and Erica Hedges, 2005.

EHRET, Christopher. *The Civilizations of Africa*: A History to 1800. Charlottesville: University Press of Virginia, 2002.

EISNER, Manuel. "Long-Term Historical Trends in Violent Crime." *Crime & Justice* 30 (2003), p. 83-142.

ELIAS, Norbert. *The Civilizing Process*. Trad. Edmund Jephcott. Primeira publicação na Alemanha, 1939. Oxford: Blackwell, 1982. [*O processo civilizador*. Trad. Ruy Jungmann. Rio de Janeiro: Zahar, 1995].

ELLA, S. "The War of Tonga and Samoa and the Origin of the Name Malietoa." *Journal of the Polynesian Society* 8 (1899), p. 231-34.

ELTON, Hugh. "Military Forces." In Sabin et al. 2007, p. 270-309.

ELTSOV, Piotr Andreevich. *From Harappa to Hastinapura*: A Study of the Earliest South Asian City and Civilization. Leiden: Brill, 2008.

ERDOSY, George. *Urbanisation in Early Historic India*. Oxford: British Archaeological Reports, 1988.

ERIKSSON, J. et al. "Rivers Influence the Population Genetic Structure of Bonobos (*Pan paniscus*)." *Molecular Ecology* 13 (2004), p. 3425-35.

EVANS, Richard. *The Third Reich in Power*. Nova York: Penguin, 2005.

____. *The Third Reich at War*. Nova York: Penguin, 2009.

FAGAN, Brian. *The First North Americans*: An Archaeological Journey. Londres: Thames & Hudson, 2012.

FAGAN, Garrett. "'I Fell upon Him Like a Furious Arrow': Toward a Reconstruction of the Assyrian Tactical System." In Fagan e Trundle 2010, p. 81-100.

FAGAN, Garrett; TRUNDLE, Matthew (eds.). *New Perspectives on Ancient Warfare*. Leiden: Brill, 2010.

FARRIS, William Wayne. *Heavenly Warriors*: The Evolution of Japan's Military, 500-1300. Cambridge, Mass.: Harvard University Press, 1996.

FARROKH, Kaveh. *Sassanian Elite Cavalry, AD 224-642*. Oxford: Osprey, 2005.

____. *Shadows in the Desert*: Ancient Persia at War. Oxford: Osprey, 2009.

____. *Iran at War*: 1500-1988. Oxford: Osprey, 2011.

FAUBION, James et al. (eds.). *Fieldwork Is Not What It Used to Be*: Learning Anthropology's Method in a Time of Transition. Ithaca, N.Y.: Cornell University Press, 2009.

FAY, Peter Ward. *The Opium War, 1840-1842*. 2ª ed. Chapel Hill: University of North Carolina Press, 1997.

FEIFER, Gregory. *The Great Gamble*: The Soviet War in Afghanistan. Nova York: Harper-Collins, 2009.

FELDMAN, Noah. *Cool War*: The Future of Global Competition. Nova York: Random House, 2013.

FENBY, Jonathan. *Tiger Head, Snake Tails*: China Today, How It Got There, and Where It Is Heading. Nova York: Simon & Schuster, 2012.

FEREJOHN, John; ROSENBLUTH, Frances (eds.). *War and State Building in Medieval Japan*. Stanford, Calif.: Stanford University Press, 2010.

FERGUSON, Brian. "Savage Encounter: Western Contact and the Yanomami War Complex." In Brian Ferguson e Neil Whitehead (eds.), *War in the Tribal Zone*: Expanding States and Indigenous Warfare, p. 199-227. Santa Fe, N. M.: School of American Research, 1992.

____. *Yanomami Warfare*. Santa Fe, N. M.: School of American Research, 1995.

____. "Born to Live: Challenging Killer Myths." In Robert Sussman e C. R. Cloninger (eds.), *Origins of Altruism and Cooperation*, p. 249-70. Amsterdã: Springer, 2011.

____. "Pinker's List: Exaggerating Prehistoric War Mortality." In Fry 2013, p. 112-31.

FERGUSON, Niall. *The Pity of War*: Explaining World War I. Londres: Allen Lane, 1998.

____. *The Cash Nexus*: Money and Power in the Modern World, 1700-2000. Nova York: Basic Books, 2001.

____. *Empire*: The Rise and Demise of the British World Order and the Lessons for Global Power. Nova York: Basic Books, 2003. [*Império*: como os britânicos fizeram o mundo moderno. São Paulo: Planeta, 2010].

____. *Colosso*: The Price of America's Empire. Nova York: Penguin, 2004a. [*Colosso*: ascensão e queda do Império Americano. São Paulo: Planeta, 2011].

____. "Prisoner Taking and Prisoner Killing in the Age of Total War: Towards a Political Economy of Military Defeat." *War in History* 11 (2004b), p. 148-92.

____. *The War of the World*: Twentieth-Century Conflict and the Descent of the West. Nova York: Penguin, 2006.

____. *The Ascent of Money*: A Financial History of the World. Nova York: Penguin, 2008.

FERGUSON, Niall; SCHULARICK, Moritz. "'Chimerica' and the Global Asset Market Boom." *International Finance* 10.3 (2007), p. 215-39.

FERGUSON, Niall et al. (eds.). *The Shock of the Global*: The 1970s in Perspective. Cambridge, Mass: Harvard University Press, 2010.

FERLING, John. *Almost a Miracle*: The American Victory in the War of Independence. Nova York: Oxford University Press, 2007.

FERNÁNDEZ-ARMESTO, Felipe. *Pathfinders*: A Global History of Exploration. Nova York: Norton, 2006.

____. *The World*: A History. 2ª ed. Upper Saddle River, N. J.: Prentice Hall, 2010.

FIELDHOUSE, Donald. "For Richer, for Poorer." In P. J. Marshall (ed.), *The Cambridge Illustrated History of the British Empire*, p. 108-46. Cambridge, RU: Cambridge University Press, 1996.

FIGES, Orlando. *A People's Tragedy*: The Russian Revolution, 1891-1924. Londres: Pimlico, 1997.

____. *The Crimean War*: A History. Nova York: Metropolitan Books, 2010.

FINDLAY, Ronald; O'ROURKE, Kevin. *Power and Plenty*: Trade, War, and the World Economy in the Second Millennium. Princeton, N. J.: Princeton University Press, 2007.

FINLAYSON, Clive. *The Humans Who Went Extinct*: Why Neanderthals Died Out and We Survived. Oxford: Oxford University Press, 2010.

FISCH, Jörg. *Cheap Lives and Dear Limbs*: The British Transformation of the Bengali Criminal Law, 1769-1817. Wiesbaden: Franz Steiner, 1983.

FISCHER, Fritz. *Germany's Aims in the First World War*. Primeira publicação na Alemanha, 1961. Nova York: Norton, 1967.

____. *World Power or Decline? The Controversy over Germany's Aims in the First World War*. Trad. Lancelot Farrar et al. Nova York: Norton, 1974.

FISH, Jennifer; LOCKWOOD, C. A. "Dietary Constraints on Encephalization in Primates." *American Journal of Physical Anthropology* 120 (2003), p. 171-81.

FLOOR, Willem. *The Economy of Safavid Persia*. Wiesbaden: Reichert, 2000.

FOLEY, Robert; MIRAZÓN LAHR, M. "The Evolution of the Diversity of Cultures." *Philosophical Transactions of the Royal Society* B 366 (2011), p. 1080-89.

FOREMAN, Amanda. *A World on Fire*: Britain's Crucial Role in the American Civil War. Nova York: Random House, 2010.

FÖRSTER, Stig; NAGLER, Jorg (eds.). *On the Road to Total War*: The American Civil War and the German Wars of Unification, 1861-1871. Cambridge, RU: Cambridge University Press, 1999.

FOSSEY, Dian. *Gorillas in the Mist*. Boston: Houghton Mifflin, 1983.

FOWLER, Andrew; HOHMANN, Gottfried. "Cannibalism in Wild Bonobos (*Pan paniscus*) at Lui Kotale." *American Journal of Primatology* 72 (2010), p. 509-14.

FRANK, Andre Gunder. *ReOrient*: Global Economy in the Asian Age. Berkeley: University of California Press, 1998.

FREEDMAN, Lawrence. *The Evolution of Nuclear Strategy*. 3ª ed. Londres: Palgrave, 2003.

FREEMAN, Derek. *Margaret Mead and Samoa*: The Making and Unmaking of an Anthropological Myth. Cambridge, Mass.: Harvard University Press, 1983.

____. "Fa'apua'a Fa'amu and Margaret Mead." *American Anthropologist* 91 (1989), p. 1017-22.

____. *The Fateful Hoaxing of Margaret Mead*: A Historical Analysis of Her Samoan Research. Boulder, Colo.: Westview Press, 1999.

FRIDAY, Karl. *Samurai, Warfare, and the State in Early Medieval Japan*. Londres: Routledge, 2003.

FRIEDMAN, George. *The Next 100 Years*: A Forecast for the 21st Century. Nova York: Doubleday, 2009.

FRIEDMAN, Norman. *The Fifty Year War*: Conflict and Strategy in the Cold War. Annapolis, Md.: Naval Institute Press, 2000.

FRIEND, Tad. "Home Economics." *New Yorker*, 4 de fevereiro de 2013, p. 26-33.

FRUTH, Barbara; HOHMANN, Gottfried. "Social Grease for Females? Same-Sex Genital Contacts in Wild Bonobos." In Volker Sommer e Paul Vasey (eds.), *Homosexual Behaviour in Animals*, p. 294-314. Cambridge, RU: Cambridge University Press, 2006.

FRY, Douglas (ed.). *War, Peace, and Human Nature*: The Convergence of Evolutionary and Cultural Views. Oxford: Oxford University Press, 2013.

FUKUYAMA, Francis. *The Origins of Political Order*: From Prehuman Times to the French Revolution. Nova York: Farrar, Straus and Giroux, 2011. [*As origens da ordem política*: dos tempos pré-humanos até a Revolução Francesa. Trad. Nivaldo Montingelli Jr. Rio de Janeiro: Rocco, 2013].

FULLER, Howard. *Clad in Iron*: The American Civil War and British Naval Power. Westport, Conn.: Praeger, 2008.

FULLER, J. F. C. *Memoirs of an Unconventional Soldier*. Londres: Nicholson & Watson, 1936.

FURSENKO, Aleksandr; NAFTALI, Timothy. *One Hell of a Gamble*: Khrushchev, Castro, and Kennedy, 1958-1964: The Secret History of the Cuban Missile Crisis. Nova York: Norton, 1998.

____. *Khrushchev's Cold War*: The Inside Story of an American Adversary. Nova York: Norton, 2006.

FURUICHI, Takeshi. "Factors Underlying Party Size Differences Between Chimpanzees and Bonobos." *Primates* 50 (2009), p. 197-209.

____. "Female Contributions to the Peaceful Nature of Bonobo Society." *Evolutionary Anthropology* 20 (2011), p. 131-42.

FURUICHI, Takeshi; THOMPSON, Jo (eds.). *The Bonobos*: Behavior, Ecology, and Conservation. Amsterdã: Springer, 2008.

FUTRELL, Alison. *The Roman Games*. Oxford: Blackwell, 2006.

FYFE, H. Hamilton. *Northcliffe, an Intimate Biography*. Londres: Allen and Unwin, 1930.

GADDIS, John Lewis. *We Now Know*: Rethinking Cold War History. Oxford: Oxford University Press, 1997.

____. *The Cold War*: A New History. Nova York: Penguin, 2005a.

____. *Strategies of Containment*: A Critical Appraisal of American National Security Policy During the Cold War. Nova York: Oxford University Press, 2005b.

GAIDAR, Yegor. *Collapse of an Empire*: Lessons for Modern Russia. Trad. Antonina Bouis. Washington, D.C.: Brookings Institution Press, 2007.

GANSHOF, François Louis. *Feudalism*. Trad. Philip Grierson. Primeira publicação na França, 1947. Londres: Longmans, Green, 1952.

GANZEL, Klaus Jürgen; SCHWINGHAMMER, Torsten. *Warfare Since the Second World War*. Trad. P. G. Bach. Londres: Transaction Books, 2000.

GARDINER, Robert; UNGER, Richard (eds.). *Cogs, Caravels, and Galleons*: The Sailing Ship, 1000-1650. Londres: Chartwell Books, 2000.

GARSTANG, John. *Prehistoric Mersin*: Yümük Tepe in Southern Turkey. Oxford: Oxford University Press, 1953.

GARTHOFF, Raymond. *Soviet Strategy in the Nuclear Age*. Nova York: Praeger, 1958.

GAT, Azar. *British Armour Theory and the Rise of the Panzer Arm*: Revising the Revisionists. Londres: Macmillan, 2000.

____. *War in Human Civilization*. Oxford: Oxford University Press, 2006.

GERLACH, Christian. *Extremely Violent Societies*: Mass Violence in the Twentieth-Century World. Cambridge, RU: Cambridge University Press, 2010.

GEORGE, David Lloyd. *War Memoirs of David Lloyd George, 1914-1918*. V. 1. Boston: Houghton Mifflin, 1933.

GHIGLIERI, Michael. *The Dark Side of Man*: Tracing the Origins of Male Violence. New York Basic Books, 1999.

GILBOY, George; HEGINBOTHAM, Eric. *Chinese and Indian Strategic Behavior*: Growing Power and Alarm. Cambridge, RU: Cambridge University Press, 2012.

GILLEY, Bruce; NATHAN, Andrew. *China's New Rulers*: The Secret Files. 2ª ed. Nova York: New York Review Books, 2003.

GILLINGHAM, John. *European Integration, 1950-2003*: Superstate or New Market Economy? Cambridge, RU: Cambridge University Press, 2003.

GILMOUR, David. *The Long Recessional*: The Imperial Life of Rudyard Kipling. Nova York: Farrar, Straus and Giroux, 2002.

GLEASON, Maud. *Making Men*: Sophists and Self-Presentation in Ancient Rome. Princeton, N. J.: Princeton University Press, 1995.

GLEDITSCH, Nils Petter et al. "Armed Conflict, 1946-2001: A New Dataset." *Journal of Peace Research* 39 (2002), p. 615-37.

GOLDEN, Peter. *Central Asia in World History*. Oxford: Oxford University Press, 2011.

GOLDHAGEN, Jonah. *Worse Than War*: Genocide, Eliminationism, and the Ongoing Assault on Humanity. Nova York: PublicAffairs, 2009.

GOLDING, William. *Lord of the flies*. Londres: Faber and Faber, 1954. [*O senhor das moscas*. Trad. Sergio Flaksman. Rio de Janeiro: Alfaguara, 2014].

GOLDMAN, Marshall. *Petrostate*: Putin, Power, and the New Russia. Nova York: Oxford University Press, 2008.

GOLDMAN, Stuart. *Nomonhan, 1939*: The Red Army's Victory That Shaped World War II. Annapolis, Md.: Naval Institute Press, 2012.

GOLDSTEIN, Joshua. *Winning the War on War*: The Surprising Decline in Armed Conflict Worldwide. Nova York: Norton, 2011.

GOLDSWORTHY, Adrian. *The Roman Army at War, 200 BC-AD 100*. Oxford: Oxford University Press, 1996.

____. *The Fall of Carthage*: The Punic Wars, 265-146 BC. Londres: Cassell, 2000.

____. *The Complete Roman Army*. Londres: Thames & Hudson, 2003.

____. *Caesar*: Life of a Colossus. New Haven, Conn.: Yale University Press, 2007.

GOODALL, Jane. *The Chimpanzees of Gombe*: Patterns of Behavior. Cambridge, Mass.: Harvard University Press, 1986.

____. "Unusual Violence in the Overthrow of an Alpha Male Chimpanzee at Gombe." In Toshisada Nishida et al. (eds.), *Topics in Primatology*. V. 1, *Human Origins*, p. 131-42. Tóquio: University of Tokyo Press, 1991.

GORBACHEV, Mikhail. *Memoirs*. Nova York: Doubleday, 1995.

GORDON, D. H. "Swords, Rapiers, and Horse-Riders." *Antiquity* 27 (1953), p. 67-78.

GORDON, Deborah. *Ants at Work*: How an Insect Society Is Organized. Nova York: Norton, 2000.

____. *Ant Encounters*: Interaction Networks and Colony Behavior. Princeton, N. J.: Princeton University Press, 2010.

GORDON, Matthew. *The Breaking of a Thousand Swords*: A History of the Turkish Military of Samarra (AH 200-275/819-889 CE). Albany: State University of New York Press, 2001.

GORDON, Stewart. *The Marathas, 1600-1818*. Cambridge, RU: Cambridge University Press, 1993.

GOSTNER, Paul et al. "New Radiological Insights into the Life and Death of the Tyrolean Ice Man." *Journal of Archaeological Science* 38 (2011), p. 3425-31.

GOTT, Richard. *Britain's Empire*: Resistance, Repression and Revolt. Londres: Verso, 2011.

GOTWALD, William. *Army Ants*: The Biology of Social Predation. Ithaca, N.Y.: Cornell University Press, 1995.

GRACHEV, Andrei. *Gorbachev's Gamble*: Soviet Foreign Policy and the End of the Cold War. Cambridge, RU: Polity, 2008.

GRAFF, David. *Medieval Chinese Warfare, 300-900*. Londres: Routledge, 2002a.

____. "Strategy and Contingency in the Tang Defeat of the Eastern Turks, 629-630." In Di Cosmo 2002, p. 33-71.

GRAY, Colin. *Modern Strategy*. Nova York: Oxford University Press, 1999.

____. *Another Bloody Century*: Future Warfare. Londres: Weidenfeld and Nicolson, 2005.

GREEN, Richard et al. "A Draft Sequence of the Neandertal Genome." *Science* 328 (2010), p. 710-22.

GREENBERG, Karen (ed.). *The Torture Debate in America*. Cambridge, RU: Cambridge University Press, 2005.

GREENE, Joshua; HAIDT, Jonathan. "How (and Where) Does Moral Judgment Work?" *Trends in Cognitive Sciences* 6 (2002), p. 517-23.

GRIFFITH, Paddy. *Battle Tactics of the Western Front*: The British Army's Art of Attack. New Haven, Conn.: Yale University Press, 1996.

GROSSMAN, Dave. *On Killing*: The Psychological Cost of Learning to Kill in War and Society. Ed. rev. Boston: Back Bay Books, 2009.

GRUEN, Erich. *The Hellenistic World and the Coming of Rome*. 2 vols. Berkeley: University of California Press, 1984.

GUDERIAN, Heinz. *Achtung-Panzer!* Trad. Christopher Duffy. Primeira publicação na Alemanha, 1937. Londres: Cassell, 1992.

GUDMUNDSSON, Bruce. *Stormtroop Tactics*: Innovation in the German Army, 1914-1918. Westport, Conn.: Praeger, 1995.

GULIAEV, V. I. "Amazons in the Scythia: New Finds at the Middle Don, Southern Russia." *World Archaeology* 35 (2003), p. 112-25.

GURWOOD, John (ed.). *The Dispatches of Field Marshal the Duke of Wellington During his Various Campaigns in India, Denmark, Portugal, Spain, the Low Countries, and France, from 1799 to 1818*. V. 2. Londres: John Murray, 1834.

HACKETT, John et al. *The Third World War, August 1985*: A Future History. Londres: Sidgwick & Jackson, 1978.

HACKNEY, Sheldon. "Southern Violence." *American Historical Review* 74 (1969), p. 906-25.

HAILE-SELASSIE, Yohannes et al. "A New Hominin Foot from Ethiopia Shows Multiple Pliocene Bipedal Adaptations." *Nature* 483 (2012), p. 565-69.

HAINSWORTH, Roger; CHURCHES, Christine. *The Anglo-Dutch Naval Wars, 1652-1674*. Stroud, RU: Sutton, 1998.

HALDON, John. *Byzantium in the Seventh Century*. Cambridge, RU: Cambridge University Press, 1997.

HALL, Bert. *Weapons and Warfare in Renaissance Europe*: Gunpowder, Technology, and Tactics. Baltimore: Johns Hopkins University Press, 1997.

HALPERN, Paul. *A Naval History of World War I*. Londres: Routledge, 1994.

HALSALL, Guy (ed.). *Violence and Society in the Early Medieval West*. Woodbridge, RU: Boydell Press, 1998.

____. *Warfare and Society in the Barbarian West, 450-900*. Londres: Routledge, 2003.

HÄMÄLÄINEN, Pekka. *The Comanche Empire*. New Haven, Conn.: Yale University Press, 2008.

HAMBLIN, William. *Warfare in the Ancient Near East to 1600 BC*. Londres: Routledge, 2006.

HAMILTON, Charles. "The Hellenistic World." In Raaflaub e Rosenstein 1999, p. 163-91.

HAMILTON, Richard; HERWIG, Holger (eds.). *The Origins of World War I*. Cambridge, RU: Cambridge University Press, 2003.

HAMMES, Thomas. *The Sling and the Stone*: On War in the 21st Century. Minneapolis: Zenith Press, 2006.

HANDEL, Michael. *Masters of War*: Classical Strategic Thought. 3ª ed. Londres: Routledge, 2000.

HANSEN, James et al. "Global Temperature Update Through 2012", 15 de janeiro de 2013. www.nasa.gov/pdf/719139main_2012_GISTEMP_summary.pdf.

HANSON, Victor Davis. *The Western Way of War*: Infantry Battle in Ancient Greece. Nova York: Oxford University Press, 1989.

____. *Carnage and Culture*: Landmark Battles in the Rise of Western Power. Nova York: Anchor, 2001.

HANSON, William S. *Agricola and the Conquest of the North*. Londres: Batsford, 1987.

HARCOURT, Alexander; STEWART, Kelly. *Gorilla Society*: Conflict, Compromise, and Cooperation Between the Sexes. Chicago: University of Chicago Press, 2007.

HARDING, Anthony. *European Societies in the Bronze Age*. Cambridge, RU: Cambridge University Press, 2000.

HARFF, B. "No Lessons Learned from the Holocaust? Assessing the Risks of Genocide and Political Mass Murder Since 1955." *American Political Science Review* 97 (2003), p. 57-73.

____. "Assessing Risks of Genocide and Politicide." In M. Marshall e Ted Gurr (eds.), *Peace and Conflict 2005*. College Park, Md.: Center for International Development and Conflict Management, 2005.

HARMATTA, Janos (ed.). *History of Civilizations of Central Asia*. V. 2, *The Development of Sedentary and Nomadic Civilizations, 700 BC to 250 AD*. Paris: Unesco, 1994.

HARPER, John Lamberton. *American Visions of Europe*: Franklin Delano Roosevelt, George F. Kennan, and Dean Acheson. Cambridge, RU: Cambridge University Press, 1996.

HARRIES, Jill. *Law and Crime in the Roman World*. Cambridge, RU: Cambridge University Press, 2007.

HARRIS, Paul; MARBLE, Sanders. "The 'Step-by-Step' Approach: British Military Thought and Operational Method on the Western Front, 1915-1917." *War in History* 15 (2008), p. 17-42.

HARRIS, Robert. *Fatherland*. Nova York: Book Club Associates, 1992.

HARRIS, William. *War and Imperialism in Republican Rome, 327-70 BC*. Oxford: Clarendon Press, 1979.

____. *Restraining Rage*: The Ideology of Anger Control in Classical Antiquity. Cambridge, Mass.: Harvard University Press, 2004.

HARRIS, William; IARA, Kristine (eds.). *Maritime Technology in the Ancient Economy*. Portsmouth, R. I.: Journal of Roman Archaeology, 2011.

HARRISON, Mark. *The Economics of World War II*: Six Great Powers in International Comparison. Cambridge, RU: Cambridge University Press, 1998.

HART, Peter. *1918*: A Very British Victory. Londres: Weidenfeld and Nicolson, 2008.

HASSIG, Ross. *Aztec Warfare*: Imperial Expansion and Political Control. Norman: University of Oklahoma Press, 1988.

____. *War and Society in Ancient Mesoamerica*. Berkeley: University of California Press, 1992.

____. *Time, History, and Belief in Aztec and Colonial Mexico*. Austin: University of Texas Press, 2001.

HASTINGS, Max. *The Korean War*. Nova York: Simon & Schuster, 1987.

____. *Inferno*: The World at War, 1939-1945. Nova York: Knopf, 2011.

HATHAWAY, Jane. *The Arab Lands Under Ottoman Rule, 1516-1800*. Londres: Longmans, 2008.

HAWKE, Allan; SMITH, Ric. *Australian Defence Force Posture Review 2012*. Canberra: Australian Government, 2012.

HAYNES, Gary (ed.). *American Megafaunal Extinctions at the End of the Pleistocene*. Amsterdã: Springer, 2009.

HEADRICK, Daniel. *Power over Peoples*: Technology, Environments, and Western Imperialism, 1400 to the Present. Princeton, N. J.: Princeton University Press, 2010.

HEATHER, Peter. *The Goths*. Oxford: Blackwell, 1996.

____. *The Fall of the Roman Empire*: A New History of Rome and the Barbarians. Nova York: Oxford University Press, 2006.

HEGRE, Håvard et al. "Predicting Armed Conflict, 2010-2050." *International Studies Quarterly* 55 (2013). http://folk.uio.no/hahegre/Papers/PredictionISQ_Final.pdf.

HEMINGWAY, Ernest. *A Farewell to Arms*. Nova York: Scribner's, 1929.

HENRICH, Joseph et al. "The Weirdest People in the World?" *Behavioral and Brain Sciences* 33 (2010), p. 61-135.

HERLIHY, David (ed.). *The History of Feudalism*. Atlantic Highlands, N. J.: Humanities Press, 1970.

HERMAN, Arthur. *To Rule the Waves*: How the British Navy Shaped the Modern World. Nova York: Harper, 2004.

____. *Freedom's Forge*: How American Business Produced Victory in World War II. Nova York: Random House, 2012.

HERRING, George. *From Colony to Superpower*: American Foreign Relations Since 1776. Oxford: Oxford University Press, 2011.

HERWIG, Holger. "The Battlefleet Revolution, 1885-1914." In MacGregor Knox e Williamson Murray (eds.), *The Dynamics of Military Revolution, 1300-2050*, p. 114-30. Cambridge, RU: Cambridge University Press, 2001.

____. *The Marne, 1914*: The Opening of World War I and the Battle That Changed the World. Nova York: Random House, 2009.

HEUSER, Beatrice. *NATO, Britain, France, and the FRG*: Nuclear Strategies and Forces for Europe, 1949-2000. Basingstoke, RU: Macmillan, 1997.

____. "Victory in a Nuclear War? A Comparison of NATO and WTO War Aims and Strategies." *Contemporary European History* 7 (1998), p. 311-27.

HEWITT, J. et al. (eds.). *Peace and Conflict 2008*. Boulder, Colo.: Paradigm, 2008.

HICKMAN, Tom. *God's Doodle*: The Life and Times of the Penis. Londres: Square Peg, 2012.

HILDINGER, Erik. *Warriors of the Steppe*: A Military History of Central Asia, 500 B.C. to A.D. 1700. Nova York: Da Capo, 2001.

HILL, Kim et al. "Mortality Rates Among Wild Chimpanzees." *Journal of Human Evolution* 40 (2001), p. 437-50.

HINGLEY, Richard. *Roman Officers and English Gentlemen*: The Imperial Origins of Roman Archaeology. Londres: Routledge, 2000.

____. *Globalizing Roman Culture*: Unity, Diversity, and Empire. Londres: Routledge, 2005.

HOBSBAWM, Eric. *The Age of Revolution, 1789-1848*. Nova York: New American Library, 1962.

____. *The Age of Capital, 1848-1875*. Nova York: New American Library, 1975.

____. *The Age of Empire, 1875-1914*. Nova York: Vintage, 1987.

____. *The Age of Extremes*: A History of the World, 1914-1991. Nova York: Random House, 1994.

HOCHSHILD, Adam. *King Leopold's Ghost*. Nova York: Mariner, 1998.

HOFFENAAR, Jan et al. (eds.). *Blueprints for Battle*: Planning for War in Central Europe, 1948-1968. Lexington: University Press of Kentucky, 2012.

HOFFMAN, David. *The Dead Hand*: The Untold Story of the Cold War Arms Race and Its Dangerous Legacy. Nova York: Random House, 2009.

HOFFMAN, Philip. "Prices, the Military Revolution, and Western Europe's Comparative Advantage in Violence." *Economic History Review* 64, Supplement 1 (2011), p. 39-59.

HOFSTADTER, Richard. *I Am a Strange Loop*. Nova York: Basic Books, 2007.

HOHMANN, Gottfried; FRUTH, Barbara. "Use and Function of Genital Contacts Among Female Bonobos." *Animal Behaviour* 60 (2000), p. 107-20.

____. "Culture in Bonobos? Between-Species and Within-Species Variation in Behavior." *Current Anthropology* 44 (2003), p. 563-71.

____. "Intra-and Inter-sexual Aggression by Bonobos in the Context of Mating." *Behaviour* 140 (2011), p. 1389-413.

HOHMANN, Gottfried et al. "Plant Foods Consumed by Pan: Exploring the Variation of Nutritional Ecology Across Africa." *American Journal of Physical Anthropology* 141 (2010), p. 476-85.

HÖLLDOBLER, Bert; WILSON, Edward O. *The Ants*. Cambridge, Mass.: Harvard University Press, 1990.

____. *Superorganism*: The Beauty, Elegance, and Strangeness of Insect Societies. Nova York: Norton, 2008.

____. *The Leafcutter Ants*: Civilization by Instinct. Nova York: Norton, 2010.

HOLLOWAY, David. *Stalin and the Bomb*: The Soviet Union and Atomic Energy, 1939-1956. New Haven, Conn.: Yale University Press, 1994.

HOLMAN, Brett. "World Police for World Peace: British Internationalism and the Threat of a Knock-Out Blow from the Air, 1919-1945." *War in History* 17 (2010), p. 313-32.

HOPKIRK, Peter. *The Great Game*: The Struggle for Empire in Central Asia. Londres: John Murray, 1990.

HORGAN, John. *The End of War*. San Francisco: McSweeney's, 2012.

HORN, James et al. *Jane*: Starvation, Cannibalism, and Endurance at Jamestown. Jamestown, Va.: Jamestown Rediscovery Project, 2013.

HOWARD, Michael. "Men Against Fire: The Doctrine of the Offensive in 1914." In Peter Paret (ed.), *The Makers of Modern Strategy*, p. 510-26. Princeton, N. J.: Princeton University Press, 1985.

____. *War in European History*. Ed. rev. Oxford: Oxford University Press, 2009.

HOWARD, Michael; PARET, Peter (eds.). *Carl von Clausewitz, On War*. Princeton, N. J.: Princeton University Press, 1976.

HOWARD-JOHNSTON, James. *Witnesses to a World Crisis*: Historians and Histories of the Middle East in the Seventh Century. Nova York: Oxford University Press, 2010.

HOWARTH, David. *1066*: The Year of the Conquest. Harmondsworth, RU: Penguin, 1981.

HSIEH, Mei-yu. "Viewing the Han Empire from the Edge." Dissertação de doutorado, Stanford University, 2011.

HSU, Cho-yun. *Ancient China in Transition*: An Analysis of Social Mobility, 722-222 A.C. Stanford, Calif.: Stanford University Press, 1965.

____. *Han Agriculture*: The Formation of Early Chinese Agrarian Economy (206 BC-AD 220). Seattle: University of Washington Press, 1980.

HUANG, Ray. *1587, a Year of No Significance*: The Ming Dynasty in Decline. New Haven, Conn.: Yale University Press, 1981.

HUGHES, Daniel (ed.). *Moltke on the Art of War*: Selected Writings. Nova York: Ballantine, 1995.

HUIZINGA, Jan. *The Waning of the Middle Ages*. Harmondsworth, RU: Penguin, 1955.

HULL, Isabel. *Absolute Destruction*: Military Culture and the Practices of War in Imperial Germany. Ithaca, N.Y.: Cornell University Press, 2005.

HULSEWÉ, A. F. P. *Remnants of Han Law*. V. 1. Leiden: E. J. Brill, 1955.

____. *Remnants of Ch'in Law*. Leiden: E. J. Brill, 1985.

HUMAN Security Centre. *Human Security Report 2005*. Nova York: Oxford University Press, 2005.

____. *Human Security Brief 2006*. Vancouver, A.C.: Human Security Centre, 2006.

HUMAN Security Report Project. *Human Security Brief 2007*. Vancouver, A. C.: Human Security Report Project, 2007.

____. *Miniatlas of Human Security*. Washington, D.C.: World Bank, 2008.

____. *Human Security Report Project 2009*. Nova York: Oxford University Press, 2009.

____. *Human Security Report 2009/10*. Nova York: Oxford University Press, 2011.

IDANI, Gen'ichi. "Cases of Inter-unit Group Encounters in Pygmy Chimpanzees at Wamba, Zaire." In Akiyoshi Ehara et al., *Primatology Today*, p. 235-38. Amsterdã: Elsevier, 1991.

IKEGUMI, Eiko. *The Taming of the Samurai*. Cambridge, Mass.: Harvard University Press, 1997.

IKENBERRY, John. *Liberal Leviathan*: The Origins, Crisis, and Transformation of the American World Order. Princeton, N. J.: Princeton University Press, 2011.

IKRAM, S. M. *Muslim Civilization in India*. Ed. Ainslee Embree. Nova York: Columbia University Press, 1964.

IMBER, Colin. *The Ottoman Empire, 1300-1650*: The Structure of Power. Londres: Palgrave, 2002.

INALCIK, Halil. "Capital Formation in the Ottoman Empire." *Journal of Economic History* 29 (1969), p. 97-140.

INALCIK, Halil; QUATAERT, Donald (eds.). *An Economic and Social History of the Ottoman Empire, 1300-1914*. Cambridge, RU: Cambridge University Press, 1994.

INIKORI, Joseph; ENGERMANN, Stanley (eds.). *The Atlantic Slave Trade*: Effects on Economies, Societies, and Peoples in Africa, the Americas, and Europe. Durham, N. C.: Duke University Press, 1992.

JACOBSEN, Thorkild. *The Treasures of Darkness*: A History of Mesopotamian Religion. New Haven, Conn.: Yale University Press, 1976.

JAMES, Harold. *The Creation and Destruction of Value*: The Globalization Cycle. Cambridge, Mass.: Harvard University Press, 2009.

____. *Making the European Monetary Union*. Cambridge, Mass.: Harvard University Press, 2012.

JAMES, Lawrence. *Raj*: The Making and Unmaking of British India. Nova York: St. Martin's Griffin, 1997.

JANKO, Marek et al. "Preservation of 5300 Year Old Red Blood Cells in the Iceman." *Journal of the Royal Society Interface* (2012). doi:10.1098/rsif.2012.0174. http://rsif.royalsocietypublishing.org/content/early/2012/04/26/rsif.2012.0174.full.

JARAUSCH, Konrad. *The Enigmatic Chancellor*: Bethmann Hollweg and the Hubris of Imperial Germany. New Haven, Conn.: Yale University Press, 1983.

JELAVICH, Barbara. *History of the Balkans*. V. 2. Cambridge, RU: Cambridge University Press, 1983.

JENNER, W. J. F. *Memories of Loyang*: Yang Hsüan-chih and the Lost Capital (493-534). Oxford: Clarendon Press, 1981.

JERVIS, Robert. *The Meaning of the Nuclear Revolution*: Statecraft and the Prospect of Armageddon. Ithaca, N.Y.: Cornell University Press, 1989.

JOINT CHIEFS OF STAFF. *Decade of War*. V. 1, *Enduring Lessons from the Past Decade of Operations*. Suffolk, Va.: Joint and Coalition Operational Analysis, 2012. http://blogs.defensenews.com/saxotech-access/pdfs/decade-of-war-lessons-learned.pdf.

JOINT FORCES COMMAND. "Unmanned Effects (UFX): Taking the Human Out of the Loop." Rapid Assessments Process (RAP) Report 3-10, 2003. www.hsdl.org/?view & did=705224.

JONAS, Raymond. *The Battle of Adwa*: African Victory in the Age of Empire. Cambridge, Mass.: Harvard University Press, 2011.

JORDANA, Xavier et al. "The Warriors of the Steppes: Osteological Evidence of Warfare and Violence from Pazyryk Tumuli in the Mongolian Altai." *Journal of Archaeological Science* 36 (2009), p. 1319-27.

JORGENSON, J. *Western Indians*. São Francisco: Freeman, 1980.

JUDD, Denis. *The Lion and the Tiger*: The Rise and Fall of the British Raj, 1600–1947. Nova York: Oxford University Press, 2010.

JÜNGER, Ernst. *Storm of Steel*. Trad. Michael Hofmann. Primeira publicação em 1920; esta tradução é da edição final (1961). Londres: Allen Lane, 2003.

KAGAN, Donald; VIGGIANO, Gregory (eds.). *Men of Bronze*: Hoplite Warfare in Ancient Greece. Princeton, N. J.: Princeton University Press, 2013.

KAGAN, Robert. *Of Paradise and Power*: America and Europe in the New World Order. Nova York: Knopf, 2003.

____. *The World America Made*. Nova York: Knopf, 2012.

KAMEN, Stanley. *Empire*: How Spain Became a World Power, 1492-1763. Nova York: Harper, 2003.

KANO, Takayoshi. *The Last Ape*: Pygmy Chimpanzee Behavior and Ecology. Stanford, Calif.: Stanford University Press, 1992.

KANZ, Fabian; GROSSSCHMIDT, Karl. "Head Injuries of Roman Gladiators." *Forensic Science International* 160 (2006), p. 207-16.

KAPLAN, Fred. *The Insurgents*: David Petraeus and the Plot to Change the American Way of War. Nova York: Simon & Schuster, 2013.

KAPLAN, Robert. *The Revenge of Geography*: What the Map Tells Us About Coming Conflicts and the Struggle Against Fate. Nova York: Random House, 2012.

KARNOW, Stanley. *Vietnam*: A History. Nova York: Penguin, 1986.

KAUFMAN, Philip; WOLFE, Tom. *The Right Stuff*: A Screenplay from Tom Wolfe's Book. University Park, Pa.: Script City, 1980.

KEANEY, Thomas; COHEN, Eliot. *Gulf War Air Power Survey*: Summary Report. Filadélfia: Diane, 1998.

KEARNS, Gerard. *Geopolitics and Empire*: The Legacy of Halford Mackinder. Nova York: Oxford University Press, 2009.

KEEGAN, John. *The Face of Battle*: A Study of Agincourt, Waterloo & the Somme. Nova York: Viking Press, 1976. [*A face da batalha*. Trad. Luiz Paulo Macedo Carvalho. Rio de Janeiro: Biblioteca do Exército, 2000].

____. *A History of Warfare*. Nova York: Vintage, 1993.

____. *The First World War*. Nova York: Vintage, 1998.

____. *The American Civil War*. Nova York: Vintage, 2009.

KEELEY, Lawrence. *War before civilization*: The Myth of the Peaceful Savage. Nova York: Oxford University Press, 1996. [*A guerra antes da civilização:* o mito do bom selvagem. Trad. Fabio Faria. São Paulo: É Realizações, 2011].

KELLER, Andreas et al. "New Insights into the Tyrolean Iceman's Origin and Phenotype as Inferred by Whole-Genome Sequencing." *Nature Communications* 3 (2012). doi:10.1038/ncomms1701.

KEMP, Barry. *The City of Akhenaten and Nefertiti*: Amarna and Its People. Londres: Thames & Hudson, 2012.

KEMPE, Frederick. *Berlin 1961*: Kennedy, Khrushchev, and the Most Dangerous Place on Earth. Nova York: Putnam's, 2011.

KENNEDY, Hugh. *The Armies of the Caliphs*: Military and Society in the Early Islamic State. Londres: Routledge, 2001.

____. *The Great Arab Conquests*. Filadélfia: Da Capo, 2007.

KENNEDY, Paul. *The Rise and Fall of British Naval Mastery*. Londres: Allen Lane, 1976.

____. *The Rise of Anglo-German Antagonism, 1860-1914*. Boston: Allen Unwin, 1980.

____. *The Rise and Fall of the Great Powers*. Nova York: Vintage, 1987.

KENNEDY, Ross. *The Will to Believe*: Woodrow Wilson, World War I, and America's Strategy for Peace and Security. Kent, Ohio: Kent State University Press, 2009.

KEPPIE, Lawrence. *The Making of the Roman Army*: From Republic to Empire. Londres: Routledge, 1984.

KERSHAW, Ian. *Hitler, 1889-1936*: Hubris. Nova York: Norton, 2000.

KEYNES, John Maynard. *A Tract on Monetary Reform*. Londres, 1923.

KHAN, Iqtidar Alam. *Gunpowder and Firearms*: Warfare in Medieval India. Nova Délhi: Oxford University Press, 2004.

KHANNA, Ayesha; KHANNA, Parag. *Hybrid Reality*: Thriving in the Emerging Human-Technology Civilization. TED Books, 2012.

KIDDER, Tristram et al. "Sanyangzhuang: Early Farming and a Han Settlement Preserved Beneath Yellow River Flood Deposits." *Antiquity* 86 (2012), p. 30-47.

KINSELLA, David et al. "No Rest for the Democratic Peace." *American Political Science Review* 99 (2005), p. 453-72.

KIRCH, Patrick. *The Evolution of Polynesian Chiefdoms*. Cambridge, RU: Cambridge University Press, 1984.

____. *How Chiefs Became Kings*: Divine Kingship and the Rise of Archaic States in Ancient Hawai'i. Berkeley: University of California Press, 2010.

KIRSHNER, Julius; MORRISON, Karl (eds.). *University of Chicago Readings in Western Civilization*. V. 4, *Medieval Europe*. Chicago: University of Chicago Press, 1986.

KISTLER, John. *War Elephants*. Lincoln, Neb.: Bison Books, 2007.

KLEIN, Richard. *The Human Career*: Human Biological and Cultural Origins. 3ª ed. Chicago: University of Chicago Press, 2009.

KNAUFT, Bruce. *Good Company and Violence*: Sorcery and Social Action in a Lowland New Guinea Society. Berkeley: University of California Press, 1985.

KNOX, MacGregor; MURRAY, Williamson (eds.). *The Dynamics of Military Revolution, 1300--2050*. Cambridge, RU: Cambridge University Press, 2001.

KNÜSE, Christopher; SMITH, Martin (eds.). *The Routledge Handbook of the Bioarchaeology of Human Conflict*. Londres: Routledge, 2013.

KOLATA, Alan. *The Tiwanaku*. Oxford: Blackwell, 1993.

KOLB, Michael; DIXON, B. "Landscapes of War: Rules and Conventions of Conflict in Ancient Hawai'i (and Elsewhere)." *American Antiquity* 67 (2002), p. 514-34.

KOLSKY, Elizabeth. *Colonial Justice in British India*: White Violence and the Rule of Law. Cambridge, RU: Cambridge University Press, 2010.

KRAMER, Alan. *Dynamic of Destruction*: Culture and Mass Killing in the First World War. Oxford: Oxford University Press, 2007.

KRÄMER, Augustin. *The Samoa Islands*. V. 2, *Material Culture*. Primeira publicação na Alemanha, 1902. Honolulu: University of Hawai'i Press, 1995.

KRENTZ, Peter. "Casualties in Hoplite Battles." *Classical Antiquity* 4 (1985), p. 13-20.

KREPINEVICH, Andrew. *The Army and Vietnam*. Baltimore: Johns Hopkins University Press, 1986.

____. "Cavalry to Computer: The Pattern of Military Revolutions." *National Interest* 37 (1994), p. 30-42.

____. *Why AirSea Battle?* Washington, D.C.: Center for Strategic and Budget Assessment, 2010. www.csbaonline.org/publications/2010/02/why-airsea-battle/.

KRISTENSEN, Hans; NORRIS, Robert. "Chinese Nuclear Forces, 2011." *Bulletin of the Atomic Scientists* 67.6 (2011), p. 61-87.

____. "Russian Nuclear Forces, 2012." *Bulletin of the Atomic Scientists* 68 (2012), p. 87-97.

____. "US Nuclear Forces, 2013." *Bulletin of the Atomic Scientists* 69.2 (2013), p. 77-86.

KRISTIANSEN, Kristian. "The Tale of the Sword: Swords and Swordfighters in Bronze Age Europe." *Oxford Journal of Archaeology* 21 (2002), p. 319-32.

KRISTIANSEN, Kristian; LARSSON, Thomas. *The Rise of Bronze Age Society*: Travels, Transmissions, and Transformations. Cambridge, RU: Cambridge University Press, 2005.

KRUG, Etienne et al. *World Report on Violence and Health*. Genebra: World Health Organization, 2002.

KUHN, Dieter. *The Age of Confucian Rule*: The Song Transformation of China. Cambridge, Mass.: Harvard University Press, 2009.

KUHRT, Amélie. *The Ancient Near East*. 2 vols. Londres: Routledge, 1995.

KURZWEIL, Ray. *The Singularity Is Near*: When Humans Transcend Biology. Nova York: Viking, 2005.

____. *How to Create a Mind*: The Secret of Human Thought Revealed. Nova York: Viking, 2013.

KYNASTON, David. *Austerity Britain, 1945-51*. Londres: Bloomsbury, 2007.

LACINA, Bethany. *Battle Deaths Dataset, 1946-2009*: Codebook for Version 3.0. Oslo: Center for the Study of Civil War and International Peace Research Institute, 2009.

LACINA, Bethany; GLEDITSCH, Nils Petter. "Monitoring Trends in Global Combat: A New Dataset in Battle Deaths." *European Journal of Population* 21 (2005), p. 145-66.

LACINA, Bethany et al. "The Declining Risk of Death in Battle." *International Studies Quarterly* 50 (2006), p. 673-80.

LAITIN, David et al. "Geographic Axes and the Persistence of Cultural Diversity." *Proceedings of the National Academy of Sciences* 110 (2012). doi:10.1073/pnas.1205338109.

LANDERGRABER, Kevin et al. "Generation Times in Wild Chimpanzees and Gorillas Suggest Earlier Divergence Times in Great Ape and Human Evolution." *Proceedings of the National Academy of Sciences* 109 (2012), p. 15716-21.

LAZENBY, J. F. *The Defence of Greece, 480-479 BC*. Warminster, RU: Aris & Phillips, 1993.

LAZUÉN, Talía. "European Neanderthal Stone Hunting Weapons Reveal Complex Behavior Long Before the Appearance of Modern Humans." *Journal of Archaeological Science* 39 (2012), p. 2304-11.

LEBEDYNSKY, Iaroslav. *Les Saces*: Les "scythes" d'Asie, VIII siècle av. J.-C. – IV siècle apr. J.-C. Paris: Errance, 2006.

LEBLANC, Steven. *Prehistoric Warfare in the American Southwest*. Salt Lake City: University of Utah Press, 1999.

LEBLANC, Steven; REGISTER, Katherine. *Constant Battles*: Why We Fight. Nova York: St. Martin's Press, 2003.

LEE, Richard. *The !Kung San*: Men, Women, and Work in a Foraging Society. Cambridge, RU: Cambridge University Press, 1979.

LEE, Wayne (ed.). *Warfare and Culture in World History*. Nova York: New York University Press, 2011.

LEE-THORP, Julia et al. "Isotopic Evidence for an Early Shift to C4 Resources by Pliocene Hominins in Chad." *Proceedings of the National Academy of Sciences* 109 (2012). doi:10.1073/pnas.1204209109.

LEFFLER, Melvyn; WESTAD, Odd Arne (eds.). *The Cambridge History of the Cold War*. 3 vols. Cambridge, RU: Cambridge University Press, 2010.

LENDON, John. "The Rhetoric of Combat: Greek Military Theory and Roman Culture in Julius Caesar's Battle Descriptions." *Classical Antiquity* 18 (1999), p. 273-329.

LÉON-PORTILLA, Miguel. *The Broken Spears*: The Aztec Account of the Conquest of Mexico. Rev. ed. Boston: Beacon Press, 2006.

LERMAN, Katherine. *Bismarck*. Londres: Longmans, 2004.

LEVI, Barbara et al. "Civilian Casualties from 'Limited' Nuclear Attacks on the USSR." *International Security* 12.3 (1987/88), p. 168-89.

LEVI, Michael. *The Power Surge*: Energy, Opportunity, and the Battle for America's Future. Nova York: Oxford University Press, 2013.

LEVY, Jack. *War in the Modern Great Power System, 1495-1975*. Lexington: University Press of Kentucky, 1983.

LEVY, Jack; THOMPSON, William. *The Arc of War*: Origins, Escalation, and Transformation. Chicago: University of Chicago Press, 2011.

LEWIS, Mark Edward. *Sanctioned Violence in Early China*. Albany: State University of New York Press, 1990.

____. "Warring States: Political History." In Michael Loewe e Edward Shaughnessy (eds.), *The Cambridge History of Ancient China*, p. 587-650. Cambridge, RU: Cambridge University Press, 1999.

____. "The Han Abolition of Universal Military Service." In Hans van de Ven (ed.), *Warfare in Chinese History*. Leiden: E. J. Brill, 2000.

____. *The Early Chinese Empires*: Qin and Han. Cambridge, Mass.: Harvard University Press, 2007.

____. *China Between Empires*: The Northern and Southern Dynasties. Cambridge, Mass.: Harvard University Press, 2009a.

____. *China's Cosmopolitan Empire*: The Tang Dynasty. Cambridge, Mass.: Harvard University Press, 2009b.

LI, Bozhong. *Agricultural Development in Jiangnan, 1620-1850*. Nova York: St. Martin's Press, 1997.

LIDDELL HART, Basil. *The Memoirs of Captain Liddell Hart*. 2 vols. Londres: Cassell, 1965.

____. *Strategy*. 2ª ed. Londres: Faber and Faber, 1967.

LINCOLN, W. Bruce. *Red Victory*: A History of the Russian Civil War, 1918-1921. Nova York: Da Capo, 1999.

LINTOTT, Andrew. *Violence in Republican Rome*. Londres: Croom Helm, 1968.

LITVINSKY, B. A. *History of Civilizations of Central Asia*. V. 3, *The Crossroads of Civilizations, AD 250 to 750*. Paris: UNESCO, 1996.

LIU, Xinru. *Ancient India and Ancient China*: Trade and Religious Exchanges, AD 1-600. Délhi: Oxford University Press, 1988.

____. "Migration and Settlement of the Yuezhi-Kushan." *Journal of World History* 12 (2001), p. 261-92.

LIVERANI, Mario. "The Fall of the Assyrian Empire." In Susan Alcock et al. (eds.), *Empires*, p. 374-91. Cambridge, RU: Cambridge University Press, 2001.

____. *Akkad, the First World Empire*. Padua: Sargon, 2003.

____. *Uruk*: The First City. Londres: Equinox, 2006.

LIVI-BACCI, Massimo. *The Population of Europe*: A History. Trad. Cynthia De Nardi Ipsen e Carl Ipsen. Oxford: Blackwell, 2000.

LLOYD, Alan. "Philip II and Alexander the Great: The Moulding of Macedon's Army." In Alan Lloyd (ed.), *Battle in Antiquity*, p. 161-98. Londres: Duckworth, 1996.

LLOYD, T. O. *The British Empire, 1558-1983*. Oxford: Oxford University Press, 1984.

LOEWE, Michael. *Crisis and Conflict in Han China, 104 BC to AD 9*. Londres: George Allen and Unwin, 1974.

____. "The Former Han Dynasty." In Twitchett e Loewe 1986, p. 103-221.

____. *The Government of the Qin and Han Empires, 221 BCE-220 CE*. Indianapolis: Hackett, 2006.

LOEWE, Michael; WILSON, Eva. *Everyday Life in Early Imperial China*. Indianapolis: Hackett, 2005.

LOMATUWAY'MA, M. et al. (eds.). *Hopi Ruin Legends*. Lincoln: University of Nebraska Press, 1993.

LOMBARD, Marlize. "Quartz-Tipped Arrows Older Than 60 ka: Further Use-Trace Evidence from Sibudu, Kwazulu-Natal, South Africa." *Journal of Archaeological Science* 58 (2011), p. 1918-30.

LONG, William; BRECKE, Peter. *War and Reconciliation*: Reason and Emotion in Conflict Resolution. Cambridge, Mass.: MIT Press, 2003.

LORGE, Peter. *War, Politics, and Society in Early Modern China, 900-1795*. Londres: Routledge, 2005.

____. *The Asian Military Revolution*: From Gunpowder to the Bomb. Cambridge, RU: Cambridge University Press, 2008.

LOVEJOY, Paul. *Transformations in Slavery*: A History of Slavery in Africa. 2ª ed. Cambridge, RU: Cambridge University Press, 2000.

LOWE, Keith. *Savage Continent*: Europe in the Aftermath of World War II. Nova York: St. Martin's Press, 2012.

LU, Gwei-djen et al. "The Oldest Representation of a Bombard." *Technology and Culture* 29 (1988), p. 594-605.

LUPFER, Timothy. *The Dynamics of Doctrine*: The Changes in German Tactical Doctrine During the First World War. Leavenworth, Kans.: U.S. Army Command, 1981.

LÜTHI, Lorenz. *The Sino-Soviet Split*: Cold War in the Communist World. Princeton, N. J.: Princeton University Press, 2008.

LUTTWAK, Edward. *The Grand Strategy of the Roman Empire*. Baltimore: Johns Hopkins University Press, 1976.

____. *Strategy*: The Logic of War and Peace. Ed. rev. Cambridge, Mass.: Belknap Press, 2001.

____. *The Grand Strategy of the Byzantine Empire*. Cambridge, Mass.: Belknap Press, 2009.

____. *The Rise of China vs. the Logic of Strategy*. Cambridge, Mass.: Belknap Press, 2012.

LUTZ, Ralph Haswell (ed.). *The Causes of the German Collapse in 1918*. Londres: Archon Books, 1969.

LYNN, John. *Battle*: A History of Combat and Culture. Boulder, Colo.: Westview Press, 2003.

LYON, Rod; DAVIES, Andrew. *Assessing the Defence White Paper 2009*. Canberra: Australian Strategic Policy Institute Policy Analysis Paper 41, 2009. Disponível em www.aspi.org.au/publications/publications_all.aspx.

MAAS, Michael (ed.). *The Cambridge Companion to the Age of Justinian*. Cambridge, RU: Cambridge University Press, 2005.

MACFARQUHAR, Roderick; SCHOENHALS, Michael. *Mao's Last Revolution*. Cambridge, Mass.: Harvard University Press, 2006.

MACINTYRE, Ben. *The Man Who Would Be King*: The First American in Afghanistan. Nova York: Farrar, Straus and Giroux, 2004.

MACKIL, Emily. *Creating a Common Polity*: Religion, Economics, and Politics in the Making of the Greek Koinon. Berkeley: University of California Press, 2013.

MACKINDER, Halford. "The Geographical Pivot of History." *Geographical Journal* 23 (1904), p. 421-37.

MACLEOD, Ken. *The Cassini Division*. Nova York: Orbit, 1998.

MACMILLAN, Margaret. *Nixon and Mao*: The Week That Changed the World. Nova York: Random House, 2008.

MACMULLEN, Ramsay. *Roman Social Relations, 50 A.C. to D.C. 284*. New Haven, Conn.: Yale University Press, 1974.

MADDISON, Angus. *Statistics on World Population GDP and Per Capita GDP, 1-2008 AD (2010)*. www.ggdc.net/maddison/Maddison.htm.

MAGILL, Clayton et al. "Ecosystem Variability and Early Human Habitats in Eastern Africa." *Proceedings of the National Academy of Sciences* 110 (2012). doi:10.1073/pnas.1206276110.

MAHAN, Alfred Thayer. *The Influence of Sea Power upon History, 1660-1783*. Boston: Little, Brown, 1890.

MAILER, Norman. *Armies of the Night*: History as a Novel/The Novel as History. Nova York: New American Library, 1968.

MANN, Charles. *1491*: New Revelations of the Americas Before Columbus. Nova York: Knopf, 2005.

____. *1493*: Uncovering the New World Columbus Created. Nova York: Knopf, 2011.

MANN, Michael. *The Sources of Social Power*. V. 1, *A History of Power from the Beginning to D.C. 1760*. Cambridge, RU: Cambridge University Press, 1986.

____. *The Sources of Social Power*. V. 3, *Global Empires and Revolution, 1890-1945*. Cambridge, RU: Cambridge University Press, 2012.

MARCUS, George; FISCHER, Michael. *Anthropology as Cultural Critique*: An Experimental Moment in the Human Sciences. Chicago: University of Chicago Press, 1988.

MARGULIS, Lynn; SAGAN, Dorion. *Microcosmos*: Four Billion Years of Microbial Evolution. Londres: Allen & Unwin, 1987.

MARLANTES, Karl. *What It Is Like to Go to War*. Nova York: Atlantic Monthly Press, 2011.

MARR, Andrew. *A History of Modern Britain*. Londres: Macmillan, 2007.

MARSHALL, John. "Excavations at Bhita." *Annual Report of the Archaeological Survey of India (1911-12)*, p. 29-94.

____. *Taxila*: An Illustrated Account of Archaeological Excavations. 3 vols. Cambridge, RU: Cambridge University Press, 1951. Reprint, Varanasi: Bhartiya, 1975.

MARSHALL, P. J. (ed.). *The Writings and Speeches of Edmund Burke*. V. 6, *India*: The Launching of the Hastings Impeachment, 1786-88. Oxford: Oxford University Press, 1991.

____. "Britain and the World in the Eighteenth Century: I-III." *Transactions of the Royal Historical Society*, 6th ser., 8 (1998), p. 1-18; 9 (1999), p. 1-16; 10 (2000), p. 1-16.

MARTINAGE, Robert; VICKERS, Michael. *The Revolution in War*. Washington, D.C.: Center for Strategic and Budget Assessment, 2004. www.csbaonline.org/publications/2004/12/the--revolution-in-war.

MARTINEZ, Ignacio et al. "On the Origin of Language: The Atapuerca Evidence." Trabalho apresentado no 81º Encontro Anual da American Association of Physical Anthropologists, Portland, Ore., 12 de abril de 2012. www.physanth.org/annual-meeting/2012/aapa-meeting--program-2012.

MARX, Karl. *Pre-capitalist Economic Formations*. Trad. Jack Cohen. Londres: Lawrence & Wishart, 1964. Escrito na Alemanha, em 1857-58, mas não publicado.

MASLEN, M. W.; MITCHELL, Piers. "Medical Theories on the Cause of Death in Crucifixion." *Journal of the Royal Society of Medicine* 99 (2006), p. 185-88.

MASSIE, Robert. *Castles of Steel*: Winning the Great War at Sea. Nova York: Ballantine, 2003.

MATTINGLY, David. *An Imperial Possession*: Britain in the Roman Empire. Londres: Penguin, 2006.

____. *Imperialism, Power, and Identity*: Experiencing the Roman Empire. Princeton, N. J.: Princeton University Press, 2011.

MAY, Ernest. *Strange Victory*: Hitler's Conquest of France. Nova York: Hill & Wang, 2001.

MAY, Timothy. *The Mongol Art of War*: Chinggis Khan and the Mongol Military System. Londres: Pen & Sword, 2007.

MAYNARD SMITH, John. *Evolution and the Theory of Games*. Cambridge, RU: Cambridge University Press, 1982.

MAYOR, Adrienne. *Amazons in Love and War*. Princeton, N. J.: Princeton University Press, 2014.

MAZOWER, Mark. *Hitler's Empire*: How the Nazis Ruled Europe. Nova York: Penguin, 2008.

____. *Governing the World*: The Rise and Fall of an Idea, 1815 to the Present. Nova York: Penguin, 2012.

MCALPIN, Michelle. "Famine, Epidemics, and Population Growth: The Case of India." *Journal of Interdisciplinary History* 14 (1983), p. 351-66.

MCBREARTY, Sally; JABLONSKI, Nina. "First Fossil Chimpanzee." *Nature* 437 (2005), p. 105-8.

MCCALL, Grant; SHIELDS, Nancy. "Examining the Evidence from Small-Scale Societies and Early Prehistory and Implications for Modern Theories of Aggression and Violence." *Aggression and Violent Behavior* 13 (2008), p. 1-9.

MCCLELLAN, Thomas. "Early Fortifications: The Missing Walls of Jericho." *Baghdader Mitteilungen* 18 (2006), p. 593-610.

MCCORMICK, Michael et al. "Climate Change During and After the Roman Empire: Reconstructing the Past from Scientific and Historical Evidence." *Journal of Interdisciplinary History* 43 (2012), p. 169-220.

MCGLYNN, Sean. *By Sword and Fire*: Cruelty and Atrocity in Medieval Warfare. Londres: Cassell, 2010.

MCGREW, William et al. (ed.). *Great Ape Societies*. Cambridge, RU: Cambridge University Press, 1996.

MCGUIRE, Martin; OLSON, Mancur. "The Economics of Autocracy and Majority Rule: The Invisible Hand and the Use of Force." *Journal of Economic Literature* 34 (1996), p. 72-96.

MCHENRY, Henry; COFFING, Catherine. "Australopithecus to Homo: Transformations in Body and Mind." *Annual Review of Anthropology* 29 (2000), p. 129-46.

MCKITTERICK, Rosamond. *Charlemagne*: The Formation of European Identity. Cambridge, RU: Cambridge University Press, 2008.

MCLAUGHLIN, Raoul. *Rome and the Distant East*: Trade Routes to the Ancient Lands of Arabia, India, and China. Londres: Continuum, 2010.

MCMEEKIN, Sean. *The Russian Origins of the First World War*. Cambridge, Mass.: Belknap Press, 2011.

MCNEILL, William. *Plagues and Peoples*. Nova York: Anchor, 1976.

____. *The Pursuit of Power*: Technology, Armed Force, and Society Since AD 1000. Chicago: University of Chicago Press, 1982.

____. *Arnold J. Toynbee*: A Life. Nova York: Oxford University Press, 1989.

MCNITT, Frank. *Navajo Wars*: Military Campaigns, Slave Raids, and Reprisals. Albuquerque: University of New Mexico Press, 1990.

MCPHERSON, James. *Battle Cry of Freedom*: The Civil War Era. Nova York: Oxford University Press, 1988.

MEAD, Margaret. *Coming of Age in Samoa*: A Psychological Study of Primitive Youth for Western Civilization. Nova York: William Morrow, 1928.

____. "Warfare Is Only an Invention-Not a Biological Necessity." *Asia* 3 (1940), p. 402-5.

MELVILLE, Sarah. "The Last Campaign: The Assyrian Way of War and the Collapse of the Empire." In Lee 2011, p. 12-33.

MERCATANTE, Steven. *Why Germany Nearly Won*: A New History of the Second World War in Europe. Westport, Conn.: Praeger, 2012.

MEYER, Matthias et al. "A High-Coverage Genome Sequence from an Archaic Denisovan Individual." *Science* 338 (2012), p. 222-26.

MIDDLEKAUFF, Robert. *The Glorious Cause*: The American Revolution, 1763-1789. Nova York: Oxford University Press, 2007.

MILANI, Abbas. *The Myth of the Great Satan*: A New Look at America's Relations with Iran. Stanford, Calif.: Hoover Institution Press, 2011.

MILES, Richard. *Carthage Must Be Destroyed*. Nova York: Penguin, 2011.

MILLAR, Fergus. *The Emperor in the Roman World*. Londres: Duckworth, 1977.

MILLER, David. *The Cold War*: A Military History. Londres: Pimlico, 1998.

MISRA, Amaresh. *War of Civilisations*: India, D.C. 1857. 2 vols. Nova Délhi: Rupa, 2008.

MITANI, John et al. "Lethal Intergroup Aggression Leads to Territorial Expansion in Wild Chimpanzees." *Current Biology* 20.12 (2010), p. R507-8.

MITHEN, Steven. *After the Ice*: Global Human History, 20,000-5000 BC. Cambridge, Mass.: Harvard University Press, 2003.

____. *The Singing Neanderthals*. Londres: Weidenfeld and Nicolson, 2005.

MITTER, Rana. *China's War with Japan, 1937-1945*: The Struggle for Survival. Londres: Allen Lane, 2013.

MOGGRIDGE, Donald. *Maynard Keynes*: An Economists' Biography. Londres: Routledge, 1992.

MOHAN, C. Raja. *Samudra Manthan*: Sino-Indian Rivalry in the Indo-Pacific. Nova York: Carnegie Foundation, 2012.

MONTEFIORE, Simon Sebag. *Stalin*: The Court of the Red Tsar. Nova York: Knopf, 2004.

MONTGOMERY, Bernard. "A Look Through a Window at World War III." *Journal of the Royal United Services Institute* 99 (1954), p. 505-9.

MOOKERJEE, R. K. *Chandragupta Maurya and His Times*. Délhi: Motilal Banarsidass, 1966.

MOORE, Gordon. "Cramming More Components onto Integrated Circuits." *Electronics* 38.8 (19 de agosto de 1965), p. 114-17. ftp://download.intel.com/research/silicon/moorespaper.pdf.

MORGAN, David. *Medieval Persia, 1040-1797*. Londres: Longman, 1988.

MORILLO, Stephen. "Expecting Cowardice: Medieval Battle Tactics Reconsidered." *Journal of Medieval Military History* 4 (2006), p. 65-73.

MOROZOV, Evgeny. *To Save Everything, Click Here*: The Folly of Technological Solutionism. Nova York: PublicAffairs, 2013.

MORRIS, Desmond. *The Naked Ape*: A Zoologist's Study of the Human Animal. Londres: Corgi, 1967. [*O macaco nu*: um estudo do animal humano. Trad. Hermano Neves. Rio de Janeiro: Record, 2006].

MORRIS, Ian. "The Greater Athenian State." In Ian Morris e Walter Scheidel (eds.), *The Dynamics of Ancient Empires*, p. 99-177. Nova York: Oxford University Press, 2009.

____. *Why the West Rules – for Now*: The Patterns of History, and What They Reveal About the Future. Nova York: Farrar, Straus and Giroux, 2010.

____. *The Measure of Civilization*: How Social Development Decides the Fate of Nations. Princeton, N. J.: Princeton University Press, 2013.

____. *Foragers, Farmers, and Fossil Fuels*: How Values Evolve. Princeton, N. J.: Princeton University Press, no prelo.

MORRIS, James [Jan]. *Farewell the Trumpets*: An Imperial Retreat. Londres: Faber and Faber, 1978.

MOSTERT, Noël. *The Line upon a Wind*: The Great War at Sea, 1793-1815. Nova York: Norton, 2008.

MUCHEMBLED, Robert. *A History of Violence*: From the End of the Middle Ages to the Present. Cambridge, Mass.: Polity, 2012.

MUELLER, John. *The Remnants of War*. Ithaca, N.Y.: Cornell University Press, 2004.

MUKHERJEE, B. N. *Mathura and Its Society-the Saka-Pahlava Phase*. Calcutá: J. B. Enterprises, 1981.

____. *The Rise and Fall of the Kushana Empire*. Calcutá: J. B. Enterprises, 1988.

____. *The Character of the Maurya Empire*. Calcutá: J. B. Enterprises, 2000.

MULLER, Martin; WRANGHAM, Richard (eds.). *Sexual Coercion in Primates and Humans*. Cambridge, Mass.: Harvard University Press, 2009.

MULLER, Richard. "Close Air Support: The German, British, and American Experiences, 1918-1941." In Murray e Millett 1996, p. 144-90.

MULLIGAN, William. *The Origins of the First World War*. Cambridge, RU: Cambridge University Press, 2010.

MURPHY, Eileen. *Iron Age Archaeology and Trauma from Aymyrlyg, South Siberia*. British Archaeological Reports International Series 1152. Oxford: Archaeopress, 2003.

MURPHY, Melissa et al. "Violence and Weapon-Related Trauma at Puruchuco-Huaquerones, Peru." *American Journal of Physical Anthropology* 142 (2010), p. 636-49.

MURRAY, Sarah. "Trade, Imports, and Society in Early Greece, 1300-900 B.C." Dissertação de doutorado, Stanford University, 2013.

MURRAY, Williamson. "Armored Warfare: The British, French, and German Experiences." In Murray e Millett 1996, p. 6-49.

____. *Military Adaptation in War with Fear of Change*. Cambridge, RU: Cambridge University Press, 2011.

MURRAY, Williamson; MILLETT, Allan (eds.). *Military Innovation in the Interwar Period*. Cambridge, RU: Cambridge University Press, 1996.

NAAM, Ramez. *Nexus*: Mankind Gets an Upgrade. Nova York: Angry Robot, 2013a.

____. *Crux*: Upgrade in Progress. Nova York: Angry Robot, 2013b.

NADALI, Davide. "Assyrian Open Field Battles: An Attempt at Reconstruction and Analysis." In J. Vidial (ed.), *Studies on War in the Ancient Near East*, p. 153-63. Münster: Ugarit, 2010.

NAIMARK, Norman. *Stalin's Genocides*. Princeton, N. J.: Princeton University Press, 2010.

NASAR, Sylvia. *A Beautiful Mind*: The Life of Mathematical Genius and Nobel Laureate John Nash. Nova York: Simon & Schuster, 1998. [*Uma mente brilhante*. Trad. Sergio Moraes Rego. Rio de Janeiro: BestBolso, 2008].

NATIONAL INTELLIGENCE COUNCIL. *Global Trends 2025*: A Transformed World. Washington, D.C.: Government Printing Office, 2008. Disponível em www.dni.gov/nic/globaltrends.

____. *Global Trends 2030*: Alternative Worlds. Washington, D.C.: Office of the Director of National Intelligence, 2012. Disponível em www.dni.gov/nic/globaltrends.

NEEDHAM, Joseph. *Science and Civilisation in China*. V. 4, *Physics and Physical Technology*. Pt. 3, *Civil Engineering and Nautics*. Cambridge, RU: Cambridge University Press, 1971.

NEEDHAM, Joseph et al. *Science and Civilisation in China*. V. 5, *Chemistry and Chemical Technology*. Pt. 5, *Military Technology, the Gunpowder Epic*. Cambridge, RU: Cambridge University Press, 1986.

NEHRU, Jawaharlal. *Glimpses of World History*: Being Further Letters to His Daughter, Written in Prison, and Containing a Rambling Account of History for Young People. Nova York: John Day, 1942.

NERLICH, Andreas et al. "New Evidence for Ötzi's Final Trauma." *Intensive Care Medicine* 35 (janeiro de 2009), p. 1138-39.

NGUYEN, Lien-Hang. *Hanoi's War: An International History of the War for Peace in Vietnam*. Chapel Hill: University of North Carolina Press, 2012.

NIPPEL, Wilfried. *Public Order in Ancient Rome*. Cambridge, RU: Cambridge University Press, 1995.

NIVETTE, Amy. "Violence in Non-state Societies: A Review." *British Journal of Criminology* 51 (2011), p. 578-98.

NORRIS, Robert; KRISTENSEN, Hans. "Global Nuclear Stockpiles, 1945-2006." *Bulletin of the Atomic Scientists*, julho/agosto de 2006, p. 64-66.

NORTH, Douglass et al. *Violence and Social Orders*: A Conceptual Framework for Interpreting Recorded Human History. Cambridge, RU: Cambridge University Press, 2009.

NOYES, Alexander. *The War Period of American Finance*. Nova York: Putnam's, 1926.

NYE, Joseph. *The Future of Power*. Nova York: PublicAffairs, 2011.

NYLAND, Ann. *The Kikkuli Method of Horse training*. Ed. rev. Sydney: Maryannu Press, 2009.

OBERMEYER, Ziyad et al. "Fifty Years of Violent War Deaths from Vietnam to Bosnia: Analysis of Data from the World Health Survey Programme." *British Medical Journal* 336 (2008), p. 1482-86.

O'BRIEN, Phillips Payson. *British and American Naval Power*: Politics and Policy, 1900-1936. Westport, Conn.: Praeger, 1998.

ODOM, William. "Soviet Military Doctrine." *Foreign Affairs* 67.2 (Inverno 1988), p. 114-34.

O'DONNELL, James. *The Ruin of the Roman Empire*. Nova York: HarperCollins, 2008.

O'FALLON, Brendan; FEHREN-SCHMITZ, Lars. "Native Americans Experienced a Strong Population Bottleneck Coincident with European Contact." *Proceedings of the National Academy of Sciences* 108 (2011), p. 20444-48.

O'HANLON, Michael. *A Moderate Plan for Additional Defense Budget Cuts*. Washington, D.C.: Brookings Institution, Policy Paper 30 de fevereiro de 2013. www.brookings.edu/~/media/Research/Files/Papers/2013/1/defense%20budget%20cuts%20ohanlon/defense%20budget%20cuts%20ohanlon.pdf.

OLSON, Mancur. *Power and Prosperity*. Nova York: Basic Books, 2000.

ORIGO, Iris. *The Merchant of Prato*: Daily Life in a Medieval Italian City. Harmondsworth, RU: Penguin, 1957.

ORWELL, George. *The Road to Wigan Pier*. Londres: Gollancz, 1937.

OTTERBEIN, Keith. *The Evolution of War*: A Cross-Cultural Study. 3ª ed. New Haven, Conn.: Human Relations Area Files Press, 1989.

____. *How War Began*. College Station: Texas A&M University Press, 2004.

OUTRAM, Alan et al. "The Earliest Horse Harnessing and Milking." *Science* 323 (2009), p. 1332-35.

OVERY, Richard. *Why the Allies Won*. Nova York: Norton, 1995.

PAICE, Edward. *World War I*: The African Front. Nova York: Pegasus, 2010.

PAKENHAM, Thomas. *The Boer War*. Londres: HarperPerennial, 1979.

PAMUK, Sevket. "The Black Death and the Origins of the 'Great Divergence' Across Europe, 1300-1600." *European Review of Economic History* 11 (2007), p. 289-317.

PARCHAMI, Ali. *Hegemonic Peace and Empire*: The *Pax Romana*, *Britannica*, and *Americana*. Londres: Routledge, 2009.

PARKER, Geoffrey. *The Military Revolution*: Military Innovation and the Rise of the West, 1500--1800. 2ª ed. Cambridge, RU: Cambridge University Press, 1996.

PARKIN, Jon. *Taming the Leviathan*: The Reception of the Political and Religious Ideas of Thomas Hobbes in England, 1640-1700. Cambridge, RU: Cambridge University Press, 2007.

PARTHASARATHI, Prasannan. *Why Europe Grew Rich and Asia Did Not*: Global Economic Divergence, 1600-1850. Cambridge, RU: Cambridge University Press, 2011.

PATTERSON, James. *Grand Expectations*: The United States, 1945-1974. Nova York: Oxford University Press, 1996.

PAUKETAT, Timothy. *Ancient Cahokia and the Mississippians*. Cambridge, RU: Cambridge University Press, 2004.

PAYNE, James. *A History of Force*: Exploring the Worldwide Movement Against Habits of Coercion, Bloodshed, and Mayhem. Sandpoint, Idaho: Lytton, 2004.

PEARSON, M. N. *The Portuguese in India*. Cambridge, RU: Cambridge University Press, 1987.

PEATTIE, Mark. *Ishiwara Kanji and Japan's Confrontation with the West*. Princeton, N. J.: Princeton University Press, 1975.

PERDUE, Peter. *China Marches West*: The Qing Conquest of Central Eurasia. Cambridge, Mass.: Harvard University Press, 2005.

PERKINS, Bradford. *The Great Rapprochement*: England and the United States, 1895-1914. Londres: Athenaeum, 1968.

PERTNER, A. et al. "Radiologic Proof of the Iceman's Cause of Death (ca. 5,300 BP)." *Journal of Archaeological Science* 34 (2007), p. 1784-86.

PHILLIPSON, Nicholas. *Adam Smith*: An Enlightened Life. New Haven, Conn.: Yale University Press, 2010.

PIGGOTT, Stuart. *The Earliest Wheeled Transport*. Ithaca, N.Y.: Cornell University Press, 1983.

PIKIRAYI, Innocent; VOGEL, Joseph. *The Zimbabwe Culture*: Origins and Decline of Southern Zambezian States. Walnut Creek, Calif.: AltaMira Press, 2001.

PINCUS, Steve. *1688*: The First Modern Revolution. New Haven, Conn.: Yale University Press, 2010.

PINKER, Steven. *How the Mind Works*. Nova York: Norton, 1997.

____. *The Blank Slate*: The Modern Denial of Human Nature. Nova York: Viking, 2002. [*Tábula rasa*: a negação contemporânea da natureza humana. Trad. Laura Teixeira Motta. São Paulo: Companhia das Letras, 2004].

____. *The better angels of our nature*: Why Violence Has Declined. Nova York: Viking, 2011. [*Os anjos bons da nossa natureza:* por que a violência diminuiu. Trad. Bernardo Joffily e Laura Teixeira Motta. São Paulo: Companhia das Letras, 2013].

POHL, John. *Aztec Warrior, AD 1325-1521*. Oxford: Osprey, 2001.

PORCH, Douglas. *Wars of Empire*. Washington, D.C.: Smithsonian, 2000.

PORTER, Andrew (ed.). *The Oxford History of the British Empire*. V. 3, *The Nineteenth Century*. Oxford: Oxford University Press, 1999.

POSEN, Barry. "Pull Back: The Case for a Less Activist Foreign Policy." *Foreign Affairs* 92.1 (janeiro/fevereiro de 2013), p. 116-28.

POTTER, James; CHUIPKA, Jason. "Perimortem Mutilation of Human Remains in an Early Village in the American Southwest." *Journal of Anthropological Archaeology* 29 (2010), p. 507-23.

POTTS, R. "Paleoenvironmental Basis of Cognitive Evolution in Great Apes." *American Journal of Primatology* 62 (2004), p. 209-28.

POULTER, Andrew. *Nicopolis ad Istrum*: A Roman, Late Roman, and Early Byzantine City: Excavations, 1985-1992. Londres: Society for the Promotion of Roman Studies, 1995.

POUNDSTONE, William. *Prisoner's Dilemma*: John von Neumann, Game Theory, and the Puzzle of the Bomb. Nova York: Random House, 1992.

POWER, Margaret. *The Egalitarians-Human and Chimpanzee*: An Anthropological View of Social Organization. Cambridge, RU: Cambridge University Press, 1991.

PRICE-SMITH, Andrew. *Contagion and Chaos*: Disease, Ecology, and National Security in the Era of Globalization. Cambridge, Mass.: MIT Press, 2009.

PRIDEMORE, William. *Ruling Russia*: Law, Crime, and Justice in a Changing Society. Lanham, Md.: Rowman and Littlefield, 2007.

QING, Jiang. *A Confucian Constitutional Order*: How China's Ancient Past Can Shape Its Political Future. Princeton, N. J.: Princeton University Press, 2012.

RAAFLAUB, Kurt; ROSENSTEIN, Nathan (eds.). *War and Society in the Ancient and Medieval Worlds*. Cambridge, Mass.: Harvard University Press, 1999.

RAAFLAUB, Kurt et al. *Origins of Democracy in Ancient Greece*. Berkeley: University of California Press, 2007.

RAINE, Adrian. *The Anatomy of Violence*: The Biological Roots of Crime. Nova York: Pantheon, 2013.

RANCE, Philip. "Battle." In Sabin et al. 2007, p. 342-78.

RANGARAJAN, L. N. (ed. e trad.). *Kautilya, The Arthashastra*. Nova Délhi: Penguin Books India, 1992.

RASMUSSEN, Morten et al. "An Aboriginal Australian Genome Reveals Separate Human Dispersals into Asia." *Science* 334 (2011), p. 94-98.

RATHBONE, Dominic. "The 'Muziris' Papyrus (SB XVIII 13167): Financing Roman Trade with India." In *Alexandrian Studies II in Honour of Mostafa el Abbadi*, p. 39-50. *Bulletin de la Société d'Archéologie d'Alexandrie* 46. Alexandria, 2001.

RAYCHAUDHURI, Hemchandra. *Political History of Ancient India*. 8ª ed. Délhi: Oxford University Press, 1996.

REID, Peter. *Medieval Warfare*: Triumph and Domination in the Wars of the Middle Ages. Nova York: Carroll & Graf, 2007.

REYNOLDS, David. *Origins of the Cold War*: International Perspectives. New Haven, Conn.: Yale University Press, 1994.

____. *One World Divisible*: A Global History Since 1945. Nova York: Norton, 2000.

REYNOLDS, Susan. *Fiefs and Vassals*: The Medieval Evidence Reinterpreted. Oxford: Oxford University Press, 1994.

RHODES, Richard. *The Making of the Atomic Bomb*. Nova York: Simon & Schuster, 1987.

____. *Dark Sun*: The Making of the Hydrogen Bomb. Nova York: Simon & Schuster, 1996.

____. *Arsenals of Folly*: The Making of the Nuclear Arms Race. Nova York: Knopf, 2007.

____. *Twilight of the Bombs*: Recent Challenges, New Dangers, and the Prospects for a World Without Nuclear Weapons. Nova York: Vintage, 2010.

RICH, John; SHIPLEY, Graham (eds.). *War and Society in the Roman World*. Londres: Routledge, 1993.

RICHARDS, John. *The Mughal Empire*. Cambridge, RU: Cambridge University Press, 1994.

RICHARDSON, Lewis Fry. *Statistics of Deadly Quarrels*. Pacific Grove, Calif.: Boxwood Press, 1960.

RICKLEFS, Robert. *The Economy of Nature*. 5ª ed. Nova York: Freeman, 2001.

RICKS, Thomas. *Fiasco*: The American Military Adventure in Iraq. Nova York: Penguin, 2006.

____. *The Gamble*: General Petraeus and the American Military Adventure in Iraq, 2006-2008. Nova York: Penguin, 2009.

RIDLEY, Matthew. *The Red Queen*: Sex and the Evolution of Human Nature. Nova York: Penguin, 1993.

____. *The Origins of Virtue*: Human Instincts and the Evolution of Cooperation. Nova York: Penguin, 1996.

RIESMAN, David. *Abundance for What?*. Garden City, N.Y.: Doubleday, 1964.

RIFKIN, Jeremy. *The Third Industrial Revolution*: How Lateral Power Is Transforming Energy, the Economy, and the World. Nova York: Palgrave Macmillan, 2011.

RIGGSBY, Andrew. *Crime and Community in Ciceronian Rome*. Austin: University of Texas Press, 1999.

RIGHTMIRE, G. Philip. "Brain Size and Encephalization in Early-to Mid-Pleistocene Homo." *American Journal of Physical Anthropology* 124 (2004), p. 109-23.

ROBERTS, Adam. "Lives and Statistics: Are 90% of War Victims Civilians?". *Survival* 52 (2010), p. 115-36.

ROBERTS, Andrew. *The Storm of War*: A New History of the Second World War. Nova York: Harper, 2011.

ROBERTS, D.; TURCOTTE, D. "Fractality and Self-Organized Criticality of Wars." *Fractals* 6 (1998), p. 351-57.

ROBERTS, Michael. *Gustavus Adolphus*: A History of Sweden, 1611-1632. V. 2. Londres: Longman, Green, 1965.

ROBERTS, Neil. *The Holocene*: An Environmental History. 2ª ed. Oxford: Wiley-Blackwell, 1998.

ROBINSON, David. *Bandits, Eunuchs, and the Son of Heaven*: Rebellion and the Economy of Violence in Mid-Ming China. Honolulu: University of Hawai'i Press, 2001.

ROFFMAN, Itai et al. "Stone Tool Production and Utilization by Bonobo-Chimpanzees (*Pan paniscus*)." *Proceedings of the National Academy of Sciences* 109 (2012), p. 14500-3.

ROGERS, Clifford (ed.). *The Military Revolution Debate*. Boulder, Colo.: Westview Press, 1995.

ROGERS, J. Daniel. "Inner Asian States and Empires: Theories and Synthesis." *Journal of Archaeological Research* 20 (2012), p. 205-56.

ROSCOE, Paul. "Dead Birds: The 'Theater' of War Among the Dani." *American Anthropologist* 113 (2011), p. 56-70.

ROSEN, Stephen. *War and Human Nature*. Princeton, N. J.: Princeton University Press, 2005.

ROSENBERG, David. "The Origins of Overkill: Nuclear Weapons and American Strategy, 1946--1960." *International Security* 7.4 (1983), p. 3-71.

ROSENBERG, David; MOORE, William Brigham. "'Smoking Radiating Ruin at the End of Two Hours': Documents on American Plans for Nuclear War with the Soviet Union, 1954-55." *International Security* 6.3 (1981), p. 3-38.

ROSS, M. "Political Decision-Making and Conflict: Additional Cross-Cultural Codes and Scales." *Ethnology* 22 (1983), p. 169-82.

____. "Internal and External Conflict and Violence: Cross-Cultural Evidence and a New Analysis." *Journal of Conflict Resolution* 29 (1985), p. 547-79.

ROTH, Randolph. *American Homicide*. Cambridge, Mass.: Belknap Press, 2009.

ROTHENBERG, Gunther. *The Napoleonic Wars*. Washington, D.C.: Smithsonian, 2006.

ROTHMAN, Mitchell (ed.). *Uruk Mesopotamia and Its Neighbors*. Santa Fe, N. M.: School of American Research Press, 2001.

ROYAL Society. *Brain Waves* Module 3: *Neuroscience, Conflict, and Security*. Londres: Royal Society, 2012.

RUMMEL, Rudy. *Death by Government*. Piscataway, N. J.: Transaction, 1994.

____. *Statistics of Democide*. Piscataway, N. J.: Transaction, 1997.

____. "20th-Century Democide." 2002. www.hawaii.edu/powerkills/20TH.HTM.

____. "One-Thirteenth of a Data Point Does Not a Generalization Make: A Reply to Dulic." *Journal of Peace Research* 41 (2004), p. 103-4.

RUNCIMAN, Steven. *The White Rajahs*: A History of Sarawak from 1841 to 1946. Cambridge, RU: Cambridge University Press, 1960.

RUSSELL, Peter. *Prince Henry "the Navigator"*: A Life. New Haven, Conn.: Yale University Press, 2000.

RYAN, Christopher; JETHÁ, Cacilda. *Sex at Dawn*: How We Mate, Why We Stray, and What It Means for Modern Relationships. Nova York: Harper Collins, 2010.

RYAN, Henry Butterfield. *The Vision of Anglo-America*. Cambridge, RU: Cambridge University Press, 1987.

SABIN, Philip. *The Third World War Scare in Britain*: A Critical Analysis. Londres: Macmillan, 1986.

____. "The Face of Roman Battle." *Journal of Roman Studies* 90 (2000), p. 1-17.

____. *Lost Battles*: Reconstructing the Great Clashes of the Ancient World. Londres: Continuum, 2007.

SABIN, Philip et al. (eds.). *The Cambridge History of Greek and Roman Warfare*. V. 2, *Rome from the Late Republic to the Late Empire*. Cambridge, RU: Cambridge University Press, 2007.

SAHLINS, Marshall. *Apologies to Thucydides*: Understanding History as Culture and Vice Versa. Chicago: University of Chicago Press, 2004.

SAILOR, Dylan. *Writing and Empire in Tacitus*. Cambridge, RU: Cambridge University Press, 2011.

SAKHAROV, Andrei. "The Danger of Thermonuclear War." *Foreign Affairs* 61.5 (Verão 1983), p. 1001-16.

SALETORE, R. N. *Early Indian Economic History*. Londres: Curzon Press, 1973.

SANDBROOK, Dominic. *Never Had It So Good, 1956-63*: A History of Britain from Suez to the Beatles. Londres: Abacus, 2005.

SANDERS, Karin. *Bodies in the Bog and the Archaeological Imagination*. Chicago: University of Chicago Press, 2009.

SANDERS, William et al. *The Basin of Mexico*: Ecological Processes in the Evolution of a Civilization. Nova York: Academic Press, 1979.

SANGER, David. *Confront and Conceal*: Obama's Secret Wars and the Surprising Use of American Power. Nova York: Crown, 2012.

SANSOM, C. J. *Dominion*. Londres: Mantle, 2012.

SANZ, Crickette et al. *Tool Use in Animals*: Cognition and Ecology. Cambridge, RU: Cambridge University Press, 2013.

SAPOLSKY, Robert. "A Natural History of Peace." *Foreign Affairs* 85.1 (2006), p. 104-20.

SARKAR, Jadunath. *A Military History of India*. Calcutá: M. C. Sarkar & Sons, 1960.

SARKEES, Meredith. "The Correlates of War Data on War: An Update to 1997." *Conflict Management and Peace Science* 18 (2000), p. 123-44.

SAVORY, Roger (trad.). *History of Shah 'Abbas the Great*. V. 2. Boulder, Colo.: Westview Press, 1978.

SAWYER, Ralph. *Ancient Chinese Warfare*. Nova York: Basic Books, 2011.

SCARRE, Christopher; FAGAN, Brian. *Ancient Civilizations*. 3ª ed. Upper Saddle River, N. J.: Prentice Hall, 2007.

SCHEIDEL, Walter. "A Model of Demographic and Economic Change in Egypt After the Antonine Plague." *Journal of Roman Archaeology* 15 (2002), p. 97-114.

____. "The Monetary Systems of the Han and Roman Empires." In Walter Scheidel (ed.), *Rome and China: Comparative Perspectives on Ancient World Empires*, p. 137-207. Nova York: Oxford University Press, 2009.

____. "Real Wages in Early Economies: Evidence for Living Standards from 1800 bce to 1300 ce." *Journal of the Economic and Social History of the Orient* 53 (2010), p. 425-62.

____. (ed.). *The Cambridge Companion to the Roman Economy*. Cambridge, RU: Cambridge University Press, 2012.

SCHEIDEL, Walter; FRIESEN, Steven. "The Size of the Economy and the Distribution of Income in the Roman Empire." *Journal of Roman Studies* 99 (2009), p. 61-91.

SCHELLING, Thomas. *The Strategy of Conflict*. Cambridge, Mass.: Harvard University Press, 1960.

SCHILARDI, Demetrius. "The LHIIIC Period at the Koukounaries Acropolis, Paros." In J. A. MacGillivray e Robin Barber (eds.), *The Prehistoric Cyclades*, p. 184-206. Edimburgo: Edinburgh University Press, 1984.

SCHMIDT, Eric; COHEN, Jared. *The New Digital Age*: Reshaping the Future of People, Nations, and Business. Nova York: Knopf, 2013. [*A nova era digital*: como será o futuro das pessoas, das nações e dos negócios. Trad. Ana Beatriz Rodrigues e Rogério Durst. Rio de Janeiro: Intrínseca, 2013].

SCURLOCK, Joanne. "Neo-Assyrian Battle Tactics." In G. D. Young et al. (eds.), *Crossing Boundaries and Linking Horizons*: Studies in Honor of Michael C. Astour on His 80th Birthday, p. 491-517. Bethesda, Md.: CDC Press, 1997.

SEAGER, Robin. *Pompey the Great*: A Political Biography. 2ª ed. Oxford: Wiley-Blackwell, 2002.

SEBESTYEN, Oleg. *Revolution 1989*: The Fall of the Soviet Empire. Nova York: Random House, 2009.

SEN, Amiya. *Rammohun Roy*: A Critical Biography. Nova York: Penguin, 2012.

SENEVIRATNA, Anuradha (ed.). *King Asoka and Buddhism*. Kandy, Sri Lanka: Buddhist Publication Society, 1994.

SHAMASASTRY, Rudrapatnam (trad.). *Arthashastra of Kautilya*: Translation. 8ª ed. Mysore: University of Mysore Oriental Library Publications, 1967.

SHAMBAUGH, David. *China Goes Global*: The Partial Power. Nova York: Oxford University Press, 2013.

SHANKMAN, Paul. *The Trashing of Margaret Mead*: Anatomy of an Anthropological Controversy. Madison: University of Wisconsin Press, 2009.

SHARMA, R. K. *Age of the Satavahanas*. 2 vols. Délhi: Aryan Books International, 1999.

SHARMA, R. S. "How Feudal Was Indian Feudalism?" *Journal of Peasant Studies* 12 (1985), p. 19-43.

____. *Early Medieval Indian Society*: A Study in Feudalisation. Leiden: Brill, 2001.

SHAUGHNESSY, Edward. "Historical Perspectives on the Introduction of the Chariot into China." *Harvard Journal of Asiatic Studies* 48 (1988), p. 189-237.

SHAW, Brent. "Bandits in the Roman Empire." Past & Present 105 (1984), p. 3-52.

____. *Sacred Violence*: African Christians and Sectarian Hatred in the Age of Augustine. Cambridge, RU: Cambridge University Press, 2011.

SHEA, John. "Homo Is as Homo Was." *Current Anthropology* 52 (2011), p. 1-35.

SHEEHAN, James. *Where Have All the Soldiers Gone? The Transformation of Modern Europe*. Boston: Houghton Mifflin, 2008.

SHEFFIELD, Gary. *Forgotten Victory*: The First World War: Myths and Realities. Londres: Headline, 2001.

SHEFFIELD, Gary; TODMAN, Dan (eds.). *Command and Control on the Western Front*. Londres: History Press, 2008.

SHERMAN, Jason et al. "Expansionary Dynamics of the Nascent Monte Albán State." *Journal of Anthropological Archaeology* 29 (2010), p. 278-301.

SHERMAN, Taylor. *State Violence and Punishment in India*. Londres: Routledge, 2010.

SHLAPAK, David et al. *A Question of Balance*: Political Context and Military Aspects of the China-Taiwan Dispute. Santa Monica, Calif.: RAND Corporation, 2009. Disponível em www.rand.org/topics/taiwan.html.

SHOWALTER, Dennis. *Tannenberg*: Clash of Empires. Hamden, Conn.: Archon Books, 1991.

SHULTZ, Susanne et al. "Stepwise Evolution of Stable Sociability in Primates." *Nature* 479 (2011), p. 219-22.

SIMMS, Brendan. *Europe*: The Struggle for Supremacy, from 1453 to the Present. Nova York: Basic Books, 2013.

SINGER, Joel David; SMALL, Melvin. *The Wages of War, 1816-1965*: A Statistical Handbook. Nova York: Wiley & Sons, 1972.

SINGER, P. W. *Wired for War*: The Robotics Revolution and Conflict in the 21st Century. Nova York: Penguin, 2009.

SINGHA, Radhika. *A Despotism of Law*: Crime and Justice in Early Colonial India. Délhi: Oxford University Press, 1998.

SINOR, Denis. *The Cambridge History of Early Inner Asia*. Cambridge, RU: Cambridge University Press, 1990.

SKAFF, Jonathan Karam. *Sui-Tang China and Its Turko-Mongol Neighbors*: Culture, Power, and Connections, 580-800. Nova York: Oxford University Press, 2012.

SMITH, David J. *One Morning in Sarajevo*: 28 June 1914. Londres: Phoenix, 2009.

SMITH, Laurence. *The World in 2050*: Four Forces Shaping Civilization's Northern Future. Nova York: Dutton, 2010.

SMITH, Michael. *The Aztecs*. 2ª ed. Oxford: Blackwell, 2003.

SMITH, Michael; MONTIEL, Lisa. "The Archaeological Study of Empires and Imperialism in Prehispanic Central Mexico." *Journal of Anthropological Archaeology* 20 (2001), p. 245-84.

SMITH, Michael; SCHREIBER, Katharina. "New World States and Empires: Economic and Social Organization." *Journal of Anthropological Research* 13 (2005), p. 189-229.

____. "New World States and Empires: Politics, Religion, and Urbanism." *Journal of Anthropological Research* 14 (2006), p. 1-52.

SMITH, Rupert. *The Utility of Force*: The Art of War in the Modern World. Nova York: Vintage, 2005.

SNODGRASS, Anthony. *Archaeology and the Emergence of Greece*. Edimburgo: Edinburgh University Press, 2006.

SNYDER, Timothy. *Bloodlands*: Europe Between Hitler and Stalin. Nova York: Basic Books, 2010.

SOKOLOVSKY, V. D. *Soviet Military Strategy*. 3ª ed. Ed. Harriet Fast Scott. Londres: Macdonald and Jane's, 1975.

SOMERS, Robert. "The End of the T'ang." In Twitchett e Fairbank 1979, p. 682-788.

SOROKIN, Pitirim. *Social and Cultural Change*: A Study of Change in Major Systems of Art, Truth, Ethics, Law, and Social Relationships. Boston: Extending Horizons, 1957.

SPAGAT, Mike et al. "Estimating War Deaths: An Arena of Contestation." *Journal of Conflict Resolution* 53 (2009), p. 934-50.

SPALIGER, Anthony. *War in Ancient Egypt*: The New Kingdom. Oxford: Blackwell, 2005.

SPENCER, Herbert. "Progress: Its Law and Cause." *Westminster Review* 67 (1857), p. 445-85.

SPIERENBURG, Pieter. *A History of Murder*: Personal Violence in Europe from the Middle Ages to the Present. Cambridge, RU: Polity, 2008.

SPINDLER, Konrad. *The Man in the Ice*. Nova York: Three Rivers Press, 1993.

SPOOR, F. et al. "Implications of New Early Homo Fossils from Ileret, East of Lake Turkana, Kenya." *Nature* 448 (2007), p. 688-91.

SPRINGBORG, Patricia (ed.). *The Cambridge Companion to Hobbes's "Leviathan"*. Cambridge, RU: Cambridge University Press, 2007.

SPUFFORD, Francis. *Red Plenty*: Industry! Progress! Abundance! Inside the Fifties' Soviet Dream. Londres: Faber and Faber, 2010.

STANNARD, David. *American Holocaust*: The Conquest of the New World. Nova York: Oxford University Press, 1993.

STATHAKOPOULOS, Dionysios. *Famine and Pestilence in the Late Roman and Early Byzantine Empire*. Burlington, Vt.: Ashgate, 2004.

STECKEL, Rick; WALLIS, John. "Stones, Bones, and States: A New Approach to the Neolithic Revolution." 2009. www.nber.org/~confer/2007/daes07/steckel.pdf.

STEFFLRE, Volney. "Long-Term Forecasting and the Problem of Large-Scale Wars." *Futures* 6 (1974), p. 302-8.

STEVENSON, David. *Cataclysm*: The First World War as Political Tragedy. Nova York: Basic Books, 2004.

ST. JOSEPH, J. K. "The Camp at Durno, Aberdeenshire, and the Site of Mons Graupius." *Britannia* 9 (1978), p. 271-87.

STOCKHOLM International Peace Research Institute. *SIPRI Yearbook 2012*: Armaments, Disarmament, and International Security. Nova York: Oxford University Press, 2012.

STOKES, Eric. *The Peasant Armed*: The Indian Rebellion of 1857. Ed. Christopher Bayly. Oxford: Clarendon Press, 1986.

STOKES, Gale. *The Walls Came Tumbling Down*: The Collapse of Communism in Eastern Europe. Nova York: Oxford University Press, 1993.

STONE, Norman. *The Eastern Front, 1914-17*. Nova York: Charles Scribner's Sons, 1975.

STRACHAN, Hew. *The First World War*. V. 1, *To Arms*. Oxford: Oxford University Press, 2001.

____. *The First World War*. Londres: Simon & Schuster, 2003.

____. "Strategy in the Twenty-First Century." In Strachan e Schepers 2011, p. 503-23.

STRACHAN, Hew; SCHEPERS, Sybille (eds.). *The Changing Character of War*. Oxford: Oxford University Press, 2011.

STREUSAND, Douglas. *The First Gunpowder Empires*: The Ottomans, Safavids, and Mughals. Boulder, Colo.: Westview Press, 2010.

STRINGER, Chris; ANDREWS, Peter. *The Complete World of Human Evolution*. 2ª ed. Londres: Thames & Hudson, 2012.

STRUVE, Lynn (ed.). *Voices from the Ming-Qing Cataclysm*. New Haven, Conn.: Yale University Press, 1993.

SUGIYAMA, Saburo. *Human Sacrifice, Militarism, and Rulership*: Materialization of State Ideology at the Feathered Serpent Pyramid, Teotihuacán. Cambridge, RU: Cambridge University Press, 2005.

SUMIDA, Jon Tetsuro. *In Defense of Naval Supremacy*: Finance, Technology, and British Naval Policy, 1899-1914. Londres: Routledge, 1989.

____. *Inventing Grand Strategy and Teaching Command*. Baltimore: Johns Hopkins University Press, 1997.

SUMMERS, Harry. *On Strategy*: A Critical Analysis of the Vietnam War. Novato, Calif.: Presidio Press, 1982.

SURBECK, Martin; HOHMANN, Gottfried. "Primate Hunting by Bonobos at KuiKotale, Salonga National Park." *Current Biology* 18 (2008), p. R906-7.

SURBECK, Martin et al. "Mothers Matter! Maternal Support, Dominance Status, and Mating Success in Male Bonobos (*Pan paniscus*)." *Proceedings of the Royal Society Series* B 278 (2011), p. 590-98.

SUSSMAN, Robert; MARSHACK, Joshua. "Are Humans Inherently Killers?" Global Nonkilling Working Papers 1 (2010), p. 7-26.

SWOPE, Kenneth. *A Dragon's Head and a Serpent's Tail*: Ming China and the First Great East Asian War, 1592-1598. Norman: University of Oklahoma Press, 2009.

TAAGEPERA, Rein. "Size and Duration of Empires: Growth-Decline Curve, 3000 to 600 BC." *Social Science Research* 7 (1978), p. 180-96.

____. "Size and Duration of Empires: Growth-Decline Curve, 600 BC to 600 AD." *Social Science Research* 8 (1979), p. 115-38.

TADMOR, Hayim; YAMADA, S. *The Royal Inscriptions of Tiglath-Pileser III (744-727 BC) and Shalmaneser III (726-722 BC), Kings of Assyria*. Winona Lake, Ind.: Eisenbrauns, 2011.

TAYLOR, A. J. P. *Bismarck*: The Man and the Statesman. Nova York: Vintage, 1967.

TAYLOR, Sherman. *State Violence and Punishment in India*. Cambridge, RU: Cambridge University Press, 2010.

TELLIS, Ashley; TANNER, Travis. *Strategic Asia, 2012-13*: China's Military Challenge. Seattle: National Bureau of Asian Research, 2012.

THAPAR, Romila. *Asoka and the Decline of the Mauryas*. 2ª ed. Délhi: Oxford University Press, 1973.

____. From Lineage to State: Social Formations in the Mid-First Millennium A.C. in the Ganga Valley. Délhi: Oxford University Press, 1984.

____. *Early India from the Origins to AD 1300*. Berkeley: University of California Press, 2002.

THAPLIYAL, Uma Prasad. *Warfare in Ancient India*: Organizational and Operational Dimensions. Nova Délhi: Manohar, 2010.

THAYER, Bradley. *Darwin and International Relations*: On the Evolutionary Origins of War and Ethnic Conflict. Lexington: University Press of Kentucky, 2004.

THEMNÉR, Lotta; WALLENSTEEN, Peter. "Armed Conflicts, 1946-2011." *Journal of Peace Research* 49 (2012), p. 565-75.

THOMAS, Elizabeth Marshall. *The Harmless People*. Nova York: Knopf, 1959.

____. *The Hidden Life of Dogs*. Nova York: Houghton Mifflin, 1993. [A vida oculta dos cães. Trad. Antônio Selvaggi Soares. Rio de Janeiro: Ediouro, 1995].

THOMAS, Evan. *Ike's Bluff*: President Eisenhower's Secret Battle to Save the World. Nova York: Little, Brown, 2012.

THOMPSON, E. P.; SMITH, Dan (eds.). *Protest and Survive*. Harmondsworth, RU: Penguin, 1980.

THOMPSON, Jo. "A Model of the Biogeographical Journey from *Proto-Pan* to *Pan paniscus*." *Primates* 44 (2003), p. 191-97.

TIERNEY, Patrick. "The Fierce Anthropologist." *New Yorker*, 9 de outubro de 2000, p. 50-61.

____. *Darkness at El Dorado*: How Scientists and Journalists Devastated the Amazon. Nova York: Norton, 2001.

TILLY, Charles. "Reflections on the History of European State-Making." In Charles Tilly (ed.), *The Formation of National States in Western Europe*, p. 3-83. Princeton, N. J.: Princeton University Press, 1975.

____. "War Making and State Making as Organized Crime." In Peter Evans et al., *Bringing the State Back In*, p. 169-91. Cambridge, RU: Cambridge University Press, 1985.

TODD, Malcolm. *The Early Germans*. Oxford: Blackwell, 1992.

TONG, James. *Disorder Under Heaven*: Collective Violence in the Ming Dynasty. Stanford, Calif.: Stanford University Press, 1991.

TOOZE, Adam. *The Wages of Destruction*: The Making and Breaking of the Nazi Economy. Nova York: Penguin, 2006.

TOYNBEE, Arnold. *A Study of History*. V. 2. Ed. abrev. Nova York: Oxford University Press, 1957.

TRACY, James. *The Political Economy of Merchant Empires*. Cambridge, RU: Cambridge University Press, 1991.

TRAFZER, Clifford. *The Kit Carson Campaign*: The Last Great Navajo War. Norman: University of Oklahoma Press, 1990.

TRAVERS, Timothy. *How the War Was Won*: Command and Technology in the British Army on the Western Front, 1917-18. Londres: Routledge, 1992.

____. *The Killing Ground*. Londres: Pen & Sword, 2003.

TREADGOLD, Warren. *Byzantium and Its Army, 284-1081*. Stanford, Calif.: Stanford University Press, 1995.

____. *A History of the Byzantine State and Society*. Stanford, Calif.: Stanford University Press, 1997.

TREBILCOCK, Clive. *The Industrialization of the Continental Powers, 1780-1914*. Londres: Longman, 1981.

TSUNODA, Ryusaku et al. (trad.). *Sources of Japanese Tradition*. 2 vols. Nova York: Columbia University Press, 1964.

TUCHMAN, Barbara. *A Distant Mirror*: The Calamitous Fourteenth Century. Londres: Macmillan, 1978.

____. *The March of Folly*: From Troy to Vietnam. Nova York: Knopf, 1984.

TUPLIN, Christopher. "All the King's Horse: In Search of Achaemenid Persian Cavalry." In Fagan e Trundle 2010, p. 101-82.

TUPPER, Benjamin. *Greetings from Afghanistan, Send More Ammo*: Dispatches from Taliban Country. Nova York: NAL, 2010.

TURCHIN, Peter. *Historical Dynamics*: Why States Rise and Fall. Princeton, N. J.: Princeton University Press, 2003.

____. *War & Peace & War*: The Life Cycles of Imperial Nations. Nova York: Pi Press, 2006.

____. "A Theory for Formation of Large Empires." *Journal of Global History* 4 (2009), p. 191-217.

____. "Warfare and the Evolution of Social Complexity: A Multilevel Selection Approach." *Structure and Dynamics* 4 (2010), p. 1-37.

TURCHIN, Peter; NEFEDOV, Sergey. *Secular Cycles*. Princeton, N. J.: Princeton University Press, 2009.

TURCHIN, Peter et al. "East-West Orientation of Historical Empires and Modern Nations." *Journal of World Systems Research* 12 (2006), p. 218-29.

TURNBULL, Colin. *War in Japan, 1467-1615*. Oxford: Osprey, 2002.

____. *Tokugawa Ieyasu*. Oxford: Osprey, 2012.

TURNEY-HIGH, Harry. *Primitive War*: Its Practice and Concepts. Columbia: University of South Carolina Press, 1949.

TWITCHETT, Denis; FAIRBANK, John K. (eds.). *The Cambridge History of China*. V. 3, *Sui and T'ang China, 589-906*. Pt. 1. Cambridge, RU: Cambridge University Press, 1979.

TWITCHETT, Denis; LOEWE, Michael (eds.). *The Cambridge History of China*, V. 1. *The Ch'in and Han Empires, 221 B.C.–A.D. 220*. Cambridge, RU: Cambridge University Press, 1986.

UNITED NATIONS. "Report of the Special Rapporteur on Extrajudicial, Summary, or Arbitrary Executions", 9 de abril de 2013. www.ohchr.org/Documents/HRBodies/HRCouncil/RegularSession/Session23/A-HRC-23-47_ en.pdf.

U. S. AIR FORCE. "United States Air Force Unmanned Aircraft Systems Flight Plan, 2009-2047." 2009. www.fas.org/irp/program/collect/uas_2009.pdf.

VAN DE MIEROOP, Marc. *A History of the Ancient Near East*. 2ª ed. Oxford: Blackwell, 2007.

____. *A History of Ancient Egypt*. Oxford: Wiley-Blackwell, 2011.

VAN KRIEKEN, Robert. *Norbert Elias*. Londres: Routledge, 1998.

VAN TOL, Jan et al. *AirSea Battle*: A Point-of-Departure Operational Concept. Washington, D.C.: Center for Strategic and Budget Assessment, 2010. www.csbaonline.org/publications/2010/05/airsea-battle-concept/.

VAN VALEN, Leigh. "A New Evolutionary Law." *Evolutionary Theory* 1 (1973), p. 1-30.

VAN WEES, Hans. "Greeks Bearing Arms: The State, the Leisure Class, and the Display of Weapons in Archaic Greece." In Nick Fisher e Hans van Wees (eds.), *Archaic Greece*, p. 333-78. Londres: Duckworth, 1998.

____. *Greek Warfare*. Londres: Duckworth, 2004.

VANZETTI, A. et al. "The Iceman as a Burial." *Antiquity* 84 (2010), p. 681-92.

VERBRUGGEN, J. F. *The Art of Warfare in Western Europe During the Middle Ages*. 2ª ed. Woodbridge, RU: Boydell Press, 1997.

____. "The Role of Cavalry in Medieval Warfare." *Journal of Medieval Military History* 3 (2004), p. 46-71.

VINER, Joseph. "The Implications of the Atomic Bomb for International Relations." *Transactions of the American Philosophical Society* 90 (1946), p. 1-11.

VOGEL, Ezra. *Japan as Number 1: Lessons for America*. Nova York: HarperCollins, 1980.

VON LUDENDORFF, Erich. *The General Staff and Its Problems*: The History of Relations Between the High Command and the German Imperial Government as Revealed by Official Documents. Trad. F. A. Holt. Nova York: E. P. Dutton, 1920.

VON NEUMANN, John; MORGENSTERN, Oskar. *Theory of Games and Economic Behavior*. Princeton, N. J.: Princeton University Press, 1944.

WALKER, Philip. "A Bioarchaeological Perspective on the History of Violence." *Annual Review of Anthropology* 30 (2001), p. 573-96.

WANG, Zhongshu. *Han Civilization*. New Haven, Conn.: Yale University Press, 1982.

WASHBROOK, Donald. "India, 1818-1860: The Two Faces of Colonialism." In Porter 1999, p. 395-421.

WATSON, Alexander. *Enduring the Great War*: Combat, Morale, and Collapse in the British and German Armies, 1914-1918. Cambridge, RU: Cambridge University Press, 2008.

WATSON, Burton (trad.). *Records of the Grand Historian*, v. 3. Nova York: Columbia University Press, 1993.

WATSON, Peter. *The Great Divide*: Nature and Human Nature in the Old World and the New. Nova York: Harper, 2012.

WATTS, Barry; MURRAY, Williamson. "Military Innovation in Peacetime." In Murray e Millett 1996, p. 369-415.

WEBSTER, David. "Ancient Maya Warfare." In Raaflaub e Rosenstein, 1999, p. 333-60.

WECHSLER, Howard. "T'ai-tsung (Reign 626-49) the Consolidator." In Twitchett e Fairbank 1979, p. 188-241.

WEINBERG, Gerhard. *A World at Arms*: A Global History of World War II. 2ª ed. Cambridge, RU: Cambridge University Press, 2005.

WEISS, H. K. "Stochastic Models for the Duration and Magnitude of a 'Deadly Quarrel.'" *Operations Research* 11 (1961), p. 101-21.

WELLS, Peter. *The Barbarians Speak*: How the Conquered Peoples Shaped Roman Europe. Princeton, N. J.: Princeton University Press, 1999.

____. *The Battle That Stopped Rome*: The Emperor Augustus, Arminius, and the Slaughter of the Roman Legions in the Teutoburg Forest. Nova York: Norton, 2003.

WENGROW, David. *The Archaeology of Early Egypt*. Cambridge, RU: Cambridge University Press, 2006.

WHEELER, Mortimer. *Still Digging*: Adventures in Archaeology. Londres: Pan, 1958.

WHITE, Matthew. *The Great Big Book of Horrible Things*: The Definitive Chronicle of History's 100 Worst Atrocities. Nova York: Norton, 2011.

WHITE, Tim et al. "Ardipithecusramidus." *Science* 326 (2009), p. 60-105.

WHITEN, Andrew. "The Scope of Culture in Chimpanzees, Humans, and Ancestral Apes." *Philosophical Transactions of the Royal Society* B 366 (2011), p. 997-1007.

WHITEN, Andrew et al. "Culture Evolves." *Philosophical Transactions of the Royal Society* B 366 (2011), p. 938-48.

WICKHAM, Chris. *Framing the Early Middle Ages*: Europe and the Mediterranean, 400-800. Oxford: Oxford University Press, 2005.

WIENER, Martin. *An Empire on Trial*: Race, Murder, and Justice Under British Rule, 1870-1935. Cambridge, RU: Cambridge University Press, 2008.

WILKINS, Jayne et al. "Evidence for Early Hafted Hunting Technology." *Science* 338 (2012), p. 942.

WILKINSON, David. *Deadly Quarrels*: Lewis F. Richardson and the Statistical Study of War. Berkeley: University of California Press, 1980.

WILLEY, Patrick. *Prehistoric Warfare on the Great Plains*: Skeletal Analysis of the Crow Creek Massacre Victims. Nova York: Garland, 1990.

WILLEY, Patrick et al. "The Osteology and Archaeology of the Crow Canyon Massacre." *Plains Anthropologist* 38 (1993), p. 227-69.

WILLIAMS, John. *The Samoan Journals of John Williams, 1830 and 1832*. Ed. Richard Moyle. Canberra: Australian National University Press, 1984.

WILSON, Edward O. *Sociobiology*: The New Synthesis. Cambridge, Mass.: Harvard University Press, 1975.

WILSON, Michael. "Chimpanzees, Warfare, and the Invention of Peace." In Fry 2013, p. 361-88.

WILSON, Michael; WRANGHAM, Richard. "Intergroup Relations in Chimpanzees." *Annual Review of Anthropology* 32 (2003), p. 363-92.

WILSON, Michael et al. "Ecological and Social Factors Affect the Occurrence and Outcomes of Intergroup Encounters in Chimpanzees." *Animal Behaviour* 83 (2012), p. 277-91.

WILSON, Peter. *The Thirty Years' War*: Europe's Tragedy. Cambridge, Mass.: Harvard University Press, 2009.

WITSCHEL, C. "Re-evaluating the Roman West in the 3rd C. A.D." *Journal of Roman Archaeology* 17 (2004), p. 251-81.

WITTNER, Lawrence. *Confronting the Bomb*: A Short History of the World Nuclear Disarmament Movement. Stanford, Calif.: Stanford University Press, 2009.

WOOD, Gordon. *The Radicalism of the American Revolution*. Nova York: Vintage, 1991.

____. *Empire of Liberty*: A History of the Early Republic, 1789-1815. Nova York: Oxford University Press, 2009.

WOODS, John. *The Aqquyunlu*: Clan, Confederation, Empire. 2ª ed. Salt Lake City: University of Utah Press, 1999.

WOODWARD, Bob. *Bush at War*. Nova York: Simon & Schuster, 2003.

____. *State of Denial*. Nova York: Simon & Schuster, 2006.

WOOLF, Greg. "Roman Peace." In Rich e Shipley 1993, p. 171-94.

____. *Tales of the Barbarians*: Ethnography and Empire in the Roman West. Oxford: Wiley-Blackwell, 2011.

____. *Rome*: An Empire's Story. Nova York: Oxford University Press, 2012.

WRANGHAM, Richard. "Artificial Feeding of Chimpanzees and Baboons in Their Natural Habitat." *Animal Behaviour* 22 (1974), p. 83-93.

____. *Catching Fire*: How Cooking Made Us Human. Nova York: Basic Books, 2009. [*Pegando fogo*: por que cozinhar nos tornou humanos. Trad. Maria Luiza Borges. Rio de Janeiro: Zahar, 2010].

____. "Chimpanzee Violence Is a Serious Topic." *Global Nonkilling Working Papers* 1 (2010), p. 29-47.

____. (ed.) *Chimpanzee Cultures*. Cambridge, Mass.: Harvard University Press, 2006.

WRANGHAM, Richard; GLOWACKI, Luke. "Intergroup Aggression in Chimpanzees and War in Nomadic Hunter-Gatherers." *Human Nature* 53 (2012), p. 5-29.

WRANGHAM, Richard; PETERSON, Dale. *Demonic Males*: Apes and the Origins of Human Violence. Boston: Houghton Mifflin, 1996. [*O macho demoníaco*: as origens da agressividade humana. Trad. M.H.C. Côrtes. Rio de Janeiro: Objetiva, 1998].

WRANGHAM, Richard; WILSON, Michael. "Collective Violence: Comparisons Between Youths and Chimpanzees." *Annals of the New York Academy of Sciences* 1036 (2004), p. 233-56.

WRIGHT, Lawrence. *The Looming Tower*: Al-Qaeda and the Road to 9/11. Nova York: Knopf, 2006.

WRIGHT, Quincy. *A Study of War*. 3 vols. Chicago: University of Chicago Press, 1942.

WRIGHT, Rita. *The Ancient Indus*. Cambridge, RU: Cambridge University Press, 2009.

WRIGHT, Robert. *Nonzero*: The Logic of Human Destiny. Nova York: Pantheon, 2000.

WRIGLEY, E. A. *Energy and the English Industrial Revolution*. Cambridge, RU: Cambridge University Press, 2010.

WU, Xiu-Jie et al. "Antemortem Trauma and Survival in the Late Middle Pleistocene Human Cranium from Maba, South China." *Proceedings of the National Academy of Sciences* 108 (2011), p. 19558-62.

YADIN, Yigael. *The Art of Warfare in Biblical Lands*. 2 vols. Nova York: McGraw-Hill, 1963.

YALOM, Marilyn. *A History of the Breast*. Nova York: Ballantine, 1998.

YAN, Xuetong. *Ancient Chinese Thought, Modern Chinese Power*. Trad. Edmund Ryden. Princeton, N. J.: Princeton University Press, 2011.

YANG, Anand (ed.). *Crime and Criminality in British India*. Tucson: University of Arizona Press, 1985.

YASUBA, Yasukichi. "Did Japan Ever Suffer from a Shortage of Natural Resources Before World War II?" *Journal of Economic History* 56 (1996), p. 543-60.

YE, Zicheng. *Inside China's Grand Strategy*: The Perspective from the People's Republic. Trad. Guoli Liu e Steven Levine. Lexington: University Press of Kentucky, 2010.

YERGIN, Daniel. *The Prize*: The Epic Quest for Oil, Money & Power. Nova York: Free Press, 1991.

YERKES, Robert. *Almost Human*. Londres: Jonathan Cape, 1925.

YUN-CASTALILLA, Bartolomé et al. (eds.). *The Rise of Fiscal States*: A Global History, 1500-1914. Cambridge, RU: Cambridge University Press, 2012.

ZABECKI, David. *The German 1918 Offensives*: A Case Study in the Operational Level of War. Londres: Routledge, 2006.

ZAKHEIM, Dov. "The Military Buildup." In Eric Schmertz et al. (eds.), *President Reagan and the World*, p. 205-16. Westport, Conn.: Greenwood Press, 1997.

ZHENG, Bijian. "China's 'Peaceful Rise' to Great-Power Status." *Foreign Affairs* 84.5 (2005), p. 18-24.

ZIAS, J.; SEKELES, E. "The Crucified Man from Giv'at ha-Mivtar." *Israel Exploration Journal* 35 (1985), p. 22-27.

ZIMMERMAN, Larry; BRADLEY, Lawrence. "The Crow Canyon Massacre." *Plains Anthropologist* 38 (1993), p. 215-26.

ZUBER, Terence. "The Schlieffen Plan Reconsidered." *War in History* 6 (1999), p. 262-305.

____. *The Real German War Plan, 1904-14*. Londres: History Press, 2011.

AGRADECIMENTOS

Ao escrever este livro, recebi generosa ajuda e apoio de muitas e muitas pessoas. Não poderia tê-lo escrito sem o apoio da Escola de Humanidades e Ciências e do Instituto Hoover, da Universidade de Stanford, ou sem o encorajamento, a paciência e as palavras de incentivo de minha esposa, Kathy St. John.

Daron Acemoglu, David Berkey, Laura Betzig, Mat Burrows, Eric Chinski, Daniel Crewe, Banning Garrett, Azar Gat, Deborah Gordon, Steve Haber, David Holloway, Parag Khanna, Phil Kleinheinz, Steve LeBlanc, Ramez Naam, Josh Ober, Steve Pinker, Jim Robinson, Walter Scheidel, Kathy St. John, Peter Turchin, Richard Wrangham e Amy Zegart leram e comentaram o livro à medida que eu o escrevia. Agradeço a eles de novo pelos conselhos e pelo apoio, e peço desculpas pelos pontos em que fui teimoso demais para aceitá-los ou excessivamente obtuso para entendê-los.

Peter Abigail, Daron Acemoglu, David Armitage, Al Bergesen, Mat Burrows, Banning Garrett, Elhanan Helpman, Mike McCormick, Dick O'Neill, Jim Robinson, Peter Turchin e Norman Vasu convidaram-me para reuniões e palestras altamente informativas, e Karl Eikenberry me incluiu em viagens ao National Training Center de Fort Irwin, Califórnia, e às bases da Força Aérea de Nellis e Creech, em Nevada. Agradeço a todos, assim como a Viet Luong, Mark Pye e ao pessoal de Fort Irwin e das bases de Nellis e Creech por tornarem as visitas tão produtivas.

Laura Betzig, George Cowgill, Azar Gat, Steve Haber, David Laitin, Peter Turchin e Richard Wrangham permitiram que eu lesse obras deles ainda não publicadas, e, além deles, Jost Crouwel, Jared Diamond, Niall Ferguson, Victor Hanson, Bob Horn, Paul Kennedy, Karla Kierkegaard, Adrienne Mayor, Josh Ober, Richard Saller, Larry Smith, Mike Smith, Hew Strachan, Barry Strauss, Rob Tempio e Barry Weingast permitiram-me envolvê-los em longas conversas, mais ou menos relacionadas com o livro, que eu achei fascinantes.

Finalmente, este livro jamais teria visto a luz do dia sem o incentivo de meus agentes, Sandy Dijkstra e Arabella Stein, ou de meus editores, Eric Chinski, da Farrar, Straus and Giroux, e Daniel Crewe, da Profile. Por todos os aspectos, foi maravilhoso ter trabalhado com eles e suas equipes.

ÍNDICE REMISSIVO

Os números de página em itálico referem-se a ilustrações.

B

C

G

H

J

K

N

Q

R

S

T

U

V

W

X

Y

Z

Este livro foi composto em Minion Pro, corpo 10,5pt,
para a editora LeYa